文/白/对/照

群書治要

一

〔唐〕魏徵 褚亮 虞世南 萧德言 撰

刘余莉 萧祥剑 主编

团结出版社

图书在版编目（CIP）数据

文白对照群书治要 / 刘余莉主编. -- 北京：团结出版社, 2018.3

ISBN 978-7-5126-6186-8

Ⅰ.①文… Ⅱ.①刘… Ⅲ.①政书—中国—唐代 ②《群书治要》—译文 Ⅳ.①D691.5

中国版本图书馆CIP数据核字(2018)第041041号

出版：团结出版社
（北京市东城区东皇城根南街84号 邮编：100006）
电话：(010) 65228880　　65244790　（传真）
网址：www.tjpress.com
Email：zb65244790@vip.163.com
经销：全国新华书店
印刷：北京印匠彩色印刷有限公司

开本：145×210　1/32
印张：92.75
字数：1770千字
版次：2018年7月　第1版
印次：2022年4月　第3次印刷

书号：978-7-5126-6186-8
定价：498.00元（全5册）

为《〈群书治要〉考译》题

古镜今鉴

吕仲团
二〇〇一年三月十五日

《文白对照群书治要》编委会

特约顾问

陈宝生　魏礼群　高昌礼

顾问（按年龄排序）

释净空　罗国杰　方立天　钱　逊　张立文
葛荣晋　凌　孜　李宝库　王　伟　侯　才
杨慧林　姚新中　焦国成　万俊人

主　　编　刘余莉

执行主编　萧祥剑

白话翻译成员名单

史慧萍　邢会雨　吴江波　李俊飞　何美慧
汪步宵　位悦平　武峻同　侯　锋　孙大鹏
殷保志　许大平　黄毅洁　张朝玉　张瑞琴
张卫平　张继红　傅柏青　杨步文　杨培凡
杨　滨　蔡玉霞　郑成统　赵保红　刘克亮

刘世峻　樊　君　谈建忠　霍煜梅　锺宛真
锺家贤　谢敏奇

总　目

第一册

- 卷一　　周易
- 卷二　　尚书
- 卷三　　毛诗
- 卷四　　春秋左氏传（上）补
- 卷五　　春秋左氏传（中）
- 卷六　　春秋左氏传（下）
- 卷七　　礼记
- 卷八　　周礼　周书　国语　韩诗外传
- 卷九　　孝经　论语
- 卷十　　孔子家语

第二册

- 卷十一　史记（上）
- 卷十二　史记（下）　吴越春秋
- 卷十三　汉书（一）补

卷十四　汉书(二)

卷十五　汉书(三)

卷十六　汉书(四)

卷十七　汉书(五)

卷十八　汉书(六)

卷十九　汉书(七)

卷二十　汉书(八)补

第三册

卷二十一　后汉书(一)

卷二十二　后汉书(二)

卷二十三　后汉书(三)

卷二十四　后汉书(四)

卷二十五　魏志(上)

卷二十六　魏志(下)

卷二十七　蜀志　吴志(上)

卷二十八　吴志(下)

卷二十九　晋书(上)

卷三十　晋书(下)

第四册

卷三十一　六韬　阴谋　鬻子

卷三十二　管子

卷三十三　晏子　司马法　孙子兵法

卷三十四　老子　鹖冠子　列子　墨子

卷三十五　文子　曾子

卷三十六　吴子　商君书　尸子　申子

卷三十七　孟子　慎子　尹文子　庄子　尉缭子

卷三十八　孙卿子

卷三十九　吕氏春秋

卷四十　　韩子　三略　新语　贾子

第五册

卷四十一　淮南子

卷四十二　盐铁论　新序

卷四十三　说苑

卷四十四　桓子新论　潜夫论

卷四十五　崔寔政论　昌言

卷四十六　申鉴　中论　典论

卷四十七　刘廙政论　蒋子万机论　政要论

卷四十八　体论　时务论　典语

卷四十九　傅子

卷五十　　袁子正书　抱朴子

出版说明

《群书治要》(又名《群书理要》《群书政要》)是唐朝初年魏徵、虞世南、褚亮、萧德言等人受唐太宗李世民之命,从前人著述中辑录精华以资辅政,为唐太宗偃武修文、治国安邦,创建"贞观之治"提供思想理论基础的匡政巨著。是一部汇集中国古代经、史、子书精华,体现中华优秀传统文化的核心理念和基本精神的经典之作。

《群书治要》选材于儒家诸经、前五史和诸子百家,时间跨度从五帝时期一直到晋朝,内容以"务乎政术,存乎劝戒"为宗旨。魏徵等编撰者用了数年的功夫,从一万四千多部、八万九千多卷古籍中"采摭群书,剪截淫放",于贞观五年(公元631年)编辑成书。共计五十卷,收录典籍六十六种,约五十余万言。

《群书治要》成书之后,由魏徵作序并上呈唐太宗,正如魏徵在序言中所说,这部书"用之当今,足以鉴览前古;传之来叶,可以贻厥孙谋"。唐太宗读到此书后,曾两次在诏书中谈及此书。他在《答魏徵上〈群书治要〉手诏》中说:"朕少尚威武,不精学业,先王之道,茫若涉海。观所撰书,见所未

见,闻所未闻,使朕致治稽古,临事不惑。其为劳也,不亦大哉!(见《全唐文》)"在贞观九年的时候,太宗又再次谈到他读《群书治要》这部书的感受说:"手不释卷,知风化之本,见政理之源。(见《贞观政要》)"

《新唐书·萧德言传》记载,《群书治要》编成后,唐太宗曾对编撰者之一的弘文馆学士萧德言以丰厚的赏赐。

根据宋王应麟所撰《玉海》引《集贤注记》记载:"天宝十三载十月,敕院内别写《群书政要》,刊出所引《道德经》文。先是,院中进魏文正所撰《群书政要》。上览之,称善,令写十数本分赐太子以下。"李繁《邺侯家传》里也记载唐僖宗曾问大臣李泌说:"朕欲知有古政理之要,而史籍广博,卒难寻究,读何而可?"回答说:"昔魏徵为太子略群书之言理道者,撰成五十卷,谓之《群书理要》。"可见《群书治要》在唐朝君臣中的影响。

唐朝灭亡后,《群书治要》随之毁灭于战火之中。自《宋史》以后不见记载。

幸好,唐时日本的遣唐使曾将此书抄回日本,上呈日本天皇,方使此书得以流传于世(由此可见国家文化交流之重要性)。直到今天,日本宫内厅还保存着"金泽文库"中的《群书治要》手抄本,为镰仓时代(公元1192年—1330年,中国正处于南宋时期)日本僧人手抄。这部手抄的《群书治要》后来归德川家康所有,德川家康得到此书后,曾于公元1616年(日本元和二年)正月命令用活字排印,半年后,《群书治要》印成五十一

部，每部四十七册。因数量稀少，流传不广，这就是日本元和二年铜活字本。此时，《群书治要》已缺失卷四、卷十三和卷二十，残存四十七卷。

公元1781年（即日本天明元年），尾张藩主家的大纳言宗睦，感慨《群书治要》这样一部经典好书，却未能流布，便从枫山官库中借得原"金泽文库"中的《群书治要》手抄本重新校刊。六年后（即公元1787年，日本天明七年），重印本告成，分赠诸藩主和各位亲臣。这就是今天流传于世的天明本《群书治要》。

天明本《群书治要》问世十年后，公元1796年（日本宽政八年），尾张藩主得知《群书治要》在中国已经失传，便以五部移送当时掌管长崎海关的近藤重藏，托他转送中国。近藤氏以一部存长崎圣堂，一部赠诹访社，三部赠唐商馆，托中国商人携回本土。因此，最初进入中国的天明本《群书治要》仅三部。根据文献学家王重民《中国善本书提要》的记载，此书原装本应该是二十五册，横18.2厘米，纵31厘米。

清嘉庆七年（公元1802年），鲍廷博编撰《知不足斋丛书》，其在《孝经郑注序》中提到了《群书治要》："此书久佚，仅见日本天明刻本"，由此可知，天明本《群书治要》当时已经在中国藏书家之间流传。

稍后，阮元编辑《宛委别藏》，将《群书治要》编入其中。后来，《连筠簃丛书》《粤雅堂丛书（三编）》等都从《宛委别藏》中辑入了《群书治要》。

民国年间，商务印书馆《四部丛刊》以天明本《群书治要》为底本影印出版，《丛书集成》又依《连筠簃丛书》本重新排印刊行。然由于印数稀少，此书一直流通不广。

1996年，我国原驻日本大使符浩先生通过日本皇室得到一套日本天明本《群书治要》，回国后交给老一辈革命家习仲勋先生，习仲勋先生为此书题词"古镜今鉴"，并委托相关人员对此书点校、翻译，整理成《群书治要考译》一书，于2011年由团结出版社出版。该书出版后，让《群书治要》这部失传千年的古籍引起了各界人士的热烈关注，短短几年间，与之相关的出版物已达百余种，对该书的研究和学习到了一个前所未有的高度。

《群书治要考译》出版之后，我们有感于此书仅有白话，没有注释，又进一步整理出版了《群书治要译注》。在此过程中，我们先后得到了《群书治要》"金泽文库"手抄本和德川家康所印的元和本，于是，就依照这两个版本重新校勘，出版了《群书治要（校订本）》。这次出版的《文白对照群书治要》就是在这两部书的基础上编辑而成的。原文部分，我们采用的是校勘最为精确的《群书治要（校订本）》的原文，译文则在《群书治要译注》的译文基础上根据校订本的最新校勘成果进行了修订。用文白对应的排版方式，方便读者对照阅读。此外，《群书治要（校订本）》原有的校记部分，由于较为繁琐，对一般读者用处不大，我们作了省略。如果有兴趣的读者想要了解更多，可以参考原书。

由于《群书治要》一书收录底本均为隋唐旧本，内容为剪截而成，部分经典原书已经亡佚，在传抄过程中又难免有讹误，因此，悬疑之处尚多，加之校译者水平有限，本书一定还有不少遗憾和不当之处，敬祈各界读者批评指正。

《文白对照群书治要》编辑委员会

《群书治要》序

　　窃惟载籍之兴，其来尚矣。左史右史记事记言，皆所以昭德塞违，劝善惩恶。故作而可纪，薰风扬乎百代；动而不法，炯戒垂乎千祀。是以历观前圣，抚运膺期，莫不懔乎御朽，自强不息，朝乾夕惕，意在兹乎？

　　近古皇王，时有撰述，并皆包括天地，牢笼群有，竞采浮艳之词，争驰迂诞之说，骋末学之博闻，饰雕虫之小伎，流宕忘反，殊途同致。虽辩周万物，愈失司契之源；术总百端，弥乖得一之旨。

　　皇上以天纵之多才，运生知之睿思，性与道合，动妙几神。玄德潜通，化前王之所未化；损己利物，行列圣之所不能行。瀚海龙庭之野，并为郡国；扶桑若木之域，咸袭缨冕。天地成平，外内禔福，犹且为而不恃，虽休勿休；俯协尧舜，式遵稽古，不察貌乎止水，将取鉴乎哲人。以为六籍纷纶，百家踳驳，穷理尽性，则劳而少功，周览泛观，则博而寡要。故爰命臣等，采摭群书，翦截淫放，光昭训典。

为臣以为圣贤典籍的兴起，已经由来已久了。左右史官记录历史事件和言论，都是为了彰明美德，杜绝错误，劝人为善，惩罚罪恶。因此，凡是有嘉言懿德的都会被载入典籍，其影响如同和煦的春风传扬千秋万代。相反，如果有言行不合情、不合理、不合法的，也会被记录下来，用以警戒后代子孙。所以纵观历代古圣先王，凡是顺乎天意、承受期运、成为帝王的，登上帝位后无一不是小心谨慎，畏惧得如同用腐朽的缰绳驾驭烈马一般。（他们）每天都努力向上，永不停息，终日勤奋谨慎，不敢懈怠。大概原因就在于此吧！

　　近古的帝王，时常会有自己的撰述。其内容涵盖天地，包罗万物，竞相采用华而不实的词藻，争着传播荒诞怪异的学说，传播肤浅无本之学来炫耀自己见多识广，以此来遮掩自己微不足道的见解和学识，对此竟然极其热衷，以至于流连忘返。虽然表现形式不尽相同，文章实质却是一样。论述越是面面俱到，越是失去了文以载道的根本。方法越是复杂多样，越发违背了万法归一的宗旨。

　　圣上您生来富有才智，有着生而知之的圣明智慧，本性和天道相通，行为和神明接近。用自己含而不露的美德潜移默化地改善了社会风俗，教化出了前代国君没有教化出的良好社会风气；克制自己，利益他人，完成了历代帝王所不能完成的伟业。北方异族的地域都归入了大唐的版图，远至海外的日本也都学习穿戴我朝的服饰。天下和平安宁，人民生活美满。然而我皇并不因此而有恃无恐，并不因此而沾沾自喜，态度谦恭温和，处处以尧舜为榜样，言行有依有据，完全考察古圣先王的常道而行事，不只在平静的水面上照看自己

圣思所存，务乎政术，缀叙大略，咸发神衷；雅致钩深，规摹宏远，网罗治体，事非一目。若乃钦明之后，屈己以救时，无道之君，乐身以亡国，或临难而知惧、在危而获安，或得志而骄居、业成以致败者，莫不备其得失以著为君之难。

其委质策名，立功树惠，贞心直道，忘躯殉国，身殒百年之中，声驰千载之外，或大奸臣猾，转日回天，社鼠城狐，反白仰黑，忠良由其放逐，邦国因以危亡者，咸亦述其终始，以显为臣不易。

其立德立言，作训垂范，为纲为纪，经天纬地，金声玉振，腾实飞英，雅论徽猷，嘉言美事，可以弘奖名教，崇太平之基者，固亦片善不遗，将以丕显皇极。至于母仪嫔则，懿后良妃，参徽猷于十乱，著深诫于辞辇，或倾城哲妇，亡国艳妻，候晨鸡以先鸣，待举烽而后笑者，时有所存，以备劝戒。爰自六经，

的容颜,更要从古圣先贤的教诲中得到治国的大道。皇上认为六经《诗》《书》《礼》《乐》《易》《春秋》内容繁多,百家的学术非常驳杂,想深入研究和完全掌握这些典籍,以此穷究天地万物之理,就需要花费很多时间,而且收效甚微;即使全部阅读,泛泛地浏览,虽然很广博,但却不得要领。因此,就下诏让臣等采集摘录各种书籍,删除削减淫滥迂腐的内容,使古圣先王的传世典籍得以彰明显扬,发扬光大。

  圣上的目的是为了得到治国理政的方略。我们从群书中选取重要的文段,这都是出自皇上的主张。我们力求摘取书中的精华内容和深刻思想,学习圣贤宏大深远的志向,力求全面搜集古人治国的纲领,而不是局限于某一个方面。至于敬肃圣明的君主委屈自己来拯救当时的人民,违背道德的昏君只知道贪图自身的享乐从而导致国破家亡;有的国君面临危难知道畏惧反省,从而转危为安;有的国君得志之后反而骄傲自满,使得帝业成功后而招致失败。所有这些,都完备地记录了其得失情况,从而体会出为君之难。

  那些愿意为国献身的忠臣,建功施惠,忠贞正直,捐躯殉国,身虽死在当代,美名却流传于千年后世;相反,那些用心险恶的臣子,权倾朝野,翻云覆雨,依仗权势为所欲为,如同社庙里的老鼠、城墙上的狐狸一样难以驱除,他们颠倒邪正是非,将忠臣流放,导致国家危亡。所有这些,也都一一记述其来龙去脉,用以显示为臣不易。

  那些明君贤臣,树立德业,著书立说,创制训典,垂范后世;制定纲常,经营天下,治理国政。他们的声名昭著远扬,其功业流传后世。那些雅正的议论,智慧的谋略,精辟的言辞,垂范于后世的史实,都可以用来发扬光大圣贤教育,以增强天下太平的基业。因此,即使是很细小的良言善事,我们也不会遗漏,为的是发扬皇上治理

讫乎诸子；上始五帝，下尽晋年。凡为五帙，合五十卷，本求治要，故以《治要》为名。

但《皇览》《遍略》，随方类聚，名目互显，首尾淆乱，文义断绝，寻究为难。今之所撰，异乎先作，总立新名，各全旧体，欲令见本知末，原始要终，并弃彼春华，采兹秋实。一书之内，牙角无遗；一事之中，羽毛咸尽。用之当今，足以鉴览前古；传之来叶，可以贻厥孙谋。引而申之，触类而长，盖亦言之者无罪，闻之者足以自戒，庶弘兹九德，简而易从。观彼百王，不疾而速，崇巍巍之盛业，开荡荡之王道。可久可大之功，并天地之贞观；日用日新之德，将金镜以长悬。

　　　　　　唐·秘书监巨鹿男臣魏徵等奉敕撰

天下的准则。那些有着贤淑女德的皇后嫔妃，像太姒以美好的修养被列入辅佐治国的十大贤能之臣，像班婕妤不和皇帝一同乘车游览，她们都是以后妃之德辅助君王的，或是诡计多端、祸国殃民的妇人，毁灭朝廷的美妻，她们有的如清晨母鸡先于公鸡啼鸣一样，有的像烽火戏诸侯的褒姒，各种人物时常都有出现，也都会加以记录，以劝诫后人。于是从六经开始至诸子百家的著作，时间跨度上自五帝，下至晋朝，全书编为五册，共计五十卷。目的在于寻求治国理政的要领，因此用《群书治要》作为书名。

三国魏时编辑的《皇览》和南北朝时编辑的《华林遍略》，各方面的内容均有，但是这两部书名目重复，首尾混乱，文气梗塞，即使想寻根究底，也很困难。现在所编的《群书治要》，不同于《皇览》诸书。它汇集了群书精华的片段，并命以新名。一律保持原书的体例，以便见本知末，明白事理的起源和结果。并且像丢弃春天花朵只采摘秋天的果实一样，删除无关紧要的内容，辑录下经世治国的道理。一书之中，录选的内容，精要齐备；一件事情，前后的经过，首尾洋尽。用在当今，可以用它作为学习古人经验处理现今事情的一面镜子；流传将来，可以提供给子孙后代作为吸取经验教训的宝典。把其中的内容加以引申，可以解决各个方面的问题。本着言之者无罪，闻之者足以自戒的原则，希望发扬光大自古以来的优良传统美德，简便而且容易照做。借鉴古圣先王治国理政的经验教训，可以不用急促就能够自然快速取得治国的成效，从而奠定王朝的基业，开创以道德仁义治国的大道，建立可以持久和广大的功业，如同天地一样恒久地守持正道而为人们观仰，让日用日新的美德，如同一面金镜，高高悬挂，光照后世。

唐·秘书监巨鹿男臣魏徵等奉敕撰

校正《群书治要》序

　　古昔圣主贤臣，所以孜孜讲求，莫非平治天下之道，皆以救弊于一时，成法于万世，外此岂有可观者哉？但世迁事变，时换势殊，不得不因物立则，视宜创制。是以论说之言日浩，撰著之文月繁；简朴常寡，浮诞渐胜。其纲之不能知，而况举其目乎？此书之作，盖其以此也。先明道之所以立，而后知政之所行；先寻教之所以设，而后得学之所归。自典、诰深奥，讫史、子辩博，诸系乎政术、存乎劝戒者，举而不遗。罢朝而不厌其淆乱，闭室而不烦其寻究，诚亦次经之书也。我朝承和、贞观之间，致重雍袭熙之盛者，未必不因讲究此书之力。则凡君民、臣君者非所可忽也。

　　尾公有见于斯，使世子命臣僚校正而上之木，又使余信敬序之。惟信敬弱而不敏，如宜固辞者而不敢者，抑亦有故也。《群书治要》五十卷，五十卷内缺三卷。神祖迁骏府得此书，惜其不全，命我远祖罗山补之，三卷内一卷今不传。今尾公此举，上之欲君民者执以致日新之美，下之欲臣君者奉以

古时候贤明的国君和臣子们，勤勤恳恳努力追求的，无不是为了获得治国平天下的大道。用此大道来挽救时弊，为后世树立可供借鉴的法度，除此之外还有什么可供他人作为鉴镜的呢？但是时代在变迁，而且每个时代当时的形势也很悬殊，因此不得不按照当时人事物发展的实际状况，建立相应的规矩和制度。论说的言语越来越多，撰写的文章越来越繁杂，而简明朴实之辞越来越少，虚狂不实之言越来越多，连文章的大纲主旨都不容易掌握到，更何况细目呢？汇集《群书治要》也就是因为这样的原因。首先让我们明了治国的大道，而后才能够明白政治上的举措；先让我们明白设立教育的目的和初衷，然后才能明白学习的方向和归宿。从深奥的训诂、典谟到雄辩博大的史书、诸子百家著作中，把关于治理国家、劝诫君臣百姓的内容都一一选出，而没有遗漏。退朝回到家中读起此书不感到杂乱，关起门来独自一人探究不厌其烦，我的确觉得这本书仅次于经典的地位。承和、贞观年间（约公元834-876年），社会呈现出安定繁荣的盛世局面，未必不是借助这本书的力量所成就的。因此大凡领导人民、侍奉国君的人是不能够忽略这本书的。

　　尾公有鉴于此，就让他的儿子命令臣子们校对之后，把这本书刻在了木板上，又命我为该书作篇序言。只是我德能不足而且又不聪明，但本应坚决推辞却不敢推辞，也是有原因的。《群书治要》总共五十卷，里边缺少三卷。神祖（指德川家康）搬到骏府后得到这本书，可惜这本书残缺不全，遂命我的远祖罗山先生把它补起来，三卷中有一卷至今也没有传下来。现在尾公的这一举动，对上可以让领

赞金镜之明，为天下国家冀升平之愈久，远心旷度，有不可胜言者也。信敬预事，亦知远祖所望，信敬是所以奉命不敢辞也。

天明七年（公元1787年）丁未四月
朝散大夫国子祭酒林信敬谨序

导者愈加贤明,对下可以让臣子们作为一面镜子使自己愈加明智,希望国家因此安定太平的时间能够长久,其远大的心量、广阔的胸怀,是言语所说不尽的。我信敬能够参与这件事情,我想也是我的祖宗所希望的吧,所以我接受使命而不敢推辞。

天明七年(公元1787年)丁未四月
朝散大夫国子祭酒林信敬谨序

刊《群书治要》考例

谨考国史，承和、贞观之际，经筵屡讲此书，距今殆千年，而宋明诸儒，无一言及者，则其亡失已久。宽永中，我敬公儒臣堀正意捡此书，题其首曰："正和年中，北条实时好居书籍，得请诸中秘，写以藏其金泽文库。及神祖统一之日，见之，喜其免兵燹，乃命范金，至台庙献之皇朝，其余颁宗戚亲臣，是今之活字铜版也。旧目五十卷，今存四十七卷，其三卷不知亡何时，罗山先生补其二卷，其一卷不传，故不取也。"但知金泽之旧藏，亦缺三本，近世活本亦难得，如其缮本，随写随误，势世以音讹，所处以训谬，间有不可读者。

我孝昭二世子好学，及读此书，有志校刊，幸魏氏所引原书，今存者十七八，乃博募异本于四方，日与侍臣照对是正。业未成，不幸皆早逝。今世子深悼之，请继其志，勖诸臣相与卒其业。于是我公上自内库之藏，旁至公卿大夫之家，请以比之，藉以对之，乃命臣人见棨、臣深田正纯、臣大冢长干、臣宇野久恒、臣角田明、臣野村昌武、臣冈田挺之、臣关嘉、臣中西卫、臣小河鼎、臣南宫龄、臣德民等，考异同，定疑似。臣等

仔细考察我国史料，承和、贞观年间，御前讲席屡次讲解《群书治要》这部书，距离现在几乎有一千年了，而（中国）宋代和明代的儒家学者，没有一个提到的，可见此书（在中国）已经散失很久了。宽永年间，敬公（德川义直）的儒官堀正意翻看这部书，在书前面写道："正和年间，北条实时喜欢收藏书籍，得以从宫廷藏书处请到此书，抄写后收藏到他所建的金泽文库中。等到神祖（德川家康）统一全国的时候，见到了金泽文库抄本，庆幸这部书免遭战火，于是命令用铜版活字印刷，到台庙献给皇家，其余的颁赠给宗族亲属和亲近的大臣，这就是现在看到的活字铜版《群书治要》。（魏徵）原书目录为五十卷，现仅存四十七卷，其余三卷不知什么时候散失了。林罗山先生补了两卷，另一卷没有传下来，因此不予采用。"从这里可以知道金泽文库旧时所藏抄本也缺少三卷。近代以来，活字本也很难见到。至于手抄本，往往边写边出现错误，如"势"和"世"因为读音相同而出现抄写错误，"所"和"处"因为训诂的缘故而出现抄写错误，不时的有读不通的地方。

我们（尾张国）的孝、昭两位世子喜欢学习，读到此书，有志于校对、刊误。幸好魏徵所引用的典籍原著，现在存世的尚有十之七八，于是便广泛地从各个地方收集这些典籍的不同版本，天天和左右近臣对照校正。这件事还没有完成，不幸两位世子都先后英年早逝。当今世子为此而深深悲伤，请求继承他们的志业，勉励诸位臣子一起完成这件事。于是我们（尾张藩）藩主（德川宗睦）向上求取皇宫藏本，对外借来公卿大夫家中的藏本，加以比对，于是命令臣

议曰：是非不疑者就正之，两可者共存。又与所引错综大异者，疑魏氏所见，其亦有异本欤？又有彼全备而此甚省者，盖魏氏之志，唯主治要，不事修辞。亦足以观魏氏经国之器，规模宏大，取舍之意，大非后世诸儒所及也。今逐次补之，则失魏氏之意，故不为也。不得原书者，则敢附臆考，以待后贤。以是为例，雠校以上。

　　天明五年乙巳春二月乙未尾张国校督学臣细井德民谨识

下人见泰、深田正纯、大冢长干、宇野久恒、角田明、野村昌武、冈田挺之、关嘉、中西卫、小河鼎、南宫龄、细井德民等，考证不一致的地方，确定似是而非之处。臣等讨论说：对是非确定无疑的地方就加以改正，两种都可以的就一起保留。尚有和所引用文献错杂、大为不同的，怀疑魏徵所见到的，恐怕也有不同的版本吧？又有通行本完备而《群书治要》中所引用的比较简省的情况，是因为魏徵的志向，只是注重于节录治国大要，不关心词句的修饰。从这里也可以看出魏徵乃是治理国家的大器，气魄宏大，取舍之间的用意，远远不是后代的儒家学者所能比得上的。现在如果一一补全，就会失去魏徵编撰本书的用意，所以不这样做。找不到（《群书治要》所引用的典籍）原作的，就附上我们自己的推断，以等待后贤纠正。以此作为通例，对此书进行校正并呈上。

天明五年乙巳春二月乙未尾张国校督学臣细井德民谨识

《群书治要》五十卷提要

阮元《揅经室外集》卷二

唐魏徵等奉敕撰。徵字符成，魏州曲城人，官至太子太师，谥文贞，事迹具《唐书本传》。按宋王溥《唐会要》云，贞观五年九月二十七日，秘书监魏徵撰《群书治要》上之。又云，太宗欲览前王得失，爰自六经讫于诸子，上始五帝，下尽晋年。书成，诸王各赐一本。又《唐书·萧德言传》云："太宗召魏徵、虞世南、褚亮及德言哀次经、史、百氏帝王所以兴衰者上之，帝爱其书博而要，曰：'使我稽古临事不惑者，卿等力也！'德言赍赐尤渥。"然则书实成于德言之手，故《唐书》于魏徵、虞世南、褚亮传，皆不及也。

是编卷帙，与《唐志》合。（穆按：《艺文志》杂家类，魏徵《群书治要》五十卷，刘伯庄《群书治要音》五卷）《宋史·艺文志》即不着录，知其佚久矣。此本乃日本人摆印，前有魏徵序，惟缺第四、第十三、第二十卷。

今观所载，专主治道，不事修辞。凡有关乎政术，存乎劝戒者，莫不汇而辑之。即所采各书，并属初唐善册，与近刊多有不同。如《晋书》二卷，尚为未修《晋书》以前十八家中之旧

《群书治要》为唐代魏徵等人奉敕撰写。魏徵字符成,魏州曲城人（今河北省馆陶县,一说巨鹿县）,官至太子太师,谥号文贞,事迹在《唐书·本传》里有记载。按照宋代王溥撰写的《唐会要》里说,贞观五年九月二十七日,秘书监魏徵撰《群书治要》上呈太宗皇帝。又说,太宗想要看到前代王朝的得失,于是就下诏让人从六经到诸子中选取精华,时间上从五帝开始,下到晋朝时期。书编撰完成后,太宗颁赐给诸王各一本。还有,《唐书·萧德言传》记载说："太宗召见魏徵、虞世南、褚亮和德言,搜集经书、史料和各代帝王之所以兴盛衰落的原因,皇帝喜爱这部书的广博而切要,说：'这部书让我能够依循古代圣贤的教诲,治理国事而不迷惑,这都是你们努力的结果啊!'史书中说对萧德言的赏赐尤其丰厚。"那么这部书实际上形成于萧德言之手。所以《唐书》在魏徵、虞世南、褚亮等人的传中,都没有提到这件事情。

这本书的篇幅,与《唐志》的相合。《宋史·艺文志》就没有收录这本书,可以知道当时这本书已经亡佚很久了。现在这本书的版本,是日本人印刷的,前面有魏徵的序言,唯独缺第四、第十三、第二十卷。

现在观察这本书辑录的内容,主要着眼于治理天下的大道,对于修饰言辞并没有那么讲究。凡是有关办理政事的重要内容,能对后人有所劝诫和启发的,没有不进行汇编而编辑。而且这部书所采

本,又桓谭《新论》、崔寔《政要论》(穆按:《隋书经籍志》,《崔寔政论》六卷,此衍要字)、仲长统《昌言》、袁准《正书》、蒋济《万机论》、桓范《政要论》(穆按:《隋书经籍志》,桓范《世要论》十二卷,唐人避太宗讳改世曰政。又按:杜恕《体论》、刘廙《政论》亦久佚。),近多不传,亦藉此以存其梗概,洵初唐古籍也。

用的底本,都属于初唐时期的善本,与后来刊印的版本有许多不同。如《晋书》二卷,还是唐代修《晋书》以前十八家《晋书》中的旧本,还有桓谭《新论》、崔寔《政论》、仲长统《昌言》、袁准《正书》、蒋济《万机论》、桓范《政要论》,后世都没流传,藉《群书治要》得以保存了这些书的梗概以传世。这部书实在是唐朝初年的一部珍贵古籍啊。

目 录

卷一　周易 ········· 2
卷二　尚书 ········· 64
卷三　毛诗 ········· 162
卷四　春秋左氏传（上）补 ········· 230
卷五　春秋左氏传（中） ········· 286
卷六　春秋左氏传（下） ········· 346
卷七　礼记 ········· 398
卷八　周礼 ········· 474
　　　周书 ········· 496
　　　国语 ········· 504
　　　韩诗外传 ········· 522
卷九　孝经 ········· 542
　　　论语 ········· 568
卷十　孔子家语 ········· 620

卷一　周易

乾：元、亨、利、贞。文言备也。

象曰：天行健，君子以自强不息。

九三：君子终日乾乾，夕惕若厉，无咎。处下体之极，居上体之下，纯修下道，则居上之德废，纯修上道，则处下之礼旷。故终日乾乾，至于夕，惕犹若厉也。

九五：飞龙在天，利见大人。不行不跃，而在乎天，故曰飞龙也。龙德在天，则大人之路亨也，夫位以德兴，德以位叙，以至德而处盛位，万物之睹，不亦宜乎。

上九：亢龙有悔。

彖曰：大哉乾元，万物资始，乃统天。云行雨施，品物流形，大明终始。六位时成，时乘六龙以御天。乾道变化，各正性命。大明乎终始之道，故六位不失其时而成也，升降无常，随时而

乾卦象征着天：具有元始、通达、和谐有利、贞正坚固的德性（《文言》中有详细的说明）。

《象传》说：天道广而无私、生养万物、运行不息，君子应该效法天道，努力自强，不停止地追求进步，永不止息地去努力。

乾卦的第三爻九三，象征着一个才德出众的君子，应当自强自立，勇猛精进，终日不懈，连到了夜晚，也要和白天一样警醒自己。假如能够朝夕戒惧，如临危境，不敢有丝毫的松懈，哪怕遇到危难，最终也会没有灾祸和过失。（这是说九三处在下卦的最高处，又在上卦之下，君子悟此卦象，如果纯粹只修习居下位之道，则居上位的德行就会废除，如果纯粹只修习居上位之道，则居下位的礼节就会荒废。因此终日不懈，连到了夜晚，也要和白天一样警醒自己。朝夕戒惧，如临危境，不敢有丝毫的松懈。）

乾卦的第五爻，象征着飞在天空中的龙，天下人利于见到有君德又居君位的圣人。（不需要行走，也不需要跳跃，已经在天上飞了，所以称作飞龙。圣人有龙德，飞腾而居于天位，则大人的道路就能得以亨通。圣位因至德而兴起，至德因圣位而彰显，以至德而处于圣位，为天下万物所瞻睹，不是很合宜吗。）

乾卦的第六爻上九，象征着处在极高点的龙，知进而忘退，就会有悔闷的后果。

《象传》说：伟大的乾元啊！万物资之于它而生发，它是天地万物的统率。云彩运行后，雨水普施大地，万事万物都不断变化出各种形状。彻底明了万事万物的终始之道，就会明白六位无一不是应

用,处则乘潜龙,出则乘飞龙,故曰时乘六龙也。保合大和,乃利贞。不和而刚暴也。首出庶物,万国咸宁。万物所以宁,各以有君也。

文言曰:元者善之长也,亨者嘉之会也,利者义之和也,贞者事之干也。君子体仁,足以长人,嘉会足以合礼,利物足以和义,贞固足以干事。君子行此四德者,故曰,乾:元、亨、利、贞。

君子终日乾乾,夕惕若厉,无咎。何谓也?子曰:君子进德修业。忠信,所以进德也,修辞立其诚,所以居业也。是故居上位而不骄,在下位而不忧。居下体之上,在上体之下,明夫终敝,故不骄也。知夫至至,故不忧也。故乾乾因其时而惕,虽危无咎矣。惕,怵惕之谓也。

时而成，不论开始和结束，都要依靠六爻的时势，这就是天的运行之道。明白这一道理后，就要驾驭乾之道，推行于人事。乾道逐渐变化，从渐变到质变，万物都开始走向成熟，各自有各自的性命、各自有各自的价值、各自有各自的位置，各得其正（意思是说圣人彻底明了宇宙万物周而复始的变化真相，无非是一理以贯之，然后按照万物的不同，因缘时节而成就万事万物。升降无常变化，只是随着万事万物的因缘变化而妙用。潜伏的时候就乘潜龙，出来的时候则乘飞龙，所以称"时乘六龙"）。万事万物如果能够保持它的太和之气不断地运行，永远融洽无偏，就能实现最终的和谐贞正（如果没有和顺，纯阳刚暴，那么万物就会失去其利，不得其正）。圣人从普通的百姓中首先显现出来，而不自为天下人之首，让天下万国各得其所，各安其事，这样（依乾道而行）万国自然和谐相安，无侵无争，都得到了安宁（万物都能得到安宁，在于各自有贤德的人来担任领导之位。圣人效法乾德，生养万物，作为万物之尊，分别任命贤德之君引领万国，所以万国皆得安宁也）！

《文言传》说：元始，是众善的初发；通达，是美好的会聚；有利，是事物的和谐；正固，是办事的根本。君子体察仁道，处处行仁，就足以领导众人，寻求美好的事物就会处处合乎礼，施利于他物就会处处合乎众义，坚守正道就可以办好事情。君子就是能够施行此四种德行的人，所以说："乾卦，象征元始、通达、和谐有利、贞正坚固。"

君子应当自强自立，勇猛精进，终日不懈，连到了夜晚，也要和白天一样警醒自己。假如能够朝夕戒惧，如临危境，不敢稍懈，哪怕遇到危难，最终也不会有灾祸和过失。为什么要这么说呢？孔子说：这是君子修德立业的根本道理啊。推忠于人，以信待物，德行就能够得到提升。修理文教，内心诚实，就是立业的根基。处在上位的时候不敢心怀骄慢，处在下位的时候心也不会忧闷（九三爻处在下

飞龙在天，利见大人。何谓也？子曰：同声相应，同气相求，水流湿，火就燥，云从龙，风从虎，圣人作而万物睹。

亢龙有悔，何谓也。子曰：贵而无位，高而无民，下无阴也。贤人在下位而无辅，贤人虽在下而当位，不为之助。是以动而有悔也。

君子学以聚之，问以辨之，以君德而处下体，资纳于物者也。宽以居之，仁以行之。

夫大人者，与天地合其德，与日月合其明，与四时合其序。与鬼神合其吉凶，先天而天弗违，后天而奉天时。天且弗违，而况于人乎？况于鬼神乎？

亢之为言也，知进而不知退，知存而不知亡，知得而不知丧。其唯圣人乎！知进退存亡而不失其正者，其唯圣人乎！

卦之最上，在上卦之下，比喻君子处于人臣之极，已经明显地显示出君主的美德，因此而更加努力地增进自己的道德和修养，他明白万事万物都会有终点和衰败，所以不会骄慢；知道事物圆满的结局即将到来，所以不会忧闷）。能够终日自强不息，随时警惕谨行，即使面临危机，也就不会有什么过失和患难了(惕，戒惧、惊惧的意思)。

乾卦第五爻，象征飞在天空中的龙，可以见到有君德又居于君位的圣人了。为什么这么说呢？孔子说：这是比喻同样的声音能够产生共鸣，同样的气味会相互融合，水总是流到湿地上，火总是先烧干燥处，龙吟然后景云就会腾升，虎啸之处就会有谷风相随，圣人兴起，万民都来仰望他、亲近他，接受他的引导和教化。

乾卦第六爻，象征着处在极高点的龙，就会有悔闷的后果。这是什么意思呢？孔子说：这是比喻某种人尊贵失正而没有实位，居高而无民(指乾卦第六爻下无阴爻，五个爻都是阳爻，代表没有人民，没有人辅助)，贤明的人处在下位而没有人辅助他(贤明的人虽然处在下位，也不去辅助他)，这种人一旦轻举妄动，就会有悔闷的后果。

君子通过学习来蓄养其德行，学习后还有不明了的，就详细地询问考究来明辨决疑(有君主的美德而处在下位，是因为有所依靠和接受他物的帮助)，以宽厚的态度来对待他人，以仁爱之心来行事接物。

九五爻辞所说的"大人"，圣明德备，他的道德和天地一样覆载万物，他的圣明如同日月一样普照万物，他施理政事像四时一样井然有序，他示人的吉凶祸福如同鬼神一样奥妙无穷。他若在天时之前行事，天不违背他，若在天时之后行事，也能奉顺天道运行的规律。天都不会违背他，何况人呢？何况鬼神呢？

上九爻辞所说的"亢"，是讲某种人只知道进取而不懂得引退，只知道现在的存在而不懂得现在的存在必将衰亡，只知道获得利益而不明白有所得必有所失。只有圣人才能深知进取与引退、生存和

坤。象曰：地势坤，君子以厚德载物。

彖曰：至哉坤元，万物资生，乃顺承天。坤厚载物，德合无疆，含弘光大，品物咸亨。

文言曰：坤至柔而动也刚，至静而德方，含万物而化光。坤道其顺乎，承天而时行。

积善之家，必有余庆；积不善之家，必有余殃。

君子敬以直内，义以方外，敬义立而德不孤。

屯。象曰：云雷屯，君子以经纶。君子经纶之时。

彖曰：天造草昧，宜建侯而不宁。屯体不宁。故利建诸侯也。屯者。天地造始之时也。造物之始。始于冥昧。故曰草昧也。处造始之时。所宜之善。莫善于建侯。

蒙。象曰。山下出泉，蒙。君子以果行育德。

灭亡的道理，行为不偏失正道。大概只有圣人才能如此吧！

坤卦。《象传》说：大地的气势宽厚和顺，这是坤卦的象征。君子应效法坤卦的精神，深厚自己的德行来容载天下万物。

《象传》说：美德至极的坤元啊，她配合上天开创万物，万物依靠她而得以资生，她柔顺地承接天道。坤德纯厚而能够普载万物，德性包容万有而广无边界。她含育一切并使其光大，万物亨通畅达，普遍受到她的滋养。

《文言》说：坤卦六爻皆阴，至柔，但在变动时却也显示出无比刚。地体不动，极为安静，但生物不邪，德能方正，含养万物而德化光大。坤道至柔，承载于天而依照四时运行得当。

修积善行的家族，必定能够积累许多庆祥（能够庇佑子孙）；累积恶行的家族，必定会留下许多祸殃（必将贻害子孙）。

君子恭敬一切，以使内心正直；行为处处循礼，以此方正外物。能够做到恭敬一切、处处循礼（人们就会恭敬于他，以义应之），就能够使美德广布，得到众人的回应。

屯卦。《象传》说：乌云和雷声交动，象征着"初生"，君子在时局创建之初努力筹画经略天下大事。（屯卦之时正是君子努力筹画经略天下大事的时候。）

《象传》说：万物草创、冥昧之时，王者应该封立诸侯来治理天下，但不可认为封立诸侯后就没有事情了，思想上还要忧勤戒慎，不遑宁处。（屯卦象征着不定和变化，所以有利于封立诸侯来管理天下。屯卦，是天地初生的时候，是万物产生的开始，是起于天地未形成时的混沌状态，所以叫"草昧"。在万物初生之时，最适合做的事情莫过于封立诸侯了。）

蒙卦。《象传》说：高山下流出泉水，象征着"蒙稚"渐启。君子效法蒙卦的精神，行动时如水之必行，果决不疑，修德时隐默怀

彖曰：匪我求童蒙，童蒙求我，志应也。我，谓非童蒙者。暗者求明者，明者不咨暗，故蒙之为义。匪我求童蒙，童蒙求我也，童蒙之来求我，志应故也。蒙以养正，圣功也。

师。象曰：地中有水，师。君子以容民畜众。

初六：师出以律，否臧凶。为师之始。齐师者也。失令有功。法所不赦。故师出不以律。否臧皆凶也。

上六：大君有命，开国承家，小人勿用。处师之极。师之终也。大君之命。不失功也。开国承家。以宁邦也。小人勿用。非其道也。

象曰：大君有命，以正功也，小人勿用，必乱邦也。

比。象曰：地上有水，比。先王以建万国，亲诸侯。万国以比建，诸侯以比亲。

履。象曰：上天下泽，履。君子以辩上下，定民志。

藏，不自彰显。

《象传》说：并不是我有求于幼童来启发蒙稚，而是幼童需要启蒙而有求于我，这样双方的志向就能够相应（我，指明白大道的圣人，不是童蒙者。暗者向明者求教，明者不向暗者谘询，象征"蒙"的含义，并不是我有求于幼童来启发蒙稚，而是幼童需要启蒙而求问于我，问者有感通的心意，然后才可以与之相应）。童蒙的时候就能够培养其纯正无邪的品质，这就是至圣之功了。

师卦。《象传》说：地中有水，水聚集在地中，象征着"兵众"。君子观察此卦象，因此包容、保护其民众，积聚其民众。

初六：兵众出发要依照律法，如果不依照律法和号令行事，即使胜了也会有凶险。（建立军队，一开始就要整顿军纪。士兵如果违反了军纪，就算侥幸立了大功，也是军法所不容的，所以军队出征不依照律法，即使胜利了也是很危险的。）

上六：天子颁布命令，封赏功臣为诸侯、为大夫，小人不能够启用。（上六处在师卦的终极，是师卦的终竟。天子对功臣的封爵，不能离开了他们的实际功劳，根据功劳大小封赏他们，功劳大的封为诸侯，功劳小的封为卿大夫，为的是使国家安定。小人不能任用，这不符合治国平天下的正道。）

《象传》说："天子颁布命令"，是为了评定功绩，进行封赏；"小人不可任用"，是说明用小人必将危乱国家。

比卦。《象传》说：地上有水（水和地亲密无间），这是比卦的象征。先王效法比卦的精神而封建万国、亲近诸侯（割土封国要效法比卦的精神来分封建立，爵赏诸侯要依据比卦的精神来亲密和谐）。

履卦。《象传》说：天下有泽（上是天，下是泽，这是上下的正常状态，人的行为也应当如此），象征循礼。君子观察履卦的卦象，要辨清上下的位分，以安定百姓的心志。

泰。象曰：天地交，泰。后以财成天地之道，辅相天地之宜，以左右民。上下大通，则物失其节，故财成而辅相，以左右民也。

彖曰：天地交而万物通也，上下交而其志同也。内君子而外小人，君子道长，小人道消也。

否。象曰：天地不交，否。君子以俭德避难，不可荣以禄。

彖曰：天地不交而万物不通也，上下不交而天下无邦也。内阴而外阳，内柔而外刚，内小人而外君子，小人道长，君子道消也。

九五：休否，大人吉。其亡其亡，系于苞桑。居否之世，能全其身者，唯大人耳。巽为木，木莫善于桑，人虽欲有亡之者，众根坚固，弗能拔之也。

同人。象曰：天与火，同人。天体于上，而火炎上，同人之义。

泰卦。《象传》说：天地互相交合，象征顺畅通达，君主应在此时体会天地交泰的道理，制定裁节调理的施政方法，以成就天地交合之道，促成天地化生万物之机宜，护佑天下黎民百姓，使他们安居乐业。（当天地上下通泰之时，万物之化生将失去节制，因此君主要制定裁节调理的施政策略，此时要通过裁节调理以辅助天地交合之宜，来护佑百姓。）

《象传》说：天地阴阳交合，万物生养之道就通畅无阻；君臣上下交心感应，人们的思想意识就会协同起来。此时，君子在内（健于行事），小人在外（顺以听命），君子之道就能渐长，小人之道就会渐消。

否卦。《象传》说：否卦的卦象为坤（地）下乾（天）上，为天在地上之表象。天在极高处，地在极低处，天地阴阳之间因此不能够互相交合，所以时世闭塞不通。这个时候君子必须隐藏、俭约，有德而不显，这样才能避开危险与灾难，不可以谋取高官厚利、享受荣华富贵。

《象传》说：天地之气互不交感，万物就会堵塞不通；君臣之间互不沟通，国家就会衰败灭亡。此卦内卦坤体阴，外卦乾体阳，表示内柔而外刚，小人在位而君子在野。这样，小人之道就会日渐增长，君子之道就会日渐消亡。

九五：能于危难之际而修善行，只有德行高尚者可以做到，这样会获得吉祥。但要懂得居安思危，常常以"不久将要灭亡，不久将要灭亡"这样的警句来提醒自己，以自戒慎，才能像系结在一大片丛生的桑树上那样牢固，安然无事（处在否卦之时，能够保全自身的只有德行高尚的大人。巽为木，木最好的莫过于桑树了，虽然有想要灭亡它的，但是桑树的众多根系，让它变得坚固，因此不能拔除它）。

同人卦。《象传》说：同人卦的卦象是离（火）下乾（天）上，为

君子以类族辩物。君子小人，各得所同。

象曰：文明以健，中正而应，君子正也。行健不以武而以文明用之，相应不以邪而以中正应之，君子正也。唯君子为能通天下之志。君子以文明为德者也。

大有。象曰，火在天上，大有。君子以遏恶扬善，顺天休命。大有，包容之象也，故遏恶扬善，成物之美，顺奉天德，休物之命也。

象曰：柔得尊位，大中，而上下应之，曰大有。处尊以柔，居中以大，上下应之，靡所不纳，大有之义也。其德刚健而文明，应乎天而时行，是以元亨。德应于天，则行不失时矣，刚健不滞，文明不犯，应天则大，时行无违，是以元亨也。

上九：自天佑之，吉无不利。居大有之上，而不累于位，志尚于贤者也。

天下有火之表象。天在高处,火势熊熊而上,天与火亲和相处(天高高在上,上面又有大火燃烧,这是同人卦的含义)。君子得到此卦的启迪,要明白物以类聚、人以群分的道理,懂得明辨事物,求同存异,团结众人,以实现天下太平(让君子和小人各同其党,使他们各自和相同的人在一起)。

《象辞》说:君子以文明之德而显现刚健,以中正之道与万物相应,这才是君子的正道(君子行为刚健不用武力而使用文明,表现出来的不是奸邪而是与中正相应,这才是君子所行的正道),只有君子能够以正道感通而聚合天下人的意志(君子用文明来作为自己修习德行的标准)。

大有卦。《象传》说:火焰高悬于天上,无处不照,象征"大获所有"。君子以此卦象所兆,应当遏阻奸邪,称扬善良,以奉承顺应上天的德性,美善万物的性命(大有卦,是包容的象征。所以君子因此要遏恶扬善,成就万物的美善,尊顺奉行上天的德性,美善万物的性命)。

《象传》说:按照大有的卦象,柔顺厚德者得居尊位,博大而能保持中道,上下就能应和,所以称"大有"(这是说君子要效法大有的卦象,处在尊位时要柔顺,使自己能博大而保持中道,上下都能相互应和,可以无所不收,万事万物都能够接受,这是大有卦象之义)。此时君子秉持刚健而又文明的美德,顺应天地的规律,万事按时施行,这样前景必然至为亨通(德行顺应天道,那么行为就不会与天时相违背。刚健而又不会壅滞,懂得变通,照耀万物而又不会毁坏万物,能顺天道以至于盛大,万事按照因缘时节的规律进行而不违逆,这样就会事事亨通了)。

上九:有来自于上天的护佑,凡事吉庆,无不顺利(意思是此爻象征处在大有之时,君子没有被物系累其心,是因为他能清静高洁,志在圣贤)。

谦。象曰：地中有山，谦。君子以裒多益寡，称物平施。多者用谦以为裒，少者用谦以为益，随物而与，施不失平也。

象曰：谦。亨。天道下济而光明，地道卑而上行，天道亏盈而益谦，地道变盈而流谦，鬼神害盈而福谦，人道恶盈而好谦。谦，尊而光，卑而不可逾，君子之终也。

初六：谦谦君子，用涉大川，吉。能体谦谦，其唯君子，用涉大难，物无害也。象曰：谦谦君子，卑以自牧也。牧，养也。

九三：劳谦，君子有终，吉。劳谦匪懈，是以吉也。象曰：劳谦君子，万民服也。

豫。象曰：雷出地奋，豫。

彖曰：豫，顺以动，故天地如之，天地以顺动，故日月不过而四时不忒，圣人以顺动，则刑罚清而民服，豫之时义大矣哉。

随。象曰：泽中有雷，随。君子以向晦入宴息。泽中有雷，动悦之象也，物皆悦随，可以无为，不劳明鉴，故君子向晦入宴息也。

谦卦。《象传》说：高山深藏在地中，象征着谦虚。君子效法谦卦的精神，多者谦虚就能积聚更多，少者谦虚也能增益更多，无论是多者还是少者，都能从谦卦中平等地得到受益（多者谦虚能够积聚更多，少者谦虚也能增益更多。君子根据物品的多少给予，施予不失公平）。

《彖传》说：保持谦逊就能得到亨通。比如天的规律是下降济物，天体就能愈显光明；地的规律是所处卑微，而地气源源上升。天的规律是亏损盈满者，补益谦虚者；地的规律是变易盈满者，充实谦虚者；鬼神的规律是危害盈满者，施福谦虚者，人道的规律是憎恶盈满者，喜爱谦虚者。谦虚的人处在尊高之位，道德会更加光明，处在卑下之位，其德行人们也难以超越。只有君子才能够保持谦德至终啊！

初六：谦而又谦的君子（因为有无比谦逊的美德），即使涉大险、过大河，也将是吉利的（唯有君子有谦而又谦的美德，以此来处理异常的艰难，万物都不会有损害）。《象传》说："谦而又谦的君子"，是说用谦卑来养成其恒久的美德（牧，养的意思）。

九三：有功劳而且懂得谦虚的君子，能够保持谦德至终，凡事都会吉利（有功劳且能保持谦恭而不懈怠，所以能够获得吉祥）。《象传》说：有功劳还保持谦虚的君子，万民都会敬服于他。

豫卦。《象传》说：雷声震震，大地震动，万物得气而生，这是逸豫之象。

《彖传》说：逸豫，表示顺天时而行动，所以天地能够随顺其意。天地能够顺时而动，所以日月运行不会有过，四季轮转没有误差；圣人能够沿顺民情而动，则刑罚清楚简单，万民服从。豫卦所蕴含的"顺时而动"的义理是多么的深远广大啊！

随卦。《象传》说：大泽中响着雷声，泽随顺雷声而震动，这是随顺之象。君子因此而随天应时，早出晚入，于向晚按时休息（泽中

彖曰：随时之义大矣哉。得时则天下随之矣，随之所施，唯在于时。时异而不随，否之道也，故随时之义大矣哉。

观。象曰：风行地上，观。先王以省方，观民设教。

彖曰：顺而巽，中正以观天下，观天之神道，而四时不忒。圣人以神道设教，而天下服。

六四：观国之光，利用宾于王。居观之时，最近至尊，观国之光者也，居近得位，明习国仪者也，故曰利用宾于王也。

九五：观我生，君子无咎。上之化下，犹风靡草，故观民之俗，以察己道。百姓有罪，在余一人，君子风著，己乃无咎。上为化主，将欲自观，乃观民也。

噬嗑。象曰：雷电噬嗑，先王以明罚敕法。

有雷,是震动和喜悦之象,万物都喜悦地随顺,君子可以无为,不需要凡事明察,所以说君子可以早出晚入,于向晚按时休息)。

象传说:随顺天时的意义是多么的宏大啊(君子随顺天时则天下都会随顺于他。随顺之道,关键在于随顺时机而行动。如果不在天时,就不能使物相随,不能使物相随,则是否塞之道。因此要可随则随,逐时而用,所以说随顺天时的意义是多么的宏大啊)!

观卦。《象传》说:观卦的卦象是坤(地)下巽(风)上,为风吹拂于地上而遍及万物之象,象征瞻仰。先代君王仿效风吹拂于地而遍及万物的精神,设立省方之礼,视察四方,考察民风民俗,设立政教。

《象传》说:具备温顺谦逊的美德,居中得正位,从而考察天下民风。观察四季运转丝毫不差就能懂得其中存在着大自然神妙的作用。圣人能够效法天道而设教于天下(自己修积善德,身体力行,做大众的榜样,不需要通过言语教诫和威刑恐逼),万民就会自然服从于他,天下实现垂拱而治。

六四:观仰国家大治的光辉景象,适宜以宾客的身份入朝辅佐君王(在观仰之时,能够最容易接近君王的,是能够观仰国家大治光辉景象的人。接近君王并因此得到官位的,是那些明白和学习国家礼仪的人。所以说"利用宾于王")。

九五:君王经常巡视国家,看民风淳正与否,如果天下有君子之风著,这样就不会有过错了(在上位的教化在下位的,如同风吹草木,草木顺风而倒,所以,观察民众的风俗,就可以体察自己所施行的是否合道。百姓如果有罪,罪责在我君主一人。天下有君子之风,自己就没有过错了。在上位的人是教化的主导者,要观察自己所施行的是否合道,观察民风就可以知道了)。

噬嗑卦。《象传》说:噬嗑卦的卦象是震(雷)下离(火)上,为

彖曰：刚柔分，动而明，雷电合而彰。刚柔分动，不溷乃明，雷电并合，不乱乃章，皆利用狱之义也。

贲。象曰：山下有火，贲。君子以明庶政，无敢折狱。处贲之时，止物以文明，不可以威刑，故君子以明庶政，而无敢折狱也。

彖曰：观乎天文，以察时变，观乎人文，以化成天下。

六五：贲于丘园，束帛戋戋，吝，终吉。为饰之主，饰之盛者也，施饰于物，其道害矣。施饰丘园，盛莫大焉。故曰：贲于丘园，束帛乃戋戋。用莫过俭，泰而能约，故必吝焉，乃得终吉也。

大畜。象曰：天在山中，大畜。君子以多识前言往行，以畜其德。物之可畜于怀，令德不散，尽于此也。

彖曰：大畜，刚健笃实，辉光日新其德。凡物能晖光日新其德者，唯刚健笃实者也。

颐。象曰：山下有雷，颐。君子以慎言语，节饮食。言语饮食，犹慎而节之，而况其余乎。

雷电交击之象。雷电交击,就像咬合一样。雷有威慑力,电能放光明。古代帝王效法这一卦象,严明刑罚,整饬法令。

《象传》说:刚柔上下先各分开,然后交相运动而不杂乱,使啮合之义显明,震雷闪电交击互合而啮合之理昭彰(刚柔分开而动,不混杂而能显明。雷电混合而不会错乱,不错乱而得以彰显。这都是有利于断狱的含义啊)。

贲卦。《象传》说:山下燃烧着火焰,象征着"文饰",君子因此修明政事,不敢以威刑断狱(出现贲卦卦象之时,火照着山,山因为火而被照明,不可以采用严厉的刑罚来治理政事,所以君子一般采用文明来理政,而不会通过武断判决案件来治理天下,甚至让民众无讼)。

象传说:观察天象,可以知晓四季的变化规律;观察社会的人文现象,可以推行教化而实现天下大治。

六五:以质朴的野外丘园为饰,系一束微薄的丝帛。虽然俭吝,终能获得吉祥(六五为文饰之主,装饰都十分美盛。拿奢华的财物来作为外饰,将损害大道。如果以朴素的山丘园林来作为修饰,将获得莫大好处。所以说:"以朴素的山丘园林来作为修饰,勤俭节约,就会财物更多。"用度要一切从俭,大方而又能够节约,表面看上去是吝啬,最终会得到吉祥)。

大畜卦。《象传》说:天包含在山中,这是宽广包容之象,君子感此卦象,应该牢记古圣先贤的的嘉言善行,来培养自己的德行(万事万物中,唯有贮藏前言往行于怀,才能让道德不会散弃)。

《象传》说:大畜卦,其性刚健笃实,君子感此卦象,得以藉天地之晖光,不断使自己的品德光辉显曜,日新又新(只有刚健笃实的事物,才能不断使自己的品德光辉显曜,日新又新)。

颐卦。《象传》说:山下响动着震雷,象征着颐养,君子感此,谨慎言语以培养德行,节制饮食以养护身体(言语和饮食,都能够谨慎、节

彖曰：颐，贞吉。养正则吉也。天地养万物。圣人养贤以及万民。颐之时大矣哉。

习坎。象曰：水洊至，习坎。君子以常德行，习教事。至险未夷，教不可废，故以常德行而习教事也。习于坎，然后能不以险难为困，而德行不失常。

彖曰：习坎，重险也。天险不可升也，不可得升，故得保其威尊。地险，山川丘陵也。有山川丘陵。故物得保以全也。王公设险以守其国。国之为卫。恃于险也，言自天地以下。莫不须险也。险之时用大矣哉。非用之常，用有时也。

离。象曰：明两作，离。大人以继明，照于四方。继，谓不绝。

彖曰：离，丽也。丽犹著也，各得所著之宜者也。日月丽乎天，百谷草木丽乎土，重明以丽乎正，乃化成天下。

咸。象曰：山上有泽，咸。君子以虚受人。以虚受人，物乃感应也。

制,更何况其他呢)。

《象传》说:颐养,固守正道才能吉祥。这是说以正道颐养才能够获得吉祥。天地养育着万物,圣人颐养贤德之人以造福万民。颐养的济时之义是多么宏大呀!

习坎卦。《象传》说:水一至再至,长流不滞,象征着重重险陷。君子感此卦象,而恒久保持修习自身德行,反复熟习政教之事(至险没有消除,教化就不能够废除,因此要恒久地保持修习自己的德行,熟习政教之事,在重重险难中修习德行,然后才能不被险难所困,而德行才能够长久保持)。

《象传》说:习坎是表示重重危险之意。天之险处,在于无阶可登(无阶可登,故能够保全其至高的威尊);地之险处,在于有山川和丘陵(有山川和丘陵,所以大地承载的万物得以保守其全)。天子和公侯因此而效法天地,设立险隘以保卫其国家(国家的防卫,需要凭借险陷,所以说天地以下,无一不需要险)。可见"险陷"的时用是多么的大啊(不是时常需要用险,若天下和谐大治,则不需要用险,若家国有难,则需要设险防难,所以说"用以时")!

离卦。《象传》说:光明两次升起,这是离卦的象征。道德高尚之人以相继不绝的光明品德照耀于四方(继,就是相继不绝的意思)。

《象传》说:离,就是依附的意思(丽就是附着,各自依附于适合自己的物体之上)。日月依附于天,百谷草木依附于地。以双重的光明依附于正道(圣人能够依附于性德之正),就可以教化天下,成就文明的风俗了。

咸卦。《象传》说:山上有大泽,山泽相通(交感),这是咸卦的象征。看到此象,君子因此虚怀若谷,广泛容纳感化众人(君子能够以虚怀若谷来感,万物都会与之相应)。

彖曰：咸，感也。柔上而刚下，二气感应以相与，天地感而万物化生。二气相与，乃化生也。圣人感人心而天下和平，观其所感，而天地万物之情可见矣。天地万物之情，见于所感也。

恒。象曰：雷风，恒。长阳长阴，合而相与，可久之道也，君子以立不易方。得其所久，故不易也。

彖曰：天地之道，恒久而不已也。得其所久，故不已也。日月得天而能久照，四时变化而能久成，圣人久于其道而天下化成。言各得所恒，故皆能久长也。观其所恒，而天地万物之情可见矣。天地万物之情，见于所恒也。

九三：不恒其德，或承之羞。德行无恒，自相违错，不可致诘，故或承之羞也。

不恒其德，无所容也。

遯。象曰：天下有山，遯。天下有山，阴长之象也。君子以远小人，不恶而严。

九五：嘉遯，贞吉。遯而得正，反制于内，小人应命，率正其

《象传》说：咸，就是"感应"之意。阴柔居上而阳刚在下，阴阳二气感应而又相互交融。天与地相互感应，因而万物得以化生（阴阳二气相互感应，这是化生生命啊）；圣人设立道德教化，与民心相感应，因而天下和平。通过观察其感应的情状，天地万物的情状便可以窥见了（天地万物的情状，就体现在天地万物以气类共相感应的过程中）。

恒卦。《象传》说：雷发风行，刚柔相济，这是恒久之象（上卦为震，震为长子，故称"长阳"；下卦为巽，巽为长女，故称"长阴"。长阳和长阴常相交助，刚柔相济，这是能够长期存在之道啊）。君子因此做人做事有所树立，有卓然不可移易之方（因为得到了长期存在的道，所以不会轻易放弃和改变）。

《象传》说：天地的运行规律是永恒运行，没有停息（因为天地运行规律是永恒的，所以不会停止）。日月得到天的承载，而能长久照耀天下；四季往复变化，所以能永久生成万物；圣人长久地推行其道义，所以能教化天下（这是说各自得到所以长久的东西，所以都能够长期存在）。观察其所以长久之理，天地万物的性情便可以知道了（天地万物的性情就表现在其所行的"恒久"之道上）。

九三：如果不能长久地保持自己的德行，就有可能会招致别人的羞辱（不能长久保持美德，自己就会违背美德、产生过失，产生过失则不足以向其问明事理，所以说就会蒙受他人的羞辱）。

如果不能长久地保持德行，将无容身之地。

遯卦。《象传》说：高天之下立着大山，这是退避之意（高天之下立着大山，这是表示阴盛的卦象）。君子因此而远避小人，并不憎恶小人，但亦自具威严，使其不敢冒犯。

九五：嘉美地遯去，是贞正而且吉利的（有德之人退避而能自正

志,不恶而严,得正之吉,遁之嘉者也。象曰:嘉遁贞吉,以正志也。

上九:肥遁,无不利。最处外极,无应于内,超然绝志,心无疑顾,忧患不能累,矰缴不能及,是以肥遁无不利也。象曰:肥遁无不利,无所疑也。

大壮。象曰:雷在天上,大壮。君子以非礼弗履。壮而违礼则凶,凶则失壮矣,故君子以大壮而顺礼也。

象曰:大壮利贞,大者正也,正大而天地之情可见矣。天地之情,正大而已,弘正极大,则天地之情可见矣。

象曰:明出地上,晋。君子以自昭明德。以顺著明,自显之道。

明夷。象曰:明入地中,明夷。君子以莅众。莅众显明,蔽伪百姓者也,故以蒙养正,以明夷莅众矣。用晦而明。藏明于内,乃得明也,显明于外,乃所避也。

其志,可反而控制内部,使小人听其命,遵循其志。不厌恶小人,而是显其威严教化小人。九五以阳刚居中得正,以中正自处,时止时行,从认识到行动都能对遁的问题作出最好的处理,所以获得贞吉)。《象传》说:"嘉美地遁去,守持贞正可以获得吉祥",是因为其能端正心志啊。

上九:飘然远逝,无所疑滞,退隐山林,没有什么不利的(上九处在遁卦之极,比喻君子处在最边远的地方,没有在朝廷中的应酬,超然物外,卓绝其志,心里没有任何顾虑,没有什么忧患让其牵累,阴谋诡计不能加于其身,所以说"肥遁无不利")。《象传》说:"遁世隐居,没有什么不利的",这是说没有什么可以疑虑的啊。

大壮卦。《象传》说:震雷响彻天上,刚强威盛,这是大壮的象征。君子因此效法此卦的精神,克己复礼,不施行不符合礼的事情(如果强盛但是行为不符合礼,那就是凶象了,是凶象的话就不能够继续保有其强盛了。所以君子不仅刚强威盛,而又顺应于礼)。

《象传》说:大壮卦,"大"得已经达到了强盛,此时守持正固最为有利。"大"是"正大"。君子体认"正大"之理,那么就能知晓天地的性情了(天地的性情,就是"正大"而已。弘扬"正大",那么天地的性情就都明白了)。

晋卦。《象传》说:太阳升起,照耀大地,是显升之象,这是晋卦的特征。君子看到此象,应自己把自身本有的光明德性显现出来(随顺自然之道显明其德,才是自我显明之道)。

明夷卦。《象传》说:太阳落入地中,是光明伏踞之象,这是明夷卦的象征。受此卦象启迪,君子治理众人(治理民众,太过于显示自己的机巧智慧,就会让百姓有被蒙蔽和欺骗之感,百姓就会丧失质朴,变得诈伪。因此要用大智若愚的方式来培养百姓纯正的民风,用自隐其慧的方式来使众人得到治理),能够自我晦藏其明智,这样反而能更加显示其

彖曰：内文明而外柔顺，以蒙大难，文王以之。利艰贞。晦其明也，内难而能正其志，箕子以之。

家人。象曰：风自火出，家人。由内相成，炽也。君子以言有物而行有恒。家人之道，修于近小而不妄者也，故君子言必有物，而口无择言；行必有恒，而身无择行也。

彖曰：家人，女正位乎内，男正位乎外，天地之大义也。家人有严君焉，父母之谓也。父父，子子，兄兄，弟弟，夫夫，妇妇，而家道正，正家而天下定矣。

睽。象曰：上火下泽，睽。君子以同而异。同于通理，异于职事。

彖曰：睽，火动而上，泽动而下，天地睽而其事同也，男女睽而其志通也，万物睽而其事类也，睽之时用大矣哉。睽离之时，非小人之所能用也。

道德光明（把自己明察的智慧掩藏起来，才是真正的明察之道。把自己明察的智慧显明于外，是君子应该避免的事情）。

《象传》说：内藏光明之德而外显软弱顺服，以此来躲避大难，周文王采用此道。利用困境坚贞守正，隐藏其贤德之能，当内难之时，能端正其志向，箕子就是采用的这种方法。

家人卦。《象传》说：风从火中生出，这是家人卦的象征（风从火的内部生成，是因为火的温度高的缘故，这是说明家人卦巽在离外，是风从火出。火刚生起的时候，因为有风，会更加炽盛。火炽盛后又会形成风。这样内外互相作用，有似家人之义。所以说"风自火出，家人"）。君子因此应注意自己的一言一行，说话要有根据和内容，行动要有准则和规矩，不能朝三暮四和半途而废（居家行事的道理，要从身边的人和日常小事着手，不可轻忽随意。因此君子说话一定有根有据，这样话一出口就会合乎道理而无需选择；做事一定遵循规律和法则，这样一做事情就会符合大道而无需选择）。

《象传》说：家人卦是说，女子应当居家主内，而男人应当以处理外部事务为主，这样才符合天地阴阳的大道。家中有严正的主人，这是指父母而言的。父亲尽父亲的责任，儿子尽儿子的责任，兄长尽兄长的责任，弟弟尽弟弟的责任，丈夫尽丈夫的责任，妻子尽妻子的责任，这样家道就能端正了。家道端正了，那么天下也就能安定了。

睽卦。《象传》说：上为火而下有泽，两相乖违，这是睽卦的象征。看到此卦象，君子处于世上，应该求同存异，保持自己的个性和特色（认同共通的道理，各自做好不同的事情）。

《象传》说：睽卦火起而腾升向上，水动而流泻向下。天与地一高一低两相乖违，但其化育万物的事是相同的；男与女，男外女内，分位有别，但其成家理事的心意是相通的；世间万物，各具风姿，互相乖违，但其发展变化的规律是类似的。睽卦异中有同，同中有异，

象曰：山上有水，蹇。君子以反身修德。除难莫若反身修德也。

彖曰：蹇，难也，险在前也，见险而能止，智矣哉。

六二：王臣蹇蹇，匪躬之故。处难之时，履当其位，执心不回，志匡王室者也，故曰"王臣蹇蹇，匪躬之故"也。履中行义，以存其上，处蹇以此，未见其尤也。

象曰。王臣蹇蹇。终无尤也。

解。象曰：雷雨作，解。君子以赦过宥罪。

彖曰：天地解而雷雨作，雷雨作而百果草木皆甲坼。天地否结，则雷雨不作，交通感散，雷雨乃作也。雷雨之作，则险厄者亨，否结者散，故百果草木皆甲坼也。解之时大矣哉。无所而不释也。

六三：负且乘，致寇至，贞吝。处非其位，履非其正，以附于四，用夫柔邪以自媚者也。乘二负四，以容其身，寇之来也。自己所致矣，虽幸而免，正之所贱也。

异同并存的施用范围是很大的（事物睽离之时，只有大德之人能建其用，于异中求同，睽卦的时用不是小人所用的）！

《象传》说：山上流水，跌宕曲折而下，行动艰难，这是蹇卦的象征。君子效法此卦，在困难之时应该反省自身，修养自身德行（解除困难最好的方法，莫过于自我反省，修习德行）。

《象传》说：蹇卦，象征着艰难，就是前面有危险的意思。看到险情能够停止，这是明智之举啊。

六二：君王的臣仆忠诚正直，不是为了自身的私事啊（处在危难时，能够坚守岗位，履行自己的职责，做到坚定不移，这才是真正的为君王效忠，所以说"王臣蹇蹇，匪躬之故"。臣子在艰难困苦时还能履行职责，坚持王臣之道，使君王得以保全，用这种行为来处蹇，看不到他有什么过失）。

六二《象传》说：君王的臣仆忠诚正直，虽屡陷艰难，但这样做始终不会有过失。

解卦。《象传》说：雷雨并作，化育万物，是解困通达的象征。君子因此赦免人之过失，宽恕有罪之人。

《象传》说：天地舒解时雷雨兴起，雷雨兴起后百果草木的种子舒展发芽，绽开外皮（天地之气否结，雷雨不会兴起。当天地交相感应而解散时，雷雨于是兴起了。当雷雨兴起时，那些身处危险困难境地而能奋发的事物将会吉祥，阻滞的事物将会消散，所以百果草木种子都破壳而出）。解之时的功效是多么宏大呀（处解之时，没有什么是不可以舒解的）！

六三：背负重物而身乘大车，必招致强盗来抢夺，虽正，也是很鄙吝的（六三处在九四之下、九二之上，比喻处在自己不应处的位置，做着自己不该做的事。依附于九四，采用奸邪伪善的手段诌媚巴结。乘凌九二阳刚之上而攀附于九四，来容纳自身。强盗之所以来抢夺，是自己造成的啊！

损。象曰：山下有泽，损。君子以惩忿窒欲。可损之善，莫善损忿欲也。

彖曰：损益盈虚，与时偕行。自然之质，各定其分，损益将何加焉。非道之常。故必与时偕行也。

益。象曰：风雷，益。君子以见善则迁，有过则改矣。从善改过，益莫大焉。

彖曰：益，损上益下，民悦无疆，自上下下，其道大光。利有攸往，中正有庆。五处中正，自上下下，故有庆也，以中正有庆之德，有攸往也，何适而不利哉。

升。象曰：地中生木，升。君子以慎德，积小以成高大。

革。象曰：泽中有火，革。

彖曰：革，水火相息。凡不合而后变生，火欲上，泽欲下，水火相战，而后变生者也。天地革而四时成，汤武革命，顺乎天而应乎人，革之时大矣哉。

上六：君子豹变，小人革面。居变之终，变道已成，君子处

哪怕侥幸免除了灾难，但这仍是君子所鄙视的行为）。

损卦。《象传》说：山下有泽，是减损的象征。效法损卦的精神，君子要控制自己的愤怒、克制自己的欲望（最好的减损，莫过于惩忿窒欲）。

《象传》说：事物的减损增益、盈满亏虚，一定要依照时节的要求而进行（自然所生之万物，各自有自己特定的定位分工，减损增益又怎么能随意加于其上呢!这是不符合正常规律的，所以凡事一定要顺应时节的要求而进行）。

益卦。《象传》说：风起雷动，交相助益，象征"增益"。君子观此卦象，从而见善举则仿效从之，有过错则主动改正（依从善道，改正过失，这样得到的好处很大啊）。

《象传》说：增益，就是损抑尊贵，增益下民，这样民众喜悦无限；尊贵者礼贤下士，损上利民，其道必能大放光芒。利有所往，以中正之道让天下人受益，天下都能得到其福报和喜庆（九五刚中居正而能损上益下，所以有祥庆之象。以九五尊位和祥庆的德行，可以前往任何地方，无论前往何处皆是有利的）。

升卦。《象传》说：苗木生于地中，是成长上升的象征。君子因此慎重修德，从积累小善做起，以至修成高行大德。

革卦。《象传》说：水泽中有烈火（两性相违，必生变故）象征着变革。

《象传》说：变革，就像水火相长交互更革，火盛则水可涸，水盛则火可灭（凡是有不相融的事物相接触就会发生变革。火在下面想要向上，水在上面想要下来，水火双方交战，而后必然会出现变革而生成新的事物）。天地变革而四季成。商汤革命而夏桀灭，周武革命而商纣亡，这既顺从天意而又应和人心。变革的时代意义多么大呀！

上六：变革的大业已成，君子像斑豹一样助成变革，小人纷纷改

之，能成其文，小人乐成，则变面以顺上也。

鼎。象曰：木上有火，鼎。

彖曰：鼎，象也。以木巽火，亨饪也，圣人亨以享上帝，而大亨以养圣贤亨者。鼎之所为也。革去故而鼎成新。故为亨饪调和之器也。去故取新。圣贤不可失也。饪。熟也。天下莫不用之。而圣人用之。乃上以亨上帝。下以大亨养圣贤焉。

震。震惊百里，不丧匕鬯。威震惊乎百里，则足可以不丧匕鬯矣。匕所以载鼎实，鬯，香酒，奉宗庙之盛者也。

象曰：洊雷，震。君子以恐惧修省。

彖曰：震，亨。震来虩虩，恐致福也。

震惊百里，惊远而惧迩也。威震惊乎百里，则惰者惧于近矣。出，可以守宗庙社稷，以为祭主也。明所以堪长子之义也，不丧匕鬯，则已出可以守宗庙也。

艮。象曰：兼山，艮。君子以思不出其位。各止其所，不侵官也。

变旧日倾向（上六处于变革之末，此时变革已经完成。君子当此之时，能成就他的美德。百姓喜欢这种美德，于是就慢慢改变原来面貌形成顺上的风气）。

鼎卦。《象传》说：木上烧着烈火，这是鼎卦的象征。

《象传》说：鼎卦，取鼎作为卦象。木跟从火，就是烹饪的景象。圣人烹饪以祭祀天帝，又用"大"的烹饪来养圣贤（烹饪，是鼎的功能。革是去故，鼎是成新，所以鼎是烹饪调和的器具。除旧布新，是圣贤之人不可缺失的思想。饪，就是把食物煮熟。天下人没有不用鼎烹饪食物的。而圣人用鼎烹饪食物，对上是用来祭祀天帝，对下是用来广泛供养圣贤的）。

震卦。震：巨雷震惊百里，主祭之人却能镇定自若，手拿盛酒的勺子，也没有洒出一滴酒（巨雷的威力震惊百里，让人小心谨慎，那么足够可以使匕、鬯不丢失了。匕是用来盛鼎中之物的。鬯是香酒，是祭祀宗庙时所盛的用品）。

《象传》说：接连而响的巨雷，使人震动。君子因此心生敬畏恐惧之感，自我修身省过。

《象传》说：巨雷震动，可以亨通。震雷响起，使万物感到恐惧，因恐惧而戒慎，反而会因此而得福。

雷造成的震动震惊百里，让在远处的人为之震惊、在近处的人为之恐惧（君主的政令如巨雷震惊百里，那么懒惰的人就害怕接近了）。这样即使君主外出，也能够有长子留守宗庙社稷，担当主持祭祀的重任（说明之所以委任长子的道理。只要长子能不丢失匕鬯，那么君王外出后长子留守，也可以担当主持祭祀的重任）。

艮卦。《象传》说：两座山重叠，是抑止之象。君子因此自我抑制内心的欲望，不敢超越其位分（各自做好自己的事情，不要超越自己

彖曰：艮，止也。时止则止，时行则行，动静不失其时，其道光明。止道不可常用，必施于不可以行，适于其时，道乃光明。

丰。亨，王假之。大而亨者，王之所至也。勿忧，宜日中。丰之为义，阐弘微细，通夫隐滞者也。为天下之主，而令微隐者不亨，忧未已也，故至丰亨，乃得勿忧也。用夫丰亨不忧之德，宜处天中以遍照者也，故曰宜日中也。

象曰：雷电皆至，丰。君子以折狱致刑。文明以动，不失情理。

彖曰：日中则昃，月盈则食，天地盈虚，与时消息，而况于人乎，况于鬼神乎。丰之为用。困于昃食者也。施于未足则尚丰。施于已盈则方溢。不可以为常。故具陈消息之道也。

兑。象曰：丽泽，兑。君子以朋友讲习。

彖曰：兑，悦也，刚中而柔外，悦以利贞。说而违刚则谄，刚而违悦则暴，刚中而柔外，所以说以利贞也。是以顺乎天而应乎

的位分)。

《象传》说:"艮",抑止之意。观察时势,当止则止,宜行则行,只要行止不失其时机,其前途将会更加光明(抑止之道不可以经常用,只有在不得不实施的情况下才采用。只有在适合的时机用,才能显现抑止之道的好处)。

丰卦。象征丰盈硕大,亨通,只有圣王可以达到这个境界(硕大而亨通的境界,是只有圣王才能够达到的)。不用忧虑,圣王行事如日在中天,照耀无所不及(丰卦的含义,在于让微细之物也能够发扬光大,能够通达隐居之人。作为天下的君主,而让微小事物、隐居之人不能够亨通,这样会忧患不停啊!所以只有当达到了丰盈亨通时,才能够不担忧啊。而有丰盈亨通不担忧的德行,适合像太阳位居中天一样遍照四方,所以说"宜日中")。

《象辞》说:雷声和电光一起到来,有威有明,象征丰盈硕大。君子取此象之意,明断案件,按律量刑(一举一动都要文明,不能够违背情理)。

《象传》说:日至中天必将西斜,月亮圆满盈盛必将亏蚀。天地间万物的盈满与亏缺都随着天时变化而消长,盛衰无常,又何况于人的事业呢?何况于鬼神的享祭呢?(丰卦的应用,受因于日至中天必将西斜和月亮圆满盈盛必将亏蚀,在尚未满的情况下还能使之变得丰盈,在运用于已经满了的情况下就会溢出,所以不可以作为常用手段,因此这里具体说明万物消长、增减、盛衰的道理。)

兑卦。《象传》说:两泽相连,互有补益,是相互受益的象征。君子得此启迪,常与良朋益友互相讲习切磋,互相补益。

《象传》说:兑,就是喜悦的意思。君子内秉刚健之德,外显柔和之态,以相互喜悦的关系相处,有利于坚贞守正(因为喜悦而违背刚

人,天刚而不失悦者也。

悦以先民,民忘其劳,悦以犯难,民忘其死。悦之大,民劝矣哉。

涣。象曰:风行水上,涣。
九五:涣汗其大号,涣。王居无咎。处尊履正,居巽之中,散汗大号,以荡险扼者也。为涣之主,唯王居之,乃得无咎也。

节。象曰:泽上有水,节。君子以制度数,议德行。

象曰:苦节不可贞,其道穷。为节过苦,则物不能堪也,物不能堪,则不可复正也。

悦以行险,当位以节,中正以通。无悦而行险,过中而为节,则道穷也。

天地节而四时成,节以制度,不伤财,不害民。

中孚。象曰:泽上有风,中孚。君子以议狱缓死。信发于中,虽过

健之德就是谄了，因为刚健而让人不高兴就成暴了。兑卦内里刚健而外显柔和，所以说悦以利贞），因此顺乎天道而合乎人心（只有天道刚健却又不失于让人愉悦）。

君子大人若能先悦豫百姓（注意百姓的饱食、暖衣、养生），让百姓做事情，百姓就会任劳忘苦；若能先悦豫百姓，危难之时让百姓趋赴危难，百姓也会不避艰险，舍生忘死。悦民作用之大，就在于能使百姓自我勉励呀！

涣卦。《象传》说：风行水面，象征着涣散。

九五：君王能如汗从体出一样发布盛大的号令，令出必行，在涣散之时，能这样做就可以没有祸害。这样做，只有由圣明的君王来担当才会没有咎害（九五处在上卦巽卦之中，居中履正，比喻君王处在尊位而能履行中正之道，置身于动荡的局势中，因惊怖而流汗，及时发布施行仁德的号令以挽救危机，作为危难之际的主宰，只有圣明的君王在位，才能免于灾祸）。

节卦。《象传》说：大泽上有水（水位升高，应加高堤防），当予以节制。君子观此象，从而制订法度礼数作为准则，考察商议德行以期任用得宜。

《象传》说：过分节俭不可以为中正，因为它难以持久，必然会变（为了节俭而太过艰苦，那是事物不能够承受的。不能承受，那么就不能够继续坚持正道了）。

心甘情愿地去节制，处在九五的尊位而能够懂得节制，就能居中得正，通天下之志（没有高兴的心情而去节制，为了节制而超过中和之度，这样其道就会困窘）。

天地有节制（遵从运行规则），四季才能形成。国家应当以典章制度作为节制准则，就能做到既不浪费财物，又不伤害百姓。

中孚卦。《象传》说：大泽上吹拂着和风（如广施信德），无所不

可亮。

彖曰：中孚，柔在内而刚得中，悦而巽。孚。有上四德，然后乃孚。乃化邦也。信立而后邦乃化也。柔在内而刚得中，各当其所也。刚得中，则直而正，柔在内，则静而顺，悦而以巽，则乖争不作，如此，则物无巧竞，敦实之行著，而笃信发乎其中矣。豚鱼吉，信及豚鱼。鱼者，虫之潜隐者也；豚者，兽之微贱者也。争竞之道不兴，忠信之德淳著，则虽微隐之物，信皆及之也。中孚以利贞，乃应天。盛之至也。

小过。象曰：山上有雷，小过。君子以行过乎恭，丧过乎哀，用过乎俭。

彖曰：小过，小者过而亨也。小者，谓凡诸小事也，过于小事而通者也。过以利贞，与时行也。过而得以利贞，应时宜也，施过于恭俭，利贞者也。柔得中，是以小事吉，刚失位而不中，是以不可大事。成大事者，必在刚也，柔而侵大，剥之道也。

周,诚信之象。君子因此懂得了诚信感化的重要,在判决案件之前进行充分的讨论,把所有可疑的或者不能据以定罪的东西都查出来。在判决死刑后,尽量缓期执行,尽量在犯人必死的罪行中找出可以不死的依据。(如果诚信是发自于内心的,即使过了也是可以相信的。)

《象传》说:中孚卦,阴柔在内且谦虚至诚,阳刚居外又能忠实有信,是诚信的象征。在上位者以至诚顺应于在下位者,在下位者有诚信地、喜悦地服从在上位者(有以上四种美德,然后才能使人信服),诚信如此,才能教化兴邦(诚信确立以后,教化的作用自然能够普及全国。中孚卦柔处于内,而上下二体都以刚居外,各自承担其责。阳刚居外得正位,就会正直而中正;阴柔处内,就会平静而柔顺。如果在上位者以至诚顺应于在下位者,在下位者有诚信地、喜悦地服从在上位者,诚信如此,那么乖戾和争斗就不会有了。这样,万物就不会取巧竞争了。敦厚诚实的风气就会盛行,这样忠实诚信就会从心中生起)。诚信能够感化小猪小鱼,可以获得吉祥,是说诚信到了极点了,连对小猪小鱼也变现出诚信(小鱼,是潜藏的虫类。小猪,是微贱的兽类。如果争夺竞赛的风气不盛行,忠信的美德朴实盛行,那么即使是微隐的事物,都能用诚信来感化)。中心诚信而又能守持正道,那么就可以和天道相应了(盛大达到了顶点)。

小过卦。《象传》说:山顶上响动着震雷(山大雷小),小有越过之象。君子悟此象,从而行为稍过于恭谦,居丧稍过于哀伤,用度稍过于节俭。

《象传》说:小过是指在上述小事上稍有越过,反而会亨通(小,是指所有的小事。在小事上稍有越过反而能够亨通)。持稍有越过之态反而有利于保持操守,这是因为适时而行的缘故(稍稍越过而有利于守持正道,是因为行动符合时宜。在恭让节俭上略有所过,就会和谐贞正),阴柔居中而不偏,因此在小事情上会获得吉祥。阳刚失其正位

既济。象曰：水在火上，既济。君子以思患而豫防之。存不忘亡，既济不忘未济也。

彖曰：既济，亨，利贞，刚柔正而位当。刚柔正而位当，则邪不可以行矣，故唯正乃利贞也。

九五：东邻之杀牛，不如西邻之禴祭，实受其福。牛，祭之盛者也；禴，祭之薄者也。居既济之时，而处尊位，物皆济矣。将何为焉，其所务者，祭祀而已，祭祀之盛，莫盛修德，故沼沚之毛，苹蘩之荣，可羞之于鬼神。黍稷非馨，明德惟馨，是以东邻杀牛，不如西邻之禴祭，实受其福也。

系辞（上）

天尊地卑，乾坤定矣。卑高以陈，贵贱位矣。动静有常，刚柔断矣。刚动而柔止也，动止得其常体，则刚柔之分著矣。方以类聚，物以群分，吉凶生矣。方有类，物有群，则有同有异，有聚有分也，顺其所同则吉，乖其所趣则凶，故吉凶生矣。在天成象，在地成形，变化见矣。象，况日月星辰。形，况山川草木也。悬象运转以

而不持中,因此,大事不可用"小过"之法(成就大事业的人,一定是阳刚之才。以阴柔济大事,是衰败的做法)。

既济卦。《象传》说:水在火上,象征事情已经成功。君子观此卦象,想到火可烧水以为饮,水或倾覆而灭火,于是考虑事成之后可能出现的祸患而采取措施,防范于未然(存在而不忘记灭亡,已经成功但不忘记还将发生变故)。

《象传》说:处在既济的时候,无所不亨,利于守正,是因为阳爻阴爻各得其正,各居阴阳的正位(刚柔并济而且处位得当,那么邪道就不能盛行了。所以只有守持正道才能利贞)。

九五:东邻(此指殷人)杀牛厚祭鬼神,不如西邻(此指周人)之薄祭(因东邻恃其财大,重奢华而不修德;西邻敬重修德,礼天而不奢侈),实际上西邻更能得到鬼神的福佑(用牛祭祀,表明祭祀用的物资十分丰盛。禴是指祭祀用的东西很少。在既济之时,已经身处尊位,万物各得其所,这时将做什么呢?其所应致力的,仅仅是祭祀而已。祭祀之盛,莫过于蓄积深厚的道德,所以水坑里的草、茂盛的苹和蘩是可以用来祭祀鬼神的。"谷物祭祀本身没有馨香,惟有高尚的品德才有远处可闻的馨香。"所以说"东邻杀牛厚祭,不如西邻以诚敬之心薄祭而更实得福泽")。

系辞(上)

天尊贵而高高在上,地卑微而在人们脚下,《易经》中乾为天为高为阳、坤为地为低为阴的象征就确定了。天下间的万事万物都是由卑贱到高大而排列,《易经》中六爻贵贱的位置也依序而排定了。天地间的万事万物,动极必静,静极必动,运动与静止都有一定的规律,《易经》中阳刚阴柔、阳极生阴、阴极生阳的道理也就确定了。(阳刚主动,阴柔主静。行动和静止都有规律,这样刚柔的区分就很明显

成昏明,山泽通气而云行雨施,故变化见也。

是故鼓之以雷霆,润之以风雨,日月运行,一寒一暑。乾知大始,坤作成物。

乾以易知,坤以简能。天地之道,不为而善始,不劳而善成,故曰易简。易则易知,简则易从。易知则有亲,易从则有功。有亲则可久,有功则可大。有易简之德,则能成可久可大之功。可久则贤人之德,可大则贤人之业。天地易简,万物久载其形,圣人不为,群方各遂其业。德业既成,则入于形器,故以贤人目其德业也。易简而天下之理得矣。

易与天地准,作易以准天地也。故能弥纶天地之道。仰以观于天文,俯以察于地理。知幽明之故,知死生之说也。幽明者,有形无形之象;死生者,始终之数也。知鬼神之情状。

了。)天下人各行其道而以类聚集,物各有其群而以类相分,同于善同于君子的就吉,同于恶同于小人的就凶,这样,吉祥与凶险也就产生了。(法术性行有不同的种类,物色群党有不同的群体,这样就有了同和异、有了聚和分。顺着其所同的,就会吉利;违背其所趣的,就会凶险。所以说吉凶就产生了。)在天成就日月星辰昼夜晦冥的现象,在地成就山川河岳动植草木的形态,世间万事万物错综复杂的变化就体现出来了。(象比喻日月星辰,形比喻山川草木。日月星辰的运转形成了昏暗和明亮,山川河岳动植草木互通气息而形成了云朵和雨水,所以说万事万物的变化就显现出来了。)

因此,天下万物靠雷霆的鼓动(而产生),靠风雨的滋润(而成长)。日月不停地运转交替,形成了有寒冷有暑热的季节变化。乾开创万物,坤作成万物。

乾以平易来知,坤以简单去做。(天地之道,不需要做什么却善于创始,不需要做什么却善于形成,所以称为"易和简"。)平易则易于了解,简易则容易遵从。容易了解就能得到他人的理解和亲近,容易让人遵从就可以用来建立事业。得到理解和亲近就能长久,能够建立事业就能更加宏大。(有易简这样的德行,就能成就恒久而伟大的功业。)能够长久就是贤德的人所应有的品德,能够宏大就是贤德的人应该建立的事业。(天地有着易简之德,万物因此能够永久地保持其形;圣人没有任何作为,万方都各自成功顺利地把各自的事情做好了。德业成就之后,就成为有形象之物,需要有一定的名称,因此就根据其成就的德业称其为"贤人"了。)秉承易简之德,则天下的道理就都懂得了。

《易经》和天地相准(指圣人作《易经》完全效仿天地之道),所以天地的规律都包含在里面了。抬头来观察上天的各种现象,低头来观察大地的各种情况,因此能够知道幽隐难见的和显而易见的事

与天地相似。德合天地，故曰相似也。知周乎万物，而道济天下。知周万物，则能以道济天下也。乐天知命，故不忧。顺天之化。故曰乐也。范围天地之化而不过，范围者，拟范天地而周备其理也。曲成万物而不遗，曲成者，乘变应物，不系一方者也，则物得宜矣。故神无方，而易无体。神则阴阳不测，易则唯变所适，不可以一方一体明也。

仁者见之谓之仁，智者见之谓之智，百姓日用而不知，故君子之道鲜矣。君子体道以为用者也，体斯道者，不亦鲜乎。

显诸仁，藏诸用。衣被万物，故曰显诸仁。日用而不知，故曰藏诸用也。盛德大业至矣哉。富有之谓大业，广大悉备，故曰富有。日新之谓盛德，体化合变，故曰日新。生生之谓易，阴阳转易，以成化生。阴阳不测之谓神。神也者，变化之极也，妙万物而为言，不可以形诘者也，故曰阴阳不测也。

情,能够知道万物消亡与生长的规律(幽隐难见的和显而易见的,是有形的事物和无形的事物的现象;消亡和生长,是始终逃不掉的定数)。能够知道万物精微变化的情况和状态。

《易经》之理和天地的规律相似(圣人的德行能够和天地相合,所以说相似)。能了解《易经》所包容的万物的规律,就能够按照它所反映出来的规律来解决天下的问题(圣人彻底明白万物的道理,所以能够周济天下万物)。能够乐观地对待自然趋势、明了人生宇宙的真相和规律,所以没有忧愁苦闷(圣人明白天道的常数,从而能够顺应它,所以没有忧虑)。《易经》效法天地之间的一切变化规律而没有错失(范围者,指圣人效法天地之道而周备其理),多方设法成就万物而没有遗漏(曲成者,指随变而应,多方设法而使物成就,而不局限于单一的方术,则物各得其所宜,连细小之物都没有被遗弃而不成就的)。因此它神妙而没有固定的方所,变化无穷而没有具体的形态(因其神妙,所以不能测定其物类,因其善变,所以能适应于一切事物,不能够用一方一体来说明)。

仁者见到道就将它叫做"仁",智者见到道就将它叫做"智",百姓每天运用道却不知道它的存在,所以真正懂得圣人之道的人很少了(圣人是能够体悟道,依照道来修身的人。能体悟道的人,不是也很少吗)。

《易经》所体现的道显露出来就表现为仁德,又隐藏在一切日常所用的事物之中(养惠、加护于万物,所以叫做"显诸仁";每日在用而没有察觉,所以叫做"藏诸用")。天地的盛德大业可以说到了极点。富有就叫做"大业"(天地辽阔广大,拥有一切,所以叫做"富有"),一天比一天进步就叫做"盛德"(圣人能够体察时运迁化而与之相合,日日增新,所以叫做"日新")。使万物生长并再生就是易(阴阳不断地变化,以成就和化生万物),阴与阳的变化无法使人预测叫做神(神是变化到了

夫易,广矣大矣,以言乎天地之间则备矣。广大配天地,变通配四时,阴阳之义配日月,易简之善配至德。易之所载,配此四义也。子曰:易其至矣乎。夫易,圣人所以崇德而广业也。穷理入神,其德崇也,兼济万物,其业广也。天地设位,而易行乎其中矣。

圣人有以见天下之赜,而拟诸其形容,象其物宜。乾刚坤柔,各有其体,故曰拟诸其形容也。拟之而后言,议之而后动,拟议以成其变化。拟议以动,则尽变化之道也。

鸣鹤在阴,其子和之。我有好爵,吾与尔靡之。鹤鸣则子和,修诚则物应,我有好爵,与物散之,物亦以善应也。鹤鸣乎阴,气同则和,出言户庭,千里应之,出言犹然,况其大者乎,千里或应,况其迩者乎。子曰:君子居其室,出其言,善则千里之外应之,况其迩者乎。居其室,出其言,不善则千里之外违之,况其迩者乎。言出乎身,加乎民,行发乎迩,见乎远。言行,君子之枢机,枢机,制动之主。枢机之发,荣辱之主也。言行,君子之所以动天地,可不慎乎。

极点的意思。万物的变化无形无体，不能够用物来形容而穷语，所以说"阴阳不测"）。

《易经》所包含的内容实在是太广泛博大了！从天地之间来看，它无比的完备，什么都包括在内，什么都有。它的广博、伟大与天地相一致，它的变化通达与四季运行相一致，它的阴柔与刚健的道理与日月的形象相一致，它的易简之善可以与至高无上的德性相配合（《易经》所承载的道理，就是这四个含义）。孔子说："《易》大概完善完美到极点了吧！《易》，圣人用来使人们品德越来越高尚、事业越来越广大（穷究事物的道理到了入神的地步，其德也可以说是无比的崇高了；能够使得天下万物都得到其恩惠，其事业可以说是无比的广大了）。天高和地卑的地位一经设定，《易》所体现的规律就运行在天地之中了。"

圣人因为看到天下万物复杂多样，便用八卦模拟出它们的形态，用合适的物来进行取象（乾道刚健，坤道柔顺，各自有它的体，所以说模拟出它们的形态）。先模拟好物象然后再揭示其中的道理，先讨论事物的情形然后揭示其中变动的规律，通过模拟和讨论而确定万事万物的变化规律（通过模拟和讨论而确定万事万物的变化规律，就能够彻底明白变化之道了）。

"鹤在树荫中鸣叫，其子就会和它共鸣。我有好酒，好朋友来了就与其一起享用。"（鹤一鸣叫，其子就会与之应和，君子修诚，万物就会与之感应。我有美酒，就弥散施予万物，万物也会以善与我感应。鹤在树荫下鸣叫，它的同类就会与之应和。君子在自家庭院中说话，千里之外都会有人应和。出言都如此，何况其他的大事呢？千里之外都能够与之感应，何况近处呢？）孔子说："君子处在自家的庭院中，发出言论之后，如果言论是美好的，那么千里之外都能得到回应，何况是近处的呢？处在自家的庭院中，发出言论之后，如果不是美好的，那么千里之外也

同人,先号咷而后笑。子曰:君子之道,或出或处,或默或语。二人同心,其利断金。同人终获后笑者,以有同心之应也。夫所况同者,岂系乎一方哉。君子出处默语,不违其中,则其迹虽异,道同则应也。同心之言,其臭如兰。

籍用白茅,无咎。子曰:苟错诸地而可矣,藉之用白茅,何咎之有,慎之至也。

劳谦,君子有终,吉。子曰:劳而不伐,有功而不德,厚之至也,语以其功下人者也。德言盛,礼言恭,谦也者,致恭以存其位者也。

不出户庭,无咎。子曰:乱之所生也,则言语以为阶,君不密则失臣,臣不密则失身,机事不密则害成,是以君子慎密而不出也。

会背弃它，何况那近处的呢？言论从他本身发出来，影响到民众；行动发生在近处，却显现在远处。言论和行动，对君子来说好比是门户的转轴或弓箭上的机关一样（枢机，制动的主要组成部分）。门轴和机关的发动，关系到得到的是称赞还是羞辱。言论和行为，是君子能够影响天地万物的因素，怎能不慎重呢？"

同人卦九五爻辞说，"先会嚎啕大哭，然后会欢笑"。孔子说："君子之道，可以体现于在外做官，也可以体现于在家闲居；可以体现为沉默不语，也可以体现为言谈议论。两个人能够心志相同，就像锋利的刀剑可以斩断金属（同人卦之所以最后能够获得欢笑，是因为有同心之人的相应。要知道比喻同者的方式，怎么能够只有一个方面呢？君子无论在外为官还是在家闲居，无论沉默不语还是言谈议论，都不违背中道，则其形迹虽然各异，但只要与道相符，就会相互感应）。心志相同的话语，犹如兰花一样芳香。

"大过卦的初六爻辞说，用白色的茅草垫着来放祭品，没有灾难。"孔子说："随便地把祭品放置在地上就可以了，却还要用白色茅草垫在下面作席子，还有什么灾难呢？因为已经做到谨慎之至了啊！"

"（谦卦九三爻辞说）有功劳而无比谦逊，君子能够一直这样做，就能获得吉祥。"孔子说："有劳苦不自我夸耀，有功绩而不自己认为有功，这是敦厚到了极点啊！这是告诉君子，立了功也要甘于人下。道德以盛大为根本，礼节以恭谨为根本。所谓谦逊，就是使自己达到恭谨而保持地位啊。"

"（节卦初九爻辞说）不走出门户庭院，没有灾难。"孔子说："一切混乱的产生，就是由于言语不谨慎而一步步发展而来的。君王言语不慎重而周密，就会失去臣子；臣子言语不慎重而周密，就会失去生命；事情初始之时不能慎重而周密地考虑，就会形成灾害。因此君

子曰：为易者，其知盗乎。言盗亦乘衅而至也。易曰：负且乘，致寇至。负也者，小人之事也。乘也者，君子之器也。小人而乘君子之器，盗思夺之矣。上慢下暴，盗思伐之矣。慢藏诲盗，冶容诲淫。易曰：负且乘，致寇至。盗之招也。

子曰：易有圣人之道四焉。以言者尚其辞，以动者尚其变，以制器者尚其象，以卜筮者尚其占。此四存乎器象，可得而用者也。

是以君子将有为也，将有行也，问焉而以言，其受命也如响。无有远近幽深，遂知来物，非天下之至精，其孰能与于此。参伍以变，错综其数，通其变，遂成天下之文，极其数，遂定天下之象，非天下之至变，其孰能与于此。易，无思也，无为也，寂然不动，感而遂通天下之故，非天下之至神，其孰能与于此。

夫易，圣人之所以极深而研几也。唯深也，故能通天下

子谨慎守密,言语不轻易出口。"

孔子说:"创作《易经》的人大概知道招致盗贼的原因吧(是说盗贼也会趁机而至)。《易经》(解卦六三爻辞)说:'背着东西并且乘着车子,招致盗寇前来。'背东西是一般百姓的事情,一般百姓却乘坐着君子才能拥有的车子,因此盗贼才想到要夺取。在上位的人轻慢,在下位的人暴虐,因此盗贼才想到要侵犯他!在藏敛财物上轻慢就会引人为盗,在容貌上打扮太妖冶就会引人淫乱。《易经》解卦说:'背着东西并且乘着车子,必然招致盗寇前来。'这就说出了导致盗贼的原因。"

孔子说:《易经》中包含有圣人之道的四个方面:圣人通过发言而施政教,则看重其爻卦之辞;圣人有所行动作为时,就效法其阴阳变化之律;圣人用来指导制作器物时,就效法其卦爻之象;圣人用来占问决疑时,则崇尚它的占筮之理(这四个方面存在于爻辞和卦象之中,可以从中获取并且使用)。

因此,君子将要有所作为,将要有所行动,就会用《易经》的卦爻辞来询问吉凶趋向,他所得到的吉凶答复好比敲击物体必然会有回声一样灵验,不管是远是近,还是幽隐精深的事情,都能知道事物未来的吉凶趋势。如果不是天下最为精深的道理,哪一种能够达到这种程度!三和五以相参合以相改变,将这些数字交错综聚,就能够与自然阴阳变化的规律相通,于是就形成了能够体现天地变化的文辞。穷极这些数字的变化,于是就确定了能够体现天下万事万物的卦象。如果不是天下最精妙的变化,哪一种能够达到这种程度!《易经》所体现的道理,不是思考得来的,更不是人为地创造出来的,它寂静不动,无思无为,却能有感必应,万事皆通。如果不是天下最神妙的道理,哪一种能够达到这种程度!

《易经》是圣人用来深入探求研究事物微妙之理的书。正因

之志。唯几也，故能成天下之务。极未形之理则曰深，适动微之会则曰几也。唯神也，故不疾而速，不行而至。子曰易有圣人之道四焉者，此之谓也。四者由圣道以成，故曰圣人之道也。

夫易，开物成务，冒天下之道，如斯而已者也。冒，覆也。言易通万物之志，成天下之务，其道可以覆冒天下也。是故圣人以通天下之志，以定天下之业，以断天下之疑。其孰能与于此哉，古之聪明睿智，神武而不杀者夫。服万物而不以威刑者也。是以明于天之道，而察于民之故，以神明其德。一阖一辟谓之变，往来不穷谓之通，见乃谓之象，兆见曰象。形乃谓之器，成形曰器。制而用之谓之法，利用出入，民咸用之谓之神。

法象莫大乎天地，变通莫大乎四时，悬象著明莫大乎日月，崇高莫大乎富贵。位，所以一天下之动而济万物也。备物致用，立成器以为天下利，莫大乎圣人。探赜索隐，钩深致远，以定天下之吉凶，成天下之亹亹者，莫善乎蓍龟。

为深入，所以能够与天下人的心志贯通；正因为微妙，所以能够成就天下的一切事务（能够深入探究无形的道理叫做"深"，能够洞察精微的变化叫做"几"）；正因为神妙，所以能够不急于求成却自然而然地很快成就，不用主观地去做什么却顺从自然而达到理想的目的。孔子说"《易经》涵有的圣人之道表现在四个方面"，说的就是这个道理（这四个方面是用圣人探求研究事物微妙之理的方式来完成的，所以叫"圣人之道"）。

孔子说："《易经》是一部揭示万物的道理、成就天下的事业、覆盖天下万事万物规律的书，如此而已（冒，是覆盖的意思。是说《易经》的道理能通达天下万物的心志，成就天下之务，《易经》中的道理可以覆盖天下万事万物）。"因此，圣人用它来通晓天下人的心志，用它来确定天下的大业，用它来决断天下的一切疑难问题。谁能够达到这种程度呢？大概是古代那种耳聪目明、心智聪慧、神妙勇武而又不杀伐人的人吧（圣人用易道来使天下人敬服，而不需用刑杀使民众畏服）？因为他们（通过《易经》来）明晓天地之道，通晓社会规律，从而加强修养，使自己的德行更加神妙圣明！一开一合叫做"变"，有往有来而不穷尽叫做"通"。呈现出来而有物象可观叫做"象"（征兆显现叫象），转变成有形有质的就叫做"器"（具备形体叫器）。制造物品使用，让人效法，叫做"法"。利用它来出出入入，往来不穷，百姓在日常生活中都应用它却不知晓，叫做"神"。

使人取法的现象没有比天地更大的，变化贯通没有比四季更大的，悬挂物象显示光明没有比日月更显著的，尊崇高贵没有比富有和尊贵更高的了（因处在九五尊位，凭借其能力只要有所行动就能帮助到天下万物）。完备地研究出万物的道理而能使人们应用，创立造成各种器具来给天下人带来利益，没有比圣人更伟大的了。探求万事万物的复杂情况，探索隐含着的道理，挖掘深刻的哲理，搜罗幽远的事物，

子曰：天之所助者，顺也。人之所助者，信也。履信思乎顺，是以自天佑之，吉无不利。

系辞（下）

天地之道，贞观者也。明夫天地万物，莫不保其贞以全其用也。日月之道，贞明者也。天下之动，贞夫一者也。

天地之大德曰生，圣人之大宝曰位。何以守位，曰仁。何以聚人，曰财。财所以资物生也。理财正辞，禁民为非，曰义。

易曰：困于石，据于蒺藜。子曰：非所困而困焉，名必辱，非所据而据焉，身必危。

子曰：小人不耻不仁，不畏不义，不见利不劝，不威不惩，小惩而大诫，此小人之福也。易曰：屦校灭趾，无咎。此之谓也。

善不积不足以成名，恶不积不足以灭身。小人以小善为

用来确定天下万事万物的吉凶,鼓励天下之人勤勉追求,没有比"蓍草"和"龟甲"更伟大的了。

孔子说:"上天所辅助的是能够顺从天地之道的人,人们所扶助的是讲究诚信的人。按照诚信的要求去做事而时刻不忘记顺从天地之道的人,能够从上天得到保佑,吉祥而无不利。"

系辞(下)

天地之道,是因守正才能为人们所观仰(天地万物,无一不是保有其贞正之体以全其用途的);日月之道,是因守正才能发出光明普照万物。天下万事万物的一切变化,都必须坚守贞正而精诚专一啊。

天地最大的功德在生养万物,圣人最宝贵的东西在于有崇高的地位。何以保全名位?要靠"仁爱"的德行。何以聚集人民?那就要有财物(有了财,才能资助万物使之生长)。理好财物,节约用度,端正辞令,出之以理,教化民众不要为非作歹,不让他们作恶,这就是"义"。

《周易》(困卦六三爻辞)说:"前进则受困于坚硬的巨石,后退则又依据于多刺的蒺藜上面,异常痛苦。"孔子说:"本不是自己所应经历的困境,却为了欲望而受困,必遭致声名俱裂的恶果。本不是自己所应凭据的据点,却后退以安身,必遭致身家危殆的恶果。"

孔子说:"小人行不仁之事却不以为羞耻,做了不义的事也不害怕,不见到功利就不努力去做,不用刑威就不能使他得到惩戒。小的惩罚使他受到大的戒惧,以致不犯大罪,这是小人之福。《周易》(噬嗑卦初九爻辞)说:最初犯有轻微刑法的人,被加上脚镣的刑具,将他的脚趾纳入刑具里,把足趾都灭没了,虽受刑,但过失尚小,能从此改过自新,也就无咎了。"

善行不积累,就不足以成名于天下;罪恶不累积,也不足以自灭

无益而弗为也,以小恶为无伤而弗去也,故恶积而不可掩,罪大而不可解也。易曰:何校灭耳,凶。

子曰:危者,安其位者也。亡者,保其存者也。乱者,有其治者也。是故君子安不忘危,存不忘亡,治不忘乱,是以身安而国家可保也。易曰:其亡其亡,系于苞桑。

子曰:德薄而位尊,知小而谋大,力少而任重,鲜不及矣。易曰:鼎折足,覆公餗,其形渥,凶。言不胜其任也。

子曰:知几其神乎。君子上交不谄,下交不渎,其知几乎。几者,动之微,君子见几而作,不俟终日。易曰:介于石,不终日,贞吉。定之于始,故不待终日。君子知微知彰,知柔知刚,万夫之望。此知几其神者也。

其身。小人做事，完全以利害关系为出发点，以为做出小小善事，不会得到什么好处，便索性不去做了；以为做些小的恶事，无伤大体，便不改过。因此日积月累，罪恶便盈满天下，以致到了无法掩盖和不可解救的地步。《周易》（噬嗑卦上九爻辞）说："罪恶深重，刑具已负荷在头部，两耳都看不见了，这是凶险之象。"

孔子说："今日处境危险的人，是因为他先前安逸于他的职位上，自以为安逸，没有畏惧之心，所以导致今日之危；今日灭亡的人，是因为先前自以为自身可以长存，不存忧虑和恐惧，所以导致今日的灭亡；今日有祸乱的人，是因为自恃之前已经将国家治理好，以为就会长治久安，不存忧虑和恐惧，所以导致今日的祸乱。所以君子必须在安定的时候不要忘记危险，在存在的时候不忘记灭亡，在大治的时候不忘记祸乱，以如此的谨慎之心，因而可以使自己身安而国家可以保存。《周易》说：常常以'不久将要灭亡，不久将要灭亡'这样的警句来提醒自己，以自戒慎，才能像系结在一大片丛生的桑树上那样牢固，安然无事。"

孔子说："德行浅薄而身居尊位，智慧狭小而图谋大事，力量薄弱却担当重任，很少没有灾祸的。《周易》说：'鼎足折断，倾覆了公爵的美食，象征着倾覆家园，身遭刑辱，是非常凶险的。'这是说才力不足以胜任其事啊！"

孔子说："能预先觉察出事物的苗头和趋势，大概可以称得上知几了吧？君子对上不谄媚阿谀，对下不轻慢无礼，大概可以说能预先觉察出事物的苗头和趋势了吧？几是事情微妙的苗头和趋势。君子能见于未然，所以能够见几就行动，不必等到事情终结。《周易》说：'被坚硬的石头所阻隔，不必等到一天过完才离开，要想到当下脱离此境，这是贞固而吉利的（在事物刚开始萌芽之初就能看出吉凶，因此不需要等到事情终结之时）。'君子见微知彰，见柔知刚，能知几如

子曰：颜氏之子，其殆庶几乎，有不善未尝不知，知之未尝复行也。易曰：不远复，无只悔，元吉。

子曰：君子安其身而后动，易其心而后语，定其交而后求，君子修此三者，故全也。危以动，则民不与也；惧以语，则民不应也；无交而求，则民不与也。莫之与，则伤之者至矣。

子曰：履，德之基也。基所蹈也。谦，德之柄也。复，德之本也。恒，德之固也。固，不倾移也。损，德之修也。益，德之裕也。能益物者，其德宽大也。困，德之辨也。困而益明。

夫乾，天下之至健也，德行恒易以知险。夫坤，天下之至顺也，德行恒简以知阻。

能悦诸心，能研诸侯之虑。诸侯，物主有为者也，能悦万物之心，能精为者之务也。定天下之吉凶，成天下之亹亹者。

是，必定能够得到天下万民的景仰（这可以说是知几如神的人了）。"

孔子赞赏他的学生颜回说："颜家的这位子弟，差不多算是知几通达的君子了吧！心里有了不好的念头，没有自己不知道的，一经觉察以后，立即回头，不会付诸于行动。《周易》（复卦初九爻辞）说：'迷途了，走到未远的地方，就能适时回头猛省，便不至于有太大的悔吝，经此警觉，则有大吉。'"

孔子说："君子必先安定其身心，然后才可以有所行动；要先平心静气，然后说话；先建立友谊，然后向对方提出要求。君子有了这三项基本修养，自己和人民都会得到利益。相反，如果是冒险的举动，人们不会拥护你的。如果内心惶恐而发表议论，别人就不会回应。如果没有建立友谊就向对方求助，别人也不会帮助。不仅无人给予帮助，还或许会受到伤害。"

孔子说：履卦教人小心谨慎，循礼而行，它是修德的基础（基，就是所应该遵循的）；谦卦教人谦虚礼让，屈己下人，它是修德的柯柄；复卦教人回归正道，趋向仁善，是修德的根本；恒卦教人始终如一，持之以恒，它是巩固道德的保证（固，就是不会偏移的意思）；损卦教人克损物欲，减少过失，是修德的重要表现；益卦教人施益于外，充裕己德，它是道德的余裕（能够利益万物，其德可以说是宽大了）；困卦教人身处困境，守正不乱，是分辨道德的考验（在困境中更能显明其德）。

乾象是天下最刚健的，它的德性表现在恒久平易，所以可以照出天下危险的事情。坤象是天下最柔顺的，它的德性表现在恒久简静，所以可以明察天下困阻之事的原因。

易学的道理，能使人身心和悦，能精妙诸侯的思虑（诸侯，是万物之主和养育万物的人。能让万物之心喜悦，能精通有为者的事务）。能断定天下之吉凶，促使天下之人勤勉不息。

凡易之情，近而不相得，则凶。近，况比爻也。

将叛者其辞惭，中心疑者其辞枝，吉人之辞寡，躁人之辞多，诬善之人其辞游，失其守者其辞屈。

说卦传

昔者圣人之作易也，将以顺性命之理也，是以立天之道曰阴与阳，立地之道曰柔与刚，立人之道曰仁与义。

凡是《易经》所说的情况，如果相互交接的两爻不相合，就必定会凶险（近，比喻两爻相近而不相得）。

将要反叛的人，他的言辞一定惭愧不安。心中疑虑的人，他的言辞必定散乱枝蔓。善良吉祥的人，他的言辞必定少而精练。性情烦躁的人，他的言辞必定杂乱繁多。诬陷好人的人，他的言辞必定游移不定。丧失操守的人，他的言辞必定屈曲不直。

说卦传

从前圣人之所以作《易经》，是要用它来顺和性命的道理的。所以用阴与阳来阐明天道，用柔与刚来阐明地道，用仁与义来阐明人道。

卷二 尚书

昔在帝尧，聪明文思，光宅天下。言圣德之远著。作《尧典》。典者常也。言可为百代常行之道。

曰若稽古，帝尧，言能顺考古道而行之者。帝尧也。曰放勋，钦明文思安安，勋，功也。言尧放上世之功化，而以敬明文思之四德，安天下之当安者也。允恭克让，光被四表，格于上下。既有四德，又信恭能让，故其名闻充溢四外，至于天地也。克明俊德，以亲九族。能明俊德之士任用之，以睦高祖玄孙之亲也。九族既睦，平章百姓。百姓，百官。百姓昭明，协和万邦，黎民于变时雍。时，是也。雍，和也。言天下众人皆变化从上，是以风俗大和也。

虞舜侧微，尧闻之聪明，侧，侧陋。微，微贱。将使嗣位，历试诸难。历试之以难事。慎徽五典，五典克从；五典。五常之教也。谓父义。母慈。兄友。弟恭。子孝。舜举八元。使布五教于四方。五教能从。无违命也。纳于百揆，百揆时叙；揆，度也。舜举八凯以度百事，百事时叙也。宾于四门，四门穆穆；宾，迎也。四

昔日唐尧称帝之时，以其聪敏贤明经纬天地，谋划众物，德光普照天下（谓古圣先贤的德化对当时及后世的深远影响）。史官根据这些写作了《尧典》（典，是"常"的意思。可以作为子孙后代长久遵循的准则，才称之为"典"）。

用心查考往事，凡事都遵循古人的常道，这个人就是尧帝（这是说能够用心地查考并遵循古道而行的人，莫过于尧帝啊）。尧帝以"放勋"为名。以钦、明、文、思四德来安定天下（勋，是"功绩"的意思。谓尧效法前代圣王治理天下的经验，而以"敬、明、文、思"这四种德行教化人民，使天下得以安定）。他诚信、恭谨、克己、礼让，德光泽被天下，成为上下之楷模（具备了这四种德行，又能够诚实守信、谦恭礼让，所以他的德名被传播到四方以外，直至布满于天地之间）。他能弘扬美德、以亲睦九族（就是任用有德能的贤达之士，使上至高祖，下至玄孙的族人都和睦亲爱）；九族亲睦之后，又为百官赐授姓氏、区别宗族（百姓，即百官）。这一百个官位都用来让那些贤明之士得到任用、从而使四方各国协调和顺，黎民随之也变得友好和睦（时，如此的意思。雍，和的意思。这是说天下百姓因为受到百官德行的感召自上而下地发生变化，所以民风民俗出现了十分和谐的局面）。

虞舜出身微贱，隐匿于民间（侧，是侧陋的意思。微，是微贱的意思）。尧帝听说他聪敏贤明，打算让他继承自己的帝位，（为了考察他的德能就）屡以各种难事相试（多次找一些难办的事来考验他）。让他用心地去传布"五典"，以美德教化百姓，结果百姓都能接受顺从（五典，指的是五种关于伦常的教育，即父义、母慈、兄友、弟恭、子孝。舜从高辛氏的后人中选出八位贤能的人（世称"八元"），令他们传布五伦之

门,宫四门也。舜流四凶族,诸侯来朝者,舜宾迎之,皆有美德,无凶人也。纳于大麓,烈风雷雨弗迷。纳舜于尊显之官,使大录万机之政,于是阴阳清和,烈风雷雨,各以期应,不有迷错愆伏,明舜之行合于天心也。

正月上日,受终于文祖。尧天禄永终,舜受之也。文祖,是五庙之大名也。五载一巡狩,群后四朝。

敷奏以言,明试以功,车服以庸。敷奏,犹遍进也。诸侯每见,皆以次序遍进而问焉,以观其才。既则效试其居国为政,以著其功。赐之车服,以旌其所用任也。象以典刑,典,常也。象用之者,谓上刑赭衣不纯,中刑杂屦。下刑墨幪,以居州里,而民耻之,而反于礼。流宥五刑;流,放也。宥,三宥也。言所流宥,皆犯五刑之罪也。眚灾肆赦,眚,过也,灾,害也。肆,失也。言罪过误失,以为当赦之也。怙终贼刑。怙,谓怙奸宥而为者也。终为残贼,当刑之也。

教于四方,结果这五种教义都能够被大众顺利地接受,没有人违背它);让他摄理百官事务,他把一切都处理得井井有条(揆,是揣度的意思。舜从高阳氏的后人选出八位贤能的人(世称"八凯")帮助处理百官事务,结果事事都处理得有条有理);让他在宫庭四门迎接前来朝见的宾客,四门都礼仪整肃,没有丝毫差错(宾,是迎接宾客的意思。四门,指宫庭四面的门户。舜处置了四凶及其族人,将他们流放到边远之地。诸侯有来朝拜的,舜都以宾客之礼来迎接,处处体现出优美的德行,国中再也没有肆意作恶的人了);让他统领治理政务,其德能感顺天地之心,暴风雷雨也不再肆意逞凶了(让舜担任地位显要的职务,令他总揽一切政务,则天地间阴阳二气清澈冲和,烈风雷雨,皆随时令而作,不再错乱生灾,这些都足以证明舜的德行已与天地之心合而为一)。

正月的一个吉日,舜在尧的太庙接受了禅让(尧帝完成了上天赋予他的使命,由舜帝来继承他。文祖,是五庙的名称)。每五年对各诸侯国巡视一次,四方诸侯分别在四岳朝见,以示其忠正。

舜让他们依次进言,公正地评价他们的政绩,赏赐车马衣物,以示表彰(敷奏,是普遍进言的意思。诸侯每次朝拜,舜帝都会安排他们依次见面,并和他们逐一交谈,从中观察他们的才干。接着将一些重要的政事安排他们去担当,使他们的才干在实践中得到验证,为国家建功立业。然后再赐给他们车马衣服作为酬劳,以表彰其功绩);明确告诉他们掌管刑罚的原则(典,经常的意思。象征性地运用刑罚,指的是对犯有严重罪过者令其穿上颜色深浅不同的赭色衣服,中等过失的人令其穿颜色不同的鞋子,轻微过失的人穿灰黑色的衣服,让他们居住在大众中间,让大众都知道这是羞耻的事,使大家都回归到礼的行为准则上来);对犯有法律规定的五类罪行者,予以流放,或适时宽赦(流,放逐的意思。宥,视其情节,分三种情况予以宽减或免于处罚。这里说的是不管是流放还是宽宥,其

流共工于幽洲，共工，穷奇也。幽洲，北裔也。放欢兜于崇山，欢兜，浑敦。崇山，南裔也。窜三苗于三危，三苗，国名也，缙云氏之后，为诸侯，号饕餮也。三危，西裔也。殛鲧于羽山。鲧，梼杌也。殛，诛也。羽山，东裔也。四罪而天下咸服。美舜之行，故本其征用之功也。

二十有八载，放勋乃徂落。百姓如丧考妣，三载，四海遏密八音。遏，绝也。密，止也。尧崩，百姓如丧父母，绝止金石八音之乐也。

舜格于文祖，询于四岳，辟四门，开辟四方之门，广致众贤也。明四目，明视四方也。达四聪；听达于四方也。柔远能迩，能安远者，则能安近也。不能安近，则不能安远也。敦德允元，所厚而尊者德也。所信而行者善也。而难任人，任，佞也。辩给之言，易悦耳目，以理难之也。蛮夷率服；远无不服，迩无不定。三载考绩，三考，黜陟幽明，黜，退也。陟，升也。三岁考功，九载三考；退其幽暗无功者，升其昭明有功者也。庶绩咸熙。九载三考，众功皆兴也。

对象都是指触犯了法律规定的五种罪行的人）；人有过错，或不慎对别人造成了伤害，或行为放纵不够检点，皆可酌情赦免（眚，指过错；灾，指伤害；肆，指过失。谓这些罪过误失，都是可以宽恕和赦免的）；对于有所倚仗而不思悔改者，终必处以极刑（怙，指的是倚仗可以得到赦免而故意胡作非为的人。这些人终究会发展成为凶残暴虐的恶人，必须予以严惩）。

舜将共工流放到幽州（共工又名"穷奇"。幽洲在北方边远的地方），将欢兜发配到崇山（欢兜又名"浑敦"。崇山在南方边远的地方），将三苗驱逐到三危（三苗是国名。缙云氏的后代，是当时的诸侯，号称"饕餮"。三危在西方边远的地方），将鲧放逐到羽山（鲧又名"梼杌"。殛，诛责的意思。羽山在东方边远地方）。这四个罪人得到应有的惩处，天下人都心悦诚服（这里为光显舜帝的善行，所以引用了他当年适当运用刑罚治理国家的事迹作为证明）。

舜继承帝位二十八年后，尧帝逝世，百姓像失去了父母一样悲痛，三年内，全国停止了各种音乐娱乐（遏，断绝。密，停止。尧帝驾崩，人民如同失去父母一样悲痛，所以一切音乐娱乐都停止了）。

舜继承了尧的治国之道，又向所有部落首领虚心请教，咨询政事，打开所有招贤之门（打开四方之门，让众多贤能的人都汇集到自己身边），敞亮四面八方的视野（对四方看到的各种情况都能辨别明白），通达四方资讯（对四方的各种声音都能清楚地听到），远近之地都得到安抚（能安抚远方，自然也能安抚近方。不能让近处得到安定，自然也就没有能力去安定远方之地），亲厚贤德之人（所厚待并尊重的，唯有德。所信奉并力行的，唯有善），而拒纳佞邪之辈（任，佞的意思。巧言善辩之人的言语，容易迷惑人，应当明辨是非令其不能得逞），边远蛮夷之族，无不顺服（边远之地没有不敬服的，附近的地方也没有不安定的）。舜帝三

曰若稽古，大禹曰："后克艰厥后，臣克艰厥臣，政乃乂，黎民敏德。"敏，疾也。能知为君之难，为臣不易，则其政治，而众民皆疾修德也。

帝曰："俞！允若兹，嘉言罔攸伏，野无遗贤，万邦咸宁。攸，所也。嘉言无所伏，言必用也。如此，则贤材在位，天下安也。稽于众，舍己从人，弗虐无告，弗废困穷，惟帝时克。"帝谓尧也。舜因嘉言无所伏，遂称尧德以成其义。考众从人，矜孤愍穷，凡人所轻，圣人所重也。

益曰："都！帝德广运，乃圣乃神，乃武乃文。益因舜言，又美尧也。广谓所覆者大，运谓所及者远。圣无不通，神妙无方，文经纬天地，武定祸乱也。皇天眷命，奄有四海，为天下君。"言尧有此德，故为天所命，所以勉舜也。

年考察一次政绩,经三次考察后,罢免昏官,提拔贤明(黜,罢免。陟,升迁。每三年一次到各地巡回考察功绩,九年共经过三次巡回考察;罢免了那些昏庸没有作为的人,仁德贤能有功绩的人得到了进一步重用),于是一切政绩都兴盛和美(九年三次考察,众多政绩显现,一派兴盛的景象)。

考证往事,大禹曾说:"如果君主能够了解先王治国的艰难并勇于担当,臣子能够了解先贤为官的艰辛并不辞勤勉,国政就会得以安定,民众就会勉力修德(敏,迅速。如果真能明白作为一国之君的艰难,作为臣子辅佐君王的不易所在,那么国家的政事就会得到妥善的治理,民众也会很快地提高自己的德行和修养)。"

舜帝说:"是啊!如果真是这样,善的言论不会被埋没,民间没有被遗漏的贤才,万国都会太平了(攸,是所的意思。善的言论不会被埋没,指听到善的言论就一定努力去实行。这样,才是真正的贤才在位,天下就太平了)。认真听取众人的意见,放弃个人私见,听从大家的公论;不使孤苦无依之人受到侵害,不使艰难穷困之人沮丧失望;只有我们的尧帝随时都能做到(舜帝说的是尧。舜有感于"善言不被埋没"的道理,于是称颂尧帝的德行,来阐明其中的义理。虚心听取并随顺众人的善言,怜惜和帮助孤苦穷困的人,这些平常人不经意处,正是圣人所留意注重的啊)。

益说:"可敬呀!尧帝德行广大而影响深远,真是圣明而神妙,武治能平定祸乱,文治能定国安邦(伯益听了舜的一番话,更加崇敬尧的美德。广,是说所覆盖的面积大;运,是说所达到的地方远。圣德无所不通,神妙无际。文,可以规范、统理天地间的万事万物;武,可以平定远近的祸乱)。皇天眷念其至德而授予天命,使尧拥有四海,成为天下的君主(这里是说尧有这样的德行,所以得到上天的垂爱,被赋予神圣的使命,伯益这样说,目的是以此来勉励舜帝)。

禹曰："惠迪吉，从逆凶，惟影响。迪，道也。顺道吉，从逆凶。吉凶之报，若影之随形，响之应声，言不虚。"

益曰："吁，戒哉！敬戒无虞，罔失法度，罔游于逸，罔淫于乐。淫，过也。游逸过乐，败德之源，富贵所忽，故特以为戒也。任贤勿贰，去邪勿疑，疑谋勿成，百志惟熙。一意任贤，果于去邪，疑则勿行，道义所存于心者，日以广也。罔违道以干百姓之誉，干，求也。失道求名，古人贱之也。罔咈百姓以从己之欲。咈，戾也。专欲难成，犯众兴祸，故戒也。无怠无荒，四夷来王。"言天子常戒慎，无怠惰荒废，则四夷归往之也。

禹曰："于！帝念哉！德惟善政，政在养民。水、火、金、木、土、谷惟修，言养民之本在先修六府也。正德、利用、厚生、惟和。正德以率下，利用以阜财，厚生以养民，三者和，所谓善政也。九功惟序，九序惟歌。言六府三事之功，有次序，皆可歌乐，乃德政之致。戒之用休，董之用威，劝之以《九歌》，俾勿坏。"休，美

禹说:"随顺正道则吉利,违背正道而行则凶险,其效应正如影必随形、响必应声一样(迪,是道的意思。沿着正确的道路行走就会诸事吉祥,顺着错误的道路走下去就会遭遇凶险和不测。这种吉和凶的报应,就像影子是因身体而有,回音是因声响而发一样,这话一点都不假)。"

伯益说:"啊!要谨慎啊!要恭敬地对待前人的训诫,方可免于犯错。做事情不要轻易违失古人的法度;不要耽于游闲安逸;不要过分追求娱乐(淫,过分的意思。过分贪图享乐,是道德败坏的根源,人在富贵的时候往往最容易忽视这一点,所以要特别引起警觉)。任用贤才勿存疑心,去除奸佞不要犹豫不决。心中怀有疑虑,有好的谋略也不会成功。让美好的德行广泛流布,国家就会兴盛起来(一心一意任用贤能的人,果断地远离种种邪说。如果觉得有些说法似是而非,一时拿不定主意,就不要急于实行。领导者心中时时装满着道义,良善的风气逐步形成,并且越播越广)。不要违背正道去谋求百姓的赞誉(干,是谋求的意思。舍弃了正确的道路〔让自己时时处于危险的境地〕去谋求〔那本不存在的虚假的〕名声,在古人看来,这显然是很愚蠢下贱的);不要损害百姓的利益去满足自己的欲望(咈,违逆、乖戾。独图私欲难以成事,况且触犯众怒必将给自己带来灾祸,所以一定要谨慎啊)。为政不怠惰、不荒弃,周边诸国就会归附于君主(谓做君王的常常鉴戒、谨慎自己的一言一行,不因怠惰、放逸而荒废了自己的职责,那么四方边远之地的国家都会来归顺于他)。"

禹说:"这些话,舜帝您值得思考啊!(帝王的)德行就体现在推行善政上,所谓善政就是'养民'(让人民都过上幸福安乐的生活)。妥善治理水、火、金、木、土、谷这'六府'('养民'的根本,就是首先要治理好'六府'〔这六个藏财之地,以解决人民的生计问题〕);端正德行、合理地利用自然资源、重视解决人民的生计问题,这三件事

也。董,督也。言善政之道,美以戒之,威以督之,歌以劝之,使政勿坏,在此三者也。

帝曰:"俞!地平天成,六府三事允治,万世永赖,时乃功。"水土治曰平,五行叙曰成,因禹陈九功而叹美之,言是汝之功也。

帝曰:"咎繇,惟兹臣庶,罔或干予正。或,有也。无有干我正,言顺命也。汝作士,明于五刑,以弼五教,期于予治。欲其能以刑辅教,当于治体也。刑期于无刑,民协于中,时乃功,懋哉!"虽或行刑,以杀止杀,终无犯者,刑期于无所刑,民皆合于大中,是汝之功勉之也。

要相辅相成(端正德行就能带领好臣民一齐修德向善,自然资源得到合理利用可以聚集财富,让人民生活富足,安定和乐,这就是'养民'了。这三件事能够相辅相成,和谐并进,就可以称为'善政'了);这九件事做起来应当安排有序,九件事都能有条不紊地进行,就可以将这些事迹配以音乐来加以歌颂(这里说的是'六府''三事'这九件事都能有条不紊的进行,并被人们尽情地歌颂,那就是把君王推行仁德的善政发挥到极至了)。要用美德来劝戒;用刑威来鉴督;用《九歌》来勉励;以保持善政不致被败坏(休,美善的意思。董,鉴督的意思。谓推行善政的途径,就是用美德来劝勉人们,用刑威来约束人们,用至善的音乐来感化人们。要使政事不至于衰败,最关键的就是这三条啊)。"

舜帝说:"对!如果有一天真的天下太平,'六府''三事'都得到妥善治理,(这些宝贵的经验财富)能让千秋万代的后人都有所依靠借鉴,这也是你的功劳(水土得到治理为"平",天地万物按序排列各就其位为"成",舜帝因大禹陈述"九功"的治国方略而大为赞叹,说这些都是你的功劳啊)。"

舜帝又说:"咎繇啊,群臣众庶,没有人触犯我的政令(或,有的意思。"没有人触犯我的政令",谓大家都能顺从天命)。你作为执掌刑狱之官,彰明五类刑罚,用以辅助'五教',帮助我使天下得到妥善的治理(希望他能以法制来辅佐教育,使治理国家的政策能够完善而无有偏颇)。你运用刑法,真正达到了不必对人民实施刑罚的目的,百姓的心中一片祥和,不再有人触犯国家的法令。这些都是你的功劳,令人赞叹啊!(虽然有时也运用刑罚,用暴力手段来阻止暴力的泛滥,最终令大家都不再背离正道,适当地运用刑罚,是期望将来不再需要刑罚,人民的日常言行都能符合无过与不及的中正之道。舜帝说"这是你们的功劳",这是对大臣们的鼓励啊)。"

咎繇曰：" 帝德罔愆。临下以简，御众以宽；愆，过也，善则归君，人臣之义也。罚弗及嗣，赏延于世；嗣，亦世也。延，及也。父子罪不相及也，而及其赏，道德之政也。宥过无大，刑故无小；过误所犯，虽大必宥，不忌故犯，虽小必刑也。罪疑惟轻，功疑惟重；刑疑附轻，赏疑从重，忠厚至也。与其杀弗辜，宁失不经。好生之德，洽于民心，兹用弗犯于有司。" 咎繇因帝勉己，遂称帝之德，所以明民不犯上也。宁失不常之罪，不枉不辜之善，仁爱之道也。

帝曰："来，禹！汝惟弗矜，天下莫与汝争能；汝惟弗伐，天下莫与汝争功。自贤曰矜，自功曰伐。言禹推善让人而不失其能，不有其劳而不失其功，所以能绝众人也。人心惟危，道心惟微，惟精惟一，允执厥中。危则难安，微则难明，故戒以精一，信执其中也。无稽之言勿听，弗询之谋勿庸。无考，无信验也。不询，专独也，终必无成，故戒勿听用也。可爱非君？可畏非民？众非元后何戴？后非众罔与守邦。庶民以君为命，故可爱。君失道，民叛之，故可畏。言众戴君以自存，君恃众以守国，相须而成也。惟口出好兴戎，朕言弗再。" 好谓赏善，戎谓伐恶。言口荣辱之主，虑而宣之，成于一也。

皋繇说:"舜帝您的德行无可挑剔。你以平易对待臣下,以宽容驾驭百姓(愆,过错的意思。将善绩归功于自己的君主,是做臣子的本分);惩罚不株连子孙,赏赐却延及后代(嗣,和"世"一样指的是后代。延,及的意思。父子之间如果有罪过被惩罚,可以不互相牵连;但如果是荣誉、嘉奖却可以共享,这是真正有道德的善政啊);过失犯罪再大也可以宽赦,故意犯罪再小也必定惩罚(因过失而犯罪,虽然后果严重也必定从宽处理,如果是无所顾忌的故意犯罪,罪行再轻必定严肃惩处);犯罪事实有疑点时考虑宁可从轻判处;立功事实有疑点时考虑宁可从重奖赏(量刑时有疑问难决就尽量从轻;赏赐时有疑问难决则尽量从重,忠良敦厚的风气就会慢慢形成了);与其错杀无罪之人,宁可失之于'治理不力'。您怜爱生命的美德,浸润于民众之心,所以百姓才不会冲犯官府(皋繇受到舜帝的夸赞后,立即称颂舜帝的德行,以显示臣民不可以目无君王而妄自居功。宁可犯下执法不严的过失,也绝不冤枉一个无辜的好人,这才是仁爱之道啊)。"

舜帝又对禹说:"禹呀!你虽然不炫耀自己的能力,天下却没有人与你争能;你虽然不炫耀自己的功劳,天下却没有人与你争功(自以为贤明叫'矜',自夸有功叫'伐'。这里是说禹举荐并让位于贤能的人,但并不因此而失去自己贤能的声誉;有了成绩从不居功,但他的功劳谁也无法否认。这正是他的过人之处啊)。人心(人的欲望)是危险的,道心(伦理道德)是微妙的,只有勇猛精进,住于一心,才能真正的把握中正(无过之、无不及)之道(欲望是危险的,使人心难以安定;道心是微妙的,人们又很难明了,所以在这里告诫大家:必须精进、专一地修学善法,才能真正把握好中道)。没有根据的话不要听信,没有征求过众人意见的谋略不要采纳(没有根据的言论,也没有办法用事实来验证。不征求别人的意见,就是独断专行。这两者最终都不能成事,所以说

帝曰："咨，禹！惟时有苗弗率，汝徂征。"三苗之民，数干王诛。率，循也。徂，往也。不循帝道，言乱逆也。命禹讨之。

禹乃会群后誓于师曰："济济有众，咸听朕命。会诸侯共伐有苗也。军旅曰誓。济济，众盛之貌也。蠢兹有苗，昏迷弗恭；蠢，动也。昏，暗也。言其所以宜讨也。侮嫚自贤，反道败德；狎侮先王，轻嫚典教，反正道，败德义也。君子在野，小人在位；废仁贤，任奸佞。民弃弗保，天降之咎。言民叛之，天灾之也。肆予以尔众士，奉词伐罪。肆，故也。尔尚一乃心力，其克有勋。"

要不听、不做）。世界上最可爱戴者不就是君主吗？最可畏惧者不就是民众吗？民众没有君主又拥戴谁呢？君主没有民众的拥护也就无法守住自己的国家（民众把君主当作自己的命运的依靠，所以说值得敬爱。如果国君背弃了为民做主的正道，人民也会随着背叛国君，所以说值得畏惧。这里说的是民众拥戴自己的君主，是为了能够更好地生存下去，君主也是因为有了大众的拥护和支持才能保持国家的稳定和繁荣，这两者是相辅相成的）。言语可以用来赞叹美德，也可以用来讨伐罪恶，所以我不会轻易开口说什么，一旦说出来就意味着不容更改（这里说的'善事'指赏善，这里说的'讨伐'指除恶。这里说的是：一个人口中说出的话直接关系着自身或他人的荣辱，必须慎重地考虑明白了以后再说出来，专一精思之后，无过无不及，才能成事）。"

舜帝说："唉！禹呀！现今三苗不遵循帝道，就命你去讨伐他们吧（三苗的民众，多次冒犯天威。率，遵循的意思。徂，往的意思。不遵循帝道，指犯上作乱。于是命禹去讨伐三苗）。"

于是，禹便会聚各方诸侯，并在誓师大会上说："众位官兵，都要听从我的号令（调集各路诸侯共同征伐有苗。在大军出发前盟约叫"誓"。济济，人数众多的样子）。那蠢蠢欲动的三苗，昏庸糊涂，不恭不敬，轻慢君主（蠢，蠢蠢欲动的意思。昏，昏暗的意思。说明为什么要征讨三苗），妄自尊大，违反正道，败坏德义（对先王毫无恭敬，把典章教化不当回事，违背伦常的正道，败坏社会道德规范），有德行操守的人都散落在民间，追名逐利之徒则受到重用（正直贤良的人被排斥，奸佞之徒纷纷被任用），百姓背弃自己的国家不愿保护它，上天已经降罪于这片土地（谓人民背叛他，上天也降灾于他）。因此，我率领你们诸位，奉舜帝之命，讨伐其罪行（肆，因此）。只要大家同心协力，必将在这次征战中建立功勋。"

三旬，有苗民逆命，益赞于禹曰："惟德动天，无远弗届。满招损，谦受益，时乃天道。自满者人损之，自谦者人益之，是天道之常。至诚感神，矧兹有苗。"至和感神，况有苗也。言易感也。

禹拜昌言曰："俞！"班师振旅。以益言为当，故拜受，遂班师。兵入曰振旅，言整众也。帝乃诞敷文德，远人不服，大布文德以来之也。儛干羽于两阶。七旬，有苗格。讨而不服，不讨自来，明御之必有道也。

咎繇曰："允迪厥德，谟明弼谐。"迪，蹈。厥，其也，其古人。谟，谋也。言人君当信蹈行古人之德，谋广聪明以辅谐其政也。

禹曰："俞，如何？"然其言问所以行也。咎繇曰："都！慎厥身修，思永。叹美之重也。慎修其身，思为长久之道也。惇叙九族，庶明厉翼，迩可远在兹。"言慎修其身，厚次叙九族，则众庶皆明其教，而自勉厉。翼戴上命，迩可推而远者，在此道也。

过了三十天，三苗之民（虽然暂时被武力所震慑，但内心里）还是不能顺从禹的命令。伯益向禹建言说："只有德行能够感动上天，无论多远，其感召力都可到达。自满会招致损害，谦虚会得到益处，这是天下至理（骄傲自满的人会受到众人的厌弃或攻击，谦卑恭敬的人会得到众人的拥戴和帮助，这是大自然的法则）。至诚连神灵都能感动，何况这个三苗呢？（天地间祥和之气连神明都可以感动，何况是有苗呢？这里说的是人性本善的道理，一切人都可以通过德行来感化他）"

禹接受其善言，说："很对！"随即整顿士兵，撤回了军队（认为伯益的话是对的，所以虚心地接受，于是撤回军队。让军队回到原地叫"振旅"，是让众将士得到休整的意思）。于是，舜帝对苗民广泛进行礼乐道德的教化（边远地方的人民不愿遵循王道的统治，可以通过努力进行礼乐教化，使他们心悦臣服地主动来归顺），在宫殿两侧台阶前持盾牌、羽具，在一片祥和的音乐声中，演出祈祷幸福、和平的歌舞。七十天后，三苗终于主动前来归顺（武力不能让对方屈服，放弃武力后却能让对方主动归顺，说明治理天下必定是有正确的途径可循的）。

咎繇说："君主坚定地蹈行古圣先贤的德范，才能感召来贤明的辅佐良臣，谋划就会英明，君臣就会和谐（迪，遵循。厥，那些，这里是"那些古人"的意思。谟，谋略。谓作为人民的领袖应当努力继承古圣先贤的德范，广泛谋求贤能之才以辅弼政务，谐和政风以利兆民）。"

禹说："你说得对！那么应当怎样去做呢（先肯定对方的话，再问到具体应该怎样做）？"咎繇说："问得好！谨慎其自身品德修养，要从长远考虑（感叹美德的重要。让每个人都重视完善自身的德行，为的就是治理国家的长久之道啊），重视九族上下的秩序，让大众都懂得努力辅佐尊长，那么由近可以致远（由父可以致君，由家可以致国），天下的太平就从这里开始（谓高度重视自身的德行修养，虔诚恭敬地顺从家

禹拜昌言曰："俞！"以咎繇言为当，故拜受而然之。咎繇曰："都！在知人，在安民。"叹修身亲亲之道在知人，所信任在能安民也。

禹曰："吁！咸若时，惟帝其难之。言帝尧亦以知人安民为难也。知人则哲，能官人；安民则惠，黎民怀之。哲，知也，无所不知，故能官人。惠，爱也，爱则民归之也。能哲而惠，何忧乎欢兜？何迁乎有苗？何畏乎巧言令色孔壬。"孔，甚也。壬，佞也。巧言，静言庸违也。令色，象恭滔天也。禹言有苗、欢兜之徒，甚佞如此，尧畏其乱政，故迁放之也。

咎繇曰："都！亦行有九德：言人性行有九德，以考察真伪，则可知也。宽而栗，性宽弘而能庄栗也。柔而立，和柔而能立事。愿而恭，愨愿而恭恪也。乱而敬，乱，治也。有治而能谨敬也。扰而毅，扰，顺也。致果为毅也。直而温，行正直而气温和也。简而廉，性简大而有廉隅也。刚而塞，刚断而实塞也。强而义。无所屈挠，动必合义。彰厥有常，吉哉！彰，明也。吉，善也。明九德之常，以择人

族长幼尊卑的秩序,一旦天下百姓都能够明白、愉快的接受这种德行的教育,就能够时时自我勉励。从自觉的辅佐拥戴家族的尊长一直到忠于国家的领袖,由近可以及远的道理就在于此啊)。"

禹接受其善言,说:"你说得对(认为皋繇说的话很恰当,所以恭敬地接受并给予称赞)!"皋繇说:"啊!重要的还在于知人善任,在于让人民安居乐业啊(进而感叹要让民众都能做到重视自身品德修养、亲人之间都能相亲相爱,重要的还在于了解和选拔人才。让真正赢得大众信任的贤能之人得到任用,原因在于他们能以身作则教会民众敦伦尽分,以此安定民心)。"

禹说:"哦!要都做到像这样,连帝尧也认为是不容易的(这是说尧帝也觉得要真正了解一个人和让人民安居乐业都是很困难的啊)。能透彻地了解别人就是大智,这样就能恰当地选拔官员;能让人民安居乐业就是大仁,百姓就会归顺他(哲,是智慧的意思。一点不会看错人,所以有能力任命官员。惠,是爱的意思。仁爱,民众就会归顺他啊);智慧与仁爱兼于一身,怎会担忧欢兜?何必流放三苗?又怎么会惧怕善于花言巧语、察言观色的奸佞之人呢?(孔,是大的意思。壬,是奸佞的意思。巧言,就是花言巧语,它的用意是邪僻的。令色,貌似恭敬,但实际却傲慢到了极点。大禹说像有苗、欢兜这些恶人,奸佞到这种程度,尧担心他们会扰乱正常的社会秩序,所以才把他们流放到边远之地。)"

皋繇说:"啊!人的品行有九种类型(具体分析人的优良品格,大致可分为九类,以此来考察人的善恶真伪,就可以一目了然了):一是秉性宽弘而不失庄敬(胸怀宽阔,器量宏深,能包容万物,而又态度鲜明,不失其肃敬庄严);二是外表柔和而内心不失其贞正(性格温和却能成就善举);三是老实忠厚又能恭肃庄重(诚实善良又能谨慎恭敬);四是精于治事又有敬业的精神(乱,在这里是"治"的意思。有治国的才能,

而官之，则政之善也。

"九德咸事，俊乂在官。使九德之人皆用事，则俊德治能之士并在官也。百僚师师，百工惟时，僚工，皆官也。师师，相师法也。百官皆是，言政无非也。庶绩其凝。凝，成也，言百事功皆成也。无教逸欲有邦，不为逸豫贪欲之教，是有国者之常也。兢兢业业，一日二日万几。兢兢，戒慎。业业，危惧。戒惧万事微也。无旷庶官，天工人其代之。旷，空也。位非其人为空官。言人代天理官，不可以天官私非其才也。政事懋哉。"言无非天意者，故人君居天官，听政治事，不可以不自勉也。

又能够时时恭敬谨慎而无丝毫骄慢之心）；五是为人驯顺，内心却刚强坚韧（扰，和顺的意思。真诚的驯顺或者说绝对的忠诚可以造就内心的坚定与刚毅）；六是为人正直却能待人温和（行止方正刚直而态度却不失温和）；七是性情简脱却有操守（性格豪爽，落拓不羁，却能保持品端行正）；八是性格刚毅又实在（刚毅果断又能实事求是）；九是坚强不屈又能坚持正义（做任何事都有股不屈不挠的精神，并且凡事必定得合乎道义才肯去做）。要表彰符合这九种道德标准的人，天下才会昌顺啊！（彰，是表彰、彰显，让大家都明白的意思。吉，大好的意思。让天下人都明白这九种美德的标准，依此来选拔人才并委以重任，那么国家的政治就清明了）。

"假使具备上述九种德行之人都来参与政事，才德出众之才都处在官位，（让具备"九德"之人都出来从政，那么贤能的人都得到任用）。百官之间互相学习、仿效，这样官员们就可以都达到良善的境界（僚、工，都是官员的意思。师师，相互学习的意思。官员都能够这样，谓国家的方针政策已经没有什么不当的了）。那么，各种事业都将会获得成功（凝，成就。谓凡事都会顺利成就）。不要教人贪图享受和放纵欲望，才能管理好国家和人民（领导者不要为民众做出贪图享受的不良示范，这是治理国家的根本原则），要时时刻刻防微杜渐（兢兢，常常自我告诫，小心谨慎的意思。业业，忧虑恐惧的样子。从万事的开端就要小心警惕）。不要空设各种官职，因为天赋予的职事，将由人来代它完成（旷，是空缺的意思。官位被不适合的人占据叫"空官"。这句话的意思是人代表上天来行使职责，不可以将上天赋予的官位让那些不具备行使上天职责的没有德能的人私下占据）。应勤勉于政事啊！（谓一切都是在遵循上天的旨意，所以作为人民的领袖，肩负着上天赋予的神圣职责与使命，执政处理国家大小事务，不能不经常勉励自己啊）。"

帝曰："吁！臣哉邻哉！邻哉臣哉！"禹曰："俞！"邻，近也。言君臣道近，相须而成也。

帝曰："臣作朕股肱耳目，言大体若身也。予欲左右有民，汝翼。左右，助也。助我所有之民，富而教之，汝翼成我也。予欲观古人之象，欲观示法象之服制也。以五采彰施于五色作服，汝明。天子服日月以下，诸侯自龙衮以下，上得兼下，下不得僭上。以五采明施于五色，作尊卑之服，汝明制之也。予欲闻六律五声八音，以出纳五言，汝听。言欲以六律和声音，出纳仁义礼智信五德之言，施于民以成化，汝当听审之。予违，汝弼。汝无面从，退有后言。"我违道，汝当以义辅正我。无得面从我违，退后言我不可弼也。

禹曰："俞哉！万邦黎献，共惟帝臣，惟帝时举，敷纳以言，明庶以功，车服以庸，献，贤也。万国众贤，共为帝臣，帝举是而用之，使陈布其言，明之皆以功大小为差，以车服旌其能用之也。

舜帝感叹地说："啊！大臣是君主亲近的人，君主亲近的人就是大臣啊！"禹说："正是！"（邻，接近的意思。谓君王和大臣的职责和使命相近，是相互依靠、相辅相成的。）

舜帝说："大臣犹如我的股肱耳目（这里说的是君王与群臣是一个大的整体，就像一个人的身体一样）。我想教化引导所有百姓，你们来扶助我吧（左右，从旁帮助的意思。帮助我国中所有的人民，让他们富裕，并让他们受到礼乐道德的教化，你们来帮我一起做成这件事吧）。我想看到古人的样子（希望能看到可以显示符合礼仪规范之仪表、举止，且因尊卑不同而款式、图案各异的衣着式样），以五种颜料将布帛染成五种鲜明的色彩来制作服装，让尊卑有序，你们把这件事明示于众吧（天子穿的是绘有日月图案的衣服，以及以下等级的衣服；诸侯穿的是绘有龙的图案的被称作"龙衮"的制服，以及以下等级的衣服。尊贵的人可以同时穿低级别的衣服，低级别的人不可以越分冒用尊者的仪制。用五种颜料将布帛染成五种颜色，制作用来区别尊卑的朝服，你们把这些都详细搞清楚以后再把它做出来）！我希望能够重新听到（像古时那样的）六种旋律、五级音阶、八类乐器演奏的至善至美的音乐，用以显露传布'五德'之言，你们同我一起听受、审辨（谓希望能以六种音律和各种乐声，来传播仁义礼智信"五德"之言，使其广布于民间以起到教化的作用。你们应当和我一起仔细倾听，并加以辨别，以便从中选出至善至美的音乐来）；我如果有什么过失，你们应当及时帮我纠正。你们不可以当面顺从，从我这里离开后又在背后议论我（我要是违背了正道，你们应当以义理来纠正我。不要当面顺从我的错误，事后又说我这人没法辅佐）。"

禹说："是啊，舜帝！全天下贤能的人，都是您的臣子，任由您选拔举用。如果能广泛地采纳他们的意见，公正地考察他们的业绩，赐予车辆官服以表彰那些有所作为的人（献，贤的意思。各诸侯国众多

谁敢弗让？敢弗敬应？上唯贤是用，则下皆敬应上命而让善也。帝弗时，敷同日奏，罔功。帝用臣不是，则远近布同，而日进于无功，以贤愚并位、优劣共流故也

无若丹朱傲，惟慢游是好，丹朱，尧子，举以戒也。傲虐是作，罔昼夜额额。傲戏而为虐，无昼夜常额额，肆恶不休息也。罔水行舟，朋淫于家，用殄厥世。朋，群也。丹朱习于无水陆地行舟，言无度也。群淫于家，妻妾乱也。用是绝其世，不得嗣也。帝其念哉！"

夔曰："于！予击石拊石，百兽率舞，庶尹允谐。"尹，正也。众正官之长，信皆和谐，言神人洽也，始于任贤，立政以礼，治成以乐，所以致太平也。帝庸作歌，曰："敕天之命，惟时惟几。"敕，正也。奉正天命以临民，惟在顺时、惟在慎微也。乃歌曰："股肱喜哉！元首起哉！百工熙哉！"元首，君也。股肱之臣，喜乐尽忠，君之治功乃起，百官之业乃广也。

的贤能之士都是您的臣民,您从中选拔最合适的人并任用他们,让他们各自教化一方,再分别依据他们各自功绩的大小明察他们的德能,分别等级次序,赐以车马官服,用来表彰那些有功之臣),这样一来,还有谁不谦让,谁敢不恭敬地接受呢(君上能够唯贤是用,那么群臣都会恭敬地响应上面的号召,并互相让功与对方)?您如果不是这样,不能够做到近贤远佞,而是对贤愚优劣都一概同等对待,那么国家的政事就会一天天荒废下去(帝王任用臣僚不恰当,那么对待臣下就没有了贤愚远近之分,政事也就会日渐衰微。这是因为贤良优秀的人才和庸愚无行的人受到同等待遇的缘故啊)。

所用之人,不能像丹朱那样傲慢,只喜欢游手好闲(丹朱,尧的儿子,举此例引以为戒)、戏谑作乐、不分昼夜地恣意妄为而无休止(遨游嬉戏,为害百姓。额额不分昼夜,指的是放纵恶行没完没了);自己坐于木船之上,让人在平地上推着行走;妻妾成群,淫乱于家。其后果是被取消嗣子之位(朋,群的意思。丹朱喜欢在无水的陆地上让人推着行船,谓行为一点没有节制。在自己家中聚众享乐,纵欲无度,谓妻妾家人均不能以礼相待。因此才被取消了世子的爵位,不能够继承帝位)。舜帝您当深思啊!"

乐官夔赞叹说:"啊!我依着节拍敲击石磬,连百兽听闻也纷纷随之起舞。众多的君长确实已将天下治理得十分和谐了(尹,君长的意思,这里是指众多官员中的尊长。百官和谐一致,万物神灵和人民都归于大治。这一切都始于选拔任用贤能的君子,用礼规范人的行为,确立为政之道,国家安定后就依靠音乐的教化,来移风易俗,所以天下太平)。"舜帝于是作歌唱道:"我等尊奉上天之命,凡事都必顺应天时,诸事谨慎及于细微之处(敕,以上正下。奉上天之命以正下民,就是要尊重大自然的法则,顺应天时,细微之处也小心谨慎)。"接着又唱道:"看到终日勤于

皋繇拜手稽首，乃赓载歌曰："元首明哉！股肱良哉！庶事康哉！"赓，续也。载，成也。帝歌归美股肱，义未足，故续歌先君后臣，众事乃安，以成其义也。又歌曰："元首丛脞哉！股肱惰哉！万事堕哉！"丛脞，细碎无大略也。君如此则臣懈惰，万事堕废，其功不成。歌以申戒也。

帝拜曰："俞，往钦哉！"拜受其歌，戒群臣自今已往敬职也。

太康尸位以逸豫，启子也。尸，主也。以尊位为逸豫，不勤也。灭厥德，黎民咸贰。君丧其德，则众民二心也。乃盘游无度，盘乐游逸，无法度也。畋于有洛之表，十旬弗反。洛水表也。

有穷后羿，因民弗忍，拒于河。有穷，国名。羿，诸侯名也。拒太康于河，遂废之也。

国事的大臣们是如此地欢喜啊！作为你们的君主我是多么地振奋！百业兴盛的时代已经来临（元首，指天子。大臣们都能心甘情愿、欢喜快乐地为君王竭尽忠诚，君王治理天下的功绩就从这里开始了，各行各业也会越来越兴盛）！"

皋繇拱手叩头，紧接着唱道："我们的君主是如此地圣明啊！大臣们才如此心甘情愿地竭尽忠心！才有了今天的诸事康顺（赓，继续。载，完成。舜帝作歌将美德归功于大臣，如此，其中的义理尚不能完全显现，所以下面皋繇继续歌唱。君在先，臣在后，诸事有序，才是安治天下的道理。这样一来，就将天下大治的真谛完全显现了）！"接着又唱道："倘若做君主的不懂得治国的要领，包揽琐事，事必躬亲，大臣们就会因此而懈怠，万事必定随之荒废，叫人寒心（丛脞，拘泥于琐碎的事务而没有远大的谋略。领导者如此，那么做下属的就会懒惰，万事都会随之荒废，君王治理天下的大业就无法完成了。所以在此作歌以为告诫）！"

舜帝听后拜谢道："唱得好啊！群臣自今以后务必兢兢业业善始善终啊（舜帝在此敬受皋繇歌中的告诫，同时以此来告诫群臣：从今以后，国事就倚仗你们了，你们一定要尽职啊）！"

太康身居帝位而不务正事，因为贪图安逸享乐（太康是夏启的儿子。尸，因为是代死者受祭，所以象征着祭祀者的主宰。太康就像"尸"一样，虽然居于尊位，被奉为万民之主，但却只知道贪图享受安逸，不能勤于国事），丧失了一个君主应有的品德，百姓都对他怀有二心（君王失德，天下百姓就会离心）。他这样纵情游乐没有节制（只知道享受游逸之乐，行为不依照礼仪规范），在洛水的南面打猎，百余天都不回京都。

有穷国国王后羿，因为国民都不能忍受太康的所作所为，趁机就在黄河岸边阻止太康返回京都（有穷是国名，后羿是有穷国诸侯的名字。后羿在黄河边阻拦太康，从此结束了太康的统治地位）。

厥弟五人，御其母以从，御，侍，言从畋也。俟于洛之汭。五子咸怨，待太康，怨其久畋失国也。述大禹之戒以作歌。述，循也。

其一曰："民惟邦本，本固邦宁。言人君当固民以安国也。予视天下愚夫愚妇，一能胜予。言能敬畏小民，所以得众心也。怨岂在明？不见是图。不见是谋，备其微也。予临兆民，凛乎若朽索之驭六马。凛，危貌也。朽，腐也。腐索御马，言危惧甚也。为人上者，奈何弗敬？"能敬则不骄，在上不骄，则高而不危也。

其二曰："训有之：内作色荒，外作禽荒，迷乱曰荒。甘酒嗜音，峻宇雕墙。有一于此，未或弗亡。"此六者，有一必亡，况兼有乎。

其三曰："惟彼陶唐，有此冀方。陶唐，帝尧氏，都冀州也。今失厥道，乱其纪纲，乃底灭亡。"言失尧之道，乱其法制，自致亡灭也。

其四曰："明明我祖，万邦之君。有典有则，贻厥子孙。典，谓经籍也。则，法也。荒堕厥绪，覆宗绝祀！"言古制存，而太

当时，太康的五个弟弟侍候他们的母亲随从打猎，在洛黄交汇的河湾等候他（御，陪侍，这里指随从打猎）。五个弟弟都埋怨太康（等待太康，责怪他迷恋打猎时间太久，终于失去了国家），遂依据大禹的训诫而作歌（述，遵循的意思）。

太康的第一个兄弟唱道："百姓是立国的根本，根本得以稳固，国家才会安宁（谓人君应当稳固民心，才能使国家安定）。我遍观天下之事，深感愚夫愚妇都能将我战胜（谓能敬畏小民，才能赢得人心）。对于民怨，应在其尚未显现时就有所谋划，岂能等它明显了才开始警醒（防患于未然，从一开始就小心戒备）。我面对亿万民众，危惧的心情就像用腐朽之绳驾驶六马之车（懔，危惧的样子。朽，腐烂、损坏的意思。用腐烂损坏的绳索驾驭马车，比喻危惧到极点）。作为民众的君主，怎能不时刻谨慎忧惧？（能敬畏就不会骄傲，能处于上位而不骄傲，即使居位再高也不会有什么危险）。"

第二个兄弟接着唱道："先帝的《训诫》中有这样一段话语，我们千万不能忘记：在内沉迷于女色，在外迷恋于游猎（迷乱叫'荒'），贪杯好酒无节制，迷恋歌舞无止时，房子愈造愈大，一味追求豪华，在墙壁上到处雕绘形形色色的图画。只要有上述情况之一，就没有不导致亡国的！（这六种情况，只要有其中的一种情况出现，就必定会导致亡国，何况这六种情况同时出现呢？）"

第三个兄弟唱道："想当年先祖尧帝德化四方，才拥有了中原这片地方，（陶唐指尧帝，尧帝属陶唐氏）。如今丢弃了先帝的美德，破坏了祖宗的礼法纲常，才会招致灭亡（谓丢失了尧帝的治国之道，乱了法度，才会自取灭亡）。"

第四个兄弟唱道："我圣德煌煌的先祖啊，是众多诸侯国共同的君主。既有万世不变的经典，又有完备的礼法制度。这些无价之宝

康失其业以亡也。

其五曰:"乌虖曷归? 予怀之悲。曷,何也,言思而悲也。万姓仇予,予将畴依? 仇,怨也,言当依谁以复国乎。郁陶乎予心,颜厚有忸怩。郁陶,言哀思也。颜厚,色愧。忸怩,心惭也。惭愧于仁人贤士也。弗慎厥德,虽悔可追?"言人君行己,不慎其德,以速灭败。虽欲改悔,其可追及乎? 言无益也。

成汤放桀于南巢,惟有惭德,有惭德,惭德不及古也。曰:"予恐来世以台为口实。"恐来世论道,我放天子,常不去口也。仲虺乃作诰,陈义告汤可无惭也。

曰:"乌虖! 惟天生民有欲,无主乃乱,民无君主,则恣情欲,必致必祸乱也。惟天生聪明时乂。言天生聪明,是治民乱也。有夏昏德,民坠涂炭。夏桀暗乱,不恤下民,民之危险,若陷泥坠火,无救之者。

都留给了他的子孙,谨慎奉守可保其世代无虞(典,指的是经典古籍。则,指的是礼法制度)。如今典章犹在,人心不古,眼看前人的事业到此时已变得一片荒芜。宗族将要覆灭,连祭祀也面临断绝!(谓古制犹存,而太康不能守住前人的功业以至于亡国)。"

最后第五个兄弟也唱道:"啊!我们将归向何方?我一想到这里,便感到无限悲伤(曷,何,此处说因忧思而悲伤)。普天下的人都对我们充满怨恨,我们还有谁可以依凭(仇,怨恨。这句说的是还可以依靠谁来帮助复国)?我等终日哀伤能怨谁?纵然脸皮再厚也难掩内心的羞愧(郁陶,说的是心中忧思难平。颜厚,就是面有愧色。忸怩,是心中惭愧。这是因想到古代的仁人贤士而惭愧啊)。平日不慎修自己的德行,此刻已难以追悔!(这里说的是人君的所作所为,如果不慎重自己的德行,就会迅速败亡。此时再想悔改,哪里还来得及呢?也就是说,那已经无补于事了啊!)"

成汤灭夏后,将夏桀放逐到南巢,觉得自己这样做有愧于尽忠的德行,(有惭德,即自惭德行比不上古人)。于是说道:"我担心后世之人要把我的行为当成话柄(担心后人评论得失,说我放逐天子,并把这件事常常挂在嘴上)。"仲虺于是写下了这篇诰文(文中向成汤陈述了他可以不必内疚的道理)。

他这样写道:"啊!人天生就有七情六欲,百姓如果没有君主来教导约束,就会产生祸乱(民众如果没有君主的约束,就会放纵自己的情感和欲望,必然要导致祸乱),只有上天降生聪明仁德之人施以教化,时势才能安定(谓上天降生聪明之人,就是为了治理民乱)。夏桀昏庸无德,没有能力教化人民,百姓就如同坠入泥潭、炭火之中(夏桀昏乱失德,不能体恤帮助下民,人民的境遇,立刻就像陷入泥潭,坠入大火中一样,却没有人能够救他们)。

"惟王弗迩声色，弗殖货利；迩，近也。德懋懋官，功懋懋赏；用人惟己，改过弗吝；勉于德者，则勉之以官，勉于功者，亦勉之以赏。用人之言，若自己出。有过则改，无所吝惜。所以能成王业者也。克宽克仁，彰信兆民。言汤宽仁之德，明信于天下也。

"乃葛伯仇饷，初征自葛，东征西夷怨，南征北狄怨，葛伯游行，见农民之饷于田者，杀其人，夺其饷，故谓之仇饷。仇，怨也。曰：'奚独后予。怨者辞也。

攸徂之民，室家相庆，曰：'徯予后，后来其苏。'汤所往之民，皆喜曰："待我君，君来其可苏息也。"

右贤辅德，显忠进良。贤则助之，德则辅之，忠则显之，良则进之，明王之道。推亡固存，邦乃其昌。有亡道则推而亡之，有存道则辅而固之。王者如此，国乃昌盛也。德日新，万邦惟怀；志自满，九族乃离。日新，不懈怠也。自满，志盈溢也。

"今大王（成汤）不接近歌舞女色，不聚敛金钱财物（迩，近）；对德高者以官职予以劝勉，对功高者以赏赐予以鼓励；任用贤人就像对自己一样信任，改正自己的过错毫不吝惜（对努力修德的人用官位来劝勉他，对勤奋做事的人用赏赐来激励他。采纳别人好的意见，就像自己的一样毫不犹豫。自己有过失立即改正，丝毫不会迟疑。这才是真正能成就帝王之业的人啊）；待人宽厚、内心充满了仁爱，信义播于四海（指成汤宽厚仁爱的品德为天下人所公认）。

"当初葛国的君主随意抢夺、杀害为耕田者送饭的人，所以最初的征伐行动就是从葛伯开始的。没有料到的是，大王往东征伐，西夷之民就会埋怨；大王往南征伐，北狄之人就会埋怨（葛伯在出游的途中，看到往田地里给干活的农民送食物的人，葛伯夺其食物，又杀了这个人，引起天下人的怨恨，所以叫'葛伯仇饷'。仇，怨恨）。他们都说：'凭什么偏偏要把我们这个地方摆在后面呢'（这都是心怀怨恨的人说的话啊）？

"大军将到之地的百姓，家家互相庆贺说：'等候我们的君王吧！君王到来，我们就有活路了。'（汤王将到之处的人民，听说汤王大军就要到来，都欢喜地说：'等着吧，君王来了，我们的苦日子就要到头了。'）

"佑护和辅助贤德的君子，表彰和进用忠良之士（发现贤能的人就帮助他，发现德行高尚的人就协助他，发现忠义的人就表彰他，发现良善的人就举荐他，这就是历代圣明帝王的治国之道啊），去恶务尽，从善如流，这样国家才会得以昌盛（对败家亡国的恶习及早铲而除之，对有利于安邦定国的良善之举大力表彰和提倡。做君王的能够这样，国家就会昌盛了）。君王虚心向善，让自己的道德修养一天天提升，万国都会向往；如果心中骄傲自满，九族亲人也将背离（日新，就是每天都要有新

王懋昭大德，建中于民，以义制事，以礼制心，乖裕后昆。欲王自勉，明大德，立大中之道于民。率义奉礼，垂优足之道示后世也。予闻曰：'能自得师者王，求圣贤而事之。谓人莫己若者亡。自多足，人莫之益，己亡之道。好问则裕，自用则小。'问则有得，所以足也。不问专固，所以小也。'

"呜呼！慎厥终，惟其始。靡不有初，鲜克有终，故戒慎终如其始也。殖有礼，覆昏暴。有礼者封殖之，昏暴者覆亡之。钦崇天道，永保天命。"王者如此上事，则敬天安命之道也。

王归自克夏，至于亳，诞告万方。诞，大也，以天命大义告万方之众人。曰："夏王灭德作威，以敷虐于尔万方百姓。夏桀灭道德，作威刑，以布行虐政于天下百官，言残酷也。肆台小子，将天命明威，弗敢自赦。其尔万方有罪，在予一人；自责化不至也。予一人有罪，无以尔万方。无用汝万方，言非所及也。呜呼！尚克时忱，乃亦有终。"忱，诚也，庶几能是诚道，乃亦有终世之美也。

的收获,永不懈怠。如果骄傲自满,就意味着心中什么东西也装不下了)。

"大王努力显扬大德,在百姓中建立中庸之道,依据道义来做事,以礼法来调伏人心,将伟大的功业传给子孙后代(希望汤王自我勉励,彰显大德,在人民中树立起大中之道的榜样。遵循道义,奉行礼法,将治国的各种道理完备地彰显出来,用以昭示子孙后代)。我曾听说:'能自己去寻得老师者可以称王(寻访圣贤之人做自己的老师),认为没有人能比得上自己的人终究会灭亡(如果自以为了不起,那谁都帮不了他,这正是自取灭亡之道)。谦卑好学不耻下问的人内心才是真正的富有,自以为是者则是那样的渺小可怜。'(好学好问,收获不断,所以愈来愈富足。不学不问,固执于一己之见,自然就渺小可怜了)。

"啊!慎重地结束一件事要如开始时一样战战兢兢(开始做一件事时没有不慎重的,但很少有能够小心谨慎一直到结束的。所以告诫要善始善终)。对符合礼节的事情大为宣扬,对不循法度昏乱残暴的事覆盖不宣(对守礼的要尽心培养树立榜样,对无知妄为的要予以严惩隐恶不宣)。敬奉上天的意志,才可永保上天赋予的使命(君王能够这样对待国事,这就是敬奉天命安邦定国之道啊)。

"打败夏桀后,大王自夏都回师,到达亳后,便隆重地诏告天下(诞,大。阐述天命的大义,昭告天下人民),说:'夏王丧失道德,滥用刑罚,对各方百姓施行残害(夏桀无视道德的作用,一味迷信法制,滥用刑罚,在全国上下推行苛严的刑法,这就是我们所说的暴政啊)。因此,我奉行天命以显示天威,不敢私自赦免桀的罪行。如果说全天下的人都有罪,那就把这些罪过都加到我一个人的头上吧(自责自己的德行不足以教化所有的人,使他们免于罪责)。我愿意一个人承担所有的惩罚,愿从此以后一切灾祸都与你们无关。'(与所有的人无关,就是说要让大家从此不再被灾祸连累)。啊!能够常常保持这样一颗真诚的

成汤既殁，伊尹作《伊训》，作训以教道太甲也。曰："乌虖！古有夏先后，方懋厥德，罔有天灾。先君，谓禹以下少康以上贤王，言能以德禳灾也。于其子孙弗率，皇天降灾，假手于我有命。言桀不循其祖道，天下祸灾，借手于我，有命商王诛讨之也。

惟我商王，布昭圣武，代虐以宽，兆民允怀。言汤布明武德，以宽政代桀虐政，兆民以此皆信怀我商王之德也。

今王嗣厥德，罔弗在初。言善恶之由，无不在初，欲其慎始也。立爱惟亲，立敬惟长，始于家邦，终于四海。言立爱敬之道，始于亲长，则家国并化，终洽四海也。

乌虖！先后敷求哲人，俾辅于尔后嗣，敷求贤智，使师辅于尔嗣王，言仁及后世也。制官刑，儆于有位。言汤制治官刑法，儆戒百官也。

曰：'敢有恒舞于宫，酣歌于室，时谓巫风；常舞则荒淫

心,这就是古人所说的善始善终之道啊(忱,真诚。如果为人君者都能够这样真诚有道,那就可以称得上善始善终了)!"

成汤去世以后,伊尹写作了一篇《伊训》(作这篇训诫文是用来教导太甲的),文中说:"啊!想前代夏朝先世的君王,那时正勉力完善其美德,因此天下没有灾祸(先世的君王,指自禹以下至少康以上这中间的历代贤王,谓修德可以消除灾祸的道理)。到了他们的子孙,因为不再遵循先王之道,于是上天降灾,借我殷商之手来实现上天的旨意(谓夏桀不遵循先祖修德禳灾之道,于是上天借我之手降祸于夏朝。意谓商王是应上天的旨意,去讨伐夏桀的)。

"再看看今天我们的商王:向全天下展示他的圣明与英武,以宽和之道取代了残暴之政,使亿万百姓都无比地怀念他(谓汤王广布圣明之道,展示武德,以宽和的仁政代替了夏桀的暴政,天下亿万百姓都因此而真诚地怀念我们商王的美德)。

"如今陛下欲继承先王的美德,一切都要从最初就开始做起啊(谓一切善恶成败,无不形成于最初的起心动念,希望大王凡事都能够慎于始啊)。在事奉父母亲人的过程中建立起自己的仁爱之心,在与长者恭敬相处的过程中建立起自己的敬畏之心,这样爱敬之风起始于家庭和邦国,最终必将扩展到整个天下(谓要树立爱敬之道,必得从家中的亲人长辈开始,这样家庭和国家同时都被美德所化,和谐、融洽之风最终必将通达于天下)。

"啊!先王(成汤)广求聪明贤达之人,让他们辅佐你等后来的继承者(遍求贤达有大智慧的人作为国师,来帮助你等王位的继承者。谓汤王的仁德惠及后世)。他专门制定了《官刑》,以儆戒百官(谓汤王专门制定了治理官吏的刑法,用来告诫群臣要勤于修身,不可肆意违犯)。

"《官刑》中写道:胆敢经常在宫中观赏舞蹈、在家中醉酒、听

也。乐酒曰酗,事鬼神曰巫也。敢有徇于货色,恒于游畋,时谓淫风;徇,求也,昧求财货美色,常游戏田猎,是淫过之风俗。敢有侮圣言,逆忠直,远耆德,比顽童,时谓乱风。狎侮圣人之言而不行,拒逆忠直之规而不纳,耆年有德疏远之,童稚顽嚚亲比之,是谓荒乱之风俗也。

惟兹三风十愆,卿士有一于身家必丧,有一过则德义废,失位亡家之道也。邦君有一于身国必亡。诸侯犯此,国亡之道也。臣下弗匡,其刑墨。'邦君卿士,则以争臣自匡正。臣不正君,服墨刑,凿其额,涅以墨也。

"呜呼!嗣王祗厥身,念哉!言当敬身,念祖德也。惟上帝弗常。作善,降之百祥;作不善,降之百殃。祥,善也。天之祸福,唯善恶所在,不常在一家也。尔惟德罔小,万邦惟庆。修德无小,则天下赖庆也。尔惟弗德罔大,坠厥宗。"苟为不德无大。必坠失宗庙。此伊尹至忠之训也。

歌的，这就叫做巫风（经常沉湎在歌舞取乐中就会流于荒淫。好酒贪杯叫"酗"，作舞以事奉鬼神的人叫"巫"）；有胆敢贪图财物、女色，经常游乐围猎的，这就叫做淫风（徇，是求的意思。愚昧失德，只知道贪图一时的财货美色，沉湎于游乐打猎，这是放纵过度的习气啊）；胆敢有轻慢圣人的言论、拒绝忠直的规劝、疏远年老德高者却亲近习钻顽劣的市井少年的，这叫做乱风（轻慢侮弄圣人的教诲而不能依照奉行，对忠直之士的规谏拒而不纳，远离德高望重的长者，却与社会上一些愚妄奸诈的年轻人常常混在一起，这些都是荒乱的习气啊）。"

"以上这三种风气、十种劣行，公卿士大夫自身沾染其中一例，他的食邑必会丧失（只要有了其中的一种过失，那么他的道德就会荒废，这是一条走向身败名裂的败家之路啊）；诸侯自身沾染其中一例，他的封国必会灭亡（如果是一国之君不幸触犯了，那就是一条亡国之路啊）。臣下如果不匡正国君的错误，就将服以墨刑（所以，作为国君和公卿士大夫，就一定要依赖、仰仗臣下的直言诤谏，使自己的过失及时得到匡正。大臣发现君王的过错而不加以扶正，就应当对其施以墨刑，在其额头上凿上黑色的标记，以儆效尤）。"

"啊！承继帝位的君王应当恭身自爱，念念不忘祖德啊（谓人应当自珍自爱，就是要时时思念祖宗之德，不给列祖列宗脸上抹黑）！上天的眷顾不是专对哪一家的，对行善者，就会赐予各种吉祥；对作恶者，就会降给各种灾祸（祥，是善的意思。在古代，"善"也有吉利、美好的含义。上天降祸还是降福，全在人之行善还是行恶，并不会固定地偏向于哪一家啊）。你们行有德之事不论多小，天下人都会为之庆幸（修德行善无论多小，都会令天下人民受益并庆幸）。你们行无德之事即便不大，也是失去宗庙（亡国）的开始（如果是不善的行为，纵然不够大，也必将导致亡国之患。这一段话确是伊尹至诚至忠的告诫啊）。"

太甲既立,弗明。不用伊尹之训,不明居丧之礼。伊尹放诸桐。汤葬地也。王徂桐宫居忧,往入桐宫居忧位也。克终允德。言能思念其祖,终其信德也。

惟三祀,伊尹奉嗣王归于亳,王拜稽首,曰:"予小子弗明于德,自底弗类。类,善也。暗于德,故自致不善也。欲败度,纵败礼,以速戾于厥躬。速,召也。言己放纵情欲,毁败礼仪法度,以召罪于其身也。天作孽,犹可违;自作孽,弗可逭。孽,灾也。逭,逃也。言天灾可避,自作灾不可逃也。既往背师保之训,弗克于厥初。尚赖匡救之德,圆惟厥终。"言己已往之前,不能言修德于其初,今庶几赖教训之德,谋终于善。悔过之辞也。

伊尹拜手稽首,拜手,首至手也。曰:"修厥身,允德协于下,惟明后。言修其身,使信德合于群下,惟乃明君。先王子惠困穷,民服厥命,罔有弗悦。言汤子爱困穷之人,使皆得其所,故民心服其教令,无有不欣喜也。奉先思孝,接下思恭。以念祖德为孝,以不骄慢为恭也。视远惟明,听德惟聪。言当以明视远,以聪听德。朕承王之休无斁。"王所行如此,则我承王之美无厌也。

太甲登上帝位之后，不明道德仁义（不听从伊尹的告诫，也不明白在为父居丧期间所应遵循的礼法），伊尹将他安排在桐宫（埋葬商汤之地）。太甲去桐宫为其父守陵，日夜忧思自责（住进桐宫后，终日面对列祖列宗，很自然的处于一种经常忧思愧责的环境之中），终于成就了自己的真实德行（这里是说太甲能够追念先王生前的种种风范与教诲，终于成就了自己至诚恭敬的美德）。

太甲继位的第三年，伊尹迎接太甲回到国都亳。太甲向老师伊尹真诚地跪拜，说道："是弟子不明于道德，才造作了种种的不善（类，是善的意思。一个人不明道德，所以才会给自己带来不祥啊）；放纵欲望，败坏礼法，给自身招来罪过（速，是召的意思。谓自己放纵情欲，毁坏礼仪法度，才招来自身的罪过）。天作孽，犹可避；自作孽，不可逭（孽，是灾祸的意思。逭，是逃避的意思。上天造成的灾祸，还可以避开；自己造成的灾祸，是逃脱不了的）。过去，我违背了老师您的教导，不能从一开始就严格要求自己，今后尚要依赖您老人家匡正扶助的恩德，力图能有一个好的结局（说自己往日不能修德以善始，今日亡羊补牢，或许还可以仰仗老师殷勤教导的恩德，以求善终。这些都是发心忏悔、改过自新的话语啊）。"

伊尹拱手伏地跪拜还礼（拜手，是一种叩首至手的礼节），说："注重自身修养，说到做到，以诚信之美德谐和民众，这才是英明的帝王（谓努力修身，说到做到，使诚信之德自上而下形成风气，这才是明君啊）。先王像爱护子女一样爱护困苦贫穷之人，人民都顺从他的命令，没有不高兴的（谓汤王慈爱艰难窘迫之人，使他们都能够有所依靠，所以人民都听从他的教导和命令，没有不欢喜的）。奉祀祖先，必心存孝敬；接近臣民，必心存谦恭（以追念列祖列宗的德范为孝，以不骄慢无礼为恭）。能够看得长远，才叫做眼明；能够听从有德之人的善言，才

伊尹申诰于王曰:"乌虖! 惟天无亲,克敬惟亲。言天于人无所亲疏,唯亲能敬身者。民无常怀,怀于有仁。民所归无常,以仁政为常也。鬼神无常享,享于克诚。言鬼神不保一人,能诚信者,则享其祀。

天位难哉! 言居天子之位难,以此三者。德惟治,否德乱。为政以德则治,不以德则乱也。与治同道,罔弗兴;与乱同事,罔弗亡。言安危在所任。治乱在所法也。

若升高,必自下;若陟遐,必自迩。言善政有渐,如登高升远,必用下近为始,然后致高远也。无轻民事,惟难;无轻为力役之事,必重难之乃可也。无安厥位,惟危。言当常自危惧,以保其位也。慎终于始。于始虑终,于终虑始。

叫做耳聪（谓要做到眼明，为的是能够看得长远；要做到耳聪，为的是能够听得进善言）。倘能如此，老臣将永远蒙受大王的恩惠，再也不用担心会有终结的那一天哪（大王能够这样去做，那么我等蒙戴大王的恩惠就不会有止尽了）。"

伊尹再三告诫太甲说："啊！上天并非固定要亲近谁，只亲近那些对天地万物心存敬畏的人（谓上天对于芸芸众生本无亲疏之别，只亲近那些能敬德修身的人）；百姓并非固定会归向谁，只归向那施行仁政的人（民心之所向并非一成不变，仁政所在，便是民心所归，这是不变的道理）；鬼神并非固定只享用哪一家的祭祀（享用其祭品才意味着保佑），只享用能坚持诚信的祭祀者的祭品（谓鬼神从来都不是只保佑哪一个人，谁能常怀一颗至诚恭敬之心，言行一致，诚实守信，才会降临到他的祭坛）。"

"处在天子这个位置上很难啊（为何说处在天子这个位置上难？就是因为上面这三件事啊）！任用有德行的人才会太平，任用无德之人天下就会动乱（为政以德，天下太平。为政不以德，便是致乱的根源）；与治世采用同一宗旨，则没有不兴盛的；与乱世采用同样的做法，则没有不灭亡的（谓天下安危全在用人，国家治乱只在一念之间，就看如何去选择）。"

"若要登高，必然从低处开始；若要远行，必然从近处起步（谓施行善政也要循序渐进，如登高行远，必从低处、近处开始，然后才能达到高远之境）；不要轻视百姓们的劳作，要想到其艰难（不要轻易兴起劳役之事，必须充分考虑到它的难度才行）；不要自安于天子之位，要想到其危险（就是说应当常常怀着一颗危惧之心，才能守住这个位置啊），做任何事情即使到最后结尾时，也要保持最初开始之时小心谨慎的心态，从一开始就须谨慎（从一开始就要考虑到结果，在结束时也要保

有言逆于汝心,必求诸道;人以言咈违汝心,必以道义求其意,勿拒逆之也。有言逊于汝志,必求诸非道。逊,顺也。言顺汝心,必以非道察之,勿以自臧也。

乌虖!弗虑胡获?弗为胡成?一人元良,万邦以贞。胡,何也。贞,正也。言常念虑道德,则得道德,念为善政,则成善政也。一人,天子也。天子有大善,则天下得正也。君罔以辩言乱旧政,利口覆国家,故特慎焉。臣罔以宠利居成功,成功不退,其志无限,故为之极以安之也。邦其永孚于休。"言君臣各以其道,则国长信保于美也。

"伊尹既复政厥辟,还政太甲。将告归,乃陈戒于德,告老归邑,陈德以戒。曰:"乌虖!天难忱,命靡常。以其无常,故难信也。常厥德,保厥位。厥德匪常,九有以亡。人能常其德,则安其位。九有,诸侯也。

"夏王弗克庸德,慢神虐民。言桀不能常其德,不敬神明,不恤下民。皇天弗保,言天不安桀所为。眷求一德,俾作神主。天求一德使代桀,为天地神祇之主。惟尹躬暨汤咸有一德,克享天

持最初的谨慎。)!"

"有些话不合您的心意,一定要从道义的立场去推度他的存心(别人的话违逆了你的心意,一定从道义的角度来衡量他的本意,不要轻易地拒之门外);有些话顺遂你的意见,一定首先要从'违背道义'的角度来设疑推论,想想对方是否是出于阿谀奉承的动机,或是有其他的目的(逊,是顺从的意思。别人的话正好顺合了你的心意,一定要从是否违背道义的角度来审察它,不可真的就认为自己一定正确)?"

"啊!不用心去体察怎会有收获?不身体力行怎么会成功?天子一人有大善,天下各诸侯国就会风气纯正(胡,何的意思。贞,正的意思。谓心中常常装着道德,才会拥有道德;经常想着如何落实善政,才能成就善政。一人,这里指的是天子。天子有大善在身,全天下都会走在正道上)。君主不要听信诡辩之言而搅乱既定政策(一张能言善辩的利口足以败国亡家,所以要特别地警惕啊);臣下不要因为贪图恩宠和利禄而常以功臣自居(功成而不愿身退,势必另有所图,所以在这里对这些人预为儆戒,以息其私心)。那么,国家将取信于民而长治久安(这里说的是君主和大臣都能遵循道义,各自安于自己的本分,国家就会永葆其良善之风而天下太平)。"

伊尹把政权交还给天子之后(还政给太甲),打算告老归乡,于是再次叮咛告戒,要求太甲保持其德(告老还乡前,再次以德相勉)。他说:"上天难信,天命无常(因为它无常,所以才难信)。常保其德,才能保其位;不能常保其德,国必亡(人能够经常保持自己的德行无亏,才能安居于现有的地位而不至于动摇。九有,指的是各个诸侯国)。

"夏桀不能经常修德,侮慢神灵,虐待百姓(谓夏桀不能继承祖德,上不能正心诚意以敬奉神明,下不能修德行善以体恤百姓),于是上天不再护佑他(是说上天因夏桀的所作所为而感到不安),一心想寻求一

心，受天明命。享，当也。

"非天私我有商，惟天祐于一德；非天私商而王之也，祐助一德，所以王也。非商求于下民，惟民归于一德。非商以力求民，民自归于一德。德惟一，动罔弗吉；德二三，动罔弗凶。惟吉凶不僭，在人；惟天降灾祥，在德。行善则吉，行恶则凶，是不差也。德一，天降之福；不一，天降之灾。是在德也。

"今嗣王新服厥命，惟新厥德；其命，王命也。新其德，戒勿怠也。终始惟一，时乃日新。言德行终始不衰杀，是乃日新之义也。

"任官惟贤材，左右惟其人。官贤才而任之，非贤才不可任也。选左右必忠良，不忠良非其人也。其难其慎，惟和惟一。其难，无以为易也。其慎，无以轻之也。群臣当和一心事君，政乃善也。

位有道德者,使其成为百神之主(上天要另找一个有道德的人,让他代替夏桀作为天地鬼神的祭祀者)。其时只有下臣我和先王汤都还坚守着先祖的德行始终如一,未敢有丝毫懈怠,因而能够符合上天之意,接受天帝圣明的指令(享,与其相当的意思)。

"这并非是上天偏向我们殷商,而是上天在佑护永恒的道德(不是上天偏袒殷商才令其拥有天下,而是为了护佑专一不变的德行,所以才令汤王称帝的啊);并非殷商求之于天下百姓,而是天下百姓归附于永恒的道德(并非殷商以势力征服天下人民令其臣服,而是民心本来就归向于专一不变的道德啊)。只要道德永恒不变,凡事无不吉祥。如果不能坚守道德,三心二意,则凡事无不凶险。境缘是吉是凶完全在于各人的所作所为,不会有丝毫误差;上天是降予灾祸还是降予祥瑞,只在于每个人自身的德行啊(行善则吉,行恶则凶,这是不会有错的。坚守道德,天降之福;偏离道德,天降之灾。这些都是由自身的德行决定的啊)。

"现在,大王您刚刚继承了天子的使命,理当勤修圣德,使自己日有所进(其命,就是帝王的使命。不断完善自己的品德,就是告诫其千万不要懈怠),始终如一坚持不懈,这样才能日见其新(谓修德行善永无懈惰之时,这便是'日新又新'的真义所在)。

"任用官员只选那些贤德的人,所有身边的人也都是这样的人(官职只用来任命给那些有德行的人,包括对身边的侍从人员,也必须选择那些忠良之士。不是忠良之辈,就一定不能留用)。选拔这样的人很难,所以要特别慎重,细心考察,必须是能够相互间通力合作、一心一意的人(这件事很难,千万不要以为是件容易的事。这件事必得要小心慎重,千万不要轻慢忽视了。群臣协力合作,一心一意辅佐国君,政事才会日见其善啊)。

后非民罔使，民非后罔事。君以使民自尊，民以事君自生。无自广以狭人，匹夫匹妇弗获自尽，民主罔与成厥功。"上有狭人之心，则下无所自尽矣。言先尽其心，然后乃能尽其力，人君所以成功也。

高宗梦得说，小乙子也，名武丁，梦得贤相，其名曰说也。使百工营求诸野，得诸傅岩。使百官以所梦之形象经营求之于外野，得之于傅岩之溪也。曰：朝夕纳诲。以辅台德！言当纳谏诲直辞以辅我。

若金，用汝作砺；若济巨川，用汝作舟楫；若岁大旱，用汝作霖雨。启乃心，沃朕心！

若药弗瞑眩，厥疾弗瘳；开汝心以沃我心，如服药，必瞑眩极，其病乃除。欲其出切言以自警也。若跣弗视地，厥足用伤。跣必视地，足乃无害。言欲使为己视听也。惟暨乃僚，罔弗同心，以匡乃辟。"与汝并官，皆当倡率，无不同心，以匡正汝君也。

说复于王曰："惟木从绳则正，后从谏则圣。言木以绳直，君以谏明也。后克圣，臣弗命其承。君能受谏，则臣不待命，其承意而

"君主若没有百姓就会孤立无依,什么事情也做不了;民众若没有君主的领导就不能自善其事,安居乐业(君王因为教导人民才显出自己的尊贵,百姓因为忠于国君才得以安居乐业)。不要骄傲自大轻视他人,要知平民百姓如果不能自愿尽心尽力,人主就没有人协助他成就帝王的功业(人君有了轻视别人的心,臣民就无法尽心尽力效忠于君主。这里说的是要先赢得人民全心全意的拥戴,然后才可令其各尽所能。这就是人君之所以能够成就功业的关键所在啊)。

高宗在梦中遇到了一个名叫傅说的人(商王小乙的儿子武丁,在梦中得到一位贤能的宰相,名叫傅说),便让百官去各地寻找,结果在傅岩找到了(派遣众官员按梦中所见之人的相貌,去各地四处寻访,终于在一个叫傅岩的地方,在一条小溪边找到了此人)。高宗见到傅说后就说:"我将朝夕听从您的教诲,以帮助我不断提高自己的德行修养(意思是你应当不断地以直言善语来教导辅助我)。

"如果我是一件铜器,您就是我的磨石;如果我要渡过大河,您就是我的船和桨;如果岁逢大旱,您就是甘霖。请开启你心中的智慧之水,来浇灌我干涸已久的心田吧!

"譬如药效不猛烈,疾病就不会痊愈(开你之心以润我怀,如生病吃药,必至头晕目眩后,方可除病。说这话是希望对方能直陈忠谏,以起到警醒自己的作用);若赤脚行走而不察看地面,脚就会受伤(赤脚行走必得看清地面,脚才不至于受到伤害。这是希望对方能像自己的眼睛和耳朵一样为己所用啊)。希望你及你的同僚,无不同心合力,以匡正你们的国君(与同僚们在一起,你要做出榜样,带头倡导,令大家都能同心同德,来辅助你们的国君啊)。"

傅说回答高宗说:"木板按绳墨锯解,则会平直;君主听从臣下规劝,则会圣明(谓木因绳而直,君因谏而明)。君主能够圣明,臣下不

谏也。谁敢弗祗若王之休命?"言如此,谁敢不敬顺王之美命而谏也。

惟说命总百官,在冢宰之任也。乃进于王曰:"呜虖!明王奉若天道,建邦设都,天有日月五星,皆有尊卑相正之法,言明王奉顺此道以立国设都也。树后王君公,承以大夫师长;言立君臣上下也。将陈为治之本,故先举其始也。弗惟逸豫,惟以乱民,不使有位者逸豫于民上也。言立之主使治民也。

惟口起羞,惟甲胄起戎;言不可轻教令,易用兵也。惟衣裳在笥,惟干戈省厥躬。言服不可加非其人,兵不可任非其才也。王惟戒兹!允兹克明,乃罔弗休。言王戒慎四惟之事,信能明,政乃无不美也。

惟治乱在庶官。所官得人则治,失人则乱也。官弗及私昵,惟其能;不加私昵,唯能是官也。爵弗及恶德,惟其贤。言非贤不爵也。虑善以动,动惟厥时。非善非时,不可动也。

等令下就会主动进言（君王能诚心接受劝谏，做臣子的不用吩咐，就会主动秉承君王的意愿直陈谏言），谁敢不敬从君主美好的命令呢（谓君王能有这样的胸襟，谁还会不敬从君王这美善的命令而放言陈谏呢）？"

傅说受命总理百官（担任了太宰），遂向高宗进言说："啊！圣明的君王遵奉天道，建立邦国，选定国都（天有日月星辰，都是按照尊卑偏正的规律依次来定位。这里说的是自古以来，圣明的君王都是遵循大自然的法则，来建立国家，并设定一国之都的），首先确立天子、再分封诸侯，接着又任命大夫、师长等官职（谓先确立好君臣上下的次序。在阐述治国的根本方针之前，先从最初的做法谈起），不是为了自己安逸享乐，只是要以此来治理万民（不能让有官位的人，为了享乐而高居在民众之上啊。谓建立上下尊卑的秩序，其宗旨不是为了少数人享受特权，而是为了治国安民啊）。

"要知道，言语不当，会招致羞辱；甲胄披身，会引发战争（谓不可轻易发布指令，不可轻易用兵）；官服存放在竹箱里，不要轻易授人；兴兵、宣战，当先考察将帅是否身堪其任（谓官服不可穿在那些德行不相配的人身上，军队不可以交给那些不适合的人才）。君王应戒慎上述四事，倘若真的对这些道理都能通达明了，就没有什么不吉庆的了（谓君王小心戒慎这四件事，确实做到了，政事就什么都会好起来了）。

"一个国家安定还是动乱，关键就在于对百官的任用上（官位选对了人，就会得到好的治理，一切都会和顺。如果是选错了官员，那就会全乱套了）。所以官职不要授给自己所偏爱或亲近之人，应只授予有德能的人（不因为关系亲密而有所偏袒，只任用那些贤能的人）；爵位切不可授给品德恶劣的人，只赐予那些道德高尚的贤者（不是贤德之人切不可重用）。凡事考虑到确实符合道义才实施，实施前还要慎重地选择好时机（不符合道义或者时机尚不成熟，切不可轻举妄动）。

有其善，丧厥善；矜其能，丧厥功。虽天子亦必让以得之。无启宠纳侮，开宠非其人，则纳侮之道也。无耻过作非。"耻过误而文之，遂成大非。

王曰："旨哉！说，乃言惟服。旨，美也。美其所言皆可服行也。乃弗良于言，予罔闻于行。"汝若不善于所言，则我无闻于所行之事。

说拜稽首，曰："非知之艰，行之惟艰。"言知之易而行之难，以勉高宗也。

王曰："来，汝说！尔惟训于朕志。言汝当教训于我，使我志通达也。若作酒醴，尔惟曲糵；酒醴须曲糵以成，亦我须汝以成也。若作和羹，尔惟盐梅。"盐咸，梅酢，羹须咸酢以和之。

说曰："王！人求多闻，时惟建事。学于古训乃有获。王者求多闻以立事，学古训乃有所得也。事弗师古，以克永世，匪说攸闻。"事不法古训，而以能长世，非所闻。

王曰："乌虖，说！四海之内，咸仰朕德，时乃风。风，教

"一个人自以为贤德,这本身就是一种失德的表现;当一个人自居其功时,他原有的功绩就已经大打折扣(所以说即使是天子之位,也必须是经过礼让之后再得到的,才合乎天理);不要开启偏宠之先例,为自己招致羞侮(打开偏宠之门,启用那些德行不能与官位相吻合的人,这是自取其侮的一条路啊),不要耻于认错而文过饰非(羞于承认自己的过错与失误,试图加以掩饰,终将铸成大错)。"

高宗说:"说得真好啊!傅说,你的这番话句句都是切实可行的啊(旨,美的意思。觉得傅说所言甚是,都是可以付诸实施的)。如果不是你这样善于进谏这些有德之言,我还真的从来没听说过自己究竟应该怎样去做啊(你若不讲出这番有道德的话,我对于自己所要做的事还真是一无所知)。"

傅说叩头下拜说:"懂得这些道理并不难,要真正做到却很不容易啊(谓知之为易,而行之为难。以此勉励高宗明白道理之后,要重在力行啊)。"

高宗说:"来吧,傅说!请你训导我树立德行(就是说你应当尽心的教导我,使我成为能够通达事理的有德之人)。若比作酿酒,你就是酒曲(如同酒必须有酒曲才能酿成,我也是一样,必须有你的帮助才能成就啊);若比作调制和合众味的羹汤,你就是盐和梅(指盐咸和梅酢,制羹须用咸和酢加以调和才行)。"

傅说说:"君主希望见闻广博,是想建立功业,认真学习古人的教导,就会有收获(作为一个君王,增广见闻是为了成就大业,学习古人的教诲才会有所收获)。做事不师法古人而能使国家长治久安,我傅说没有听说过(做事情不能遵循古人的教导,而能够做得长久的,这种事从来没有听说过啊)。"

高宗说:"啊,傅说!如果有一天四海之内的人民,都景仰我的

也。使天下皆仰我德，是汝教也。股肱惟人，良臣惟圣。手足具乃成人，有良臣乃成圣也。

昔先正保衡，作我先王，保衡，伊尹也。作，起也。正，长也。言先世长官之臣也。乃曰：'予弗克俾厥后惟尧舜，其心愧耻，若挞于市。'言伊尹不能使其君如尧舜，则心耻之，若见挞于市也。一夫弗获，则曰：'时予之辜。'伊尹见一夫不得其所，则以为己罪也。右我烈祖，格于皇天。言以此道左右成汤，功至大天。

尔尚明保予，罔俾阿衡专美有商。汝庶几明安我，事与伊尹同美也。惟后非贤弗乂，惟贤非后弗食。言君须贤以治，贤须君以食也。其尔克绍乃辟于先王，永绥民。"能继汝君于先王，长安民，则汝亦有保衡之功也。

说拜稽首曰："敢对扬天子之休命！"受美命而称扬之也。

武王伐殷，师渡盟津。王曰："今商王受弗敬上天，降灾下民；沈湎冒色，敢行暴虐；沈湎嗜酒，冒乱女色，敢行酷暴，虐杀无辜也。罪人以族，官人以世；一人有罪，刑及父母兄弟妻子，言淫滥也。官人不以贤才而以父兄，所以政乱也。焚炙忠良，刳剔孕

品德，那都是蒙您教导的功劳啊（风，教化的意思。如果我能令全天下的人都仰慕我的德行，那都是您教的啊）。有手有脚才成其为人，有贤良之臣才能成就圣明之君（手足具备方可成人，拥有良臣才可望成为圣君啊）。

"从前的贤臣伊尹，使我们先王之业振兴（保衡，即伊尹。作，兴起的意思。正，官长的意思，这里指的是前代的大臣），他说：'我若不能使君王成为尧舜一样圣明的君主，我内心就感到惭愧和羞耻，就好像被鞭挞于街市（这是说伊尹如果不能帮助自己的君王成为像尧舜那样的圣君，就会内心感到羞耻，就像在大街上被人鞭打一样）。'哪怕有一个人没有得到妥善安置，他就说'这是我的罪过啊！'（伊尹如果看到还有一个人没有得到教化和帮助，就会认为是自己的罪过）。他就是这样的辅佐我显赫的先祖，以至诚感通于上天（谓伊尹正是以这样一种至诚之心辅佐成汤，因此成就了伟大的功业）。

"或许你今天也可以勉力来辅佐我，不让伊尹在殷商一朝独享美名（你或许可以努力帮助我安定天下，这件事可以和当年伊尹的所作所为相媲美啊）。君王没有贤臣不能实现国家大治，贤臣没有君王也无法有所作为（谓君王须有贤人的辅佐，国家才能得以治理；贤人须以君王为依托，才可以施展其抱负）。如果你能让你的君王继续先王的事业，将使百姓得到长久的安定（你若能令我像先王一样，使天下长治久安，那么你也就有了和伊尹一样的功绩啊）。"

傅说跪拜道："请让我努力报答和宣扬天子这番尽善尽美的教导吧（傅说在此接受神圣的使命并予以称扬）！"

周武王讨伐殷商，军队将从孟津渡过黄河，武王说："当今的商纣王，不敬奉上天，给老百姓带来灾难。他嗜酒贪色，竟敢滥行暴虐之政（沉湎嗜酒，贪恋淫乱于女色，肆行酷刑暴政，残酷杀害无辜臣民），用灭族的方法惩罚人，以世袭的办法封赏官职（一人有罪，诛连父母

妇。忠良无罪,焚炙之,怀子之妇,刳剔视之,言暴虐也。

"皇天震怒。惟受罔有悛心,乃夷居,弗事上帝神只,遗厥先宗庙弗祀。悛,改也。言纣纵恶无改心,平居无故废天地百神宗庙之祀,慢甚也。乃曰:'吾有民有命!'罔惩其侮。纣言吾所以有兆民,有天命故也。群臣畏罪不争,无能止其慢心。

"同力度德,同德度义。力钧则有德者胜,德钧则秉义者强。揆度优劣,胜负可见。受其臣亿万,惟亿万心;人执异心,不和谐也。予有臣三千,惟一心。三千一心,言同欲也。商罪贯盈,天命诛之。予弗顺天,厥罪惟钧。纣之为恶,一以贯之。恶贯已满,天毕其命。今不诛纣,则为逆天,与纣同罪。

"天矜于民,民之所欲,天必从之。矜,怜也。言天除恶树善,与民同也。时哉不可失!"言今我伐纣,正是天人合同之时,不可违失也。

王次于河朔,次,止。群后以师毕会。王乃徇师而誓,曰:

兄弟妻子，这说的是滥用刑罚；封官不以贤能为标准，而以父兄的关系相继承，所以导致政事的紊乱），焚烧烙烤忠良之臣，剖腹验看怀孕妇女（忠良之人无罪，却去炮烙他；对怀胎的孕妇，竟然要剖腹验看。这些都是说纣王的暴虐无道）。

"上天已经震怒，但纣王受没有改过之心，反而傲慢无礼，不尊奉天地神灵，遗弃先王宗庙，不行祭祀（悛，悔改的意思。谓纣王放纵自己的恶行，毫无悔改之心，无缘无故废除了平时祭祀天地神灵和先祖宗庙的礼仪，太轻慢不恭了），还说：'我拥有百姓，因为我持有天命！'满朝文武没有人能惩戒他这种轻慢无礼的行为（纣王说我之所以拥有天下亿万臣民，因为这是上天的旨意！群臣害怕受到残酷的迫害而不敢直言诤谏，因此没有人能制止他这种傲慢之心的膨胀）。

"（古语说）'势均力敌则看其德行，德行相当则看其仁义（力量相同，有德者胜；德行相同，符合道义的一方必定更强。按照这个标准来衡量谁优谁劣，胜负立即就可以预见）。'纣王有上万臣民，却有上万条心（人若各怀其心，就不和谐了）；我有臣民三千，但大家都是一条心（三千人一条心，谓同心同德啊）。商纣恶贯满盈，上天命我诛灭他。我若不顺从上天之意，其罪便与纣王相当（纣王的罪恶不断，从无悔改之意。恶贯满盈，上天就会来结束他的命运。今天我们不去讨伐商纣，就是违背天意，与商纣同罪）。

"因为上天怜悯百姓，所以百姓所期望的，上天必会顺从（矜，怜悯的意思。谓上天除恶扬善之心，与天下百姓是相同的啊）。时不可失啊（谓我们今天讨伐商纣，正是天人一心之时，不可以违背天意而造成千古遗憾啊）！"

武王在黄河北岸驻扎（次，停止），众诸侯率领他们的军队都来会合，武王于是检阅军队并盟誓说："我听说，吉人做善事，整日去做

"我闻吉人为善，惟日弗足；凶人为弗善，亦惟日弗足。言吉人竭日以为善，凶人亦竭日以行恶者也。

"今商王受，力行无度，播弃犂老，昵比罪人，鲐背之耆称犂老。布弃，不礼敬也。昵，近也。罪人，谓天下逋逃小人也。剥丧元良，贼虐谏辅，剥，伤害也。贼，杀也。元，善之长。良，善也。以谏辅纣，纣反杀之。谓己有天命，谓敬弗足行，谓祭无益，谓暴无伤。天其以予乂民。用我治民，当除恶也。

"受有亿兆夷人，离心离德；平人，凡人也。虽多而执心用德不同也。予有乱臣十人，同心同德。我治理之臣虽少，而心德同也。今朕必往。百姓凛凛，若崩厥角。言民畏纣之虐，危惧不安，若崩摧其角，无所容头也。呜呼！乃一德一心，立定厥功，惟克永世。"汝同心立功，则能长世以安也。

王曰："商王受，自绝于天，结怨于民。不敬天，自绝之也；酷虐民，结怨也。斫朝涉之胫，剖贤人之心；崇信奸回，放黜师保；屏弃典刑，囚奴正士；屏弃常法而不顾也，箕子正谏，而以为囚奴也。郊社弗修，宗庙弗享；作奇伎淫巧，以悦妇人。

仍不满足；恶人做坏事，也是整日去做还不满足（谓善人行善整天无息时，恶人行恶也是整天没有息时啊）。

"当今商王受，做的都是违反法度之事，抛弃忠心的老臣，亲近罪恶的小人（背上长满鱼纹斑的面色如垢的老人称"耇老"。播弃，即毫无礼敬之心。昵，亲近的意思。罪人，指在社会上四处流浪或逃亡的一类人），伤害元老贤良，残杀劝谏的大臣（剥，伤害的意思。贼，残杀的意思。元，众善之长。良，善的意思。良臣以忠谏辅佐纣王，纣王反而将这些人杀害），还声称自己拥有天命，说什么'敬天之事没必要去做，祭祀也没有用处，暴政之下谁也不能把我怎么样，是上天让我来治理百姓的（他说这话的意思是：既然上天让我来治理百姓，那么我当然要除掉那些不听我话的"恶人"了）。'

"纣王受有亿万臣民，但因其暴虐无道，各怀异心，各行其是（平人，普通人的意思。人数虽多，但心里想的和做的都不一样）；我十名善于治国的贤臣，他们同心同德（我的治国之臣虽少，但是他们能心往一处想，劲往一处使）。如今我决定前往伐纣。殷商的百姓终日生活在危惧之中，头痛如裂（谓百姓害怕纣王的残暴，终日危惧不安，就像头骨被裂开一样痛苦难忍，没地方可容下这颗剧痛的头颅）。啊！你们一定要同心同德，建立功业，以求天下能世代安定（今天只要你们齐心协力建立功业，天下就能得到长久的安宁）。"

武王说："商王受自绝于天，结怨于民（不敬天，即自绝于天；残酷暴虐的对待臣民，就是与天下人民结怨），他曾砍断冬晨涉水人的脚胫，挖出贤良之臣的心脏，推重、宠信奸邪小人，放逐贬谪自己的老师，摒弃法典所定刑法，任意囚禁、奴役正直之士（抛弃国家的法律条文不顾。箕子正当地劝谏，却因此而被囚禁和奴役）。京郊祭天地之坛不予整修，祖宗庙堂不予祭祀，弄一些过于淫巧而无益的技艺和器物，一心

"古人有言曰：'抚我则后，虐我则雠。'武王述古言以明义，言非唯今恶纣也。独夫受，洪惟作威，乃汝世雠。言独夫失君道也，大作威，杀无辜，乃是汝累世雠。明不可不讨也。树德务滋，除恶务本。立德务滋长，除恶除本，言纣为天下恶本也。肆予小子，诞以尔众士，殄歼乃雠。"言欲行除恶之义，绝尽纣也。

武王与受战于牧野。王曰："古人有言：'牝鸡无晨。言无晨鸣之道。牝鸡之晨，惟家之索。'索，尽也。喻妇知外事，雌代雄鸣则家尽，妇夺夫政则国亡也。

"今商王受，惟妇言是用。妲己惑纣，纣信用之。乃惟四方之多罪逋逃，是崇是长，言纣弃其忠臣，而尊长逃亡，罪人信用之。是信是使，是以为大夫卿士，俾暴虐于尔百姓，以奸宄于商邑。使四方罪人，暴虐奸宄于都邑也。今予发，惟恭行天之罚。"

王来自商，至于丰。乃偃武修文，倒载干戈，示不复用也。行礼射，设庠序，修文教也。归马于华山之阳，放牛于桃林之野，示天下弗服。示天下不复乘用也。

取悦于妇人。

"古人曾说：'抚爱我们的人就是我们的君主，虐害我们的人就是我们的仇敌（武王在此转述古人的话，以表明此次行动的大义所在。谓并不是今天私自憎恨商纣王，而是遵循自古以来的大义行事）。'独夫纣王大施淫威，作恶多端。他是你们累世的仇敌（说他是独夫，是因为他丧失了为君之道，所以不配被称为'君'。他大施淫威，滥杀无辜，其实是你们累世的仇敌。这段话是说明对纣王不得不讨伐啊）。立德务求长远，除恶务求除根（建立美德务求与日俱进，剪除邪恶务求断其根本。谓今天的纣王就是天下众恶之源啊）。所以我今天才会合你们众将士，要大兴正义之师，去歼灭你们的仇敌（说明除恶务求除根的道理，就是要将纣王彻底歼灭）。"

武王与纣王战于牧野，武王说："古人有言：'母鸡没有早晨啼叫的（谓自古以来就没有母鸡司晨的道理）。如果母鸡早晨啼叫，这个家就会败尽（索，尽的意思。这是用来比喻女人掌管了外部事务。母鸡代替公鸡打鸣，家就会败尽；后宫操纵了君王的政事，国家就会灭亡）。'

"如今，商纣王只听从女人的话（妲己迷惑纣王，纣王便一味听信她的话），而且专门尊崇、重用那些四方戴罪逃亡之人（谓商纣王抛弃忠臣，却尊崇那些从别国逃亡至商的罪人，信任并重用他们），宠信、任用，让他们占据了大夫、卿士这样重要的位置，让这些人疯狂地残害你们这些百姓，并得以在商国都城违法作乱（致使各国的罪人，都聚集到商都，违法作乱，残害百姓）。现在我姬发，正是恭奉上天的旨意来惩罚他。"

武王伐商归来，到达丰邑，便停止武备，修治文教（将兵器一律倒置封存，表示不再起用。开始让大家修习礼射，在各地办学校，修明文治与教化），把战马放归华山之南，把当初服役的牛重新放回桃林之野，明示天下不再使用（向世人表明从此不再使用这些为战争服务的马牛了）。

王若曰:"今商王为天下逋逃主,肆予东征,陈于商郊,受率其旅若林,会于牧野,罔有敌于我师,前徒倒戈,攻于后以北,血流漂杵。壹戎衣,天下大定。一著戎服而灭纣,言与众同心,动有成功也。

"释箕子囚,封比干墓,式商容闾。封,益其土也。商容,贤人,纣所黜退。散鹿台之财,发巨桥之粟,纣所积之府仓也,皆散发以赈贫民也。大赉于四海,而万姓悦服。"施舍己责,救乏赒无,所谓周有大赉也。天下皆悦仁服德也。

西旅献獒,西旅,远国也,贡大犬。大保乃作《旅獒》,用训于王。陈贡獒之义,以训谏也。曰:"乌虖!明王慎德,四夷咸宾。言明王慎德以怀远,故四夷皆宾服。无有远近,毕献方物,惟服食器用。天下万国,尽贡方土所生之物,惟可以供服食器用者,言不为耳目华侈。

"王乃昭德之致于异姓之邦,无替厥服;德之所致,谓远夷之贡也,以分赐异姓诸侯,使无废其职也。分琜玉于伯叔之国,时庸展亲。以宝玉分同姓之国,是用诚信其亲亲之道也。人弗易物,惟德其物。言物贵由人也。有德则物贵,无德则物贱,所贵在德也。

武王这样说道："如今商王受已成为天下逃亡罪犯的魁首，所以我兴师东征，陈兵于商都郊外。纣王受所率的军队密如丛林，与我会战于牧野，却没有愿与我军为敌的。其前军临阵倒戈，攻击其后续军队。商军随之败逃，流血之多，可以浮起木杵。只此一战，便天下大定（一用兵便立即灭了纣王，谓万众一心，做什么事都会成功）。"

"随之释放被囚禁的箕子，重修比干的坟墓，礼敬商容的故居（封，加土、培土的意思。商容，贤人，曾被纣王贬黜、斥退），散发鹿台贮积的财货，发放巨桥屯聚的粮米（纣王聚积财物的仓库，现在都被用来散发赈济贫苦的百姓），广泛赏赐于天下百姓，因而万民心悦诚服。"（做完这些散发财物的事以后，贫苦无依的人都得到了救济。所谓"周朝对人人都有重赏"，说的就是全天下的人都对周朝的仁德心悦诚服啊。）

西旅国来周朝见时向武王献上一种名叫"獒"的高大凶猛的犬（西旅，是边远国家，进贡来一种大犬），太保（召公）得知此事后，立即撰写了《旅獒》一文，用来提醒和劝诫武王（陈述献獒这件事情背后所隐藏的道理，作为对武王的提醒和劝谏）。文中说："啊！圣明的君王谨慎修德，所以四方外族之邦都来归顺朝见（谓明君都是通过谨慎修德来安抚边远之地的人民，所以四方邦国才一齐来归顺），不论远近，都献上当地特产，不过都是些吃穿器具之类（四方各国来朝见，都会进贡一些当地的土特产品，这些只可用于吃穿用度而已，意思是千万不可因其稀有，能娱人耳目，而生出豪华奢侈享乐之心）。

"圣明的君王于是借此来显扬恩德于异姓的诸侯国，使他们不要荒废了政事（恩德所到之处，就是将这些远方的贡物，分赐给那些异姓的诸侯，勉励他们不要忘记了自己的职责）；又将宝玉分赐给同姓的诸侯国，以表达对亲情的重视（将宝玉分赏给同姓之国，是借以证明不忘亲情的一片真诚）。人们不轻看这些物品，是因为它代表了君王的恩德

"德盛弗狎侮。盛德必自敬，何狎易侮慢之有也。狎侮君子，罔以尽人心；以虚受人，则人尽其心矣。狎侮小人，罔以尽其力。以悦使民，民忘其劳，则尽力矣。玩人丧德，玩物丧志。以人为戏弄，则丧其德矣。以器物为戏弄，则丧其志矣。弗作无益害有益，功乃成；弗贵异物贱用物，民乃足。游观为无益，奇巧为异物。言明王之道，以德义为益。器用为贵，所比化俗生民。

"犬马非其土生弗畜。非此土所生不畜，以不习其用。珍禽奇兽，弗育于国。皆非所用，有所损害故也。弗珤远物，则远人格；不侵夺其利，则来服。所珤惟贤，则迩人安。宝贤任能，则近人安。近人安，则远人安矣。

"乌虖！夙夜罔或弗勤。言当常勤于德。弗矜细行，终累大德。轻忽小物，积害毁大，故君子慎其微也。为山九仞，功亏一篑。谕向成也，未成一篑，犹不为山，故曰功亏一篑。是以圣人乾乾日侧，慎终如始也。允迪兹，生民保厥居，惟乃世王。"言其能信蹈行此诫，则生民安其居，天子乃世世王天下也。武王虽圣，犹设此

(谓物因人而贵的道理。人有德则物贵,人无德则物贱。物之可贵,只在于人的德行啊)。

"君王德行隆盛就不会轻慢、侮弄他人(厚德之人必定会自尊自爱,怎么会有轻慢、侮弄之心呢)。若轻慢、侮弄了君子,就不能使他们人尽其心地去辅佐您(以一颗谦卑的心去接纳别人,别人就会对你尽心尽意);若轻慢、侮弄了百姓,就不能使他们各尽其力地去拥戴服从您(让百姓欢欢喜喜地去做事,百姓会因为忘记了劳累而竭尽全力)。玩弄别人会丧德,玩物会丧志(把别人当作玩弄的对象,就会玷污其品德;把物品当作玩弄的对象,就会丧失其志向)。不要做那些无益的事去耽误、妨害了那些有益的事,这样才能成就事业;不看重奇异之物、不轻视实用之物,百姓才能富足(游逛观览即为无益,奇异机巧即为异物。这里谓明王之道,就是以道德仁义为有益,以实用为贵,一切都是为了教化和养育人民啊)。

"犬马不是土生土长的不畜养(不是本地所生的不饲养,因为不常用);珍禽异兽,不在国内繁育(因为没有什么用处,只会带来一些危害)。不把远方之物看得那么宝贵,远方的人就会归服(不会侵占夺取别人的利益,对方自然会来归顺);所宝贵的只是贤德之人,近处的人就会安心(珍惜和重用贤能之士,身边的人就会安定。近处能安定,远处也就能安定了)。

"啊!要从早到晚无不勤奋(谓君王应当常常勤于修德),平时不注重一些小事,最终将有损于大德(小的方面轻视疏忽,其危害积累起来,就会坏了大事。所以有道德的君子对待每一件小事都是特别谨慎的啊)。譬如要堆起九仞之山,却功亏于一篑(比喻堆土为山即将成功,但尚差一筐,就不能成山,所以叫功亏一篑。所以圣人总是终日乾乾,自强不息,始终如一啊)。若能真诚地奉行这些劝告,百姓将永保安居,天

诚，况其非圣，可以无诫乎？其不免于过，则亦宜矣。

王若曰："小子封！封，康叔名。惟乃丕显考文王，克明德慎罚，弗敢侮鳏寡，庸庸，祗祗，威威，显民。惠恤穷民，不慢鳏夫寡妇。用可用，敬可敬，刑可刑，明此道以示民也。天乃大命文王，殪戎殷，诞受厥命。天美文王，乃大命之杀兵殷，大受其王命。

"往尽乃心，无康好逸豫。往当尽汝心为政，无自安好逸豫也。我闻曰：'怨弗在大，亦弗在小。惠弗惠，懋弗懋。'不在大，起于小也。不在小，小至于大也。言怨不可为，故当使不顺者顺、不勉者勉也。若保赤子，惟民其康乂。爱养民如赤子，不失其欲，惟民其皆安治也。

"非汝封刑人杀人，言得刑杀人也。无或刑人杀人；无以得刑杀人，而有妄刑杀也。非汝封劓刵人，劓，截鼻也。刵，截耳也。无或劓刵人。"所以举轻刑以戒，为人轻行之也。

子才能世代称王（这里说的是如果真能老老实实的遵循这些告诫，那么人民就能安居乐业，天子也就可以世世代代的做下去了。由此看来，纵然武王是一位圣明的君主，尚且需要预设下这些告诫，何况后来并非像武王那样圣明的君主，怎么可以没有人来劝诫他呢？那样的话，难免就会犯下过错，这是很自然的事啊）。"

周公曾经这样说道："我年轻的封弟啊（封，康叔名）！伟大的先父文王，能够崇尚德教，慎用刑罚，从不敢怠慢老弱孤苦之人，任用当用的人，尊敬当敬的人，威慑那些应当予以威慑的人，并将这些明示于大众（加恩体恤那些无依无靠的人，连鳏夫寡妇都不敢轻慢。用可用之人，敬可敬之士，惩罚那些理应受到惩罚的人，并将这些做法和理由公之于众）。上天这才降大命于文王，剿灭殷国，并全部承担起上天原本赋予殷商的使命（上天赞赏文王的所作所为，于是降大命于文王，令其剿灭殷商，全部肩负起天子的使命）。

"你此去封赏之国，要尽心为政，不要贪图安乐（你去后要一心一意放在国事上，不可安于自己的享受啊）。我听说过，'民怨不在于大，也不在于小，要使不顺从的人顺从，不勤勉的人勤勉（不在大，大必起于小。不在小，小可至于大。这是说民怨不可结，无论大小皆可生祸，故当努力化解，让原来不顺从的人心甘情愿地顺从王命，让不勤勉的人也变得勤勉起来）。'你要爱民如子，心系人民的康乐与安定（爱护养育人民就像对待怀中的婴儿一样，不违背他们的愿望，那么人民就都能安定归于大治了）。

"若不是经你亲自核准对罪犯用刑诛杀（这里指的是按其应得之罪用刑诛杀），谁都不可以擅自妄杀无辜（不可因为有按罪用刑杀人的先例，而出现滥用刑罚妄杀无辜的情况）；不是经你亲自核准对罪犯施行割鼻割耳的刑罚（劓，是一种割鼻之刑。刵，是一种割耳之刑），谁都不

王曰:"封!元恶大憝,矧惟弗孝弗友。言人之罪恶,莫大于不孝不友。乃其速由文王作罚,刑兹无赦。言当亦速用文王所作违教之罚,刑此无得赦也。敬哉!无作怨,勿用非谋非彝。言当修己以敬,无为可怨之事,勿用非善之谋、非常之法。小子封,惟命弗于常。"当念天命之不于常也,行善则得之,行恶则失之。

王若曰:"乃穆考文王,诰庶邦御事,朝夕曰:'祀兹酒。'文王所告众国治事吏,朝夕敕之,唯祭祀而用此酒,不常饮也。曰:'小大邦用丧,亦罔非酒惟辜。于小大之国所用丧,无不以酒为罪也。饮惟祀,德将无醉。'饮酒惟当因祭祀,以德自将,无至醉。

"在昔殷先哲王,惟御事,弗敢自暇自逸。惟殷御治事之臣,不敢自宽暇自逸豫。矧曰其敢崇饮,崇,聚也。自逸暇犹不敢,况敢聚会饮酒乎。弗惟弗敢,亦弗暇。非徒不敢,志在助君敬法,亦不暇饮。

允许擅自对人动用这类刑罚（这里举出一种较轻的刑罚来作为告诫，因为像这类情况往往是人们很容易就轻率去犯的错误）。"

周公又说："封啊！大奸大恶之人必定人神共愤，何况那些不孝顺父母、不友爱兄弟的人呢（谓人生的罪恶，莫大于不孝不悌）？你应当尽快依照文王制定的刑罚，对其严惩不贷（谓对这些极恶之人，应当尽快依据文王所定的有关违反典教的刑法予以严惩，不得宽恕），千万要谨慎啊！切不可与无辜百姓结怨，不要采用违背道义的计谋和不合乎古人常法的措施（谓应当勤修己德，常怀敬畏之心，不作可怨之事，不用不善之谋，不行反常之举）。年轻的封啊！要想到天命不是永久不变的（应当时时想到上天降命于谁是没有固定的，行善的人就会得到，行恶的人就会失去）！"

周公还说道："当初先父文王在位，曾告诫各国诸侯及大小官吏，反复强调说：'在祭祀时才可以用酒（这是文王对各国官员所说的话，早早晚晚都告诫他们：只有祭祀时才能动用这酒，切不可贪杯常饮啊）'。又说：'有许多大大小小的诸侯国之所以败亡了，都是因为饮酒的罪过啊（至于过去大大小小许多国家最终会败亡，没有不是因饮酒而犯下罪过的啊），只有在祭祀时方可饮酒，且要以德行来把持自己，不可醉酒（所以饮酒只能是在为了祭祀的情况下，而且要用德行来约束自己，不可以因贪杯而喝醉了）'。

"过去殷代的先祖明君在位之时，治理国事的官员们不敢自己安闲逸乐（殷代终日忙于国事的大臣们，从不敢私下懈怠，自图安乐），更何况聚众饮酒呢（崇，聚的意思。私下自图安闲尚且不敢，哪里还敢聚众饮酒呢）？不只是不敢，也没有闲暇去饮酒啊（岂止是不敢啊，这些做臣子的心里只想着如何辅助君王敬奉礼法，也确实是没有那些闲功夫用来饮酒取乐啊）。

"在今后嗣王酣身，嗣王，纣也。酣乐其身，不忧政也。惟荒腆于酒，弗惟自息。言纣大厚于酒，昼夜不念自息。庶群嗜酒，腥闻在上。故天降丧于殷。纣众群臣用酒耽荒，腥秽闻在天，故下丧亡于殷也。天非虐，惟人自速辜。言凡为天所亡，天非虐人，惟人所行恶，自召罪。

"古人有言曰：'人无于水鉴，当于民鉴。'古贤圣有言，人无于水鉴，当于民鉴也。视水见己形，视民行事见吉凶。今惟殷坠命，我其可弗大鉴。"今惟殷纣无道，坠失天命，我其可不大视为戒也。

周公作《无逸》。中人之性，好逸豫。成王即政，恐其逸豫，故以所戒名篇。周公曰："乌虖！君子所，其无逸。叹美君子之道，所在念德，其无逸豫也。君子且犹然，况王者乎。先知稼穑之艰难，乃逸，则知小人之依。稼穑，农夫之艰难事，先知之，乃谋逸豫，则知小民所依怙。

"我闻曰：昔在殷王中宗，大戊也。治民祇惧，弗敢荒宁，为政敬，身畏惧，不敢荒怠自安。享国七十有五年。以敬畏之故，得寿考之福也。其在高宗，嘉靖殷邦，至于小大，无时或怨，善谋殷国，至于小大之政，民无时有怨也。享国五十有九年。

"而近世继承王位的商纣王只顾自身酣乐(嗣王,即纣王。只顾酣乐其身,就是不以国事为虑),一味沉湎于饮酒取乐,不思停息(这是说纣王一味厚爱饮酒,昼夜放纵毫无节制之意)。群臣也随之嗜好饮酒,腥秽升闻于上天,所以上天对殷商降下丧亡之祸(纣王及其群臣,因饮酒而沉迷惑乱,腥秽之气升达于上天,所以才会降大祸于殷商)。这不是上天暴虐,都是人自己招来的罪祸啊(就是说凡是被上天所灭的,并非上天要对人施暴,都是人自己作恶,自己招来的灾祸啊)!

"古人有句格言说:'有智慧的人不是把水当成镜子,而是把百姓当成一面镜子(古圣先贤曾说过:不要以水为镜,要以民为镜。观察水面只能看到自己的相貌,观察民众的所作所为才可以预见未来的吉凶祸福)'。现在殷商已丧失了上天曾经赐予的大命,我们怎么能不引以为最宝贵的借鉴呢(如今纣王无道,丧失了上天赋予的统治天下的使命,面对这深刻的教训,我们怎能不引以为戒呢)?"

周公撰写了《无逸》一文(一般常人的秉性都喜欢安逸享乐。成王执政后,周公担心他会安于享乐才说了这番话,于是就用所告诫的内容作为这篇文章的篇名)。周公说:"啊!君子所居之处,是没有自己的安逸的(赞叹君子之道,时时处处只想着修德,是不会顾及个人的享受的。好的官吏尚且如此,何况是君王呢)?先了解百姓耕耘劳作之艰难,再考虑他们的安乐,就会知道百姓最需要的是什么了(耕耘劳作是农夫最艰辛的事情,要先深入了解这些,再为他们谋求安乐之道,就知道天下百姓所依赖、仰仗的究竟是什么了)。

"我听说,昔日殷王中宗(即汤王的玄孙太戊),治理民众,恭敬谨慎,不敢荒废政事、贪图安逸(为政以敬,常怀畏惧之心,不敢自己安于享乐,怕荒废了国事),在位长达七十五年(正因为常存敬畏之心,所以才得享长寿之福)。到了高宗时期,以德化民,殷国幸福稳定,大事

其在祖甲，汤孙太甲。爰知小人之依，能保惠于庶民，弗侮鳏寡，知小人以所依，依仁政也，故能安顺于众民，不敢侮慢惸独也。享国三十有三年。

"自时厥后立王，生则逸，从是三王，各承其后而立者，生则逸豫，无法度也。弗知稼穑之艰难，弗闻小人之劳，惟耽乐之从，过乐谓之耽。惟耽乐之从，言荒淫。亦罔或克寿。以耽乐之故，无有能寿者也。或十年，或七八年，或四三年。高者十年，下者三年，言逸乐之损寿也。

"惟我周大王、王季，克自抑畏。大王，周公曾祖。王季即祖也。言皆能以义自抑，畏敬天命也。文王卑服，文王节俭，卑其衣服。自朝至于日中昃，弗皇暇食，用咸和万民，从朝至日昳，不暇食，思虑政事，用皆协和万民者也。厥享国五十年。

"自殷王中宗，及我周文王，兹四人迪哲。言此四人皆蹈智明德以临下也。厥或告之曰：'小人怨汝詈汝。'则皇自敬德。其有告之，言小人怨詈者，则大自敬德，增修善政也。

小事，没有什么时候听到有人埋怨过（用美德的教化来治理殷国，终于使全国上下一切大小事务无不顺利，人民没有一点怨声），所以高宗在位五十九年。就是在祖甲在位的时候（这里指的是汤王之孙太甲），也还知道百姓所依靠的是什么，所以能坚持常常施惠于百姓，不欺慢鳏寡孤独之人（知道百姓依靠什么，依靠的就是仁政啊！只有仁政才能做到安抚百姓，顺从民意，不敢侮弄轻慢孤苦伶丁之人啊），在位三十三年。

"自此以后所立之王，生来就耽于享乐（在这三位君王之后，分别继承他们王位的人，生下来就安逸享乐，没能守住先人的规矩礼法），不知耕耘的艰难，不闻百姓的劳苦，只追求过度的安逸享乐（过度的逸乐谓之耽。只求过度享乐，说的就是荒淫啊），也没有哪一个能够长寿（因为过度逸乐，所以没有能够长寿的）。有的在位十年，有的七八年或三四年（多则十年，少则三年，谓贪图享乐是要减损寿命的啊）。

"而我们周朝的曾祖太王、祖父王季，能够持身谦抑，常存敬畏（太王，周公曾祖，王季即其祖父。这是说他们都能以道义来约束自己，对上天赋予自己的使命常怀畏敬之心）。文王总是穿着质地粗劣的衣服（文王生活上很节俭，连平时穿的衣服都很粗劣），经常从早上一直忙到太阳偏西，都没有空闲时间来吃饭，所作所为都是想着如何让天下人都能和谐融洽地生活在一起（从早到晚，忙得没工夫吃饭，心里装满了国事，想的都是究竟怎样做才能使人民生活和谐美满之类的事情）。他在位五十年。

"从殷王中宗、高宗、祖甲到我们周文王，这四人都蹈行圣明之道（谓这四个人都是以他们圣明的智慧与德行来面对天下人民的啊）。有人告诉他们说：'老百姓埋怨你、咒骂你。'他们就更加谨慎其德行（倘若有人告诉他们，说民众中有人在怨恨责骂，他们就会加倍的小心谨慎，检查反省自己的德行，更加勤勉于仁政）。

"此厥弗听，人乃或诪张为幻，曰：'小人怨汝詈汝。'则信之，此其不听中正之君，有人诳惑之，言小人怨憾诅詈汝，则信受之也。乱罚无罪，杀无辜。怨有同，是丛于厥身。信谗含怒，罚杀无罪，则天下同怨雠之，丛聚于其身也。

"乌虖！嗣王其坚于兹！"视此乱罚之祸以为戒也。

蔡叔既没，以罪放而卒也。王命蔡仲践诸侯位。王，成王也。父卒命子，罪不相及。王若曰："小子胡！胡仲，名也。皇天无亲，惟德是辅；民心无常，惟惠之怀。天之于人，无有亲疏，惟有德者，则辅佐之。民心于上，无有常主，惟爱己者，则归往之。为善弗同，同归于治；为恶弗同，同归于乱。尔其戒哉！

"慎厥初，惟其终，康济小民。率自中，无作聪明乱旧章；汝为政，当安小民之业，循用大中之道，无敢为小聪明，作异辩，以变乱旧典文章也。详乃视听，罔以侧言改厥度。则予一人汝嘉。详审汝视听，非礼义勿视听也。无以邪巧之言易其常度。必断之以义，则我一人善汝矣。小子胡，汝往哉！无荒弃朕命。"汝往之国，无废我命。欲其终身奉行之。

"如果不能做到这一点,有人刚刚造谣惑众,说百姓埋怨你咒骂你,你便相信其言(这就是那些不肯接受中肯之言的君王,一旦有人用巧诈之言迷惑他,说民间有人怨你骂你,他就会立即相信并接受),从而乱罚无罪、滥杀无辜,民怨就会共同一致,这就等于把民怨都集中到自己身上来(听信谗言,心怀怒气,以致动用刑罚,滥杀无罪之人,那么天下人就会都把你当成他们的仇敌,将怨恨集中在你一个人身上)。

"啊!继承王位者应以此为鉴呀(仔细看清楚这种乱罚无辜所带来的祸患,要引以为诫啊)!"

蔡叔死后(因罪放逐而死),成王任命蔡仲为诸侯(王,这里指的是周成王。父死用其子,一方有罪过不互相连累)。王这样对他说:"年轻的胡啊(胡,是蔡仲的名字)!上天从来不会偏爱谁,只佑助贤德之人;民心也不是固定不变的,只归顺那些仁慈宽厚的君主(上天对人没有亲疏之别,谁有德它就保佑谁。在百姓的心中,也没有固定不变的君主,谁爱护他们,他们就归向谁)。行善政的方法不同,但结局都是天下大治;做坏事的方式不同,但结局都是国家动乱。你可要当心呀!

"凡事从一开始就要慎重,并考虑到它的结局。你的目的就是要安抚、救助你的人民,让他们都过上康宁的日子;所作所为都要遵守中正之道,不要自作聪明扰乱先王的典章(你此去执掌国政,首先考虑的是要让人民安居乐业,处理事情要遵循无过无不及的中正之道,不要耍弄小聪明,用标新立异的诡辩之词,去扰乱先王的典章法规和礼乐制度);要审慎地对待自己的所见所闻,不要听信一些奸巧之言而轻易改变先人的法度。如果你能这样去做,那我现在就以个人的名义预先嘉奖你(仔细审察你的视听,凡是不符合礼义的东西都不要去听去看。不要被奸巧之言所迷惑,从而怀疑和更改先人的法度。凡事依据道义来作决断,那我这里就对你放心了)。啊!年轻的胡,你去吧!千万不要忘了

王若曰："猷！告尔四国多方：顺大道，告四方。惟圣罔念作狂，惟狂克念作圣。惟圣人无念于善，则为狂人；惟狂人能念善，则为圣人。言桀纣非实狂愚，以不念善故灭亡也。自作不和，尔惟和哉！尔室弗睦，尔惟和哉！尔邑克明，尔惟克勤乃事。"大小众官，自为不和，汝有方多士，当和之哉。汝亲近室家不睦，汝亦当和之。汝邑中能明，是汝惟能勤职事也。

周公戒于王曰："文王罔攸兼于庶言，庶狱庶慎，惟有司之牧夫。文王无所兼知于毁誉众言，及众刑狱，众所当慎之事，惟慎择有司牧夫而已。劳于求才，逸于任贤。是训用违。庶狱庶慎，文王罔敢知于兹。是万民顺法。用违法，众狱众慎之事，文王一无敢自知于此，委任贤能而已也。武王率惟敉功，弗敢替厥义德。武王循惟文王抚安天下之功，不敢废其义德，奉遵父道也。

我的这番话啊(你此去你的封国,切不要把我的这番话不当回事。这样说是希望他能够终生奉行)!"

成王这样说过:"天下万事万物都有它的法则。告诉你们四方各国的诸侯们(遵循自然之道,告诫四方诸侯):圣人如果失去正念就会变成狂人,狂妄之人一旦树立起正念也会变成圣人(圣人一旦不再思虑善法,就会变成狂妄之人;狂妄之人如果常常思考为善之道,也会变成圣人。就是说,夏桀和商纣并非一定就是狂愚之人,只是因为他们心中不再存有善念,所以才会招致灭亡的啊)。人们往往只站在自己的立场上思考和处理一切问题,所以才会造成对立冲突的局面。你们要各自放下自己的私念和偏见,舍己从人;你们家庭中有人不和睦,你们要帮助他们消除隔阂,使全家人都能彼此互爱。你们在自己的领地把这些事都搞明白了,那就是你们勤于职事的证明啊(大小官员之间,经常会各执己见而不能和睦相处,你们这些各方的贤能之士啊,应当以你们的德行去感召他们,帮助他们团结起来。你们的家人中间有了矛盾,你们也要尽快去化解。你们把自己国邑中的这些事都能搞明白,这就说明你们真的是在勤于职事)。"

周公劝诫成王说:"文王在位时并没有兼管社会舆论、各种狱讼案件及各种敕戒之事,均由有关部门的主管官员裁决(文王并没有一一去听那些各种各样或褒或贬的议论,以及各种狱案及敕戒之事,只是慎重选择好有关部门的主管官员而已。文王只把精力放在寻访人才上,一旦贤能的人得到任用,自己就可以放手了),一切合法还是违法,以及各种狱讼及敕戒之事,文王不敢过问这些(但凡有关百姓是否遵循法度,还是违反了刑法,以及种种涉及狱讼、敕戒之事,文王一概不敢亲自过问,自己只是负责委任贤能的官员而已)。武王继承文王完成了安定天下的事业后,完全继承了文王的仁义和道德(武王遵行文王安抚天下的功业,

"孺子王矣,稚子今已为王矣,不可不勤法祖考也。继自今文子文孙,其勿误于庶狱庶慎,惟正是乂之。"文子文孙,文王之子孙也。从今以往,惟以正是之道,治众狱众慎,其勿误也。

王曰:"若昔大猷,制治于未乱,保邦于未危。言当顺古大道,制治安国,必于未乱未危之前,思患豫防之。

曰唐虞稽古,建官惟百。内有百揆四岳,外有州牧侯伯。道尧舜考古以建百官,上下相维,内外咸治也。庶政惟和,万国咸宁。官职有序,故众政惟和。万国皆安,所以为至治也。夏商官倍,亦克用乂。禹汤建官二百,亦能用治,言不及唐虞之清要也。明王立政,弗惟其官,惟其人。言圣帝明王立政修教也,不惟多其官,惟在得其人也。

"立太师、太傅、太保,兹惟三公。论道经邦,燮理阴阳。师,天子所师法。傅,傅相天子。保,保安天子于德义者也。此惟三公之任,佐王论道,以经纬国事、和理阴阳也。官弗必备,唯其人。三公之官,不必备员,惟其人有德乃处之也。

丝毫不敢废其义德,这是奉遵父道啊)。

"年轻人啊,你现在登上王位了(当年的孩童今天已是万民之主,你可不能不常常去效法你的祖父和父亲啊)。从今以后,文王的子子孙孙,都不要在各种狱讼及敕戒之事上耽误,只是选用好贤能的官员去治理(文子文孙,即文王的子子孙孙。从今往后,只依照先王的选好官员的办法治理各种狱案及敕戒之事,不要弄错了自己的职责啊)。"

成王说:"应依照先王的治国大道,在国家尚未出现动乱时,就制定平治之策,在国家没有出现危机时就解决好国家长治久安的问题(谓应当依循古人的大道,安邦定国,必须在国家还未乱未危之前,防患于未然)。"

成王说:"尧舜考察古代的典制,设立了一百个官职,上有百揆、四岳,下有州牧、侯伯(谓尧舜考察古制,依此设立百官,上下配合,里里外外都得到了很好的治理)。各种政事谐和,各方诸侯安宁,天下大治(官职的设置上下有序,从而使各项工作都能和谐协调的开展。四方各国都相安无事,所以才有了天下大治的局面)。及至夏商两朝,官职增加了一倍,也还能把国家治理得井井有条(夏禹和商汤时设官二百,也还能用以治理国事,就是说已经不如尧舜时候简明扼要了)。英明的君王成就其政事,不以官员的数目为重,只注重所用之官是否称职(这里说的是圣明的帝王,建立国家的政治体系,重在便于施行教化,官不在多,而在于一定要让贤能的人处在官位上)。

"设立太师、太傅、太保,此为'三公'。三公的职责是为君王讲解自然大道,帮助经纬国家大事,调理阴阳的和谐(师,天子的老师、榜样。傅,就是教导和佑助天子。保,就是保护天子之心永远安住于道德仁义之中。由此可见三公的职责,就是辅佐君王,讲述大道,用以经纬国家大事,化解冲突,让社会日益和谐)。人员不必齐备,所用必须是德高之人

"少师、少傅、少保,曰三孤。孤,特也。卑于公,尊于卿,特置此三人也。贰公弘化,寅亮天地,弼予一人。副贰三公弘大道化,敬信天地之教,辅我一人之治。

"冢宰掌邦治,统百官,均四海。天官卿称太宰,主国政治,统理百官,均平四海之内邦国,言任大。司徒掌邦教,敷五典,扰兆民。地官卿,主国教化,布五常之教,安和天下众民,使小大协睦也。

"宗伯掌邦礼,治神人,和上下。春官卿,主宗庙天地神祇人鬼之事,及国之五礼,以和上下尊卑等列也。司马掌邦政,统六师,平邦国。夏官卿,主戎马之事,国征伐,统正六军,平治王邦四方之乱也。

"司寇掌邦禁,诘奸慝,刑暴乱。秋官卿,主寇贼,法禁治奸恶、刑疆暴作乱者也。司空掌邦土,居四民,时地利。冬官卿,主国空土,以居士农工商四民,使顺天时,分地利,授之土。

"六卿分职,各帅其属,以倡九牧,阜成兆民。"六卿各率

（三公的官位，不必人员齐备，一定要是具备了极高道德修养的人才可以担任这样的职务啊）。

"设立少师、少傅、少保，称作'三孤'（孤，特别的意思。因其地位在公卿之间，比公稍下，比卿稍上，特地设置了这三个职务）。其职责是协助三公弘扬教化，敬祀天地神明，共同来辅助我一人治理天下（协助三公，广泛弘扬道德的教化，恭敬信奉天地神明的启示，齐心协力帮助我一个人）。

"冢宰掌握国家的政治，统领百官，协调天下各诸侯国的关系（作为六卿之首的天官卿，被称为太宰，主持国家政务，统领百官，负责对四方各国的督察与调控，这里说的是责任重大）。司徒掌管对国民教化、传布"五常"之教，使天下百姓安定和谐（作为仅次于天官卿的地官卿，司徒掌管的是对国民的教化，专门弘扬、传布五种伦常大道的教育，使天下百姓都能够安居乐业，过上幸福和谐的生活）。

"宗伯掌管国家的礼仪制度，负责对天地神灵和宗庙的祭祀，并谐和尊卑贵贱的关系（作为六卿之一的春官卿，宗伯主管的是宗庙天地神祇人鬼之事，及国人的五种礼仪，通过这些使上下尊卑之间相互协调和谐）。司马掌管国家军政，统帅六军，平定诸侯之乱（作为夏官卿，司马主管戎马之事，掌管军队的征战，统率六军，负责平定四方邦国的叛乱）。

"司寇掌握国家的法禁，治理奸恶的人，惩办暴乱之徒（作为秋官卿，司寇主管的是针对盗贼和敌寇的刑法和禁令，惩治奸恶之徒，依法严办那些犯上作乱的暴徒）。司空掌管国家土地，管理士农工商四类民众的生活居住，把握天时，合理开发和利用自然资源（作为冬官卿，司空主管着国家空闲的土地，发放给士农工商各界的人民，使他们都能够顺应天时，分享地利，安居乐业）。

"六卿分别职责，各自率其部属尽其职分，以倡导九州的州牧

其属官大夫士治其所分之职，以倡导九州之牧伯为政，大成兆民之性命，皆能其官，则政治矣。

王曰："乌虖！凡我有官君子，钦乃攸司，慎乃出令。令出惟行，弗惟反。有官君子，大夫以上也。叹而戒之，使敬所司，慎出令，从政之本也。令出必惟行之，不惟反改。二三其令，乱之道也。

"以公灭私，民其允怀。从政以公平灭私情，则民其信归之。学古入官，议事以制，政乃弗迷。言当先学古训，然后入官治政，凡制事必以古义议度终始，政乃不迷错也。其尔典常作师，无以利口乱厥官。其汝为政，当以旧典常故事为师法，无以利口辩佞乱其官也。弗学墙面，莅事惟烦。人而不学，其犹正墙面而立，临政事必烦矣。

"戒尔卿士，功崇惟志，业广惟勤；此戒凡有官位。但言卿士，举其掌事者也。功高由志，业广由勤也。位弗期骄，禄弗期侈；贵不与骄期，而骄自至。富不与侈期，而侈自来。骄侈以行己，所以速亡也。恭俭惟德，无载尔伪。言当恭俭，惟以立德，无行奸伪也。作德，心逸日休；作伪，心劳日拙。为德，直道而行，于心逸豫，而名日美。为伪，饰巧百端，于心劳苦，而事日拙，不可为之也。

尽心于政务,从而使百姓富裕安定(六卿各自率领他们属下的大夫与众士,治理好各自分内的职事,并带动九州官员一起这样做,以成就人民本善的天性。大家都能在各自的位置上做好了,政事也就清明了)。"

成王又说:"啊!凡我朝在位的官员,你们一定要以一颗敬畏之心对待你们所承担的职责。你们在颁布每一个政令之前,都要慎之又慎。号令一出,就一心只想着如何去落实,不要再想着是否改变它(所说在位的官员,都是大夫以上的。成王在此感叹地告诫他们,要他们敬奉自己的职守,慎重地对待所颁布的每一个政令,因为这是为政的根本。令出必行,不得中途废除或更改。如果执政者不断改变政令,反复无常,那正是一条乱国之道啊)。

"以公心取代私心,老百姓才会诚心归向(为官者以公平代替私情,民众就会信任并归顺他);先学习古训,然后再进入仕途,朝中议事必以先人的典章制度为依据,面对各种复杂的军政事务才不会迷失方向(谓为政者必先学习古圣先贤的教诲,然后再去为官执政。讨论决策重大事件必依据古人的义理,反复权衡,贯彻始终,这样政事才不会出现迷错)。你们要以古人的常道为师,不要以利口巧辩扰乱官风(你们为政,当以古人的典常旧例作为学习的榜样,不要逞口舌之利,以巧言善辩来混淆视听)。人不学习古训,如面壁而立,一无所知,遇到政事必会无所适从(人而不学,如面墙而立,临政必生烦恼)。

"我告诉你等卿士:功高在于立志,业广源于勤勉(这番话是用来告诫所有的为官者。此处只对卿士说,是以这些掌管要务的人为例,以见"功高由志,业广由勤"并非虚言);位贵者不知不觉就容易变得骄纵,禄厚者不知不觉就容易变得奢侈(身居高位的人即使不刻意去想着骄纵,往往不知不觉中就有了骄态;富有的人纵然不想着奢侈,往往无形中就染上了奢侈的习气。骄奢之风一起,就是自己迅速走向败亡的时候了);

"居宠思危，罔弗惟畏，弗畏入畏。言虽居贵宠，当常思危惧，无所不畏，若乃不畏，则入不可畏之刑。

"推贤让能，庶官乃和。贤能相让，俊乂在官，所以和谐也。举能其官，惟尔之能；称匪其人，惟尔弗任。"所举能修其官，惟亦汝之功能也。举非其人，惟亦汝之不胜其任也。

王曰："呜呼！三事暨大夫，敬尔有官，乱尔有政，难而敕公卿以下，各敬居汝所有之官，治汝所有之职也。以右乃辟，永康兆民，万邦惟无斁。"言当敬治官政，以助汝君，长安天下兆民，则天下万国惟乃无厌我周德也。

周公既殁，命君陈分正东郊成周。成王重周公所营，故命陈分居正东郊成周之邑。王若曰："君陈，我闻曰：'至治馨香，感于神明。黍稷非馨，明德惟馨。'所闻上古圣贤之言也。政治之至

恭敬勤俭才是美德，不要有那些伪诈的行为（意思是说应当从恭敬节俭做起，来树立自己的德行，不要做奸巧伪饰之事）。为善修德，就会心中安宁，日见美善；弄虚作假，就会心中烦劳，日益困窘（为善修德的人像走在笔直平坦的大道上一样，心中安逸舒畅，他的名声也一天比一天好。弄虚作假的人百般巧饰，内心劳苦，而事情总是越办越糟，这种傻事情不能干啊）。

"处贵宠之位，要想到危惧，要凡事无所不畏。如果不知敬畏，就会坠入可畏之境（谓一个人纵然处在贵宠的位置，也要时时想到背后的凶险而有所畏惧，对一切都常怀敬畏之心。如果你什么都不怕，最终必将遭到可怕的惩罚）。

"互相推贤让能，百官就会和谐（相互推让贤能的人，让德才出众的人都处在官位上，社会自然就和谐了）。你推荐了贤能的人来担任官职，这便是你的贤能；你若举用了不能胜任其官职的人，这也就是你的不称职（你所举荐的人能够整饬吏事，把事情都办得有条有理，这也是你的功劳和能力的体现。你若举荐了不该举荐的人，那也是你不能胜任你的职责的表现啊）。"

王说："啊！上自三公下及大夫的官员们，敬守你们的官位，管好你们的政务吧（以谨慎之道告诫公卿以下的官员们，要各自以敬慎之心忠于你们的职守，做好你们自己分内的事情），以此来辅佐你们的君主，使百姓永远康宁，天下万邦才会不厌弃我周朝（就是说你们应当常怀敬畏之心来治理政事，以辅佐你们的君王，使天下百姓得到长久的安宁，那么德风所至，天下万国就不会有厌弃我周朝的那一天了）。"

周公死后，成王命君陈分管东郊成周（文王陵墓所在之封邑）（成王珍惜周公多年来对成周这块地方的辛苦经营，所以才任命君陈分管东郊的成周都邑）。成王这样说道："君陈啊，我曾听说：'完美的政治

者,芬芳馨气,动于神明。所谓芬芳,非黍稷之气,乃明德之馨,厉之以德也。

"凡人未见圣,若弗克见;既见圣,亦弗克由圣。此言凡人有初无终也。未见圣道,如不能得见。已见圣道,亦不能用之,所以无成也。尔其戒哉!

"尔惟风,下民惟草。汝戒勿为凡人之行也。民从上教而变,犹草应风而偃,不可不慎也。无依势作威,无倚法以削。无乘势位,作威民上,无倚法制,以行刻削之政。宽而有制,从容以和。宽不失制,动不失和,德教之治也。

"殷民在辟,予曰辟,尔惟勿辟;予曰宥,尔惟勿宥。惟厥中。殷民有罪在刑法者,我曰刑之,汝勿刑也;我曰赦宥,汝勿宥也。惟其当以中正平理断也。有弗若于汝政,弗化于汝训,辟以止,辟乃辟。有不顺于汝政,不变于汝教,刑之而惩止。犯刑者,乃刑之也。

"尔无忿疾于顽,无求备于一夫。"人有顽嚚不喻,汝当训之,无忿怒疾之。使人当器之,无责备于一夫也。

如同芳香之气，可以感通神明。黍稷的芳香还算不得馨香，只有美好的德行才是久远的馨香（成王所听到的是上古的圣贤之言啊。政治到了完美的境界，芬芳馨香之气，可以感动神明。所谓芬芳，并非黍稷之香气，而是美好的德行所散发出来的馨香啊。说这些话，目的是用德行来勉励君陈）。'

"大凡人未曾见过圣人时，觉得圣人好像不能见到；及至见到圣人，却又不能听从圣人之言（这里说的是平常人往往有始无终，未遇见圣道，如不能得见，时时盼望见到，遇见圣道之后，又不能遵循圣人的教诲，所以还是一事无成）。你要以此为诫啊！

"你好比是风，百姓好比是草（草随风向而动）（你要当心，不能以普通人的标准来要求自己。百姓会随着官长的教化而改变，如同小草随风而伏，你不可以不谨慎对待啊），不要依仗权势作威，不要打着法律的旗号施行苛政（不要仗着自己的势力权位，在老百姓头上作威作福，不要借着法律制度的名义，去做侵害人民的事情），应当宽容而有节制，举止从容不失中和（宽不失度，动不失和，就是用道德的教化来治理国家和人民啊）。

"殷民违犯了法律，我说要处罚，你可以不处罚，我说要赦免，你可以不赦免，只求处置公正（住在成周的殷民有人犯罪当在刑罚之列，我说惩治他，你先别惩治；我说赦免他，你先别赦免。你应当依据实际情况做出中正公平的判断）。他们若有不顺从你的政令、不接受你的训导的，不得不以处罚来终止其罪恶，那就应当处罚（如有拒不服从你的政令，屡教不改者，必须用刑罚来制止其继续触犯刑法，那就去惩治他吧）。

"对于愚顽之人，你不要愤怒、厌恶；对任何一个人，都不要求全责备（有些人愚妄顽劣，不明事理，你应当耐心开导他，不要忿怒、嫌恶这些人。用人要用其所长，不要求全责备于哪一个人）。"

王曰："呜虖父师！毕公代周公为大师，为东伯，命之代君陈也。政贵有恒，辞尚体要，弗惟好异。政以仁义为常，辞以体实为要，故贵尚之。若异于先王，君子不好也。商俗靡靡，利口惟贤，余风未殄，公其念哉。纣以靡靡利口为贤，覆亡国家。今殷民利口，余风未绝，公其念绝之也。

"我闻曰：'世禄之家，鲜克由礼。'以荡陵德，实悖天道。世有禄位而无礼教，少不以放荡陵邈有德者，如此，实乱天道也。樊化奢丽，万世同流。言弊俗相化，车服奢丽，虽相去万世，若同一流者也。兹殷庶士，骄淫矜侉，将由恶终，闲之惟艰。言殷士骄恣过制，矜其所能，以自侉大，将用恶自终，以礼御其心惟难也。

惟周公克慎厥始，惟君陈克和厥中，惟公克成厥终。周公迁殷顽民，以消乱阶，能慎其始也。君陈弘周公之训，能和其中也。毕公阐二公之烈，能成其终也。钦若先王成烈，以休于前政。"敬顺文武成业，以美于前人之政，所以勉毕公。

穆王命君牙作周大司徒。穆王，昭王子也。王若曰："呜虖！

康王说:"啊!父师(毕公取代周公为太师,为东伯,康王命他代替君陈继续治理成周),为政贵有恒常之法,言辞崇尚切实简要,不要喜好标新立异(为政以仁义为常道,措辞以求实为要务,才会受到尊崇。如果与先王之道不合,君子是不会喜欢的)。商朝的风俗浮而不实,以能言善辩为能事,其余风尚未尽绝,您可要想到啊(纣王以巧言善辩为贤能,终于使国家败亡。如今殷商的遗民,巧言利舌的余风未绝,您去后要想办法让它断绝啊)!

"我听说:'世代享受俸禄的人家,很少能够遵循礼法。'他们以放荡的行为欺凌守德之人,实在有悖于天道(世代享有禄位但却没有继承先人的礼教,很少不是以放荡无礼的言行轻慢那些有德之人的。这样做,其实就是在扰乱天道啊)。不良的习俗相互沿习,奢求华丽,世世代代如出一辙(谓陋习相沿,于车马衣服一味追逐奢侈华丽,虽相隔万世,如同一类)。殷商的众多士人,骄横淫纵,自夸其能,势必从恶而终,遏制此风很难啊(谓殷商士人骄奢过度,自恃其能,竞相炫耀,势必因种种恶习泛滥成灾而自取灭亡,可见用礼教来调服人心是一件很难的事啊)!

"当初,周公能够谨慎疏导;接下来,君陈能够化解矛盾;您此番要做的,就是最终达到端正风化的目的(周公将殷商一些顽固不化的遗民迁至成周亲自管教,以消除祸根,这是为了防患于未然,慎于其始;君陈继周公之后进一步弘扬周公的德教,上下相安无事,这是协和于中;毕公此去将二公的教化继续发扬光大,才能够有一个完美的结局),敬守先王的基业,并继续弘扬其德教,在你前任的基础上做得更好(敬守文王、武王开创的基业,在前人政绩的基础上更进一步。这是用来勉励毕公的啊)。"

周穆王任命君牙担任周朝大司徒(穆王,昭王之子),穆王对他说

惟乃祖乃父，世笃忠贞，服劳王家，厥有成绩，纪于大常。言汝父祖世厚忠贞，服事勤劳王家，其有成功见纪录，书于王之大常，以表显之也。

"惟予小子，嗣守文、武、成、康遗绪，亦惟先王之臣，克左右乱四方。惟我小子，继守先王遗业，亦惟父祖之臣，能佐助我治四方。言己无所能也。心之忧危，若蹈虎尾，涉于春冰。言祖业之大，己才之弱，故心怀危惧也。虎噬畏噬，春冰畏陷，危惧之甚也。

"今命尔予翼，作股肱心膂。今命汝为我辅翊股肱心体之臣，言委任之也。尔身克正，罔敢弗正；民心罔中，惟尔之中。言汝身能正，则下无敢不正。民心无中，从女取中。必当正身，示民以中正之道。

"夏暑雨，小民惟曰怨咨；夏月暑雨，天之常道。小民惟怨叹咨嗟，言心无中正也。冬祁寒，小民亦惟曰怨咨。厥惟艰哉！思其艰，以图其易，民乃宁。"天不可怨，民犹怨嗟，治民其惟艰哉！当思虑其艰，以谋其易，民乃安。

王若曰："伯冏！昔在文武，聪明齐圣，小大之臣，咸怀忠

了这样一段话："啊！君牙，你的祖辈和父辈，世代都非常忠贞，为王室奔波效劳，他们的功绩，都记录在太常旗上（你的父辈祖辈都秉性仁厚，世代忠良，为王室奔波劳碌，他们的功劳都有记载，被书写在王室的太常旗上，作为对他们的表彰）。

"我年纪尚轻，继承和坚守文王、武王、成王、康王的遗业，并仰赖先王的老臣，能够尽心辅佐于我，才得以治理四方（我年轻德薄，如今继承和守护着先王的基业，也只有先父先祖的老臣，能帮助我治理四方。意思是我自己并没有什么能力）。心中的危惧，如踏虎尾，如履春冰（谓祖宗留下的基业如此之大，自己的能力又是这样的微弱，所以才心怀危惧。踩着虎尾怕随时被老虎吃掉，行走在春天的薄冰之上生怕会掉下去。形容非常的担心恐惧）。

"现命你为我之辅佐重臣，做我的股肱心腹之臣（现在我任命你做我的辅政大臣，左膀右臂、心腹骨干，谓正式任命君牙）。如果你自己能够立身中正，便没有谁敢不中正；百姓不明白什么叫中正，只有你才能为他们做出中正的榜样（谓你的身能正，那么下面的老百姓就不敢不正。百姓的心中本没有中正的标准，需要从你那里获得到中正的标准。所以你必须端正自身，让天下百姓都能从你的身上看到真正的中正之道）。

"炎夏酷暑天降大雨，百姓会抱怨嗟叹（夏天酷热多雨，是大自然的正常规律，一般百姓只会埋怨叹息。就是说他们的心中没有中正啊）；冬天遇到严寒大雪，百姓也会抱怨嗟叹。要他们心里中正似乎是很难的呀！但你要考虑到他们的艰难，从而设法帮他们解决难题，百姓的心就会安定（上天是不可以怨恨的，但百姓还是会抱怨叹息，要安定民心确实很不容易啊。应当时时想到他们的难处，想办法帮助他们解决难题，化难为易，民心就可以安定了）。"

周穆王（在任命大臣伯同时）说道："伯同啊！昔日的文王、武

良。聪明，听视远也。齐通，无滞碍也。臣虽官有尊卑，无不忠良。其侍御仆从，罔匪正人，给侍进御，仆从从官，官虽微，无不用中正之人。以旦夕承弼厥辟。出入起居，罔有弗钦；小臣皆良，仆从皆正，以旦夕承辅其君，故君出入起居，无有不敬。发号施令，罔有弗臧。下民祗若，万邦咸休。言文武发号施令，无有不善，下民敬顺其命，万国皆美其化也。

"惟予一人无良，实赖左右前后有位之士，匡其弗及，惟我一人无善，实恃左右前后有职位之士，匡正其不及。言此责群臣正己者也。绳愆纠谬，格其非心，俾克绍先烈。言恃左右之臣，弹正过误，检其非妄之心，使能继先王之功业也。

"今予命汝作大仆正，正于群仆侍御之臣。欲其教正群仆，无敢佞伪也。懋乃后德，交修弗逮。言侍御之臣，无小大亲疏，皆当勉汝君为德，更代修进其所不逮也。慎简乃僚，无以巧言令色便辟侧媚，其惟吉士。当谨慎简选汝僚属侍臣，无得用巧言无实、令色无质、便辟足恭、侧媚诏谀之人，其惟皆吉良正士也。

王,聪明睿智合于圣道,大小臣子都忠心耿耿、诚实善良(聪明,视听都能达到很远的意思。齐,通达无滞碍的意思。众臣虽官位有高下尊卑之别,但无不忠诚良善)。那些侍奉左右者、驾驶车马者及仆役等,也没有一个不是行端品正之人(从负责日常生活起居的近侍人员,到陪护外出的随从人员,官职虽微,无不选用秉性中正之人)。以这样的人朝夕侍奉、辅助其君主,故君主出入起居,没有不恭敬整肃的(小臣及仆役随从人员都能个个良善中正,大家齐心协力,不分昼夜地辅佐自己的君主,所以君王的出入起居都能敬守礼法,从无失礼不恭之处);发号施令,没有不合于仁义的。百姓恭敬顺服,万国皆称其美(谓文王、武王颁布的各种号令,没有不尽善尽美的,天下百姓都能够恭敬欢喜地接受,四方各国都纷纷赞叹周王的美好教化)。

"只有我自己不够贤明,实在需要依赖左右前后有职位的君子,匡正我的不足(唯我一人缺少德能,实须仰仗诸位有职位的贤者,及时纠正我的过失。他这么说就是在责令群臣,要随时匡正君王的种种不足啊),纠正我的过错和谬误,匡正我不正确的想法,使我能继承先祖的功业(就是说要仰仗身边的群臣,随时帮助自己纠正错误的行为,检查错误的想法,使自己能够恒守中正之道,以继承先王的功业)。

"现在我任命你担任太仆正之职,教正群仆近侍之臣(希望他能教正群仆,使其不敢奸佞伪诈),使他们都要勉励其君主修德,一起修正君主的不足之处(凡所有侍御之臣,不管大小亲疏,都应当勉励你们的君主努力修德,并且还要代行儆戒进言之事,以随时纠正君主的不足)。你要谨慎地选择你的部属,不用那些巧言令色、阿谀奉承的小人,只能选用品德优良的人士(应当谨慎选拔你的僚属侍臣,不要用那些巧言令色而不实在,谄媚逢迎,为了取媚于人而过度谦敬,不择手段巴结讨好、阿谀奉承的人,只用那些贤良正直之士)。

"仆臣正,厥后克正;仆臣谀,厥后自圣。言仆臣皆正,则其君乃能正;仆臣诏谀,则其君乃自谓圣。后德惟臣,弗德惟臣。君之有德,惟臣成之;君之无德,惟误之。言君所行善恶,专在左右也。尔无昵于憸人。充耳目之官,迪上以非先王之典。"汝无亲近憸利小子之人,充备侍从,在视听之官,导君上以非先王之法也。

王曰:"乌呼! 伯父、伯兄、仲叔、季弟、幼子、童孙,皆听朕言。皆王同姓,有父兄弟子孙列者也。尔尚敬逆天命,以奉我一人。虽畏勿畏,虽休勿休。汝当庶几敬逆天命,以奉我一人之戒。行事虽见畏,勿自谓可敬畏;虽见美,勿自谓有德美。惟敬五刑,以成三德。一人有庆,兆民赖之。"先戒以劳谦之德,次教以惟敬五刑,所以成刚柔正直之三德也。天子有善,则兆民赖之。

王曰:"吁! 来,有邦有土,告尔祥刑。吁,叹也。有国有土,诸侯也。告汝以善用刑之道也。在今尔安百姓,何择非人? 何敬非刑? 在今汝安百官兆民之道,当何所择,非惟吉人乎? 当何所敬,非

"仆从近臣都是中正之士,其君主也会保持中正;仆从近臣谄媚,君主就会自居圣明(谓仆从近臣身正,他们的君主也会身正;仆从近臣阿谀奉承,他们的君主便会自以为圣明)。君主有德在于臣下,君主失德也在于臣下(君主有德,那是因为群臣的辅佐成就了他的德行;君主无德,也是臣子没能尽职而误导了君主。谓君主所作所为是善是恶,都取决于身边的近臣)。你不要亲近奸佞小人,不要让他们担任这些充当君王耳目的要职,以免诱导君王违背先王的典制(你不要亲近那些奸邪利口的小人,让他们占了侍从的位置,充当代替君王视听的官员,从而导致君王违背先王的成法)。"

穆王(对着自己的家人)感叹地说:"啊!我的伯父、伯兄、二叔、三弟及年幼的子孙们,你们且听我说(这些人都是周穆王的族人,从父辈到兄弟子孙辈等等),你们应当敬顺天命,大家同心同德一齐来帮助我。你们(因为是我的亲人,所以)会格外受到众人的敬畏,但不要认为自己理当受人敬畏,有了美誉也不要自认为真的已经做得很好了(你们应当能够恭敬地接受上天的安排,从此大家都要服从我的号令。作为王室的成员,你们平日行事常会受到别人格外的尊重,但你们不要认为这是应该的;别人称赞我们,也不要以为自己的德行真的就很好了)。要像普通百姓一样敬畏国家的刑罚,常常以'五刑'来警示自己,养成三种美德。"由此可见,天子有了善行,万民都将赖以受惠(首先告诫家人努力修善,树立谦恭之德;再教导大家要以一颗敬慎之心对待五刑之法,以成就自己刚、柔、正直这三种品德。这正是天子的善行,天子一人有善,全天下人民都赖以受益)。

穆王接着(对大臣们)说:"啊!过来吧,还有你们这些各据一方的诸侯大臣们,让我来告诉你们应当如何慎用刑罚(吁,感叹的意思。有国有土,指的是各位诸侯。下面是告诉你们善用刑罚的道理)。如今

惟五刑乎。

"两造具备，师听五辞。两，谓囚证也。造，至也。两至具备，则众狱官共听其入五刑之辞也。五辞简孚，正于五刑。五辞简核，信有罪验，则正之于五刑也。五刑不简，正于五罚。不简核，谓不应五刑，当出金赎罪也。五罚弗服，正于五过。不服，不应罚也。正于五过，从赦免也。

"五刑之疑有赦，五罚之疑有赦。刑疑赦，从罚；罚疑赦，从免。刑罚世轻世重，惟齐非齐。言刑罚随世轻重也。刑新国，用轻典；刑乱国，用重典；刑平国，用中典。凡刑所以齐非齐。

"非佞折狱，惟良折狱，罔非在中。非口才可以断狱，惟平良可以断狱，无非在中正也。哀敬折狱，咸庶中正。当矜下民之犯法，敬断狱之害人，皆庶几必得中正之道也。其刑其罚，其审克之。"其所刑，其所罚，其当审能之，无失中正也。

你们要使百姓安定,应当一心寻求、选择的是什么呢?不就是贤人吗?应当时时警惕、戒慎的是什么呢?不就是刑罚吗?(现在你们要安定你那里的百官和人民的根本问题,就是要选用什么样的人才,不就是要选用贤能的人吗?再就是要慎重些什么,不就是要慎重地对待五刑吗?)

"审判时,双方证据齐备,法官依据五刑的标准审理相关述词(两,指的是囚、证双方;造,至的意思。原告、被告各方证据齐备后,众法官共同判断其符合'五刑'的那些条款);述词无误,合于五刑,按五刑定罪(罪证经核实可信,便按'五刑'的有关规定治罪);以'五刑'治罪的罪证不足,则按'五罚'的有关规定处置(经核查与事实情况不符,即不应当执行五刑,那就用出钱赎罪的办法处置);按'五罚'处置仍不适合的,就按照'五过'来处理(不服,就是不当罚的意思。按照五过的标准来处理,就是给予赦免)。

"按'五刑'条款判罪若有疑点,则改用'五罚'条款予以宽大处理。按'五罚'条款处置若有疑点,则改用'五过'条款予以赦免(从刑有疑则宽而从罚,从罚有疑则宽而从免)。刑罚的轻重要根据时世来定,罪行相同,量刑可以不同(谓刑罚要随时势不同分别决定轻重。新国用刑宜轻,乱国用刑宜重,承平守成之国用刑轻重宜取其中。这就是案例相同但量刑可以不同的道理所在)。

"并非巧言善辩之人才能断案,而是贤明良善之人才适宜断案。无非是要存心公正而已(不是靠口才方能断案,只有靠公平良善才可以断案,无非在于端心正念执守中正不偏之道啊)。以怜悯之心、谨慎之心判决案件,就会基本做到公正适当(应当同情百姓触犯法律的缘由,谨防断案失误给这些人带来更大的灾难,都应力求合于中正之道),究竟是按'五刑'判处还是按'五罚'处理,也就大致能够清楚地断定了(是用刑,还是用罚,自当能够详察明审,不失其公正)。"

卷三　毛诗

周南

　　《关雎》，后妃之德也，《风》之始也，所以风天下而正夫妇也。故用之乡人焉，用之邦国焉。《风》，讽也，教也。风以动之，教以化之。诗者，志之所之也，在心为志，发言为诗。情动于衷而形于言，言之不足，故嗟叹之，嗟叹之不足，故咏歌之，咏歌之不足，不知手之舞之、足之蹈之也。情发于声，声成文谓之音。发，犹见也。声，谓宫商角徵羽。声成文者，宫商上下相应也。治世之音安以乐，其政和；乱世之音怨以怒，其政乖；亡国之音哀以思，其民困。故正得失，动天地，感鬼神，莫近于诗。先王以是经夫妇，成孝敬，厚人伦，美教化，移风易俗。故《诗》有六义焉，一曰风，二曰赋，三曰比，四曰兴，五曰雅，六曰颂。上以风化下，下以风刺上，言之者无罪，闻之者足以自诫，故曰《风》。以一国之事，系一人之本，谓之《风》。言天下之事，形四方之风，谓之《雅》。《雅》者，正也，言王政之所由废兴也。政有小大，故有《小雅》焉，有《大雅》焉。《颂》者，美盛德之形容，以其成功告于神明者也。是谓四始，《诗》之至也。始者，王道兴衰之所由也。至于王道衰，礼义废，政教失，国异政，家殊俗，而《变风》、《变雅》作矣。《周南》、《邵南》，正始之道，王化之基。是以《关雎》乐得淑女以配君子，忧在进贤，不淫其色，哀窈窕，思贤才，而无伤善之心焉。是

周南

《关雎》一诗，歌咏后妃的美德，是《国风》的第一篇，用以教化天下，使夫妇之道端正。所以，《关雎》对引导乡野民众、改善国家风气都有功用。风，是婉言劝谏、教育感化的意思。用劝谏来转变人的观念，用教化来改善人心风俗。诗，是人的心境的寄托，存在于人的心中便是心境，以言辞表达出来就是诗。情志在内心涌动，就用言辞表达出来。言辞不足以表达人的情志，所以就发表感叹。感叹还不足以表达人的情志，所以就歌咏。歌咏还不足以详尽表达人的心境，便手舞足蹈来抒发。情志流露在声音里，发声形成一定的旋律，则称为音乐（声音形成一定的旋律，就是宫、商、角、徵、羽五音互相应和的效果）。世道太平的音乐充满安适与欢乐，表明当时的政治平和；乱世的音乐充满了怨恨与愤怒，表明当时的政治必是倒行逆施的；灭亡或濒于灭亡的国家的音乐充满哀苦和愁思，表明当时的百姓困苦无望。所以说端正得失标准、感动天地鬼神，没有什么可与诗的作用相比拟的。先王以诗调理夫妇关系，形成孝敬风气，使人伦淳厚，使教化美善，达到移风易俗的目的。所以，诗有六义：一是风，二是赋，三是比，四是兴，五是雅，六是颂。君王以诗来劝勉教化臣民，臣民以诗来劝谏讽喻君王。用《诗》的言辞劝谏的人不会获罪，听到的人能够引以为戒，所以称为讽喻。把一国的时事与国君修身治国的根本相连结，便称之为风类诗歌；谈论天下之事，表现天下的风气，便称之为雅类诗歌。雅，就是端正之意，论说的是君主之政事衰败与兴旺的缘由。政事有大小，所以有小雅、大雅之分。颂是赞美表现君主

《关雎》之义也。

关关雎鸠,在河之洲。兴也。关关,和声也。雎鸠,王雎也。鸟挚而有别,后妃悦乐君子之德,无不和谐,又不淫其色,若雎鸠之有别焉,然后可以风化天下。夫妇有别,则父子亲。父子亲,则君臣敬。君臣敬,则朝廷正。朝廷正,则王化成也。窈窕淑女,君子好仇。窈窕,幽闲也。淑,善也。仇,逑也。后妃有关雎之德,是幽闲贞专之善女,宜为君子仇逑也。

参差荇菜,左右流之。荇,接余也。流,求也。后妃有关雎之德,乃能供荇菜备庶物,以事宗庙也。左右助之,言三夫人九嫔以下,皆乐后妃之事也。窈窕淑女,寤寐求之。寤,觉也。寐,寝也。言后妃觉寐则常求此贤女,欲与之共己职。求之不得,寤寐思服。服,事也。求贤女而不得,觉寐则思己职事,当与谁共之也。悠哉悠哉,展转反侧。悠,思也。言己诚思之也,卧而不周曰展也。

高尚品德，将其成就的功业告知于天地间一切神灵的。风、小雅、大雅、颂合称为"四始"，是诗的最高成就（称为始，是因为讲述了王道兴起或衰落的缘由）。到王道衰落、礼义废弃、政教违逆、各诸侯国各自为政、家风改变，因而变风、变雅等作品便随之产生。《周南》、《邵南》是端正初始治国方向的法则，是以王道转变人心风俗的根本。因此《关雎》一诗是说后妃心里以得贤善之女以配君子为喜，以所推选的贤能之人不受重用为忧，不是只沉溺于自己的美色以求专宠而已。哀伤幽静贤良的女子未得以赏识推荐，一心渴望得到贤能的人才，而无丝毫妒忌、抑制贤者之心，这是《关雎》一诗的意旨所在。

　　小岛上双栖的雎鸠相对而唱，发出关关的和鸣（这一句为起兴，意在引出下文。雎鸠鸟情感诚挚专一，与其他鸟不同。后妃喜爱君子的德行，没有不和谐的。她不是沉湎于自己的美色，就像关雎鸟与常鸟不一样，这样就可以教化天下。夫妇各有本分，父子就能互相亲爱。父子互相亲爱，君臣就能互相恭敬。君臣互相恭敬，那就能使朝廷端正。朝廷端正，那么君王就能成功地教化天下）。只有那娴静温婉的女子，才配得上君子那完美的德行（后妃具有雎鸠情义专一的美德，是幽静贤淑的好女子，适宜做君子理想的配偶）。

　　水面上漂满了长短不齐的荇菜，众姐妹顺着水流左采右采（后妃有关雎情感诚挚专一的美德，才能进献荇草来准备物品，以供奉宗庙。左右助之，是说三夫人九嫔以下，都相互配合，乐于自己的职事）。温良娴静的人儿啊，我日夜盼望你早一天到来（这一句说后妃日夜寻求贤德的女子，想与她一起教化天下）。这样的贤淑之人一天没有出现，总叫我日思夜想寝食难安。（寻求不到贤惠善良的女子，日夜思虑着教化天下的事情有谁能够与自己共同承当）。我心中日思夜想为国求贤，翻来覆去难安眠（这一句意指自己思虑到了极点）。

《卷耳》,后妃之志也。又当辅佐君子,求贤审官。知臣下之勤劳,内有进贤之志,而无险诐私谒之心,朝夕思念,至于忧勤。谒,请也。

采采卷耳,不盈倾筐。忧者之兴也。采采,事采之也。卷耳,苓耳也。倾筐,畚属也,易盈之器也。器之易盈而不盈者,志在辅佐君子,忧思深也。嗟我怀人,寘彼周行。怀,思也。寘,置也。行,列也。思君子官贤人,置之周之列位也。周之列位,谓朝廷之臣也。

邵南

《甘棠》,美邵伯也。邵伯之教,明于南国。邵伯,姬姓,名奭,作上公为二伯。

蔽芾甘棠,勿翦勿伐,邵伯所茇。蔽芾,小貌。甘棠,杜也。茇,草舍也。邵伯听男女之讼,不重烦劳百姓,止舍小棠之下而听断焉,国人被其德,悦其化,敬其树也。

《何彼襛矣》,美王姬也。虽则王姬,亦下嫁于诸侯,车服不系其夫,下王后一等,犹执妇道以成肃雍之德。

何彼襛矣?唐棣之华。兴也。襛,犹戎戎也。唐棣,栘也。云何乎彼戎戎者,乃栘之华。兴者,喻王姬颜色之美盛也。曷不肃雍,王姬之车。肃,敬也。雍,和也。曷,何也。之,往也。何不敬和乎?王姬往乘车。言其嫁时始乘车,则已敬和矣。

《卷耳》是写后妃志向的作品。后妃之志希望辅助君王，求取贤良，慎选官员。了解臣下的勤苦与功绩，心里只有向君王选荐贤人的志愿，而没有丝毫偏颇、谋私的邪念。为此朝夕思虑，以至于整日忧劳不断。

我两手不停把卷耳采，总觉那罗筐没装满（这一句为起兴，器皿容易装满却总装不满，意在说明希望辅佐君王的忧虑深远）。只因我心中把君王念，但愿那天下的君子，都做了君王座上贤（这一句说明后妃希望君王任人唯贤，让其成为周朝廷的官员）！

邵南

《甘棠》是赞美邵伯的诗。邵伯教化民众、执行德政之善举，盛传在江汉一带。

你看那枝繁叶茂的甘棠，切莫要修剪砍伐将它伤！那里有邵伯住过的草屋，那是他曾经断案的地方（邵伯审理百姓的官司，为了不让百姓劳烦，在小棠树下的草屋听讼断狱，百姓蒙受邵伯的德泽，悦服邵伯的教化，因而恭敬那棵棠树）。

《何彼穠矣》是赞美周天子女儿的诗。虽然贵为天子之女，又下嫁于诸侯，她的车马服饰规格和她丈夫的地位无关，待遇仅次于王后，却能谨守妇道而表现出庄重谦和的品德。

啊，那是何等的茂盛！请看那棠棣花盛开的地方（这一句以盛开的棠棣花起兴，比喻周天子的女儿面容娇好）。怎能不敬肃而和美呢，那正是王姬出嫁的车辆（怎能不敬肃和睦呢？请看王姬出嫁乘车时的情形吧！这一句意在赞美公主下嫁诸侯从乘车之始就已经显现出敬肃和睦的气象）！

邶风

《柏舟》,言仁而不遇也。卫顷公时,仁人不遇,小人在侧。

泛彼柏舟,亦泛其流。兴也。泛泛,流貌也。柏木所以宜为舟也。汎其流,不以济渡也。舟,载渡物也。今不用而与众物泛泛然,俱流水中。兴者,喻仁人之不用,与群小人并列,亦犹是也。耿耿不寐,如有隐忧。耿耿,犹儆儆也。隐,痛也。仁人既不遇,忧在见侵害也。忧心悄悄,愠于群小。悄悄,忧貌也。愠,怒也。觏闵既多,受侮不少。闵,病也。

《谷风》,刺夫妇失道也。卫人化其上,淫于新婚,而弃其旧室。夫妇离绝,国俗伤败焉。

习习谷风,以阴以雨。兴也。习习,和舒之貌。东风言之谷风,阴阳和而谷风至,夫妇和则室家成也。黾勉同心,不宜有怒。言黾勉思与君子同心也。所以黾勉者,以为见谴怒非夫妇之宜也。采葑采菲,无以下体。葑,蘋也。菲,芴也。下体,根茎也。二菜皆上下可食,然而其根有美时、有恶时。采之者不可以根恶之时,并弃其叶。喻夫妇以礼义合,以颜色亲,亦不可以颜色衰而弃其相与之礼。德音莫违,及尔同死。莫,无也。及,与也。夫妇之言,无相违者,则可长相与处至死,颜色,斯须之有也。

邶风

《柏舟》一诗,抒发怀有仁德之心却不能尽忠于国君的情怀。卫顷公时,仁人未能受到君王的重用,反而遭到小人的谗害。

任由那柏木小舟空无一人,独自在河流中漂浮(柏木适宜做舟船,却任其漂流,不用来装载货物渡河。舟船是用来装载货物渡河的,现在不发挥其作用,却任其与其他东西一起漂流水中。这一句以在河流中漂浮的舟船起兴,比喻仁人不被重用,与品德卑微的人并列,也正如能够装载货物的舟船却任意在河流中漂浮着一样)。我整日整夜难以入眠,心中有无尽的忧虑(仁人既然不能得到重用,就非常担忧君王和国家利益会受到侵害)。君子只能遁世而居,枉被小人所嫉妒。还要饱受痛苦和忧伤,常常要受人轻辱。

《谷风》是斥责当时违背夫妇之道的诗。卫人批评其君主纵欲于新婚而厌弃前妻,因而造成社会上诸多夫妇离弃而国家风俗败坏的情况。

大地上吹起和煦的东风,天空的云雨也应时而降。(这一句以和煦的谷风起兴,比喻"阴阳和则谷风至,夫妻和则家室成"的道理。)恰如那天地间阴阳和合,夫妇同心切莫以怨怒相伤(这一句是说夫妇相处,要相互劝勉学习圣贤君子的德行风范,同心同德。若是被别人劝勉,却反认为自己受到了责备,这不是夫妻相处之道)。譬如那蔓菁萝卜菜蔬味好,怎可以根茎稍苦便一概全抛(蔓菁和萝卜的嫩叶皆可食用,但是它们的根茎有能食用的时候,也有不能食用的时候。采摘的人不能够因为其根茎不能食用就连叶子一起抛弃。这一句比喻夫妻间以礼仪相结合,以外表相亲近,不可因年老色衰,就抛弃夫妻相偕的道义)。切莫要违背彼此当初的誓言,今生今世相濡以沫、白头到老(夫妻之间的誓言,不要失信违背,就可以长长久久相处到老。而外表的姿色是短暂的,犹如昙花一现,

鄘风

《相鼠》,刺无礼也。卫文公能正其群臣,而刺在位承先君之化无礼仪也。

相鼠有皮,人而无仪。相,视也。仪,威仪也。视鼠有皮,虽居高显之处,偷食苟得,不知廉耻,亦与人无威仪者同也。人而无仪,不死胡为。人以有威仪为贵,今反无之,伤化败俗,不如其死无所害也。相鼠有体,人而无礼。体,支体也。人而无礼,胡不遄死。

《干旄》,美好善也。卫文公之臣子多好善,贤者乐告以善道也。贤者,时处士也。

孑孑干旄,在浚之郊。孑孑,干旄貌,注旄于干首,大夫之旗也。浚,卫邑。时有建此旄来至浚之郊,卿大夫好善者也。素丝纰之,良马四之。纰,所以织组也。总纰于此,成文于彼,愿以素丝纰组之法御四马也。彼姝者子,何以畀之。姝,顺貌。畀,与。时贤者既悦此大夫有忠顺之德,又欲以善道与之,诚爱厚之至焉。

卫风

《淇澳》,美武公之德也。有文章,又能听规谏,以礼自防,故能入相于周,美而作是诗。

不能长久)!

鄘风

《相鼠》是斥责丧失礼仪之作。卫文公能够端正其群臣的作风,而责备那些身处在上位,承受着先君的风化,而不守礼仪之人。

看那老鼠身上只有一张皮,就好比人类一旦没有了礼仪(看那老鼠还有皮,虽然处在高耸突出的地方,但苟且偷生,不知廉耻,也与没有礼仪的人一样)。如果一个人没有了礼仪,纵然不死,活着又有何意思(人以有礼仪为尊贵。现在却相反,伤风败俗,不如死去就没有危害了)?看那老鼠只空有一副躯壳,就像一个人没有了礼仪。人没了礼仪便如同行尸走肉,过这样的日子为何不赶快去死?

《干旄》是赞美人们向善的诗。卫文公的臣子大多喜欢行善事,因此德行完备的隐士乐于告知他们为善的方法。

招贤的旌旗高高飘扬,大臣们乘着车子来到浚郊(时常有车尾插着旄旗子的车子到浚郊,那是公卿大夫中,好善求贤者到来的行迹)。用青丝编织成旌旗上的佩饰,四匹宝马整齐排列,随时恭候那贤人的来到(汇集丝线在这里,形成花纹在那里,希望用素丝纰组之法,即驾御者手持缰绳于此,俊马驰骋于彼,驾驭者懂得驭术,四匹马奔跑得欢喜)。连那些多年隐居不仕的君子也不禁动情:如何才能报答你们求贤的至诚(当时德行完备的隐士欢喜卫文公的大臣们具备忠顺的德行,又一心要把最好的治国方略告诉他们,真是对他们厚爱到了极处啊)!

卫风

《淇澳》是称扬卫武公美好德行的诗,说他既有文采,又善于听取不同意见,以道德仪节的规范自我约束,所以能够担任周朝的宰

瞻彼淇澳,绿竹猗猗。兴也。猗猗,美貌也。武公质美德盛,有康叔之余烈也。

有斐君子,如切如磋,如琢如磨。斐,文章貌。治骨曰切,象曰磋,玉曰琢,石曰磨,道其学而成也。听其规谏,以礼自修饰,如玉石之见琢磨。

《芄兰》,刺惠公也。骄而无礼,大夫刺之。惠公以幼童即位,自谓有才能,而骄慢于大臣。但习威仪,不知为政以礼也。

芄兰之支。兴也。芄兰,草柔弱,恒延蔓于地,有所依缘则起。兴者,喻幼稚之君,任用大臣,乃能成其政也。童子佩觿。觿所以解结,成人之佩也。人君治成人事,虽童子犹佩觿,以早成其德也。虽则佩觿,能不我知。此幼稚之君,虽佩觿焉,其才能实不如我众臣之所知为也。惠公自谓有才能而骄慢,所以见刺也。

王风

《葛藟》,王族刺桓王也。周室道衰,弃其九族焉。

绵绵葛藟,在河之浒。水涯曰浒。葛也藟也,生河之涯,得其润泽,以长而不绝。兴者,喻王之同姓,得王恩施以生长其子。终远兄弟,谓他人父。兄弟,族亲也。王寡于恩施,今以远弃族亲矣,是

相，为表示对他的赞美而作此诗。

请看那弯弯的淇水河边，大片的绿竹秀美又茂盛（这一句为起兴，用淇水内侧绿竹长得秀美茂盛比喻武公的美德，武公具有卫国开国始祖康叔的风范）。

那文采斐然的君子啊，进德修身如雕琢美玉，人人都精益求精（善于听取他人的劝谏，用礼义自我修养，成就敬慎庄重的威仪，就像要成就精美的玉器，必须经过切磋琢磨）。

《芄兰》是讽喻惠公的诗。惠公骄纵而不遵礼义，所以大夫们对他进行讽喻（惠公幼年即位，恃才而骄，只学习了表面威严的举止仪态，不明白用礼贤下士来治理国家的道理）。

就像芄兰那需要有所依托才能攀升的细枝（这一句为起兴，枝叶细弱的芄兰要有所依托才能在地上不断地攀延。比喻幼小的君王要任用大臣为依托，才能为政治国），年幼的君王已佩戴起象征成人的解结锥（惠公治国管理成人，虽是小孩却佩戴标志成人的解结锥，是希望尽早成就他的德行）。虽然配戴了此物不等于就已经成熟。君王啊，若有难事，别忘了还有我们这群臣子（这一句说明幼稚的君王，虽然佩戴着成人标志的解结锥，但他的才能实在是比不上我等众臣的见识和智慧。惠公自认为很有才华而恃才骄傲，故被大夫们指责）！

王风

《葛藟》是王族之人讽喻周平王的诗作。当时周朝王道衰颓，周平王嫌弃厌离自己的九族宗亲。

葛蕉之藤延绵不绝，是因为生长在河边，长期得到河水的滋润（葛蕉藤生长在河边，得到水的滋润，绵延不断地生长着。这一句为起兴，比喻君王的同姓宗族都是受君王恩泽而生存的）。没想到君王竟然离弃

我以他人为己父也。

《采葛》,惧谗也。桓王之时,政事不明。臣无大小,使出者,则为谗人所毁,故惧之也。

彼采葛兮,一日不见,如三月兮。兴也。葛,所以为絺绤也。事虽小,一日不见于君,忧惧于谗矣。兴者,以采葛喻臣,以小事使出者也。

郑风

《风雨》,思君子也。乱世则思君子不改其度焉。

风雨凄凄,鸡鸣喈喈。兴也。风且雨凄凄然,鸡犹守时而鸣喈喈然。兴者,喻君子虽居乱世,不改其节度也。既见君子,云胡不夷。夷,悦也。思而见之,云何不悦也。

《子衿》,刺学校废也。乱世则学校不修。

青青子衿,悠悠我心。青衿,青领。学子之所服,学子而俱在学校之中。己留彼去,故随而思之。纵我不往,子宁不嗣音。嗣,续也。汝曾不传声问我,我以恩责其忘己也。

兄弟宗亲，往日的隆恩不再，原来的慈父已变成路人（君王对族亲寡恩，现在又远远地离弃我们，王族仰赖君王的恩施，如同仰赖自己的父亲，如今和认他人为父又有什么区别呢？）！

《采葛》是写臣子们惧怕有人谗毁中伤的诗作（周平王时，政务不分明。大臣无论官职大小，被派出使就会被小人诋毁，所以人人担心惧怕）。

就好像出门去找些葛藤，我离开您只是去办小事一件，可是一天见不到就把心担。好似有几个月没见面，生怕夜长梦多生事端（这一句为起兴，用采摘葛藤比喻臣子因小事出使。出使虽然是小事，但一天没见到君王就担心会被小人诋毁）！

郑风

《风雨》是思念君子的诗。时处乱世，人们则思念君子。因为君子虽处乱世，却不改变其节操。

任凭它风雨交加天气寒冷，那报晓的雄鸡总是守时而鸣（这一句为起兴，用风雨交加、凄凉寒冷，但雄鸡还守时鸣叫，比喻君子虽身处乱世却不改变其气节和处事原则）。我仰慕那君子的品行坚贞有节，今日相见怎能不喜悦欢欣（久思君子终于见到，为什么不欢喜呢）！

《子衿》是斥责学校教育荒废的诗。遭逢乱世，学校教育往往得不到整治恢复。

想那班身着青衣的学子啊，你们的离去令我日夜忧思（这一句说明过去和学子们一起，都在学校中学习，现在他们都走了，而只有自己留下来，所以追思着他们）。纵然我不能一一去挨家探访，难道就从此都音信全无，全忘了师生的情义（老师的意思是你们走后为何都不曾捎个音信来问候我？这是从师生恩义的角度责备学生不应该忘记了自己的老师）！

齐风

《鸡鸣》,思贤妃也。哀公荒淫怠慢,故陈贤妃贞女夙夜警戒相成之道焉。

鸡既鸣矣,朝既盈矣。鸡鸣朝盈,夫人也,君也,可以起之常礼也。匪鸡则鸣,苍蝇之声。夫人以蝇声为鸡鸣,则以作早于常时,敬也。

《甫田》,大夫刺襄公也。无礼义而求大功,不修其德而求诸侯。志大心劳,所以求者非其道也。

无田甫田,维莠骄骄。兴也。甫,大也。大田过度,而无人功,终不能获。兴者,喻人君欲立功致治,必勤身修德,积小以成高大也。无思远人,劳心忉忉。忉忉,忧劳。此言无德而求诸侯,徒劳其心忉忉然。

魏风

《伐檀》,刺贪也。在位贪鄙,无功而受禄。君子不得进仕尔。

坎坎伐檀兮,置之河之干兮,河水清且涟漪。伐檀以俟世用,若俟河水清且涟漪。是谓君子之人不得进仕也。不稼不穑,胡取禾三百廛兮?不狩不猎,胡瞻尔庭有悬貆兮?一夫之居曰廛。貆,兽名也。彼君子兮,不素餐兮。素,空。彼君子者,斥伐檀之人。仕

齐风

《鸡鸣》是思得贤妃的诗。哀公荒淫无道,懈怠政事,所以诗人向君王陈述若得贤德贞良的后妃,可早晚警戒辅佐君王成就帝业的道理。"听窗外鸡已啼鸣,快别让朝中的大臣们久等!"(这一句说明鸡叫早朝,是夫人、君王按常礼起床的时辰。)

却原来并非鸡在叫,竟是那小小苍蝇把夫人惊醒(夫人把苍蝇鸣叫声当成了鸡叫声,所以起来得比平时还早。这里说的是夫人非常慎重恭敬地对待君王早朝之事)。

《甫田》是大夫讽喻齐襄公之诗。襄公不遵循礼义而一心期求获取大的功绩,不修养自己的德行而只会一味要求诸侯支持拥戴他。他的志向虽大,却心劳日拙,是因为他期求的方法不正确。

农夫无力耕种过大的田地,田地里就只会杂草丛生(这一句为起兴,田地面积太大,人力不足,终究不会有收获。比喻君王想建立功勋使国家安定,一定要勤勉地修身养性,积累小的善行来成就大的功绩)。君王无德就别想着远人来归附,那只会白白地劳心费神(这一句说明自身没有高尚的德行却要求诸侯拥戴,只能是白费心力黯然忧伤)。

魏风

《伐檀》是斥责贪婪的诗。若身在官位而贪心不满足,没有功劳却接受俸禄,就会使君子不能够入仕为官。

有人在深山不停地砍伐,将那质地优良的檀木,整齐地摆放在小河边。可惜这些优质的檀木啊,谁肯将它们带出深山?期待那林边的小河啊,何时再泛起波澜(砍伐檀木等待着被世人采用,就像等着河水清澈且静静地泛着涟漪。这一句是说德行高尚的君子不能够入仕为官)?那些人既不能耕种也不会收割,凭什么将千百捆稻谷运出田

有功，乃肯受禄。

《硕鼠》，刺重敛也。国人刺其君之重敛，蚕食于民，不修其政，贪而畏人，若大鼠也。

硕鼠硕鼠，无食我黍。三岁贯汝，莫我肯顾。硕，大也。大鼠大鼠者，斥其君。汝无复食我黍，疾其君税敛之多，我事汝已三岁矣，曾无教令恩德来顾眷我，又疾其不修德政。逝将去汝，适彼乐土。往矣将去汝，与之诀别之辞。乐土，有德之国也。

唐风

《杕杜》，刺时也。君不能亲其宗族，骨肉离散，独居而无兄弟，将为沃所并尔。

有杕之杜，其叶湑湑。兴也。杕，特生貌。杜，赤棠也。湑湑，枝叶不相次比之貌。独行踽踽，岂无他人？不如我同父。踽踽，无所亲也。他人，谓异姓也。言昭公远其宗族，独行国中踽踽然。此岂无异姓之臣乎？顾恩不如同姓之亲亲耳。

《晨风》，刺康公也。忘穆公之业，始弃其贤臣焉。

鴥彼晨风，郁彼北林。兴也。鴥，疾飞貌也。晨风，鹯也。郁，积也。先君招贤人，贤人归往之，驶疾如晨风之飞入北林也。

间？你既不会田猎又不能捕捉，为什么会有小貉，在你的庭院里挂满？那些德行高尚的君子啊，决不会无功受禄，白吃白喝只会令人汗颜（那些德行高尚的君子，指的是河边砍伐檀木之人。意思是说为官者应该有功才可以享受俸禄）！

《硕鼠》是斥责国君横征暴敛的诗。国人指责其君主横征暴敛、蚕食百姓、不整顿政令、贪婪无度而使百姓畏惧，就像危害百姓的大老鼠。

大老鼠啊大老鼠，不要再只顾着偷吃我的米谷。多年来我供养着你，你却从不顾念我（硕大的老鼠，是斥责君王的；你不要再偷吃我的粮食，是痛恨君王苛收重税；多年来我侍养你，你却没有用教化恩德来顾眷我，这是痛恨君王不修养德行来整顿政令）。我将要离开你，去投奔那没有盗贼、可以安居乐业的有德之国。

唐风

《杕杜》是斥责时弊的诗。君主不能爱其同宗族之人，而导致骨肉离散。他独居高位而无兄弟相助，必将被强国所吞没。

就像那株赤棠树，叶虽繁盛但却枝条稀零（这一句为起兴）。你孤单一人走在旷野，无人可亲。难道无人与你同行？但毕竟都不是自家兄弟，怎比得上同父同祖的至亲（这一句说明昭公远离宗族，在一国中无人亲近、孤独无助。这样的状况难道是身边没有异姓的大臣吗？是他们不如同姓兄弟那样亲爱对待昭公）？

《晨风》是讽喻秦康公的诗作。秦康公忘记父亲秦穆公的基业，开始逐渐弃置国家贤能的臣子。

远望那迅疾的晨风鸟，成群地聚向北林（这一句为起兴，比喻秦穆公招贤纳士，贤才纷纷往秦穆公身边聚集，就像晨风鸟疾速飞入北边林

未见君子，忧心钦钦。言穆公始未见君子之时，思望而忧，钦钦然也。如何如何？忘我实多。此言穆公之意，责康公如何乎，如何乎？汝忘我之事实多大也。

《渭阳》，康公念母也。康公之母，晋献公之女。文公遭骊姬之难，未反而秦姬卒。穆公纳文公，康公时为太子，赠送文公于渭之阳，念母之不见也。我见舅氏，如母存焉，及其即位，思而作是诗也。

我送舅氏，曰至渭阳。渭，水名也。何以赠之，路车乘黄。赠，送也。乘黄，驷马皆黄也。我送舅氏，悠悠我思。何以赠之，琼瑰玉佩。琼瑰，美石而次玉者也。

《权舆》，刺康公也。忘先君之旧臣，与贤者有始而无终也。

于我乎！夏屋渠渠。夏，大也。屋，具也。渠渠，犹勤勤也。言君始于我厚，设礼食大具以食我，其意勤勤然。今也每食无余。此言君今遇我薄，其食我裁足也。于嗟乎？不承权舆。承，继也。权舆，始也。

曹风

《蜉蝣》，刺奢也。昭公国小而迫，无法以自守，好奢而任小人，将无所依焉。

子一般)。在贤才到来之前,我唯有日夜忧心(这一句说的是秦穆公没见到贤才的时候,无限忧虑,日思夜想,翘首以望)。可是为什么?为什么今天我的后人,再没有我当初的心境(这一句是代秦穆公言,责怪秦康公把自己求贤若渴、招揽贤才、治国安邦之事忘记得太多。)?

《渭阳》是康公怀念母亲的诗。秦康公之母秦姬是晋献公的女儿。晋文公遭逢骊姬之难,尚未返回晋国时,秦姬已亡故。秦穆公接纳了晋文公,助他回国为君。秦康公当时为太子,在渭河北岸赠别晋文公时,想到母亲已亡不能再见,对晋文公说:"我每次见到舅舅您,就好像母亲还在人世!"当他继位后,回想当时的情景,写下了这首诗。

送别母舅,如同送别慈亲。依依难舍,直送到渭水之滨。有什么可以相赠?只有这驷马之车,陪伴您一路风尘。送别母舅,如同送别慈亲。悠悠无尽,是心中的惜别之情。有什么可以相赠?只有这随身的玉佩和美石,请让它们随您同行!

《权舆》是讽喻康公之诗,言其忘记先君的旧臣与贤良之士,有始而无终。

啊!想当初君王对我何其礼敬,大盘大碗殷勤款待似嘉宾(这一句说的是君王开始待我情义深厚,用大餐具盛丰盛的食物招待我,态度十分殷勤)。

到如今每餐只够填饱肚,盘干碗净无剩余(这一句讲如今君王待我薄情,每餐仅仅够吃而已)。唉,君王的态度已不似当初!

曹风

《蜉蝣》是斥责奢侈的诗。昭公国家弱小而被大国所欺压,自己又没有治国之法来保卫守护自己和国家,既好奢侈又重用小人,最

蜉蝣之羽，衣裳楚楚。兴也。蜉蝣，渠略也。朝生夕死，犹有羽翼以自修饰。楚楚，鲜明貌。兴者，喻昭公之朝，其群臣皆小人也。徒整饰其衣裳，不知国将迫胁，君臣死亡之无日，如渠略然也。心之忧矣，于我归处？归，依归也。君当于何依归？言有危亡之难，将无所就往也。

《候人》，刺近小人也。共公远君子而好近小人焉。

彼候人兮，荷戈与祋。候人，道路送迎宾客者也。荷，揭也。祋，殳也。言贤者之官，不过候人也。彼其之子，三百赤芾。芾，韠也。大夫以上，赤芾乘轩之子，是子也。佩赤芾者三百人。

小雅

《鹿鸣》，燕群臣嘉宾也。既饮食之，又实币帛筐篚，以将其厚意，然后忠臣嘉宾得尽其心矣。

呦呦鹿鸣，食野之苹。兴也。苹，大萍也。鹿得苹草，呦呦然鸣而相呼。恳诚发于中，以兴嘉乐宾客，当有恳诚相招呼以成礼也。我有嘉宾，鼓瑟吹笙。吹笙鼓簧，承筐是将。筐，篚属。所以行币帛也，承犹奉也。

《皇皇者华》，君遣使臣也。送之以礼乐，言远而有光华也。言臣出使能扬君之美，以延其誉于四方，则为不辱君命也。

后终将落得无所归依的结局。

瞧那朝生暮死的蜉蝣，把羽翼修饰得剔透光亮，如同炫耀那华丽的衣裳（这一句为起兴。蜉蝣是一种早上出生傍晚死亡，却拥有羽翼、修饰自己的虫。比喻曹昭公的朝廷众臣全都是小人，只顾着修饰他们的外表，不知国家面临危难，君臣死期已近，就像蜉蝣那样）。仁者的心中充满忧伤：死期将至的人啊，你将归向何方（这一句是说君王若不修德用贤，国家危亡的灾难来临之际，君王将无处可去）？

《候人》是讽喻君主亲近小人之诗。曹共公疏远有德君子，而喜欢亲近无德小人。

请看那位孤独的贤者，肩上扛着戈和祋，每天只负责恭候来宾。（这一句是说贤者的官位，不过是负责迎候宾客而已）。再看那些满朝的小人，穿着赤色官服的大夫，就有三百多人！

小雅

《鹿鸣》是写设宴招待群臣、嘉宾的诗。君主既供给酒食，又用筐篮装满财物予以赏赐，以示厚待之意，这样，忠臣嘉宾皆会尽心辅佐君主。

小鹿在野地里呦呦鸣叫，呼唤着同伴，一齐共享那青青的苹草（这一句为起兴，用小鹿招呼同伴吃苹草，比喻君主设宴招待宾客，应当诚恳地招呼来表达礼敬）。我也有满座的嘉宾，席间鼓瑟吹笙。吹笙鼓簧，共度良辰，更有整筐的礼物，奉献给尊贵的客人（这一句说明君主在席间诚敬地奉送礼物给宾客）。

《皇皇者华》写君主派遣使臣，以礼乐为之送行，表达出使远方国家的光彩荣耀（这一句是说明大臣出使，能够使君主的美德扬名四方，使臣就没有辜负君主的使命了）。

皇皇者华，于彼原隰。皇皇，犹煌煌也。忠臣奉使，能光君命，无远无近，如华不以高下易其色矣。无远无近，惟所之则然也。駪駪征夫，每怀靡及。駪駪，众多之貌也。征夫，行人也。众行夫既受君命，当速行，每人怀其私相稽留，于王事将无所及也。

《常棣》，燕兄弟也。闵管蔡之失道，故作《常棣》焉。周公吊二叔之不咸，而使兄弟之恩疏。召公为作是诗而歌之以亲之。

常棣之华，萼不炜炜。承华者曰萼，不当作跗。跗，萼足也。萼足得华之光明炜炜然也。兴者，喻弟以敬事兄，兄以荣覆弟，恩义之显，亦炜炜然也。凡今之人，莫如兄弟。人之恩亲，无如兄弟之最厚。鹡鸰在原，兄弟急难。鹡鸰，雍渠也。飞则鸣，行则摇，不能自舍尔。急难，言兄弟之相救于急难矣。每有良朋，况也永叹。况，兹也。永，长也。每，虽也。良，善也。当急难之时，虽有善同门来，兹对之长叹而已。兄弟阋于墙，外御其侮。阋，狠也。御，禁也。兄弟虽内阋，外犹御侮也。

《伐木》，燕朋友故旧也。自天子以下。至于庶人，未有不须友以成者。亲亲以睦，友贤不弃，不遗故旧，则民德归厚矣。

伐木丁丁，鸟鸣嘤嘤。丁丁，嘤嘤，相切直也。言昔日未居位，与友生于山岩伐木，为勤苦之事，犹以道德相切正也。嘤嘤，两鸟声

盛开的鲜花漫山遍地，无论远近高低，都因它而充满生机（忠臣奉命出使，能够使君主光耀美德，无论远近，犹如鲜美的花儿不因开在山冈和洼地就改变花儿的艳丽，君主美德的光耀也是这样的）。往来的使臣啊，此番远行，也将把圣王的美德播遍遐迩，难怪脚步匆匆不稍停，唯恐有辱君命（这一句说明众多使臣既然接受了君主的使命，就应当快速地赶路，若因私事而耽误，君主的愿望就不能实现了）。

《常棣》是写宴请兄弟的诗。因伤痛管叔、蔡叔违背道义，所以召公作《常棣》一诗（这一句说明周公伤痛管蔡二叔与自己不同心，而使兄弟之间的恩情疏远。召公为此作这首诗来抒发感情，欲使兄弟之间和睦相亲）。

常棣开花，花瓣和花萼相互辉映，岂不是同样鲜明（这一句为起兴，用常棣花开时花瓣和花萼同样鲜明比喻弟弟恭敬侍奉兄长，兄长以荣耀庇护弟弟，兄弟之间的恩义就像常棣花开时花瓣和花萼同样鲜明一样）？如今世上的众人，没有人比兄弟更亲（当时人与人之间的恩情，没有像兄弟之间恩情深厚的）。犹如鹡鸰水鸟不幸流落在高原，行则相顾，飞则相唤。既为兄弟，必当相救于危难（鹡鸰鸟边飞边鸣，行走摇摆不安，不会舍下同伴自己离开，这种天性犹如兄弟之间在急难时互相救助不愿舍离一样）。平日的好友虽多，如今急难之时，却只能报以长叹（当处于急难之时，虽有很好的同学朋友来到，也只能相对长叹而已）。兄弟在家中尽管也有纷争，但一定会同心抵御来自外部的欺凌。

《伐木》是宴请朋友、故旧之诗。自天子以下到平民百姓，没有无须借朋友之助而能成就其功业的。君主热爱亲人来保持和睦，友爱贤者，不忘故旧，那么百姓的品德就会回归于淳厚了。

当年一起在深山伐木，斧声叮叮，恰似林中的群鸟，在一旁嘤嘤和鸣（这一句说明君子往日未做官的时候，与朋友一起在险峻的高山中

也。其鸣之志,似于有朋友道然,故连言之。出自幽谷,迁于乔木。迁,徙也。谓向时之鸟,出从深谷,今移处高木也。嘤其鸣矣,求其友声。君子虽迁处于高位,不可以忘其朋友也。相彼鸟矣,犹求友声。矧伊人矣,不求友生。矧,况也。相,视也。鸟尚知居高木呼其友,况是人乎?可不求乎。

《天保》,下报上也。君能下下以成其政,则臣亦归美以报其上焉。

天保定尔,俾尔戬穀。罄无不宜,受天百禄。保,安也。尔,汝也。戬,福也。穀,禄也。罄,尽也。天使汝所福禄之人,谓群臣也。其举事尽得其宜,受天之多福禄。如月之恒,如日之升。恒,弦也。升,出也。言俱进也。月上弦而就盈,日始出而就明也。如南山之寿,不骞不崩。骞,亏。如松柏之茂,无不尔或承。或之言有也。如松柏之枝叶,常茂盛,青青相承,无衰落也。

《南山有台》,乐得贤也。得贤者则能为邦家立太平之基矣。人君得贤者,则其德广大坚固,如山之有基趾也。

南山有台,北山有莱。台,夫须也。兴者,山之有草木以自覆盖,成其高大。喻人君有贤臣自以尊显也。乐只君子,邦家之基。基,本也。只之言是也。人君既得贤者置之于位,又尊敬以礼乐乐之,则能为国家之本也。

《蓼萧》,泽及四海也。

伐木,做勤劳辛苦的事情,还能够相互切磋道德并行正道。两只鸟连声鸣叫,也好似朋友之间在切磋道德互以正道相勉一般)。小鸟偶而从深谷中飞出,迁居于山顶高大的树木。高居的小鸟依旧嘤嘤而鸣,不停地呼唤着幽谷内昔日的友人(君子虽然迁居高位了,但不能忘记故旧和朋友啊)。看那小鸟也知道不忘故旧,何况是那位君子,怎会不寻求旧友(小鸟尚且知道聚集在高大树木上而不忘呼叫朋友,何况是人呢?能不求吗?)?

《天保》是臣下报答君主之诗。君主能礼贤下士而成就其政事,则臣下就会将众善归功于君主,以美德报答君主。

上天保佑使您安定,并让您赐给群臣以福禄。凡事都尽得其宜,才得以享受上天赐予的种种恩惠(上天安定你的王位,所以让你赐福禄予人们,也就是那些朝廷群臣们,都没有赏赐不当的。他们做事都能尽其所能,而堪受君王赐予的种种恩惠)。君王的福禄如上弦月越来越圆满,像初升的太阳越来越明亮。如南山之寿,永无终尽之时;如松柏之茂,枝叶常青而永不衰落。

《南山有台》是写喜得贤才的诗。能得到贤才者,则能为国家奠定太平的根基(国君得到贤才,就能够光大德行使国家政权坚固,就像高山具有牢固的根基)。

南山有莎草,北山有野藜,草木丛生才显出山岳的雄伟(这一句为起兴,用山上有草木覆盖而成就山的高大来比喻说明国君有贤才从而显示其尊贵)。啊,天下贤才都乐于归向依止,这就是国家的根基(国君得到贤才,把他们放在高位,尊敬他们,用礼乐使他们快乐,他们就能成为国家的根基)!

《蓼萧》是写君主恩惠施及四海的诗。

蓼彼萧斯，零露湑兮。兴也。蓼，长大貌。萧，蒿也。湑湑然，萧上露貌。兴者，萧香物之微者，喻四海之诸侯，亦国君之贱者。露，天所以润万物，喻王者恩泽，不为远国则不及之。既见君子，我心写兮。既见君子者，远国之君朝见于天子也。我心写者，舒其情意，无留恨者。燕笑语兮，是以有誉处兮。天子与之燕而笑语，则远国之君。各得其所。是以称扬德美，使声誉常处天子也。

《湛露》，天子燕诸侯也。

湛湛露斯，匪阳不晞。晞，干也。露虽湛湛然，见阳则干。兴者，露之在物湛湛然，使物柯叶低垂，喻诸侯受燕爵，其威仪有似醉之貌。唯天子赐爵，则貌变，肃敬承命，有似露见日而晞也。厌厌夜饮，不醉无归。厌厌，安也。

《六月》，宣王北伐也。《鹿鸣》废，则和乐缺矣。《四牡》废，则君臣缺矣。《皇皇者华》废，则忠信缺矣。《常棣》废，则兄弟缺矣。《伐木》废，则朋友缺矣。《天保》废，则福禄缺矣。《采薇》废，则征伐缺矣。《出车》废，则功力缺矣。《杕杜》废，则师众缺矣。《鱼丽》废，则法度缺矣。《南陔》废，则孝友缺矣。《白华》废，则廉耻缺矣。《华黍》废，则畜积缺矣。《由庚》废，则阴阳失其道理矣。《南有嘉鱼》废，则贤者不安，下民不得其所矣。《崇丘》废，则万物不遂矣。《南山有台》废。则为国之基坠矣。《由仪》废，则万物失其道理矣。《蓼萧》废，则恩泽乖矣。《湛露》废，则万国离矣。《彤弓》废，则诸夏衰矣。《菁菁者莪》废，则无礼仪矣。《小雅》尽废，则四

长长的艾蒿生长在四野,甘露的滋润无所不及(这一句为起兴,用蓼萧比喻天下的诸侯,也就是比天子地位低下的人。用滋润万物的露水比喻天子施恩泽到天下所有地方)。四方的诸侯都来朝见天子,内心的喜悦、感戴难以言喻(远方诸侯们朝见周天子,心情多么舒畅,没有留下遗憾了)。席间欢声笑语,争相传扬周天子的美德(周天子宴请诸侯们,席间充满欢声笑语,这样远方的诸侯各得其所,因此称赞扬名周天子的美德,使周天子拥有美好的声誉)。

《湛露》是写天子宴请诸侯之诗。

草木上挂满晶莹的露珠,除非是太阳照耀便不会干枯(露珠虽然浓重,见到阳光就会干。这一句为起兴,用浓重的露珠在草木上使草木枝叶低垂,比喻诸侯接受天子宴请,席间陶陶然似有醉意。当天子赐给爵位时,就变成恭敬的样子接受任命,就像露珠见到阳光一会儿就被晒干了一样)。天子赐宴直至夜幕低垂,众诸侯心中陶然,不醉不归。

《六月》是写宣王北伐之诗。如果《鹿鸣》之章废弃,则君臣和乐缺失;《四牡》之章废弃,则君臣关系有损;《皇皇者华》之章废弃,则于忠诚信义有失;《常棣》之章废弃,则于兄弟情谊有失;《伐木》之章废弃,则会失去朋友;《天保》之章废弃,则会亏缺福禄;《采薇》之章废弃,则丧失征伐之道;《出车》之章废弃,则会失缺征伐之功劳;《杕杜》之章废弃,则军队难以形成;《鱼丽》之章废弃,则法度缺失;《南陔》之乐曲废弃,则孝敬父母、友爱兄弟之情缺失;《白华》之乐曲废弃,则廉耻之心缺失;《华黍》之乐曲废弃,则仓储积蓄亏缺;《由庚》之乐曲废弃,则会使阴阳失调;《南有嘉鱼》之曲废弃,则会使贤者不安、百姓得不到安顿;《崇丘》之乐曲废弃,则会使万物不能顺利生长;《南山有台》之乐曲废弃,则会使治国的根本失掉;《由仪》之乐曲废弃,则万物皆失其协调;《蓼萧》之章废

夷交侵,中国微矣。

六月栖栖,戎车既饬。栖栖,简阅貌。饬正也。记六月者,盛夏出兵,明其急也。玁狁孔炽,我是用急。炽,盛也。孔,甚也。此序吉甫之意也。北狄来侵甚炽,故王以是急遣我也。

《车攻》,宣王复古也。宣王能内修政事,外攘夷狄,复文武之境土;修车马,备器械,复会诸侯于东都,因田猎而选车徒焉。东都,王城。

我车既攻,我马既同。攻,坚也。同,齐也。四牡庞庞,驾言徂东。庞庞,充实。东,雒邑也。萧萧马鸣,悠悠斾旌。言不欢哗也。之子于征,有闻无声。有善闻而无欢哗。

《鸿雁》,美宣王也。万民离散,不安其居,而能劳来还定安集之,至乎鳏寡,无不得其所焉。宣王,承厉王衰乱之獘而兴,复先王之道,以安集众民为始。

鸿雁于飞,集于中泽。中泽,泽中。鸿雁之性,安居泽中。今飞而又集于泽之中,犹民去其居而离散,今见还定安集之也。之子于垣,百堵皆作。侯伯卿士又于坏灭之国,征民起屋舍、筑墙壁。百堵同时起,言趋事也。虽则劬劳,其究安宅。此劝万民之辞,汝今虽病劳,终有所安居也。

弃，则天子与诸侯的恩泽丧失；《湛露》之章废弃，则会使万国背离。《彤弓》之章废弃，则华夏诸国会衰落；《菁菁者莪》之章废弃，则天下将没有礼仪了；《小雅》一类诗歌全部废弃，则会使四方边远民族交替入侵，而使中原衰弱。

正赶上六月农忙之季，战车战马一排排，朝廷正检阅王师（这一句说明盛夏六月出兵，情况紧急）。猃狁来犯何其猖獗，王命紧急，不容我稍有迟疑（这一句是表达周宣王的贤臣尹吉甫的心意。北方少数民族来犯猖獗，所以君王急切地派遣我带兵出征）！

《车攻》是写宣王恢复旧的制度之诗。宣王能内修政事，对外抵御外族，收复文王、武王时的疆域，整治车马，完善器械，重新在王城会盟诸侯，借打猎之机选拔善于驾车之人。

我的战车坚不可摧，我的战马并驾齐驱。四匹雄马精神饱满，驾车直奔洛邑而去。战马萧萧高声嘶鸣，战旗猎猎迎风飘舞（这一句说明队伍中气氛严肃没有喧哗声）。将士远征受人称颂有威名，军纪严明毫无那喧哗之声。

《鸿雁》是赞美宣王的诗。当时万民离散，不能安居，而宣王能慰问归来之民，使其归于故土而汇集安居，即使鳏寡之人，都无不得其居所（周宣王承受着周厉王衰败混乱的局面而力图中兴，恢复古圣先王之道，并从安定和睦百姓做起）。

成群的大雁离去又飞回，重新汇集在沼泽间（大雁的天性是习惯于安居在沼泽之中。现在大雁高飞后又汇集在沼泽之中，就像百姓离开家园流离失所，现在又能返回汇集在一起安居）。朝廷下令重修城墙，众多民舍也随之重建（侯伯卿士，为着毁灭的国家着想，征用百姓修建房舍、筑起围墙，众多的屋舍同时修建，说明百废俱兴，百姓安居乐业）。百姓们虽然辛苦劳累，毕竟又有了自己的家园（这一句是勉励百姓的话，你们现在

《白驹》，大夫刺宣王也。刺其不能留贤也。

皎皎白驹，食我场苗。絷之维之，以永今朝。宣王之末，不能用贤。贤者有乘白驹而去者。絷，绊也。维，系也。永，久也。愿此去者乘白驹而来，使食我场中之苗，我则绊之系之，以久今朝，爱之欲留也。所谓伊人，于焉逍遥。乘白驹而去之贤人，今于何游息乎？思之甚矣。

《节南山》，家父刺幽王也。家父，字，周大夫也。

节彼南山，维石岩岩。兴也。节，高峻貌。岩岩，积石貌。兴者，喻三公之位，人所尊严也。赫赫师尹，民具尔瞻。师，大师，周之三公。尹氏为大师。具，俱也。此言尹氏汝居三公之位，天下之民，俱视汝之所为也。国既卒斩，何用不监。卒，尽也。斩，断也。监，视也。天下之诸侯，日相侵伐，其国已尽绝灭，汝何用为职，不监察之。

《正月》，大夫刺幽王也。

正月繁霜，我心忧伤。正月，夏之四月也。繁，多也。夏之四月霜多，急恒寒若之异，伤害万物，故我心为之忧伤也。民之讹言，亦孔之将。将，大也。讹，伪也。人以伪言相陷入，使王行酷暴之刑，致此灾异，故言甚大。谓天盖高，不敢不局。谓地盖厚，不敢不蹐。局，曲也。蹐，累足也。此民疾苦王政，上下皆可畏之言也。哀今之人，胡为虺蜴。虺蜴之性，见人则走。哀哉今之人。何为如是，伤时政也。燎之方扬，宁或威之。威之以水也，燎之方盛之时，炎炽熛怒，宁有能灭息之者乎？言无有也。以无有喻有之者为甚也。

虽然辛苦劳累，最终将有安居的地方）。

《白驹》是大夫讽喻宣王之诗（隐刺宣王不能留用贤才）。

如白雪般皎洁的骏马呀，请停住你脚步的声响。我的苗圃长满青草，在此稍事小憩又何妨？我将轻挽住你的丝缰，让你从此留在我身旁。朝朝暮暮，共度这美好时光（周宣王末年，不能留用贤才，贤才乘白马离开了。希望离开的小白马，回来吃我场中的苗，我则绊住拴住，希望留住白马常吃草。这一句表达爱慕贤才，渴望留住贤才）。啊，乘白驹而去的贤者啊，你此刻正遨游在何方（乘小白马离开的贤才，现在在何处游历歇息？我想念你到了极点）？

《节南山》是周朝一位名叫家父的大夫指斥幽王的诗。

仰望那高峻的南山，堆积着层层岩石（这一句为起兴，用堆积层层石头的南山比喻三公之位是人们所认为尊严的官位）。身居高位的尹太师啊，百姓全都看着你（尹氏处在三公高位，所以，天下百姓全都看着你的所作所为）。国家将要灭亡，你为何竟毫无觉知（天下的诸侯一天天侵犯，国家将要灭亡，你是怎么履行职责的，难道你没觉察吗）？

《正月》是周朝大夫指责幽王酷暴、荒政的诗。

正阳之月却下起了严霜，万物受灾令我心忧伤（正月下大霜，着急于长时间不正常的寒冷之苦会伤害万物，所以我为此而内心忧伤）。民间传谣言，沸沸又扬扬（人们以谎言相骗，彼此陷入不义的境地，致使君王施行残暴的刑罚，导致这次灾难，所以谣言的影响太大）。天何等高远，人们却不敢不弯腰拱背；地何等深厚，人们却不得不小心翼翼（百姓受君王的暴政之疾苦，上下都令人畏惧）。哀怜当今之人，为何都变成了蜥蜴（蜥蜴的特性是见人就逃走。可悲啊，当今之人，为何像蜥蜴一样见到人就逃走？比喻百姓见到君王就像蜥蜴一样见人就逃，非常感伤当时的暴政之烈）。大火烧得正旺，谁能够把它扑灭（只有水能扑灭它。火烧得

赫赫宗周，褒姒威之。宗周，镐京也。褒，国名也。姒，姓也。威，灭也。有褒之女，幽王惑焉而以为后，诗人知其必灭周也。

《十月之交》，大夫刺幽王也。

十月之交，朔月辛卯。日有蚀之，亦孔之丑。之交，日月之交会也。丑，恶也。周十月，夏之八月也。日食，阴侵阳，臣侵君之象也。日为君，辰为臣。辛，金也。卯，木也。又以卯侵辛，故甚恶之。彼月而蚀，则维其常。此日而蚀，于何不臧。臧，善也。百川沸腾，山冢崒崩。沸，出也。腾，乘也。山顶曰冢。崒者崔嵬也。百川沸出，相乘凌者，由贵小人也。山顶崔嵬者崩，喻君道坏也。高岸为谷，深谷为陵。言君子居下，小人处上也。哀今之人，胡憯莫惩。憯，曾也。变异如此，祸乱方至。哀哉今在位之人，何曾无以道德止之。黾勉从事，不敢告劳。诗人贤者见时如是，自勉以从王事。虽劳不敢自谓劳，畏刑罚也。无罪无辜，谗口嚣嚣。嚣嚣，众多貌也。时人非有辜罪，其被谗口见诼谮嚣嚣然。

《小旻》，大夫刺幽王也。

谋臧不从，不臧覆用。臧，善也。谋之善者不从之，其不善者，反用之。我龟既厌，不我告犹。犹，图也。卜筮数而渎龟，龟灵厌之。不复告其所图之吉凶。谋夫孔多，是用不集。集，就也。谋事者众多，而非贤者，是非相夺，莫适可从，故所为不成也。发言盈庭，谁敢执其咎。谋事者众，詾詾满庭，而无能决当是非。事若不成，谁云己当受其咎责者。言小人争智而让过。如彼筑室于道谋，是用不溃于成。溃，遂也。如当路筑室，得人而与之谋所为，路人之意

正旺之时，火焰正猛，谁能扑灭它呢？意思是除水之外再没有了，以此来比喻水势之甚）？显赫的周王朝，褒姒将使其亡灭（周幽王被褒国的女子迷惑，把她作为王后，诗人知道这个女子必然使周朝灭亡）！

《十月之交》是周朝大夫指责幽王行暴政、将亡国的诗。

十月的日食以阴侵阳，更兼初一辛卯以木犯金。日月相侵，这样的凶兆令人心惊（日食，阴侵袭阳，是大臣侵犯君王的征兆。日是君王，辰是大臣。辛是金，卯是木。又因为木侵犯金，所以是非常不吉利的征兆）。以日侵月，尚为平常。以月侵日，实为不祥。时局如百川沸腾，山峰崩陷（用百川沸腾比喻因为重用小人而造成相互侵犯欺凌，用山峰崩塌比喻君王道德衰败）。高山化为深谷，深谷却变作高山（这一句说明君子处在下位，而小人处在上位）。哀怜当今的圣上，何不以德政来制止（如此不正常，招来祸乱。哀怜当今在位的人，为何不曾用道德教化来制止祸乱呢）？小民岂敢诉说辛劳，只有尽力做事（诗人和有道德的人看到时政如此不正常，勤勉做事，即使劳苦也不敢说，畏惧被处以刑罚）。纵然无罪无错，众多的谗言已令人心悸（这一句说明当时之人，无罪无错，却被谗言诋毁，十分嚣张）！

《小旻》是周朝大夫讽喻幽王不用善言的诗。

善的主张不被采纳，不善之言却大行其道。我反复卜筮已令龟灵厌烦，不愿意再向我显示那吉凶之兆（因多次占卜而轻慢龟甲，龟灵厌倦，不再告诉我卦象是凶是吉）。你看那谋事之人虽然众多，不能成事又将奈何（这一句说明谋事的人众多，但不是贤才，是非混乱，无可适从，故所做的事没有成就）？纵然言论充斥于朝廷，有谁敢承担过失的责任（谋事者众多，朝廷上气势汹汹，又不能决断是非。假若事情办不成，谁能说自己当受罪过。这一句说明小人争相表现聪明才智却推卸过失）？犹如在道路上试图谋建房屋，听信那小人之言终将一事无成（就像在道

不同,故不得遂成也。不敢暴虎,不敢冯河,人知其一,莫知其他。冯,凌也。人皆知暴虎冯河立至之害,而无知当畏慎小人,能危亡己也。

《小宛》,大夫刺幽王也。

温温恭人,温温,和柔貌。如集于木。恐坠也。惴惴小心,如临于谷。恐陨。战战兢兢,如履薄冰。衰乱之世,贤人君子,虽无罪犹恐惧也。

《小弁》,刺幽王也。太子之傅作焉。

踧踧周道,鞠为茂草。踧踧,平易貌。周道、周室之通道也。鞠,穷也。我心忧伤,惄焉如捣。假寐永叹,维忧用老。心之忧矣,疢如疾首。惄,思也。捣,心疾也。不脱冠衣而寐曰假寐。疢,犹病也。维桑与梓,必恭敬止。父之所树,己尚不敢不恭敬也。靡瞻匪父,靡依匪母。不属于毛,不离于里。此言人无不瞻仰其父取法则者,无不依恃其母以长大者。今我太子独不受父之皮肤之气乎?不处母之胞胎乎?何曾无恩于我也。无逝我梁,无发我笱。逝,之也。之人梁,发人笱,此必有盗鱼之罪,以言褒姒以淫色来嬖于王,盗我太子母子之宠也。我躬不阅,遑恤我后。念父孝也。念父孝者,太子念王将受谗言不止,我死之后,惧复有被谗者。无如之何,故自决云。身尚不能得自容,何暇乃忧我死之后乎。

路上修筑房屋，征询路人意见，路人的意见不同，所以最终不能建成）。谁都不敢空手去捉虎，谁都不敢徒步渡江河。都知道这种事太危险，却不知除此之外，更大的危险就在眼前（这一句说明人皆知空手捕老虎、徒步渡江河会招来祸害，但不知道应当谨慎对待小人，因为他能危害到自己）！

《小宛》是周朝大夫指责幽王听信谗言，以致使群臣惶惧的诗。

是什么让满朝的大臣，一个个温顺恭谨？如小鸟立于树顶，无时不胆颤心惊（担心坠落）。你看他小心翼翼，如迈步便是深谷（恐怕陨落）。你看他忧惧胆怯，如脚下踩着薄冰（这一句说明衰败混乱的时候，贤才君子，即使没有罪过，还是心存恐惧）。

《小弁》是讽喻周幽王之诗，乃太子太傅所作。

平坦的周室通道，长满茂密的杂草。我内心忧愁伤痛，如锥如捣。和衣而卧不住长叹，日夜忧伤催人衰老。我之忧伤，疾首痛心。眼前的这些树木，是父亲亲手所种，我又安敢不敬？子女哪有不尊敬自己父亲的，哪有不依赖母亲的养育而成人的？难道我不是承袭父亲的精气，和母亲的血肉而生（这一句说明人没有不尊敬自己的父亲并效法父亲的，没有不依靠母亲而长大的。而今难道唯独我太子不承袭父亲的皮肤？不生于母亲的胞胎吗？父母对我何尝不是恩重如山啊）？然而那可恶的盗贼，你不该无端闯入我的鱼堰，你不该擅自打开我的鱼笼。那该死的谗言啊，你不该将我的父王长久欺蒙（到别人的鱼堰，打开别人的鱼笼，这一定是盗鱼的罪名。这里说的是褒姒因为美色取悦于幽王，盗走幽王对太子母子的宠爱）！啊，罢了罢了，我眼看连自身都难容于世，又何必为死后之事忧心忡忡（这一句说明太子孝敬父亲。想到父王长期被谗言迷惑，担心自己死后还有贤才被诋毁。面对这种局面却无可奈

《巧言》，刺幽王也。大夫伤于谗而作是诗。

乱之初生，僭始既涵。僭，不信也。涵，同也。王之初生乱萌，群臣之言，信与不信，尽同之不别。乱之又生，君子信谗。君子斥在位者，信谗人言，是复乱之所生。君子信盗，乱是用暴。盗，谓小人。盗言孔甘，乱是用餤。餤，进也。

《巷伯》，刺幽王也。寺人伤于谗而作是诗。巷伯，奄官。寺人，内小臣。

萋兮斐兮，成是贝锦。兴也。萋斐，文章貌。贝锦，锦文。兴者，喻谗人集作己过，以成于罪，犹女工之集采色成锦文也。彼谮人者，亦已太甚。太甚者，谓使己得重罪。取彼谮人，投畀豺虎。豺虎不食，投畀有北。北方寒凉而不毛也。有北不受，投畀有昊。昊，昊天也。与昊天使制其罪也。

《谷风》，刺幽王也。天下俗薄，朋友道绝焉。

习习谷风，维风及雨。兴也。风雨相感，朋友相须。风而有雨则润泽行。喻朋友同志则恩爱成。将恐将惧，维予与汝。将，且也。恐惧。喻遭厄难也。将安将乐，汝转弃予。汝今已志达而安乐，而弃恩忘旧，薄之甚也。忘我大德，思我小怨。大德，切磋以道，相成之谓也。

《蓼莪》，刺幽王也。民人劳苦，孝子不得终养尔。

何,所以发出感叹:"身体还不能够被容纳,怎有闲暇顾及身后之事。")!

《巧言》是讽喻周幽王之诗。其大夫因被奸佞谗言伤害而作此诗。

追溯动乱的源头,是君王面对伪言,分不清善恶真假(动乱刚刚发生的时候,群臣的言论,真实的与不真实的,没有甄别全都被认同)。动乱再次出现,那是君王听信谗言,良臣却无辜受压。君王信任小人,才会有今天的乱象丛生。小人的甜言蜜语盛行于世,动乱终将逐步升级,直至无法收拾。

《巷伯》是讽喻周幽王之诗。宫中小臣因被谗言伤害而作此诗。

是谁别有用心,将错杂的丝线编造成五彩的锦文(这一句为起兴,比喻进谗言的小人云集编制花言巧语来陷他人于罪,犹如女工匠采集色彩织成锦文)?那擅长于谗毁他人的小人,已使我重罪在身!他的心肠如此歹毒,真该将他丢弃给豺虎。如果连豺虎也嫌弃不食,就将他丢弃到荒寒的北国。如果连北国也不愿意容纳,就将他丢给苍天,去接受上天的惩罚!

《谷风》是讽喻周幽王的诗。当时天下风俗浇薄,朋友之间的恩义已荡然无存了。

和煦的东风阵阵,风声里伴着雨声(这一句为起兴,用风雨相互感应滋润,比喻朋友和志趣相同的人相互恩爱同行)。当年你遭遇厄难,唯有我与你同行。如今你处境安乐,便全然抛弃了故人(你现在得志而且处于安乐,却抛弃对你有恩的故旧,真是薄情到了极点)。人啊,你怎可因为一点点小怨,全忘了我当初对你的深恩(与朋友研讨勉励以正道来互相成就,叫做大德)!

《蓼莪》是斥责周幽王之诗。当时百姓辛勤劳苦,连孝子也无力奉养父母,以终其天年。

蓼蓼者莪，匪莪伊蒿。兴也。蓼蓼，长大貌也。莪已蓼蓼长大，我视之反谓之蒿。兴者，喻忧思心不精识其事也。哀哀父母，生我劬劳。哀哀者，恨不得终养父母，报其生长己之苦也。无父何怙？无母何恃？出则衔恤，入则靡至。恤，忧也。孝子之心，怙恃父母，依依然以为不可斯须无也。出门则思之忧，旋入门又不见，如入无所至也。父兮生我，母兮鞠我。拊我畜我，长我育我，顾我复我，出入腹我。鞠，养也。顾，旋视也。复，反覆也。腹，怀抱。欲报之德，昊天罔极。之，犹是也。我欲报父母是德，昊天乎我心无极也。

《北山》，大夫刺幽王也。役使不均，己劳于从事而不得养其父母焉。

溥天之下，莫非王土。率土之滨，莫非王臣。此言王之土地广大矣，王之臣又众矣，何求而不得，何使而不行乎。大夫不均，我从事独贤。贤，劳也。或燕燕以居息。燕燕，安息貌也。或尽瘁以事国。尽力劳病以从国事。或息偃在床，或不已于行。不已，犹不止也。或栖迟偃仰，或王事鞅掌。鞅，犹荷也。掌，谓捧持之也。负荷捧持以趋走，言促遽也。或耽乐饮酒，或惨惨畏咎。咎，犹罪过。

《青蝇》，大夫刺幽王也。

营营青蝇，止于樊。兴也。营营，往来貌。樊，藩也。兴者，蝇

莪草已经渐渐长大，看上去不再像莪草，而像是粗壮的青蒿（莪苗已经渐渐长大了，我看着反而认为是青蒿。这一句为起兴，比喻忧虑自己不能精细地分辨事情了）。想起了父母，心中有无限哀伤，我从小到大，他们已太过辛劳（哀伤的是不能终养父母，报答其养育之恩）。天下的儿女若没有了父母，这世上还有谁可以依靠？刚离开家门就日夜担心，归来已物是人非，再难觅双亲的踪影（孝顺的子女不论自己年纪有多大，总是一直把父母当成依靠，心中依依不舍，好像片刻也不能离开，走出家门就会想念担忧，回家却再也见不到父母，心中恍惚，好像不知道走到了什么地方）。父亲啊你给我生命，母亲啊你把我抚养到今朝。你对我的抚爱从不稍停，你对我的养育恩比天高。你对我的眷顾千遍万遍，你曾经进出都把我怀抱。我多么想报答父母的无边恩德，苍天啊，我究竟该如何才能做到（我想报答父母如此的大恩大德，苍天啊！这如天一样的恩德怎么报答得完呢）？

《北山》是大夫讽喻周幽王的诗。当时征用劳役不公平，自己勤恳服役，而不能赡养其父母。

普天之下的土地，都是君王的国土。全天下的百姓，都是君王的臣民（这里是说君王的土地广阔，君王的臣子众多，君王没有什么得不到的，役使谁谁都不敢不听从）。大夫们一个个苦乐不均，唯有我为国家劳苦辛勤。有的人悠闲自在安逸享乐，有的人鞠躬尽瘁竭尽悃诚；有的人无所事事安养在床，有的人奔波不息劳累忧伤；有的人闲散无事到处游逛，有的人肩负王命职事纷扰又烦忙（这里是说臣子分工严重不均）；有的人终日沉湎饮酒作乐，有的人忧心忡忡生怕又获罪遭殃。

《青蝇》是大夫讽喻周幽王之诗。

苍蝇到处飞舞，别让它闯进了藩篱（苍蝇这种昆虫，能使白的变

之为虫,污白使黑,污黑使白,喻谗佞之人。变乱善恶也。止于藩,欲外之,令远物也。恺悌君子,无信谗言。恺悌,乐易也。营营青蝇,止于棘。谗人罔极,交乱四国。极,犹已也。

《宾之初筵》,卫武公刺时也。幽王荒废,媟近小人,饮酒无度,天下化之。君臣上下,沉湎淫液。武公既入,而作是诗也。淫液者,饮酒时情态也。言武公入者,入为王卿士也。

宾之初筵,温温其恭。温温,和柔也。其未醉止,威仪反反。曰既醉止,威仪幡幡。舍其坐迁,屡舞仙仙。反反,言重慎也。幡幡,失威仪也。仙仙,儛也。此言宾初即筵之时,自敕戒以礼,至于旅酬,而小人之态出也。宾既醉止,载号载呶。乱我笾豆,屡舞僛僛。是曰既醉,不知其邮。侧弁之俄,屡舞傞傞。号呶,号呼欢呶也。僛僛,儛不能自正也。傞傞,不止也。邮,过也。侧,倾也。俄,倾貌也。

《采菽》,刺幽王也。侮慢诸侯,诸侯来朝,不能锡命以礼,数征会之而无信义,君子见微而思古焉。

采菽采菽,筐之筥之。菽,所以芼大牢,而待君子也。君子来朝,何锡与之。虽无与之,路车乘马。君子,谓诸侯也。赐诸侯以车马,言虽无与之,尚以为薄也。

《角弓》,父兄刺幽王也。不亲九族而好谗佞,骨肉相

黑，能使白的变黑。这一句为起兴，比喻谗邪奸佞之人混淆善恶。欲用篱笆挡住苍蝇，是想让苍蝇离远点，不要让它靠近人们所接触到的物品，以防污染）。和乐平易的君王啊，切莫要听信谗言。苍蝇飞来飞去，别让它穿过了枣树。若不能中止谗言，终会使天下大乱。

《宾之初筵》是卫武公讽喻时政世风的诗。周幽王荒废政事，不能自重，亲近小人，饮酒无度，天下风气也从而败坏。君臣上下都沉湎于纵酒作乐。武公入朝后，即作此诗。

当宴会刚刚开始，来宾们温雅谦恭。饮酒尚未至醉，仪表端庄自重。及至酒醉失态，渐渐举止轻浮。轻则离席徘徊，重则足蹈手舞（这一句说明宾客刚入席，用礼节约束自己，到了相互敬酒时，小人的丑态就表现出来了）。宾客贪杯至醉，喧哗更相呼号。弄乱筵间礼器，纷纷步乱身摇。人若贪杯至醉，不知过失昭昭。衣帽迤迤不整，犹自手舞足蹈。

《采菽》是一首讽喻周幽王的诗。幽王侮辱慢待诸侯，诸侯前来朝见时，不能诏命以礼款待。屡次征诏诸侯集会，幽王却不讲信义。君子目睹朝廷君臣之礼衰微，因而怀念昔日君王善待诸侯的恩义。

为了精心配制宴会的食品，新鲜的豆菽已采得筐满筥盈（这一句说明君王用豆菽与牛羊豚拌和做成祭祀的食物来款待诸侯）。听说诸侯们就要前来朝见，君王便愁着用什么来款待嘉宾。还一再道歉没什么好东西馈赠，却赐下鸾车宝马，令诸侯们无限感恩（把车马赐给诸侯，却说没有赐赏，是说君王这样做都还觉得自己太薄情了）。

《角弓》是周幽王的父兄们讽喻周幽王之诗。幽王不亲爱其九

怨，故作是诗也。

騂騂角弓，翩其反矣。兴也。騂騂，调和也。不善紲檠巧用，则翩然而反。兴者，喻王与九族不以恩礼御待之，则使之多怨心。兄弟婚姻，无胥远矣。胥，相也。骨肉之亲，当相亲无相疏远。相疏远则以亲亲之望，易以成怨也。尔之远矣，民胥然矣。尔之教矣，民胥效矣。尔，汝。尔，幽王也。胥，皆也。言王汝不亲骨肉，则天下之人皆如斯。汝之教令无善无恶，所尚者天下之人皆学之。言上之化下，不可不慎也。

《菀柳》，刺幽王也。暴虐而刑罚不中，诸侯皆不欲朝，言王者之不可朝事也。

有菀者柳，不尚息焉。尚，庶几也。有菀然枝叶茂盛之柳，行路之人，岂有不庶几欲就之止息乎？兴者，喻王有盛德，则天下皆庶几愿往朝焉！忧今不然也。俾予靖之，后予极焉。靖，谋也。俾，使也。极，诛也。假使我朝王，王留我使我谋政事；王信谗，不察功考绩，后反诛放我。是言王刑罚不中，不可朝事。

《隰桑》，刺幽王也。小人在位，君子在野，思见君子，尽心以事之也。

隰桑有阿，其叶有难。隰中之桑，枝条阿然长美，其叶又茂盛，可以庇勋人。兴者，喻时贤人君子，不用而野处，有覆养之德也。既见君子，其乐如何？思在野之君子而得见其在位，我喜乐无度

代的直系亲属,而喜近谗佞之臣,以致父子兄弟等至亲之间相互怨恨,所以写作此诗。

用牛角装饰调试好的硬弓,如果不善于使用,也会把箭射往相反的方向(不善于使用绳索和矫正弓弩的器具,弓箭就会射往相反的方向。这一句为起兴,比喻幽王不按礼仪对待九族,致使九族心生怨恨)。王族兄弟各自结婚成家,切莫渐渐疏远,使骨肉亲情转变为怨望(兄弟姐妹之间应当相亲相爱,不要相互疏远。互相疏远,就会使亲人之间相互亲爱的期望得不到满足,容易形成怨恨)。王族相互疏远而忽视了亲情,就会让全国百姓,都学会了薄情寡恩。王族用道义教化国人,百姓也会纷纷效仿,凡事皆依循道义而行(这一句说明幽王不亲爱兄弟姐妹,那么天下百姓也会像这样。幽王教化百姓,无论善恶,天下的人都会学习。所以说君王教化百姓,不能不慎重)。

《菀柳》是讽喻周幽王的诗。幽王暴虐而刑罚失当,诸侯皆不想朝见。诗意说像幽王这样的君主,真是不可入朝侍奉。

高大的柳树枝叶茂盛,为什么却不能给行人以庇荫(枝叶茂盛的柳树,行路之人岂有不愿在树下歇息的道理。比喻君王有盛德,则天下之人都愿意前往朝拜。担忧的是现在不是这样了)?君王啊,譬如你让我为你谋划,事后却听信谗言,反将我放逐责罚(假设自己朝见君王,君王挽留我,让我谋划政事。可是君王又听信谗言,不考察我的功绩,反而责罚放逐我。这是说君王刑罚不当,令做臣子的无法奉事尽忠)!

《隰桑》是讽喻周幽王的诗。幽王时,小人在朝为官,君子远离躲避在乡野。作者想访求君子,劝请他们出来尽心匡扶君王。

湿地的桑树婀娜多姿,枝叶茂盛给行人以庇荫(隰地中的桑树,枝条柔美,树叶茂盛,可以庇勋人们。这一句为起兴,比喻当时贤人君子不被重用而远在乡野。所以,隰地中的桑树如君子所处之地,有庇护养育君子

也。心乎爱矣,遐不谓矣?中心臧之,何日忘之?遐,远也。谓,勤也。臧,善也。我心爱此君子,虽远在野,岂能不勤思之乎?我心善此君子,又诚不能忘也。

《白华》,周人刺幽后也。幽王娶申女以为后,又得褒姒而黜申后。故下国化之,以妾为妻,以孽代宗,而王弗能治。申,姜姓之国。孽,支庶也。宗,嫡子也。王不能治,己不正故也。

英英白云,露彼菅茅。英英,白云貌。白云下露,养彼可以为菅之茅。使与白华之菅,可相乱易,犹天之下妖气生褒姒,使申后见黜也。天步艰难,之子不犹。步,行也。犹,图也。天行此艰难之妖久矣,王不图其变之所由。昔夏之衰,有二龙之妖,卜藏其漦,周厉王发而观之,化为玄鼋;童女遇之,当宣王之时而生女,惧而弃之。后褒人有狱而入之幽王,幽王嬖之,是谓褒姒。鼓钟于宫,声闻于外。王失礼于内,而下国闻知而化之,王弗能治,如鸣钟鼓于宫中,而欲使外人不闻,亦不可得也。念子懆懆,视我迈迈。迈迈,不悦也。言申后之忠于王也。念之懆懆然,欲谏正之,王反不悦于其所言。

之德啊)。倘若见到了贤才被重用,我内心将是何等的欢欣(思念处在乡野的君子,能被君王重用而得到相应的职位,我将无比欢喜啊)!我心中爱慕君子的美德,不因他身处民间,就会稍减我的思念之诚(我诚心爱敬这些君子,他们虽远在乡野,岂能不常常思念他们呢)。我心中爱戴君子,赞叹贤才,昼夜思念何曾有一日忘怀(我在内心赞叹这些君子,真诚而不能忘怀)!

《白华》是周人隐刺幽王王后褒姒的诗。幽王先是娶姜姓之国的申女为王后,后来得到褒姒便废去了申后。所以许多诸侯国也追随其风,以其妾取代正妻,以旁系子嗣取代嫡子,而幽王自身行为不端故不能整治。

白云飘荡,甘露如膏,却滋养了那些一心想取代白营的茅草(这一句为起兴,指白云降下露水,滋养着那些可以替代白营使用的茅草,若与秋季开白华的菅草相比,真可以假乱真。犹如上天降下妖气生了褒姒,使申皇后受到贬降而失去君王的宠幸)。时运艰难,君王却不思拯救,所作所为怎不令人心焦(时运艰难妖孽久存,君王不谋划改变的办法。昔日夏朝末年有两条龙妖来到王宫,夏王通过占卜得到指点,将其遗留的唾液装在木匣子里收藏了起来。直到周厉王时打开观看,唾液化为一只"玄鼋"爬出。一个少女碰上了这只鳖,便受了孕,到宣王时生一女婴。因惧其不祥,该女婴被扔弃。后来有褒国人为赎罪将已成年的她献给周幽王,幽王非常宠爱她,因姓姒,故称为褒姒)。宫内鸣钟,响声立刻就会传遍四郊。君王一人有失,天下之人都将争相仿效(君王在宫内失礼,诸侯国听说后就效仿他。君王不能治理国家,就像在宫内鸣钟,却想叫宫外人听不到,这是不可能的)。我为您日夜担忧愁苦,您却对我横眉冷对,丝毫不顾念为妻的忠告(说的是申后忠于幽王,想劝谏匡正其过失,幽王却不乐于听申后的话)。

《何草不黄》，下国刺幽王也。四夷交侵，中国背叛，用兵不息，视民如禽兽。君子忧之，故作是诗也。

何草不黄，何日不行。用兵不息，军旅自岁始草生而出，至岁晚矣，何草而不黄乎？草皆黄矣，于是闲将率何日不行乎？言常行劳苦甚也。何人不将，经营四方。言万民无不从役者也。匪兕匪虎，率彼旷野。兕虎，野兽也。旷，空也。兕虎者，以比战士也。哀我征夫，朝夕不暇。

大雅

《文王》，文王受命作周也。受命，受天命而王天下，制立周邦。

文王在上，于昭于天。在上，在民上也。于，叹辞也。昭，见。文王初为西伯，有功于民，其德著见于天，故天命之以为王也。周虽旧邦，其命惟新。乃新在文王也。济济多士，文王以宁。济济，多威仪也。商之孙子，其丽不亿。上帝既命，侯于周服。丽，数也。商之孙子，其数不徒亿，多言之也。至天已命文王之后，乃为君于周之九服之中，言众之不如德也。侯服于周，天命靡常。则见天命之无常也。无常者，善则就之，恶则去之。殷士肤敏，祼将于京。殷士，殷侯也。肤，美也。敏，疾也。祼，灌鬯也。将，行也。殷之臣壮美而敏，来助周祭也。

《大明》，文王有明德，故天复命武王也。二圣相承，其明德日广大，故曰大明也。

《何草不黄》是诸侯国指责幽王的诗。当时，四方边远少数民族交替入侵，中原之国背叛王室。朝廷用兵不息，视民众如同禽兽。君子为之忧伤，所以写作此诗。

从年头到年尾，什么草没有变黄？什么日子停止过行军（征兵作战不停息，军队从年初青草生长时就出发，到了年末，什么草不变黄呢？青草全都变黄，在这期间将帅没有一天不行军。说的是征夫常常行军作战劳苦到了极点）？还有谁不被役使，征战四方奔走不停（这一句说明百姓没有不从役征战的）？我不是野牛和老虎，却被迫成年累月以旷野为家。可怜被役使的征夫，整日奔波何曾有片刻闲暇。

大 雅

《文王》讲述文王受天之命而统领诸侯、创立周朝的事迹。

文王在上，圣德的光辉天地昭彰（文王起初被商纣王封为西伯，有功于民。其仁爱恩德普利天下，故天下归之，尊其为王）。岐周虽然是旧邦，却显现出崭新的气象（旧邦之新，新在文王承先启后的新政）。忠勇之士济济一堂，文王任人唯贤，将天下治理得安定和祥。殷商的后代子孙繁衍众多，其数难计。如今上天已降命于文王，这些人都成了周朝的臣子（历史的重任已交与文王及其后人，做天下的君王，意为人数众多比不上德行广大）。殷商子孙臣服于周，可见天命无常，并无不变之理（天命没有不变的道理。所谓"无常"，就是谁行善，就会接近上天的恩赐；行恶，天恩就会远离）。看那殷商的后代，动作优美而敏捷，正殷勤地协助周家的祭祀！

《大明》讲述的是文王有圣明德行，庇荫影响着后代，故治理天下之重任由文王延续至其子武王（文王、武王两位圣君先后相承，其圣明的德行一天天广为传扬，故称为大明）。

明明在下，赫赫在上。明明，察也。文王之德，明明在于下，故赫赫然著见于天。天难忱斯，不易维王。天位殷嫡，使不挟四方。忱，信也。挟，达也。天意难信矣，不可改易者天子也。今纣居王位，而又殷之正嫡，以其为恶，乃绝弃之。使教令不行于四方，四方共叛之，是天命无常，唯德是与耳。维此文王，小心翼翼。昭事上帝，聿怀多福。厥德不回，以受方国。回，违也。小心翼翼，恭慎貌也。聿，述也。怀，思也。方国，四方来附者也。

《思齐》，文王所以圣也。言其非但天性，德有所由成也。

思齐大任，文王之母。思媚周姜，京室之妇。齐，庄也。媚，爱也。周姜，大姜。京室，王室也。常思庄敬者太任也，乃为文王之母。又常思爱大姜之配大王之礼，以为京室之妇。言其德行纯备，以生圣子。大姒嗣徽音，则百斯男。大姒，文王之妃也。大姒十子，众妾则宜百子也。徽，美也。嗣大任之美音，谓续行其善教令。刑于寡妻，至于兄弟。以御于家邦。刑，法也。寡妻，寡有之妻，言贤也。御，治也。文王以礼法接待其妻，至于其宗族，以此又能为政治于家邦。

《灵台》。民始附也。文王受命，而民乐其有灵德以及鸟兽昆虫焉。文王受命而作邑于丰，立灵台也。

经始灵台，经之营之。庶民攻之，不日成之。文王应天命，

文王的圣德流布天下，声名显著于天地之间（文王的德行惠及百姓，所以声名显赫）。天命无常，实难依赖，只有君王的圣德才可以永葆不变（天意难料，但不轻易变更的是君王）。上天也曾命殷纣为王，不久又令他失去天下（殷纣王虽居王位，而且又是殷商的正室所传，因为他作恶多端，于是废除了他，让他的命令在全国无法施行，天下一起背离了他。所以，天命不会恒常不变，只给予那些有德行的人）。唯有今天的文王，时时恭敬谨慎，唯恐自己的德行有丝毫偏差。奉行天道，勤于国事，使得天下风调雨顺，国泰民安。这样的德行始终不变，才能够赢得诸侯的归顺，将天命永久承担。

《思齐》讲述的是文王之所以成为圣人的缘由（文王成圣，不仅是因他天性纯善，还因为他的德行成就有其特殊的原因）。

内心庄严诚敬始终如一，那便是太任——文王之母。她一心效法婆母太姜，做好王室之妻，不容自己有半点瑕污（能够时时刻刻保持庄严恭敬之心的那个人叫太任，她就是文王的母亲。她还常常思想爱慕太姜辅助配合太王的嘉言懿行，要效法婆母做好王室之妻。说的是文王的母亲德行纯正完美，所以才会生出圣子）。太姒再次继承太任的德音，后代男丁兴旺逾百人，皆蒙受美德的教化（太姒生有十子，其他嫔妃所生之子约百人。太姒继承太任的德音，这是说她能继续效法太任美好德行的教化）。文王以礼法善待贤妻，进而延及兄弟，国人纷纷效法，德教乃遍布天下（文王以礼法善待妻子，并以礼法推及宗族之人，因此也能以德行教化来为政，治理国家）。

《灵台》一诗写于百姓开始亲近依附文王之时。文王接受天命，而百姓乐其有美好德行，且仁爱恩惠泽被鸟兽昆虫（讲述文王受命，在丰地建筑都城，建立灵台之事）。

文王开始营造灵台，精心规划仔细安排。四方百姓闻风而动，

度始灵台之基趾，营表其位，众民则筑作，不设期日而成之。言说文王之德，劝其事，忘己劳也。经始勿亟，庶民子来。亟，急也。经始灵台之基趾，非有急成之意，众民各以子成父事而来攻之。

《行苇》，忠厚也。周家忠厚，仁及草木，故能内睦于九族，外尊事黄耇，养老乞言，以成其福禄焉。乞言，从求善言可以为政者也。敦彼行苇，羊牛勿践履。方苞方体，维叶泥泥。敦，聚貌也。行，道也。叶初生泥泥然。苞，茂也。体，成形也。敦敦然道旁之苇，牧羊牛者无使蹈履折伤之，草物方茂盛，以其终将为人用。故周之先王，为此爱之，况于其人乎。黄耇台背，以引以翼。台之言鲐也。大老，则背有鲐文也。既告老人，及其来也，以礼引之，以礼翼之。在其前曰引，在其旁曰翼也。寿考维祺，以介景福。祺，吉。介，助也。养老人而得吉，所以助大福也。

《假乐》，嘉成王也。

假乐君子，显显令德。宜民宜人，受禄于天。假，嘉也。宜民宜人，宜安民，宜官人也。天嘉乐成王有光光之善德，安民官人，皆得其宜，以受福禄于天也。千禄百福，子孙千亿。穆穆皇皇，宜君宜王。宜君王天下也。干，求也。成王行显显之令德，求禄得百福。其子孙亦勤行而求之，得禄千亿。故或为诸侯，或为天子，言皆

转眼之间圆满成功（文王接受上天的旨意，测量规划灵台地基，精确测定基础位置，百姓立即动工建造，还没到竣工日期灵台就很快建成了。大家议论着文王的圣德风范，深受感动，而勤奋努力，心情快乐，忘却了辛劳）。当初并无速成之意，百姓归心诚如赤子（文王测量规划灵台的地基，并没有着急建成的意思，但百姓们都用子女替父母做事的心情，来努力建造灵台）。

《行苇》是赞扬忠厚品行的。周室王族忠厚治国，仁爱延及草木，所以对内能使九族和睦，对外能尊敬老人。敬心供养老人以祈求传授智慧经验，如此敬老尊贤的态度积累了绵长济世的福报（乞言，就是向老人请教，听取善言，即有助于治国安邦之类的言论）。簇簇新苇生长在路边，切莫让牛羊践踏摧残。茂盛的芦苇刚长出鲜嫩的枝干，柔润的翠叶怎不令人爱怜（道旁的芦苇丛丛簇簇，放牛牧羊的人，不要让牛羊踩踏折伤了芦苇。茂盛的草木才刚长出，它最终都会对人有用。周朝的先王对草木尚且都很爱护，更何况人呢）。倘若见到了年迈的老者，年轻人快快上前扶挽（台说的是鲐纹。指那些德高望重的老人，背上已长满了鲐纹。既是求教于老人，见他到来，就当以敬师之礼赶急上前去迎接和搀扶他。在前面带路叫"引"，在旁边搀扶叫"翼"）！长寿之人最吉祥，能庇佑子孙后代洪福齐天（敬养老人的行为非常吉利，可以给人带来好运，后福无穷）。

《假乐》是赞扬成王之诗。

嘉美和乐的君子，您的美德如日月高悬。安民任贤无所不宜，您的福禄受自于上天（上天赞美欢喜成王有明耀显赫的美德，百姓幸福安乐，贤才选用得当，百姓官吏各得其所，因此国运昌盛，天清地宁）。您的福禄无穷无尽，您的子孙百亿万千。身心敬穆仪态庄严，为君为王天意使然（成王有明耀显赫的美德，故能获得大福大禄。他的子孙也像他一样

相勖以道也。不愆不忘,率由旧章。愆,过也。率,循也。成王之令德,不过误,不遗失,循用旧典之文章,谓周公之礼法。

《民劳》,召穆公刺厉王也。民亦劳止,汔可小康。惠此中国,以绥四方。汔,几也。康、绥,皆安也。惠,爱也。今周民疲劳矣,王几可小安之乎?爱此京师之人,以安天下。京师者,诸夏之根本也。

《板》,凡伯刺厉王也。

上帝板板,下民卒瘅。出话不然,为犹不远。板,反也。上帝以称王者。瘅,病也。话,善言也。犹,谋也。王为政反先王与天之道,天下民尽瘅,其出善言而不行之也。以此为谋,不能远图,不知祸之将至也。犹之不远,是用大谏。王之谋不能图远,用是故我大谏王也。介人维藩,太师维垣。大邦维屏,太宗维翰。介,善也。藩,屏也。垣,墙也。翰,干也。太师,三公也。大邦,成国诸侯也。太宗,王之同姓,世嫡子也。王当用公卿诸侯及宗室之贵者为藩屏垣干,为辅弼,无疏远之也。怀德维宁,宗子维城。无俾城坏,无独斯畏。怀,和也。斯,离也。和汝德,无行酷暴之政,以安汝国,以是为宗子之城,使免于难。宗子城坏,则乖离,而汝独居而畏矣。宗子,适子也。

《荡》,召穆公伤周室大坏也。厉王无道,天下荡荡,无纲纪文章,故作是诗也。

荡荡上帝,下民之辟。上帝,以托君王也。辟,君也。荡荡,言

勤修德行以培厚福，得禄不计其数。所以有的做诸侯，有的做天子。说的是他们都能互相勉励，修己培德，遵循大道）。先王之训不弃不忘，古人常道不失不偏（成王的美德还体现在对于周公留下来的典章礼法，不违背，不遗忘，遵照行事）。

《民劳》一诗讲的是召穆公讽谏厉王之过，劝其回归正途。人民已劳苦不堪，君王啊，让他们稍事安歇又何妨！能宽厚仁爱身边的百姓，进而才谈得上安抚四方（如今百姓疲惫不堪，君王怎么才能让他们过上稍微安稳的生活呢？仁爱国都的百姓，才能安定天下。国都是各诸侯国的根本啊）！

《板》是凡伯劝谏厉王之诗。

君王行事不循常道，天下百姓愁苦莫名。纵有善言而不能行，虽谋不远其祸将临（君王为政，违背先王教诲和自然规律，天下百姓皆劳苦，君王说出有益之言却又不兑现。用这样的方式治国，非长久之计，不知道大祸即将来临）。欲为君王谋深虑远，竭我鄙诚倾心力谏（君王考虑问题不能长远，所以我才竭力劝谏君王）。才德之士譬如藩篱，太师有道如墙可依。诸侯公卿如障如屏，宗族兄弟皆我羽翼（君王当用公卿诸侯及宗室有才德的人，作为藩篱、屏障、城墙和辅翼，作为辅佐的人，可不要疏远了他们）。君王怀德天下安宁，兄弟拥戴众志成城。城不可坏德不可弃，离城独居诚可畏矣（随顺你的德行而不要施行酷暴的政令，这样才可让你的国家安定祥和，用这样的态度治理宗子之城，不要让他们遭受劫难。若宗子之城倒塌，那么大家就会背离，而你将陷入孤苦无依又恐惧害怕的境地）！

《荡》是讲召穆公哀伤周厉王时王室法度废坏，厉王无道，天下大乱，不遵循纲常制度，故而作此诗。

君王啊你只想为所欲为，可知道你本是万民的主宰（厉王以不

法度废坏之貌也。厉王乃以此居人上,为天下之君,言其无可则像之甚也。疾威上帝,其命多僻。疾,病人矣。威,罪人矣。疾病人者,重赋敛也。威罪人者,峻刑法也。其政教又多邪僻,不由旧章也。天生烝民,其命匪谌。靡不有初,鲜克有终。天之生此众民,其教道之,非当以诚信使之忠厚乎?今则不然,民始皆庶几于善道,后更化于恶俗也。既愆尔止,靡明靡晦,式号式呼,俾昼作夜。使昼为夜也。愆,过也。汝既过于沉湎矣,又不为明晦有止息也。醉则号呼相效,用昼日作夜,不视政事也。文王曰:咨,咨汝殷商。匪上帝不时,殷不用旧。此言纣之乱,非其生不得其时,乃不用先王之故法之所致也。虽无老成人,尚有典刑。老成人,谓若伊尹、伊陟臣扈之属也,虽无此臣,犹有常事,故法可案用。曾是莫听,大命以倾。莫,无也。朝廷君臣,皆任喜怒,曾无用典刑治事者,以至诛灭也。殷鉴不远,在夏后之世。此言殷之明镜不远也。近在夏后之世,谓汤诛桀也。后武王诛纣,今之王何以不用为戒乎。

《抑》,卫武公刺厉王也,亦以自警也。

无竞维人,四方其训之。有觉德行,四国顺之。无竞,竞也。训,教也。觉,直也。竞,强也。人君为政,无强于得贤人。得贤人,则天下教化于其俗。有大德行,则天下顺从其政。言在上所以倡

仁之道居上位,作天下的君王,意思是厉王实在没有可以让臣民效法的地方)!君王啊你只知降灾降罪,祖宗的常道却屡屡抛开(令人困苦不堪的,是沉重的赋税。使人纷纷成为罪犯的,是严酷的刑法。厉王的政令多偏离正道,是因为不遵循昔日的典章之故)。上天之德在于生养百姓,君王你既承天命,怎能不奉守诚信?所有的帝王最初都信誓旦旦,要做到有始有终却并不简单(上天生育了百姓,就当教导他们做人的道理。难道不该用诚信的教化使他们变得忠厚吗?如今却不是这样,百姓一开始还能遵循善道,后来却转而被不良的风俗同化了)。你的仪容举止过于随便,歌舞宴饮昼夜不断。醉后呼号人我不辨,昼夜颠倒政教全乱(你既过度沉溺于饮酒享乐,又不分昼夜没有节度。喝醉了一群人大呼小叫,日夜颠倒不理朝政)。倘若文王见此能不长叹?当叹那殷商之后亡国不远!殷纣为帝非不逢时,不遵祖训天乃亡之(这里是说纣王时社会的动乱,并非是他生不逢时,而是不效法先王的法度礼仪所导致的)。吾祖虽远老臣已逝,祖训犹在尚可凭依(老成人,说的是像伊尹、伊陟、臣扈这样的良臣。现在虽然没有了像他们那样的老臣,但还有这些先人留下的典章制度可以依照实行)。似这般祖训常规都弃而不听,当惧那天命无常大厦将倾(朝廷君臣,都凭着个人喜怒,情绪用事,从来不依循规章制度处理事务,这样下去必将遭到诛灭啊)。殊不知商汤放桀其事不远,武王灭纣就在眼前(这里是说殷商值得借鉴的教训就在眼前。近在夏后之世,是指商汤讨伐夏桀。后来武王又讨伐商纣,今天的君王怎么可以不以此为戒呢)!

《抑》是卫武公劝谏厉王的诗,同时也以此诗自我警惕。

国家的强盛在于拥有贤德之人,四方之国才都会接受其教化。君王具备了纯正的德行,四方诸侯才能够齐归于麾下(君王治理国家,最好的莫过于得到贤才。有了贤才,那么天下都受到其风俗习惯的教化。有

道之。敬慎威仪,维民之则。则,法也。慎尔出话,敬尔威仪,无不柔嘉。话,善言也,谓教令也。白圭之玷,尚可磨也。斯言之玷,不可为。玷,缺也。斯,此也。玉之玷缺尚可磨鑢而平,人君政教一失,谁能反复之也。

《桑柔》,芮伯刺厉王也。芮伯,王卿士也。

忧心殷殷,念我土宇。我生不辰,逢天僤怒。自西徂东,靡所定处。宇,居也。僤,厚也。此士卒从军久不息,劳苦自伤之言也。人亦有言,进退维谷。谷,穷也。前无明君,却迫罪役,故穷也。维此良人,弗求弗迪。维彼忍心,是顾是复。迪,进也。良,善也。国有善人,王不求索,不进用之。有忍为恶之心者,王反顾念而重复之,言其忽贤者。爱小人也。大风有隧,贪人败类。听言则对,诵言如醉。类,犹等夷也。贪恶之人,见道听之言,则应答之。见诵诗书之言,则眠卧如醉。君居上位而行如此,人或效之也。

《云汉》,仍叔美宣王也。宣王承厉王之烈,内有拨乱之志,遇灾而惧,侧身修行,欲消去之,天下喜于王化复行,百姓见忧,故作是诗也。仍叔,周大夫也。

倬彼云汉,昭回于天。云汉,谓天河也。昭,光也。倬然,天河水气也。精光转运于天,时旱渴雨,故宣王夜仰视天河望其候也。王曰于乎!何辜今之人?天降丧乱,饥馑荐臻。荐,重也。臻,至也。辜,罪也。王忧旱而嗟欢云:何罪与,今时天下之人,天仍下旱

大德行，那么天下都接受其政令。说的是君王因此要带头倡导）。恭敬谨慎、举止庄重，天下百姓都会效法。颁布教令当循古人常道，言行举止务求优美合度。白玉之瑕，尚可琢磨；政令之失，再难弥补（玉的斑点还可以磨除干净，君王的政教一旦有错，谁能够回头补救呢）！

《桑柔》是大臣芮伯劝谏厉王之诗。

整日里忧心忡忡寝食难安，不由得时时想起故土和家园。只叹我生不逢时福分浅，赶上那上天震怒降灾难。从西到东，居无定所，奔波不断（这是士兵从军，久久不得歇息，发出劳苦忧伤的感叹）。人都说这世道举步为艰，这些年进退维谷有苦难言（上没有明君，却强迫百姓去服无道的劳役，所以进退两难）。大贤大德都流落在民间，无人寻求与打探（国家有贤人，君王不去寻找、不去任用）。那邪恶的小人心肠险，偏偏是圣恩浩荡常顾眷（那些心里残忍的人，君王却常常眷顾想念。指君王轻视贤人而宠爱小人）。狂风所及草木皆伤，恶人所在必有灾殃。怕只怕听惯了甜言蜜语心舒畅，终将那祖宗的教诲丢个精光（贪恶之人，对道听途说的言语很感兴趣，听到诵读经书之声音却像喝醉酒一样昏昏欲睡。君王居上位，却有这样的行为，其他人也会去效仿）！

《云汉》是仍叔赞美宣王之诗。宣王虽继承厉王之后衰微的王室功业，但心存拨乱反正之志，每遇灾害便为之忧惧，谨慎修养其德行，希望借此以消除灾异。天下人喜见宣王重新恢复仁爱之道，忧虑百姓之苦，所以写作此诗赞叹他。

夺目的银河星光灿烂，运行于浩瀚无际的苍穹（天上的光辉灿烂夺目，时逢久旱不雨，故而宣王在夜晚仰视银河观察其变化）。君王每每对之长叹：今人何罪，频遭此灾难重重？上天降下亡乱之祸，饥馑连年灾荒接踵（宣王忧虑旱情而感叹说："当今百姓有何罪过？上天仍然降下旱灾。前代亡乱的世风，眼前连年的灾荒，相继接踵而至。"）。为民祈

灾,亡乱之道,饥馑之害,复重至也。靡神不举,靡爱斯牲。圭璧既卒,宁莫我听。靡、莫,皆无也。言王为旱之故,求于群神,无不祭也。无所爱于三牲也,礼神之圭璧,又已尽矣。曾无听聆我之精诚而兴云雨者与。

《崧高》,尹吉甫美宣王也。天下复平,能建国亲诸侯,褒赏申伯焉。尹吉甫、申伯,皆周之卿士也。

维岳降神,生甫及申。维申及甫,维周之翰。翰,干也。申,申伯也。甫,甫侯也。皆以贤知入,为周之桢干之臣也。申伯之德,柔惠且直。揉此万邦,闻于四国。揉,顺也。四国,犹言四方也。

《烝民》,尹吉甫美宣王也。任贤使能,周室中兴焉。

天生烝民,好是懿德。天之生众民,莫不好有美德之人也。天监有周,昭假于下。保兹天子,生仲山甫。监,视也。假,至也。天视周室之政教,其光明乃至于下,谓及于众民也。天安爱此天子宣王,故生仲山甫使佐也。仲山甫之德,柔嘉维则。令仪令色,小心翼翼。嘉,美也。令,善也。善威仪,善颜色,容貌翼翼然,恭敬也。肃肃王命,仲山甫将之。邦国若否,仲山甫明之。将,行也。若,顺也。顺否犹臧否,谓善恶也。既明且哲,以保其身。夙夜匪懈,以事一人。夙,早也。匪,非也。一人,斥天子也。人亦有言,柔则茹之,刚则吐之。维仲山甫,柔亦不茹,刚亦不吐。不侮鳏寡,不畏强御。人亦有言,德輶如毛,民鲜克举之。我仪图之。輶,轻也。仪,足也。人之言云,德甚轻。然而众人寡能独举

福，我祭遍了所有的神灵，何曾吝惜过供祭的牺牲。祭神的圭璧都已经用尽，苍天啊，难道你还不能相信我的赤诚（这里说的是宣王因为干旱之故，向众神祈求时没有不做祭祀的。他并不吝惜祭祀用的牲畜，祭神的圭璧也都已经用尽。不禁感叹："为何不聆听我真诚的祈祷，而降下云雨呢？"）！

《崧高》是尹吉甫赞美宣王之诗。当时天下复见太平景象，宣王能分封诸侯、亲爱诸侯，并褒奖申伯。

高高的嵩山神灵降临，甫侯和申伯于此降生。申伯和甫侯不负素志，如今全都是周室的重臣（甫侯和申伯都是因贤明睿智而成为周朝的重臣）。申伯的德行名满天下，正直无私、温和柔顺。辅佐朝廷安邦定国，周王的德化遍及四邻。

《烝民》是尹吉甫赞美宣王之诗。当时宣王任用有贤德、有才能的人，使周王朝得以由衰转盛，重新振作。

上天无私生育万民，万民所爱唯有美德（上天生养百姓，无人不喜好有美德的人）。上天将周朝仔细观察，光明普照百姓安乐。为保天子振其德教，故生山甫佐于君侧（上天看到周王室的政令教化，其恩惠的光芒照耀于下，惠及百姓。上天喜爱周宣王这位天子，所以降生仲山甫来辅佐他）。既生山甫必盛其德，柔和美善威仪可则。仪表庄严言辞安定，待人谦和处事恭敬。君王在上法令严明，山甫行之上下和顺。国事纷繁吉凶难卜，山甫断之扬善救恶。德配贤明智称上哲，修身全道品行高洁。日夜操劳不厌不疲，鞠躬尽瘁以奉天子。世人常言见风使舵，逢软则食，逢硬则吐。守节不移惟有山甫，软亦不食硬亦不吐。怜恤鳏寡老弱是助，除暴安良强权不惧。世人常言：德轻如毛几人能举？为善虽易行之者稀。我辈亦曾心向往之（人们常说积德行善很容易，然而却很少有人去奉行。说的是推行德政很容易，人不能去做，是因

之以行者,言政事易耳。人不能行者,无其志也。我与伦足图之而未能为也。维仲山甫举之。仲山甫能独举是德而行之。衮职有阙,维仲山甫补之。王之职有缺,辄能补之者,仲山甫也。

《瞻仰》,凡伯刺幽王大坏也。

瞻仰昊天,降此大厉。昊天,斥王也。厉,恶也。邦靡有定,士民其瘵。瘵,病也。人有土田,汝反有之。人有民人,汝覆夺之。此言王削黜诸侯及卿大夫无罪者也,覆犹反也。此宜无罪,汝反收之。彼宜有罪,汝覆说之。收,拘收也。说,放赦也。哲夫成城,哲妇倾城。哲,谓多谋虑也。城,犹国也。懿厥哲妇,为枭为鸱。懿,有所痛伤之声也。枭鸱,恶声之鸟也。喻褒姒之言无善也。妇有长舌,维厉之阶。乱匪降自天,生自妇人。匪教匪诲,时维妇寺。寺,近也。长舌,喻多言语也。今王之有此乱政,非从天而下,但从妇人出耳。又非有人教王为乱,语王为恶者,是维近爱妇人用其言,是故致乱也。如贾三倍,君子是识。妇无公事,休其蚕织。妇人无与外政,虽王后犹以蚕织为事。识,知也。贾而有三倍之利者,小人所宜知也。而君子反知之,非其宜也。今妇人休其蚕桑织纴之事,而与朝廷之事,其为非宜,亦犹是也。不吊不祥,威仪不类。人之云亡,邦国殄瘁。吊,至也。王之为政,德不能至于天矣,不能致征祥于神矣,威仪又不善于朝廷矣。贤人皆言奔亡,则天下邦国将尽困病也。

为没有这个志向。我与朋辈一直在思量这件事,却未能做到)。唯有山甫勤而行之(只有仲山甫真正将德行落到了实处)。君王在上偶有过失,唯有山甫能补救之(发现君王有过,能够及时予以补救,只有仲山甫能够做到)。

《瞻仰》是凡伯隐刺周幽王宠爱褒姒,并使政事大乱的诗。

仰望苍天,降此大难(苍天,这里指周幽王)。国无宁日,百姓倒悬。别人的土地,都归你所有;别人的民众,也被你霸占(这里是指君王对于无罪的诸侯和士大夫们削减封地、贬降官爵的行为)。这些人本来无罪,却被你拘禁收监;那些人有罪当罚,却被你开脱放还。男子多谋立国兴邦,女人多谋国败家亡。叹彼女子多谋多虑,如枭如鸱国之不祥(枭鸱的叫声很难听,比喻褒姒这个女人的言语不善)。人有过失未必成灾,妇人长舌酿祸之胎。乱象迭现非降于天,叹彼妇人酿此祸灾。君王之过岂有人教,听妇人言故受其害(现在君王之所以有此乱政,并非天降之灾,而是出自女人之祸。并非有人教唆君王施行乱政、告诉君王为非作歹,而是由于亲近宠爱这个女人,听受其言,所以导致天下大乱)。譬如经商赚钱获利,非君子事何必知之。妇道人家外事莫问,养蚕织锦休忘本分(女人不参与外政,虽为王后,还是以蚕桑和纺织为自己的本分。经商有很高的利润,这些事平民百姓可以去了解,而士人君子反而去热心过问,就不应该了。现在,女人放着蚕桑和纺织的本分不做,而去参与朝廷之事,这样的行为实在不合适,也是同样的道理)。人而无德不见祯祥,礼仪败坏无以成邦。百姓离心君子远祸,君王无道国乃危亡(君王之为政,德行已经不能利益天下了,也不能向神灵奉献天下兴旺的祥瑞之兆了,礼仪威严也不再能完美地行之于朝廷了。贤人们都议论着要远离避祸,则天下国家将要大祸临头了)。

周颂

《清庙》，祀文王也。周公既成雒邑，朝诸侯，率以祀文王焉。清庙者，祭有清明之德者之宫也。谓祭文王也。天德清明，文王象焉，故祭之而歌此诗也。

于穆清庙，肃雍显相。于，叹之辞也。穆，美也。肃，敬也。雍，和。相，助也。显，光也。于乎美哉，周公之祭清庙也，其礼敬且和，又诸侯有光明著见之德者，来助祭之也。济济多士，秉文之德，对越在天。对，配也。越，于也。济济之众士，皆执行文王之德，文王精神已在天矣。犹配顺其素行，如生存焉。

《振鹭》，二王之后来助祭也。二王，夏，殷也。其后，杞，宋也。

振鹭于飞，于彼西雍。我客戾止，亦有斯容。兴也。振，群飞之貌也。鹭，白鸟也。雍，泽也。客，二王之后也。白鸟集于西雍之泽，言所集得其处也。兴者，喻杞，宋之君，有洁白之德，来助祭于周之庙，得礼之宜也。其至止亦有此容，言威仪之善，如鹭鸟然也。

《雍》，禘大祖也。禘，大祭。大祖，谓文王。
有来雍雍，至止肃肃。相维辟公，天子穆穆。相，助也。雍雍，和也。肃肃，敬也。有是来时雍雍然，既至而肃肃然者，乃助王禘祭，百辟与诸侯也。天子是时穆穆然，言得天下之欢心也。

周颂

《清庙》是祭祀文王之诗。周公建成东都雒邑后,会见诸侯并率领他们共同祭祀文王(清庙,是专门为祭祀有清明之德的祖宗而修建的宗庙,这里专指祭祀周文王的宗庙。上天之德清明,而为文王所效法。所以在祭祀时歌颂此诗)。

庄严的清庙啊多么美好,况有那前来助祭的诸侯公卿,个个都恭敬谦和望重德高(太美好了,周公主持祭祀清庙,每个人都怀着礼敬与祥和的心情,而且诸侯中又有光明正大、德行高尚者前来助祭)。众多的贤士汇聚一堂,人人都奉行文王的德教。面对先王的在天之灵,犹似当年君臣无欺,肝胆相照(济济之众士,皆奉行文王的德教。文王的精神已在天上,贤士仍然顺应奉行文王平时的品行,就像文王活在世上时那样)。

《振鹭》是写夏禹后代杞国国君和殷商后代宋国国君这两位君王前来陪同祭祀之诗。

洁白的鹭鸟振翅飞翔,都聚向西边那片美丽的沼泽。尊贵的客人纷纷驾临,如天空的白鹭般优雅而纯洁(白色的鹭鸟聚集在西边的沼泽,是说它们找到了最适合自己群聚的地方。这一句为起兴,借此比喻杞国和宋国的国君有着洁白的德行,来到周朝的宗庙参加助祭,非常符合祭典的礼仪。他们的光临也有这样的仪容,是指他们表现出的威仪庄严肃穆,犹如鹭鸟一般优美)!

《雍》是大祭太祖文王之诗。

贵客初临,到处一片祥和,宾主相见无不端庄敬肃。前来助祭者皆为诸侯百官,周天子神态安详端严静穆(这些人来时雍雍然和睦愉快,来到后就肃肃然严肃诚敬,为的是助君王禘祭,他们都是诸侯与文武百官。祭祀时天子神情恭敬安详,说的是君王庄严静穆的威仪赢得了天下

《有客》,微子来见于祖庙也。微子代殷后,既受命来朝见之也。

有客有客,亦白其马。殷尚白也。

《敬之》,群臣进戒嗣王也。

敬之敬之!天维显思,命不易哉!无曰高高在上,陟降厥士,日监在兹。显,光也。监,视也。群臣见王谋即政之事,故因此时戒之曰:敬之哉!敬之哉!天乃光明,去恶与善,其命吉凶不变易也。无谓天高又高在上,远人而不畏也。天上下其事,谓转运日月,施其所行,日视瞻近在此也。

鲁颂

《閟宫》,颂僖公之能复周公之宇也。宇,居。

王曰叔父,建尔元子,俾侯于鲁。大启尔宇,为周室辅。王,成王也。元,首也。宇,居也。成王告周公叔父,我立汝首子,使为君于鲁。谓欲封伯禽也,以为周公后也。大开汝居,以为周家辅,谓封以方七百里也。乃命鲁公,俾侯于东。赐之山川,土田附庸。既告周公,乃策命伯禽使为君于东,加赐之以山川土田及附庸,令专

人的欢心)!

《有客》写微子启来周天子的祖庙朝见(微子启代表殷商后人,奉命来此朝见周天子)。

你看那位客人远道而来,座下骑着一匹白色的骏马。那尊贵的客人志行高洁,恰如他的骏马白玉无瑕(殷朝崇尚如雪一般高洁的白色)!

《敬之》一诗写的是群臣进忠言以戒勉嗣王(周成王)。

天子临朝臣何所献?敬慎敬慎别无他言!上天之德智慧光明,惩恶赏善万古不变。莫道上天渺渺何远,日月昭昭举头可见。上下巡视明察秋毫,人有善恶岂可瞒天(群臣面见天子周成王,商议成王继位执政之事,因此选择这个时刻大家一齐告诫他说:要敬慎啊,千万要敬慎啊!上天是智慧光明的,弃除邪恶而奖励善良,并依此标准赋予人们吉凶祸福,这一点永远不会改变。不要说上天高高在上,离我们太遥远而不必畏惧它。上天上下其事,这一句说的就是上天运行日月,行使自己的职责,明察一切,每天就在这里审视着我们)!

鲁颂

《閟宫》一诗是歌颂鲁僖公能遵天之命,扩大周公封地,整修周公封地宫室。

周天子一日将周公召见:"尊敬的叔父啊请听我言:我将加封您的长子伯禽,令他去出任鲁国的国君。将您的封地再次扩大,好辅佐我周朝世代安宁!"(成王告诉周公:"叔父,我封立您的长子,使他成为鲁国国君。"意思指成王想加封伯禽,让他作为周公爵位的继承人。开拓扩大其封地和宫殿,以作为周朝的辅佐,是指封赏方圆七百里地。)天子降旨策封言而有信,鲁公受命东去无限感恩。天子赐下了大片的山川、土

统之也。

商颂

《长发》，大禘也。大禘，郊祭天也。

汤降不迟，圣敬日跻。昭假迟迟，上帝是祗，帝命式于九围。不迟，言疾也。跻，升也。九围，九州也。降，下也。假，暇也。祗，敬也。式，用也。汤之下士尊贤甚疾，其圣敬之德日进，然而能以其聪明，宽暇天下之人迟迟然，言其急于己而缓于人也。天用是故爱敬之，天于是又命之使用事于天下，言王之。不兢不絿，不刚不柔。敷政优优，百禄是遒。絿，急也。优优，和也。遒，聚也。

《殷武》，祀高宗也。

天命降监，下民有严。不僭不滥，不敢怠遑。命于下国，封建厥福。不僭不滥，赏不僭，刑不滥也。封，大也。遑，暇也。天命乃下视下民，有严显之君，能明德慎罚，不敢怠惰自暇于政事者，则命之于小国，以为天子。大立其福，谓命汤使由七十里王天下也。商邑翼翼，四方之极。商邑，京师也。极，中也。商邑之礼俗，翼翼然可则效，乃四方之中正也。

地，更有那附庸小国唯鲁独尊（成王将自己的想法告知周公后，接着就以策书封授伯禽，派他到东方的鲁国为君，还赏赐他山川土地及附庸的小国，让他专门统管）。

商颂

《长发》是一首歌颂大禘的诗（大禘，是在郊外祭祀上天的祭典）。

汤王受命伊始尊贤选能，圣王诚敬之德与日俱增。严于律己尤能宽厚待人，智慧仁慈赢得人天爱敬。上天敬其有道足以安民，故委重任立为九有之君（汤王礼贤下士非常急切，其圣敬的德行与日俱增，然而能以其聪明睿智，宽容天下之人从不苛求。说的是他急于要求自己而缓于要求别人。所以上天敬他爱他，于是就任用他，派他来治理天下，也就是使他成为天下之王，为天下人做最好的榜样）。从不争强好胜急于求成，既不刚强暴戾也非柔弱不禁。政教所及唯有仁厚宽和，才有这千祥云集百福骈臻。

《殷武》是写祭祀殷高宗的诗。

上天有道对下界明察秋毫，百姓终于又有了英明的领导。赏罚分明又能够恰如其分，恭敬而勤勉从不敢懈怠逍遥。这才令万国诸侯都归他统管，共助他圣德昭昭造福人间（上天留心向下观视人间，看到下民百姓有了恭敬贤明的君王，能彰显德行教化而慎于刑罚，为政不敢有丝毫懈怠和贪图安逸之想。于是才让他统领万国诸侯，成为天子，为全天下百姓谋求长久的福祉。这里说的是上天让商汤当初怎样由方圆七十里的小国之君而成为拥有天下的君王）。请看那京师的礼俗恭敬和谦，万国来朝无不尊之为典范（京师商邑的礼俗翼翼然恭敬谨慎，可为天下效法的准则，的确是四方诸侯国中最纯正的）！

卷四　春秋左氏传（上）补

释净空　补录

君子曰："颍考叔，纯孝也，爱其母，施及庄公。《诗》曰：'孝子不匮，永锡尔类。'其是之谓乎！"

君子曰："信不由中，质无益也。明恕而行，要之以礼，虽无有质，谁能间之？苟有明信，涧溪沼沚之毛，蘋蘩蕰藻之菜，筐筥錡釜之器，潢污行潦之水，可荐于鬼神，可羞于王公，而况君子结二国之信。行之以礼，又焉用质？《风》有《采蘩》、《采苹》，《雅》有《行苇》、《泂酌》，昭忠信也。"

宋穆公疾，召大司马孔父而属殇公焉。曰："先君舍与夷而立寡人，寡人弗敢忘。若以大夫之灵，得保首领以殁，先君若问与夷，其将何辞以对？请子奉之，以主社稷，寡人虽死，亦无悔焉。"对曰："群臣愿奉冯也。"公曰："不可。先君以寡人为贤，使主社稷，若弃德不让，是废先君之举也。岂曰能贤？光昭先君之令德，可不务乎？吾子其无废先君之功。"使公子冯出居于郑。八月庚辰，宋穆公卒。殇公即位。

（鲁隐公元年）君子评论说："颍考叔真是个大孝子，爱他自己的母亲，还扩展到了庄公身上。《诗经》说：'孝子的孝行（德行）没有穷尽的时候，可以永远把它赐给自己的族类。'"大概说的就是这种情况吧！

（隐公三年，郑庄公任周平王的卿士。平王偏信虢公，欲将政权交与虢公，引起郑庄公不满，而平王却口说没有此事。于是双方交换人质，以抵押的方式各自担保。）君子评议说："诚信不是出自内心，交换人质是没有益处的。如果双方明信宽厚、互相体谅而后行事，再以礼义加以约束，虽然没有人质做抵押保证，又有谁能离间他们呢？只要人内心充满诚心敬意，山涧溪流、池塘中长的野草，苹蘩、蕴藻之类的野菜，筐筥、錡釜一类的器具，停积的水和路面上的雨水，都可以进献鬼神和王公，何况君子缔结的两国间的信任，按礼义行事，又哪里用得着人质？《国风》有《采蘩》《采苹》篇，《大雅》有《行苇》《泂酌》篇，就是为了显明忠诚信实啊！"

宋穆公生病，召见大司马孔父嘉，把立殇公为国君的事嘱托给他，说："先君宣公舍弃自己的儿子与夷而立我为国君，我不敢忘记。如果依赖您的福气，我得以保全脑袋而善终，（到了阴间地府）宣公如果向我问起与夷，那我将用什么话来回答呢？请您侍奉与夷，来主持国家。我虽死也没有什么悔恨了。"孔父嘉回答说："群臣都愿意侍奉您的儿子公子冯啊！"穆公说："不可，先君宣公认为我是贤人，让我主持国家，如果我丢弃德行不让位，这就是废弃先君的选拔，哪里还能说我有贤德呢？发扬光大先君的美德，能不致力行事吗？请

君子曰:"宋宣公可谓知人矣。立穆公,其子飨之,命以义夫。《商颂》曰:'殷受命咸宜,百禄是荷。'其是之谓乎!"

石碏谏曰:"臣闻爱子,教之以义方,弗纳于邪。骄、奢、淫、佚,所自邪也。四者之来,宠禄过也。将立州吁,乃定之矣,若犹未也,阶之为祸。夫宠而不骄,骄而能降,降而不憾,憾而能眕者鲜矣。且夫贱妨贵,少陵长,远间亲,新间旧,小加大,淫破义,所谓六逆也。君义,臣行,父慈,子孝,兄爱,弟敬,所谓六顺也。去顺效逆,所以速祸也。君人者将祸是务去。而速之,无乃不可乎。"弗听,其子厚与州吁游,禁之,不可。桓公立,乃老。

石碏使告于陈曰:"卫国褊小,老夫耄矣,无能为也。此二人者,实弑寡君,敢即图之。"陈人执之。而请莅于卫。九月,卫人使右宰丑莅杀州吁于濮,石碏使其宰獳羊肩莅杀石厚于陈。君子曰:"石碏,纯臣也,恶州吁而厚与焉。'大义灭亲,'其是之谓乎!"

您不要废弃了先君的功业!"于是令公子冯到郑国去居住。八月初五日,宋穆公去世,殇公与夷即位。

君子评议说:"宋宣公可以说是能够鉴察人的品行和才能了。立弟穆公为国君,而他的儿子却仍能享有君位,这是他的遗命出于道义的缘故吧!《诗经·商颂·玄鸟》中说:'殷朝传授天命合乎道义,所以才承受许多福禄啊!'"大概说的就是这种情况吧!

大夫石碏劝谏庄公说:"我听说真正爱护儿子,就用道义来教育他,不使他步入邪路。骄傲、奢侈、不加节制、放逸,这是走上邪路的途径。这四种恶行的由来,是因为宠爱和享受禄位过度的缘故。如果将要立州吁为继承人,就定下来;如果还不定下来,将会一步步地酿成祸乱。受宠而不骄傲,骄傲而能安于地位下降,地位下降而不怨恨,怨恨而能自我控制的人,是很少的。况且低贱的妨害尊贵的,年少的欺凌年长的,疏远的离间亲近的,新人离间旧人,渺小的侵凌强大的,邪恶破坏道义,这就是六种违反正道的行为。国君行事合于道义,臣下受命奉行;父亲慈祥,儿子孝顺;兄长和爱,弟弟恭敬,这是六种顺应伦理规范的关系。丢弃正道而效法逆道,这就是使祸患很快到来的原因。作为领导人民的一国之君,应该致力于消除祸患,而现在却使它加速到来,恐怕是不妥当的吧!"庄公不听从。石碏的儿子石厚与州吁有交往,石碏禁止他,但禁止不住。当卫桓公立为国君后,石碏就告老退休了。

(隐公四年)石碏派人向陈国密告说:"卫国地方狭小,我已年迈了,不能有所作为。这两个人,确实杀害了我国的国君,我冒昧地请求您们乘机处置他们。"陈国人就将两人抓住了,而向卫国请求派人莅临陈国去处理。九月,卫国派右宰丑莅临陈国的濮地杀了州吁。石碏派他的家臣獳羊肩到陈国杀死了石厚。君子评议说:"石碏是一

《商书》曰:"恶之易也,如火之燎于原,不可乡迩,其犹可扑灭?"周任有言曰:"为国家者,见恶,如农夫之务去草焉,芟夷蕴崇之,绝其本根,勿使能殖,则善者信矣。"

公问族于众仲。众仲对曰:"天子建德,因生以赐姓,胙之土而命之氏。诸侯以字为谥,因以为族。官有世功。则有官族,邑亦如之。"公命以字为展氏。

礼,经国家,定社稷,序民人,利后嗣者也。服而舍之,度德而处之,量力而行之,相时而动,无累后人,可谓知礼矣。

郑伯使卒出豭,行出犬鸡,以诅射颍考叔者。君子谓:"郑庄公失政刑矣。政以治民,刑以正邪,既无德政,又无威刑,是以及邪。邪而诅之,将何益矣!"

位纯粹忠于国家的大臣。他憎恶州吁而连带憎恶参与州吁作乱的儿子石厚。'大义灭亲'这句成语，说的就是这种情况吧！"

（隐公六年五月十一日，郑庄公的军队侵袭陈国，获得俘虏和财物。当初，郑庄公曾向陈国请求媾和，但陈桓公不以为然，认为郑国不会对陈国有所作为，五父劝谏也无济于事。）君子评议说："《商书》上说：'恶行的蔓延，就像大火燎原一样，不可以靠近，难道还能扑灭？'周任有话说：'治理国家的人，见到恶行，就像农夫务必除草一样，除掉它将它堆积起来，挖掉它的老根，不要使它再生长，那么善良就能得到伸展。'"

（隐公八年，鲁国司空无骇去世，大臣羽父为他请求谥号和氏族。于是隐公向众仲询问有关氏族的事。）鲁隐公向众仲询问有关氏族的事。众仲回答说："天子立有德者为诸侯，依照他祖先出生的情况而赐姓，分封土地而又赐给他姓氏。诸侯以字作为谥号，它的后代因此以为氏族。先世有功的官名，他的后代就以此官名为氏族。也有以封邑为氏族的。"鲁隐公就命令以无骇祖父（公子展）的字作为氏族，即为展氏。

（隐公十一年）礼，是用来治理国家、安定社稷、使百姓有序、使后代有利的。（别的国家违背礼法而讨伐他）服罪就宽恕他，揣度德行而处理，衡量力量而施行，看准时机而行动，不连累后人，可以说是知礼了。

郑庄公命军中一百人出一头公猪，二十五人出一只狗和一只鸡，来祭神以此诅咒射死颖考叔的人。君子评议说："郑庄公失掉了政令和刑罚。政是用来治理百姓，刑是用来纠正邪恶的。既缺乏有道德的政治，又没有威严的刑法，因而才产生邪恶。出现邪恶而祭神诅咒他，将会有什么益处呢！"

郑、息有违言,息侯伐郑。郑伯与战于竟,息师大败而还。君子是以知息之将亡也。不度德,不量力,不亲亲,不征辞,不察有罪,犯五不韪而以伐人,其丧师也,不亦宜乎!

臧哀伯谏曰:"今灭德立违,而置其赂器于大庙,以明示百官,百官象之,其又何诛焉?国家之败,由官邪也。官之失德,宠赂章也。郜鼎在庙,章孰甚焉?武王克商,迁九鼎于雒邑,义士犹或非之,而况将昭违乱之赂器于大庙,其若之何?"

周内史闻之曰:"臧孙达其有后于鲁乎!君违不忘谏之以德。"

夫名以制义,义以出礼,礼以体政,政以正民。是以政成而民听,易则生乱。

师服曰:"吾闻国家之立也,本大而末小,是以能固。故天子建国,诸侯立家,卿置侧室,大夫有贰宗,士有隶子弟,庶人、工、商各有分亲,皆有等衰。是以民服事其上。而下无觊觎。

季梁止曰:"小之能敌大也,小道大淫。所谓道,忠于民而信于神也。上思利民,忠也;祝史正辞,信也。夫民,神之主

郑国和息国之间因语言不合而失和,息国国君攻打郑国。郑庄公和息君在边境上作战,息国军队大败而归。君子因此知道息国将要灭亡了。不揣度德行,不衡量力量,不亲近亲属,不辨明言语是非,不查察是否有罪,犯了这五种过失,而要去讨伐别人,那战败不也是应该的吗?

(桓公二年夏,宋国为贿赂鲁国把郜国大鼎送给鲁桓公,桓公将它放入太庙,这是不合礼制的。)于是臧哀伯劝谏说:"现在消除了道德而树立邪恶,把受贿的器物放置在太庙里,以此向百官作明显的坏榜样。百官效法这样做,那还能惩罚谁呢?国家的衰败,是由于官吏违法失职,官吏失德,是由于受私宠与贿赂公行。郜鼎放在太庙里,还有什么比这更明显的受贿呢?武王灭亡商朝,把九鼎迁到洛阳,(像伯夷、叔齐等)义士尚且认为这样做不对,更何况将表明邪恶叛乱的贿赂器物放在太庙里,这怎么能行呢?"

周朝的内史听到这件事,说:"臧孙达的后代在鲁国一定能长享爵禄吧!国君违背礼制,没有忘记用道德来劝谏他。"

命名(起名字)用来表示义,义产生礼,礼是处理政事的主体,政事是用来端正百姓的。因此政事成功而百姓听从,违反它就会发生动乱。

师服说:"我听说国家的建立,根本大而枝叶小,因此能够巩固。所以天子分封土地建立诸侯,诸侯分采邑给卿大夫建家,卿设置侧室,大夫有二宗,士有仆隶子弟,农民、工人、商人各有自己分内的亲戚,都有等差。因此百姓尽心事奉上位的人,在下位的人就没有什么非分的企图。"

(桓公六年,楚武王入侵随国,随国派少师主持和议,少师为人高大自满,于是武王有意使军容不整来接待他。少师见状,回去后请

也。是以圣王先成民而后致力于神。三时不害而民和年丰也。上下皆有嘉德而无违心也。务其三时,修其五教,亲其九族,以致其禋祀。于是乎民和而神降之福,故动则有成。今民各有心,而鬼神乏主,君虽独丰,其何福之有!"

公问名于申繻。对曰:"名有五,有信,有义,有象,有假,有类。以名生为信,以德命为义,以类命为象,取于物为假,取于父为类。是其生也,与吾同物,命之曰,同。"

师克在和,不在众。商、周之不敌,君之所闻也。

卜以决疑,不疑何卜?

求追击楚军,随侯准备听从他的建议。)贤臣季梁阻止说:"我听说小国之所以能抵抗大国,是因为小国有道而大国荒淫无度。所谓道,就是忠于百姓而诚于神灵。在上位的人,想到利益百姓,这是忠;主持祭祀祈祷的祝史真实地祝祷,这是信。百姓是神灵的主人,因此圣王先使百姓富有而后才致力于事奉神灵。春、夏、秋三季没有灾害,百姓和睦而收成很好;君臣、百姓都有美德而没有违逆的邪心;致力于农时,修明五伦关系,亲近他的九族,而又致力于祭祀神灵,因此百姓和睦而神灵给他们降福,所以做事就都能成功。现在百姓各怀异心,而鬼神没有主人,君王虽一个人祭祀丰盛,那会求得什么福气呢!"

(桓公六年九月二十四日,鲁桓公的儿子同出生),鲁桓公向大夫申繻询问命名的事。申繻回答说:"取名有五种:有信,有义,有象,有假,有类。用出生时的情况来命名是信;用祥瑞的字眼来命名是义;以相类似的东西来命名是象;从万物的名称那里假借来命名是假;从父亲有关之事来取名是类。"桓公说:"这孩子的生日跟我是在同一个日子,就给他命名叫'同'。"

(楚武王四十年,即公元前701年的春季,莫敖屈瑕将要跟贰、轸两国会盟时,郧国的军队已经在蒲骚驻扎兵营,准备与随、绞、州、蓼四国家联合攻击楚国。屈瑕的副将斗廉进谏说:"郧人驻军城郊,且其余四国之军可朝发夕至,郧国必轻敌没有诚心,假如我以精锐夜袭郧师,郧国必守城以待援军,有奢望救援之心必丧失斗志,若败为首的郧师便可轻取其余四邑。"而屈瑕想请求楚王增援。)斗廉反对说:"军队打仗在于上下和睦一心,不在于兵多。商纣王众多的军队敌不过周武王少量的军队,这是您所知道的。"

占卜是用来决断疑惑的,没有疑惑,何必占卜呢?

苟信不继，盟无益也。《诗》云："君子屡盟，乱是用长。"无信也。

春，楚屈瑕伐罗，斗伯比送之。还，谓其御曰："莫敖必败。举趾高，心不固矣。"遂见楚子曰："必济师。"楚子辞焉。入告夫人邓曼。邓曼曰："大夫其非众之谓，其谓君抚小民以信，训诸司以德，而威莫敖以刑也。莫敖狃于蒲骚之役，将自用也，必小罗。君若不镇抚，其不设备乎？夫固谓君训众而好镇抚之，召诸司而劝之以令德，见莫敖而告诸天之不假易也。不然，夫岂不知楚师之尽行也？"楚子使赖人追之，不及。

莫敖使徇于师曰："谏者有刑。"及鄢，乱次以济。遂无次，且不设备。及罗，罗与卢戎两军之。大败之。莫敖缢于荒谷，群帅囚于冶父以听刑。楚子曰："孤之罪也。"皆免之。

初，襄公立，无常。鲍叔牙曰："君使民慢，乱将作矣。"奉公子小白出奔莒。

十年春，齐师伐我。公将战，曹刿请见。其乡人曰："肉食者谋之，又何间焉。刿曰："肉食者鄙，未能远谋。"乃入见。

（桓公十二年）君子评议说：如果信用跟不上，结盟便没有什么好处。《诗经》上说："君子多次结盟，祸乱因此滋长。"这就是因为没有信用。

（桓公十三年春天）楚国的莫敖屈瑕攻打罗国，大夫斗伯比送他。斗伯比回来时，对他的驾车夫说："莫敖一定失败。他走路时脚抬得很高，防敌之心不坚固了。"于是斗伯比进见楚武王，说："一定要增派军队！"楚武王拒绝了他的请求。楚武王回宫告诉夫人邓曼。邓曼说："斗伯比大夫大概不是说要众多军队，他说的是君王要以信用来安抚普通百姓，以美德来训诫各官员，而以刑法来使莫敖有所畏惧。莫敖满足于蒲骚战役的胜利，将会自以为是而独断专行，一定会轻视罗国。君王如果不加监督，他将会不设防备吧！斗伯比大夫本来是说君王要训诫众官而善于督察他们，召集各官员而以美德勉励他们，见到莫敖而告诉他上天不会宽恕他的错误。不是这样的话，斗伯比大夫难道不知道楚国军队已全部出征了？"武王派赖国人去追赶屈瑕，没有追上。

莫敖屈瑕派人在军中宣告："进谏的人要受刑罚！"到达鄢水，混乱无秩序地渡河，于是军队就没有按次序排列，而且又不设防。到达罗国，罗国和卢戎的军队从两面夹击楚军，大败楚军。莫敖吊死在荒谷。其他各将领自己囚禁在冶父以听候处刑。楚武王说："这是我的过错。"全部赦免了他们。

（鲁庄公八年）当初，齐襄公即位以后，行为没有准则。大夫鲍叔牙说："国君使百姓放纵轻慢，祸乱将要发作了。"就事奉公子小白出逃到了莒国。

鲁庄公十年春天，齐国的军队攻打我鲁国。庄公将要出兵迎战的时候，曹刿请求进见庄公。他的同乡人说："做大官的人会谋划这

问:"何以战?"公曰:"衣食所安,弗敢专也,必以分人。"对曰:"小惠未遍,民弗从也。"公曰:"牺牲玉帛,弗敢加也,必以信。"对曰:"小信未孚,神弗福也。"公曰:"小大之狱,虽不能察,必以情。"对曰:"忠之属也,可以一战,战则请从。"公与之乘。战于长勺。

公将鼓之。刿曰:"未可。"齐人三鼓,刿曰:"可矣。"齐师败绩。公将驰之。刿曰:"未可。"下,视其辙。登,轼而望之,曰:"可矣。"遂逐齐师。

既克,公问其故。对曰:"夫战,勇气也,一鼓作气,再而衰,三而竭。彼竭我盈,故克之。夫大国难测也,惧有伏焉。吾视其辙乱,望其旗靡,故逐之。"

秋,宋大水。公使吊焉,曰:"天作淫雨,害于粢盛,若之何不吊?"对曰:"孤实不敬,天降之灾,又以为君忧,拜命之辱。"臧文仲曰:"宋其兴乎。禹、汤罪己,其兴也悖焉。桀、纣罪人,其亡也忽焉。且列国有凶称孤,礼也。言惧而名礼,其

件事,你又何必参与呢!"曹刿说:"做大官的人目光短浅,不能做深远的打算。"于是入宫进见。

曹刿问庄公:"凭借什么与齐国作战。"庄公说:"衣服、食物这些用来安身的东西,我不敢独自享有,一定分给别人。"曹刿回答说:"小恩小惠未能遍及大众,百姓是不会听从您的。"庄公说:"祭祀用的牲畜和圭璋、束帛,不敢擅自增加超过规定,一定会诚信真实。"曹刿回答说:"这只是小信用,不能取得神灵的信任,神灵不会降福保佑的。"庄公说:"大大小小的诉讼案件,虽然不能一一洞察无冤,但一定按实情真诚处理。"曹刿回答说:"这是忠心尽力为民办事,可以凭这点打一仗。作战时,就请让我跟随前去吧。"鲁庄公与曹刿同乘一辆兵车,在长勺与敌作战。

庄公准备击鼓,曹刿说:"还不可以。"齐军三次击鼓,曹刿说:"可以击鼓了。"齐军大败。庄公准备驱车追逐齐军,曹刿说:"还不可以。"他下了车,仔细查看齐军的车辙碾过的痕迹,然后登上车倚横木远望齐军,说:"可以了!"于是追逐齐军。

战胜以后,鲁庄公问他胜利的缘故。曹刿回答说:"作战这件事,全靠战士的勇气。第一次击鼓时可以振作勇气,第二次击鼓勇气就衰退了,第三次击鼓勇气就消尽了。对方的勇气消尽而我们的勇气正旺盛充满,所以战胜了他们。齐国是个大国,难以捉摸他们的诡计,害怕他们有埋伏。我细看他们的车辙杂乱,远望他们的旗帜倒下,所以追逐他们。"

(鲁庄公十一年)秋天,宋国发大水。庄公派使者去慰问灾民,说:"上天降下过量大雨,对庄稼百谷产生了危害,怎能如此不顾念下民呢?"宋闵公回答说:"我实在是对上天不诚敬,所以上天降下了灾难,还因此让贵国国君担忧,敬承厚意,实不敢当。"臧文仲说:

庶乎。"既而闻之曰："公子御说之辞也。"臧孙达曰："是宜为君。有恤民之心。"

初，内蛇与外蛇斗于郑南门中，内蛇死。六年而厉公入。公闻之，问于申繻曰："犹有妖乎？"对曰："人之所忌，其气焰以取之，妖由人兴也。人无衅焉，妖不自作。人弃常则妖兴，故有妖。"

《商书》所谓："恶之易也，如火之燎于原，不可乡迩，其犹可扑灭"者。

哀乐失时，殃咎必至。临祸忘忧，忧必及之。

饮桓公酒，乐。公曰："以火继之。"辞曰："臣卜其昼，未卜其夜，不敢。"君子曰："酒以成礼，不继以淫，义也。以君成礼，弗纳于淫，仁也。"

夏，公如齐观社，非礼也。曹刿谏曰："不可。夫礼，所以整民也。故会以训上下之则，制财用之节；朝以正班爵之义，帅长幼之序；征伐以讨其不然。诸侯有王，王有巡守，以大习之。非是，君不举矣。君举必书，书而不法，后嗣何观？"

"宋国大概要振兴了吧！夏禹、商汤把罪归于自己，于是勃然兴起；夏桀、商纣归罪于别人，于是猝然灭亡了。况且各国发生灾荒，国君自称'孤'，这是合于礼的。言语惶恐而称'呼'也是合于礼的，大概差不多了吧！"不久又听到这样的说法："这是公子御说的话。"臧孙达说："这个人适合做国君，因为他有爱护百姓的心意。"

（庄公十四年）当初，在郑国都城南门中，一条门内的蛇和一条门外的蛇相斗，门内的蛇被咬死。过了六年而厉公回国即位。鲁庄公听到这件事，就向申繻问道："这事与妖孽有关吗？"申繻回答说："由于人有所忌惮，他的气息发出火苗而引起妖孽，妖孽的发生是由于人造成的。人若自己没有缺陷，妖孽不能自己起来。人丢弃了常道，妖孽就会兴起，所以才有妖孽。"

《商书》上说："恶行的蔓延，就像大火燎原一样，不可以靠近，难道还能扑灭？"

（庄公二十年）悲哀与快乐不合时宜，灾祸一定会到来。面临灾祸而忘记忧愁，忧愁一定会降临他的身上。

（庄公二十二年）敬仲请齐桓公饮酒，桓公很高兴。（天黑了）桓公说："点上灯火继续饮酒。"敬仲辞谢说："我只占卜过白天宴客的事，没有占卜夜里宴客之事，不敢奉命。"君子评议说："酒是用来完成仪礼的，不能继续而过度，这是义；因为和国君饮酒完成了礼仪，而不至于使他陷于过度，这是仁。"

（鲁庄公二十三年）夏天。庄公去齐国观看祭祀竈神，这是不合于礼的。曹刿劝谏说："您不可以去。礼，是用来整顿百姓的。所以会盟是用来训示上下之间的法则，制定财富的标准；朝觐是用来纠正排列爵位的仪式，遵循长幼的次序；征伐是用来攻打对上不尊敬的人。诸侯朝拜天子，天子视察四方诸侯，以此熟悉会见和朝觐的大

俭,德之共也;侈,恶之大也。先君有共德而君纳诸大恶,无乃不可乎!

男贽大者玉帛,小者禽鸟,以章物也。女贽不过榛栗枣修,以告虔也。今男女同贽,是无别也。男女之别,国之大节也。

凡天灾,有币无牲。非日月之眚,不鼓。

天子非展义不巡守,诸侯非民事不举,卿非君命不越竟。

难不已,将自毙,君其待之。公曰:"鲁可取乎?"对曰:"不可,犹秉周礼。周礼,所以本也。臣闻之,国将亡,本必先颠,而后枝叶从之。鲁不弃周礼,未可动也。君其务宁鲁难而亲之。亲有礼,因重固,间携贰,覆昏乱,霸王之器也。"

无德而禄,殃也。殃将至矣。

礼法。如果不是这些，国君就不会出行。国君的出行一定要记载于简册。记载而不合于法度，有什么足以对后代子孙示范的呢？"

（鲁庄公二十四年春天，在桓公庙的方形椽子上雕刻花纹，这是不合礼制的。）大夫御孙劝谏说："节俭，是德行中最大的；奢侈，是恶行中最大的。我国先君具有大德，而您却使他沦于大恶之中，恐怕是不可以的吧？"

男子进见时所拿的礼物，大的是圭璋、束帛，小的是禽鸟，用礼物的不同来显示贵贱的等级。女子进见时所拿的礼物，不超过榛子、栗子、枣子、干肉，用来表示恭敬罢了。现在男女用相同的进见礼物，这就没有区别了。男女有别，是国家的最大的礼节。

（庄公二十五年）凡是天灾，祭祀时只用缯帛，而不用牺牲。不是日蚀、月蚀的灾异不击鼓。

庄公二十七年）天子不是为了宣扬德义就不出去视察，诸侯不是为了百姓的事情就不能出行，卿没有国君的命令就不能越过国境。

（鲁闵公元年冬天，齐国的仲孙湫因庆父杀死国君之事来鲁国慰问祸难。他回到齐国后对齐桓公说："不除庆父，鲁国的祸难不会停止。"齐桓公想趁此机会攻占鲁国，扩大疆土，但被仲孙劝止。）仲孙说："祸难不停止，将会自取灭亡，您等着瞧吧！"齐桓公说："鲁国可以攻取吗？"仲孙回答说："不可以。他们还执掌着周朝的礼法。周朝的礼法，是用以立国的根本。我听说过这样的话：'国家将要灭亡，就像大树的躯干必定先行仆倒，然后枝叶才跟着掉落。'鲁国不抛弃周朝的礼法，是不能动他的。您应当从事于安定鲁国的祸难并且亲近他。亲近有礼仪的国家，依靠稳定坚固的国家，离间内部叛乱的国家，灭亡昏暗暴乱的国家，这是完成霸王之业的方略。"

（闵公二年春，虢公在渭水打败犬戎。）虢国大夫周之侨说：

修己而不责人,则免于难。

卫文公大布之衣,大帛之冠,务材训农,通商惠工,敬教劝学,授方任能。元年革车三十乘,季年乃三百乘。

夏,邢迁于夷仪,诸侯城之,救患也。凡侯伯救患、分灾、讨罪,礼也。

齐侯陈诸侯之师,与屈完乘而观之。齐侯曰:"岂不谷是为?先君之好是继。与不谷同好,如何?"对曰:"君惠徼福于敝邑之社稷,辱收寡君,寡君之愿也。"齐侯曰:"以此众战,谁能御之?以此攻城,何城不克?"对曰:"君若以德绥诸侯,谁敢不服?君若以力,楚国方城以为城,汉水以为池,虽众,无所用之。"

鬼神非人实亲,惟德是依。《周书》曰:"皇天无亲,惟德是辅。"又曰:"黍稷非馨,明德惟馨。"又曰:"民不易物,惟德繄物。"如是,则非德,民不和,神不享矣。神所冯依,将在德矣。

"没有德行而享有福运,是灾殃。灾殃将要到来了。"(于是逃往晋国。)

修养自己的德行,而不去责难别人,就会免于遭受祸难。

卫文公穿粗布衣服,戴粗帛做的帽子,努力种植材木,教导农民勤耕,便利商贩,加惠百工,敬重教化,鼓励学习,向官员传授为官之道,任用有才能的人。第一年即位时,只有齐桓公所赠的兵车三十辆;到卫文公末年时,由于治国有方,竟有了三百辆车。

(僖公元年)夏季,邢国迁到夷仪,诸侯军帮他们修筑都城,救助他们被戎狄侵略造成的患难。凡是诸侯的领袖,都要救解祸患、分担灾难、讨伐罪人,这是合于礼的。

(僖公四年)齐桓公把八国诸侯军排列成战阵,和屈完同乘一辆战车,检阅队伍。齐桓公说:"我带领他们来难道是为我个人吗?是为了继承先君建立的友好关系。贵国同我们一起友好,怎么样?"屈完回答说:"承蒙国君惠临敝国,为敝国社稷求福,降低身份收纳我们的国君(共同友好),这正是我们国君的愿望啊!"齐桓公又指着战阵说:"用这么多将士去作战,谁能抵御得了?用这么多将士去攻城,哪个城池不能被攻破?"屈完回答说:"您如果用德行来安抚诸侯,那么谁敢不服?您如果要用武力攻打,那么楚国就把方城山作为城墙,把汉水作为护城河来守卫,您的将士再多,怕也没什么用处!"

(僖公五年)鬼神并非固定亲爱哪一个人,而只是保佑有德行的人。所以《周书》说:"皇天没有私亲,只辅助有德行的人。"又说:"祭祀的黍稷不算芳香,美好的品德才芳香四溢。"又说:"百姓不用改换祭品,只有美德才是最好的祭品。"这样看来,如果国君违背道德,百姓就不和睦,神灵不会享用他的祭品。神灵所依附保佑的,只在于有德行的人。

管仲言于齐侯曰:"臣闻之,招携以礼,怀远以德,德礼不易,无人不怀。"齐侯修礼于诸侯,诸侯官受方物。

管仲曰:"君以礼与信属诸侯,而以奸终之,无乃不可乎?子父不奸之谓礼,守命共时之谓信。违此二者,奸莫大焉。"公曰:"诸侯有讨于郑,未捷。今苟有衅。从之,不亦可乎?"对曰:"君若绥之以德,加之以训辞,而帅诸侯以讨郑,郑将覆亡之不暇,岂敢不惧?若总其罪人以临之,郑有辞矣,何惧?且夫合诸侯以崇德也,会而列奸,何以示后嗣?夫诸侯之会,其德刑礼义,无国不记。记奸之位,君盟替矣。作而不记,非盛德也。

郑有叔詹、堵叔、师叔三良为政,未可间也。

夏,会于葵丘,寻盟,且修好,礼也。王使宰孔赐齐侯胙,曰:"天子有事于文、武,使孔赐伯舅胙。"齐侯将下拜。孔曰:"且有后命。天子使孔曰:'以伯舅耋老,加劳,赐一级,无下拜'"。对曰:"天威不违颜咫尺,小白余敢贪天子之命无下

(僖公七年)管仲对齐桓公说:"我听说招抚尚未归心的国家,要用礼义;安抚边远的国家,要用恩德。凡事不违背德和礼,就没有不归附的。"齐桓公就用礼义对待各国诸侯,诸侯的官员接受了齐国赏赐的特产。

(僖公七年秋,齐、鲁、宋、陈等国会盟,商议郑国之事,郑国太子华想请齐桓公铲除郑国泄氏、孙氏、子人氏三族,郑国便能媾和。齐桓公想要答应。)管仲阻止说:"君侯用礼义和诚信来会聚诸侯,可是结果却用太子华的奸计,这恐怕不好吧!儿子不违犯父命叫做礼,接受君命、见机行事叫做信。违背礼和信,就是最大的邪恶了。"齐桓公说:"诸侯军攻打郑国,还没有取胜,现在如果有隙可乘,利用这机会不也行吗?"管仲说:"国君如果用德政来安抚郑国,再加以教导,(如果郑国还拒不接受)就率领诸侯军讨伐他。那时郑国挽救危亡还来不及,怎么不怕讨伐呢?反之,如果带着郑国的罪人太子华兵临郑国,那郑国就有理了,还会怕您什么?何况您会集诸侯就是为了崇尚德行,维护正义。如果诸侯会盟却让奸诈小人子华位列诸侯,又怎能垂范后代呢?凡是诸侯相会,有关诸侯的德行、刑罚、礼法、道义的事,没有哪个诸侯国不加记载的。如果记载了奸诈小人居位参与,那么您的盟约就要被废弃了。事情做了却不能见于记载,就不能显示您盛大的德行。"

郑国有叔詹、堵叔、师叔三位贤人执政,是不可以去非难郑国的。(齐桓公于是拒绝了太子华的请求。)

(僖公九年)夏,在葵丘会盟,是重温旧盟,并调整发展友好关系,这是合乎礼的。周襄王派宰孔赐给齐桓公胙肉,说:"天子祭祀文王与武王,派我来赐给伯舅胙肉。"齐桓公准备下阶跪拜接受。宰孔说:"还有后面的命令,天子派我说:'因为伯舅已是高龄,再加

拜？恐陨越于下，以遗天子羞。敢不下拜？"下拜、登受。

唯则定国。《诗》曰："不识不知，顺帝之则。"文王之谓也。又曰："不僭不贼，鲜不为则。"无好无恶，不忌不克之谓也。

礼，国之干也。敬，礼之舆也。不敬则礼不行，礼不行则上下昏，何以长世？

王以上卿之礼飨管仲，管仲辞曰："臣，贱有司也，有天子之二守国、高在。若节春秋来承王命，何以礼焉？陪臣敢辞。"王曰："舅氏，余嘉乃勋，应乃懿德，谓督不忘。往践乃职，无逆朕命。"管仲受下卿之礼而还。

君子曰："管氏之世祀也宜哉！让不忘其上。《诗》曰：'恺悌君子，神所劳矣。'"

冬，晋荐饥，使乞籴于秦。秦伯谓百里："与诸乎？"对曰："天灾流行，国家代有，救灾恤邻，道也。行道有福。"

上有功劳,赐进一级,不用下阶跪拜。'"齐桓公回答说:"天子的威严就在我面前连咫尺的距离都不到,小白我怎敢妄自借天子的命令而不下阶跪拜?恐我颠坠周王的威严于台阶之下,给天子蒙羞,我怎敢不下阶跪拜?"于是下阶,跪拜,登堂,受胙。

(僖公九年)只有行为符合法则才能安定国家。《诗经》中说:"不知天地运行的法则,而自然顺乎天意。"这说的是文王啊。又说:"诚信待人、不害人,很少不被人当作模范。"这说的是没有偏好也没有厌恶,不猜忌也不好胜啊。

(僖公十一年春,周襄王派内史过等赐予晋侯爵命,而晋惠公的后代无精打采地接受祥瑞之物。内史过回国后将此事告诉襄王。)"礼,是国家的主干;敬,是行礼的车子。人不恭敬则礼就不能推行,礼不能推行上下就会昏乱,怎么能维持长久呢?"

(僖公十二年)周襄王以接待上卿的礼仪设宴款待管仲,管仲推辞说:"臣子是卑微的小官,我国的上卿有天子任命的国子、高子在,如果他们在春秋两季来奉承王命,用什么礼节来对待他们呢?陪臣请求辞去这样的待遇。"襄王说:"伯舅,我嘉美你的功勋,接受你的美德,这些可谓深厚而不能忘记。去执行你的职务吧,不要违背我的命令。"管仲最终接受了款待下卿的礼节后回国。

君子评议说:"管仲世世代代享受祭祀是十分恰当的!礼让而不忘记比自己爵位高的人。《诗经》上说:'和乐平易的好君子,神灵保佑百事成。'"

(僖公十三年)冬,晋国发生大饥荒,派人向秦国请求购买粮食。秦穆公问百里:"给他们吗?"百里回答说:"天灾流行,总在各个国家交替发生,救援受灾地区,周济邻国,这是道义。按道义行事的人有福份。"

冬,秦饥,使乞籴于晋,晋人弗与。庆郑曰:"背施无亲,幸灾不仁,贪爱不祥,怒邻不义。四德皆失,何以守国?"虢射曰:"皮之不存,毛将安傅?"庆郑曰:"弃信背邻,患孰恤之?无信患作,失援必毙,是则然矣。"虢射曰:"无损于怨而厚于寇,不如勿与。"庆郑曰:"背施幸灾,民所弃也。近犹仇之,况怨敌乎?"弗听。退曰:"君其悔是哉!"

晋饥,秦输之粟;秦饥,晋闭之籴,故秦伯伐晋。

古者大事,必乘其产,生其水土而知其人心,安其教训而服习其道,唯所纳之,无不如志。

出因其资,入用其宠,饥食其粟,三施而无报,是以来也。

史佚有言曰:"无始祸,无怙乱,无重怒。"重怒难任,陵人不祥。

《诗》曰:"下民之孽,匪降自天,僔沓背憎,职竞由人。"

（僖公十四年）冬，秦国发生饥荒，派人到晋国请求购买粮食，晋国人不给。庆郑说："背弃别人的恩惠就会失去亲近自己的人，庆幸人家的灾害是不仁，贪图爱惜自己的东西是不祥，激怒邻国是不义。这四种道德都丢失了，用什么来保卫国家？"虢射说："皮已经不存在了，毛能附在哪里？"庆郑说："丢弃信用，背弃邻国，有了患难谁来周济！没有信用就会发生患难，失去救援就必定会灭亡，这是必然的。"虢射说："给了粮食也不能减少秦对我们的怨恨，反使敌人增强实力，不如不给。"庆郑说："背弃恩施，庆幸灾害，是人民所抛弃的。亲近的人尚且会因此而结仇，何况是有深怨的敌人呢？"晋惠公不听。庆郑退下来说："国君将会为此而后悔的！"

（僖公十五年）晋国发生饥荒，秦国运送米给他们；秦国发生饥荒，晋国不肯卖给秦国粮食。因此秦穆公攻打晋国。

（僖公十五年）古代碰到战争，必定用本国所产的马驾车，因为它生长在自己的国家，懂得主人的心意，安于主人的调教训练，习惯熟悉本国的道路，随便在什么场合使用，它都会随顺主人的意愿。

（僖公十五年九月，晋惠公迎战秦军，派韩简侦查敌情，韩简回报说，秦军人数不及我军，但勇于作战的士兵是我们的一倍。晋惠公问其缘故。）韩简回答说："您当初逃亡在外依靠他们资助，回国继位是由于他们对您厚爱，受了灾荒吃他们的粮食，得到三次施恩却没有回报，所以他们才出兵攻打我们。"

（僖公十五年）史佚有这么一句话说："不要倡导祸乱，不要乘别人祸乱而取胜，不要增加别人的愤怒。"沉重的愤怒难以承担，欺陵别人就会不吉祥。

（僖公十五年）《诗经》上说："百姓遭受的灾难，不是从天而降；当面谈笑而背地里相互憎恨，主要还是人们自己竞争追逐导致的。"

《诗》曰:"刑于寡妻,至于兄弟,以御于家邦。"

随以汉东诸侯叛楚。冬,楚斗谷于菟帅师伐随,取成而还。君子曰:"随之见伐,不量力也。量力而动,其过鲜矣。善败由己,而由人乎哉?"

修城郭,贬食省用,务穑劝分,此其务也。是岁也,饥而不害。

初,平王之东迁也,辛有适伊川,见被发而祭于野者,曰:"不及百年,此其戎乎! 其礼先亡矣。"

富辰言于王曰:"请召大叔。《诗》曰:'协比其邻,昏姻孔云。'吾兄弟之不协,焉能怨诸侯之不睦?"王说。王子带自齐复归于京师,王召之也。

二十四年春,王正月,秦伯纳之,不书,不告入也。及河,子犯以璧授公子,曰:"臣负羁绁从君巡于天下,臣之罪甚多矣。臣犹知之,而况君乎? 请由此亡。"公子曰:"所不与舅氏同心者,有如白水。"投其璧于河。

初,晋侯之竖头须,守藏者也。其出也,窃藏以逃,尽用

（僖公十九年）《诗》说："修养德行首先给妻子做榜样，由此扩展到作为兄弟们的表率，进而以此来治理一家一国。"

（僖公二十年）随国依靠汉水以东各诸侯国的力量背叛楚国。冬季，楚国的斗谷于菟率领军队进攻随国，在与随国讲和后回国。君子说："随国遭到攻打，是由于不估量自己的国力。估计自己力量的大小然后再行动，过错就少了。成败是由自己造成的，难道是在于别人吗？"

（僖公二十一年，夏，鲁国大旱，臧文仲向僖公提出"修城郭、贬食"等建议以应对旱灾。）修理城墙、节用饮食、减省开支、致力农事、劝人施舍互助，这才是应该做的。（因此）这一年，虽有饥荒，却没有伤害到百姓。

（僖公二十二年）当初，周平王向东迁都到洛阳时，辛有到了伊川，见到披着头发在野外祭祀的人，说："不到一百年，这里恐怕就要变成戎人的地方了！（现在）中原的礼仪就先消失了。"

（僖公二十二年）富辰对周襄王说："请把太叔召回来吧。《诗》说：'和邻居和睦融洽，婚姻亲戚才能十分友好。'我们兄弟之间都不融洽，哪里能埋怨诸侯们跟王室不和睦呢？"周襄王听了很高兴。王子带从齐国回到京师，这是周襄王把他召回来的。

鲁僖公二十四年春季，周王朝历法的正月，秦穆公把公子重耳送回晋国。《春秋》没有记载这件事，因为晋国没有把重耳回国的事告诉鲁国。到了黄河岸边，子犯把玉璧交还给公子重耳，说："臣牵着马缰绳跟随您巡行天下，臣的罪过太多了，臣自己尚且都知道，何况您呢？请允许臣就此离开吧。"公子重耳说："如果不和舅父同一条心，（甘愿受到惩罚）河神可以见证。"于是就把玉璧扔到了黄河里。

（僖公二十四年）当初，晋文公有个侍臣名叫头须，是专门管理

以求纳之。及入，求见，公辞焉以沐。谓仆人曰："沐则心覆，心覆则图反，宜吾不得见也。居者为社稷之守，行者为羁绁之仆。其亦可也，何必罪居者？国君而仇匹夫，惧者甚众矣。"仆人以告，公遽见之。

狄人归季隗于晋而请其二子。文公妻赵衰，生原同、屏括、楼婴。赵姬请逆盾与其母，子余辞。姬曰："得宠而忘旧，何以使人？必逆之！"固请，许之，来，以盾为才，固请于公以为嫡子，而使其三子下之，以叔隗为内子而己下之。

晋侯赏从亡者，介之推不言禄，禄亦弗及。推曰："献公之子九人，唯君在矣。惠、怀无亲，外内弃之。天未绝晋，必将有主。主晋祀者，非君而谁？天实置之，而二三子以为己力，不亦诬乎？窃人之财，犹谓之盗，况贪天之功以为己力乎？下义其罪，上赏其奸，上下相蒙，难与处矣！"其母曰："盍亦求之，以死谁怼？"对曰："尤而效之，罪又甚焉，且出怨言，不食其食。"其母曰："亦使知之若何？"对曰："言，身之文也。身将隐，焉用文之？是求显也。"其母曰："能如是乎？与女偕

财物的。当重耳流亡国外时,头须偷了财物逃跑了,把这些财物都用来设法让重耳回国(但没有成功,便留在国内)。等到重耳回国即位,头须请求进见。晋文公推托说在洗头(不肯见他)。头须对负责通报的仆人说:"洗头的时候心就倒过来了,心倒了,想法也就反过来不对头了,我不能被接见是应该的了。留在国内的人是国家的守卫者,跟随在外的是手牵马缰绳的仆人,他们都是可以信任的,何必要怪罪留在国内的人呢?身为国君而仇视普通人,害怕他的人就会很多了。"仆人把这些话告诉文公,文公立即接见了他。

(僖公二十四年)狄人把季隗送回晋国,而请求留下她的两个儿子。晋文公把一个女儿(赵姬)嫁给赵衰,生了赵同、赵括、赵婴齐,其食邑分别在原、屏、楼三地。赵姬请求迎接赵盾和他的母亲回来,赵衰辞谢不肯。赵姬说:"得到新宠而忘记旧好,以后还怎样使用别人?一定要把他们接回来。"赵姬坚决请求,赵衰同意了。叔隗和赵盾接来之后,赵姬认为赵盾有才干,坚决请求赵衰,把赵盾作为嫡子,而让她所生的三个儿子位居赵盾之下;又让叔隗作为正妻,而自己居于叔隗之下。

(僖公二十四年)晋文公赏赐跟随他流亡的人,介之推没有提及禄位,禄位也没有封赏到他。介之推说:"献公的儿子有九个,只有君主在世了。惠公、怀公没有亲信的人,国内国外都抛弃了他们。上天不使晋国绝后,必定会有君主。主持晋国祭祀的人,不是君主又会是谁?这实在是上天立他为君的,而有些人却以为是自己的力量,这不是欺骗人吗?偷窃别人的财物,尚且叫做盗,何况贪取上天的功劳而以为是自己之力呢?下面的人把贪功的罪过当作合理,上面的人对下面贪功的奸邪行为加以赏赐,上下相互欺骗,这就难以和他们相处了。"介之推的母亲说:"为什么不去求赏?这样死了,又怨

隐。"遂隐而死。晋侯求之,不获,以绵上为之田,曰:"以志吾过,且旌善人。"

兄弟阋于墙,外御其侮。

耳不听五声之和为聋,目不别五色之章为昧,心不则德义之经为顽,口不道忠信之言为嚚。

冬,王使来告难曰:"不谷不德,得罪于母弟之宠子带,鄙在郑地氾,敢告叔父。"臧文仲对曰:"天子蒙尘于外,敢不奔问官守。"王使简师父告于晋,使左鄢父告于秦。天子无出,书曰:"天王出居于郑",辟母弟之难也。天子凶服降名,礼也。郑伯与孔将锄、石甲父、侯宣多省视官、具于氾,而后听其私政,礼也。

昔周公、大公股肱周室,夹辅成王。成王劳之而赐之盟,曰:"世世子孙,无相害也。"载在盟府,大师职之。

谁呢？"介之推回答说："明知是错误而去效法，罪就更大了。而且我口出怨言，不能吃这样的俸禄。"他母亲说："也让君主知道一下，怎么样？"介之推回答说："说话，本是文饰自身行为的。自己将要退隐了，哪里用得着文饰呢？这样做是去求取显达啊！"他母亲说："你能够这样做吗？（如果能做到）那么我也和你一起隐居吧。"于是他们母子就隐居起来，一直到死。晋文公派人寻找，没有找到，就把绵上的田地封给介之推（作为祭田），说："以此来记住我的过失，同时用来表彰好人。"

（僖公二十四年）兄弟们在家里争吵，一到外面还是同心抵御外来的欺辱。

（僖公二十四年）耳朵不能听到五声的唱和是耳聋，眼睛不能辨别五色的文饰是昏暗，心里不学习效法德义的准则是顽劣，嘴里不说忠信的话是奸诈。

（僖公二十四年）冬季，周襄王的使者来鲁国报告发生的祸难，说："不谷没有德行，得罪了母后所宠爱的儿子王子带，现在僻居在郑国的汜地，冒昧地将这件事情报告叔父。"臧文仲回答说："天子逃难在外，（敝国）岂敢不赶忙去问候左右？"周襄王派简师父向晋国报告，派左鄢父到秦国通告。天子本无所谓出国，《春秋》记载说"天王出居于郑"，意思就是躲避同母弟所造成的祸难。天子受难，身穿素服，自称"不谷"，这是合于礼的。郑文公和大夫孔将锄、石甲父、侯宣多到汜地问候天子的官员，检查供天子使用的器具物品，然后让周襄王听取关于郑国的政事，这是合于礼的。

（僖公二十六年，夏，齐孝公伐鲁，鲁派展喜以酒食饷馈齐军，齐侯以为鲁人畏惧，展喜对以"小人恐矣，君子则否"，齐侯问"何恃而不恐"，展喜以下文回答齐侯。）"从前周公、太公辅佐周王室，在

刚而无礼,不可以治民。

说礼乐而敦《诗》、《书》。《诗》、《书》,义之府也。礼乐,德之则也。德义,利之本也。《夏书》曰:"赋纳以言,明试以功,车服以庸。"

民未知义,未安其居。民未知信,未宣其用。民未知礼,未生其共。民听不惑而后用之。一战而霸,文之教也。

允当则归,知难而退,有德不可敌。

天祸卫国,君臣不协,以及此忧也。今天诱其衷,使皆降心以相从也。不有居者,谁守社稷?不有行者,谁捍牧圉?不协之故,用昭乞盟于尔大神以诱天衷。自今日以往,既盟之后,行者无保其力,居者无惧其罪。有渝此盟,以相及也。明神先君,是纠是殛。国人闻此盟也,而后不贰。

城濮之战,晋中军风于泽,亡大旆之左旃。祁瞒奸命,司马杀之,以徇于诸侯,使茅茷代之,师还。壬午,济河。舟之侨先归,士会摄右。秋七月丙申,振旅,恺以入于晋。献俘授馘,饮

左右辅助成王。成王慰劳他们,赐给他们盟约,说:'世世代代的子孙,不要互相侵犯。'这个盟约还藏在盟府之中,由太史掌管着。"

(僖公二十七年)刚愎强暴而无礼,不能让他治理军民。

(僖公二十七年)赵衰说:"(郤縠)喜爱礼乐而重视《诗》《书》。《诗》《书》,是蕴藏义理的府库;礼乐,是道德的准则;道德礼义,是利益的根本。《夏书》说:'有益的话全部采纳,明确地考察其做事的功效;如果有功绩,就用车马衣服酬劳他。'"

(僖公二十七年)子犯说:"百姓还不懂得道义,生活还没有安定;百姓还不懂得信用,还不能十分明白信用的作用;百姓还不懂得礼节,还没有产生恭敬之心。"等到百姓听受命令而不迷惑时,然后才使用他们。所以城濮一战,晋国就称霸诸侯,这都是晋文公以德教民的结果。

(僖公二十八年,楚成王引《军志》之言)适可而止;知难而退;有德之人不可抵挡。

(僖公二十八年)"上天降祸给卫国,君臣不和谐,所以才遭到这样的忧患。现在上天启发人们的天心,让大家都放弃成见而相互顺从。如果没有留在国内的人,谁来守卫国家?没有跟随君主出行的人,谁去保护那些牧牛养马的人?由于不和协,因此乞求在大神面前明白盟誓,以诱导人们的天心。从今天订立盟约之后,随行君主出亡的人不要仗恃自己的功劳,留居国内的人不要害怕获罪。谁要违背这个盟约,灾祸就降临到他头上。神明和先君在上,会惩罚这样的人。"国内的人们知道了这盟约,再没有二心。

(僖公二十八年)在城濮之战时,晋军的中军在沼泽地遇到大风,丢掉了前军左边的大旗。祁瞒违犯了军令,司马把他杀了,并通报诸侯,另派茅茷代替他。晋军回国,六月十六日,渡过黄河,舟之侨擅

至大赏,征会讨贰。杀舟之侨以徇于国,民于是大服。君子谓:"文公其能刑矣,三罪而民服。《诗》云:'惠此中国,以绥四方。'不失赏刑之谓也。"

晋侯有疾,曹伯之竖侯獳货筮史,使曰:"以曹为解。齐桓公为会而封异姓,今君为会而灭同姓。曹叔振铎,文之昭也。先君唐叔,武之穆也。且合诸侯而灭兄弟,非礼也。与卫偕命,而不与偕复,非信也。同罪异罚,非刑。礼以行义,信以守礼,刑以正邪,舍此三者,君将若之何?"公说,复曹伯,遂会诸侯于许。

冬,介葛卢来,以未见公,故复来朝,礼之,加燕好。介葛卢闻牛鸣,曰:"是生三牺,皆用之矣,其音云。"问之而信。

卫侯使赂周歂、冶廑,曰:"苟能纳我,吾使尔为卿。"周、冶杀元咺及子适、子仪。公入祀先君,周、冶既服。将命,周歂先入,及门,遇疾而死。冶廑辞卿。

自先行回国,由士会代理戎右。秋季,七月丙申日,军队胜利归来,高唱凯歌进入晋国,在太庙祭告俘获和杀死敌人的数字,饮酒犒劳,论功行赏;然后召集诸侯会盟,讨伐有二心的国家。杀舟之侨并通报全国,百姓因此大为顺服。君子评价晋文公说:"他能严明刑罚,杀了颠颉、祁瞒、舟之侨三个罪人而百姓顺服。《诗经》说'施惠于中原国家,安定四方的诸侯',说的就是不失公正的赏赐和刑罚。"

(僖公二十八年)晋文公生病,曹共公的侍从侯獳贿赂晋国的筮史,让他借机为曹国说情,他对文公说:"齐桓公主持会盟而封立异姓的国家,现在君主您主持会盟却灭掉同姓的国家。曹国的始封君叔振铎,是文王的儿子;我国的先君唐叔虞,是武王的儿子。并且会合诸侯而灭掉兄弟之国,这是不合礼法的;曹国和卫国曾同样得到国君准许他们复国的诺言,但曹国却不能与卫国一同复国,这是不守信用;罪过相同而惩罚不同,这是不符合刑律的。礼是用来推行道义的,信是用来维护礼的,刑法是用来纠正邪恶的。抛开这三者,国君将怎么办呢?"晋文公听后很高兴,就恢复了曹共公的君位。于是曹共公就到许国和诸侯会盟。

(僖公二十九年)冬季,介葛卢又来鲁国,由于前次没有见到僖公,所以再次来朝见。鲁国对他以礼相待,比常礼更加丰盛地宴请他。介葛卢听到牛叫(声音很凄惨),说:"这头牛生了三头小牛,都被杀了用来祭祀了,所以它的叫声才会如此。"去询问之后,果然是这样。

(僖公三十年)卫成公派人贿赂周歂、冶廑,说:"如果能接纳我当国君,我就让你们做卫国的卿。"周、冶二人杀了大夫元咺、国君子适和子仪。卫成公回国,在太庙祭祀先君,周、冶二人已经穿好卿的礼服,准备接受任命,周歂先进太庙,刚走到门口,突然发病而

佚之狐言于郑伯曰："国危矣，若使烛之武见秦君，师必退。"公从之。辞曰："臣之壮也，犹不如人，今老矣，无能为也已。"公曰："吾不能早用子，今急而求子，是寡人之过也。然郑亡，子亦有不利焉。"许之。

夜缒而出，见秦伯，曰："秦、晋围郑，郑既知亡矣！若亡郑而有益于君，敢以烦执事。越国以鄙远，君知其难也，焉用亡郑以陪邻。邻之厚，君之薄也。若舍郑以为东道主，行李之往来，共其乏困，君亦无所害。且君尝为晋君赐矣，许君焦、瑕，朝济而夕设版焉，君之所知也。夫晋何厌之有？既东封郑，又欲肆其西封，若不阙秦，将焉取之？阙秦以利晋，唯君图之。"秦伯说，与郑人盟，使杞子、逢孙、扬孙戍之，乃还。

子犯谓击之，公曰："不可。微夫人之力不及此。因人之力而敝之，不仁。失其所与，不知。以乱易整，不武。吾其还也。"亦去之。

死。冶廑害怕了，便辞去了卿位。

（僖公三十年）佚之狐对郑文公说："国家危急了。如果派烛之武前去见秦穆公，秦军必会退走。"郑文公听从了他的建议（便请烛之武去见秦君）。烛之武推辞说："臣年壮的时候，尚且不如别人；现在老了，无能为力了。"郑文公说："我没有能及早任用您，现在国家危急了才来求您，这是我的过错。然而如果郑国灭亡了，对您也有不利啊。"烛之武便答应了。

夜晚，有人用绳子将烛之武系住从城上放下来，去见秦穆公，说："秦、晋两国包围郑国，郑国已经知道自己要灭亡了。如果灭亡郑国对您有好处，怎敢拿这件事来麻烦您。越过别人的国家而把远处的郑国作为（秦国的）边邑，您知道这是很困难的，为什么要灭掉郑国来增加邻国（晋国）的土地呢？邻国的实力雄厚，就是您力量的削弱。如果您放弃灭亡郑国，让它成为您东方道路的主人，秦国使者的往来，郑国可以供应他们所缺乏的东西，这对您也没有什么害处。况且您曾施惠于晋惠公，晋惠公答应把焦、瑕两地割让给秦国；可他早晨渡过黄河回国，晚上就设版筑城，修建防御工事，这是您所知道的。晋国哪有满足的时候？（现在晋国）已经在东边向郑国开拓疆土，又要肆意扩大它西边的疆域，如果不侵损秦国，又将从何处去取得土地呢？灭亡郑国会损害秦国而有利于晋国，希望您考虑这件事。"秦穆公听了很高兴，就和郑国人结盟，派杞子、逢孙、杨孙留在郑国戍守，于是秦军就撤走了。

子犯请求追击秦军。晋文公说："不行。如果没有秦穆公的力量，我们不会有今天这个地位。依靠别人的力量，反而损害他，这是不仁德的；失去同盟的国家，这是不明智的；用混乱相攻代替联合一致，这不算勇武。我们还是回去吧。"晋军也撤离了郑国。

冬,王使周公阅来聘,飨有昌歜、白黑、形盐。辞曰:"国君,文足昭也,武可畏也,则有备物之飨以象其德。荐五味,羞嘉谷,盐虎形,以献其功。吾何以堪之?"

国子为政,齐犹有礼,君其朝焉。臣闻之,服有礼,社稷之卫也。

舜之罪也殛鲧,其举也兴禹。管敬仲,桓之贼也。实相以济。《康诰》曰:"父不慈,子不祗,兄不友,弟不恭,不相及也。"《诗》曰:"采葑采菲,无以下体。"君取节焉可也。

忠、信、卑让之道也。忠,德之正也;信,德之固也;卑让,德之基也。

芮良夫之诗曰:"大风有隧,贪人败类,听言则对,诵言如醉,匪用其良,覆俾我悖。"是贪故也。

《诗》曰:"君子如怒,乱庶遄沮。"又曰:"王赫斯怒,爰整其旅。"怒不作乱而以从师,可谓君子矣。

（僖公三十年）冬季，周襄王派周公阅来鲁国聘问，鲁国宴请他的食物有昌蒲菹、白米糕、黑黍糕和虎形块盐。周公阅推辞说："国家的君主，文治足以显扬四方，武功可以使人畏惧，才会有配备各种物品的宴飨，以象征他的德行；进献五味调和的菜肴、美好的米食和虎形的块盐，以象征他的功业。我怎么承受得起这样的宴礼呢？"

（僖公三十三年，臧文仲对僖公说）"国庄子执政，齐国还是有礼的，君主还是去朝见吧！臣听说：顺服于礼义之邦，这是国家的保障。"

（僖公三十三年）臼季说："舜惩办罪人时流放了鲧，而举用人才时却起用了鲧的儿子禹；管仲本是齐桓公的仇敌，可齐桓公真的任命他为相而成就了霸业。《康诰》说：'父亲不慈爱，儿子不诚敬；哥哥不友爱，弟弟不谦恭，他们各有过错却互不相关。'《诗经》说：'采蔓菁，采萝卜，不要把它的根当废料丢弃了。'您取用他的长处就可以了。"

（鲁文公元年，鲁卿穆伯到齐国开始进行聘问。凡是新君即位，卿到各国去普遍聘问，继续重温过去的友好，团结外援，善待邻国，借以保卫自己的国家。）这是忠、信、卑让之道。忠，是道德纯正的表现；信，是道德巩固的表现；卑让，是德行的基础。

（文公元年）秦穆公说："周朝芮良夫的诗说：'大风迅猛（摧毁庄稼），贪婪的人也会毁害善良之人。听到了不相干的话就应和，听到《诗》《书》的良言就像喝醉了酒，不能任用有才能的人，反而使我做出了悖逆的行为。'这是由于贪婪的缘故。"

（文公二年）"《诗经》说：'君子如果发怒，动乱就可以很快制止。'又说：'文王勃然大怒，于是就整顿好了军队。'（狼瞫）发怒却不去作乱，反而冲锋陷阵，勇猛杀敌，可以说是君子了！

秦伯犹用孟明。孟明增修国政，重施于民。赵成子言于诸大夫曰："秦师又至，将必避之，惧而增德，不可当也。《诗》曰：'毋念尔祖，聿修厥德。'孟明念之矣，念德不怠，其可敌乎？"

礼无不顺。祀，国之大事也，而逆之，可谓礼乎？子虽齐圣，不先父食久矣。故禹不先鲧，汤不先契，文、武不先不窋。宋祖帝乙，郑祖厉王，犹上祖也。是以《鲁颂》曰："春秋匪解，享祀不忒，皇皇后帝，皇祖后稷。"君子曰礼，谓其后稷亲而先帝也。

君子是以知"秦穆公之为君也，举人之周也，与人之壹也；孟明之臣也，其不解也，能惧思也；子桑之忠也，其知人也，能举善也。《诗》曰：'于以采蘩，于沼于沚，于以用之公侯之事'，秦穆有焉。'夙夜匪解，以事一人'。孟明有焉。'诒厥孙谋，以燕翼子'，子桑有焉。"

晋人惧其无礼于公也，请改盟。公如晋，及晋侯盟。晋侯飨公，赋《菁菁者莪》。庄叔以公降，拜，曰："小国受命于大国，敢不慎仪。君贶之以大礼，何乐如之？抑小国之乐，大国

（文公二年）秦穆公还在任用孟明。孟明进一步治理国家政事，给百姓以优厚的待遇。赵成子对诸位大夫说："秦军如果再次来犯，必定要避开它。（孟明）由于畏惧而进一步修明德政，那是不可抵挡的。《诗经》说：'怀念你的祖先，修明你的德行。'孟明记住这两句诗了，他能做到修积德行而努力不懈，难道还有谁可以抵挡他吗？"

（文公二年）礼没有不合顺序的。祭祀是国家的大事，颠倒了君主的先后顺序，能说是合于礼吗？儿子虽然聪明圣哲，其神位也不能在父亲神位之上，这是由来已久的了。所以禹的神位不能在鲧的神位之前，汤的神位不能在契的神位之前，文王、武王的神位不能在不窋的神位之前。宋国以帝乙为始祖，郑国以厉王为始祖，这还是尊崇父祖。所以《鲁颂》说："一年四季的祭祀无有懈怠，没有差错，致祭于天帝，又致祭于伟大的祖先后稷。"君子说这合于礼，是说后稷虽然是宗亲先祖，然而却要把祭祀天帝放在前面。

（文公三年）君子因此知道："秦穆公作为国君，提拔人才，考虑全面；任用人才，专一无二；孟明尽其为臣之心力，他努力不懈，能够因战败畏惧而思考（进而力修德政）；子桑忠诚，他了解别人，能够举荐贤臣（百里奚父子）。《诗》说：'到哪里去采白蒿？在池塘里、在小洲上。在何处使用它？在公侯的祭祀典礼上。'秦穆公就是这样（选拔和信用人才）的；'早晚努力不懈，以事奉君主一人'，孟明就是这样的；'把好的谋略留给子孙，以安定和辅佐他们'，子桑就是这样的。"

（文公三年）晋国人害怕去年曾对鲁文公有所失礼，请求改订盟约。文公就到了晋国，和晋襄公重新结盟。晋襄公设宴款待鲁文公，席间吟诵了《菁菁者莪》这首诗；庄叔让文公降阶再拜，说："小

之惠也。"晋侯降，辞。登，成拜。公赋《嘉乐》。

逆妇姜于齐，卿不行，非礼也。君子是以知出姜之不允于鲁也。曰："贵聘而贱逆之，君而卑之，立而废之，弃信而坏其主，在国必乱，在家必亡。不允宜哉？《诗》曰：'畏天之威，于时保之。'敬主之谓也。"

楚人灭江，秦伯为之降服、出次、不举、过数。大夫谏，公曰："同盟灭，虽不能救，敢不矜乎！吾自惧也。"君子曰："《诗》云：'惟彼二国，其政不获，惟此四国，爰究爰度。'其秦穆之谓矣。"

阳子，成季之属也，故党于赵氏，且谓赵盾能，曰："使能，国之利也。"是以上之。宣子于是乎始为国政，制事典，正法罪。辟狱刑，董逋逃。由质要，治旧洿，本秩礼，续常职，出滞淹。既成，以授大傅阳子与大师贾佗，使行诸晋国，以为常法。

国在大国接受命令，岂敢对礼仪不谨慎？君侯赐我们以宴飨大礼，还有什么比这再快乐的呢？小国的快乐，是大国赐予的恩惠。"晋襄公走下台阶辞让。两人一起登上台阶回到殿堂，然后完成拜礼。鲁文公朗诵《嘉乐》这首诗。

（文公四年）鲁国到齐国迎娶姜氏，而鲁国的上卿没有前去迎接，这是不合于礼的。君子因此知道姜氏嫁到鲁国是不会有好结果的，说："之前用尊贵的礼节行聘，而今却用卑贱的礼节迎娶她，身份是国君的夫人却轻贱她，立为夫人却不以夫人之礼相待，等于废弃她，背弃了当初的信义而损害了她作为夫人的身份。这样的事情发生在诸侯国，必然会使国家动乱；发生在大夫家，必然会使家族灭亡。姜氏没有好结果是应该的了。《诗经》说：'敬畏上天的威灵，于是就能保全福禄。'这说的就是要敬重诸侯夫人。"

（文公四年）楚国人灭亡了江国，秦穆公为此穿上素服，离开正寝，出居别室，减膳撤乐。这超过了应有的礼数。大夫劝谏，秦穆公说："同盟的国家灭亡了，虽然不能前去救援，岂敢不哀怜呢？我也是警惕自己呀。"君子说："《诗经》说：'夏、商这两个国家，政事不得人心，因而败亡；四方的诸侯国引以为鉴，于是推究其原因，自谋图存。'这说的就是秦穆公这种做法吧。"

（文公六年）阳处父，原是成季（赵衰）的下属，所以偏向赵氏，而且认为赵盾有才干，说："任用能干的人，这是国家的利益。"所以使赵盾居于上位（中军帅）。赵宣子从这时开始执掌晋国大权，制定办事章程，修订刑罚律令，清理诉讼积案，督察逃亡罪犯，使用契约（作为财物出入的凭证），清除政治上的弊端和不良习俗，恢复被破坏的秩序和礼制，重建已经废缺的常任官职，提拔被压抑、埋没的贤才。这些事完成以后，就交给太傅阳处父和太师贾佗，让他们

秦伯任好卒，以子车氏之三子奄息、仲行、针虎为殉，皆秦之良也。国人哀之，为之赋《黄鸟》。君子曰："秦穆之不为盟主也，宜哉。死而弃民。先王违世，犹诒之法，而况夺之善人乎！《诗》曰：'人之云亡，邦国殄瘁。'无善人之谓。若之何夺之？"古之王者知命之不长，是以并建圣哲，树之风声，分之采物，著之话言，为之律度，陈之艺极，引之表仪，予之法制，告之训典，教之防利，委之常秩，道之以礼则，使无失其土宜，众隶赖之而后即命。圣王同之。今纵无法以遗后嗣，而又收其良以死，难以在上矣。君子是以知秦之不复东征也。

备豫不虞，古之善教也。

敌惠敌怨，不在后嗣，忠之道也。

闰月不告朔，非礼也。闰以正时，时以作事，事以厚生，生民之道于是乎在矣。不告闰朔，弃时政也，何以为民？

在晋国推行，作为固定的法度。

（文公六年）秦穆公任好去世，用子车氏的三个儿子奄息、仲行、针虎殉葬，他们都是秦国的杰出人物。国人哀悼他们，为他们作了《黄鸟》这首诗。君子说："秦穆公不能成为诸侯的盟主，是应该的了。因为他死了之后，还要残害百姓。先王离世时，还给后人留下法度，又何况夺走百姓的贤人呢？《诗经》说：'贤人的死亡，会使国家受到损伤而困苦。'说的就是国家没有贤人了。为什么还要夺走贤人呢？古代身居王位的人，知道自己的寿命不能长久，因此就普遍选拔、任用贤能之人，为他们树立好的风气与教化，分给他们旗帜服装以别尊卑，把对他们有益的话记录在典册上作为遗诫，为他们制订法度，向他们公布各种准则，以法度来引导他们，给予他们法规制度让其使用，告诉他们先王遗留下来的典章制度，教育他们要防止谋求私利，委任他们一定的职务，用礼法来教导他们，使他们不要违背因地制宜的原则，让百官都信赖他们。这样的做法直到死为止，圣人和先王都是如此。现在纵然（秦穆公）没有法度留给后代也就罢了，反而又用百姓中的贤人来陪葬，这就难于居于上位了。"君子因此知道秦国再也不能向东征伐了。

（文公六年，季文子说）预先准备好意料不到的事，这是古代的好教训。

（文公六年，臾骈引《前志》言）有惠于人或有怨于人，都和他的后代无关，这是忠恕之道。

（文公六年）闰月不举行告朔的仪式，这是不符合礼的。设立闰月是用来补正历法上的误差；确定四时节气，是用来据此安排农事劳作；不误农时进行劳作，是为了使百姓衣食丰足，养活百姓的方法就在于此了。在闰月不举行告朔之礼，这是放弃了施政的时令，怎

晋郤缺言于赵宣子曰："日卫不睦，故取其地，今已睦矣，可以归之。叛而不讨，何以示威？服而不柔，何以示怀？非威非怀，何以示德？无德，何以主盟？子为正卿，以主诸侯，而不务德，将若之何？《夏书》曰：'戒之用休，董之用威，劝之以《九歌》，勿使坏。'九功之德皆可歌也，谓之九歌。六府、三事，谓之九功。水、火、金、木、土、谷，谓之六府。正德、利用、厚生，谓之三事。义而行之，谓之德、礼。无礼不乐，所由叛也。若吾子之德莫可歌也，其谁来之？盖使睦者歌吾子乎？"宣子说之。

冬，楚子越椒来聘，执币傲。叔仲惠伯曰："是必灭若敖氏之宗。傲其先君，神弗福也。"

初，楚范巫矞似谓成王与子玉、子西曰："三君皆将强死。"城濮之役，王思之，故使止子玉曰："毋死。"不及。止子西，子西缢而县绝，王使适至，遂止之，使为商公。沿汉泝江，将入郢。王在渚宫，下，见之。惧而辞曰："臣免于死，又有谗言，谓臣将逃，臣归死于司败也。"王使为工尹，又与子家谋弑穆王。穆王闻之，五月杀斗宜申及仲归。

么能治理百姓呢?

(文公七年)晋国的郤缺对赵宣子说:"过去卫国不顺服晋国,所以占取他们的土地;现在已经顺服,可以把土地还给他们了。背叛时不加讨伐,用什么来显示声威?顺服了不加抚慰,用什么来显示关怀?不显示声威,不显示关怀,用什么来显示德行?没有德行,怎么来主持盟会?您作为正卿,(代表晋国)主持诸侯会盟之事,如果不致力于德行,将怎么办呢?《夏书》说:'把喜事告诉他,用威严督察他,用《九歌》勉励他,不要让他学坏。'有关九功的德行都可以歌颂,就叫做《九歌》。六府、三事,叫做九功。水、火、金、木、土、谷,叫做六府;端正德行、有利使用、富裕民生,叫做三事。合于道义而推行九功,叫做德、礼。没有礼,就没有什么可歌颂的,也就不会快乐,这是叛变之所由来。像您的德行,没有什么可以歌颂的,有谁肯来归服呢?何不使已归服的人歌颂您呢?"赵宣子听后很高兴。

(文公九年)冬季,楚国大夫子越椒来鲁国聘问,手中拿着礼物显出傲慢的样子。叔仲惠伯说:"这个人必然会使若敖氏的宗族灭亡。向他的先君表示傲慢,神灵就不会降福给他。"

(文公十年)当初,楚国范地的巫人矞似曾预言楚成王和子玉、子西说:"这三位都将死于非命。"城濮之战时,楚成王想起了这句话,所以派人前去阻止子玉,说:"不要自杀。"但是没有来得及。又派人去阻止子西,子西正在上吊而绳子断了,楚王的使者刚好来到,就阻止了他自杀,让他做了商公。后来子西沿汉水顺流而下,到了长江再逆流而上,将要进入郢都。楚成王正在渚宫,下来接见他,子西见到成王很害怕,就解释说:"臣幸而免于一死,但又有人进谗言诬陷,说臣准备逃走,臣现在回来请求死在司败那里。"成王就让他做了工尹。后来他又和子家策划,要杀死楚穆王。穆王听到后,在五月间

当官而行，何强之有？《诗》曰："刚亦不吐，柔亦不茹。"毋纵诡随，以谨罔极。"是亦非辟强也，敢爱死以乱官乎？

邾文公卜迁于绎。史曰："利于民而不利于君。"邾子曰："苟利于民，孤之利也。天生民而树之君，以利之也。民既利矣，孤必与焉。"左右曰："命可长也，君何弗为？"邾子曰："命在养民。死之短长，时也。民苟利矣，迁也，吉莫如之！"遂迁于绎。五月，邾文公卒。君子曰："知命。"

兄弟致美、救乏、贺善、吊灾、祭敬、丧哀，情虽不同，毋绝其爱，亲之道也。

日有食之，天子不举，伐鼓于社，诸侯用币于社，伐鼓于朝，以昭事神、训民、事君，示有等威。古之道也。

礼以顺天，天之道也，己则反天，而又以讨人，难以免矣。《诗》曰："胡不相畏，不畏于天？"君子之不虐幼贱，畏于天也。在周颂曰："畏天之威，于时保之。"不畏于天，将何能保？以乱取国，奉礼以守，犹惧不终，多行无礼，弗能在矣！

杀了斗宜申(子西)和仲归(子家)。

（文公十年）"按照职责办事，有什么强横？《诗经》说：'硬的不吐出来，软的不吞下去。'又说：'不要放纵狡诈的人，以使放荡的行为得到约束。'这也是不避强横的意思。我哪里敢爱惜生命而放弃职守呢！"

（文公十三年）邾文公为了迁都到绎地而占卜一卦问吉凶。史官说："这对百姓有利而对您不利。"邾文公说："如果对百姓有利，也就是对我有利。上天生育了百姓而给他们设立君主，就是用来利益他们的。百姓既然得到利益，我也必定会与百姓同得利益。"左右随从说："生命是可以延长的，国君为什么不这样做呢？"邾文公说："我活着就是为了抚育百姓，至于死的早或晚，那是时运；百姓如果能获利，迁都就是了，没有比这再吉利的了。"于是就迁都到绎地。五月，邾文公死了。君子说："邾文公真正懂得天命。"

（文公十五年，惠伯引史佚之言）"兄弟之间各自表达友爱的美意，救济其困乏，祝贺其喜庆，慰问其灾祸，与其祭祀则恭敬，遇到其有丧事则致哀。这五件事的感情虽然各不相同，但不要断绝他们之间的友爱却是一样的。这就是对待亲人的做法。"

（文公十五年，六月辛丑日初一）发生日食，天子减膳撤乐，在土地神庙里击鼓；诸侯只能用玉帛在土地神庙里祭祀，在朝堂上击鼓。以此表明事奉神灵、教训百姓、事奉国君，显示出因天子、诸侯贵贱不同，威仪也有等差，这是古代的制度。

（文公十五年，鲁国季文子之言）"礼是用来顺服上天的，这是上天的正道。自己违反上天之道，反而又因此去讨伐别人，这就难免有祸难了。《诗经》说：'人们为什么不互相敬畏？因为不敬畏上天。'君子所以不残害幼小和卑贱之人，是由于畏惧上天。在《周

宋公子鲍礼于国人，宋饥，竭其粟而贷之。年自七十以上，无不馈诒也，时加羞珍异。无日不数于六卿之门，国之材人，无不事也，亲自桓以下，无不恤也。

古人有言曰："畏首畏尾，身其余几。"又曰："鹿死不择音。"小国之事大国也，德，则其人也；不德，则其鹿也，铤而走险，急何能择？命之罔极，亦知亡矣。

见有礼于其君者，事之如孝子之养父母也。

《周礼》曰："则以观德，德以处事，事以度功，功以食民。"作《誓命》曰："毁则为贼，掩贼为藏，窃贿为盗，盗器为奸。主藏之名，赖奸之用，为大凶德，有常。无赦。在《九刑》不忘。"

孝敬忠信为吉德，盗贼藏奸为凶德。

颂》里说：'畏敬上天的威灵，于是就能保有福禄。'不畏敬上天，如何能保有福禄？齐懿公靠作乱而取得国家，如果奉行礼义来保持君位，还怕得不到善终，如今做了许多不合于礼的事，这就不能得到善终了。"

（文公十六年）宋国的公子鲍对国人以礼相待，宋国发生饥荒，他把粮食全部拿出来施予百姓。对年纪在七十岁以上的老人，没有不送给饮食的，还按时令加送珍贵食品。没有一天不进出六卿的大门。对国内有才能的人，没有不事奉的；对亲属中自桓公以下的子孙，没有不体恤周济的。

（文公十七年，郑国大夫子家给晋国赵宣子之信）古人有句话说："怕头怕尾，剩下来的身子还有多少是不怕的？"又说："鹿在临死前，顾不上选择可庇护的安全地方。"小国事奉大国，如果大国以德相待，小国就会以人道相事奉；如果大国不以德相待，那小国就会像临死的鹿一样，只能狂奔走险，急迫的时候，哪里还能选择安全的地方？贵国的命令没有准则，我们也知道面临灭亡了。

（文公十八年，臧文仲之言）"见到对国君有礼的，就事奉他，如同孝子奉养父母一样恭敬。"

（文公十八年）《周礼》说："用礼法来观察人的德行，有德行才可以处理事情，根据办事的效果来衡量功劳，立有功劳就可借此取食于民。"又作《誓命》说："毁弃礼法就是贼，隐藏贼人就是窝赃，偷窃财物就是盗，盗窃他人的宝物就是奸。有窝赃的名声，利用奸人偷得的宝物，这是很大的恶行，国家规定有相应的刑罚，不能赦免。可依情节的轻重，用九刑之一适当惩处，也不算超越法度。"

（文公十八年）孝敬、忠信是四种吉祥的德行，盗贼、赃奸是四种不祥的凶行。

昔高阳氏有才子八人，苍舒、颓敱、梼戭、大临、尨降、庭坚、仲容、叔达，齐圣广渊，明允笃诚，天下之民谓之八恺。高辛氏有才子八人，伯奋、仲堪、叔献、季仲、伯虎、仲熊、叔豹、季狸，忠肃共懿，宣慈惠和，天下之民谓之八元。此十六族也，世济其美，不陨其名，以至于尧，尧不能举。舜臣尧，举八恺，使主后土，以揆百事，莫不时序，地平天成。举八元，使布五教于四方，父义、母慈、兄友、弟共、子孝，内平外成。

昔帝鸿氏有不才子，掩义隐贼，好行凶德，丑类恶物，顽嚚不友，是与比周，天下之民谓之浑敦。少皞氏有不才子，毁信废忠，崇饰恶言，靖谮庸回，服谗搜慝，以诬盛德，天下之民谓之穷奇。颛顼氏有不才子，不可教训，不知话言，告之则顽，舍之则嚚，傲很明德，以乱天常，天下之民谓之梼杌。此三族也，世济其凶，增其恶名，以至于尧，尧不能去。缙云氏有不才子，贪于饮食，冒于货贿，侵欲崇侈，不可盈厌，聚敛积实，不知纪极，不分孤寡，不恤穷匮，天下之民以比三凶，谓之饕餮。舜臣尧，宾于四门，流四凶族浑敦、穷奇、梼杌、饕餮，投诸四裔，以御螭魅。是以尧崩而天下如一，同心戴舜以为天子，以其举十六相，去四凶也。故《虞书》数舜之功，曰：

（文公十八年）从前高阳氏有德才兼备之人八位：苍舒、隤敳、梼戭、大临、尨降、庭坚、仲容、叔达，他们举止中正、通达世事、度量宽宏、思虑深远、明智洞达、守信不违、严谨厚道、忠贞诚实，天下的百姓称他们为八恺。高辛氏有德才兼备之人八位：伯奋、仲堪、叔献、季仲、伯虎、仲熊、叔豹、季狸，他们忠诚无私、办事恭敬、治身勤谨、纯厚端美、思虑周密、为人慈祥、仁爱济世、宽和无争，天下的百姓称他们为八元。这十六个氏族，世世代代继承他们的美德，没有丧失前代的美名，代代都有贤人，一直到尧的时代。但是尧没有能举用他们。舜做了尧的臣下以后，举拔八恺，让他们担任管理土地的官职，处理各种事务，事情没有不顺当的，地上平和，上天顺成，万物得以成长化育；又举拔八元，让他们在四方之国宣扬五常之教，父亲有道义，母亲慈爱，哥哥友爱，弟弟恭敬，儿子孝顺，国家内外都平和顺成，相安无事。

（文公十八年）从前帝鸿氏有一个不成材的儿子，掩蔽仁义，包庇奸贼，喜欢做坏事恶行，把丑恶之人引为同类；愚昧奸诈及与兄弟不友爱的人，和他勾结在一起，天下的百姓称他为浑敦。少皞氏有一个不成材的儿子，毁坏信义，抛弃忠诚，花言巧语，惯听谗言，信用奸邪，造谣中伤，隐藏罪恶，诬陷品德高尚之人，天下的百姓称他为穷奇。颛顼氏有一个不成材的儿子，没办法教训，不懂好话。教导他，则愚顽而听不进去；丢开他，则肆意纵恶。鄙视美德，不听教导，搅乱伦常道德，天下的百姓称他为梼杌。这三个氏族，世代继承他们的恶行凶德，加重了他们的坏名声，一直到了尧的时代，但是尧没能除去他们。缙云氏有一个不成材的儿子，贪图吃喝，贪求财货，任性奢侈，无法满足；聚财积谷不知限度，不分给孤儿寡妇，不体恤周济穷人，天下的百姓把他和三凶相并列，称他为饕餮。舜做了尧的臣下

'慎徽五典,五典克从',无违教也。曰:'纳于百揆,百揆时序',无废事也。曰:'宾于四门,四门穆穆',无凶人也。舜有大功二十而为天子,今行父虽未获一吉人,去一凶矣,于舜之功,二十之一也,庶几免于戾乎。

以后，就在明堂四方之门以宾礼接待贤人，流放四个凶恶的氏族：浑敦、穷奇、梼杌、饕餮，把他们赶到四方边远之地，去抵御螭魅等怪物。因此尧去世后而天下就像一个人一样统一，同心拥戴舜做天子，是因为他举荐了十六相而除去四凶的缘故。所以《虞书》列举舜的功绩，说"谨慎地笃行五教，人们都能服从五教的教化"。这是说没有违背五常之教。又说"把五教纳入各种事务之中，各种事务都会妥当而有条理"。这是说没有荒废各种事务。又说"在明堂四方之门以宾礼接待贤人，四方来朝的群臣都恭敬肃穆"。这是说没有凶顽之人。舜建立了二十种大功才成为天子，现在行父虽然没能举拔一个好人，但已经赶走一个凶顽的人（莒仆）了。与舜的功绩相比，是他的二十分之一，差不多可以免于罪过了吧！

卷五　春秋左氏传（中）

宣公

二年,郑公子归生伐宋,宋华元御之。将战,华元杀羊食士,其御羊斟不与。及战,曰:"畴昔之羊,子为政;畴昔,犹前日也。今日之事,我为政。"与入郑师,故败。

晋灵公不君,失君道。厚敛以雕墙,雕,画也。从台上弹人,而观其避丸也。宰夫胹熊蹯不熟,杀之,置诸畚,使妇人载以过朝。畚,筥属。赵盾、士季患之。将谏,士季曰:"谏而不入,则莫之继也。会请先,不入则子继之。"三进,及溜,而后视之,士季,随会也。三进,三伏。公不省而又前也。公知欲谏,故佯不视。曰:"吾知所过矣,将改之。"稽首而对曰:"人谁无过?过而能改,善莫大焉。诗曰:'靡不有初,鲜克有终。'夫如是,则能补过者鲜矣。君能有终,则社稷之固也,岂唯群臣赖之。"犹不改。宣子骤谏,公患之,使锄麑贼之。锄麑,力士。晨往,寝门辟矣。盛服将朝,尚早,坐而假寐。不解衣冠而睡。麑退,叹而言曰:"不忘恭敬,民之主也。贼民之主,不忠;弃君之命,不信。有一于此,不如死。"触槐而死。槐,赵盾庭树。晋侯饮赵盾酒,伏甲将攻之。其右提弥明知之,右,车右。趋登曰:"臣侍宴,过三爵,非礼。"遂扶以下。公嗾夫獒焉,明搏而杀

宣公

鲁宣公二年,郑国的公子归生出兵攻打宋国。宋国的华元领兵抵御。临近作战时,华元杀羊犒劳士兵,给他驾驭战车的羊斟没有分到羊羹。到作战时,羊斟说:"前日分羊,是你做主;今日战车进退之事,由我做主(畴昔是以前的意思)。"便把华元乘的战车驱赶到郑军中,宋军因此大败。

晋灵公丧失为君之道(失掉为君之道),重征赋税,雕饰墙壁(雕,饰以彩绘、花纹),从高台上用弹子弹人,看他们躲避取乐。有一次,厨师没有把熊掌煮烂,晋灵公便把他杀死肢解,放在簸箕中,差宫女顶着从朝堂经过(畚,圆形的盛物竹器)。晋国大臣赵盾、士季对此很担忧,准备进谏。士季说:"一同进谏,假如君主不接受,就没有人敢再继续进谏了。请让我先去,若君主不采纳,您再接着劝谏。"士季前行施礼三次,一直到了殿阶的屋檐下,灵公才理睬他(士季,指随会。三进,三伏。晋灵公不理会而又向前行进。晋灵公了解他欲谏诤,故意假装不理睬),说:"我已知道我的过错了,打算改正。"士季叩头回答说:"哪个人没有犯过错误?犯了过错能改正,没有比这更好的事情了。《诗经》说:'凡事无不有其初始,但极少能坚持至终。'如此说来,则能改正过错者极少呀!您若能改正错误并持之以恒,那么,国家就有保障了,岂止是我们群臣受益呢?"但晋灵公仍不改过。赵宣子屡次进谏,晋灵公对此很厌恶,派力士锄麑去暗杀他(锄麑,晋国勇士)。凌晨,锄麑潜入赵府,赵盾的卧室门已经打开,他朝服朝冠穿戴整齐准备上朝,因时间尚早,就端坐着闭目养神(不

之。獒，猛犬也。盾曰："弃人用犬，虽猛何为！"责公不养士，而更以犬为己用也。斗且出。赵穿攻灵公于桃园。穿，赵盾之从父昆弟子。宣子未出山而复。晋境之山也，盾出奔，闻公弑而还。大史书曰："赵盾杀其君。"以示于朝。宣子曰："不然。"对曰："子为正卿，亡不越境，反不讨贼，非子而谁？"孔子曰："董狐，古之良史也，书法不隐。不隐盾之罪。赵宣子，古之良大夫也，为法受恶。善其为法屈也。"

三年，楚子伐陆浑之戎，遂至于雒，观兵于周疆。定王使王孙满劳楚子。王孙满，周大夫。楚子问鼎之大小轻重焉。示欲逼周取天下也。对曰："在德不在鼎。昔夏之方有德也，禹之世也。远方图物，图画山川奇异之物而献之。贡金九牧，使九州之牧贡金。铸鼎象物，象所图物，使民知神奸。图鬼神百物之形，使民逆备之。故民入川泽山林，螭魅罔两，螭，山神。魅，怪物。罔

解衣冠而睡)。锄麑退了出去,感叹地说:"时刻保持虔诚敬肃,真是晋国的栋梁,杀害国家的栋梁,就是不忠;违背国君的命令,就是不信。忠信不可兼得,不如一死。"就一头撞死在赵盾庭院中的槐树上(槐,赵盾庭院树)。(同年秋季九月)晋灵公请赵盾喝酒,暗中埋伏甲兵准备杀害赵盾。赵盾的车右提弥明察觉此事(右,车右。古时车乘,位在御者右边的武士),碎步疾行进入殿堂说:"臣子侍奉君主饮酒,超过三杯还不告退,就不合礼节了。"于是立即扶起赵盾下殿堂。晋灵公呼来猛犬咬他们,提弥明徒手搏斗并把它打死(獒,猛犬)。赵盾说:"废弃忠臣豢养恶犬,恶犬虽然凶猛,有什么用(责备晋灵公不收罗、供养贤才,而更以猛犬为己所用)!"一面和朝中的甲士搏斗,一面跑出宫廷。乙丑那一天,赵盾的同族赵穿在桃园杀死了灵公(赵穿,赵盾之从父昆弟之子)。赵盾逃奔国外,还未走出晋国的疆界,便回到朝廷(晋国边境之山。赵盾逃亡,听见晋灵公被弑杀而返回)。太史董狐记载说:"赵盾杀死了他的君主。"并在朝廷公布出来。赵盾说:"不是这样。"董狐说:"您是晋国的正卿,逃亡却没有走出国境,回朝后又不惩办杀死君主的凶手,不是你杀死君主又是谁?"孔子说:"董狐,是古代的好史官,按照记载史事的原则记事而不隐讳(不隐讳赵盾之罪);赵盾,是古代的好大夫,却因记史的原则而蒙受弑君的罪名(赞许其能尊重记史的原则而蒙受弑君的罪名)。"

鲁宣公三年,楚庄王发兵征讨陆浑的戎族部落,前进到洛水,在周王室的边境陈兵示威。周定王派王孙满去慰劳楚庄王(王孙满,周大夫),楚庄王向王孙满问起九鼎的大小轻重(显示出想要威胁周定王而取天下)。王孙满回答说:"(是否能拥有天下)关键在于德行而不在于鼎的大小轻重。从前夏朝施行德政时(夏禹在世时),远方的国家把山川奇异之物画成图像献给夏王(绘画山川奇异之物而进贡),九

两,水神也。莫能逢之。逢,遇。用能协于上下,以承天休。民无灾害,则上下和而受天祐。桀有昏德,鼎迁于商。商纣暴虐,鼎迁于周。德之休明,虽小,重;不可迁。其奸回昏乱,虽大,轻也。言可移。天祚明德,有所底止。底,致。周德虽衰,天命未改,鼎之轻重,未可问也。

四年,楚子灭若敖氏。其孙箴尹克黄。箴尹,官名。克黄,子文孙也。使于齐,还,及宋,闻乱。其人曰:"不可以入矣。"箴尹曰:"弃君之命,独谁受之?君,天也,天可逃乎?"遂归复命,自拘于司败。王思子文之治楚国也,曰:"子文无后,何以劝善?"使复其所。

十一年,楚子伐陈。十年,夏征舒弑君也。谓陈人无动,将讨于少西氏矣。少西,征舒之祖,子夏之名。遂入陈,杀夏征舒,因县陈。灭陈以为楚县。申叔时使于齐,反,复命而退。王使让之曰:"夏征舒为不道,弑其君,寡人以诸侯讨而戮之,诸侯县公,皆庆寡人,楚县大夫皆僭称公。汝独不庆寡人,

州的长官则进贡青铜(使九州的长官进献铜),夏王就用这些青铜铸造成九座鼎,并把各种图像雕刻上去(摹拟所图物),让百姓了解这些神物和怪物(描绘鬼神万物的面貌,使百姓预先详细知道)。所以百姓进入山川沼泽森林,那些鬼怪(魑,山神。魅,怪物。罔两,水神也)都不能遇上(逢,遇到,此指受其害)。因此能够上下协和,以承受上天的福佑(人民没有灾害,则上下和睦、融洽而承受上天佑护)。夏桀德行昏乱,九鼎迁移到商朝;殷纣王暴虐无道,九鼎便迁到了周朝。君主美善清明,九鼎虽小,却显得很重,他人无法轻易夺去(不可以搬移);君主奸邪无道,九鼎虽大,也显得很轻,他人就会轻易夺去(言可以搬移)。上天赐福给美善清明的君主,必有所固定,不随便变更(底,至、终)。周朝的德行虽然衰微,但天命尚没有改变,九鼎的轻重,诸侯不可以随便探问。"

鲁宣公四年,楚庄王(在斗越椒叛乱中)消灭了若敖氏。子文的孙子克黄当时官拜箴尹(箴尹,官名。克黄,子文的孙子),正出使到齐国,返回时到了宋国,听到了国内斗越椒叛乱的事。他手下的人说:"不可再回楚国。"箴尹说:"背弃君命的人,有谁肯接纳呢?君主好比是天,难道天可以逃避吗?"于是克黄便回楚国复命,并把自己绑起来到刑官司寇处自首。楚庄王念着子文治理楚国的功劳,说:"如果子文都没有留下后代,用什么来鼓励别人行善?"便让克黄恢复原来的官职。

鲁宣公十一年,楚庄王领兵讨伐陈国(鲁宣公十年,夏征舒弑杀国君陈灵公)。告知陈国百姓不要惊恐,此举是为了讨伐弑君之贼少西氏家族(少西,夏征舒祖先子夏的名字),于是攻入陈国,杀死夏征舒,并把陈国设置为楚国的一个县(夺取陈国作为楚国的一个县)。楚国大夫申叔时出使齐国回来,向楚庄王复命后就回府了。楚庄王派人责

何故？"对曰："夏征舒弑其君，其罪大矣，讨而戮之，君之义也。抑人亦有言曰：'牵牛以蹊人之田。抑，辞也。蹊，径也。而夺之牛。'牵牛以蹊者，信有罪矣，而夺之牛，罚已重矣。诸侯之从也，曰讨有罪也。今县陈，贪其富也。以讨召诸侯，而以贪归之，无乃不可乎？"王曰："善哉！吾未之闻也。反之，可乎？"对曰："可哉！吾侪小人所谓取诸其怀而与之也。"叔时谦言，小人意浅，谓譬如取人物于其怀而还之，为愈于不还也，乃复封陈。

十二年，晋师救郑。及河，闻郑既及楚平。桓子欲还，桓子，林父。随武子曰："善。武子，士会也。会闻用师，观衅而动。衅，罪也。德、刑、政、事、典、礼不易，不可敌也。楚君讨郑，怒其贰而哀其卑，叛而伐之，服而舍之，德刑成矣。伐叛，刑也；柔服，德也。二者立矣。昔岁入陈，讨征舒。今兹入郑，民不罢劳，君无怨讟，讟，谤也。政有经矣。经，常也。商农工贾，不败其业，而卒乘辑睦，步曰卒，车曰乘。事不奸矣。奸，犯也。蔿敖为宰，择楚国之令典，宰，令尹。蔿敖，孙叔敖。百官象物而动，军政不戒而备，物，犹类也。戒，敕令也。能用典矣。其君之举也，内姓选于亲，外姓选于旧，言亲疏并用也，举不失德，赏

问他:"夏征舒大逆不道,杀死自己的国君。寡人率领诸侯讨伐并杀掉他,诸侯和县大夫都向寡人庆贺(楚国县大夫皆超越位分称公),唯独你不向寡人庆贺,是什么缘故?"申叔时回答说:"夏征舒杀了他的国君,他的罪过很大,君主讨伐并杀了他,是君王的大义。然而人们也有这么说的:'牵牛践踏了别人的田地(抑,转折连词。蹊,取道),田主就把他的牛夺走。'牵牛践踏别人的田地确实有过错,但因此就夺人之牛,惩罚未免太重了。诸侯跟随君王的行动,因您说是讨伐有罪的人。现在却把陈国设成楚国的一个县,这就是贪图陈国的财富了。以讨伐贼逆之名召集诸侯,而以贪图陈国财富为终结,恐怕不可以吧!"楚庄王说:"说得好!寡人还未曾听到过这样的话。归还陈国的土地,可以吗?"申叔时回答说:"可以啊!以我等小人浅见,这就叫从他人怀中夺得,又还给了他人(申叔时谦言小人见解肤浅。谓譬如从别人怀中夺得物品而归还,归还胜过不归还)。"于是楚庄王就重新封立陈国。

鲁宣公十二年,晋国出兵援救郑国。行军到黄河边时,听说郑国和楚国已经讲和,桓子打算率兵返回(桓子,指荀林父)。士会(武子,指士会)说:"对!我听说用兵,要先察看到敌人有所过失而后采取行动(釁,过错、过失)。若其德行、刑赏、政治、国务、典章、礼仪没有违反常规,就不可与之为敌。楚国君主下令讨伐郑国,是怨怒其对楚有贰心,又怜悯其卑微,因其叛楚而讨伐之,又因其顺服而宽赦之,施以恩德和给予惩罚的意图就都实现了。讨伐叛逆,是给予惩罚;用柔德安抚,是施以恩德。'恩德'和'惩罚'二者都树立起来了。楚国去年征讨陈国(征讨夏征舒),今年又攻打郑国,但楚国百姓并不以之为疲劳,楚君也未因此而招致怨谤(謧,诽谤),皆因其政事仍有其常规(经,正常状态或秩序)。商贩、农夫、工匠、店主,他们

不失劳,君子小人,物有服章,尊卑别也,贵有常尊,贱有等威,威仪有等差也,礼不逆矣。德立刑行,政成事时,典从礼顺,若之何敌之?见可而进,知难而退,军之善政也。兼弱攻昧,武之善经也。昧,昏乱也。经,法。子姑整军而经武乎?姑,且。犹有弱而昧者,何必楚。"彘子曰:"不可。彘子,先縠。成师以出,闻敌强而退,非夫也。"非丈夫。师遂济。楚子北师次于管。荥阳有管城。郑皇戌使如晋师,曰:"楚师骤胜而骄,其师老矣,子击之,楚师必败。"栾武子曰:"武子,栾书。楚自克庸以来,在文十六年。其君无日不讨国人而训之,讨,治也。于。民生之不易,祸至之无日,戒惧之不可怠。于,曰也。在军,无日不讨军实而申儆之,军实,军器。于胜之不可保,纣之百克,而卒无后。箴之曰:'民生在勤,勤则不匮。'不可谓骄。箴,诫也。先大夫子犯有言,曰:'师直为壮,曲为老。'我不德而徼怨于楚,我曲楚直,不可谓老。不德,谓以力争诸侯也。徼,要也。郑不可从。"楚人遂疾进师,乘晋军。桓子不知所为,鼓于军中曰:"先济者有赏。"中军、下军争舟,舟中之指可掬。

的事业均未衰败；步兵与车兵关系和睦(步兵曰卒，车兵曰乘)，各行其是，互不干扰(奸，干犯、扰乱)。孙叔敖担任令尹，选择适合楚国国情的典章法度(宰，令尹。蒍敖，孙叔敖)，百官依其类别而行动，军中政事不待下令就已完备(物，犹类。戒，敕令)，可见很擅于运用好的典章制度办事。楚君选拔人才，同姓中选任亲近的人，异姓中选任世族(言亲疏并用)。举拔人才不遗漏有德行的人，赏赐不遗漏有功之人。君子小人，各有规定的服饰(区分尊卑)；地位显要的人保有固定的显贵地位，地位低下的人保有与其地位相应的威仪(贵贱皆有不同威仪)。这样，就没有违背礼法的地方了。德行树立，刑赏实施，政治成就，诸事合时，典章遵行，礼仪遵循，这样的国家，怎能与之对抗呢？知其能战就前进，知其难攻就后退，这是最好的用兵策略。兼并弱国和攻取昏乱之国，是用兵良好的法则(昧，昏乱。经，常行的义理、准则、法制)。您暂且整顿军备，致力武事(姑，姑且、暂且)，还有衰弱昏乱之国，何必要进攻楚军呢？"彘子说："不可以(彘子，先縠)。军队已经出动，听说敌人强大就退兵，这不是大丈夫(悲夫，不是大丈夫)！"晋军于是渡过黄河。这时楚庄王率军北进，驻扎在荥阳的管城(荥阳有管城)。郑国派卿大夫皇戌出使晋国军中，说："楚军屡次得胜，而骄傲自大，其军长年作战，士气衰退。只要你们出兵袭击它，楚军必败。"栾武子(栾武子，栾书)说："楚国自从灭掉庸国以来(在文公十六年)，其国君没有一天不在教导楚民(讨，整治、治理)，以民生不易、灾祸时有、戒惧之心不可懈怠的道理来教导他们(于，说道)；在军事上，没有一天不在整顿军备(军实，军用器械和粮饷)，并以不能保证永远打胜仗、殷纣王虽屡战屡胜但最终却亡国绝后的道理来再三告诫将士。楚君规劝军民说：'民生在于勤劳，勤劳则生计不会困乏。'由此看来，并不能说楚国自满(箴，规谏、告诫)。已故

潘党曰："君盍筑武军，筑军营以彰武功也。而收晋尸，以为京观？积尸封土其上，谓之京观。臣闻克敌必示子孙，以无忘武功。"楚子曰："非尔所知也。夫文，止戈为武。文，字也。武王克商，作《颂》曰："载戢干戈，载櫜弓矢。戢，藏也。櫜，韬也。诗美武王能灭暴乱而息兵也。夫武，禁暴、戢兵、保大、定功、安民、和众、丰财者也，此武七德也。故使子孙无忘其章，著之篇章，使子孙不忘也。今我使二国曝骨，暴矣；观兵以威诸侯，兵不戢矣。暴而不戢，安能保大？犹有晋在，焉得定功？所违民欲犹多，民何安焉？无德而强争诸侯，何以和众？利人之几，几，危也。而安人之乱，以为己荣，何以丰财？兵动则年荒。武有七德，我无一焉，何以示子孙？其为先君宫，告成事而已。祀先君，告战胜。武非吾功也。古者，明王伐不敬，取其鲸鲵而封之，以为大戮，于是乎有京观，以惩淫慝。鲸鲵，大鱼名也。以喻不义之人，吞食小国也。今罪无所，晋罪无所犯。而民皆尽忠，以死君命，又可以为京观乎？"

大夫子犯曾说：'用兵理直，士气才会旺盛。如果理亏，士气就会低落。'我方现在的做法不合道德，招怨于楚国，我之理亏，楚之理直，因此，不能说楚军斗志衰落（不德，谓运用力量争夺诸侯。徼，招致、求取）。郑国使臣的意见不能听从。"楚国急速进军，偷袭晋军。桓子不知该怎么办，在军中击鼓说："先渡河撤退者有赏！"于是中军和下军争抢渡船，船上的断指（争抢所致）多得可用双手捧取。

潘党（对楚王）说："君王何不修筑军营（修筑军营以彰显功绩），收聚晋军尸体，堆集覆土，筑成高坟，以为京观（堆叠尸体堆土其上，谓之京观）？下臣听说，古人战胜敌人，必会把战果展示给子孙看，以免子孙忘记军事方面的功绩。"楚庄王说："不是您所了解的那样。从文字构造看，止戈二字合起来就是'武'字（文，文字）。周武王灭掉商朝以后，周人《周颂》说：'把干戈收藏起来，把弓矢装进囊鞬里（戢，收藏。櫜，弓袋。诗赞美武王能诛灭暴乱而停止用兵）。'所谓武，是用来禁止暴乱、止息战争、保持太平、建立功业、安定百姓、和睦万邦、丰富资财的（这是用武的七项美德），所以要使子孙后代不要忘记这些内容（用文字记录下来，使子孙不要忘记）。现在我们使楚、晋两国百姓暴尸荒野，这是暴行呀！显示兵力，以威诸侯，战事就不能停息。如此施暴而不息战，怎能保持天下太平呢？晋虽战败而国家尚在，又怎能算是巩固功业呢？违背百姓意愿的事还很多，百姓如何安定呢？不施仁德而强行与诸侯争霸，又怎能和睦万邦呢？乘人之危以自利（几，危险、危急），趁人之乱以自安，并且以此为荣，又怎能丰富资财呢（兴兵打仗则谷物歉收）？用兵作战有七德，寡人却连一项也没有，以什么展示给子孙后代呢？只能在战场上临时的祖庙里告慰先人我们打了胜仗而已（祭祀先人，报告打了胜仗）。这次的军事征伐不是我所追求的功绩。古代圣明的君王，讨伐那些不尊王命的昏君，

晋师归，桓子请死，晋侯欲许之。士贞子谏曰："不可。贞子，士渥浊。城濮之役，晋师三日谷，在僖二十八年。文公犹有忧色。左右曰：'有喜而忧，如有忧而喜乎？'言忧喜失时也。公曰：'得臣犹在，忧未歇也。歇，尽也。困兽犹斗，况国相乎！'及楚杀子玉，子玉，得臣也。公喜而后可知也，喜见于颜色也。曰：'莫余毒也已。'是晋再克，而楚再败也。楚是以再世不竞。成王至穆王也。今天或者大警晋也，而又杀林父以重楚胜，其无乃久不竞乎？林父之事君也，进思尽忠，退思补过，社稷之卫也，若之何杀之？夫其败也，如日月之食，何损于明？"晋侯使复其位。言晋景所以不失霸也。

楚子伐萧，申公巫臣曰："师人多寒。"王巡三军，拊而勉之。拊，抚，慰勉之。三军之士，皆如挟纩。纩，绵也。言悦以忘寒。

十五年，楚子伐宋，宋人告急于晋。晋侯欲救之。伯宗曰：

选取其中凶恶之人,诛杀后集聚其尸,覆土为高坟,以此陈尸示众,于是才有了高耸封土的京观来惩戒罪恶(鲸鲵,大鱼名。以喻吞并小国的不义之人)。现在晋国并没有犯下什么罪过(晋国没有犯下罪过),而晋民都能尽忠,为执行国君的命令而死,又怎能聚尸覆土,筑造这样的京观呢?

晋军收兵回国,桓子自请处死,晋景公打算答应他的请求。大夫士贞子劝谏晋君说:"不可以(贞子,士渥浊)!城濮之战时,晋军获胜后吃了三天楚军的积粮(在僖公二十八年),晋文公还是面有忧色。他左右的人问道:'有喜事还忧愁,如若有忧事反倒喜悦吗(言忧喜不当其时)?'晋文公说:'楚国的令尹子玉还在,忧虑就不能消失(歇,尽、消失)。困兽犹斗,何况一国的宰相呢?'等到楚成王杀子玉(子玉,即成得臣),晋文公才喜形于色(喜悦见于表情),对群臣说:'没有谁来危害我们了!'这等于晋国再次战胜,而楚国再次战败。楚国因此在成王、穆王两代不能比晋国强盛(再世,指成王至穆王)。如今,或许是上天要严厉警告晋国。如果再杀死桓子,使得楚国再次得胜,那恐怕会使晋国很久都不能比楚国强盛了吧!桓子侍奉国君,进则想着尽忠,退则想着补过,这是捍卫社稷的良臣,怎么能杀他呢?至于这次战败,就如同日月之蚀,只不过是使他一时失辉,怎会丧失其光明呢?"晋景公就让桓子官复原职(这里指出了晋景公所以不失霸的原因)。

(同年冬天)楚庄王率军讨伐萧国,申县大夫巫臣说:"军队将士多感寒冷。"于是楚庄王就巡视全军,抚慰并且勉励他们(拊,抚。慰勉将士),因此全军将士都像披上了棉衣那样备感温暖(纩,丝棉。言因喜悦而忘记寒冷)。

鲁宣公十五年,楚庄王讨伐宋国,宋国派人到晋国告急。晋景

"不可。伯宗，晋大夫。古人有言曰：'虽鞭之长，不及马腹。'言非所击。天方授楚，未可与争。虽晋之强，能违天乎？谚曰：'高下在心。'度时制宜也。川泽纳污，受污浊也。山薮藏疾，山之有林薮，毒害者所居。瑾瑜匿瑕，匿，亦藏也。虽美玉之质，亦或居藏瑕秽。国君含垢，天之道也，晋侯耻不救宋，故伯宗为说小恶不损大德之喻也，君其待之。"待楚衰也。乃止。使解扬如宋，使无降楚，曰："晋师悉起，将至。"郑人囚而献楚，楚子厚赂之，使反其言，不许，三乃许之。登诸楼车，使呼宋人而告之，楼车，车上望橹。遂致其君命。楚子将杀之，使与之言曰："尔既许不穀而反之，何故？非我无信，汝则弃之，速即尔刑。"对曰："臣闻之，君能制命为义，臣能承命为信。义无二信，欲为义者，不行两信。信无二命。欲行信者，不受二命。君之赂臣，不知命也。受命以出，有死无霣，霣，废队。又可赂乎？臣之许君，以成命也。成君命。死之成命，臣之禄也。寡君有信臣，己不废命也。下臣获考，考，成也。死又何求？"楚子舍之以归。

公打算发兵救宋，大夫伯宗（伯宗，晋国大夫）说："不可。古人有句话说：'鞭子虽长，不能打到马腹上（言不可以攻打）。'如今上天正给楚国强大的机会，我们不可与之争衡。晋国固然强大，但能违背天意吗？俗语说：'或高或低，衡量在心（根据不同时间的具体情况，制订适宜的措施）。'河流湖泽总会容纳浊水（容纳肮脏的东西），山林、草丛总会藏匿毒物（山之有树林与泽薮，毒螫之虫所居），各种美玉难免藏有瑕疵（匿也是隐藏的意思。玉的质地虽然美，玉上的斑点或裂痕犹隐藏其中），国君难免容受一点耻辱，这些都是天之常道（晋侯羞愧于不能救宋，故伯宗为晋侯说小过失不损害大德行之喻），君王还是等待时机吧（等待楚国衰微）。"于是晋景公停止发兵，派遣解扬到宋国去，让宋国不要投降楚国，并告诉宋国："晋国救宋的军队已全部出发，将要到达。"当解扬路过郑国时，被郑国人抓住并囚禁起来送给楚国。楚庄王用重金贿赂解扬，让他对宋国说相反的话，解扬不答应，经过多次劝诱，他才表示答应。楚人令解扬登上楼车，让他呼叫宋人，告诉他们晋国不来救援（楼车，兵车上观察瞭望的高台）。解扬就借机传达晋景公的命令。楚庄王要杀解扬，派人对他说："你既然答应了寡人，却又背弃了，是何缘故？不是我不讲信用，而是你抛弃了它，快接受你应受的刑罚吧！"解扬回答道："下臣听说，国君能制定发布正确的命令就是义，臣子能奉行君主正确的命令就是信。要符合义，则不能两者皆奉行（欲施行正义，不奉行两信）；要守信，则不能两个命令都接受（欲守信，不接受两个命令）。君王贿赂下臣，就是不懂得'发布命令要符合道义的道理'。我接受晋侯的命令而出使，宁死也不能废弃使命（贾，废弃丧失），又怎么会接受贿赂呢？下臣所以答应君王，是为了借机完成晋侯的命令（完成君命）。死而能完成使命，这是臣下的福气。我们国君有守信的下臣（已经没有废弃君命），下臣得

潞子婴儿之夫人，晋景公之姊也。酆舒为政而杀之，又伤潞子之目。酆舒，潞相。晋侯将伐之，诸大夫皆曰："不可。酆舒有三俊才，俊，绝异也。不如待后之人。"伯宗曰："必伐之。狄有五罪，俊才虽多，何补焉？不祀，一也；耆酒，二也；弃仲章而夺黎氏之地，三也；仲章，潞贤人。黎氏，黎侯国。虐我伯姬，四也；伤其君目，五也。怙其俊才，而不以茂德，兹益罪也。后之人或者将敬奉德义，以事神人，而申固其命，审政令。若之何待之？不讨有罪，曰'将待后'，后有辞而讨焉，无乃不可乎？夫恃才与众，亡之道也。商纣由之，故灭。天反时为灾，寒暑易节。地反物为妖，群物失性。民反德为乱。乱则妖灾生，尽在狄矣。"晋侯从之。夏，晋荀林父败赤狄于曲梁，灭潞。晋侯赏桓子狄臣千室，千家也。亦赏士伯以瓜衍之县，士伯，士贞子。曰："吾获狄土，子之功也。微子，吾丧伯氏矣。"伯，桓子字也。羊舌职悦是赏也，职，叔向父。曰："《周书》所谓'庸庸祗祗'者，谓此物也夫？庸，用也。祗，敬也。言文王能用可用，敬可敬也。士伯庸中行伯，言中行伯可用。君信之，亦庸士伯，此之谓明德矣。文王所以造周，不是过也。率是道也，其何不济。

到成全（考，成全），这样死得其所，还有什么奢求呢？"楚庄王赦免了解扬，放他回国。

潞国国君婴儿的夫人是晋景公的姊姊。酆舒执政后杀死她，又致伤了潞子的眼睛（酆舒，潞国国相）。晋景公准备讨伐他，许多大夫都说："不可。酆舒有三项突出的才能（俊，独特不凡），不如等到他的后任再去讨伐。"大夫伯宗说："一定要讨伐他。狄人有五条罪状，酆舒的才智虽多，怎能补救？不祭祀祖先，这是第一条罪状；沉溺于饮酒，这是第二条罪状；弃贤人仲章不用并夺取黎侯的土地，这是第三条罪状（仲章，潞国贤人。黎氏，黎侯国）；杀害我晋国的伯姬，这是第四条罪状；伤害其国君的眼睛，这是第五条罪状。依仗自己的才能，而不培养美德，这只会更增加其罪恶。继任他的人或许会敬奉德义而事奉神明，进而巩固他国家的命运（审政令），怎么可以等待他的后任呢？现在不讨伐有罪的人，却说'要等待后继之人'，后继者有理了我们再去讨伐，只怕就不可以了吧？其实，依仗自己有才和人多，这是亡国之道。商纣就是这样，所以灭亡。上天不按四时运行就会发生灾害（寒暑季节变换），大地违反万物常性就会发生妖异（群物失其常性）。国君违反德义就生出祸乱，有了祸乱就会发生天灾和地妖。这些异象，如今都出现在狄人那里。"晋景公听从了伯宗的意见。同年夏天，晋国荀林父领兵在曲梁打败赤狄，灭了潞国。晋景公赏给荀林父狄国的臣民一千家（千室，意为千家），同时又把瓜衍县邑赏给士伯（士伯，士贞子），并且对他说："我得到狄国的土地，是您的功劳。如果没有您，我就丧失伯氏了（伯，桓子的表字）。"大夫羊舌职对这些赏赐表示高兴（羊舌职，叔向的父亲），说："《周书》所谓任用有用的人、尊敬可敬的人，说的就是这类事吧（庸，用。祇，敬。言文王能用可用、敬可敬）。士伯认为荀林父是可以任用的人（言中行伯可任

十六年，晋侯命士会将中军，且为太傅，于是晋国之盗逃奔于秦。羊舌职曰："吾闻之。禹称善人，称，举也。不善人远，此之谓也。夫善人在上，则国无幸民。谚曰：'民之多幸，国之不幸。'是无善人之谓也。"

成公

二年，卫侯使孙良夫侵齐。与齐师遇，师败。仲叔于奚救孙桓子，桓子是以免。既，卫人赏之以邑，赏于奚也。辞，请曲县，轩县也。繁缨以朝，许之，繁缨，马饰，皆诸侯之服也。仲尼闻之，曰："惜也，不如多与之邑！唯器与名，不可以假人。器，车服也。名，爵号也。君之所司也，政之大节也，若以假人，与人政也。政亡，则国家从之，不可止也已。"

宋文公卒，始厚葬，用蜃炭，益车马，始用殉，烧蛤为炭以瘞圹，多埋车焉，用人从葬也。重器备。重，犹多也。君子谓："华元、乐举，于是乎不臣。臣，治烦去惑者也，是以伏死而争。今二子者，君生则纵其惑，谓文十八年杀母弟须。死则益其侈，是

用），国君信任他，同时重用士伯，这就叫做明德了。文王所以能建立周朝，并没有超越此理，遵循这个道理行事，还有什么事情不能成功呢？"

鲁宣公十六年，晋景公任命士会统率中军并兼任太傅的官职。于是晋国的盗贼皆逃奔到秦国去。大夫羊舌职说："我听说，'夏禹推举、任用有德行的人（称，推举），不善的人就会远离'，说的就是这种情况。有德行的人处于上位，国内就没有心存侥幸的人。俗话说：'如果百姓多存侥幸心理，那将是国家之不幸。'说的就是没有德行的人在上位执政呀！"

成公

鲁成公二年，卫穆公派孙良夫率兵攻打齐国，在齐、卫边境与齐军相遇，卫军战败。新筑大夫仲叔于奚救援孙良夫，孙良夫因此免受灾难。过后不久，卫君把城邑赏赐给仲叔于奚（赏赐仲叔于奚），于奚谢绝，而请求赐给他诸侯才能使用的三面悬挂乐器的曲悬和天子、诸侯所用的装饰马颈的"繁缨"来朝见卫君，卫君允许了（繁缨，马饰，都是诸侯的器服）。孔子听说了这件事，就说："令人痛惜呀！还不如多赏他一些城邑。唯有礼器和名号，不能随便授予别人（器，车舆礼服。名，爵位的名号）。这是国君所掌管的，是为政的大纲。若以此授人，就等于给人以政权。政权丧失了，国家也会跟着丧失，就无可挽回了。"

宋文公逝世后，宋国开始了厚葬之风。在墓穴里放置蛤烧成的灰和木炭，增加陪葬的车马，首次用活人殉葬（烧蛤为灰以埋葬墓穴，多埋车马，用人陪葬）。随葬的物品也极多（重犹多）。君子认为，华元、乐举等执政大臣在这件事上失去为臣之道。臣下，是为国君整治繁

弃君于恶也,何臣之为?"若言何用为臣。

楚之讨陈夏氏也,在宣十一年。庄王欲纳夏姬。申公巫臣谏曰:"不可。君召诸侯,以讨罪也。今纳夏姬,贪其色也。贪色为淫,淫为大罚。《周书》曰:'明德慎罚。'若兴诸侯,以取大罚,非慎之也。君其图之!"王乃止。

六年,晋栾书救郑,与楚师遇于绕角。绕角,郑地。楚师还,晋师遂侵蔡。楚公子申、公子成以申、息之师救蔡。赵同、赵括欲战,请于武子,武子将许之。知庄子、荀首。范文子、士燮。韩献子。韩厥。谏曰:"不可。吾来救郑,楚师去我,吾遂至于此,此,蔡地。是迁戮也。戮而不已,又怒楚师,战必不克,迁戮不义,怒敌难当,故不克也。虽克不令。成师以出,而败楚二县,何荣之有焉?六军悉出,故曰成师。以大胜小,不足为荣也。若不能败,为辱已甚,不如还也。"乃遂还。于是军帅之欲战者众。或谓栾武子曰:"圣人与众同欲,是以济事。子盍从众?盍,何不。子之佐十一人,六军之卿佐也。其不欲战者,三人而已,知、范、韩也。欲战者,可谓众矣。《商书》曰:'三人占,从二人。'众故也。"武子曰:"善钧,从众。钧,等。夫善,众之主也。三卿为主,可谓众矣。三卿,皆晋之贤人。从之,不亦可乎?"传善栾书得从众之义也。

乱和解除迷惑的人，因此要冒死去谏诤规劝。如今这两位大臣，在国君活着的时候就放任其昏乱的行为（谓文公十八年，宋文公杀同母之弟须），死了以后又增加他的奢侈浪费，这是把国君推入罪恶之中，还做什么臣子呢（犹言何必用其为臣）？

楚国讨伐陈国夏征舒的时候（在鲁宣公十一年），庄王欲纳夏姬为妾。申公巫臣劝阻说："不可。君王召集诸侯出兵，是为了讨伐夏氏之罪。现在收纳夏姬是君王贪其美色。贪恋美色为淫，淫则当受重罚。《周书》说：'发扬美德，谨慎刑罚。'若号令诸侯伐陈，却因贪色而自取淫乱的罪名，这是不谨慎的做法。请君王好好考虑！"楚庄王于是打消了纳夏姬为妃的念头。

鲁成公六年，晋国中军帅栾书领兵救郑，和楚军在绕角相遇（绕角，郑地）。楚军撤兵回国，晋军乘机入侵蔡国。楚国的公子申、公子成率领申县、息县的军队去援救蔡国。晋国将帅赵同、赵括想要出战，向栾书请求，栾书打算同意。知庄子（荀首）、范文子（士燮）、韩献子（韩厥）三人劝谏说："不可以。我们是来救郑国的，楚军离去，我们才到达蔡国（此，指蔡地），这已经是把杀戮转移到了蔡国。杀戮不停止，又去激怒楚军，如果交战，必不能取胜（迁怒而杀戮无辜乃是不义的行为，激怒楚军的后果难以承受，所以不能战胜）。即使战胜了，也是不善之举。我们倾六军而出战，仅仅打败楚国两个县的军队，这有什么光荣可言呢（六军一起出动，所以叫"成师"。以大胜小，不足为荣）？如果不能打败他们，受到的侮辱就太大了。还不如撤兵回国。"于是晋军撤回。当时军中将帅欲战之人很多，有人对栾书说："圣人和大众的愿望一致，因此能成事，您为什么不听从众人的意见（盍，何不）？您的辅佐者有十一个人（指六军的主帅和副帅），不同意作战者只有三人（知庄子、范文子、韩献子三人），想要和楚军交战的可以说是

八年，晋侯使韩穿来言汶阳之田归之于齐。季文子饯之，饯，送行饮酒也。私焉，私与之言。曰："大国制义以为盟主，是以诸侯怀德畏讨，无有贰心。谓汶阳之田，敝邑之旧也，而用师于齐，使归诸敝邑。用师，鞌之战也。今有二命，曰：'归诸齐。'信以行义，义以成命，小国所望而怀也。信不可知，义无所立，四方诸侯，其谁不解体？言不复肃敬于晋也。《诗》曰：'女也不爽，士贰其行。士也罔极，二三其德。'爽，差也。极，中也。妇人怨丈夫不一其行也。喻鲁事晋，犹女之事夫，不敢过差。而晋有罔极之心，反二三其德也。七年之中，一与一夺，二三孰甚焉！士之二三，犹丧配耦，而况霸主乎？将德是以，以，用也。而二三之，其何以长有诸侯乎？"

晋讨赵同、赵括，武从姬氏畜于公室，赵武，庄姬之子。庄姬，晋成公女也。畜，养也。以其田与祁奚。韩厥言于晋侯曰："成季之勋，宣孟之忠，成季，赵衰。宣孟，赵盾。而无后，为善

多数。《商书》说：'三个人占卜，要听从其中结论相同的两个人的意见。'是因为那是多数的缘故。"武子说："如果都是贤者，则听从多数一方的意见。贤者是众人的依靠。现在（不主张作战的）三卿都是晋国的贤人，是大家的依靠，可以说他们就是代表多数了（三卿，皆晋之贤人）。听从他们的意见，不也是可以的吗？（《左传》赞美栾书知晓从众的目的是从善的道理）"

鲁成公八年，晋景公派韩穿来鲁国，要鲁国把汶阳之田送给齐国。鲁国的季文子为韩穿设宴饯行（饯，送行饮酒），私下和韩穿交谈（单独和韩穿交谈），说："大国裁断政事合理，而成为诸侯盟主，因此诸侯感念恩德而害怕讨伐，没有贰心。说到汶阳之田，原是我们鲁国的领土，后来晋国出兵打败齐国，命令齐国把田地归还我们鲁国（用师指鞌之战），然而，如今却又有不同的命令，说把汶阳之田归还齐国。信用是用来推行道义的，讲道义是为了完成使命，这是小国所希望和感念的。如果信用不可料知，道义无所树立，四方的诸侯，还有谁会不离散而去（意思是不再恭敬晋国）？《诗经》说：'妻子毫无过失，丈夫的行为却有过错。丈夫的行为没有准则，他的德行不能始终如一（爽，差失、不合。极，中正的准则。妇人怨丈夫行为不专一，比喻鲁国侍奉晋国犹如女子侍奉丈夫，不敢有过差，但是晋国有二心，反而前后不一）。'这七年之中，晋国先命齐国把田地归还我国，如今又要夺走送给齐国，与《诗经》中所说的'二三其德'哪个更甚呢？男子前后不一，尚且丧失配偶，何况是诸侯霸主呢？霸主应该惟德是用（以，是用的意思），却前后不一，又怎能长久得到诸侯的拥护呢？"

晋国诛杀赵同、赵括。赵武跟随母亲赵姬寄养在舅舅晋景公的宫中（赵武，庄姬之子。庄姬，晋成公的女儿。畜，养）。晋景公把赵氏的田地赐给祁奚。韩厥向晋景公进谏说："凭赵衰的功勋、赵盾的忠诚

者其惧矣!三代之令王,皆数百年,保天禄。夫岂无僻王,赖前哲以免也。言三代亦有邪僻之君,但赖其先人以免祸耳。《周书》曰:'不敢侮鳏寡。'所以明德也。"言文王不侮鳏寡,而德益明,欲使晋侯之法文王。乃立武,而反其田焉。

十六年,楚子救郑,司马将中军。子反也。过申,子反入见申叔时,叔时老在申也。曰:"师其何如?"对曰:"德、刑、详、义、礼、信,战之器也。器,犹用也。德以施惠,刑以正邪,详以事神,义以建利,礼以顺时,信以守物。上下和睦,周旋不逆。动顺理也。是以神降之福,时无灾害。民生敦庞,和同以听,敦,厚。庞,大。莫不尽力以从上命,此战之所由克也。今楚内弃其民,不施惠也。而外绝其好,义不建利。渎齐盟,不祥事神。而食话言,信不守物。奸时以动,不顺时,妨农业。而疲民以逞,刑不正邪,而苟快意。民不知信,进退罪也。子其勉之!吾不复见子矣。"言其必败,不反也。

晋楚遇于鄢陵,范文子不欲战,却至曰:"韩之战,惠公不振旅;众散败也,在僖十五年。邲之师,荀伯不复从。荀林父

（成季，指赵衰。宣孟，指赵盾），却没有后人，这将使做好事的人感到恐惧。从前夏、商、周三代的贤明君主，都能数百年保全上天赐予的福运。难道其后代没有出现品行不正的君主吗？只是依靠其祖先的贤明而免于亡国（言三代亦有邪僻的君主，但依靠其先人得以避免灾难）。《周书》说：'不敢欺凌鳏夫寡妇之类无助的人！'为的就是要彰显德行（意思是文王不侮鳏寡而德行更加显明，欲让晋侯效法文王）。"于是晋景公立赵武为赵氏的继承人，并归还其田地。

鲁成公十六年，楚共王出兵救郑。司马子反统率中军（司马，指子反）。军队途经申邑，子反去拜会楚国老臣申叔时（申叔时告老致仕，在申邑），问道："这次出兵的形势怎样？"申叔时回答道："德行、刑罚、和顺、道义、礼法、信用，这是战争的必备条件。德行是用以施加恩惠的，刑罚是用来纠正邪恶的，和顺是借以事奉神灵的，道义是用以建树功利的，礼法是用以使行为顺应时势的，信用是借以保持事物的。这样才能上下和睦，应对不违义理（行动遵循道理）。因此神灵降福给他，四时没有灾害。百姓生活丰足，和睦同心，听从命令（敦，厚。庞，大），没有不尽力以服从上级命令的，这就是战争取胜的原因。现在楚国对内忘记百姓，不施以恩惠（不给人以恩惠）；对外断绝与邻国的友好关系（不以道义维护国家利益），亵渎神圣的盟约，不和顺侍奉神灵。且自食其言，不以信守物（不以信用保持事物），违背时令耽误农事以发动战争（不顺应时宜，妨碍农业），使百姓穷困以快心（不以刑罚制止邪恶，而只是贪求满足一时之欲），人民不知道国君信用何在，进退都可能犯罪。您自己努力吧！我不会再见到您了（意思是子反必然战败，不会回来了）。"

晋、楚两军在鄢陵相遇，范文子不打算作战，却至说："秦晋韩原之战，惠公溃不成军（众军溃败。在僖公十五年）；晋楚邲地之战，

奔走，不复故道也。在宣十二年。皆晋之耻也。子亦见先君之事矣。见先君成败之事。今我避楚，又益耻也！"文子曰："吾先君之亟战也有故。亟，数也。秦、狄、齐、楚，皆强，不尽力，子孙将弱。今三强服矣，齐、秦、狄也。敌楚而已。唯圣人能外内无患，自非圣人，外宁必有内忧，骄亢则忧患生。盍释楚以为外惧乎？"

襄公

三年，祁奚请老，老，致仕。晋侯问嗣焉。嗣，续其职者。称解狐，其雠也，将立之而卒。解狐卒也。又问焉，对曰："午也可。"午，祁奚子。于是羊舌职死矣，晋侯曰："孰可以代之？"对曰："赤也可。"赤，职之子伯华。于是使祁午为中军尉，羊舌赤佐之。各代其父。君子谓："祁奚于是能举善矣。称其仇，不为谄；立其子，不为比；举其偏，不为党。偏，属也。能举善也夫！唯善，故能举其类也。"

晋侯之弟扬干，乱行于曲梁，行，陈次也。魏绛戮其仆。仆，御。晋侯怒，谓羊舌赤曰："合诸侯以为荣也，扬干为戮，何辱如之？必杀魏绛，无失之也。"对曰："绛无贰志，事君不避

主帅荀伯兵损溃逃（荀林父逃走，不能从原路返回。在宣公十二年）。这些都是晋国的耻辱。您也知道前代国君时候的事情（知道前代国君成败之事）。现在我们回避楚军，只会再增加耻辱。"范文子说："我们前代国君屡次作战是有原因的（亟，屡次），当时秦国、狄人、齐国、楚国都很强大，如果我们不尽力去作战，子孙将衰弱挨打。现在秦国、狄人、齐国三个强国已经顺服（三强指齐、秦、狄三个强国），敌人只剩下楚国而已。只有圣人才能使国家内外都无忧患，倘若不是圣人，外部安宁了国内必有忧患（骄纵不逊则滋生困苦患难）。何不留下楚国，把它作为我们外部戒惧的对象呢？"

襄公

鲁襄公三年，祁奚请求辞去官职告老还乡（老，意谓辞去官职）。晋悼公问谁能接替其职务（嗣，继承其职务的人），祁奚举荐了解狐，而解狐是他的仇人。晋悼公正准备让解狐接替祁奚的位置，解狐却死了（卒，指解狐死了）。晋悼公再次问祁奚，祁奚回答说："祁午可以胜任（祁午是祁奚的儿子）。"这时中军尉之佐羊舌职死了。晋悼公问道："谁可以替代他？"祁奚回答说："羊舌赤就可以胜任（羊舌赤，即羊舌职之子伯华）。"于是晋悼公任命祁午为中军尉，羊舌赤为副职（各人继承其父亲的职位）。君子认为："祁奚在这件事上能够举荐贤德的人。推举其仇人而不为谄媚，推荐他的儿子而不为偏私，举荐他的副职而不为结党（偏，部属），真是能推举贤能啊。惟有贤德的人，才能推举其同类之人。"

晋悼公之弟扬干，在鸡泽附近的曲梁扰乱军队的行列（行，军阵行列），中军司马魏绛杀死了他的车夫（仆，驾驭车马的人）。晋悼公震怒，对羊舌赤说："会合诸侯，是荣耀的事。扬干车夫被杀、扬干

难,有罪不逃刑,其将来辞,何辱命焉?"言终,魏绛至,授仆人书,仆人,晋侯御仆。将伏剑。士鲂、张老止之。公读其书曰:"日君乏使,使臣斯司马。斯,此也。臣闻师众以顺为武,顺莫敢违。军事有死无犯为敬,守官行法,虽死不敢有违。君合诸侯,臣敢不敬乎?君师不武,执事不敬,罪莫大焉。臣惧其死,以及扬干,无所逃罪。惧自犯不武不敬之罪也。不能致训,至于用钺。用钺,斩扬干之仆也。臣之罪重,敢有不从,以怒君心?言不敢不从戮。请归死于司寇。"公跣而出,曰:"寡人之言,亲爱也;吾子之讨,军礼也。寡人有弟,弗能教训,使干大命,寡人之过也。子无重寡人之过,听绛死,为重过。敢以为请。"请使无死。反役,使佐新军。

四年,无终子嘉父使孟乐如晋,无终,山戎国名也。因魏庄子纳虎豹之皮,以请和诸戎。欲戎与晋和。庄子,魏绛。晋侯曰:"戎狄无亲而贪,不如伐之。"魏绛曰:"诸侯新服,陈新来和,将观于我,我德则睦,否则携贰。劳师于戎,而楚伐陈,必不能救,是弃陈也,诸华必叛。诸华,中国。戎,禽兽也。获戎失华,无乃不可乎?昔周辛甲之为太史也,命百官,官箴王阙。

受辱,还有什么侮辱比这更大的?一定要杀掉魏绛,不得有误!"羊舌赤回答说:"魏绛一心为公,没有贰心,事奉国君不避危难,有罪过不避惩罚,他应该会自己前来供述,何必烦劳君王下令追究呢?"话刚说完,魏绛就来了。他把奏疏递给晋悼公的侍臣(仆人,指晋悼公的侍从官),而后准备拔剑自杀。士鲂、张老劝止了他。晋悼公读他的奏疏,奏疏中说:"往日国君缺乏使唤的人,让臣下担任司马之职(斯,这的意思)。下臣听说,军队的士兵们以服从军纪为威武(顺应不敢违背),军旅之事以宁死也不犯军纪为恭敬(遵守职责,依法令行事,虽有死难,不敢违犯法令)。君王今日会集诸侯,下臣怎敢不恭敬?君王的军队不威武,执事的人员不恭敬,没有比这罪过再大的了。下臣唯恐犯不武、不敬的死罪,以致连累扬干,罪责难逃(害怕自己犯不武不敬之罪)。下臣平日治军不严,不能以礼法训告众人,以至于动用了大斧(指用大斧斩扬干的车夫)。下臣的罪过重大,怎敢不服从戮而使国君发怒呢(意思是指不敢不接受惩罚)?我请求到司寇那里受死罪。"晋悼公读完,光着脚赶忙出来,说:"寡人的话,是出于对兄弟的亲爱;您的诛戮,是为了执行军法。寡人有弟弟,未能训导他,致使他触犯了军令,这是寡人的过错。您不要再加重寡人的过错了(接受魏绛自杀为加重自己的罪过)。谨以此作为请求(请求他不要自杀)。"盟会之事结束后回国,任命魏绛为新军副帅。

鲁襄公四年,山戎无终国国君嘉父,派他的使臣孟乐到晋国去(无终,山戎国名),通过魏绛进献虎皮、豹皮,请求晋国同各戎狄部落和好(希望各戎狄部落同晋国和好。庄子,指魏绛)。晋悼公说:"戎狄没有亲爱之心而又贪婪,不如讨伐他们。"魏绛说:"各诸侯刚顺服,陈国新近来和解,它们都在观察着我们的行为。我们施恩,就亲近我们,不然就背离我们。假如我国劳师动众征讨戎狄,楚国趁机攻

辛甲,周武王太史也。阙,过也。使百官各为箴辞,戒王过也。于《虞人之箴》。虞人,掌田猎者。曰:'茫茫禹迹,画为九州,茫茫,远貌。画,分也。经启九道。启开九州之道。民有寝庙,兽有茂草。各有攸处,德用不扰。人神各有所归,故德不乱也。在帝夷羿,冒于原兽,冒,贪也。忘其国恤,而思其麀牡。言但念猎。武不可重,重,犹数。用不恢于夏家。羿以好武,虽有夏家,而不能恢大之也。兽臣司原,敢告仆夫。'兽臣,虞人也。告仆夫,不敢斥尊也。《虞箴》如是,可不惩乎?"于是晋侯好田,故魏绛及之。及后羿事也。公曰:"然则莫如和戎乎?"对曰:"和戎有五利焉:戎狄荐居,贵货易土,荐,聚也。易,犹轻也。土可贾焉,一也;边鄙不耸,民狎其野,穑人成功,二也;耸,惧也。狎,习也。戎狄事晋,四邻振动,诸侯威怀,三也;以德绥戎,师徒不勤,甲兵不顿,四也;顿,坏也。鉴于后羿,而用德度,以后羿为鉴戒。远至迩安,五也;君其图之!"公悦,使魏绛盟诸戎,修民事,田以时。言晋侯能用善谋也。

打陈国，我们必定无法救援，这就等于丢弃了陈国，中原各国也必定会叛离我们（诸华，指中原地区各诸侯国）。戎人未开化，不知礼义。为了得到戎地而失去中原华夏各国，恐怕不可以吧！从前周朝的辛甲做太史时，命令百官各为箴辞以规劝天子的过失（辛甲，周武王太史。阙，过失。命令百官各为箴辞规劝天子的过失）。《虞人之箴》里（虞人，掌管田猎的人）说：'中国的疆域辽阔，分为九州（茫茫，遥远的样子。画，划分），制定了经界，开辟了许多道路（启开九州之道）。百姓生有居处、死有祭庙，野兽有丰茂的草泽。人、神、兽各得其所，因此民德归厚而不乱（人神各有所归，因此民德归厚而不乱）。后羿身居帝位，却贪恋射猎（冒，贪的意思），忘记了国家的忧患，只想着飞禽走兽（意思是只想着田猎）。武事不可过于频繁（重，意为犹屡次），（后羿就是）因此未能保住夏朝政权（后羿由于爱好武事，虽然拥有夏朝政权，却未能保住）。主管田猎之事的虞人，谨以此报告君王左右的人（兽臣，虞人。告仆夫，不敢直呼君王之名）。'《虞箴》这么规谏，难道可以不引以为戒吗？"当时晋悼公喜欢打猎，所以魏绛才讲述后羿被灭及虞人献箴的事（及之，意为涉及后羿之事）。晋悼公听了说："这样说来，没有比跟戎人和解更好的办法了？"魏绛回答说："跟戎狄和解有五种利益：戎狄逐水草而群居，重财货而轻视土地（荐，会合的意思。易的意思是轻视），其土地我们可以买来，这是一；边境不再动乱，百姓可习居边野而心安，农夫就可以得到好的收成，这是二（耸，恐惧。狎，习惯）；戎狄事奉晋国，四边的邻国为之震动，诸侯就会畏服，这是三；用恩德安抚戎人，将士不必辛劳，兵器不会败坏，这是四（顿，败坏）；借鉴后羿的教训，而用道德法度治国（以后羿作为鉴戒），使远国来服、近国安心，这是五。君王还是考虑一下吧！"晋悼公听了很高兴，派魏绛和戎人各部落结盟，并整治民事，适时打猎（这里是说晋

九年，秦景公使乞师于楚，将以伐晋，楚子许之。子囊曰："不可。当今吾不能与晋争也。晋君类能而使之，随所能也。举不失选，得所选也。官不易方。方，犹宜也。其卿让于善，让胜己者。其大夫不失守，各任其职也。其士竞于教，奉上命也。其庶人力于农穑，种曰农，收曰穑。商工皂隶，不知迁业。四民不杂也。君明臣忠，上让下竞。尊官相让，劳职力竞。当是时也，晋不可敌，事之而后可，君其图之！"

冬，诸侯伐郑。郑从楚也。郑人行成。与晋成也。

十一年，诸侯复伐郑。郑人赂晋侯以师触、师蠲。触、蠲皆乐师名。歌钟二肆。肆，列也。悬钟十六为一肆。女乐二八。十六人也。晋侯以乐之半赐魏绛，曰："子教寡人和诸戎狄以正诸华，在四年。八年之中，九合诸侯，如乐之和，无所不谐。谐亦和也。请与子乐之。"共此乐也。辞曰："夫和戎狄，国之福也。八年之中，九合诸侯，诸侯无慝，君之灵也，二三子之劳也，臣何力之有焉？抑臣愿君安其乐而思其终也。"公曰："子之教，敢不承命？抑微子，寡人无以待戎，待遇接纳。不能济河。度河南服郑。夫赏，国之典也，不可废也，子其受之。"魏绛于是乎始有金石之乐，礼也。礼，大夫有功则赐乐。

侯能采用好的谋略)。

鲁襄公九年,秦景公派人向楚国请求出兵援助,准备攻打晋国。楚共王答应了。令尹子囊说:"不可以答应。目前我们还不能和晋国争雄。晋国国君按人的能力大小、专长不同来任用他们(类能,即按照他们的能力任用),举拔人才没有失误,都能胜任(不失选,意为所选人才得当),官员不轻易改变政令(方,指合宜的政令)。其卿谦让于贤者(谦让超过自己的人),其大夫不失职守(各个都能胜任自己的职责),士人努力教化百姓(教导他们奉行君命),农夫致力于农事(种曰农,收曰穑)。商贾、技工、役夫、奴仆,各安其业(士、农、工、商不混杂)。国君贤明,臣下忠诚。在上位者互相谦让,在下位者各尽其力(官员互相谦让,百姓争相效力)。当此之时,晋国不可对抗,应先奉事它才可以。请君王考虑一下吧!"

同年冬天,晋、鲁、宋、卫、曹、齐等十二个诸侯国进攻郑国(因郑国顺从楚国)。郑国派人求和,晋国同意和解(郑国与晋国和解)。

鲁襄公十一年,(晋悼公、鲁襄公、宋平公、卫献公、曹成公、齐国太子光、莒子、邾子、滕子、薛伯、杞伯、小邾子等)诸侯再次联合进攻郑国。郑国以乐师触、乐师蠲(师触、师蠲,都是乐师的名字)和歌钟两排(肆,列的意思。悬钟十六为一肆),以及善歌舞的美女十六人(二八,指十六人),以贿赂晋侯。晋悼公把乐器和乐队的一半赏给魏绛,说:"您教寡人同戎狄各部和好以整顿中原诸国(在鲁襄公四年),八年中九次会合诸侯,诸侯们像音乐和鸣般响应,没有不协调的地方(谐,和谐)。让寡人和您共享其乐吧(同享此乐)!"魏绛辞谢说:"同戎狄和好,这是国家的福气,八年之中能九次会合诸侯,诸侯没有不顺从的,这是因为国君的威灵,也是其他将帅们的功劳,下臣何功之有?不过下臣希望国君安于快乐而又能常想到如何善终。

十三年，晋侯搜于绵上以治兵，为将命军帅也。使士匄将中军，辞曰："伯游长。伯游，荀偃。昔臣习于知伯，是以佐之，非能贤也，七年，韩厥老，知罃代将中军，士匄佐之，匄今将让，故谓尔时之举，不以己贤也。请从伯游。"荀偃将中军，代荀罃。士匄佐之。位如故。使韩起将上军，辞以赵武。又使栾黡，以武位卑故不听，更命黡也。辞曰："臣不如韩起，韩起愿上赵武，君其听之！"使赵武将上军，武自新军超四等。韩起佐之；位如故也。栾黡将下军，魏绛佐之。黡亦如故，绛自新军佐超一等。晋国之民，是以大和，诸侯遂睦。君子曰："让，礼之主也。范宣子让，其下皆让；栾黡为汰，弗敢违也。晋国以平，数世赖之。刑善也夫！刑，法也。一人刑善，百姓休和，可不务乎？世之治也，君子尚能而让其下，能者在下位，则贵尚而让之。小人农力以事其上，是以上下有礼而谗慝黜远，由不争也，谓之懿德。及其乱也，君子称其功以加小人，加，陵也。君子，在位者也。小人伐其技以冯君子，冯，亦陵也。自称其能为伐。是以上下无礼，乱虐并生，由争善也，争自善也。谓之昏德。国家之弊，恒必由之。"传言晋之所以兴也。

晋悼公说:"您的教导,寡人岂敢不接受!要是没有您,寡人不知该如何对待戎人(待,接待、对待),也不能渡过黄河让郑国臣服(济河,指渡过黄河让郑国臣服)。赏赐是国家的典章所规定的,不可以废弃。您还是接受吧!"于是,魏绛开始有了金石之乐。这是符合礼法的(礼,大夫有功则赐乐)。

鲁襄公十三年,晋悼公在绵上打猎并检阅军队(因为将要任命军队的统帅)。派士匄统率中军,士匄辞让说:"荀偃应该居长(伯游,荀偃)。过去臣下和荀䓨相互了解,能密切合作,因此辅佐他,不是我贤德(鲁襄公七年,韩厥致仕,荀䓨代替韩厥统率中军,士匄辅助荀䓨。士匄今欲推辞,故谓当时之选用,不是自己贤能),请让我跟从荀偃。"于是荀偃统率中军(代替荀䓨),士匄辅佐他(职位跟原来一样)。晋君派韩起统率上军,韩起辞谢而推荐赵武。晋君又派栾黡做上军帅(因为赵武地位卑微,所以晋君没有接受,另外任命栾黡),栾黡也辞谢说:"臣下不及韩起,韩起愿让赵武居上位,君王还是听从他的意见吧。"于是晋悼公派赵武统率上军(赵武自新军帅跃升四级),韩起辅佐他(职位跟原来一样)。使栾黡统率下军,魏绛辅佐他(栾黡职位也跟原来一样。魏绛自新军佐升一级)。晋国的百姓因此和顺,诸侯也顺从和睦。君子说:"谦让,是礼的根本。范宣子(即士匄)谦让中军帅,其下属将佐也都谦让。栾黡虽然骄恣放纵,也不敢违背。晋国因此太平,好几代都蒙受利益。这是由于效法善行的缘故啊(刑,效法)!在上位者效法善行,百姓就安定和平,岂能不致力于此呢!当天下太平的时候,君子崇尚贤能并对下属谦让(有能力的人处在下位,地位显要的人对他们尊崇且谦让),在下位的人努力事奉其上位的人,因此上下有礼,而邪恶之人被废黜远贬,都是由于不相互争夺的缘故,这叫做美德。到天下动乱的时候,在上位者夸耀自己的功劳以凌驾于在下位

十四年，卫献公戒孙文子、宁惠子食，敕戒二子，欲共宴食。日旰不召，旰，晏也。而射鸿于囿。二子怒。公使子蟜、子伯、子皮，与孙子盟于丘宫，孙子皆杀之。三子，卫群公子也。公出奔齐，师旷侍于晋侯，师旷，子野。晋侯曰："卫人出其君，不亦甚乎？"对曰："或者其君实甚。良君养民如子，盖之如天，容之如地。民奉其君，爱之如父母，仰之如日月，敬之如神明，畏之如雷霆，其可出乎？夫君，神之主，而民之望也。若困民之主，匮神之祀，百姓绝望，社稷无主，将安用之？弗去何为？天生民而立之君，使司牧之，勿使失性。有君而为之贰，贰，卿佐。使师保之，勿使过度，善则赏之，赏，谓宣扬之也。过则匡之，匡，正。患则救之，救其难也。失则革之。自王以下，各有父兄子弟，以补察其政。补其愆过，察其得失。史为书，谓大史君举必书。瞽为诗，为诗以风刺。工诵箴谏，工，乐人也。诵箴谏之辞。大夫规诲，规正、谏诲其君。士传言，闻君过失，传告大夫。庶人谤，庶人不与政，闻君过，得从而诽谤。商旅于市，旅，陈也。陈其货物，以示时所贵尚也。百工献艺。献其伎艺，以喻政事也。天之爱民甚矣，岂其使一人肆于民上，肆，放也。以从其淫，而弃天地之性？必不然矣！"传言师旷能因问尽言也。

的人（加，侵犯欺侮。君子，指在位者），下位的人夸耀自己的才能以凌驾于在上位者（冯，凌驾。自己称扬自己的才能为伐），因此上下无礼，动乱和祸害并生，都是由于竞相夸耀自己的缘故（竞相自己赞美褒扬自己），这就是昏乱而无仁德。国家的衰败，常常是由此造成的（《左传》指出了晋国之所以昌盛兴旺的原因）。"

鲁襄公十四年，卫献公告请孙文子、宁惠子一起吃饭（戒二人食，即告请二人一起进餐）。可等到时间很晚了，卫献公还不召见（旰，晚），反而在林苑中射鸿雁。两人都很生气。卫献公派子蟜、子伯、子皮三人与孙文子在丘宫立誓缔约，孙文子把他们都杀了（子蟜、子伯、子皮三人都是卫国国君的儿子）。于是卫献公逃亡到齐国。乐师师旷侍立在晋悼公身边（师旷，子野）。晋悼公说："卫国人赶走他们的国君，不也太过分了吗？"师旷回答说："或许是他们的国君太过分了。贤良的国君养育臣民如同自己的子女，像天一样庇护百姓，像地一样容纳百姓。百姓尊奉国君，热爱他如同热爱父母，敬慕他如同敬慕日月，尊敬他如同尊敬神灵，畏惧他如同畏惧雷霆，怎么可能赶走他呢？国君，是祭祀神灵的主祭人，是百姓的希望。如果国君使百姓生计困难，对神灵的祭祀匮乏，则百姓绝望，国家无人治理，那要国君有什么用呢？不赶走又该怎么做？上天养育百姓并为他们设立国君，让他来管理他们，从而不使他们失去生计。有了国君，又为其设立卿佐（贰，卿佐），让卿佐辅佐他，不使国君超越常度，有善举则宣扬（赏，谓宣扬），有错误则匡正（匡，匡正），有灾难则救助（救其危难），无道则更改。自国君以下，各有父兄子弟来观察补救其政令得失（补指补救其过失，察指考察其政令得失）。太史记录国君的言行举动（意思是太史国君的言行举动一定记录下来），乐师撰写诗讽谏国君（撰写诗以讽刺），乐工诵读规戒劝谏的文词（工，乐工，念诵规戒劝谏的文词），大

十五年，宋人或得玉，献诸子罕，子罕不受。献玉者曰："以示玉人，玉人，能治玉者。玉人以为宝也，故敢献之。"子罕曰："我以不贪为宝，尔以玉为宝，若以与我，皆丧宝也，不若人有其宝。"稽首而告曰："小人怀璧，不可以越乡，言必为盗所害。纳此以请死。"请免死。子罕置诸其里，使玉人为之攻之，攻，治也。富而后使复其所。卖玉得富。

二十一年，邾庶其以漆、闾丘来奔。庶其，邾大夫也。季武子以公姑姊妻之，皆有赐于其从者。于是鲁多盗。季孙谓臧武仲曰："子盍诘盗？"诘，治也。武仲曰："不可诘也，纥又不能。"季孙曰："子为司寇，将盗是务去，若之何不能？"武仲曰："子召外盗而大礼焉，何以止吾盗？"吾，谓国中也。子为正卿，而来外盗，使纥去，将何以能？庶其窃邑于邾以来，子以姬氏妻之，而与之邑，使食漆，闾丘也。其从者皆有赐焉。若大盗

夫规正开导（规正谏诲国君），士子闻君过失传告大夫（闻君过失，传告其言于大夫），庶人闻君过则诽谤（庶人不参与政治，听到君主的过失，可以议论诽谤），商人在集市上陈设国君所喜好的物品（旅，是陈列的意思），陈列货物，以显示当时人崇尚的物品；各行各业的工匠都各自通过他们的方式来表达意见（献其伎艺，以譬喻政事）。上天爱民之情甚深，难道会让一个人在百姓头上胡作非为（肆，放纵），以放纵其邪恶，从而背弃其生养万物的大德吗？上天一定不会这样的（《左传》的意思是师旷能凭借询问畅所欲言，毫无保留）。"

鲁襄公十五年，宋国有人得到美玉，要献给子罕。子罕不接受。献玉者说："拿给玉工看过（玉人，指能治玉者），玉工认为是块宝玉，所以才敢进献。"子罕说："我把'不贪'看作宝物，你把玉石看作宝物。如果你把玉石送给我，我们两人就都丧失了宝物，倒不如各人保有自己的宝物。"献玉者叩头求子罕说："小人怀藏玉璧，不敢带着它走过乡里（意思是一定会被盗贼所杀害），把它献给您是为求免于一死的（请求免于一死）。"于是子罕把献玉者安置在自己的乡里，请玉匠给他雕琢（攻，治），直到献玉者卖玉致富之后，才让其回家（卖玉得财物致富）。

鲁襄公二十一年，邾国大夫庶其带着漆邑、闾丘邑逃奔鲁国（庶其，邾国大夫），季武子把鲁襄公的姑母嫁给他做妻子，他的随从人员也都有赏赐。这期间鲁国出现了很多盗贼。季武子对臧武仲说："您为什么不惩治盗贼呢（诘，惩治）？"臧武仲回答说："不可以查办，我也没有能力查办。"季武子说："您身为司寇，务必除去这些盗贼，怎么说没有能力查办呢？"臧武仲说："您把国外的盗贼招到鲁国并礼待他们，还怎么禁止我们国内的盗贼呢（吾，指鲁国国内）？您身为正卿，却招来外边的大盗，又让我惩治国内的盗匪，我怎么能够

礼焉，以君之姑姊，与其大邑，其次，皂牧舆马，给其贱役，从皂至牧。其小者衣裳剑带，是赏盗也。赏而去之，其或难焉，纥也闻之，在上位者，洒濯其心，壹以待人，轨度其信，可明征也，征，验也。而后可以治人。夫上之所为，民之归也，上所不为，而民或为之，是以加刑罚焉，而莫敢不惩。若上之所为，而民亦为之，乃其所也，又可禁乎？"

晋栾盈出奔楚，宣子杀羊舌虎，栾盈之党。囚叔向。乐王鲋见叔向曰："吾为子请！"叔向不应。乐王鲋，晋大夫乐桓子。其人皆咎，叔向曰："必祁大夫。"祁大夫，祁奚。室老闻之，曰："乐王鲋言于君无不行，求救吾子，吾子不许。祁大夫所不能也，何为也？"叔向曰："祁大夫外举不弃仇，内举不失亲，其独遗我乎？《诗》曰：'有觉德行，四国顺之。'言德行直则天下顺也。夫子觉者也。"觉，较然正直。晋侯问叔向之罪于乐王鲋，对曰："不弃其亲，其有焉。"言叔向笃亲亲，必与叔虎同谋。于是祁奚老矣，老，去公族大夫。闻之，乘驲而见宣子，曰："《诗》云：'惠我无疆，子孙保之。'言文武有惠训之德，加于百姓，故子孙保赖之。夫谋而鲜过、惠训不倦者，叔向有焉，社稷之固也，犹将十世宥之，以劝能者。今壹不免其身，壹，以弟

办到呢？庶其偷盗了邾国的城邑前来我国，您竟把姬氏嫁给他为妻，而且又赠给他封邑（让庶其赖漆、同丘而邑以为生），甚至连他的随员也都各有赏赐。像这种大盗，您竟把国君的姑母姬氏下嫁给他做妻子，又给他城邑作为礼待，对他的随从都赏赐了奴仆车马（供给其贱役，从皂隶到牧人），连最卑下的侍者都赏赐给衣裳、佩剑。这分明是在奖赏盗贼。既然奖赏又要除去他们，恐怕很难吧！下官也听说过，居于上位的人洗涤他的心地，以诚待人，前后一致，言行诚信而合于轨范法度，这些都做到了，并且获得百姓的信任（征，征验），然后才可以治理百姓。居上位者的所作所为，百姓会趋向效法。居上位者所不做的事，而百姓有人做了，因此加以惩罚处分，就没有谁不敢不加以警戒。若居上位者所做的，百姓也有人做了，这乃是势所必然的，又怎能禁止得了呢？"

晋国的栾盈逃奔楚国，范宣子杀了羊舌虎（羊舍虎是栾盈的朋党），同时囚禁了叔向。乐王鲋去看望叔向，说："我去为您请求免罪好吗？"叔向没有回答他（乐王鲋，晋大夫乐桓子）。手下的人都责怪叔向。叔向说："能救我的只有祁大夫（祁大夫，祁奚）。"叔向的老管家听到这事，就说："乐王鲋向国君说的话，国君没有不照准的。他去请求赦免您，您却不答应。这些是祁大夫所做不到的，而您说一定要他去办，这是为什么呢？"叔向回答说："祁大夫举荐贤人，对外不因为有私仇而遗弃，对内也不因为是亲属而避嫌不举荐，难道唯独会遗忘我吗？《诗经》说：'德行正直无私，四方的人都会顺从他（意思是德行正直，则天下顺从）。'祁大夫就是正直无私的人啊（觉，显然正直）。"晋平公向乐王鲋询问叔向的罪过，乐王鲋回答说："叔向不会遗弃他的兄弟羊舌虎的，同谋的事恐怕是有的吧（意思是叔向笃爱亲属，必定与叔虎同谋）！"当时祁奚已告老在家（老，指辞去公族大夫之

故。以弃社稷，不亦惑乎？鲧殛而禹兴，言不以父罪废其子也。管、蔡为戮，周公右王。言兄弟罪不相及也。若之何其以虎也弃社稷乎？子为善，谁敢不勉，多杀何为？"宣子悦，与之乘，以言诸公而免之。共载入见公也。不见叔向而归，言为国，非私叔向也。叔向亦不告免焉而朝。不告谢之，明不为己。

二十三年，孟孙恶臧孙，季孙爱之。孟孙卒，臧孙入哭，甚哀，多涕。出，其御曰："孟孙之恶子也，而哀如是。季孙若死，其若之何？"臧孙曰："季孙之爱我，疾疢也；志相顺从，身之害。孟孙之恶我，药石也。志相违戾，犹药石疗疾。美疢不如恶石，夫石犹生我，愈己疾也。疢之美，其毒滋多。孟孙死，吾亡无日矣。"

二十五年，齐棠公之妻，东郭偃之姊也。棠公，齐棠邑大

职),听到这事,就乘坐驿站的传车去拜见范宣子,说:"《诗经》说:'赐给我无穷的恩惠,子孙将永远保持它(诗的意思是周文王与周武王有仁爱教诲之德,施及百姓,故子孙保持且得益于此)。'叔向有谋略而少过错,仁爱教诲百姓而不知疲倦,他是国家稳固的柱石,即使他的十代子孙有过错也要给予宽赦,以勉励贤能之士。如今,仅仅因其弟羊舌虎的缘故而使其自身不能免于难(壹,指因为弟弟的缘故),这等于要抛弃国家的柱石,这不也是很糊涂吗?古时鲧被流放而其子夏禹被起用(意思是不因父亲的罪愆废弃其子),管叔、蔡叔被惩罚而其兄周公仍辅佐周成王(意思是兄弟罪愆不相牵涉)。依此,为什么要因羊舌虎之罪而囚禁叔向,抛弃国家的忠臣呢?只要您肯行善政,谁敢不努力?为什么要多杀人呢?"范宣子听了祁奚这番话非常高兴,便和祁奚共乘一辆马车,用这些话劝谏晋平公,从而赦免了叔向(共同乘坐马车入朝谒见晋平公)。之后祁奚没有去见叔向就自己回去了(意思是为了国家,而不是偏爱叔向),叔向也没有向祁奚道谢就去朝见晋平公(叔向不向祁奚表示感谢,明白祁奚这样做不是为了自己)。

鲁襄公二十三年,孟庄子厌恶臧武仲,但季武子喜爱他。孟庄子死了,臧武仲进门哭吊,十分哀痛,流了很多眼泪。出门后,他的车夫说:"孟庄子生前厌恶您,您却悲痛成这样。如果季武子死了,您将悲痛成什么样子呢?"臧武仲回答说:"季武子喜欢我,犹如使我没有痛苦地患上热病(志意相投,顺从己意,是自身的祸患);孟庄子厌恶我,犹如是治愈我疾苦的药石(志意相违背,如同药石治疗疾病)。没有痛苦的热病不如使人痛苦的药石。药石还能治病,使我活下去(能治好自己的疾病);患热病而不知痛苦,它的毒害就更深了。如今孟庄子死了,我的死期便不远了。"

鲁襄公二十五年,齐国棠公的妻子是东郭偃的姐姐(棠公,齐

夫。棠公死，武子取之。武子，崔杼。庄公通焉，骤如崔氏，崔杼杀庄公，晏子立于崔氏之门外，闻难而来。其人曰："死乎？"曰："独吾君也乎哉？吾死也。"言己与众臣无异也。曰："行乎？"曰："吾罪也乎哉？吾亡也。"自谓无罪。曰："归乎？"曰："君死安归？言安可以归也。君民者，岂以陵人？社稷是主。臣君者，岂为其口实？社稷是养。言君不徒居民上，臣不徒求禄，皆为社稷也。故君为社稷死，则死之；为社稷亡，则亡之。谓以公义死亡也。若为己死，而为己亡，非其私昵，谁敢任之？"私昵，所亲爱也。非所亲爱，无为当其祸。门启而入，枕尸股而哭，以公尸枕己股。兴，三踊而出。

晋程郑卒，子产始知然明。前年，然明谓程郑将死，今如其言，故知之。问为政，对曰："视民如子，见不仁者诛之，如鹰鹯之逐鸟雀也。"子产喜，以语子大叔，且曰："他日吾见蔑之面而已，蔑，然明名。今吾见其心矣。"

二十六年，初，楚伍参与蔡太师子朝友，其子伍举与声子相善。声子，子朝子也。伍举，椒举也。伍举奔晋，声子通使于

棠邑大夫)。棠公死后,崔武子就娶了棠公之妻棠姜(武子,指崔杼)。齐庄公与棠姜私通,频繁地到崔家去。崔武子因此杀死了齐庄公。晏子站立在崔家的门外(闻难而来),他手下的人说:"要殉死吗?"晏子说:"难道是我一个人的国君吗?我为什么要去殉死(意思是自己与众臣没有差别)?"手下的人说:"要逃亡吗?"晏子说:"是我的罪过吗?我为什么逃亡(自认为没有罪过)?"手下的人说:"要回去吗?"晏子说:"国君死了,我怎能回去呢(意思是怎么可以回去)?作为百姓的国君,难道只是要他来凌驾于百姓头上的吗?是要他来掌管国家的。作为国君的臣子,难道只是为了自己的俸禄?是要他养护国家的(意思是国君不仅仅处在百姓之上,臣下不仅仅求取俸禄,都是为了国家)。所以,如果君主为国家而死,臣子则可为其殉死;假如君主为国家而流亡,臣子则可随其流亡(说的是为了国家的大义而或殉死或流亡)。如果君主因为自己作恶而死,或为自己私事而逃亡,那么若不是他个人所宠爱的人,谁敢殉死或逃亡,来承担共同作恶的责任呢(私暱,指所亲近喜爱的人。不是所亲近喜爱的人,没有人帮助承担他的罪过)?"崔家开了大门,晏子进去,以庄公尸体枕自己的大腿而痛哭(以庄公尸体枕自己的大腿),哭罢站起,顿足三次后,走出崔家。

晋国程郑死了,子产才真正了解然明(一年前,然明便知程郑将死,现在如他所言,因此才真正了解)。子产向然明询问为政之道,然明回答说:"把百姓看作子女一般。见到不仁者,就惩罚他,就像老鹰、鹯鸟追赶小鸟那样迅猛不容情。"子产很高兴,把这些话告诉子太叔,并且说:"往日我只看到然明的面貌丑恶(蔑,然明的名字),现在我看到他的内心很有见识。"

鲁襄公二十六年,当初,楚国的伍参和蔡国的太师子朝为友,伍参的儿子伍举和子朝的儿子声子也互相友好(声子,子朝的儿子。伍

晋。还如楚,令尹子木与之语,曰:"晋大夫与楚孰贤?"对曰:"晋卿不如楚,其大夫则贤,皆卿才也。如杞、梓、皮革。自楚往也。杞、梓,皆木名也。虽楚有材,晋实用之。"言楚亡臣多在晋。子木曰:"夫独无族姻乎?"夫,谓晋也。对曰:"虽有,而用楚材实多。归生闻之,归生,声子名也。曰:'善为国者,赏不僭而刑不滥。'赏僭,则惧及淫人;刑滥,则惧及善人。若不幸而过,宁僭无滥;与其失善,宁其利淫。无善人,则国从之。从,亡也。《诗》曰:'人之云亡,邦国殄瘁。'无善人之谓也。故《夏书》曰:'与其杀不辜,宁失不经。'惧失善也。逸书也。不经,不用常法。古之治民者,劝赏而畏刑,乐行赏,而惮用刑也。恤民不倦,赏以春夏,刑以秋冬。顺天时。是以将赏为之加膳,加膳则饫赐,饫,厌也。酒食赐下,无不餍足,所谓加膳也。此以知其劝赏也;将刑,为之不举,不举则彻乐,不举盛馔也。此以知其畏刑也;夙兴夜寐,朝夕临政,此以知其恤民也。三者,礼之大节也。有礼无败。今楚多淫刑,其大夫逃死于四方,而为之谋主,以害楚国,不可救疗,所谓不能也。疗,治也。所谓楚人不能用其材也。子仪之乱,析公奔晋,在文十四年。晋人以为谋主。绕角之役,楚师宵溃。楚失华夏,则析公之为也。雍子之父兄谮雍子,君与夫人不善是也。不是其曲直。雍子奔晋,晋人以为谋主。彭城之役,楚师宵溃,晋降彭城而归诸宋。在元年。楚失东夷,则雍子之为也。楚东小国,见楚不能救彭城,皆叛也。子反与子灵争夏姬,子灵,巫臣。子灵奔晋,晋人以为谋主。通吴于晋,教吴叛楚,楚疲于奔命,至今为患,则子灵之为也。事见

举,即椒举)。伍举逃往晋国。声子出使晋国,回来后又到楚国去,令尹子木与他谈话,说:"晋国大夫和楚国大夫谁更贤能?"声子回答说:"晋国的卿不如楚国,晋国的大夫却贤能,都是做卿的人才。就像杞木、梓木、皮革,都是从楚国运去的(杞、梓,都是树木的名字)。楚国虽然有人才,实际上却被晋国所用(意思是楚国逃亡之臣多在晋国)。"子木说:"难道他们没有同宗和姻亲可用吗(夫,指晋国)?"声子回答说:"虽有同宗和亲戚,但任用的楚国人才确实很多。归生听说(归生,即声子的名字),善于治理国家者,赏赐不过分,刑罚不滥用。赏赐过分,就怕赏及恶人;刑罚滥用,就怕伤及好人。如果不幸赏罚过当,那么宁可赏赐过分,也不可滥用刑罚。与其伤害而失掉贤人,宁可让坏人得利。没有贤人,国家就会随之衰败(从之,意为随之衰败)。《诗经》说:'贤人不在了,国家就遭祸殃。'这是由于失去贤人的缘故。所以《夏书》说:'与其错杀无辜,宁可失之于不用常法。'就是害怕失去贤人(所引用的这句话出自《逸书》。不经,不用常法)。古代治理百姓的人,乐于赏赐而畏惧用刑(劝赏乐于赏赐;刑,畏惧用刑),体恤百姓而从不倦怠。赏赐多在春夏时节举行,用刑多在秋冬时节进行(顺应天时)。因此将要行赏时就为此增加膳食,加膳则赐以丰盛的酒食(饫,饱足。酒食赏赐臣下,没有不饱足的,这就是所谓加膳),以此可知其乐于赏赐;将要行刑时就除去盛馔,除去盛馔就会偃息声乐(不举,指除去盛馔),由此可知他畏惧动用刑罚的;早起晚睡,日夜亲理政务,由此可知他忧虑人民的疾苦。这三种表现,是礼制的基本纲纪。有了礼制就不会失败。现在楚国滥用刑罚的现象很多,大夫们逃亡到四方各国,而做了他国的主要谋士,来危害楚国,以至于不可救治了。这就是我所说的楚国不能使用自己的人才(疗,救治。所谓不能,所谓楚人不能使用自己的人才)。如子仪叛乱时,析公逃亡到晋国

成七年。若敖之乱,伯贲之子贲皇奔晋,晋人以为谋主。鄢陵之役,在成十六年。楚师大败,王夷师熸。夷,伤也。吴。楚之间谓火灭为熸。郑叛吴兴,楚失诸侯,则苗贲皇之为也。"子木曰:"是皆然矣。"声子曰:"今又有甚于此者。椒举娶于申公子牟,子牟得戾而亡,君大夫谓椒举:'汝实遣之!'惧而奔郑,今在晋矣。晋人将与之县,以比叔向。以举才能比叔向。彼若谋害楚国,岂不为患?"子木惧,言诸王,益其禄爵而复之。

二十七年,宋向戌欲弭诸侯之兵,为会于宋。将盟于宋西门之外,楚人衷甲。甲在衣中,欲因会击晋。伯州犁曰:"合诸侯之师,以为不信,无乃不可乎?夫诸侯望信于楚也,是以来服。若不信,是弃其所以服诸侯也。"固请释甲。子木曰:"晋楚无信久矣,事利而已。苟得志焉,焉用有信?"大宰退,大宰,伯州犁。告人曰:"令尹将死矣,不及三年。求逞志而弃信,志

（在文公十四年），晋人让他做主要谋士。在绕角战役中，晋人听从了析公的谋略，使楚军连夜溃逃。楚国失掉中原，就是析公所造成的。又如，雍子的父亲和哥哥诬陷雍子，国君与大夫不辨是非曲直（不善是，不辨是非曲直），雍子逃奔到晋国，晋人让他做主要谋士。彭城之战，楚军连夜溃逃，晋国攻下彭城并将其归还宋国（在鲁襄公元年）。楚国丧失了东夷，就是雍子所造成的（楚国东边小国看到楚国不能救彭城，都背离了楚国）。子反与子灵争夺夏姬（子灵，巫臣），子灵逃奔到晋国，晋人让他做主要谋士。使吴国和晋国往来通好，教唆吴国背叛楚国，使得楚国疲于奔命，至今仍是楚国的祸患，这是子灵所造成的（事见成公七年）。若敖氏叛乱时，伯贲的儿子贲皇逃奔到晋国，晋人让他做主要谋士。鄢陵战役时（在成公十六年），楚军大败，国君受伤，军队士气不振（夷，受伤。吴、楚之间把火灭叫做燧）。郑国背叛，吴国兴起，楚国失去诸侯信任。这都是贲皇造成的。"子木说："你说的这些都对。"声子说："现在还有比这更严重的。伍举娶了申公子牟的女儿，子牟因罪逃亡，国君和大夫对伍举说：'实际上，是你送他逃亡的！'伍举害怕而逃往郑国，现在在晋国了。晋人将给他一个县作为封邑，禄秩与晋国上大夫叔向同等（拿伍举的才能和叔向相提并论）。他如果要谋害楚国，岂不成为楚国的祸患了吗？"子木听后很恐惧，告诉了楚康王。楚康王增加了伍举的官禄爵位请他回来复职。

鲁襄公二十七年，宋国向戌想要消除诸侯之间的战争，在宋国举行会议。各国将要在宋国西门之外结盟，楚国人却在衣服里面穿上了铠甲（铠甲穿在衣服里面，是想要趁盟会攻击晋国军队）。楚国太宰伯州犁说："会合诸侯的军队，却做不诚实的事，恐怕不可以吧？诸侯寄望于楚国有信用，因此来顺服。如果楚国不诚信，这就抛弃了使诸侯来顺服的条件了。"伯州犁坚决请求都脱掉铠甲。子木说："晋国

其逞乎？信亡，何以及三？"明年，子木死也。赵孟患楚衷甲，以告叔向。叔向曰："何害也？匹夫一为不信，犹不可也，若合诸卿，以为不信，必不捷矣，非子之患也。夫以信召人，而以僭济之，济，成。必莫之与也，安能害我！子何惧焉？"

宋左师请赏，曰："请免死之邑。"欲宋君称功加厚赏，故谦言免死之邑。公与之邑六十。以示子罕，子罕曰："凡诸侯小国，晋、楚所以兵威之。畏而后上下慈和，慈和而后能安静其国家，以事大国，所以存也。无威则骄，骄则乱生，乱生必灭，所以亡也。天生五材，金、木、水、火、土也。民并用之，废一不可。谁能去兵？兵之设久矣，所以威不轨而昭文德。圣人以兴，谓汤武。乱人以废，谓桀纣。废兴存亡，昏明之术，皆兵之由也。而子求去之，不亦诬乎？以诬道蔽诸侯，罪莫大焉。纵无大讨，而又求赏，无厌之甚也！"削而投之。削赏左师之书。左师辞邑。

与楚国之间不守信用已经很久了，只要事情对我们有利就行了。如果能使意愿达成，哪里用得着讲信用？"伯州犁退下去（太宰，指楚国太宰伯州犁），对人说："令尹将要死了，活不到三年。只求达成意愿而抛弃诚信，那意愿能达成吗？信用丧失，怎么能活到三年（明年子木死亡）？"赵武担忧楚人暗穿铠甲，就把这事告诉了叔向。叔向说："这有什么危害？普通的人一旦做出不守信用的事尚且不可以，如果会合诸侯的卿，而做出不守信用的事，就必然不会成功，您不用担忧。以诚信召集人，却又用虚伪求取成功（济，成功），必然没有人亲附他，又怎能危害我们呢？您何必那么恐惧呢？"

宋国左师向戌请求封赏，说："臣下侥幸得免一死，请求君王赐予城邑（想让宋国君主称扬他的功绩并加以厚赏，故自谦地说'免死之邑'）。"宋平公赐给他六十个城邑。他把封赏的文书拿给子罕看，子罕说："凡是诸侯小国，都受晋、楚两国的武力威胁。他们因为畏惧而上下慈爱和睦，慈爱和睦而后能安定他们的国家，从而来事奉大国，因此能够生存。如果没有威胁，这些小国就会骄纵，骄纵就会发生混乱，发生混乱就必定会被灭亡。这就是亡国的原因。上天生成了金、木、水、火、土五种材料（五材，指金、木、水、火、土），民众全部都使用，废弃任何一种都不可以，又有谁能够废除军队呢？军队的设置已经很久了，是用来威慑不轨而显扬文德的。圣人因军队而兴起（圣人，谓汤、武），暴君因军队而衰败（乱人，谓桀、纣）。国家或衰败或兴盛、或生存或灭亡，以及或糊涂或明智的策略，都是由于军队的存在而出现，而您却谋求取消它，这不是欺骗吗？用欺骗的办法去蒙蔽诸侯，没有比这罪过再大的了！没有受到惩治就不错了，却还要求赏赐，真是贪得无厌到极点了。"子罕削去文书上的字而后把它扔在地上（删去赏赐左师城邑的文书上的字）。向戌就辞去了封邑。

二十九年，吴公子札来聘，见叔孙穆子，曰："子其不得死乎？不得以寿死也。好善而不能择人。吾子为鲁宗卿，而任其大政，不慎举，何以堪之？祸必及子焉。"昭四年，竖牛作乱。

三十年，楚公子围杀大司马蔿掩而取其室。申无宇曰："王子必不免。善人，国之主也。王子相楚国，将善是封殖，而虐之，是祸国也。且司马，令尹之偏，偏，佐也。而王之四体也。绝民之主，去身之偏，刈王之体，以祸其国，无不祥大焉！何以得免！"为昭十三年弑灵王传。

郑子皮授子产政，子产使都鄙有章，国都及边鄙，车服尊卑，各有分部也。上下有服，公卿大夫，服不相逾。田有封洫，封，疆也。洫，沟也。庐井有伍。庐，舍也。九夫为井，使五家相保也。大人之忠俭者，谓卿大夫。从而与之；泰侈者，因而毙之。从政一年，舆人诵之，曰："取我衣冠而褚之，褚，畜也。奢侈者畏法，故畜藏也。取我田畴而伍之。孰杀子产，吾其与之！"并畔为畴。及三年，又诵之，曰："我有子弟，子产诲之。我有田畴，子产殖之。殖，生也。子产而死，谁其嗣之？"嗣，续也。

三十一年，郑人游于乡校，校，学之名也。以论执政。论其得失。然明谓子产曰："毁乡校，如何？"患人于中谤议国政。子产曰："何为？夫人朝夕退而游焉，以议执政之善否。其所善

鲁襄公二十九年,吴国的公子季札来鲁国聘问,见到叔孙穆子,对他说:"您恐怕不得善终吧(不得寿终正寝)!您喜欢善良但不能鉴察人的品行才能而选用贤人。您身为鲁国宗室的卿大夫,现担当国家政务,却不慎重举拔贤人,怎么能胜任呢?灾祸必然会落到您身上(昭公四年,竖牛作乱,叔孙穆子死于乱中)。"

鲁襄公三十年,楚国令尹公子围杀了大司马蒍掩,夺取了他的家产。申无宇说:"王子围必定不能免于祸难。贤良的人,是国家的支柱。王子身为楚国宰相,应该培养扶植贤良的人,现在反而虐杀他们,这是危害国家呀。何况司马是令尹的副职(偏,副职),更是国君的手足。王子锯断国家的支柱,除去自己的辅佐,斩去国君的手足,而危害他的国家,没有比这更大的不祥了!他怎么能免于祸难(《左传·昭公十三年》记载了楚灵王因国内变乱走投无路而自杀之事)?"

郑国子皮把国政交付给子产,子产使国都和边邑诸事各有区别(国都及边鄙车服位分的高低,各有区别),上下尊卑各有制度(公卿大夫制度不相逾越),田地有疆界和沟渠(封,边界。洫,田间水道),五家相保编为一伍(庐,房屋。九夫为井。有伍,即使五家相保)。卿大夫之中忠贞俭朴的(大人,指卿大夫),就给以适当奖励;骄纵奢侈的大夫,就依法予以惩办。子产执政一年,众人唱道:"把我的衣帽储藏起来(褚,积储。奢侈者惧怕犯法,故积蓄储藏),丈量我的耕地征收田税。谁去杀子产,我愿意帮忙(聚合田界为耕地)。"到了第三年,众人唱道:"我有子弟,子产来教诲;我有田地,子产使之增产(殖,增产)。子产如果死了,谁能继承他(嗣,继承)?"

鲁襄公三十一年,郑国人在乡间学校游聚(校,学习场所的名称),议论执政者的得失(论执政,指议论执政者的得失)。郑大夫然明对子产说:"废除乡校,怎么样(担心人们在学校中谤议国政)?"子产

者,吾则行之;其所恶者,吾则改之。是吾师也,若之何毁之？我闻忠善以损怨,为忠善,则怨谤息也。不闻作威以防怨。欲毁乡校,即作威也。岂不遽止,然犹防川也。遽,畏惧也。大决所犯,伤人必多,吾不克救也。不如小决使道,道,通。不如吾闻而药之。"以为己药石。然明曰:"蔑也今而后知吾子之信可事,小人实不才。若果行此,其郑国实赖之,岂唯二三臣？"仲尼闻是语也,曰:"以是观之,人谓子产不仁,吾不信也。"

郑子皮欲使尹何为邑,为邑大夫。子产曰:"少,未知可否？"尹何年少。子皮曰:"愿,吾爱之,不吾叛也。愿,谨善也。使夫往而学焉,夫亦愈知治矣。"夫,谓尹何。子产曰:"不可。人之爱人,求利之也。今吾子爱人,则以政,以政与之。犹未能操刀而使割也,其伤实多。多自伤。子之爱人,伤之而已,其谁敢求爱于子？子于郑国,栋也,栋折榱崩,侨将厌焉,敢不尽言！子有美锦,不使人学制。制,裁。大官、大邑,身之所庇也,而使学者制焉。其为美锦,不亦多乎？言官邑之重,多于美锦。侨闻学而后入政,未闻以政学者也。若果行此,必有所害。譬如田猎,射御贯则能获禽,贯,习也。若未尝登车射御,则败绩厌覆是惧,何暇思获？"子皮曰:"善哉！虎不敏。吾闻

回答说:"为什么要这么做?人们早晚劳作归来到学校游聚,议论执政者施政的好坏。他们认为好的,我就推行;他们厌恶的,我就修改它。他们是我的老师呀!为什么要废除它?我听说忠诚善良能止息怨谤(用忠诚善良,那么怨恨非议就能止息),不曾听说利用威权滥施刑罚来防止怨恨的(欲废除乡校,就是作威)。靠威势难道不能迅速制止怨言吗?可是那就像防堵洪水一样(遽,畏惧),一旦堤岸大决口而造成危害,伤害到的人必然很多,我将不能挽救。不如开个小的口子来疏通水流(道,疏通),不如让我把听到的群众的议论作为纠正施政弊病的良药(作为自己的药石)。"然明说:"我从今天(交谈)之后了解到您确实是可以事奉的,(像我这样的)小人实在没有才能。如果按您说的去做,郑国确实将仰仗您,又岂是我们这些大臣呢?"孔子后来听说了这件事,说:"从这件事看来,有人说子产不仁,我不相信。"

郑国子皮想让尹何到其封邑做大夫(做封地大夫)。子产说:"尹何年少,不知道能否胜任(少,指尹何年少)?"子皮说:"他谨慎善良,我喜欢他,他不会背叛我的(愿,谨慎善良)。让他去学习,他就更懂得治理(的方法)了(夫,指尹何)。"子产说:"不行。喜爱一个人,总希望有利于他。现在您喜爱一个人,就把政事交给他(以政,把政事交给他),犹如不会拿刀就让他去割宰,其受伤必然很多(多自伤)。您喜爱他,不过是伤害他罢了,这样谁还敢求得您的喜爱?您对于郑国来说,好比房屋的栋梁,栋梁折断,椽子就会崩毁,我也将会被压在底下,怎敢不把想说的话都说出来?假使您有美丽的彩绸,不会给人拿去学着裁剪(制,裁制)。重要的官位、大的封邑,是自身得以庇护的处所,却让初学者去治理。它与美丽的彩绸相比,不是重要得多吗(意思是官邑的重要,远远大于美锦)?我只听说学习以后确实有能力方

君子务知大者、远者，小人务知小者、近者。我，小人也。衣服附在吾身，我知而慎之；大官、大邑，所以庇身也，吾远而慢之。慢，易。微子之言，吾不知也。他日，我曰：'子为郑国，我为吾家以庇焉，其可也。'今而后知不足。自知谋虑不足谋其家。自今，请虽吾家，听子而行。"子产曰："人心不同也，如其面焉。吾岂敢谓子面如吾面乎？抑心所谓危，亦以告也。"子皮以为忠，故委政焉。子产是以能为郑国。传言子产之治，乃子皮之力。

卫侯在楚，北宫文子见令尹围之威仪，言于卫侯曰："令尹似君矣，将有他志。言语瞻视，行步不常。虽获其志，不能终也。《诗》云：'靡不有初，鲜克有终。'终之实难，令尹其将不免乎？"公曰："何以知之？"对曰："《诗》云：'敬慎威仪，惟民之则。'令尹无威仪，民无则焉。民所不则，以在民上，不可以终。"公曰："善哉！何谓威仪？"对曰："有威而可畏谓之威，有仪而可象谓之仪。君有君之威仪，其臣畏而爱之，则而象之，故能有其国家，令闻长世。臣有臣之威仪，其下畏而爱之，故能守其官职，保族宜家。顺是以下。皆如是，是以上下能相固也。《卫诗》曰：'威仪棣棣，不可选也。'棣棣，富而闲也。选，犹

能从政,没听说通过执政来学习的。如果真这样做,一定有害处。就像打猎,只有射箭驾车熟练了,才能捕获禽兽(贯,熟悉、通晓)。如果未曾登车射箭就驾车射猎,则唯恐失利、车翻人压,哪里还有工夫想着打获猎物呢?"子皮说:"说得好啊!我真不聪明。我听说君子致力于了解远大的事情,小人致力于关注短浅的事情。我是小人啊!衣服穿在我身上,我知道要慎重;官职、封邑是用来庇护自身的,我却疏忽而轻视它(慢,轻视)。没有您的劝说,我还不知道这些道理。往日我说过:'您治理郑国,我治理我的家族以便得到庇护,这也可以。'今日(交谈)之后才知自己的能力不足以治家(自己明了自己的能力不足以治家)。从今,即使是我的家事,也请求听从您的意见去办理。"子产说:"人心各不相同,正像其容貌各不相同一样。我怎敢说您的容貌像我的容貌呢?不过我心里认为有危险,也就把它告诉您了。"子皮认为子产忠诚,所以把国政全部托付给他。子产因此能够治理郑国(《左传》的意思是,子产的政绩背后是子皮的功劳)。

　　卫襄公在楚国访问时,北宫文子看见令尹王子围的言行举止,对卫襄公说:"令尹很像国君,他另有野心(言语外观行走异常)。虽然野心能得逞,但也不得善终。《诗经》说:'万事都有个开头,但很少有好的结尾。'善终确实很难,令尹恐怕也不能幸免吧!"卫襄公说:"您是怎么知道的?"北宫文子回答说:"《诗经》上说:'威严的仪容,举止言谈恭敬谨慎,是百姓效法的准则。'令尹没有这样的威仪,百姓就没有榜样。百姓所不愿效法的人,而高居百姓之上,就不能善终。"卫襄公说:"说得好啊!那什么叫威仪呢?"北宫文子回答说:"有威严而使人敬畏的叫'威',言谈举止可让人效法的叫'仪'。国君有国君的威仪,他的臣子就会敬畏而爱戴他,把他作为准则并仿效之,所以能保有他的国家,让好名声长存于世。臣子有臣子的威

数也。言君臣、上下、父子、兄弟、内外、大小皆有威仪也。《周书》数文王之德，逸书。曰：'大国畏其力，小国怀其德。'言畏而爱之也。《诗》云：'不识不知，顺帝之则。'言则而象之。言文王行事，无所斟酌，唯在则象上天。纣囚文王七年，诸侯皆从之囚，可谓爱之矣。文王伐崇，再驾而降为臣，文王闻崇德乱而伐之，三旬不降，退修教，而复伐之，因垒而降。蛮夷帅服，可谓畏之矣。文王之功，天下诵而歌舞之，可谓则之矣。文王之行，至今为法，可谓象之。有威仪也。故君子在位可畏，施舍可爱，进退可度，周旋可则，容止可观，作事可法，德行可象，声气可乐，动作有文，言语有章，以临其下，谓之有威仪也。"

仪，他的下属就会敬畏而爱戴他，所以能保有他的官职，从而保住他的家族，使家族和顺。以此类推，都是如此，所以上下能相互团结。《卫诗》说：'仪容举止雍容娴雅，不可胜数（棣棣，指多而熟习。选，计算的意思）。'是说君臣、上下、父子、兄弟、内外、大小，都各有威仪。《周书》列举周文王的德行（逸书）。说：'大国敬畏他的力量，小国怀念他的恩德。'是说既敬畏又爱戴他。《诗经》说：'不任意妄为，只须顺随天地的法则。'这是说文王以此为准则而仿效之（言文王行事无所斟酌，唯在效法上天）。殷纣王囚禁文王七年，各诸侯都跟随文王去坐牢，可说是敬爱他。文王攻打崇国，发兵两次，崇国就降服为臣（文王听说崇国政德混乱，于是发兵征讨，过了三十天崇国还不投降，他便退兵回国，修明道德教化，并再次征讨，营垒如旧而崇自服），落后地区相继归服，可说是敬畏他呀！文王的功业，天下人赞诵而歌舞，可说是以他为准则了！文王的德行，至今还作为法则，可说是仿效他。这都是因为文王有威仪的缘故。所以君子在位时能使人敬畏，施惠于人使人敬爱，进退可作为法度，与人交往可作为准则，仪容举止足以观赏，待人处事可以效法，道德品行可以学习，声音气度使人高兴，动作斯文雅典，说话条理分明。用这些来对待下属，就叫做有威仪。"

卷六　春秋左氏传（下）

昭公

元年，楚公子围会于虢，虢，郑邑也。寻宋之盟也，宋盟在襄二十七年。晋祁午谓赵文子曰："宋之盟，楚人得志于晋。得志，谓先歃也。午，祁奚子也。今令尹之不信，诸侯之所闻也。子弗戒，惧又如宋。恐楚复得志也。楚重得志于晋，晋之耻也。吾子其不可以不戒！"文子曰："然宋之盟也，子木有祸人之心，武有仁人之心，是楚所以驾于晋也。驾，犹陵也。今武犹是心也，楚又行僭，僭，不信。非所害也。武将信以为本，循而行之。譬如农夫，是穮是蓘，穮，耘也。壅苗为蓘。虽有饥馑，必有丰年。言耕锄不以水旱息，必获丰年之收。且吾闻之，能信不为人下，吾未能也。自恐未能信也。《诗》曰：'不僭不贼，鲜不为则。'信也。僭，不信。贼，害人。能为人则者，不为人下矣。吾不能是难，楚不为患也。"

三年，齐侯使晏婴于晋，叔向从之宴，相与语。叔向曰："齐其何如？"问兴衰也。晏子曰："此季世也，齐其为陈氏矣！公弃其民，而归于陈氏。弃民，不恤之也。公聚朽蠹，而三老冻馁。三老，谓上寿、中寿、下寿，皆八十以上。国之诸市，屦贱踊贵。踊，刖足者屦也，言刖多也。民人痛疾，而或燠休之。燠休，痛念之声，谓陈氏也。其爱之如父母，而归之如流水，欲无获民，将焉避之？"叔向曰："然。虽吾公室，今亦季世也。庶

昭公

鲁昭公元年,楚国的公子围到郑国虢邑举行会盟,重温宋国盟会时的友好邦交。晋国的祁午对赵文子说:"在宋国会盟时,楚国得行其志,先于晋国歃血。现在楚国令尹不守信用,这是诸侯都听说的。您如果不有所防备,只怕又要像在宋国一样(让楚国得志了)。假如再一次让楚国在晋国之前歃血,这就是晋国的耻辱。您不可以不警惕啊!"赵文子说:"然而在宋国的会盟,子木有害人之心,我有爱人之心,这就是楚国所以能陵驾于晋国之上的原因。现在我还是这样的心,(即使)楚国再次做出不守信用的事,这对我们也没有什么妨害。我将以信用作为根本,遵循这个原则去做事。就像农夫一样,只要辛勤除草培土,虽然难免会有一时饥馑,但必将会有丰收之年。况且我听说,一个人能坚守信义,就不会居人之下。我只怕自己不能做到守信用啊。《诗经》说:'不作假不害人,很少有不成为榜样的。'的确是这样啊。能够成为众人榜样的,就不会居人之下。我只是难于不能做到守信,楚国是不足以为患的。"

鲁昭公三年,齐景公派晏婴到晋国去,叔向陪他饮宴,互相交谈。叔向问:"齐国的近况如何?"晏婴说:"已是末代了,齐国恐将为陈氏所有了!国君抛弃他的百姓,从而使他们都归附于陈氏。国君的积蓄腐朽虫蚀,而老人们却受冻挨饿。国都的各个市场上,鞋子便宜而假腿昂贵。百姓有痛苦疾病时,有人(指陈氏)对他们体恤抚慰。陈氏爱护百姓如同父母,而百姓就像流水一样归附他,想要不让他得到民心,又怎么能避免呢?"叔向说:"是的。即使是我们晋国的

人罢槚,而宫室滋侈。滋,益也。道殣相望,饿死为殣。而女富溢尤。女,嬖宠之家也。民闻公命,如逃寇仇。政在家门,大夫专政。民无所依。公室之卑,其何日之有?言今至也。谗鼎之铭。谗,鼎名。曰:'昧旦丕显,后世犹怠。'昧旦,早起。丕,大也。言夙兴以务大显,后世犹懈怠。况日不悛,悛,改也。其能久乎?晋之公族尽矣。肸闻之,公室将卑,其宗族枝叶先落,则公从之。"

初,景公欲更晏子之宅,曰:"子之宅近市,湫隘嚣尘,不可以居,湫,下。隘,小也。嚣,声。尘,土也。请更诸爽垲者。"爽,明也。垲,燥也。辞曰:"君之先臣容焉,先臣,晏子之先人也。臣不足以嗣之,于臣侈矣。侈,奢也。且小人近市,朝夕得所求,小人之利也。"公笑曰:"子近市,识贵贱乎?"对曰:"既利之,敢不识乎?"公曰:"何贵何贱?"于是景公繁于刑,有鬻踊者,故对曰:"踊贵履贱。"景公为是省于刑。君子曰:"仁人之言,其利博哉!晏子一言,而齐侯省刑。"

四年,楚子使椒举如晋求诸侯,晋侯欲勿许。司马侯曰:"不可。楚王方侈,天或者欲逞其心,以厚其毒,而降之罚,未可知也。其使能终,亦未可知也。唯天所相,相,助也。不可与争。君其许之,而修德以待其归。若归于德,吾犹将事之,况诸侯乎?若适淫虐,楚将弃之,弃,不以为君也。吾又谁与争?"公曰:"晋有三不殆,其何敌之有?殆,危也。国险而多马,齐、

公室,现在也到了末世。百姓疲劳困弊,而宫室却日益奢侈。道路上饿死的人一个接一个,而嬖宠之家的财富却十分多。百姓听到国君的命令,如同逃避仇敌。政令出于大夫之家,百姓无所依靠。公室的衰微,还能再等几天?谗鼎上的铭文说:'即使每日凌晨起身,勤奋地获取显赫的声名,然而后代子孙还是会懈怠。'何况天天不知悔改,他还能长久吗?晋国的公族没有希望了。我听说,公室将要衰微时,它的宗族就像大树上的枝叶一样会先行凋落,那么公室也将随着衰落。"

当初,齐景公要给晏子更换住宅,说:"您的住宅靠近市场,低湿狭小,喧闹多尘,不能居住,请换一所高爽明亮的房子吧。"晏子辞谢说:"君王您的先臣(晏子的先人)就住在这里,臣不足以继承其业,这对臣下已经是奢侈了。况且小人(晏子自称)靠近市场,早晚能得到所需要的东西,这对小人有好处。"齐景公笑着说:"您既然住得靠近市场,知道物品的贵贱吗?"晏子回答说:"既然有好处,怎能不知道呢?"齐景公说:"什么东西贵,什么东西便宜?"当时齐景公滥用刑罚,因此(市场上)有卖假腿的。所以晏子回答说:"假腿贵,鞋子便宜。"齐景公(有悟),为此减少了刑罚。君子说:"仁德之人的话,带来的利益是多么广大啊!晏子一句话,齐侯就减少了刑罚。"

鲁昭公四年,楚灵王派椒举到晋国去,想寻求诸侯的拥护,晋平公不想答应。司马侯说:"不可以。楚灵王才开始奢侈,上天也许想要满足其心意,来加深他的罪恶,从而降罪于他,也还说不定,上天想让他善终也说不定,要看上天帮助谁了,而不可以与他争夺。君主还是允许他,而自己修养德行以等待其结局。如果他能回心修德,我们尚且还要去事奉他,何况诸侯呢?如果他到了荒淫暴虐的地步,楚

楚多难。多篡弑之难也。有是三者,何向而不济?"对曰:"恃险与马,虞邻国之难,是三殆也。四岳、岱、华、衡、常。三涂、阳城、太室、荆山、中南,九州之险也,是不一姓。虽是天下至险,无德则灭亡。冀之北土,燕、代也。马之所生,无兴国焉。恃险与马,不可以为固也,从古以然。是以先王务修德音,以亨神人,亨,通也。不闻其务险与马也。邻国之难,不可虞也。或多难以固其国,启其疆土;或无难以丧其国,失其守宇。于国则四垂为宇。若何虞难?齐有仲孙之难而获桓公,至今赖之;仲孙,公孙无知。晋有里、丕之难而获文公,是以为盟主;卫、邢无难,敌亦丧之。闵二年,狄灭卫;僖二十五年,卫灭邢。故人之难,不可虞也。恃此三者,而不修政德,亡于不暇,又何能济?君其许之!纣作淫虐,文王惠和,殷是以殒,周是以兴,夫岂争诸侯?"乃许楚子。合诸侯于申。椒举言于楚子曰:"臣闻诸侯无归,礼以为归。今君始得诸侯,其慎礼矣。霸之济否,在此会也。夏启有钧台之享,启,禹子。河南阳翟县南有钧台陂。商汤有景亳之命,亳,即偃师。周武有孟津之誓,成有岐阳之搜,康有酆宫之朝,穆有涂山之会,齐桓有召陵之师,在僖四年。晋文有践土之盟。在僖二十八年。皆所以示诸侯礼也,诸侯所由用命也。夏桀为仍之会,有缗叛之。仍、缗,皆国名。商纣为黎之搜,东夷叛之。黎、东夷,国名。周幽为大室之盟,戎狄叛之。大室,中岳也。皆所以示诸侯汰也,诸侯所由弃命也。今君以汰,无乃不济乎?"王弗听。子产见左师曰:"吾不患楚矣!汰而愎谏,不过十年。"左师曰:"然。不十年侈,其恶不远,远恶而

国人将抛弃他,那么又有谁来和我们争雄呢?"晋平公说:"晋国有三条免于不危险的理由,有谁可以相匹敌呢?国家地势险要且盛产马匹,而齐国、楚国多祸难。有这三条,往哪个方向扩展不能成功呢?"司马侯回答说:"依仗地势险要和马匹多,而对邻国幸灾乐祸,这是三个危险倾向。四岳、三涂、阳城、太室、荆山、中南,都是九州险要的地方,但这些并不常为一姓所有。冀州的北部,是出产马的地方,却没有兴盛的国家。所以依仗地势险要和马匹,不可以作为巩固国家的条件,自古以来就是这样。因此先王致力于营造好的声誉以祭献神明和祖先,没有听说他们去务求险要地势和马匹。邻国的祸难,(其结果)是不可预料的。有的多难却巩固了国家,开辟了疆土;有的没有祸难却丧失了国家,失掉了国土。(对邻国之难)怎么能幸灾乐祸呢?齐国因有'仲孙之难'而得到了齐桓公,至今还依赖着他的余荫。晋国有里克、丕郑的事变而得到了晋文公,因此成为了诸侯的盟主。卫国、邢国没有祸难,敌人也灭亡了它们。所以别人的祸难,是不可以因之而高兴的。(晋国若)依仗这三条,而不去修明政事和德行,到时救亡都来不及,又怎么能谈得上成功?国君还是答应他们吧!殷纣王荒淫暴虐,周文王仁爱和顺,殷朝因此灭亡,周朝因此兴盛,那难道在于争夺诸侯吗?"于是晋平公就允许了(楚国的请求)。

楚灵王在申地会合诸侯,椒举对楚灵王说:"臣下听说诸侯不归服别的,只归服于'礼'。现在君主您刚开始得到诸侯(的拥护),对礼仪一定要谨慎啊。霸业成功与否,就在这次会盟了。夏启有在钧台的设宴礼客,商汤有在景亳的伐桀誓命,周武王有在孟津的伐纣盟誓,周成王有在歧山之阳的秋季田猎,周康王有在酆宫的即位朝会,周穆王有在涂山的集会,齐桓公有召陵的伐楚之师,晋文公有在城濮之战后与诸侯的践土盟会。他们都是以此向诸侯显示礼义,诸侯因此

后弃。恶及远方,则人弃之。善亦如之,德远而后兴。"十三年,楚弑其君。

　　五年,公如晋,自郊劳至于赠贿,往有郊劳,去有赠贿。无失礼。揖让之礼。晋侯谓汝叔齐曰:"鲁侯不亦善于礼乎?"对曰:"鲁侯焉知礼!"公曰:"何为?自郊劳及赠贿,礼无违者,何故不知?"对曰:"是仪也,不可谓礼。礼所以守其国家,行其政令,无失其民者也。今政令在家,在大夫。不能取也;有子家羁,不能用也;羁,庄公玄孙。奸大国之盟,凌虐小国;谓伐莒取郓。利人之难,谓往年莒乱而取鄆。不知其私;不自知有私难。公室四分,民食于他;他,谓三家。思莫在公,不图其终。无为公谋终始也。为国君,难将及身,不恤其所。礼之本末,将于此乎在,而屑屑焉习仪以亟。言以习仪为急。言善于礼,不亦远乎?"君子谓叔侯于是乎知礼。时晋侯亦失政,叔齐以此讽谏。

　　晋韩宣子如楚送女,叔向为介。及楚,楚子朝其大夫曰:"晋,吾仇敌也。苟得志焉,无恤其他。今其来者,上卿、上大夫也。若吾以韩起为阍,刖足使守门也。以羊舌肸为司宫,加

听从他们的号令。夏桀举行在仍的集会,有缗背叛他;商纣王举行在黎丘的田猎,东夷背叛他;周幽王举行在太室的会盟,戎狄背叛他。他们都是以此向诸侯显示骄泰,诸侯也因此而违命。现在君王以骄纵的态度对待诸侯,恐怕不会成功吧?"楚灵王不听。子产见到左师说:"我不担心楚国了,(楚王)骄纵而不听规劝,(其强盛)不会超过十年。"左师说:"是的。不是十年的骄纵,他的罪恶不会远播。罪恶遍及远方,然后就会被众人抛弃。善也如此,德行远播,然后就会兴盛了。"

鲁昭公五年,鲁昭公到晋国去,从接受在郊外的迎接、慰劳以至赠送财物,都没有失礼的地方。晋平公对汝叔齐说:"鲁君不是也很精通礼吗?"汝叔齐回答说:"鲁君哪里懂得礼!"晋平公说:"为什么?从在郊外的迎接、慰劳以至赠送财物,都没有违背礼节,为什么说他不懂礼呢?"汝叔齐回答说:"这是'仪'(指礼节),不可以说是'礼'。礼是用来保有国家、推行政令、不失去百姓的典章制度。现在鲁国的政令在三家大夫手里,却不能收回来;有子家羁这样的人才,却不能重用;触犯与大国的盟约,欺侮虐待小国;利用莒国内乱,夺取其郓地,却不知道自己也有危难;公室的军队一分为四,百姓就食于三大家族;民心已失,无人心存公室,昭公也不考虑其最终结果会怎样。身为一国之君,危难将要降临到自己身上,却不忧虑自己的处境。'礼'的根本与枝末就在这些方面存在差异,他却劳瘁匆迫,以演习礼节为急务,说他精通'礼',不是相差得太远了吗?"因此君子说汝叔齐很懂得礼的真谛。

晋国的韩宣子护送晋女去楚国,叔向担任副使。到了楚国,楚灵王召集他的大夫们,说:"晋国是我们的仇敌,如果能在他们身上让我们得意,就不必忧虑其他(问题)。现在他们来的人,是上卿、上

宫刑也。足以辱晋,吾亦得志矣,可乎?"大夫莫对。蘧启疆曰:"可。苟有其备,何故不可?耻匹夫不可以无备,况耻国乎?是以圣王务行礼,不求耻人。城濮之役,在僖二十八年。晋无楚备,以败于邲。在宣十二年。邲之役,楚无晋备,以败于鄢。在成十六年。自鄢以来,晋不失备,而加之以礼,重之以睦,君臣和也。是以楚弗能报,而求亲焉。既获姻亲,又欲耻之,以召寇仇,备之若何?言何以为备。谁其重此?言怨重也。若有其人,耻之可也。谓有贤人以耻晋,则可耻之。若其未有,君亦图之。晋之事君,臣曰可矣。求诸侯而麇至,麇,群也。求婚而荐女,荐,进。君亲送之,上卿及上大夫致之。犹欲耻之,君其亦有备矣。不然,奈何?君将以亲易怨,失婚姻之亲。实无礼以速寇,而未有其备,使群臣往遗之禽,以逞君心。何不可之有?"王曰:"不谷之过也。大夫无辱,谢蘧启疆。厚为韩子礼。"

六年,郑人铸刑书。铸刑书于鼎,以为国之常法。叔向使诒子产书曰:"昔先王议事以制,不为刑辟,惧民之有争心也。临事制刑,不豫设法。法豫设,则民知争端。犹不可禁御,是故闲之以义,闲,防也。纠之以政,行之以礼,守之以信,奉之以仁。奉,养也。制为禄位,以劝其从;劝从教也。严断刑罚,以威其淫。淫,放也。惧其未也,故诲之以忠,耸之以行,耸,惧也。教

大夫。如果我们让韩起做守门人，让叔向做管理宫内事务之官，这就足以羞辱晋国，我们也得逞心意了，可以吗？"大夫们没有一个人回答。薳启疆说："可以。如果有所防备的话，为什么不行？然而，羞辱一个普通人，还不能没有防备，何况羞辱一个国家呢？因此圣明的君王致力于推行礼义，而不谋求羞辱他人。城濮之战，晋国获胜后没有做好预防楚国再犯的准备，因此在邲地吃了败仗。邲地的战役，楚国得胜而没有防备晋国，因此在鄢陵吃了败仗。自从鄢陵战役以来，晋国没有失掉防备，而且对楚国礼遇有加，以和睦为重，因此楚国不能报复而只能要求结亲。既然已经和晋国结成了姻亲关系，又想要羞辱他们，以此招致仇敌，（对晋国的）防备又如何呢？到时谁来承担这个责任呢？如果有贤人来抵御晋国，羞辱他们是可以的。如果没有这样的人，君王还是考虑一下这件事吧！晋国事奉君王，要我说算是可以了。您要求会合诸侯，诸侯就成群而来；要求结亲，晋国就进奉女子，国君亲自去送她，晋国的上卿和上大夫一直送到我国。如此还打算羞辱他们，君王您大概已有所准备了吧！否则的话，怎么办呢？君王将要把亲善变成怨仇，的确是以无礼而招致敌人，然而又没有防备，这是把群臣送到晋国当俘虏，以满足君王您的心意，有什么不可以呢？"楚灵王说："这都是我的过错，大夫您不用再说了。"便对韩起以厚礼相待。

鲁昭公六年，郑国把刑法条文铸在鼎上。叔向派人送信给子产说："从前，先王通过衡量事情的轻重来判罪，不制定刑法，这是怕百姓有争夺之心。那样还是不能禁止犯罪，因此以道义来防范，靠政令来约束，制定礼仪来奉行，凭信用来保持，用仁爱来培养，规定俸禄爵位来勉励顺从教诲的人，严厉地断案判刑，以威慑放纵的人。担心还不能奏效，就用忠诚来教诲他们，根据品行来奖励劝勉

之以务，时所急也。使之以和，悦以使民。临之以敬，莅之以强，施之于事为莅。断之以刚。义断恩也。犹求圣哲之上，明察之官，上，公王也。官，卿大夫也。忠信之长，慈惠之师。民于是乎可任使也，而不生祸乱。民知有辟，则不忌于上，权移于法，故民不畏上也。并有争心，以征于书，而徼幸以成之，因危文以生争，缘徼幸以成其巧伪也。弗可为矣。为，治也。夏有乱政而作《禹刑》。商有乱政而作《汤刑》。夏、商之乱，著禹、汤之法，言不能议事以制。周有乱政而作《九刑》。周之衰，亦为刑书，谓之九刑也。三辟之兴，皆叔世也。言刑书不起于始盛之世。今吾子相郑国，制参辟，铸刑书。制参辟，谓用三代之末法。将以靖民，不亦难乎？《诗》曰：'仪式刑文王之德，日靖四方。'言文王以德为仪式，故能日有安靖四方之功。刑，法也。又曰：'仪刑文王，万邦作孚。'言文王作仪法，为天下所信也。如是，何辟之有？言诗唯以德与信，不以刑。民知争端矣，将弃礼而征于书，以刑书为征。锥刀之末，将尽争之。锥刀末，喻小事。乱狱滋丰，贿赂并行，终子之世，郑其败乎！肸闻之：'国将亡，必多制。'数改法也。其此之谓乎！"复书曰："若吾子之言。复，报也。侨不才，不能及子孙，吾以救世也。"

晋韩宣子之适楚，楚人弗逆，公子弃疾及晋境，晋侯将亦弗逆。叔向曰："楚僻我衷，僻，邪。衷，正。若何效僻！《书》曰：'圣作则。'则，法也。无宁以善人为则，无宁，宁也。而则人之僻乎？匹夫为善，民犹则之，况国君乎？"晋侯悦，乃逆。

七年，楚子之为令尹也，为王旌以田。王旌，游至于轸。芋

他们，用其专业知识技艺来教导他们，用和悦的态度来役使他们，以敬肃的态度面对他们，有违犯者则坚决判刑。还要访求贤能的卿相、明察事理的官吏、忠诚守信的乡长、仁慈和蔼的老师，（在这种情况下）百姓就能够被差遣而不发生祸乱了。（如果）百姓知道有法律，就不会敬畏上级领导，人人都将会有争夺之心，各自征引刑法以为证明，而且想侥幸得到成功，那样就不好治理了。夏朝出现了违反政令者，于是制定了《禹刑》；商朝有违反政令者，于是制定了《汤刑》；周朝有违反政令者，于是制定了《九刑》。这三种刑法的产生，都是在衰微的末世。现在您辅佐郑国，制定了像三代末世时的刑法，并把刑法铸在鼎上，打算用这种办法安定百姓，不也是很困难的吗？《诗经》说：'效法文王之德，日日想着安定天下四方。'又说：'效法文王，万邦信服。'像这样，何必要有刑法呢？百姓知道了争夺的依据（即刑书），将会丢弃礼仪而征引刑书，小事微利都要尽力争个明白，不易判决的案件会更加繁多。贿赂遍行，在您活着的时候，郑国恐怕就要衰败了吧！我听说，国家将要灭亡，必然会制定很多法律，恐怕说的就是这个吧！"子产回信说："诚如您说的那样！然而我没有才能，不能顾及到子孙。我是用此来挽救当代的。"

晋国韩起到楚国去的时候，楚国人不来迎接他。公子弃疾到了晋国的边境，晋平公也打算不派人迎接。叔向说："楚国的做法不正确，我们要做得正确，为什么要效仿不正确的事呢？《尚书》说：'以圣人为准则。'宁以善人作为榜样，难道要去仿效别人不正确的做法吗？普通人做好事，民众都会效法他，何况国君呢？"晋平公很高兴，就派人去迎接公子弃疾。

鲁昭公七年，当楚灵王还是令尹的时候，曾使用楚王才能用的

尹无宇断之曰："一国两君，其谁堪之？"及即位，为章华之宫，纳亡人以实之。无宇之阍入焉。有罪亡入章华宫。无宇执之，有司弗与，曰："执人于王宫，其罪大矣。"执而谒诸王。执无宇也。无宇辞曰："天子经略，经营天下，略有四海。诸侯正封，封疆有定分。古之制也。封略之内，何非君土？食土之毛，谁非君臣？毛，草也。天有十日，甲至癸。人有十等。王至台。下所以事上，上所以供神也。今有司曰'汝胡执人于王宫'，将焉执之？周文王之法曰'有亡荒阅'，荒，大也。阅，搜也。有亡人，当大搜其众也。所以得天下也。吾先君文王，楚文王也。作《仆区》之法，仆区，刑书名。曰'盗所隐器。隐盗所得器。与盗同罪'，所以封汝也。行善法，故能启疆北至汝水也。若从有司，是无所执逃臣也。逃而舍之，王事无乃阙乎？昔武王数纣之罪以告诸侯曰：'纣为天下逋逃主，萃渊薮。萃，集也。天下逋逃，悉以纣为渊薮，集而归之。故夫致死焉。'人欲致死讨纣也。君王始求诸侯而则纣，无乃不可乎？若以二文之法取之，盗有所在矣。"言王亦为盗。王曰："取而臣以往，往，去也。盗有宠，未可得也。"盗有宠，王自谓也。遂舍之。赦无宇也。

八年，石言于晋魏榆。魏榆，晋地。晋侯问于师旷曰："石何故言？"对曰："石不能言，或凭焉。谓有精神凭依石而言也。不然，民听滥。滥，失也。抑臣又闻之，抑，疑辞也。曰：'作事不

旌旗去打猎。芋尹无宇斩断旌旗的飘带，说："一个国家有两位君主，谁能承受得了？"等楚灵王即位以后，建造章华之宫，收纳逃亡之人安置在里面。无宇的守门人也逃到章华宫里，无宇想把他抓回来，可管理章华宫的官员却不准许，说："在王宫里抓人，真是罪大恶极！"于是就把无宇抓起来去见楚灵王。无宇申辩说："天子治理天下之事，诸侯治理于封地之内，这是自古以来的制度。楚国疆界之内，哪里不是君主的土地？吃着土地上长出的粮食的人，谁不是国君的臣民？就像天有十干（指甲乙丙丁戊己庚辛壬癸，用以排时序），人也分成十等，在下位的要侍奉在上位的，而在上位的要供奉神灵。可是现在管理章华宫的官员却说：'你为什么要在王宫里抓人呢？'那么不在王宫又到哪里去抓他呢？周文王的法令说：'有逃亡的人，就要大力搜查。'所以周文王能得到天下。我们前代的国君楚文王，制定了惩罚窝藏逃犯的仆区之法，说：'隐藏盗贼的赃物，与盗贼同罪。'所以得到了北至汝水之滨的疆土。假如按照宫内官员的说法，是不能逮捕逃亡的下臣了。逃亡的就舍弃他让他逃亡，国君的政事恐怕会有所缺失吧！以前周武王列举殷纣王的罪状，通告天下诸侯说：'纣王是天下逃亡者的窝藏主，（殷都）是逃亡者聚集的处所。'所以天下人都拼命地讨伐纣王。如今君王刚刚获得诸侯的拥护就效法纣王，恐怕不可以吧！假如用周文王和楚文王的法令来抓捕盗贼，那'盗贼'是有地方抓的。"楚灵王说："就把你的看门人带走吧！还有一个盗贼正受到上天的恩宠（楚灵王自谓），还不能抓走啊。"于是就赦免了无宇。

鲁昭公八年，在晋国的魏榆有块石头会说话。晋平公问师旷："石头为什么说话呢？"师旷回答道："石头根本不会说话，可能是有鬼神附在石头上，否则就是百姓听错了，传闻不实。但是臣又听

时，怨讟动于民，则有非言之物而言。'今宫室崇侈，民力雕尽，雕，伤也。怨讟并作，莫保其性，性，命也。民不敢自保其性命也。石言不亦宜乎？"于是晋侯方筑虒祁之宫。虒祁，地名。叔向曰："子野之言，君子哉！子野，师旷字也。君子之言，信而有征，故怨远于其身；怨咎远其身也。小人之言，僭而无征，故怨咎及之。是宫也成，诸侯必叛，君必有咎，夫子知之矣。"叔弓如晋，贺虒祁也。贺宫成。游吉相郑伯以如晋，亦贺虒祁也。史赵见子大叔曰："甚哉，其相蒙！蒙，欺也。可吊也，而亦贺之。"大叔曰："若何吊也？其非唯我贺，将天下实贺。"言诸侯畏，晋非独郑。

九年，周甘人与晋阎嘉争阎田。甘人，甘大夫。阎嘉，阎县大夫。晋梁丙、张趯率阴戎伐颍。阴戎，陆浑之戎。颍，周邑。王使詹桓伯辞于晋，辞，责让之也。桓伯，周大夫。曰："文、武、成、康之建母弟，以藩屏周，亦其废坠是为。为后世废坠，兄弟之国，当救济之也。先王居梼杌于四裔，以御魑魅，言梼杌，略举四凶之一也。故允姓之奸，居于瓜州。允姓，阴戎之祖，与三苗俱放于三危也。瓜州，今敦煌也。伯父惠公归自秦，而诱以来，僖公十五年，晋惠公自秦归。二十二年，秦晋迁陆浑之戎于伊川。使逼我诸姬，入我郊甸。戎有中国，谁之咎也？咎在晋。后稷封殖天下，今戎制之，不亦难乎？后稷修封疆，殖五谷，今戎得之，唯畜牧也。伯父图之。我在伯父，犹衣服之有冠冕、木水之有本源、民人之有谋主也。民人谋主，宗族之师长。伯父若裂冠毁冕，拔

说，如果做事情不合时宜，怨恨和诽谤就会在百姓中产生，这时即使本来不会说话的东西也说话了。如今宫室高大华丽，可是民力损伤已尽，怨恨和诽谤一齐产生，人民不能自保性命。那么石头说话，不也是应该的吗？"当时晋平公正在兴建虒祁宫。叔向（听了此话）说："子野（师旷之字）所说的，真是君子之言。君子所说的话，既诚实而又有依据，所以怨恨总是远离他本身；小人所说的话，既虚假而又没有证据，因而埋怨、责备总是落在他身上。这座宫殿一旦落成，那么各诸侯必然会背叛晋国，国君必然会有灾祸。师旷已知道这些了。"鲁国的叔弓到晋国去，祝贺虒祁宫的落成。郑国的游吉陪同郑简公到晋国，也是祝贺虒祁宫的落成。史赵见到游吉说："太过分了，大家在互相欺骗！应该哀痛凭吊的事情，反而来祝贺。"游吉说："如何哀痛凭吊啊？不仅是我国前来祝贺，天下各诸侯都会来祝贺的。"

鲁昭公九年，周甘大夫襄与晋国的阎县大夫阎嘉争夺阎地的土地。晋国的梁丙、张趯率领阴戎人进攻周邑颍。周天子（周景王）就派大夫詹桓伯到晋国进行谴责，说："文王、武王、成王、康王分封同母兄弟建立诸侯国的目的，是用来作为屏障，卫护王室，也是为了在周朝衰颓时，这些兄弟之国能互相救济。先王让异族檮杌等居住在四方边远的地方，以抵御山林中的精怪，所以允姓的戎族就住在了瓜州。伯父晋惠公从秦国回来后引诱陆浑之戎前来，使得他们威逼我们姬姓的国家，并且进入我们城邑的郊区。戎人占据中原土地，这是谁的罪过？先祖后稷教给天下之民种植庄稼，创立天下，如今却被戎人控制当作牧场，让我这做天子的很难为啊。请伯父考虑一下，我们周王室对于伯父来说，犹如衣服有冠冕，树有根、水有源、百姓有谋主。伯父如果撕裂毁坏冠冕，拔掉树根，断塞水源，专断而抛弃谋主，即使是戎狄，他们心里哪还会有我这个天子？"叔向对韩宣子说：

本塞源，专弃谋主，虽戎狄其何有余一人？"伯父犹然，则虽戎狄，无所可责。叔向谓宣子曰："文之伯也，岂能改物？言文公虽霸，未能改正朔、易服色。翼戴天子，而加之以恭。翼，佐也。自文以来，世有衰德，而暴蔑宗周，宗周，天子。以宣示其侈，诸侯之贰，不亦宜乎？且王辞直，子其图之。"宣子悦。使赵成如周，致阎田，反颍俘。

筑郎囿，季平子欲其速成，叔孙昭子曰："《诗》云：'经始勿亟，庶人子来。'言文王始经营灵台，非急疾之。众民自以子义来，劝乐为之。焉用速成？其以剿民也。剿，劳也。无囿犹可，无民其可乎？"

十二年，楚子次于乾溪，在谯国城父县南。仆析父从。楚大夫。右尹子革夕，子革，郑丹也。夕，暮见也。王见语曰："今吾使人于周求鼎，其与我乎？"对曰："与君王哉！今周服事君王，将唯命是从，岂其爱鼎！"王曰："昔我皇祖伯父昆吾，旧许是宅。陆终氏生六子，长曰昆吾，少曰季连，季连，楚之祖，故谓昆吾为伯父也。昆吾尝居许，故曰旧许是宅也。今郑人贪赖其田，而不我与。我若求之，其与我乎？"对曰："与君王哉！周不爱鼎，郑何敢爱田？"王曰："昔诸侯远我而畏晋，今我大城陈、蔡、不羹，赋皆千乘，诸侯其畏我乎？"对曰："畏君王哉！是四国者，专足畏也，四国，陈、蔡、二不羹也。又加之以楚，敢不畏君王乎？"王入，析父谓子革曰："吾子，楚国之望也！今与王言如响，国其若之何？"讥其顺王心如响应声。子革曰："摩厉以须王出，吾刃将斩之矣。"以己喻锋刃，欲自摩厉以断王之淫愿。

"晋文公虽是霸主,岂能更改礼法?只能是辅佐拥戴天子,而且更加恭敬。从文公以来,世代都是德行衰减而且损害轻视王室,公开显示其奢泰骄横,如此则诸侯怀有背叛之心,这不也是应该的吗?况且天子的言辞正义有理,您还是考虑一下吧。"韩宣子听了很高兴,于是就派赵成前往周朝都城,归还阎地的土地,放还了在颍地抓到的俘虏。

鲁国筑郎囿,季平子想让工程赶快完成。叔孙昭子说:"《诗经》上说:'文王开始规划营造灵台时并不着急,百姓却像儿子一样踊跃地前来(建筑灵台)。'哪里用得着下令加速完成?那样会劳扰百姓。没有苑囿是可以的,没有人民可以吗?"

鲁昭公十二年,楚灵王住在乾溪,仆析父为随从。右尹子革傍晚进见,楚灵王接见了他,对他说:"现在我派人去周王室,请求把九鼎赐给我,周天子会给我吗?"子革回答说:"会给君王的!如今是周王室服从、侍奉君王了,将会对您唯命是从,难道还会爱惜九鼎吗?"楚灵王说:"从前我的皇祖伯父昆吾,曾居住在旧许。现在郑国人贪图这块土地而不给我们。我们如果要求取,郑国会给我们吗?"子革回答说:"会给君王的!周朝不爱惜鼎,郑国怎敢爱惜土地!"楚灵王说:"从前诸侯疏远我们而畏惧晋国,现在我们大力修筑陈国、蔡国和不羹的城墙,每地都有兵车一千辆,诸侯是否会畏惧我们呢?"子革回答说:"诸侯会畏惧君王的。单单是陈国、蔡国和东西不羹这四个地方,就完全足以让各诸侯感到畏惧了,再加上楚国全国的力量,诸侯们怎敢不害怕君王呢?"楚王进屋去了,仆析父对子革说:"您是楚国最有声望的大臣,可是现在和君王说话就像其回声一样,楚国将来可怎么办呢?"子革说:"我正磨快了刀等待时机,只要君

王出，复语。左史倚相趋过。倚相，楚史名也。王曰："是良史也，能读《三坟》《五典》《八索》《九丘》。"皆古书名。对曰："臣尝问焉。昔穆王欲肆其心，周穆王。肆，极也。周行天下，将皆必有车辙马迹焉。祭公谋父作《祈招》之诗，以止王心。谋父，周卿士也。祈父，司马，掌甲兵之职。招，其名。王是以获没于祗宫。获没，不见篡弑。臣问其诗，而不知也。若问远焉，其焉能知之？"王曰："子能乎？"对曰："能。其《诗》曰：'祈招之愔愔，式昭德音。愔愔，安和貌也。式，用也。昭，明也。思我王度，式如玉，式如金。金、玉，取其坚重。形民之力，而无醉饱之心。'"言国之用民，当随其力任，如金冶之器，随器而制形。故言形民之力，去其醉饱过盈之心。王揖而入，馈不食、寝不寐数日。深感子革之言。不能自克，以及于难。克，胜也。仲尼曰："古也有志，克己复礼，仁也。信善哉！楚灵王若能如此，岂其辱于乾溪？"

十三年，季平子立，而不礼于南蒯。南蒯，季氏费邑宰也。南蒯以费叛，叔弓围费，弗克，败焉。为费人所败。平子怒，令见费人，执之以为囚俘。冶区夫曰："非也。区夫，鲁大夫。若见费人，寒者衣之，饥者食之，为之令主，而共其乏困，费来如归，南氏亡矣。民将叛之，谁与居邑？若惮之以威，惧之以怒，民疾而叛，为之聚也。若诸侯皆然，费人无归，不亲南氏，将焉入乎？"平子从之。费人叛南氏。

王一出来,我就会一刀砍断君王的邪心。"楚王出来后接着与子革交谈。左史倚相快步走过他们面前,楚王说:"这是位好史官,能读《三坟》、《五典》、《八索》、《九丘》等古书。"子革回答说:"臣下曾经请教过他。从前周穆王想放纵其私心,巡行于天下,打算让天下都有他的车辙马迹。祭公谋父作了《祈招》这首诗,用来劝阻周穆王的私心。穆王因此得以善终于祗宫。臣下问倚相这首诗的内容,他却不知道。如果问更远的事情,他又怎么能知道呢?"楚王说:"那您知道吗?"子革回答说:"臣知道。这首诗说:'祈招安详和悦,用以光大君主美好的名声。想想我们君王的德行器度,样子好像玉、好像金。役使百姓时衡量其力量而任用,自己没有酒食过度的纵欲之心。'"楚灵王向子革拱手行礼后走进屋去,连着好几天,送来的饭也不吃,也睡不着觉。仍不能克制自己,终于遭到了祸难。孔子说:"古代有这样的记载:约束自我,使言行合乎先王之礼,这就是仁。确实说得好啊!楚灵王若能这样做,难道还会在乾溪受到羞辱吗?"

鲁昭公十三年,(以前昭公十二年时)季平子嗣位,对(为季氏立有大功的南遗之子)南蒯不加礼遇。南蒯凭借费邑叛变(投降齐国)。(到这一年,昭公十三年春)鲁国的叔弓率军围攻费邑,没有攻克,被费人打败。季平子大怒,命令(叔弓的军队)见到费邑的人就抓起来做俘虏。鲁国大夫冶区夫说:"这样做不对。如果见到费人,挨冻的就给他们衣服穿,挨饿的就给他们饭吃,做他们贤德的君主,供给他们所缺乏的东西,那么费邑之人前来投奔就如同回家一样,南氏就会灭亡了。百姓都打算背叛南氏,谁还会和他一起占据被围困的城邑呢?如果用威势使人们畏惧,用愤怒来威胁百姓,费邑的人民就会因憎恨(季氏)而反叛,这等于是在为南氏聚集百姓。假如诸侯们都是这样(虐待百姓),费邑的人走投无路,他们不亲近南氏

十五年，晋荀吴帅师伐鲜虞，围鼓。鼓，白狄之别。鼓人请以城叛，穆子弗许，左右曰：“师徒不勤，而可以获城，何故不为？”穆子曰：“吾闻之叔向曰：'好恶不愆，民知所适，事无不济。'愆，过也。适，归也。或以吾城叛，吾所甚恶也，人以城来，吾独何好焉？赏所甚恶。若所好何？无以复加所好。若其弗赏，是吾失信也，何以庇民？力能则进，否则速退，量力而行。吾不可以欲城而迩奸，所丧滋多。”使鼓人杀叛人而缮守备，围鼓三月。鼓人或请降，使其民见，曰：“犹有食色，姑修而城。”军吏曰：“获城而弗取，勤民而顿兵，何以事君也？”穆子曰：“吾以事君也。获一邑而教民怠，将焉用邑？邑以贾怠，不如完旧。完，犹保守。贾怠无卒，卒，终也。弃旧不祥。鼓人能事其君，我亦能事吾君。率义不爽，好恶不愆，城可获而民知义所，知义所在。有死命而无二心，不亦可乎！”鼓人告食竭力尽，而后取之。克鼓而反，不戮一人。

又将到哪里去呢?"季平子听从了冶区夫的意见。(最终)费人背叛了南氏。

鲁昭公十五年,晋国荀吴率领军队攻打鲜虞,包围了鼓国。鼓国有人请求举城投降,荀吴不答应。左右随从说:"不费一兵之力,就能得到一个城池,将军为何不这么做呢?"荀吴说:"我听叔向说过:'如果喜好与厌恶得当而没有过失,民众就知道他们该向何处去,这样事情就没有不成功的。'若有人以我们的城邑叛变,这是我们所极其憎恶的。别人带着城邑背主来降,我们却为什么单单喜欢这样呢?奖赏我们所憎恶的,那么对所喜欢的又该怎么办呢?如果不加赏赐,这就是我们失信了,那又用什么来庇护百姓呢?力量能够达到的就进攻,否则就迅速撤退,应根据自己力量的大小来做事。我们不可因为想得到城邑便接近奸邪,那样所失去的会更多。"于是就让鼓国人杀死了那些叛徒,并修缮防御设施。晋军包围了鼓国三个月,鼓国有人乞降,荀吴让鼓国人进见,说:"看你们的面色知道没有挨饿,你们姑且回去修缮你们的城池!"一位军官说:"能获得城池却不要,劳苦百姓又损坏兵器,如此怎样奉事君主呢?"荀吴说:"我正是以此来侍奉君主。假如得到一座城池,却使此城的百姓变得怠惰,那要这座城池又有什么用呢?如果得到城邑却导致百姓的怠惰,还不如保持原本(勤慎)的状态。导致百姓的怠惰是不会有好结果的,抛弃原来(勤慎)的状态就不会吉祥。鼓国人能事奉他们的国君,我也能事奉我们的君主。遵循正义行事就不会有过错,好恶得当而没有差失,城池既可得到,又能使民众明白正义之所在,从而拼死效命于晋国而没有异心,不也是可以的吗?"后来鼓国人告知说,城内粮食已吃完,力量已用尽,然后晋军夺取了鼓国。荀吴攻克鼓国后班师回朝,没有杀一个人。

十八年,火始昏见。火,心星也。梓慎曰:"七日,其火作乎宋、卫、陈、郑也。"数日,皆来告火。裨灶曰:"不用吾言,郑又将火。"前年,裨灶欲用瓘斚禳火,子产不听。郑人请用之,子产不可。子大叔曰:"宝,以保民也。若有火,国几亡。可以救亡,子何爱焉?"子产曰:"天道远,人道迩,非所及也,何以知之?灶焉知天道?是亦多言矣,岂不或信?"多言者。或时有中也。遂不与,亦不复火。

十九年,楚子之在蔡也,生太子建。及即位,使伍奢为之师。费无极为少师,无宠焉,欲谮诸王,曰:"建可室矣。"王为之聘于秦,无极与逆,劝王取之。楚子为舟师以伐濮,濮,南夷也。无极言于楚子曰:"晋之伯也,迩于诸夏,而楚僻陋,故弗能与争。若大城城父而置太子,城父,今襄城城父县。以通北方,王收南方,是得天下。"王说,从之,故太子建居于城父。

郑大水,龙斗于时门之外洧渊。时门,郑城门也。国人请为禜焉,子产弗许,曰:"我斗,龙不我觌。觌,见也。龙斗,我何觌焉?禳之,则彼其室也。渊,龙之室。吾无求于龙,龙亦无求我。"乃止也。言子产之智。

鲁昭公十八年，大火星开始在黄昏出现（古人认为是不正常的天象）。梓慎说："七天以后，宋、卫、陈、郑四国恐怕要发生火灾了吧。"几天以后这四国都来告知发生了火灾。裨灶说："不听我的话，郑国还会发生火灾。"于是郑国人就请求采纳裨灶的话，子产却不同意。子大叔说："（禳火的）宝物是用来保护百姓的。如果再发生火灾，国家差不多会灭亡的。如今裨灶可以禳灾救亡，您为何那样爱惜宝物呢？"子产说："天道深远，而人道切近，是不相关联的，凭什么（指德行才能）由天道而知人道呢？裨灶哪里懂得天道？此人只是这样的话说多了，难道不会偶尔说中吗？"子产就没有给裨灶（瓘斝玉瓒），而郑国也没再发生火灾。

鲁昭公十九年，当楚平王（还为大夫）在蔡国时，生了太子建。到楚平王即位后，就派伍奢做太子建的太师，费无极为少师。可是太子建对费无极并没有好感，于是费无极想向平王谗毁（太子），说："太子建可以娶妻成家了。"楚平王派人到秦国给太子建聘娶正妻，费无极参与迎娶，然而费无极却劝平王纳娶了这位秦国女子。楚平王建立水军以攻打濮，费无极向平王说："晋国称霸诸侯时，与中原各国相距较近，而楚国地处僻远，所以不能和晋争霸。如果大力修筑城父的城墙而把太子建安排在那里，来和北方各诸侯互相交往，而君王自己收取南方，如此就可以称霸天下了。"楚平王很高兴，听从了他的话，所以就让太子建镇守城父。

郑国发生大水灾，有龙在时门之外的洧渊中争斗。国内的人们请求为此举行禳灾的祭祀，子产不答应，说："我们争斗，龙不看我们，龙争斗，我们为什么要去观看呢？若要禳灾、祭祀它们，而那里本来就是其居住的地方（怎能让它们离开）。我们对龙没有什么乞求，龙对我们也就没有什么乞求。"于是国人（关于祭祀）的请求便

二十年，费无极言于楚子曰："建与伍奢将以方城之外叛。齐、晋又交辅之，将以害楚。其事集矣。"王信之，问伍奢。奢对曰："君一过多矣，一过，纳建妻。何信于谗？"王执伍奢。忿奢切言。使城父司马奋扬杀太子，未至，而使遣之。知太子冤，故遣令去。太子建走宋。王召奋扬，奋扬使城父人执已以至。王曰："言出于余口，入于尔耳，谁告建也？"对曰："臣告之。君王命臣曰：'事建如事余。'臣不佞，佞，才也。不能苟贰。奉初以还，奉初命以周旋。不忍后命，故遣之。既而悔之，亦无及已。"王曰："而敢来，何也？"对曰："使而失命，召而不来，是再奸也。奸，犯也。逃无所入。"王曰："归。"从政如他日。善其言，舍使还。无极曰："奢之子才。若在吴，必忧楚国，盍以免其父召之？彼仁，必来。不然，将为患。"王使召之，曰："来，吾免而父。"棠君尚谓其弟员。棠君，奢之长子。曰："尔适吴，我将归死。吾智不逮，自以智不及员。我能死，尔能报。闻免父之命，不可以莫之奔也；亲戚为戮，不可以莫之报也。父不可弃，俱去为弃父也。名不可废，俱死为废名。尔其勉之！"伍尚归，奢闻员不来，曰："楚君、大夫其旰食乎！"将有吴患，不得早食。楚人皆杀之。员如吴，言伐楚之利于州于。州于，吴子僚也。

终止了。

鲁昭公二十年,费无极对楚平王说:"太子建和伍奢将要以方城之外的地区反叛,齐国、晋国又在旁辅助他们,将要危害楚国,他们叛变的事已成定局了。"楚平王听信了费无极的话,就质问伍奢。伍奢回答说:"君王纳太子建之妻,过错已经很严重了,为什么还要听信谗言呢?"于是楚平王就拘捕了伍奢。派城父司马奋扬去杀太子建,可是在未到达城父前,奋扬就派人通知太子建逃走。太子建逃到宋国。楚平王召回奋扬,奋扬让城父大夫逮捕自己送到都城。平王说:"话从我口里说出,进入你的耳朵,又是谁告诉太子建的?"奋扬回答说:"是臣下告诉的。君王曾命令臣下说:'事奉太子建如同事奉我一样。'臣下不才,不能随便违命,便遵奉当初的命令来对待太子,不忍心执行后来(杀死太子)的命令,所以放走了太子。不久,我又后悔这样做,但是已经来不及了。"楚平王说:"(既然如此)你还敢来见我,为什么呢?"奋扬回答说:"被派遣而没有完成使命,召见而又不回来,这是二次违犯君令,就是想逃走也没有什么地方可去。"楚王说:"回去吧,像从前一样做官。"费无极说:"伍奢的两个儿子都很有才能,假如留在吴国,必然会成为楚国的忧患,何不以赦免他们父亲之罪的名义召回他们?他们有仁心,必会前来,否则将会成为祸患。"楚平王派人召他们回国,说:"你们回来,我就赦免你们的父亲。"棠君伍尚对他弟弟伍员说:"你到吴国去吧,我准备回国赴死。我的才智不如你,我能够为父而死,你能够为父报仇。听到赦免父亲的命令,不可以不回国。若亲人(父亲)被杀戮,不可以不报仇。父亲不可以舍弃,名声不可以损毁,你要自勉努力啊!"伍尚回到了楚国。伍奢听说伍员没有回来,就说:"楚国的君主和大夫们,恐怕要陷于寝食不安的境地了吧(意谓楚国将有吴国来伐的忧患)!"结果楚平王就

齐侯疥，遂痁。痁，疟疾也。期而不瘳，诸侯之宾问疾者多在。多在齐。梁丘据与裔款。二子，齐嬖大夫。言于公曰："吾事鬼神也丰，于先君有加矣。今君疾病，为诸侯忧，是祝史之罪，诸侯不知，其谓我不敬。君盍诛于祝固、史嚚以辞宾？"欲杀嚚，固以辞谢来问疾之宾。公悦，告晏子，晏子对曰："日宋之盟，屈建问范会之德于赵武。武曰：'夫子之家事治，言于晋国，竭情无私。其祝史祭祀，陈信不愧。其家事无猜，其祝史不祈。'家无猜疑之事，故祝史无求于鬼神。建以语康王。楚王也。康王曰：'神人无怨，宜夫子之光辅五君，以为诸侯主也。'"五君，文、襄、灵、成、景也。公曰："据与款谓寡人能事鬼神，故欲诛于祝史。子称是语也，何故？"对曰："若有德之君，外内不废，无废事也。上下无怨，动无违事，祝史荐信，无愧心矣。君有功德，祝史陈说之无所愧。是以鬼神用飨，国受其福，祝史与焉。与受国福也。其所以蕃祉老寿者，为信君使也。其适遇淫君，外内颇邪，上下怨疾，动作辟违，斩刈民力，暴虐淫纵，肆行非度，不思谤讟，不惮鬼神，神怒民痛，无悛于心，其祝史荐信，是言罪也。以实白神，是为言君之罪。其盖失数美，是矫诬也。盖，掩也。进退无辞，则虚以求媚，作虚辞以求媚于神。是以鬼神不飨其国以祸之，祝史与焉。所以夭昏孤疾者，为暴君使也。"公曰："然则若之何？"对曰："不可为也。言非诛祝史所能治。山林之木，衡鹿守之；泽之萑蒲，舟鲛守之；薮之薪

把他们(伍奢和伍尚)都杀了。伍员逃亡到了吴国,向吴王僚进言攻打楚国的好处。

齐景公得了隔日疟,不久便发展成了严重的疟疾,一年后也没有痊愈,很多诸侯的使节都到齐国来探问景公的病情。梁丘据和裔款对齐景公说:"我们事奉鬼神(的祭品)很丰厚,比先君还有所增加。现在君王病重,让各诸侯国忧虑,这都是祝固、史嚚的罪过。但诸侯们并不知道,他们会以为是我们对鬼神不敬(而造成的)。君王何不诛杀祝固、史嚚,以此来辞谢前来探视的宾客呢?"齐景公很高兴,就把这些话告诉晏子。晏子说:"往日在宋国的盟会,楚国的屈建向晋国的赵武询问范会的德行。赵武说:'他老人家家族中的事情治理得很好,对晋国的谏言,尽心尽力,公正而没有偏心。那些祝史(祭礼时司告鬼神的人)在祭祀时,陈述的情况真实,心中不感到羞愧。他家族中没有可猜疑的事情,所以祝、史也不向鬼神祈求什么。'屈建就把这些话告诉楚康王。康王说:'神和人都没有怨恨,无怪乎他老人家多方面地辅佐了五位君主而使晋国成为诸侯的盟主。'"齐景公说:"梁丘据和裔款都认为寡人能够事奉鬼神,所以要诛杀祝官、史官。您说出这番话,是什么缘故?"晏婴回答说:"如果是有德行的君主,国家和宫中的事情都无荒废,臣民上下都没有怨恨,举动都没有违背礼仪的事,他的祝、史向鬼神进陈实情,心无所愧,所以鬼神因此享用祭品,国家受到鬼神的福佑,祝、史也在其中(享受国家之福)。他们之所以多福长寿,因为是诚实君主的使者的缘故。如果他们恰遇荒淫无道的君主,国家和宫中之事颇为偏邪,上下相互憎恨,君主的行为举动邪僻背理,用尽了民力物力,凶狠残酷,邪恶放纵,恣意妄为,违反法度,不考虑臣民的怨恨毁谤,也不敬畏鬼神,以致神灵发怒,人民痛恨,心中却仍无改悔之意。他

蒸，虞候守之；海之盐蜃，祈望守之。衡鹿、舟鲛、虞候、祈望，皆官名也。言公专守山泽之利，不与民共。布常无艺，艺，法制也。言布政无法制。征敛无度；宫室日更，淫乐不违；违，去也。内宠之妾，肆夺于市；肆，放也。外宠之臣，僭令于鄙。诈为教令于边鄙也。民人苦病，夫妇皆诅。祝有益也，诅亦有损。聊、摄以东，。聊、摄，齐西界也。姑尤以西，姑、尤，齐东界也。其为人也多矣！虽其善祝，岂能胜亿兆人之诅耶？君若欲诛于祝史，修德而后可。"公悦，使有司宽政，毁关去禁，薄敛已责。

齐侯至自田，晏子侍于遄台。子犹驰而造焉。子犹，梁丘据。公曰："唯据与我和夫！"晏子对曰："据亦同也，焉得为和？"公曰："和与同异乎？"对曰："异。和如羹焉，水火醯醢盐梅，以烹鱼肉，宰夫和之，齐之以味，济其不及，以泄其过。济，益也。泄，减也。君子食之，以平其心。君臣亦然。亦如羹。君所谓可，而有否焉，臣献其否，以成其可。献君之否，以成君可。君所谓否，而有可焉，臣献其可，以去其否。是以政平而不奸，民无争心。今据不然。君所谓可，据亦曰可；君所谓否，据亦曰

的祝、史假如向鬼神进陈实情，就是说君主的罪过；假如掩盖君主的过失而妄言其美善，那就是虚妄欺骗的行为。祝、史进退为难，无法陈说，就只好以虚假之言来取悦神明。所以鬼神不享用他们国家的祭品，还会降祸给他们，祝、史也会同受其祸。他们之所以夭折早死，成为孤独和残疾之人，因为是暴虐之君的使者的缘故。"齐景公说："既然如此，那怎么办呢？"晏婴回答说："诛杀祝、史之事不可做。山林中的树木，由衡鹿之官看守；水洼中的芦苇，由舟鲛之官看守；草野中的薪柴，由虞候之官看守；大海中的盐和大蛤，由祈望之官看守。公布的政令没有准则，征收赋税没有节制；宫室日益更新，荒淫嬉乐不断；宫内受宠幸的姬妾，在市场上恣意强取，外面受宠信的大臣，在偏远地区越权行令；民众穷苦贫困，平民男女都在诅咒。祝祷虽有益处，但诅咒也有害处。从聊地、摄地以东到姑水、尤水以西，齐国境内的人口多得很呢！即使（祝、史）善于祝祷，怎能胜过亿万人的诅咒呢？君王如果想要诛杀祝、史，只有修养德行后，才可以实行。"齐景公听后很高兴，就让官吏放宽政令，毁掉征税的关卡，废除禁令，减轻赋税，并免除百姓积欠的债务。

　　齐景公从猎场回来，晏婴在遄台陪侍。梁丘据驱车奔驰而至。齐景公说："只有梁丘据跟我最和谐啊！"晏婴回答说："梁丘据只不过是一味保持意见（和您）相同而已，怎么能说是和谐呢？"齐景公说："和与同不一样吗？"晏婴回答说："不一样。和谐就好像做羹汤，用水、火、醋、酱、盐、梅子来烹调鱼肉，由厨师来调和，调剂其味，味道不够就增添调料，味道过重就加水冲淡。君子食用它，可以用来平和心情。君臣之间也是如此。君主认为是可以的，但其中也有不妥之处，臣子（进言）指出并纠正其不妥之处，以成就君主的可行之处；君主认为是不可以的，而实际上却有可行性，臣子（进言）指

否。若以水济水,谁能食之?若琴瑟之专壹,谁能听之?同之不可也如是。"

二十五年,会于黄父,郑子太叔见赵简子,简子问揖让周旋之礼焉。对曰:"是仪也,非礼也。"简子曰:"敢问何谓礼?"对曰:"吉也闻诸先大夫子产,曰:'夫礼,天之经,经者,道之常也。地之义,义者,利之宜也。民之行。行者,人所履行。天地之经,而民实则之。则天之明,日月星辰,天之明也。因地之性,高下刚柔,地之性也。生其六气,阴、阳、风、雨、晦、明。用其五行。金、木、水、火、土也。气为五味,酸、咸、辛、苦、甘。发为五色,青、黄、赤、白、黑。发见也。章为五声。宫、商、角、徵、羽。淫则昏乱,民失其性,滋、味、声、色,过则伤性也。是故为礼以奉之。制礼以奉其性。民有好、恶、喜、怒、哀、乐,生于六气。此六者,皆禀阴、阳、风、雨、晦、明之气。是故审则宜类,以制六志。为礼以制好、恶、喜、怒、哀、乐六志,使不过节。哀有哭泣,乐有歌舞,喜有施舍,怒有战斗。哀乐不失,乃能协于天地之性,是以长久。'"协,和也。简子曰:"甚哉,礼之大也!"对曰:"礼,上下之纪,天地之经纬也,经纬,错居以相成也。民之所以生也,是以先王尚之。故人之能自曲直以赴礼者,谓之成人。大,不亦宜乎?"曲直以弼其性。简子曰:"鞅也,请终身守

出其可行的地方,以去掉君主的不妥之处。因此,政事平和而不扰乱礼制,民众没有争斗之心。现在梁丘据却不是这样。君主认为是可以的,他也说可以;君主认为是不可以的,他也说不可以。这就如同用清水调剂清水,谁愿意吃这淡而无味的东西呢?又好像用琴瑟总是弹奏一个声音,谁又喜欢听这单调的乐曲呢?'一味保持意见相同'之所以不可取的道理就像这样。"

鲁昭公二十五年,诸侯在晋地的黄父会盟,郑国的子太叔(游吉)谒见赵简子,简子向他询问揖让进退之礼。子太叔回答说:"这是仪式,不是礼。"赵简子说:"敢问什么叫礼?"子太叔回答说:"我曾听先大夫子产说:'礼,是上天的常道、大地的法则、民众行动的依据。天地的常道,民众实际上都在效法。(圣人)效法上天日月星辰运行的规律,因循大地高低刚柔的本性(而制礼)。滋生了上天的六种气象,运用'五行'来说明宇宙的起源与变化。五行之气入人之口为五种味道,显露于眼为五种颜色,显示在耳为五种声调。(滋味声色)过分则会使人迷惑混乱,人们就会因此而迷失本性。所以要制定礼来帮助人们守持本性。人民会有好、恶、喜、怒、哀、乐这六种情绪,都是生自于六种气象。因此(人君为政)应审慎地权衡所处时代适宜的法度,因应时代而施治,以此来节制这六种情绪。悲哀时会有哭泣,快乐时会有歌舞,高兴时会有施舍,愤怒时会有打斗。悲哀、快乐的情绪不失常规,才能与天地的本性相符合,因此才会长久。"赵简子说:"好极了,礼的学问真是宏大深奥呀!"子太叔回答说:"礼,是上下的纲纪、天地的秩序,也是民众得以生存的依靠,因此先王特别尊崇它。人们能够自我调整其情志以达到'礼'的要求,就叫做'成人'。说'礼'宏大深奥,不是很适宜吗?"赵简子说:"赵鞅我愿意一辈子奉行这些话。"

此言也。"

二十六年,齐有彗星,出齐之分野。齐侯使禳之。禳,除。晏子曰:"无益也,只取诬焉。诬,欺也。天道不谄,谄,疑也。不贰其命,若之何禳之?且天之有彗,以除秽也。君无秽德,又何禳焉?若德之秽,禳之何损?《诗》曰:'惟此文王,小心翼翼。昭事上帝,聿怀多福。厥德不回,以受方国。'翼翼,恭也。聿,惟也。回,违也。言文王德不违天人,故四方之国归往之。君无违德,方国将至,何患于彗?《诗》曰:'我无所监,夏后及商。用乱之故,民卒流亡。'若德回乱,民将流亡,祝史之为,无能补也。"公悦,乃止。

齐侯与晏子坐于路寝,公叹曰:"美哉室,其谁有此乎?"景公自知德不能久有国,故叹也。晏子曰:"敢问,何谓也?"公曰:"吾以为在德。"对曰:"如君之言,其陈氏乎!陈氏虽无大德,而有施于民。公厚敛焉,陈氏厚施焉,民归之矣。《诗》曰:'虽无德与汝,式歌且舞。'义取虽无大德,要有喜悦之心。式,用也。陈氏之施,民歌舞之矣。后世若少惰,陈氏而不亡,则国其国也已。"公曰:"善哉,是可若何?"对曰:"唯礼可以已之。在礼,家施不及国,大夫不收公利。"不作福也。公曰:"善哉,我不能矣。吾今而后知礼之可以为国也。"对曰:"礼之可以为国也久矣,与天地并。君令臣恭,父慈子孝,兄爱弟敬,夫和妻柔,姑慈妇听,礼也。君令而不违,臣恭而不贰,父慈而教,子孝而箴,箴,谏也。兄爱而友,弟敬而顺,夫和而义,妻柔

鲁昭公二十六年，齐国有彗星出现，齐景公派人祭祷消灾。晏婴说："这没有什么益处，只是自己欺骗自己。天道不可疑，天命也不会有差错，怎么能用祭祷消除呢？况且天上的彗星，是用来扫除污秽的。君主没有秽恶之行，又何必祭祷呢？如果德行有污秽，祭祷又能减轻什么呢？《诗经》说：'惟独这位周文王，恭敬谨慎。勤勉地服事天帝，以德受福。他的德行于天于人都无违背，所以四方之国都来归附。'君主若没有违反道德，四方诸侯都将会来归附，又何必忧虑彗星（出现）呢？《诗经》说：'我没有什么可借鉴的，要有就是夏后和商朝。由于政事混乱的缘故，民众最终流亡。'如果（君主）德行邪乱，人民就会流亡，祝、史所做的祷告，也是不能弥补的。"齐景公听后很高兴，就中止了祭祷。

齐景公和晏婴坐在正厅中，景公叹息说："多么漂亮的屋子啊，我死后谁会占有它呢？"晏婴回答说："请问，君王的意思是什么呢？"齐景公说："我认为有德者居之。"晏婴回答说："依照君王所说，恐怕是陈氏吧！陈氏虽然没有大的德行，然而对于百姓则有所施舍。君王征收重税，而陈氏以丰厚的财物施舍给人，人民都归向他了。《诗经》说：'我虽然没有大的德行来帮助你，但也要有喜悦之心，用歌舞相乐。'陈氏的施舍，民众已经为之唱歌跳舞颂扬了。您的后代如果稍稍怠惰，且陈氏如果不灭亡，那么国家就要成为他的国家了。"齐景公说："对呀，这可怎么办？"晏婴回答说："只有以礼方可制止此事。按礼来说，大夫家族的施惠不能涉及全国，大夫不能收取公共的利益（以作福）。"齐景公说："说得对呀，可惜我却不能做到。不过我从现在开始，知道礼是可以治国的了。"晏婴回答说："礼制可以用来治理国家已经（由来）很久了，可以说是和天地并兴。君王

而正,姑慈而从,从,不自专也。妇听而婉,婉,顺也。礼之善物也。"公曰:"善哉。"

二十七年,楚左尹郤宛直而和,国人悦之。以直事君,以和接类。鄢将师为右领,右领,官名。与费无极比而恶之。谓子常曰:"子恶欲饮子酒。"子恶,郤宛。又谓子恶:"令尹欲饮酒于子氏。"子恶曰:"令尹将必来辱,为惠已甚。吾无以酬之,若何?"酬,报献。无极曰:"令尹好甲兵,子出之,吾择焉。"取五甲五兵,曰:"置诸门,令尹至,必观之,而从以酬之。"及飨日,帷诸门左。张帷陈兵甲其中。无极谓令尹曰:"吾几祸子。子恶将为子不利,甲在门矣,子无往。"令尹使视郤氏,则有甲焉。不往,召鄢将师而告之。将师退,遂令攻郤氏,且燕之。燕,烧也。子恶闻之,自杀。国人弗燕,令尹炮之,炮,燔也。尽灭郤氏之族党,杀阳令终与晋陈,及其子弟。皆郤氏党。国言未已,进胙者莫不谤令尹。进胙,国中祭祀也。谤,诅也。沈尹戌言于子常曰:"夫左尹与中厩尹,莫知其罪,而子杀之,以兴谤讟,至于今不已。左尹,郤宛也。中厩尹,阳令终。戌也惑之。仁者杀人以掩谤,犹弗为也,今吾子杀人以兴谤而弗图,不亦异乎。夫无极,楚之谗人也,民莫不知。去朝吴,在十五年。出蔡侯朱,

美善,臣下恭敬;父亲慈祥,儿子孝顺;哥哥友爱,弟弟恭顺;丈夫和蔼,妻子温柔;婆婆慈祥,媳妇顺从,这些都是礼的内容。君王美善而不违礼,臣下恭敬而无二心,父亲慈爱而善教子,子女孝顺而能规劝父母,哥哥爱护弟弟而亲近友爱,弟弟尊敬哥哥而能够顺从,丈夫和蔼而合乎义理,妻子温柔而端庄正直,婆婆慈祥而不独断独行,儿媳听从而又温顺,这些都是礼中的好事啊。"齐景公说:"说得太好了!"

鲁昭公二十七年,楚国左尹郤宛为人正直谦和,国内的人都喜欢他。鄢将师担任右领,同费无极勾结而憎恨郤宛。(费无极)对令尹子常说:"郤宛要请您喝酒。"然后又对郤宛说:"令尹想要到您家喝酒。"郤宛说:"令尹真要屈尊前来寒舍,那给我的恩惠就太大了,可惜我却没有东西报答他,这可怎么办呢?"费无极说:"令尹喜欢铠甲兵器,您拿出来,我来帮您挑选。"于是费无极就选出了五领铠甲和五件兵器,说:"可把这些放在门口,令尹来了必然会看到,这时就可乘机献给他。"到了宴请那天,郤宛把五领盔甲和五件兵器放在大门左侧的帐幔里。费无极对令尹说:"我差点害了您。郤宛想要对您下毒手,他已经把铠甲和兵器放在门口了,您还是不要去赴宴了。"令尹派人到郤氏家察看,果然发现门口有盔甲兵器,于是(子常)就未去赴宴,并召见鄢将师,把此事告诉了他。鄢将师退去后,就下令攻打郤氏,并且要放火焚烧郤宛的邸宅。郤宛听到这个消息,就自杀了。可是国人不肯烧,鄢将师就命令里尹去烧,把郤氏的同族亲属全部杀死,并且杀了阳令终、晋陈和他的子弟。此后,国人的谤言就没有停止过,凡祭祀后分送众人膰肉的人没有不指责令尹的。沈尹戌对子常说:"左尹郤宛和中厩尹阳令终,根本就不知道自己犯了什么罪,可是您竟然把他们都杀了,以致怨言四起,直到现在还没

在二十一年。丧太子建，杀连尹、奢，在二十年。屏王之耳目，使不聪明。不然，平王之温惠恭俭，有过成、庄，所以不获诸侯，迩无极也。迩，近也。今又杀三不辜，以兴大谤，三不辜，郤氏、阳氏、晋陈氏。几及子矣。子而不图，将焉用之？夫鄢将师矫子之命，以灭三族。三族，国之良也。吴新有君，光新立。疆场日骇，楚国若有大事，子其危哉！智者除谗以自安，今子爱谗以自危，甚矣，其惑也！"子常曰："是瓦之罪，敢不良图。"子常杀费无极与鄢将师，尽灭其族，以说于国。谤言乃止。

二十八年，晋魏献子为政，魏舒也。以司马弥牟为邬大夫、贾辛为祁大夫、司马乌为平陵大夫、魏戊为梗阳大夫。戊，魏舒庶子。谓贾辛、司马乌为有力于王室，二十二年，辛乌帅师纳敬王。故举之。魏子谓成鱄：鱄，晋大夫。"吾与戊也县，人其以我为党乎？"对曰："何也？戊之为人也，远不忘君，远，疏远也。近不偪同，不偪同位。居利思义，不苟得。在约思纯，无滥心。虽与之县，不亦可乎。昔武王克商，光有天下。其兄弟之国者十有五人，姬姓之国者四十人，皆举亲也。夫举无他，唯善

有停止，我对此感到疑惑：仁爱的人（若能）杀人来止谤，都不肯去做，如今您却杀人来兴起怨谤，而又不考虑补救的办法，这不是很奇怪的事吗？那个费无极，是楚国专进谗言之人，百姓没有不知道的。（过去）他除掉了朝吴，驱逐了蔡侯朱，（使楚国）失去了太子建，杀害了连尹伍奢，遮蔽君王的耳目，让君主听不清、看不明。如果不是这样，以平王的温和仁慈、恭敬节俭，超过于成王和庄王，之所以不获得诸侯（支持），就是由于亲近了费无极。如今您又杀死了郤氏、阳氏、晋陈氏等无罪之人，以至于招来全国民众莫大的怨谤，差一点就要涉及您了，而您却不认真考虑（对策），那又何必用您这位令尹呢？那个鄢将师假托您的命令，消灭了郤氏、阳氏、晋陈氏三族，这三族都是楚国的优秀人才。如今吴国新立了国君（阖闾），边境的战场日益受到惊扰，楚国一旦发生战事，您的处境恐怕就危险了！聪明的人应铲除谗人以使自己安定，现在您竟然喜欢谗人而使自己陷入险境，这真令我感到万分不解！"令尹子常说："这都是我的罪过，我怎敢不好好考虑呢？"此后令尹子常杀了费无极和鄢将师，而且把他们的族人全部处死，以此取悦于国人，怨谤的言论才停止了。

鲁昭公二十八年，晋国的魏献子执掌国政，任命司马弥牟为邬大夫，贾辛为祁大夫，司马乌为平陵大夫，魏戊为梗阳大夫。认为贾辛、司马乌对周王室有功，所以举拔他们。魏献子对成鱄说："我把一个县给了魏戊，人家大概以为我结党营私吧？"成鱄回答说："怎么会呢？魏戊的为人，虽被疏远而不忘国君，被亲近却不逼迫同事；临财不苟得，思义而取，身处贫困而能节制，保持质朴。虽然给他一个县，不也是可以的吗？从前周武王战胜殷商，广有天下，其兄弟封国的有十五人，姬姓封国的有四十人，举拔的都是宗族亲人。举荐没有别的，只在于贤能，无论关系亲疏，一视同仁。"

所在，亲疏一也。"

贾辛将适其县，见于魏子。魏子曰："辛来，今汝有力于王室，吾是以举汝。行乎！敬之哉，毋堕乃力。"堕，损也。仲尼闻魏子之举也，以为义，曰："近不失亲，谓举魏戊。远不失举，以贤举。可谓义矣。"又闻其命贾辛也，以为忠，先赏王室之功，故为忠也。曰："魏子之举也义，其命也忠，其长有后于晋国乎！"

梗阳人有狱，魏戊不能断，以狱上。上魏子。其大宗赂以女乐，讼者之大宗。魏子将受之。魏戊谓阎没、女宽二人，魏子属大夫。曰："主以不贿闻于诸侯，若受梗阳人，贿莫甚焉。吾子必谏！"皆许诺。退朝，待于庭。魏子之庭。馈入，召之。召二大夫食。比置，三叹。魏子曰："吾闻诸伯叔，谚曰：'唯食忘忧。'吾子置食之间三叹，何也？"同辞而对曰："或赐二小人酒，不夕食。言饥甚。馈之始至，恐其不足，是以叹。中置，自咎曰：'岂将军食之而有不足？'是以再叹。及馈之毕，愿以小人腹，为君子心，属厌而已。"属，足也，言小人之腹饱，犹知厌足，君子心亦宜然。献子辞梗阳人。言魏氏所以兴。

定公

四年，郑子大叔卒。晋赵简子为之临，甚哀，曰："黄父之

贾辛将要去他的县上任,临行前拜见魏献子,魏献子对他说:"贾辛,你过来!现在你有功于王室,我因此才举荐你。动身吧!要恭敬慎重,不要损毁你的功劳。"孔子听到魏献子举拔(人才)的事,认为符合道义,说:"举荐近处的人不遗漏亲族,于远处而不错过应当举荐的人,这可以说是符合道义了。"又听到他告诫贾辛的话,认为是忠诚的表现,于是说:"魏献子举拔人才符合道义,他的告诫又体现了忠诚,恐怕他的后代将在晋国长享禄位吧!"

梗阳人有诉讼,魏戊不能决断,于是就把案件上报魏献子。诉讼方的大宗送歌舞伎来贿赂魏献子。魏献子打算接受,魏戊就对(魏献子的属臣)阎没、女宽说:"主公以不贪图钱财闻名于诸侯,假如接受梗阳人的女乐,则没有比这更大的受贿了。您二位一定要劝谏!"两个人都答应了。退朝后,他俩就站在魏献子的院子里等候。不久下人送饭菜进来,魏献子叫他们进屋吃饭。等到摆上饭菜,两个人叹了三次气。魏献子说:"我从伯父叔父那里听过,谚语说:'人在吃饭时,要忘却一切忧愁!'你们在摆放饭菜时前后三次叹气,这是为什么呢?"二人异口同声地回答说:"昨天晚上有人赐酒给我们两人喝,我们就没有吃晚饭(现在很饿),所以在饭菜刚端上来时,恐怕不够吃,因此叹气。饭菜上了一半时,就心中自责说,难道将军给我们吃饭,还会不够吗?因此再次叹气。等到饭菜上完,(第三次叹气)是希望把我俩的小人之腹换为君子之心,凡事知足就好了。"魏献子(听了这番含蓄的规谏之后)就拒绝了梗阳人的贿赂。

定公

鲁定公四年,郑国子太叔(游吉)去世了。晋国的赵简子为之哭

会，在昭二十五年。夫子语我九言，曰：'无始乱，无怙富，无恃宠，无违同，无敖礼，无骄能，以能骄人。无复怒，复，重也。无谋非德，非所谋。无犯非义。'"言简子能用善言。所以遂兴也。

吴子伐楚，陈于柏举，败之，五战及郢。楚子济江，入于云中。入云梦泽中。王寝，盗攻之，以戈击王。王孙由于以背受之，中肩。王奔郧，郧公辛之弟怀将弑王，曰："平王杀吾父，我杀其子，不亦可乎？"辛，蔓成然之子斗辛也。昭十四年，楚平王杀成然也。辛曰："君讨臣，谁敢仇之？君命，天也。若死天命，将谁仇？《诗》曰：'柔亦不茹，刚亦不吐。不侮鳏寡，不畏强御。'唯仁者能之。言仲山甫不避强凌弱也。违强凌弱，非勇也；乘人之约，非仁也；灭宗废祀，非孝也；杀君，罪应灭宗。动无令名，非智也。必犯是，余将杀汝！"斗辛与其弟巢，以王奔随。申包胥如秦乞师，曰："吴为封豕长蛇，以荐食上国。荐，数也。言吴贪害如蛇豕。寡君失守社稷，越在草莽，使下臣告急。"秦伯使辞焉，曰："寡人闻命矣！子姑就馆，将图而告。"对曰："寡君越在草莽，未获所伏，伏，犹处也。下臣何敢即安？"立依庭墙而哭，日夜不绝声，勺饮不入口。七日，秦师乃出。

吊，十分悲伤，说："在黄父那次会盟时，他老人家对我说了九句话，说：'不可成为祸乱的源起，不可依仗财势，不可依仗宠爱，不可违背大众共同的意愿，不可傲视有礼之人，不可因才能而骄傲，不可对同一件事再次发怒，不可图谋不合道德的事，不可图谋不合义理的事。"

吴国国君（阖闾）率军攻打楚国，双方在柏举摆开阵势，吴军击败了楚军，之后经过五次激战，打到了楚国国都郢城。楚昭王渡过长江，逃入云梦泽中。楚昭王正在睡觉时，一群强盗突然来袭击他，用戈去刺昭王。王孙由于用自己的背替昭王挡住戈，被刺中了肩部。昭王逃到郧地，楚国郧邑大夫斗辛的弟弟斗怀想要杀死楚昭王，说："楚平王杀死了我的父亲，如今我杀死他的儿子，不也是可以的吗？"斗辛说："君王诛戮臣子，谁敢怨恨呢？国君的命令就是上天的命令，假如因天命而死，我们又要怨恨谁呢？《诗经》上说：'软的不吃，硬的不吐。不欺负孤寡之人，不畏惧强暴之人。'只有仁德之人才能这样。避开强暴欺凌弱小，不是勇敢；趁人在困境时相要挟，不是仁德；灭人宗族废人祭祀，不是孝敬；做事没有美名，不是智者。你一定要冒犯这几条，我就先杀了你！"斗辛和他的弟弟斗巢保护着楚昭王逃奔随国。申包胥到秦国去请求（秦哀公）出兵援助，说："吴国就像大猪和长蛇一般（贪暴），不断吞食中原各国。如今我们的国君丧失了国家，流亡于蛮荒草野之中，特派下臣前来告急，请求（您的）援助。"秦哀公派人回复说："我听到您的请求了，您暂且到馆舍休息，待我们考虑好后再答覆您。"申包胥回答说："敝国国君流亡于蛮荒草野之中，还没得到安身之处，下臣又怎敢休息呢？"他站在那儿，靠着院墙哭泣，哭声日夜不绝，连一口水都不喝，一连七天。（秦哀公被其感动）秦国于是出动了军队（前去救援楚国）。

五年，申包胥以秦师至。吴师大败，吴子乃归。楚子入于郢。初，楚王之奔随也，将涉于成臼，江夏竟陵县西有白水。蓝尹亹涉其帑，亹，楚大夫。不与王舟。及宁，王欲杀之。宁，安定也。子西曰："子常唯思旧怨以败，君何效焉？"王曰："善！使复其所，吾以志前恶。"恶，过。王赏斗辛、王孙由于、申包胥、斗怀。皆从王有大功。子西曰："请舍怀也！"以初谋杀王故。王曰："大德灭小怨，道也。"终从其兄，免王大难，是大德也。申包胥曰："吾为君也，非为身也。君既定矣，又何求？且吾尤子旗，其又为诸？"子旗，蔓成然也。以有德于平王，求无厌，平王杀之。遂逃赏。

　　九年，郑驷歂杀邓析，而用其竹刑。邓析，郑大夫。欲改郑所铸之旧制，不受君命，而私造刑法，书之于竹简，故言竹刑也。君子谓："子然于是不忠。苟有可以加于国家者，弃其邪可也。加，犹益。弃，不责其邪恶也。故用其道，不弃其人。《诗》云：'蔽芾甘棠，勿翦勿伐，召伯所茇。'召伯决讼于甘棠之下，诗人思之，不伐其树。茇，草舍也。思其人，犹爱其树，况用其道而不恤其人乎？子然无以劝能矣。"

哀公

　　元年，吴王夫差败越于夫椒，遂入越。越子以甲楯五千保于会稽，上会稽山。使大夫种因吴太宰嚭以行成。吴子将许之。伍员曰："不可。臣闻之，'树德莫如滋，去疾莫如尽'。勾

鲁定公五年，申包胥带着秦国的救兵来到楚国。吴军大败，吴王阖庐于是撤兵回国。楚昭王回到了郢都。当初，楚昭王逃奔随国时，要渡过白水，楚国大夫蓝尹亹用船把自己的妻子儿女渡过河去，却不肯把船给昭王用。等到楚国安定以后，楚昭王想要杀掉蓝尹亹。子西说："当初令尹子常就是因为不忘旧怨才遭到失败的，您为什么要效法他呢？"楚昭王说："对！让蓝尹亹恢复原来的官职，我借此记住以前（子常念旧怨）的过错。"楚昭王赏赐了斗辛、王孙由于、申包胥、斗怀等人，子西说："请您不要赏赐斗怀！"昭王说："他对我有大恩德，就可以消除以前小的怨恨了，这是合乎道义的。"申包胥说："我向秦国求救是为了国君，不是为自己。现在国君已经安定了，我还希求什么？况且我常责备子旗（贪求无厌）的做法，我又岂能这样做呢？"于是申包胥拒绝了昭王的赏赐。

鲁定公九年，郑国大夫驷歂杀死了大夫邓析，而又采用了邓析所制定的《竹刑》。君子认为："驷歂这种做法是不忠的。如果一个人对国家有益处，就可以不责备他的邪恶之处。所以采用了一个人的主张，就不要抛弃他。《诗经》说：'高大茂盛的甘棠树，既不要剪掉其枝叶，也不要砍掉其树干，因为这是召伯处理政务的地方。'思念一个人，就连他身边的那棵树都要爱护，何况采用了他的主张而又不顾惜那个人呢？驷歂这样做，将没有什么可以用来劝勉贤能之士的了。"

哀公

鲁哀公元年，吴王夫差在夫椒打败越军，于是攻入越国。越王勾践率领披甲持盾的五千精兵退守会稽山，又派大夫文种通过吴国太宰伯嚭来请求议和。吴王夫差打算同意越国的请求。伍子胥说：

践能亲而务施，施不失人，所加惠赐，皆得其人。亲不弃劳。推亲爱之诚，则不遗小劳。与我同壤，而世为仇雠。于是乎克而弗取，将又存之，违天长寇仇，后虽悔之，不可食已。"食，消也。已，止也。弗听。退而告人曰："二十年之外，吴其为沼乎！"谓吴宫室废坏，当为污池。二十二年，越入吴。越及吴平。

吴之入楚，在定四年。使召陈怀公。怀公朝国人而问焉，曰："欲与楚者右，欲与吴者左。"陈人从田，无田从党。无田者从党而立。逢滑当公而进，不左不右。曰："臣闻国之兴也以福，其亡也以祸。今吴未有福，楚未有祸。楚未可弃，吴未可从也。"公曰："国胜君亡，非祸而何？"楚为吴所胜也。对曰："国之有是多矣，何必不复。小国犹复，况大国乎？臣闻国之兴也，视民如伤，是其福也；如伤，恐惊动。其亡也，以民为土芥，是其祸也。芥，草也。楚虽无德，亦不艾杀其民。吴日敝于兵，暴骨如莽，而未见德焉，祸之适吴，其何日之有？"言今至也。陈侯从之。及夫差克越，乃修旧怨。言吴不修德而修怨，所以亡。

吴师在陈，楚大夫皆惧，曰："阖庐惟能用其民，以败我

"不可以。臣听说：'树立德行莫过于使其不断增长，去除疾病莫过于竭尽彻底。'勾践能亲爱百姓又乐善好施，所加赏赐皆是应当得者，没有缺失，对有功劳者不曾抛弃且亲爱他们。越国与我们吴国处于同一地域，又世代都是仇敌，因此战胜了越国却不占领它，又打算让其存在，这样违背天意又使仇敌得以生养，以后即使后悔，也不可能将其消灭制止了。"吴王夫差不听其言。伍子胥回来后对人说："二十年之后，吴国的宫室大概就会成为一片污沼了。"（同年三月）越国和吴国缔结和约。

吴国攻入楚国的时候，曾派人召见陈怀公。陈怀公召集国人向他们征求意见，说："想要亲附楚国的站在右边，想要亲附吴国的站在左边。"陈国有田地的人根据自己田地的所在而分立左右，没有田地的人则跟从乡党亲族站在一起。这时，逢滑却正对着陈怀公走上前去，说："臣下听说一个国家的兴盛是由于有福德，其灭亡是由于有灾祸。现在吴国还没有福德，楚国未见有灾祸。楚国还不可背弃，吴国还不能追随。"陈怀公说："现在楚国被吴国战败，楚君逃亡在外，这不是灾祸是什么？"逢滑回答说："国家出现这种情况的太多了，然而未必就不能复兴。小国尚且能光复，何况是楚国那样的大国呢？臣下听说，国家兴盛时，看待百姓就如同受伤的人而倍加关爱，这就是国家的福德；国家要灭亡时，看待人民就如同泥土草芥，这就是国家的灾祸。楚国虽然没有德行，但还不曾滥杀它的百姓。吴国在连年的战争中日益衰败，将士们暴露的尸骨多得如同杂草一般，然而却没有看到（吴国）有什么德政。灾祸就要降临到吴国了，还能用得了几天呢？"陈怀公听从了逢滑的意见。等到吴王夫差战胜越国后，就开始清算从前（陈国不应阖庐之召）的积怨。

吴国的军队驻扎在陈国，楚国的大夫们都很害怕，说："以前吴

于柏举。今闻其嗣又甚焉,将若之何?"子西曰:"二三子恤不相睦,无患吴矣。昔阖庐食不二味,居不重席,室不崇坛,平地作室,不起坛。器不彤镂,彤,丹也。镂,刻也。宫室不观,观,台榭也。舟车不饰,衣服财用,择不取费。选取坚厚,不尚细靡。在国,天有灾疠,亲巡孤寡而供其乏困;在军,熟食者分,而后敢食,分,犹遍。其所尝者,卒乘与焉。所尝,甘珍非常食。勤恤其民,而与之劳逸。是以民不疲劳,死知不旷。知身死不见旷弃。吾先大夫子常易之,所以败我。易,犹反。今闻夫差次有台榭陂池焉,宿有妃嫱嫔御焉;妃嫱,贵者。嫔御,贱者。皆内官也。一日之行,所欲必成,玩好必从;珍异是聚,观乐是务;视民如仇,而用之日新。夫先自败也已,安能败我?"

六年,楚有云如众赤鸟,夹日而飞三日。楚子使问诸周太史,周太史曰:"其当王身乎!日为人君,妖气守之,故为当王身。若禜之,可移于令尹、司马。"禜,禳祭。王曰:"除腹心之疾,而置诸股肱,何益?不穀不有大过,天其夭诸?有罪受罚,又焉移之?"遂不禜。孔子曰:"楚昭王知大道矣!其不失国也,宜哉!"

十一年,吴子将伐齐。越子率其众以朝焉,王及列士皆有馈赂。吴人皆喜,唯子胥惧,曰:"是豢吴也夫!"豢,养也。

王阖庐只是善于治理他的人民，就在柏举战役中打败了我们。现在听说他的继承人（夫差）比他更厉害，这可怎么办呢？"子西说："诸位应该忧虑的是我们自己不相和睦，不用担心吴国的侵袭。以前吴王阖庐吃饭时只吃一个菜，坐着时只铺一层席子，宫室不建在高坛上，器具既不涂丹漆也不雕刻花纹，宫室中不建造楼台亭阁，所乘的舟车不加装饰，所穿的衣服和用的物品，都是选取结实耐用而花费不多的。在国内，一旦发生水旱的灾害和瘟疫，吴王阖庐就亲自巡视安抚孤儿寡妇，供给他们所缺乏的东西。在军中，有了熟食必先遍分军士，然后他自己才敢吃；有了鲜美珍奇的食物，就与身边的士兵共享。他关怀吴国的百姓，并且和他们同劳苦共安逸，所以百姓不感到疲劳，他们知道即使为国而死也不会白白死去。我国以前的令尹子常反其道而行，所以吴国打败了我国。现在听说吴王夫差住宿之处有楼阁和池塘，睡觉时有妃嫔等陪侍。即使是一天的出行，所想要的也一定要得到，供其玩赏的珍奇异宝一定得随身带着，珍贵奇特的物品统统收集，致力于观赏玩乐；看待人民如同仇敌，而使用民力无有止息，每日都有新的劳役。他已经先被自己打败了，怎么还能打败我们呢？"

鲁哀公六年，楚国上空有赤云像众多红色的鸟，在太阳两边飘飞了三天。楚昭王派人向周王室的太史询问，周太史说："（这是凶兆）恐怕要应验在大王身上吧。如果举行消灾的祭祀，就可以把灾祸转移到令尹、司马身上。"楚昭王说："除掉腹心的疾病，而把它转移到大腿和胳膊上，有什么好处？我如果没有大的过错，上天能让我夭折吗？如果有罪过而应受到惩罚，又怎能转移呢？"于是就没有进行禳祭。孔子说："楚昭王懂得大道了。他不丧失国家，是当然的了！"

鲁哀公十一年，吴国将要攻打齐国，越王勾践率领群臣来吴国朝见，向吴王夫差和吴国的大臣们都赠送了财物。吴国君臣都很高

若人养牺牲,非爱之,将杀之。谏曰:"越在我,心腹之疾也。壤地同,而有欲于我。欲得吴也。得志于齐,犹获石田也,无所用之。石田不可耕。越不为沼,吴其泯矣。使医除病,而曰'必遗类焉者',未之有也。"弗听。使于齐,属其子于鲍氏,为王孙氏。欲以避吴祸。反役,王闻之,使赐之属镂以死。属镂,剑名。将死,曰:"树吾墓槚,槚可材也,吴其亡乎!三年,其始弱矣。盈必毁,天之道也。"越人朝之,伐齐胜之,盈之极。

季孙欲以田赋,丘赋之法,因其田财,通出马一匹,牛三头。今欲别其田及家财各为一赋,,故言田赋。使冉有访诸仲尼,仲尼不对。不公答。而私于冉有曰:"君子之行也,行政事。度于礼,施取其厚,事举其中,敛从其薄,如是,则丘亦足矣。丘,十六井。若不度于礼,而贪冒无厌,则虽以田赋,将又不足。且子季孙若欲行而法,则周公之典在。若欲苟而行之,又何访焉。"

十四年,小邾射以句绎来奔,曰:"使季路要我,吾无盟矣。"子路信诚,故欲得与相要誓而不须盟也。使子路,子路辞。季康子使冉有谓之曰:"千乘之国,不信其盟,而信子之言,子何辱焉?"对曰:"鲁有事于小邾,不敢问故,死其城下可也。彼不臣而济其言,是义之也。由弗能。"济,成也。

兴,唯独伍子胥感到忧虑,说:"这是把吴国当作牲畜喂养(先养而后杀之)啊!"于是劝谏吴王夫差说:"越国对于我们是严重的隐患。两国处在同一地域,而越国对我们有侵吞的野心。我们即使战胜了齐国,也只像得到一块多石而不可耕种的田地,没有什么用处。但是假如不把越国夷为池沼,吴国恐怕就会被越国消灭了。让医生治病,却说'一定要留下病根',这是从来没有过的。"吴王夫差不听。(吴王)派伍子胥出使齐国,伍子胥把儿子托付给齐国鲍氏,并且改姓为"王孙氏"。从艾陵之役返回后,吴王夫差知道了此事,就派人赐给伍子胥属镂宝剑,让他自杀。伍子胥在临死时说:"请在我的坟墓上栽种槚树,等到槚树成材时,吴国大概就会灭亡了吧!不出三年,吴国就会开始衰弱了。'自满骄傲必定会失败',这是自然的规律啊!"

季康子想要按"田赋法"征税,就派冉有去请教孔子。孔子不作公开回答,而私下对冉有说:"君子推行政事,要用礼制来衡量,施舍要力求丰厚,事情要做得适中恰当,赋敛要尽量微薄。如果这样,那么按'丘赋法'征税也就足够了。如果不用礼制来考虑,而贪得无厌,那么即使按'田赋法'征税,也还是不会满足。而且季康子如果想要使所行之事合乎法度,那么周公的典章尚在。如果想要苟且行事,那又何必派人来问我呢?"

鲁哀公十四年,小邾国的大夫射进献句绎之地来投奔鲁国,说:"若派子路跟我约定,我就无须跟鲁国进行盟誓了。"于是鲁国派子路去,子路却推辞不去。季康子派冉有对子路说:"小邾大夫射对拥有千辆兵车的鲁国的盟约都不相信,而相信跟您的约定,您有什么觉得羞辱的呢?"子路回答说:"假如鲁国跟小邾国发生战事,我不敢过问其中的原因,战死在小邾国城下也是可以的。现在小邾国大夫射

二十四年，公子荆之母嬖，荆，哀公庶子。将以为夫人，使宗人衅夏献其礼。宗人，礼官。对曰："无之。"公怒曰："汝为宗司，立夫人，国之大礼也，何故无之？"对曰："周公及武公娶于薛，武公，敖也。孝、惠娶于商，孝公称惠公弗皇也。商，宋。自桓以下娶于齐，桓公始娶文姜。此礼也则有。若以妾为夫人，则固无其礼也。"公卒立之，而以荆为太子。国人始恶之。恶公也。

不守臣节（叛国来投），而我却成全其所言，那就是把他（有违臣道）的行为视为义举，这种事我不能做。"

鲁哀公二十四年，公子荆的母亲受到宠爱，哀公打算立她做夫人，就派宗人衅夏进献册封其为夫人的礼仪。衅夏回答说："没有这样的礼仪。"鲁哀公愤怒地说："你身为掌管祭祀的礼官，而册立夫人是国家的大礼，为何说没有这样的礼仪呢？"衅夏回答说："周公和武公从薛国娶妻，孝公、惠公从宋国娶妻，自桓公以后都是从齐国娶妻。这样的礼仪是有的。如果是立妾为夫人，那本来就没有这样的礼仪。"可是鲁哀公最终还是立了公子荆之母为夫人，又立公子荆为太子。鲁国的人从此开始讨厌哀公。

卷七　礼记

曲礼

曲礼曰:毋不敬,礼主于敬。俨若思,言人坐思,貌必俨然。安定辞,审言语也。安民哉!此三句可以安民也。

傲不可长,欲不可从,志不可满,乐不可极。此四者,慢游之道,桀纣所以自祸也。

贤者狎而敬之,狎,习也,近也。习其所行。畏而爱之。心服曰畏。爱而知其恶,憎而知其善。不可以己心之爱憎,诬人以善恶。

夫礼者,所以定亲疏、决嫌疑、别同异、明是非也。

道德仁义,非礼不成;教训正俗,非礼不备;分争辨讼,非礼不决;君臣上下,父子兄弟,非礼不定;宦学事师,非礼不亲;班朝治军,莅官行法,非礼威严不行;祷祠祭祀,供给鬼神,非礼不诚不庄。班,次也。莅,临也。庄,敬也。

富贵而知好礼,则不骄不淫;贫贱而知好礼,则志不慑。

曲礼

　　《曲礼》说：对一切人、事、物没有不恭敬的（礼的主体是恭敬），举止要端庄持重，就像端坐思虑的样子（指人端坐思虑，容貌必然端庄持重），言语要安祥审慎、淡定从容（言语谨慎），这样天下老百姓才能安定和乐啊（做到这三点就可以使人民安定和乐）！

　　傲慢不可让其滋长，欲望不可任其放纵，心志不可自满，享乐不可不加节制（这四件事，是浪荡遨游之徒的行止，也是桀纣所以自取灭亡的原因）。

　　对有德的贤人要亲近并且敬重他（狎，学习、亲近。学习其言行），畏服而又爱慕他（心中信服就叫畏）。对于喜爱的人要能分辨出他的短处，对于厌恶的人要能了解他的长处（不能以自己心中的爱憎，来凭空妄论别人的善恶）。

　　礼的作用，在于确定人与人之间关系的亲疏远近，判断事情的嫌疑之处，分辨物类的同异差别，辨明道理的是非曲直。

　　弘扬道德，倡行仁义，没有礼就不能顺利成就。教学训导，移风易俗，没有礼就无法周到完备。分争曲直，辨讼是非，没有礼就无法作出正确判断。君臣、上下、父子、兄弟之间，没有礼就无法各尽本分。为官从政，求学亲师，没有礼就不能相互亲近。朝班的整肃，军队的治理，官员的就职，法令的颁行，没有礼就不能彰显威严。祈祷酬谢神灵，祭祀供养祖先，没有礼就不能体现诚敬庄严（班，位次。莅，到职就任。庄，庄严肃穆，恭敬）。

　　富贵的人若能知晓礼并喜好受持，就能做到不骄傲、不淫佚。

慴，犹怯惑。

国君春田不围泽，大夫不掩群，士不取麛卵。生乳之时，重伤其类。

岁凶，年谷不登，登，成也。君膳不祭肺，马不食谷，驰道不除，祭事不县，大夫不食粱，士饮酒不乐。皆自为贬损，忧民也。礼，食杀牲祭先，不祭肺，则不杀。除，治也。县，乐器，钟磬之属也。

檀弓

知悼子卒，未葬，悼子，晋大夫，荀盈也。平公饮酒，师旷、李调侍，鼓钟。杜蒉自外来，历阶而升堂，酌，曰："旷饮斯！"又酌，曰："调饮斯！"又酌，堂上北面坐饮之，降，趋而出。三酌，皆罚爵。平公呼而进之，曰："蒉！尔饮旷何也？"曰："子卯不乐。纣以甲子死，桀以乙卯亡，王者谓之疾日，不以举乐，所以自戒惧也。知悼子之丧在堂，未葬，斯其为子卯也大矣。言大夫丧重于疾日。旷也大师也。不以诏，是以饮之。"诏，告也。太师，典司奏乐也。"尔饮调何也？"曰："调也，君之亵臣也，为一饮一食，忘君之疾，是以饮之。言调贪酒食也。亵，媟也。近臣亦当规君。疾，忧也。尔饮何也。"曰："蒉也宰夫也，非刀匕是供，又敢与知防，是以饮也。"防，禁放溢者也。平公曰："寡人亦有过焉，酌

贫贱的人若能知晓礼并喜好受持，就能在任何场合都可以做到心志不惑、不怯懦畏惧（慑，畏怯困惑）。

诸侯国君在春天进行田猎时，不可包围整个猎场；大夫不可捕杀整群的鸟兽；士人不可掠取幼兽或鸟卵（生育和哺乳的时候这样做，会严重的伤害动物的族类）。

遇到水旱灾年，农作物收成不好时（登，收成），国君用餐时，不得杀牲取肺祭祖；马匹不得吃谷类；国君的马车所驰走的大路暂停修治；祭祀不能奏乐；大夫们主食之后不再以稻粱作为副食；士人宴客时也不允许奏乐（这么做都是因为忧心民生疾苦，而减少自身的享用。按照古礼，享用美食之前要先祭祀祖先。不祭肺，则不杀牲。除，是治的意思。县，指悬挂的钟磬等乐器）。

檀弓

知悼子去世了，还没有下葬（悼子，晋国的大夫荀盈），晋平公却喝起酒来了。当时有乐师旷和近臣李调作陪，还敲钟奏乐。杜蒉从外面进来，两阶一跨地来到厅堂上，倒了一杯酒说："旷，把这杯酒喝了！"又倒了一杯说："调，把这杯喝掉！"又倒了一杯酒，在堂上向北面坐着自己喝了。然后走下台阶，快步走了出去（三次斟酒都是罚酒）。平公喊住他，命他进来，说："蒉，你为什么要把酒给旷喝呢？"回答说："殷纣身死的日子是甲子，夏桀放逐的日子是乙卯，王者都列为忌日，不敢奏乐（殷纣在甲子日自焚而死，夏桀在乙卯日被放逐，所以君王以甲子、乙卯为忌日，不敢奏乐，以自警惕）。现在知悼子还停柩在堂上，大臣死而未葬，这比遇上甲子、乙卯要严重得多了（大夫的丧事重于子卯忌日）。旷是掌乐的太师，而不将这种道理报告给您知道，所以罚他喝酒（诏，告诉。太师，掌管奏乐的官职）。"平公又问："你为什么又要罚

而饮寡人！"闻义则服。杜蒉洗爵而扬觯。举爵于君。公谓侍者曰："如我死，则必无废斯爵！"欲后世以为戒。至于今，既毕献，斯扬觯，谓之杜举。此爵遂因杜蒉为名，毕献，献宾与君也。

孔子过泰山侧，有妇人哭于墓者而哀，夫子式而听之。怪其哀甚也。使子路问之，曰："昔吾舅死于虎，吾夫又死焉，今吾子又死焉。"夫之父曰舅。夫子曰："何为不去？"曰："无苛政。"夫子曰："小子识之，苛政猛于虎也！"

阳门之介夫死，阳门，宋国门也。介夫，甲胄卫士。司城子罕入而哭之哀。子罕，乐喜也。晋人之觇宋者，反报于晋侯曰："阳门之介夫死，而子罕哭之哀，而民悦，殆不可伐也。"觇，窥视也。孔子闻之曰："善哉，觇国乎！"善其知微。

李调喝酒呢?"杜蒉回答说:"李调是您亲近的臣子,为了有吃有喝,就忘了劝谏君主您的过失,所以罚他喝酒(说明李调贪恋美食和好酒。亵,宠爱。亲近的臣子也要规劝君主。疾,忧患)。"平公又问:"那你自己为什么也罚一杯呢?"回答说:"我杜蒉不过是个宰夫,不去拿着刀匕做菜,做我分内该做的事,反而胆敢越职前来谏诤,所以罚自己喝一杯(防,防禁过失的意思)。"平公说:"我也有过失啊。赶快倒杯酒来,也该罚我一杯。"(听到道义的言语而信服)。杜蒉洗好酒杯,然后将酒杯高举(高举酒杯给君主)。平公告诉侍者说:"从此刻起,直到我死后,谁也不准废弃这个杯子(欲使后世以此为戒)。"直到现在,凡是献酒以后,再高举酒杯,这个动作就叫做"杜举"(这个酒器以杜蒉为名。毕献,给君主献酒之后)。

孔子从泰山旁经过,见到一个妇人在墓前哭得很伤心,夫子抚着车前横木向她致意并聚精会神地听(奇怪她为什么哭得如此伤心)。又派子路前去询问。她说:"我的公公先前被老虎咬死了,我的丈夫也是被老虎咬死的,现在我的儿子又被老虎咬死了(丈夫的父亲称为舅)。"夫子说:"那你们为什么不离开这里呢?"妇人说:"这里没有繁苛的赋税和徭役啊。"夫子对弟子说:"你们好好记着,繁苛的赋税和徭役比老虎还凶猛啊!"

宋国阳门有个卫士死了(阳门,宋国的城门名。介夫,披甲的卫士),司空子罕进到灵堂内哭得很悲伤(子罕,乐喜)。当时潜伏在宋国的晋国间谍回去后向晋侯报告说:"阳门有个卫士死了,而子罕哭得很伤心,人民都受他感动(此时宋国上下一心),恐怕不能去讨伐他们啊!"(觇,窥看,侦查)。孔子听说之后,说:"好啊,他真是善于体察国情啊!"(善于观察到细微的事情)。

王 制

凡官民材，必先论之。论，谓考其德行道艺也。论辨，然后使之；辨，谓考问得其定也。任事，然后爵之；爵，谓正其秩次。位定，然后禄之。

爵人于朝，与士共之；刑人于市，与众弃之。必共之者，所以审慎之。

獭祭鱼，然后虞人入泽梁；豺祭兽，然后田猎；鸠化为鹰，然后设罻罗；草木零落，然后入山林；昆虫未蛰，不以火田。取物必顺时候也。昆虫者，得阳而生，得阴而藏也。

国无九年之蓄，曰不足；无六年之蓄，曰急；无三年之蓄，曰国非其国也。三年耕，必有一年之食；九年耕，必有三年之食。以三十年之通，虽有凶旱水溢，民无菜色。然后天子食，日举以乐。民无食菜之饥色，天子乃日举乐以食也。

月 令

孟春之月，立春之日，天子亲率三公、九卿、诸侯、大夫，以迎春于东郊。命相布德和令，行庆施惠，下及兆民。相，谓三

王制

凡是从庶民中选用人才为官,须先考定其品德才能(论,考察其德行、道艺)。评定了他的品德能力高下之后,即可分派其担任一定的职务(辨,说的是经考问评定其能力高下);能够胜任所分派的职务之后,才正式授其以品位(爵,正式授予其品位);品位确定之后,才给予相应的俸禄。

授予爵位要在朝廷和士人前公开举行,处以刑罚亦要在公开场合当众进行,这样可使大众知道赏罚都是公正无私的(必须公开举行的原因,目的是为了谨慎从事)。

十月獭捕鱼陈列于水边之后,管理山泽的官员才可以进入湖泊地带绝水捕鱼。九月豺出动捕兽之后,管理田猎的官员才可以进行田猎。八月鸠化为鹰之后,才可以张设罗网捕捉飞鸟。十月草木凋落之后,才可以进入山林砍伐树木。昆虫没有蛰藏入土,不可以焚草肥田(获取猎物必须顺应天时。昆虫都是在春夏季节阳气重的时候活动,入冬以后阴气重时便蛰藏入土进入冬眠状态)。

国家如果没有九年的储蓄,可以说是不够充裕。如果没有六年的储蓄,可以说是很窘迫了。如果连三年的储蓄都没有,则已不称其为国家了。(俗话说)耕种三年,才能积下一年的食用;耕种九年,才有三年的的食用。以三十年的全部积累(足可供十年的食用),虽有大旱、凶荒和水灾,老百姓也不至于挨饿。那时天子才可以每日享受美食与音乐(人民没有挨饿受冻的状况,则君主就可以每天在吃饭的时候奏乐了)。

月令

孟春正月,到了立春那一天,天子亲自率领三公、九卿、诸侯、大夫到东郊举行迎春之礼。礼毕返回之后,便在朝中赏赐公卿大

公相王之事者也。德，谓善教也。令，谓时禁也。庆，谓休其善也。惠，谓恤其不足也。是月也，天子乃以元日，祈谷于上帝。谓以上辛郊祭天也。郊祀后稷以祈农事也。上帝，太微之帝也。乃择元辰，天子亲帅三公九卿、诸侯、大夫，耕躬帝藉。元辰，盖郊后吉辰也。帝藉，为天神藉民力所治之田也。禁止伐木；盛德所在。毋覆巢，毋杀孩虫、胎夭、飞鸟，毋麛毋卵；为伤萌幼之类。毋聚大众，毋置城郭；为妨农之始也。掩骼埋胔；为死气逆生气也。骨枯曰骼，肉腐曰胔也。不可称兵，称兵必有天殃。逆生气也。

仲春之月，养幼少，存诸孤。助生气也。命有司省囹圄，去桎梏，毋肆掠；顺阳气也。省，减也。肆，谓死刑暴尸。毋竭川泽，毋漉陂池，毋焚山林。顺阳养物。

季春之月，天子布德行惠。命有司发仓廪，赐贫穷，振乏绝；振，犹救也。开府库，出币帛，聘名士，礼贤者。聘，问也。名士，不仕者。命司空曰："时雨将降，下水上腾；修利堤坊，导达沟渎；开通道路，毋有鄣塞。所以除水潦便民事也。田猎罝罘，罗罔毕翳；喂兽之药，无出九门。"为逆天时也，天子九门也。命野虞毋伐桑柘。爱蚕食也。野虞，谓主田及山林之官。后妃斋戒，

夫，同时命令三公发布恩德政令：褒扬好人好事，周济贫穷困苦，恩德普及于广大的民众（相，指的是三公这些辅佐君主政事的大臣。德，善教。令，时下的禁令。庆，褒扬善行。惠，体恤接济穷困之人）。正月里天子以第一个辛日举行祭天之礼，祈祷丰收（正月里以第一个辛日举行祭天仪式。祭祀后稷，以祈求农业丰收。上帝，太微天帝）。并于亥日，率领三公、九卿、诸侯、大夫，在藉田里亲自耕作（元辰，祭祀后的吉时。帝藉，是天神借助人的力量所耕作的田地）。禁止砍伐树木（仁爱厚德的体现）；不许捣毁鸟巢；不许残害幼虫、未出生或已出生的幼兽，和刚开始学飞的小鸟；不准捕杀小兽和掏取鸟卵（不伤害幼小的动物）；不可在这个月聚合群众，也不要在此时增置城郭（因为这些都会妨碍春耕农事）。遇到枯骨腐肉都要掩埋起来（因腐败之气违逆生育之气。骨头腐朽叫做骼，皮肉腐烂叫做胔）；不可以出兵杀伐，举兵者必遭到上天降下灾殃（违背万物生长发育之时机）。

　　夏历仲春二月，要特别保养幼小的孩童，抚恤可怜的孤儿（辅助万物的生长发育之气）。令掌管司法的官员减少牢狱中关押的囚犯，除去他们的脚镣和手铐，更不可以死刑暴尸、拷打犯人（顺从适应生长之气。省，减少。肆，判处死刑，陈尸示众）；不可放干河川、湖泊中的水；不可使池水干涸；不可放火焚烧山林（顺应生生不息的阳气，长养万物）。

　　季春三月，天子布德行惠，命主管官员打开囷仓，把粮食赐给贫穷的百姓，赈济那些无米为炊和三餐不继的人们（振，救济）。同时打开贮存货物和金钱的府库，普施于天下。礼聘隐居不仕的名士和德才兼优的贤者（聘，聘任、聘用。名士，不做官的贤人）。命令司空说，雨季即将来临，水位开始上升，必须修整的堤防立即赶修，淤塞的沟渠立即疏导，并开通道路，使路路相通，没有障碍（通过这些来消除水患，方便百姓耕作）。打猎擒捕鸟兽用的器具、罗网和毒害野兽的药物，一

亲帅东向躬桑，禁妇女无观，省妇使以劝蚕事。后妃亲采桑，示帅先天下也。东向者，向时气。无观，去容饰也。妇使，缝线组紃之事。命工师，百工咸理，监工日号，无悖于时，毋或作为淫巧以荡上心！咸，皆也。于百工皆治理其事之时，工师则监之。日号令戒之，以此二事。百工作器物各有时。逆之则功不善也。淫巧，谓伪饰不如法也。荡，谓动之使生奢泰。

孟夏之月，无起土功，毋发大众。为妨蚕农之事。命野虞劳农，命农勉作，毋休于都。急趣农事。

仲夏之月，命有司为民祈祀山川百源，大雩帝；乃命百县，雩祀百辟卿士，有益于民者，以祈谷实。阳气盛而恒旱，山川百原，能兴云雨者也。雩帝，谓雩五精之帝也。百辟卿士，古者上公以下，若句龙，后稷之类。

季夏之月，树木方盛，无有斩伐。为其未坚韧也。毋发令而

概不许携带出城门（这么做悖逆天时。天子所在城池的九个城门）。命看守田野、山林的官员，禁止任何人砍伐桑树和柘树（爱护蚕的食物。野虞，主管田野及山林的官员）。天子的后妃要斋戒之后，亲自帅领宫女面向东方采桑以养蚕。禁止妇女们过分打扮，并减少她们的杂务，使她们专心于养蚕的工作（后妃亲自采桑，给天下人做一个榜样。面向东方，是为顺应时气，意为早晨天未亮即出门劳作，面向东方是为了等待天亮和迎接日出。无观，妇女去除盛妆头饰，禁止浓妆艳抹。妇使是指缝纫拈线编织镶边等杂务）。命百工领班及下属各种工匠努力工作，监工每日发布号令提醒他们，一切应按照制作程式，也不得违背时节，而使得物品不牢固耐用。不可制作过度奇巧的、形式美观而不切实用的物品，而诱发圣上的过度奢淫之心（咸，全部的意思。在百工们处理、整修各自事务的时候，工师监督他们，并每日发布命令告诫大家要做好"不违背时节，不制作过度奇巧物"这两件事。百工制作器物各有各的时节，违背了这个时节则所做的事情就不达效果。淫巧，过分注重表面装饰而不注重实用。荡，指的是引诱圣上过度奢侈的心）。

孟夏四月，不要兴建大的土木工程，不要征召大众服役（因为它们妨碍养蚕、农耕的事情）。命令主管田野山林的官员慰劳农民，勉励他们努力耕作；命令农官们认真指导和监督，不要总留在都城里（最紧要的就是要赶快进行农耕）。

仲夏五月，命典礼的官员替老百姓向山川百源祈祷，举行祈雨的大雩之祭。同时又命各个地方的官民举行祈雨的雩祭，祭祀祈祷古代有功于民的百官卿士，以祈求好的收成（阳气盛则会发生大旱，山川百源是能兴起云雨的地方。雩帝，祭祀五精之帝。百辟卿士，指远古上公以下如句龙、后稷等功臣）。

季夏六月，是树木长得最茂盛的时候，不许有盗采滥伐的现象

待,以妨神农之事。发令而待,谓出繇役之令以豫惊民。民惊则心动,是害土神之气也。土神称曰神农者,以其主于稼穑也。水潦盛昌,举大事则有天殃。

孟秋之月,乃命将帅选士厉兵;命大理审断刑;命百官完堤坊,谨壅塞,以备水潦。

仲秋之月,养衰老,授几杖。乃命有司趣民收敛,务蓄菜,多积聚;为御冬之备也。乃劝民种麦,毋或失时。麦者,接绝续乏之谷,尤重之也。

季秋之月,命冢宰举五谷之要,定其租税簿。藏帝藉之收于神仓。霜始降,百工咸休。寒而胶漆作不坚好。

孟冬之月,赏死事,恤孤寡。死事,谓以国事死也。命百官谨盖藏,谓府库囷仓也。固封疆,备边境,完要塞,谨关梁,大饮烝。十月农功毕,天子、诸侯与其群臣饮酒于大学,以正齿位,谓之大饮。天子乃祈来年于天宗,祀于公社及门闾,腊先祖五祀,此周礼所谓蜡祭也。天宗,谓日月星辰也。五祀,门、户、中霤、灶、行。劳农以休息之。党正属民饮酒。正齿位是也。天子乃命将帅讲武,习射御。

仲冬之月,天子乃命有司,祈祀四海、大川、山林、薮泽。有能取蔬食、田猎禽兽者,野虞教导之。务收敛野物也。大泽曰

（树木还没有长到坚韧的时候）。不可乱发悖时的命令，妨害农官的工作（提前发布命令，意思是说提前发出秋冬徭役的告令来惊动百姓。惊动了百姓，就不能使他们专心于当前的农事，这是伤害土神灵气的行为。土神被称为神农，是因为他主管农事）。这时水灾最容易发生，如果大兴徭役之事而妨碍农务，就会受到上天的责罚。

孟秋七月，命令军队的将帅挑选战士，磨砺武器；命治狱之官慎重判刑；命百官修补堤坊，仔细检查堵塞之处，以防止水涝灾害。

仲秋八月，要注意养护衰老的人，授给他们坐几手杖。命令司农之官，催促民众收藏谷物，存储干菜，多多准备过冬的粮食（为过冬做准备）。鼓励百姓种麦子，不可耽误了农时（麦子，是用来接济断绝、承续匮乏时的粮食，尤其重视之）。

季秋九月，命冢宰核查登记五谷的收成数（确定其租税的册簿）。将天子藉田的收成贮藏于神仓。正值霜降，各行工匠都开始休息（天冷，漆刷得不能很坚实耐久）。

孟冬十月，奖赏为国捐躯的烈士，抚恤他们的家属（死事，为国家捐躯的人）。命令百官小心府库粮仓的安全（国家收藏财物和粮食的地方），巩固封疆，防备边境，修缮要塞，严守关卡桥梁。举行大饮烝之礼（十月份农事完成以后，天子、诸侯与群臣在太学饮酒，以正齿位，叫做大饮），天子向天地日月星辰祈求来年丰收，分别在祭祀土地神的公社和门闾举行祭祀礼，以猎物祭祀先祖及五祀诸神祇（这就是周礼中的蜡祭。天宗，指日月星辰。五祀，指门、户、中霤、灶、行诸神祇），并举行宴会慰劳农民，让他们得到休息（指党正聚集民众饮酒以正齿位）。天子命诸位将帅讲习武功，操练射箭御马之术。

仲冬十一月，天子命令典礼的官员分别祭祀四海大川及山林水泽。倘若有可以捡取的菜蔬果物或是可以围猎鸟兽的地方，主管田野

薮，草木之实为蔬食。

季冬之月，命取冰，冰已入，令告民出五种，命田官告民出五种，明大寒气过，农事将起。命农计耦耕事，修耒耜，具田器。天子乃与公卿大夫共饬国典，论时令，以待来岁之宜。饬国典者，和六典之法也。周礼以正月为之也。

文王世子

文王之为世子，朝于王季日三。鸡初鸣而起，衣服至于寝门外，问内竖之御者曰："今日安否。何如？"内竖，小臣之属，掌外内之通令者。御，如今小吏直日也。内竖曰"安"，文王乃喜。及日中又至，亦如之。及暮又至，亦如之。其有不安节，则内竖以告文王，文王色忧，行不能正履。节，谓居处故事也。履，蹈地也。王季复膳，然后亦复初。食上，必在视寒暖之节；在，察也。食下，问所膳。膳，所食也。然后退。武王帅而行之。帅，循也。文王有疾，武王不脱冠带而养；言常在侧。文王壹饭，亦壹饭；文王再饭，亦再饭。欲知气力箴药所胜。

凡三王教世子，必以礼乐。乐所以修内也，礼所以修外

事务的官员应加以指导和帮助(一定要收藏好这些野生的食物,不要浪费。大的沼泽叫薮。草木的果实叫做蔬食)。

季冬十二月,命人凿取冰块,窖藏起来(命令田官布告人民,拣出五谷的种子,表明大寒的节气过后,就要开始准备农耕的工作了)。命农民计划耕种的事宜,修缮翻土的耒耜,备办耕田的用具。天子和公、卿、大夫检讨、修订国家的法典,讨论四时的政令,以确定哪些适合来年运用(修订国家的法典,并协调好六典的关系。周礼当中,这项工作在正月里进行)。

文王世子

文王做太子的时候,每日都要去问候他的父亲王季三次。每天早上公鸡刚刚啼叫他就起床,梳洗穿衣,来到父亲寝室门外,向值班的内竖询问:"父亲身体好吗(内竖,宫内小臣,掌管内外传布消息的人。御,类似现在值班的小吏)?"内竖说:"好。"文王听了就很高兴。到了中午他又前来请安,也是如此问候。到了傍晚又来请安,还是同样的问候。如果觉察到王季有点不舒服,宫内小臣们赶紧报告文王,文王听了就会满面忧愁,连走路的脚步都不像平常那样稳健了(节,指饮食起居等状况。履,踩在地上,走路)。等到父亲的饮食恢复正常,他才恢复平日的态度。每顿饭送上去的时候,文王必定在场,察看饭菜的冷热是否适度(在,察看)。饭菜撤下来之后,他还要察看菜肴吃了多少(膳,所吃的食物),然后才离开。武王完全遵行文王的孝行(帅,遵循)。文王生病的时候,武王日夜衣不解带在一旁侍候(意思是说经常伺候在文王身旁)。文王如果只吃得下一口饭,他也只吃一口;文王能吃两口,他也就吃两口(想要知道文王身体的状况,以确定箴药的用量)。

夏商周三王教育世子时都是把礼乐作为必修的课程。乐是陶冶

也。礼乐交错于中,发形于外。立太傅、少傅以养之,养,犹教也。言养者,积浸成长。太傅审父子、君臣之道以示之。为之行其礼也。少傅奉世子以观太傅之德行而审谕之。为之说其义也。太傅在前,少傅在后,谓其在学时也。入则有保,出则有师,谓燕居出入时也。是以教谕而德成也。以有四人维持之。师也者,教之以事而谕诸德者也;保也者,慎其身以辅翼之,而归诸道者也。慎其身者,谨安护之。是故知为人子,然后可以为人父;知为人臣,然后可以为人君;知事人,然后能使人。君之于世子也,亲则父也,尊则君也。有父之亲,有君之尊,然后兼天下而有之。是故养世子不可不慎也。处君父之位,览海内之士,而近不能以教其子,则其余不足观之也。

行一物而三善皆得者,唯世子而已,其齿于学之谓也。物,犹事也。故世子齿于学,国人观之曰:"将君我。而与我齿让,何也?"曰:"有父在则礼然。"然而众知父子之道矣。其二曰:"将君我而与我齿让,何也?"曰:"有君在则礼然。"然而众知君臣之义也。其三曰:"将君我而与我齿让,何也?"曰:"长长也。"然而众知长幼之节。故父在斯为子,君在斯谓

薰修内在心性的，礼是恭肃修治外在言行举止的。礼与乐交互涵养于内心，相应于外则表现在行为当中。设立太傅、少傅（选定有德之士）来培养世子（养，如同教导，意思是说教导世子的人陪伴世子一起成长）。太傅将父子、君臣的道理示范给世子（为教导世子行好父子、君臣的礼节），少傅侍奉世子，教他观察学习太傅的高尚品德，并详细地讲解其中的义理（为世子详细讲解太傅的高尚品德）。太傅（示范引导）在前，少傅（详解督促）在后（指世子在学习时候的方式）。太子回宫后有太保卫护，出宫时有太师教导（指出入世子所住的宫殿），所以教育分工明确，从而能培养世子优秀的道德品质（因为有四个人来辅佐世子）。老师的职责，是运用列举具体的事例来教导世子什么是应有的德行；太保的职责，是谨言慎行来辅佐世子，而使世子的生活行为归之于正道（谨慎自己的言行，精心地去护佑世子）。所以懂得怎样做一个好儿子，然后才能做一个好父亲；懂得怎样做一个好臣子，然后才能做一个好国君；懂得怎样侍奉他人，然后才能差使他人。君王对于世子，从亲疏关系而言是父亲，从尊卑关系而言则为君王。既具有父亲的亲情，又具有君王的尊严，然后才能君临天下、拥有百姓。所以培养世子不可不慎重啊（处于君王、父亲的位置，面对海内外的名人贤士，但是如果连自己的孩子都不能教育好，其余的地方也就不值得一看了）！

　　世上能有做一件事而兼（让国人明白君臣、父子、长幼之道）三善的，似乎只有世子（的教育）了。这种教育就在于他进学校时以年龄论尊卑（物，如同事情），所以世子对比自己年长的同学处处谦虚礼让。国中有人看见了会问："你不久就是我们的君主了，为什么还对我们这么礼让呢？"他回答说："因为有父亲在，为人子女应当要谦虚退让，不应居于人前，礼应如此。"这就使国人都懂得了父子之道。又

臣,居子与臣之节,所以尊君亲亲也。故学之为父子焉,学之为君臣焉,学之为长幼焉。学,教也。父子,君臣,长幼之道得而国治。语曰:"乐正司业,父师司成。一有元良,万国以贞。"世子之谓也。司,主也。一,一人也。元,大也。良,善也。贞,正也。

礼运

昔者仲尼与于蜡宾,蜡者,索也。岁十二月,合聚万物而索飨之,亦祭宗庙。时孔子仕鲁,而在助祭之中。事毕,出游于观之上,喟然而叹。观,阙也。言偃在侧,曰:"君子何叹?"言偃,孔子弟子子游也。

孔子曰:"大道之行也,天下为公,选贤与能,公,犹共也。禅位授圣,不家之也。故人不独亲其亲,不独子其子,孝慈之道广也。使老有所终,幼有所长,鳏、寡、孤、独、废、疾者皆有所养。无匮乏者。是故谋闭而不兴,盗窃乱贼而不作,是谓大同。同,犹和平。

有人问:"你不久就是我们的君主了,为什么还对我们这么礼让呢?"他就回答说:"因为有君王在,自己与大家同朝为臣,礼应如此。"这就使国人都懂得君臣之义了。如果还有人问:"你不久就是我们的领袖了,为什么还对我们这么礼让呢?"他就回答说:"因为有长辈在,做晚辈的礼应如此。"这样国人都懂得长幼的秩序了。所以说有父亲在上,自己只是人子,有国君在上,自己只是人臣。严格遵守人子与人臣的礼节,就是忠君,就是孝亲。所以说学校的一切教学,教的就是父子之道、君臣之义、长幼之礼(学,教导)。明白了父子、君臣、长幼的道理,国家就太平了。古语说:乐正负责诗书的教育,父亲和老师负责德行的教育,一个人有了大善,天下万民也就随之走上了正道。这正是世子教育的意义所在啊(司,主管。一,一人。元,大。良,善。贞,正)!

礼运

从前孔子参加鲁国的岁末大祭祀(蜡就是求神祭祀的意思。每年的十二月,聚集祭品举行祭祀,也就是祭祀祖先。当时孔子在鲁国做官,也在助祭的行列当中),事情完毕,走到宫阙上参观,长长地叹息(观,宫殿前面的大门楼)。他的弟子子游随侍在旁边,问道:"先生为什么叹息呢?"(言偃,孔子的弟子子游)。

孔子说:"'大道'实行的时代,天下是天下人所共有的,选拔贤良,委任有才能的人共同治理天下(公,如同共。禅让王位给天地间的圣人,而不传给自己的子孙)。因此人们不仅仅亲爱自己的双亲,不仅仅慈爱自己的子女(孝慈的风尚广泛流布于天下),使老年人都有赡养终老的地方,儿童得到良好的教育,鳏夫、寡妇、孤儿、没子女的老人以及身体有残障或疾病的人都能得到抚恤和疗养(没有照顾不到的地方)。这样一来,人们不再有勾心斗角、损人利己的想法,强盗、

今大道既隐,隐,犹去也。天下为家,传位于子也。各亲其亲,各子其子,大人世及以为礼,城郭沟池以为固,乱贼繁多,为此以服之。大人,诸侯也。礼义以为纪,以正君臣,以笃父子,以睦兄弟,以和夫妇,以设制度,以功为己。故谋用是作,兵由此起。以其违大道敦朴之本,其弊则然。老子曰:"法令滋章,盗贼多有也。"禹、汤、文、武、成王、周公,由此其选也。由,用也。能用礼义成治者也。此六君子者,未有不谨于礼者。"

言偃复问曰:"如此乎礼之急也?"孔子曰:"夫礼者,先王以承天之道,以治人之情,故失之者死,得之者生。《诗》云:'人而无礼,胡不遄死!'故圣人以礼示之,天下国家可得而正。"民知礼,则易教也。

"是故礼者,君之大柄,所以治政安君。故圣王修义之柄、礼之序,以治人情。治者,去瑕秽、养精华也。故人情者,圣王之田也,修礼以耕之,和其刚柔。陈义以种之,树以善道。讲学以耨之,存是去非类也。本仁以聚之,合其所盛。播乐以安

小偷、乱徒、贼党都不会产生。这就叫做'大同'世界（同，如同和平的意思）。"

（孔子接着说）"如今天下大同的时代已经不复存在了（隐，如同消失、失去），天下为一家所私有（传位给自己的子孙）。各人都只孝敬自己的父母，只钟爱自己的子女。天子和诸侯都把爵位传给自己的子弟当作一种自然的礼制。他们建筑内外城和护城河来防备乱贼保其稳固（作乱的人多了，用这样的方法来让他们臣服。大人，指诸侯）；确立了礼义作为纲纪，用以确定君臣的名分，敦厚父子的亲爱，和睦手足的友爱，调和夫妇的恩情。以此设立各种制度，都是为了达到自己个人的目的。于是一切机巧谋略就产生了，兵乱也由此而产生（由于违背了敦厚朴实的根本道义，这些弊端也就自然产生了。老子说：'法律命令越是显著周密，盗贼就会越多。'）。夏禹、商汤、文王、武王、成王、周公，是这个时代最了不起的代表人物（由，如同用。能用礼义来成功地治理国家）。这六位圣贤君臣，没有不严守礼制的（因为世运至此，也只有依靠严守礼制才是通往天下太平的唯一途径）。"

子游又问道："礼果真是这样迫切需要的吗？"孔子回答说："所谓礼，是古圣先王秉承上天的自然法则，以自然的法则来调治人的性情的，所以人失去礼就不可以再称之为人，如同他已经死了一样；人活着只有遵循礼才算像个人的样子。《诗经》说：'人如果没有礼，何不早点去死呢！'所以圣人用礼来昭示天道和人情，天下国家才能得以回归正道（人民懂得礼义，就会很容易教导）。"

"由此可见，礼是君王治理国家的必要手段，用以治理国政、巩固君权。所以圣王遵循义的根本、礼的秩序，来调治人的心性（治的意思就是说去除人性中受染污的一面，而长养其精华的一面）。因此人心是圣王用以耕种的土地：用修养礼仪来耕耘（使其刚柔相济），用倡

之。感动使之坚固。

故治国不以礼,犹无耜而耕也,无以入之也。为礼不本于义,犹耕而不种也;嘉谷无由生也。为义而不讲以学,犹种而不耨也;苗不殖,草不除。讲之以学而不合以仁,犹耨而不获也;无以知收之丰荒也。合之以仁而不安以乐,犹获而不食也;不知味之甘苦。安之以乐而不达于顺,犹食而不肥也。功不见也。

四体既正,肤革充盈,人之肥也;父子笃,兄弟睦,夫妇和,家之肥也;大臣法,小臣廉,官职相序,君臣相正,国之肥也;天子以德为车,以乐为御,诸侯以礼相与,大夫以法相序,士以信相考,百姓以睦相守,天下之肥也。是谓大顺。

故无水旱昆虫之灾,民无凶饥妖孽之疾,言大顺之时,阴阳和也。昆虫之灾,螟蚤之属也。故天不爱其道,地不爱其宝,人不爱其情,言嘉瑞出,人情至也。故天降膏露,地出醴泉,山出器车,河出马图,凤皇骐驎,皆在郊椒,龟龙在宫沼,其余鸟兽之卵胎,皆可俯而窥也,膏,犹甘也。器,谓若银瓮丹甑也。马图,龙马负图而出也。椒,丛草也。沼,池也。则是无故,非有他故

导道义来播种（播下善良的种子），用讲习学问来除草（扶助正义、去除邪恶），发扬仁爱之心来加以收获（把仁爱美好的东西聚合到一起），用音乐教化来安定人心（因内心感动而能够坚定巩固）。

"因此治理国家如果不用礼，就如同没有农具而去耕田（没法下手）。制礼而不以义为宗旨，就好比只耕田而不播下谷物的种子（不可能生出良好的谷物来）。推行道义而没有人来讲学，就好比只播种而不锄草（不除去杂草，秧苗就不能顺利生长）。只讲学而不契合仁爱的存心，就好比虽然有人除草但也不会有好的收成（没有办法知晓收成的好坏）。契合仁爱而不以音乐教化来安和人心，就如同虽有收成而没能享用成果（不知道味道的甘苦）。用乐教来使人心安定却不能达到和顺自然的境界，就如同享受了成果而没有得到健康（功效没有完全显现）。

"一个人四肢完好灵活，肌肤丰满润泽，这是身体的健康；父子亲爱笃厚，兄弟和睦相处，夫妇和顺敬爱，这是家庭的健康；大臣秉公守法，小官清正廉明，官职分工明确、各尽职守，君臣之间能互相勉励，匡正过失，这是国家的健康；天子以德行为车乘，以乐教来驾驭，诸侯之间以礼让互相交往，大夫们以法规维持秩序，士人们以诚信彼此成就，百姓们以和睦共同相处，这是全天下的健康。这就叫'大顺'。

"所以不至于发生水灾、旱灾、虫灾等灾害，人民不会遭受饥荒、瘟疫等疾苦（意思是说天下大顺的时候，阴阳和合。昆虫之灾，螟螽之类的昆虫）。所以上天并不吝惜它的好生之德，大地并不吝惜它的宝藏，人并不吝惜他的才智（意思是说天地会出现祥瑞的征兆，人心也达到极善）。所以上天会降下甘露，大地会涌出醴泉，深山里会出现天然的车辆和宝器，河水中会有龙马驮出河图与洛书；凤凰和骐驎

使之然。先王能修礼以达义，体信而达顺，故此顺之实也。

礼器

礼，释回，增美质，措则正，施则行。释，犹去也。回，邪僻也。质，犹性也。措，犹置也。其在人也，如竹箭之有筠，如松柏之有心。二者居天下之大端，故贯四时，而不改柯易叶。箭，篠也。端，本也。四物于天下，最得气之本也。或柔韧于外，或和泽于内，以此不变伤，人之得礼亦犹然。君子有礼，则外谐而内无怨。故物无不怀仁，鬼神飨德。怀，归。

先王之立礼也，有本有文。忠信，礼之本；义理，礼之文。无本不立，无文不行。言必外内具也。礼也者，合于天时，设于地财，顺于鬼神，合于人心，理万物者。故天不生，地不养，君子不以为礼，鬼神弗飨。天不生，谓非其时物也。地不养，谓非其地所生也。

都会聚集在郊野，龟供奉在宫殿，龙豢养在池中，其他各种鸟兽的卵和幼胎，随处都可以俯身看到（膏，如同甘甜的意思。器是指银瓮丹甑之类。马图，龙马背着图从水中而出。椒，生长着很多草的沼泽。沼，池子）。出现像这样的瑞象没有其他的原因（并不是其他的原因造成的），正是由于古圣先王能够修'礼'以达到'义'，体现诚信而达到和顺的境界。所以说这样的太平盛世正是顺应天理人情的必然结果。"

礼器

　　礼可以消除人的邪恶，增进美好的性情。以礼修身则身能端正，以礼行事则事事通达（释，如同消除、去掉。回，偏曲、邪僻。质，本体、本性。措，如同安置、安放）。礼对于人来说，就好比竹、箭有贞固的青皮，松、柏有坚实的树心。外表和内心，是天下万物的大本。所以松竹历经寒暑而不改变其挺直的枝干和茂盛的叶子（箭，即篠竹。端，根本。竹、箭、松、柏四物相对于万物，最能体现天地之正气。或者外表柔和坚韧，或者内心平和润泽，正因如此，才能始终如一、永不变易。人若遵循礼仪、同样也能如此）。如果君子有礼，就能待人接物无不和谐，内心安和而无所怨恨。因此，万物无不归向于他的仁德，连冥冥中天地鬼神也向慕他的德行（怀，向往、归附）。

　　古圣先王所制定的礼，既有其深刻的本质内涵，又具备了优美的形式。忠信是礼的本质，完备的仪式和制度是礼的形式。如果没有了忠信的本质，礼就不能够成立。如果没有完备的仪式和制度，礼就无法在现实中推行（这是说礼的本质和形式必须内外兼备）。礼的标准是，必须要上合天时、下合地利、幽合鬼神、明合人心，使万物各顺其理。因此，凡是非应时令所生长、非本地所出产的，君子都不用作行礼时的祭品，鬼神也不会来享用（天不生，指的是不合时令生长的

是故昔者先王之制礼也，因其财物，而致其义焉。故作大事必顺天时，大事，祭祀也。为朝夕必放于日月，日出东方，月生西方也。为高必因丘陵，谓冬至祭天于圜丘之上。为下必因川泽。谓夏至祭地于方泽之中。

是故因天事天，天高，因高者以事之。因地事地，地下，因下者以事之。因名山升中于天，名，犹大也。升，犹上也。中，犹成也。谓巡狩至于方岳，燔柴祭天，告以诸侯之成功也。因吉土以飨帝于郊。吉土，王者所卜而居之土也。飨帝于郊，以四时所兆祭于四郊者也。升中于天，而凤皇降，龟龙格；功成而太平，阴阳气和而致象物也。飨帝于郊，而风雨节，寒暑时，五帝，主五行。五行之气和，而庶征得其序。五行：木为雨，金为旸，火为燠，水为寒，土为风。是故圣人南面而立，而天下大治。

是故先王制体也以节事，动反本也。修乐以导志。劝之善也。故观其礼乐，而治乱可知。乱国礼慢而乐淫也。

物产。地不养,指不是当地生长的物产)。

　　因此古圣先王在从前制定礼的时候,是根据万物的材性,务求用其所宜。因而举行祭祀等大礼,必须顺应天时与节令(大事,指的是各种祭祀活动)。天子春分祭日、秋分祭月,必须顺应日月的运行规律(日出东方,月生西方)。冬至祭皇天上帝,必然要登上丘陵高地(这是说冬至日祭祀苍天要选在圜丘的上面)。夏至祭地,必须选择川泽低处(这是说夏至日祭祀大地,要选在方泽之中)。

　　因此君王根据天之尊贵而举行祭天之礼(天居高,便选择高处祭祀之),根据地之谦卑而举行祭地之礼(地居下,便选择低处祭祀之)。借名山大岳,报天之功(名,犹大。升,犹上。中,犹成。意思是说天子巡视诸侯所守的疆土之后,到达四方的山岳,焚烧柴火来祭祀上天,向天帝呈报各国所成就的功业)。借占卜的吉土建立国都,在它的四郊祭五方之帝(吉土,古代帝王通过占卜所选定的居住地方。在四郊祭祀五方之帝,以四时所设的祭坛来进行祭祀)。升其玉册,将功业上告皇天,于是凤凰应德而降,龟龙感通而至(功业成就而天下太平,阴阳之气和合则产生瑞相)。在郊外祭祀上帝,使得风调雨顺,寒暑适时(五帝,主五行。五行之气能够和谐,则雨、旸、燠、寒、风各种自然现象就会依序而行。五行,木为雨,金为旸,火为燠,水为寒,土为风)。因此圣明的君主南面而立,天下就能长治久安。

　　古圣先王制定礼来节制万事(制作礼是为了让人们一举一动都恢复人的本性),修治乐来疏导人的心志(劝人向善),因此观察一个地方的礼乐,便可了解这个国家的治乱(秩序混乱的国家,礼节简慢,音乐放纵而无节制)。

内则

子事父母,鸡初鸣,咸盥漱,冠、緌、缨、端、韠、绅、缙、笏,咸,皆也。緌,缨之饰也。端,玄端,士服也。庶人深衣也。绅,大带也。左右佩用,必佩者,备尊者使令也。以适父母、舅姑之所。及所,下气怡声,问所欲而敬进之,柔色以温之。温,藉也。承尊者必和颜色也。

父母有过,下气怡色,柔声以谏,谏若不入,起敬起孝,悦则复谏。父母怒,不悦,而挞之流血,不敢疾怨,起敬起孝。挞,击。

父母虽没,将为善,思贻父母令名,必果。

曾子曰:"孝子之养老,乐其耳目,安其寝处,以其饮食忠养之。父母之所爱亦爱之,父母之所敬亦敬之,至于犬马尽然,而况于人乎?"

玉藻

年不顺成,则天子素服,乘素车,食无乐。自贬损也。

君无故不杀牛,大夫无故不杀羊,士无故不杀犬豕。故,谓祭祀之时。君子远庖厨,凡有血气之类,弗身践也。践当为翦,声之误。翦,犹杀也。

内则

儿女事奉父母,鸡叫头遍时,就应起身梳洗、漱口,戴好帽子,把帽带系整齐、穿上正服,绑上蔽膝,系好大带,把笏插好(咸,皆的意思。綏,缨上的装饰。端,古代的一种黑色礼服,士人的服饰,庶民穿的是深色礼服。绅,大带),左右佩戴好日用的佩物(戴上一些必佩的物品,以备长辈随时差遣使用)。然后前往父母、公婆的处所。到了住所之后,和声和气,柔声询问父母、公婆喜欢吃什么,恭恭敬敬地进奉给父母,和颜悦色地承事父母(温,顺承的意思。侍奉父母必须和颜悦色)。

父母有了过错,做晚辈的要和颜悦色、柔声细语地进谏。如果谏言不被接纳,就要更加恭敬地孝顺父母,等父母愉悦的时候,再进谏言。即使招致父母生气发怒,鞭打自己到皮破血流的程度,也不应心存怨恨,反而要更加地恭敬和孝顺。

即使父母过世了,子女将要行善做好事的时候,想到会给父母带来好的名声,就会坚决去做。

曾子说:"孝子奉养父母,备礼乐以使父母的耳目愉悦,要使父母的寝处起居安适,对于饮食各方面,都要尽心仔细的照料和侍奉。父母所钟爱的自己也应当钟爱,父母所恭敬的自己也应当恭敬,就是对父母钟爱的犬、马也是如此,何况对父母所敬爱的人呢!"

玉藻

年成不好的时候,天子则身穿以素色缯制作的衣冠,乘坐不上漆彩的车子,进餐的时候不奏乐(减少用度责罚自己的意思)。

诸侯国君没有特别的祭祀时不杀牛,大夫没有祭祀时不杀羊,士人没有祭祀时不杀狗、猪(故,特指祭祀)。君子要远离杀生、烹煮的厨房,凡是有生命的禽兽,君子都不亲自宰杀("践"应当为"翦",读

大传

圣人南面而听天下,所且先者有五,民不得与焉。且先,言未遑余事。一曰治亲,二曰报功,三曰举贤,四曰使能,五曰存爱。功,功臣也。存,察也。察有仁爱者。五者一得于天下,民无不足、无不赡。五者一物纰缪,民不得其死。物,犹事。纰,犹错也。五事得则民足,一事失则民不得其死,明政之难也。圣人南面而治天下,必自人道始矣。人道,谓此五事也。

是故人道亲亲,言先有恩。亲亲故尊祖,尊祖故敬宗,敬宗故收族,收族故宗庙严,宗庙严故重社稷,重社稷故爱百姓,爱百姓故刑罚中,刑罚中故庶民安,庶民安故财用足,财用足故百志成,百志成故礼俗刑,礼俗刑然后乐。收族,序以昭穆也。严,犹尊也。百志,人之志意所欲也。刑,犹成也。《诗》云:"不显不承,无斁于人斯。"此之谓也。斁,厌也。言文王之德不显乎?不承先人之业乎?言其显且承之,乐之无厌。

音相近造成的错误。翦,就是宰杀的意思)。

大传

　　圣明的天子君临天下,必将先做好五件事情,治理百姓这件事还不在其内(且先,意思是说暂时还顾不上其它的事情)。这五项是:第一是治亲(依礼法端正亲属之间的关系,确定长幼尊卑的名份);第二是报功(封赏有功之臣);第三是举贤(举荐和选拔贤德之人入朝参政);第四是使能(适当任用有才能的人);第五是存爱(明察和奖励民间那些有善心善行的人)(功,功臣。存,审察。审察有仁爱存心的人)。这五件事如果能统统做到,天下的百姓就什么都不缺了,从此家家都将会过上丰裕的日子。如果这五件事有一件做不到,那么人民就将无法尽其天年而终(物,如同事情。纰,如同差错,谬误。这五件事情都能够做到,则人民就会富足。其中一件事情没有做到,则人民就无从得以尽其天寿。说这些都是为了说明为政之不易啊)。圣明的天子治理天下,必须从人伦之道做起(人道,就是指上面所说的这五件事情)!

　　由此可见,人伦大道的根本在于亲亲(孝敬父母)(说的是先从身边恩重的亲人做起,懂得知恩报恩)。孝敬父母必能尊敬祖先;尊敬祖先,必能敬爱宗族,遵循宗法;敬爱宗族,必能团结族人;团结族人,必能使宗庙肃穆庄严;宗庙肃穆庄严,必能敬重国家社稷;敬重国家社稷,必能爱护百姓;爱护百姓,刑罚必能公平得当;刑罚能够公平,百姓就能安居乐业;百姓安居乐业,就能使财用充足;财用充足,则各种愿望都能达成。各种愿望都达成,则礼仪风俗就能自然形成。礼俗形成了,然后人人都能安乐(收族,以上下尊卑、亲疏远近之序团结族人。严,如同尊敬。百志,人的意志所想要达到的。刑,如同形成)。《诗经》说:"文王能发扬光大先人的仁德,承继先人的事

乐记

凡音之起，由人心生也。人心之动，物使之然也。感于物而动，故形于声。宫、商、角、徵、羽杂比曰音，单出曰声。形，犹见也。

乐者，音之所由生也，其本在人心之感于物。是故其哀心感者，其声噍以杀；其乐心感者，其声嘽以缓；其喜心感者，其声发以散；其怒心感者，其声粗以厉；其敬心感者，其声直以廉；其爱心感者，其声和以柔。六者非其性也，感于物而后动。言人声在所见，非有常也。噍，踧也。嘽，宽绰貌。发，犹扬也。是故先王慎所以感之者，故礼以导其志，乐以和其声，政以一其行，刑以防其奸。礼乐刑政，其极一也，所以同民心而出治道。

凡音者，生人心者也。情动于中，故形于声。声成文，谓之音。是故治世之音安以乐，其政和；乱世之音怨以怒，其政乖；亡国之音哀以思，其民困。音声之道，与政通矣。言八音和

业,所以永远有人喜欢他那样伟大的人物啊!"说的正是这个道理。(斁,厌弃,厌倦。意思是说文王难道没有彰显先人的德行吗?难道没有继承先人的事业吗?说他不仅彰显而且继承了先人的德业,并且乐于这项事业而不知厌倦。)

乐记

声音的产生,根源于人内心的活动。而人心的活动,则是受外界环境事物影响的结果。人心由于受外境的影响而产生了触动,就表现为声音(宫、商、角、徵、羽这五种声调交错发出称为"音",单一发出称为"声"。形,也就是"现",即表现)。

所谓乐,是由音而产生的,它的本源是由于外界环境事物的影响而引发的心理反映。因此,内心感到悲哀,就发出焦急而低沉的声音;内心感到快乐,就发出宽舒而徐缓的声音;内心感到喜悦,就发出高昂而爽朗的声音;内心感到愤怒,就发出粗壮而猛烈的声音;内心恭敬庄严,就发出虔诚而清廉的声音;内心充满仁爱,就发出温和而柔美的声音。这六种反应,不是人的本性所具有的,而是受外界环境事物的影响造成的(说明人的声音所表现出来的,并非恒常不变。噭,惊惧不安的样子。嘽,宽舒、舒缓的样子。发,显现,发扬)。因此古代的圣王,对于能够触发人的内心情感的外在环境事物特别注意,所以他们用礼仪来引导人心,用音乐来调和人声,用政令统一人们的行为,用刑罚防止人的邪恶。礼仪、音乐、刑罚、政令,它们的最终目标是一致的,都是要使人心同归于和,因而实现治国平天下的理想。

大凡音乐的缘起,皆出于人心。情感萌发于内心,表现于外就是声,声成曲调就叫做音。所以太平盛世的音乐安详而欢乐,它的政治是宽和的。乱世的音乐充满怨恨而愤怒,它的政治是混乱的。亡国的

否随政。宫为君，商为臣，角为民，徵为事，羽为物。五者不乱，则无怗懘之音矣。五者，君、臣、民、事、物也。凡声浊者尊，清者卑。怗懘，敝败不和之貌也。宫乱则荒，其君骄；商乱则陂，其臣坏；角乱则忧，其民怨；徵乱则哀，其事勤；羽乱则危，其财匮。五者皆乱，迭相陵，谓之慢。如此则国之灭亡无日矣。君、臣、民、事、物，其道乱则其音应而乱也。荒，犹散也。陂，倾也。

郑卫之音，乱世之音，比于慢矣。比，犹同也。桑间濮上之音，亡国之音。其政散，其民流，诬上行私而不可止也。濮水之上地有桑间者，亡国之音于此水出也。

是故知声而不知音者，禽兽是也；知音而不知乐者，众庶是也。唯君子为能知乐。禽兽知此为声耳，不知其宫商之变。八音并作克谐曰乐。审声以知音，审音以知乐，审乐以知政，而治道备矣。是故不知声者，不可与言音；不知音者，不可与言乐。知乐者，则几于礼矣。礼乐皆得，谓之有德。几，近也。听乐而知政之得失，则能正、君、臣、民、事、物之礼也。

音乐哀伤而忧愁,因为他的百姓是流离困苦的。声音的内在精神与政治是相通的(说明八音的安和或乖错与政治是相通的)。五音中的宫与君相对应,商与臣相对应,角与民相对应,徵与事相对应,羽与物相对应。如果君、臣、民、事、物这五者都能协调而不乱,民间就不会出现不和谐的音乐(五者,指君、臣、民、事、物。凡是声音厚重表尊贵,清越表谦卑。怗懘,就是破败不和的样子)。(倾听一个地方的音乐,就可以从中察知这个国家的治乱)。宫音乱就会显得荒散,表明国君骄恣,贤者离去;商音乱就会显得倾颓不正,表明臣道败坏而国事倾危;角音乱就会显得忧愁,表明人民愁怨而隐忧四伏;徵音乱就会显得哀伤,表明百事烦苦而勤劳无功;羽音乱就会显得危迫,表明物资短缺而国用匮乏。如果五音皆乱而交相侵犯,就成为一种倾压陵越的"慢"音。国事到此,那么离灭亡时日就不远了(君、臣、民、事、物,这五道混乱,则与其相对应的音声也会混乱。荒,如同散乱。陂,倾斜的意思)。

春秋时期郑国与卫国的音乐,便是乱世的音乐,相当于慢音(比,如同相当)。从前师涓从濮水上听到的桑间之乐,就是殷纣的亡国之音。当时政事荒散,人民流离失所(没有国家观念),各级官吏欺君罔上、只顾个人私欲的情形,已经到了不可遏止的地步了(濮水之上有桑间,亡国的音乐就是从此水中传出的)。

因此只能听懂声响而不懂音调变化的,是禽兽;只能听懂音调而不懂得音乐效用的,便是凡夫。唯有具备了道德修养的君子,才能真正懂得音乐的内涵(禽兽只知道这是声响而已,不知道宫商的变化。八音并作,和合协调称为乐)。从分辨不同的声响(声)去了解音调的变化(音),从音调的变化去感受乐律是否和谐(乐),从乐律和谐与否进而察知国政的治乱得失,那么治国之道就会逐渐趋于完备了。所以不懂得"声"的,不可以和他讨论"音",不懂得"音"的,不可以和他

乐之隆,非极音;食飨之礼,非致味。隆,犹盛。极,犹穷。是故先王之制礼乐,非以极口腹耳目之欲,将以教民平好恶而反人道之正。教之使知好恶。

先王之制礼乐,为人之节。言为作法度以过其欲也。衰麻哭泣,所以节丧纪也;钟鼓干戚,所以和安乐也;婚姻冠笄,所以别男女也;射乡食飨,所以正交接也。男二十而冠,女许嫁而笄,成人之礼也。射,大射乡。乡,饮酒也。食,食礼飨。飨,礼也。礼节民心,乐和民声,政以行之,刑以防之。礼、乐、刑、政四达而不悖,则王道备矣。

乐由中出,和在心也。礼自外作。敬在貌也。大乐必易,大礼必简。易简,若于清庙大飨然也。乐至则无怨,礼至则不争。揖让而治天下者,礼乐之谓也。至,犹达行。大乐与天地同和,大礼与天地同节。言顺天地之气与其数也。和,故百物不失;不失性也。节,故祀天祭地。成万物有功报焉也。明则有礼乐,教人者也。幽则有鬼神。助天地成物者也。如此,则四海之内,合敬同爱。

讨论"乐"。如果懂得"乐"的作用，差不多就懂得礼治的意义了。国君如果同时深知礼和乐的妙用，就可以称之为有德之君了（几，近的意思。听乐从而知道政事的得失，就能够端正君、臣、民、事、物这五种礼）。

音乐的隆盛，并非崇尚极致的钟鼓之音。盛大的祭礼，不一定要有登峰造极的美味（隆，如同盛大。极，如同穷尽，极致）。因此古圣先王制订礼乐，目的不在于满足人们口腹耳目的欲望，而是在于教导人民辨别好恶、爱憎，而返归到人们天性的道德正途（通过教化使人民知道善恶）。

先王制礼作乐，使人们的行为从此得到了节制（这是说为人们制定行为的法度以遏制其欲望）。穿衰麻丧服及行哭泣之礼，是为了节制丧事丧礼；敲钟击鼓、手执盾斧而舞的礼节，是用以调和安乐；婚礼及男子冠礼、女子笄礼，是用来区别男女；大射、乡饮酒、宴飨宾客之礼，是为了使社交往来依循法度而不致背离道义（男子二十岁举行冠礼，女子成年行笄礼，这都是成人的礼仪。射，大射礼。乡，乡饮酒礼。食，宴请宾客的礼仪。飨，礼仪）。用礼仪来调治人的性情，用音乐来调和人的心声，用政令来疏导人的行为，用刑罚来防止人放纵越轨。礼、乐、刑、政四者通行于天下而无违背，那么圣王平治天下的大道就完备了。

乐是内心的表现（和合发自内心），礼是外在的行为（恭敬表现于外在行为）。盛大的音乐必然是平易的，重大的典礼必然是简约的（易，平易、简约就像在清庙举行祭礼一样）。乐教通行则人人心情舒畅而无怨恨，礼教通行则人人心存谦让而无冲突。君王拱手揖让之间，而天下自治，说的就是礼乐的政治（至，犹达到、通行）。盛大的乐像天地一样一团和气，可以生养万物；隆重的礼像天地一样上下各就其位，尊卑有序（说明大礼大乐都是顺应天地的规律和节奏的）。因为有

王者功成作乐，治定制礼。功，主于王业。治，主于教民。五帝殊时，不相沿乐；三王异世，不相袭礼。言其有损益也。故圣人作乐以应天，制礼以配地。礼乐明备，天地官矣。官，犹事也，各得其事。地气上跻，天气下降，鼓之以雷霆，奋之以风雨，动之以四时，暖之以日月，而百化兴焉。如此则乐者天地之和也。

礼者，所以缀淫也。缀，犹止也。是故先王有大事，必有礼以哀之；有大福，必有礼以乐之。哀乐之分，皆以礼终。大事，谓死丧也。是故先王本之情性，稽之度数，制之礼义，合生气之和，道五常之行，使之阳而不散，阴而不密，刚气不怒，柔气不慑，四畅交于中而发作于外，皆安其位而不相夺也。生气，阴阳气也。五常，五行也。密之言闭也。慑，犹恐惧也。

土弊则草木不长，水烦则鱼鳖不大，气衰则生物不遂，世

和谐,所以能兼有万物而不失其本性(没有失去本性);因为有秩序,所以能够祭祀天地(以成就万物本性之功业而上报天地)。如果于明处能提倡礼乐(教化人民),于暗处能敬奉鬼神(帮助天地化育万物),这样普天之下的人,就都能够相敬相爱地和平共处了。

　　王者功业成就,才开始作乐;社会安定时,才开始制礼(功,最重要的就是统一天下。治,最重要的就是教化人民)。五帝所处的时代各不相同,所以各不沿袭前代的音乐;夏、商、周三王世事相异,也不沿用前代的礼制(指各有减少与增加)。所以圣人作乐,以对应上天冲和虚静、涵容万象的胸襟;制礼,以对应大地尊卑有序、万物生长各循其道的法则。礼乐一旦明达完备,天地万物便可各得其所、各安其位(官,也就是任事,各司其职)。地气上升,天气下降,又有雷霆应时而动,风调雨顺,四季交替而作,日照月临,万物由此化生。这样,音乐才真正体现了天地之间的和谐。

　　礼制是用来制止过分放纵的行为(缀,停止的意思)。因此古代先王遇到死丧之事,必定有衰麻、哭泣等礼节以表达哀思;遇到吉庆之事,也必定有钟鼓、琴瑟之礼节来抒发欢乐之情。哀痛、欢乐的限度,都通过礼恰如其分地表达出来(大事,指死丧之事)。因此古代先王作乐,是根据人的情感与本性,考核五音十二律的度数,以礼义来裁制人情。既求适应生气阴阳的和合,又须依循五行的相生流转,从而使阳气发扬而不至于散失、阴气收敛而不至于郁结,使性情刚烈者不随意发怒,性格柔顺者不怯懦恐惧。天地之阴阳、人心之刚柔都和畅通达,又各自表现于外在的言行举止中,四者都恰到好处而不会互相侵陵冲突(生气,指阴阳二气。五常,指五行。密说的就是封闭。慑,如同恐惧)。

　　土壤贫瘠草木就不能生长,水泽频繁扰动缓急不定,鱼鳖就

乱则礼慝而乐淫。是故其声哀而不庄,乐而不安,慢易以犯节,流湎以忘本,感条畅之气而灭平和之德,是以君子贱之也。遂,犹成也。慝,秽也。感,动也。动人条畅之善气,使失其所也。凡奸声感人,而逆气应之;逆气成象,而淫乐兴焉。正声感人,而顺气应之;顺气成象,而和乐兴焉。唱和有应,回邪曲直,各归其分,而万物之理,各以类相动。成象,谓人乐习焉。是故君子反情以和其志,比类以成其行,奸声乱色,不留聪明,淫乐慝礼,不接心术,惰慢邪僻之气,不设于身体,使耳目、鼻口、心智百体皆由顺正,以行其义。反,犹本也。术,犹道也。

然后发以声音,而文以琴瑟,动以干戚,饰以羽旄,从以箫管,奋至德之光,动四气之和,以著万物之理。奋,犹动。动至德之光,谓降天神、出地只、格祖考也。著,犹成也。故乐行而伦清,耳目聪明,血气和平,移风易俗,天下皆宁。言乐用则正人理、和阴阳也。伦,谓人道也。

不能养大。阴阳时气衰乱,生物就无法培植和繁育。世道衰乱、上下无序,则礼就会被废弃,而音乐便会放纵淫逸。于是乐声便会哀怨而不庄重,欢乐而不安详,散慢而迭相陵犯,让人沉迷于声色而忘失本性。人们会被这种乐声干扰而破坏其原本自然舒畅的正气,泯灭了平顺祥和的善德。因此君子向来都是贱弃此类乱世之声的(遂,长成的意思。慝,污秽的意思。感,扰动。使人的长远舒畅之善气受到扰动,从而失去其良善之性)。但凡邪恶淫荡的声音刺激人心,就会有逆乱之气与它相应。逆乱之气化为具体的事实,则淫乱之乐就会产生。而纯正无邪的声音感化人心,就会有顺畅之气与它相应。顺畅之气化为具体的事实,则太和之乐就会产生。在这一唱一和相互呼应之间,乖戾与乖戾之气相应,邪恶与邪恶之气相应,曲、直亦如此相应,各归其分。而宇宙万物的道理,也都是以同类相聚,彼此感应互动的(成象,是说人乐于去实行)。因此,君子必然要抑制情绪欲望的泛滥而端正自己的志向,与志同道合的人切磋相长,以成就善行。使奸邪的声音、淫乱的色相,不存留于耳目之中;淫佚的音乐、邪僻的行为,不污染自己的内心;怠惰、傲慢、邪僻的习气,不沾染自己的身体四肢。使耳、目、鼻、口、心智及整个身体,都能遵循正道而实践正义的行为(反,复归根本的意思。术,道的意思)。

  然后用声音表达出来,与琴瑟相和而成乐章,挥动干戚而成武舞,用羽旄作饰而成文舞,随之用萧管伴奏。用此音乐焕发出天地最高德行的光辉,引导阳、阴、刚、柔四气顺畅中和,以显示万物运行的法则(奋,即震动、振奋。动至德之光,指天神降临,地神出现,先祖等庇佑。著,成的意思)。因此正乐通行而人伦正位,万类清美,使人耳聪目明,心气为之和平,良善的风俗随之潜移默化而蔚然形成,天下因此而太平(意思是说实行正乐则能端正人的道德规范,和合阴阳。伦,为

魏文侯问于子夏曰："吾端冕而听古乐，则唯恐卧；听郑、卫之音，则不知倦。敢问古乐之如彼，何也？新乐之如此，何也？"古乐，先王之正乐也。对曰："今君之所问者乐也，所好者音也，相近而不同。"铿锵之类皆为音，应律乃为乐。文公曰："敢问何如？"欲知音乐异意。对曰："夫古者天地顺，而四时当，民有德而五谷昌，疾疫不作而无妖祥，此之谓大当。然后圣人作，为父子君臣，以为纲纪。纲纪既正，天下大定。天下大定，然后正六律，和五声，弦歌《诗》《颂》。此之谓德音，德音之谓乐。当，谓乐不失其所也。今君之所好者，其溺音乎？

郑音好滥淫志，宋音燕女溺志，卫音趋数烦志，齐音敖僻骄志。四者淫于色而害于德，是以祭祀弗用也。言四国出此溺音也。为人君者，谨其所好恶而已矣。君好之，则臣为之；上行之，则民从之。《诗》云：'诱民孔易。'此之谓也。"诱，进也。孔，甚也。民从君之所好恶，进之于善，无难也。

人之道)。

　　魏文侯向子夏请教说:"我整整齐齐地穿戴着祭祀用的礼服礼帽,聆听古代的正乐,就一直想睡觉。可是听到郑国与卫国的民间淫靡之乐,却不知疲倦。请问古代正乐为什么会使人昏昏欲睡,而新近淫靡之乐却这么吸引人呢(古乐,古代圣王的正乐)?"子夏回答说:"现在您所询问的是乐,而您所喜爱的是音。乐和音虽然很接近,实质却不相同(乐器碰撞发出的声音称为音,应和乐律则称为乐)。"文侯问:"这是怎么回事呢(想知道音与乐不同的含义)?"子夏回答说:"古时候风调雨顺四季平安,人民有德行而五谷丰登,没有疾疫灾祸发生,也没有妖异怪象出现,这才叫做太平盛世。然后圣人订立父子、君臣等名分,作为人与人关系的纲纪。纲纪正了之后,社会便有了安定的秩序;社会安定之后,便稽考校正音律的度数,调和五音的大小,用琴瑟等乐器伴奏、歌唱《风》《雅》《颂》等诗篇,这才叫做德音,这样的德音才叫做乐(当,意思是说真正的乐不失去其天地和谐、政治清明、人民安乐的实质)。而今您所喜爱的,恐怕是那些使人沉迷放逸的靡靡之音吧?"

　　(子夏接着说)"郑国的音乐轻佻淫滥,使人心志放荡;宋国的音乐纤柔妩媚,使人心志沉溺;卫国的音乐促迫急速,使人心志烦乱;齐国的音乐傲慢乖僻,使人心志骄恣。这四个地方的音乐都偏于声色而损害人们的德性,所以祭祀大典都不用这类音乐(说的是以上这四个国家都奏出了使人沉溺放纵的音乐)。因此作为一国之君,所要做的无非就是要谨慎自己的好恶而已。君王所喜好的,臣下一定会效仿;上面的人做什么,下面的百姓都会跟着去做。《诗经》上说:'引导民众其实是很容易的',说的就是这个道理(诱,引导。孔,很。人民顺从君王的喜好,因而引导他们去行善,不是一件很困难的事情)。"

君子曰：礼乐不可斯须去身。致乐以治心，乐由中出，故治心也。致礼以治躬。礼自外作，故治身也。心中斯须不和不乐，而鄙诈之心入之矣；鄙诈入之，谓利欲生也。外貌斯须不庄不敬，而易慢之心入之矣。易，轻易也。故乐也者，动于内者也；礼也者，动于外者也。乐极则和，礼极则顺。内和而外顺，则民瞻其颜色而不与争也，望其容貌而民不生易慢焉。是故乐在宗庙之中，君臣上下同听之，则莫不和敬；在族长乡里之中，长幼同听之，则莫不和顺；在闺门之内，父子、兄弟同听之，则莫不和亲。故乐者，所以合和父子、君臣，附亲万民。是先王立乐之方也。

夫圣王之制祭祀也，法施于民则祀之，以死勤事则祀之，以劳定国则祀之，能御大灾则祀之，能捍大患则祀之。是故厉山氏之有天下也，其子曰农，能殖百谷；夏后氏之衰，周弃继之，故祀以为稷；共工氏之霸九州也，其子曰后土，能平九州，故祀以为社。帝喾能序星辰，尧能赏均刑法，舜能勤众事，鲧鄣洪水，禹能修鲧之功，黄帝正名百物，颛顼能修之，契为司徒而民成，冥勤其官而水死，汤以宽治民而除其虐，文王以文治，武王以武功，去民之灾，此皆有功烈于民者也。及夫日月星辰，民所瞻仰也；山林、川谷、丘陵，民所取财用也。非此族也，不在祀典。祀典，谓祭礼也。

君子说:"人们不可片刻离开礼乐。致力于乐,是为了陶冶心性(乐从内心发出,所以能陶冶心性);致力于礼,是为了调整身体与言行(礼是外在行为,所以能修正身行)。一个人的心中如果有片刻不和顺不喜乐,那卑劣而虚妄的念头就会趁机而入(卑鄙而虚妄的念头趁机而入,也就是说利养贪欲就会产生)。外貌如果有片刻不庄重不恭敬,那轻忽怠慢的念头也会趁虚而入(易,轻易的意思)。所以说乐是调理人的内心,礼是规范人外在的行为。音乐至美能使人和畅,礼仪至善能使人恭顺。内心和畅而外貌恭顺,则人们望见他的外貌神情,就不会起与他抗争之心;看见他的仪容风度,便不会有轻视侮慢的念头。因此先王之乐在宗庙中奏响,君臣上下一同聆听,就会感情融洽而互相尊敬;在宗族乡里之中奏乐,长幼一同聆听,就会感情和谐而互相依顺;在家门之内奏乐,父子、兄弟一同聆听,就会感情和睦而互相亲爱。所以音乐能够融洽父子、君臣的感情,而使万民归附亲顺,这是古圣先王立乐的宗旨之所在。"

古代圣王制定祭法的原则是:有功于民众的应祭祀,为操劳国事而死的应祭祀,有安邦定国勋劳的应祭祀,为大众防御重大灾害的应祭祀,能保卫民众抵抗重大外患的应祭祀。因此当厉山氏(炎帝)统治天下的时候,他的儿子叫做农,因为能指导人民种植各种农作物,受到后人的祭祀。直到夏朝后期,才改祭因教民稼穑耕种有功的周国始祖后稷,他们都先后被当作谷神来祭祀。当共工氏征服了九州,他的儿子后土,能区划九州的国土(使人民各得其所),所以被奉为土神而加以祭祀。帝喾能观察星辰,订下了记旬、月、年的方法(使人民有劳作、休息的秩序);尧能公平地赏善罚恶;舜能为国事而不辞辛劳;鲧堵截洪水没有成功,他的儿子禹能改正鲧堵截的错误,而治水成功;黄帝能辨正百物名称,而颛顼能加以补充修订;契

祭义

祭不欲数,数则烦,烦则不敬;祭不欲疏,疏则怠,怠则忘。是故君子合诸天道,春禘秋尝。忘与不敬,违礼莫大焉。合于天道,因四时之变化,孝子感时而念亲,则以此祭之也。霜露既降,君子履之,必有凄怆之心,非其寒之谓也。春雨露既濡,君子履之,必有怵惕之心,如将见之。非其寒之谓,谓凄怆及怵惕,皆为感时念亲也。乐以迎来,哀以送往。

致斋于内,散斋于外。斋之日,思其居处,思其笑语,思其志意,思其所乐,思其所嗜。斋三日,乃见其所为斋者。见其所为斋,思之熟也。祭之日,入室,僾然必有见乎其位;周旋出户,肃然必有闻乎其容声;出户而听,忾然必有闻乎其叹息之声。

担任舜王的司徒之官，使人民普遍受到教化；冥尽忠于水利之官的职守而殉职于水中；成汤以宽和的政令治国，而革除了夏桀的暴政；文王以礼乐法度治国，武王以武力平定了天下，为百姓铲除了祸害。凡此种种都是有勋劳和功业留给人民的。又如日、月、星、辰，是人民所瞻仰和尊崇的，山林、川谷、丘陵，是人民生活资源所在的地方（所以也祭祀）。至于不属于这一类的，则不被列入祭祀的范围（祀典，祭祀的礼仪）。

祭义

祭祀的礼节不可以太繁琐，太繁琐就会使人倦烦；有了倦烦情绪，就会失去恭敬心。祭祀的礼节也不可以太疏简，太疏简就会使人怠慢；心生怠慢就会容易淡忘。所以君子顺应天时季节的变化，春天举行禘祭，秋天举行尝祭（最严重的悖礼行为，莫过于怠慢淡忘和没有恭敬心。合乎天道，孝子随顺季节的变化而感念失去的亲人，所以就选择这个时候祭祀他们）。秋天霜露覆盖着大地，君子跨入这样的季节，自然有一种悲凉的感情。这不是因为寒冷，而是为思念着失去的亲人而生起的。春天雨露沾润了大地，君子到了这样的季节，自然有一种惊醒的感觉，思念故去的亲人，似乎他们也能像春天一样重回人间（"非其寒之谓"的意思，是说悲凉与惊惧的感觉，都是由于感念失去的亲人而生起的。"）。祭祀之初，人们心怀欢喜，如同迎接亲人将要到来；祭祀结束又如同送别亲人远去，不禁满怀悲哀。

祭祀之前要内外斋戒。内斋就是调摄身心，外斋即所谓"散斋"（指隔绝对外一切交际及娱乐、房事等活动）。斋戒之日，要时刻想念死者生前的起居，想念死者的音容笑貌，想念死者的意趣志向，想念死者生前的嗜好口味。这样专心斋戒三天，就能把将要祭祀的亲

是故先王之孝也，色不忘乎目，声不绝乎耳，心志嗜欲不忘乎心，安得不敬乎？

君子生则敬养，死则敬享，享，犹祭也，飨也。唯圣人为能飨帝，孝子为能飨亲。谓祭之能使之飨之也。帝，天也。

先王之所以治天下者五：贵有德也，贵贵也，贵老也，敬长也，慈幼也。此五者，先王之所以定天下也。贵有德，为其近于道也；贵贵，为其近于君也；贵老，为其近于亲也；敬长，为其近于兄也；慈幼，为其近于子也。言治国有家道也。

曾子曰："身也者，父母之遗体也。行父母之遗体，敢不敬乎？居处不庄，非孝也；事君不忠，非孝也；莅官不敬，非孝也；朋友不信，非孝也；战陈无勇。非孝也。五者不遂，灾及于亲，敢不敬乎？遂，犹成也。

人,活现在心里(看到一个人致斋的样子,就可以知道他思念亲人的程度如何)。祭祀当天,进入宗庙后,仿佛见到亲人就在神主所居的位置上;礼拜过后,荐馔致飨,行步周旋,直至礼毕,心中肃然,亲人的音容笑貌好像就在眼前;出门之后,耳边仿佛还听到亲人发出深深的叹息声。所以说到先世君王对亲人的孝敬,那是真正做到了亲人的面容从不曾离开眼前,亲人的声音从不曾离开耳边,亲人的志趣爱好从不曾离开自己的心间(平日无不如此,并非只是在祭祀的时候啊)。怎么会有丝毫的不恭敬呢?

　　君子对父母,活着时则恭敬地奉养,父母过世之后则恭敬地祭祀(享,祭享,祭祀祖先)。只有圣人才真正能够祭祀至尊的上天,只有孝子才真正能够祭飨自己的双亲(这里说的是只有圣人、孝子至诚地恭敬祭祀才真正可以使受祭者亲临祭坛享用祭飨。帝,在这指至尊的上天)。

　　古圣先王特别重视以下五项来治理天下:一是尊重有德行的人;二是敬重有社会地位的人;三是尊重年老的人;四是敬重比自己年长的人;五是爱护晚辈。这五项是先王用以安定天下的方法。尊重有德行的人,是因为他们接近于道;敬重地位尊贵的人,是因为他们近于大众拥戴的国君;尊重老人,是因为老人近似于父母;尊敬年长者,是因为他们近似于兄长;慈爱晚辈,是因为晚辈近似于子女(这是说治理国家和治理家庭的道理是一样的)。

　　曾子说:人的身体,原是父母的身体所遗留下来一部分。使用父母遗留下来的身体,怎么敢不恭敬呢?日常起居不庄重,就不是孝;为国君效力不忠诚,就不是孝;担任官职不认真负责,就不是孝;跟朋友交往不讲信用,就不是孝;作战时没有勇敢的精神,就不是孝。这五点如果做不到,灾祸就会牵连到父母,怎么敢有丝毫的不恭敬

夫孝，置之而塞乎天地，敷之而横乎四海，施诸后世而无朝夕。《诗》云："自西自东，自南自北，无思不服。"此之谓也。

孝有三：小孝用力，中孝用劳，大孝不匮。劳，犹功。思慈爱忘劳，可谓用力矣；尊仁安义，可谓用劳矣；博施备物，可谓不匮矣。思慈爱忘劳，思父母之慈爱己，而自忘己之劳苦。父母爱之，喜而弗忘；父母恶之，惧而无怨；无怨，无怨于父母之心也。父母有过，谏而不逆；顺而谏之。父母既没，必求仁者之粟以祀之。此之谓礼终。"喻贫困犹不取恶人之物以事己亲。

乐正子春下堂，而伤其足，数月不出，犹有忧色。门弟子曰："夫子之足瘳矣，数月不出，犹有忧色，何也？"曰："吾闻诸曾子，父母全而生之，子全而归之，可谓孝矣；不亏其体，不辱其身，可谓全矣。故君子跬步弗敢忘孝也。今予忘孝之道，予是以有忧色也。壹举足而不敢忘父母，壹出言而不敢忘父母。壹举足而不敢忘父母，是故道而弗径，舟而不游，不敢以先父母之遗体行危殆。壹出言而不敢忘父母，是故恶言不出于口，

呢（遂，如同做到）？

孝的意义，树立起来就会充满天地之间，普及起来就会遍及天下四海，孝行传承于后世就会无时不在（突破了时间与空间的限制）。《诗经》说："从西到东，从南到北，没有不遵从的。"说的正是这种情形。

孝道有三等：小孝靠的是劳力侍亲，中孝靠的是建立功劳，大孝是能永恒保持孝心，又能使天下人不失孝心孝行（劳，即功劳）。想到父母抚育的恩德，而忘记自己的劳累辛苦，这是普通百姓用体力行孝。遵循道德，安于仁义，为国家建立功业，这是官宦用功劳行孝。天子以仁爱广施天下，德教加于百姓，以四海之内的物产来祭祀，并使四海之民各自安守本分地礼敬祭祀，这就可以称作永不匮乏（思慈爱忘劳，就是说想到父母抚育自己的恩惠，自然就忘记了自己身体的疲劳）。父母喜爱自己，便高兴欢喜而不忘亲恩；父母讨厌自己，便戒惧反省而毫无怨言（无怨，指没有一点埋怨父母之心）；父母纵有过失，只婉言相劝而不忤逆指责（先顺从父母，而后再择机劝谏）；父母去世之后，必以自己正当所得的食物来祭祀他们。这才是有始有终的孝亲之礼（意思是纵然贫穷困顿，也不用恶人接济的财物来祭奠父母）。

乐正子春有一次从堂上走下来，不慎扭伤了脚，好几个月没有出门，一直面有愁容。他的门下弟子便问道："老师您的脚不是好了吗？您好几个月不出门，到现在还面带忧愁，这是为什么呢？"乐正子春说："我从前听我的老师曾子说过，父母完完整整地生下我们，我们死时也得将这个身子完完整整地归还给父母，这才可以称得上孝顺。没有损毁父母遗留下的这个身体，没有辱没了为人一世的善名，这才是完完整整的孝顺啊。因此君子即使迈出半步路，都不敢忘了对父母的孝道。这回我竟然忘了孝道，所以我才会有愁容啊。做人应

忿言不及于身。不辱其身，不羞其亲，可谓孝矣！"径，步邪趋疾也。

虞、夏、殷、周，天下之盛王也，未有遗年者。是故天子巡狩，诸侯待见于境，天子先见百年者。问其国君以百年者所在而往见之。

祭统

凡治人之道，莫急于礼。礼有五经，莫重于祭。礼有五经，谓吉、凶、宾、军、嘉也。莫重于祭，谓以吉礼为首也。夫祭者，非物自外至也，自中出生于心也，心怵而奉之以礼，是故唯贤者能尽祭之义。

是故君子之教也，外则教之以尊其君长，内则教之以孝于其亲，是故君子之事君也，必身行之。所不安于上，则不以使下；所恶于下，则不以事上。非诸人，行诸己，非教之道也。必身行之，言恕己乃行之。是故君子之教也，必由其本。顺之至也，祭其是与！故曰："祭者，教之本也已。教由孝顺生。祭而不

该每走一步路都不敢忘记父母,每说一句话都不敢忘记父母。正因为每走一步都不敢忘记父母,所以走路必定要选择宽广的正道,而不贪图捷径,去走不安全的羊肠小路;过河时必定选择乘船而不轻易游水,因为不敢将先父母遗留下来的这个身体拿去冒险。正因为每说一句话都不敢忘记父母,所以自己绝不说恶言恶语,这样也就不会招致别人的辱骂。自己这个身子没有蒙受羞辱,也就是让父母没有蒙受羞辱。这才可以说是孝顺啊(径,抄小路走近道)!"

虞、夏、商、周时,天下最伟大的帝王,他们都没有忽略过对年长者的尊敬。因此当天子巡行视察时,诸侯率领众人在自己的边境上迎候,并等待接见。天子到达后,却首先主动去看望该国中年满百岁以上的老人(询问该国国君年满百岁老人的住所,并亲自前往探望)。

祭统

在治理社会的各种举措中,没有比礼更要紧的。礼有五种,没有比祭礼更重要的(礼有五经,指吉、凶、宾、军、嘉五种礼仪。莫重于祭,指五礼之中,没有比祭祀礼更为重要的,所以将吉礼排在最前面)。所谓祭祀,并不是有外在的事物要让人这么做,而是来源于内在,即出自于人们的内心。内心对亲人至诚的感念,表现于行为便是祭礼。因此唯有具备智慧与德行的贤人,才能完全了解祭礼的意义。

所以君子的教化,对外教导人们要尊敬君长,对内则教人们要孝顺父母。因此君子奉事国君,一定首先要身体力行,对于上级的做法自己感到不安的,就不要让下级去做;凡是不愿意下级做的事,也不可以用来奉事上级。批评别人不该做,自己却这样做,这都不合教化的道理(必身行之,指只有扩充自己的仁爱之心,才会身体力行亲自去做)。因此,君子的教化,必须从自身的孝行做起,这样吉祥和顺自然

敬，何以为也？"

经解

　　天子者，与天地参焉，故德配天地，兼利万物，与日月并明，明照四海，而不遗微小。其在朝廷，则道仁圣礼义之序；燕处，则听《雅》、《颂》之音；行步，则有环佩之声；升车，则有鸾和之响。居处有礼，进退有度，百官得其宜，万事得其序。《诗》云："淑人君子，其仪不忒。其仪不忒，正是四国。"此之谓也。道，犹言也。发号出令而民悦，谓之和；上下相亲，谓之仁；民不求其所欲而得之，谓之信；除去天地之害，谓之义。义与信，和与仁，霸王之器也。有治民之意，而无其器，则不成。器，谓所操以作事者。义信和仁，皆存于礼也。

　　夫礼之于国也，犹衡之于轻重也，绳墨之于曲直也，规矩之于方圆也。故衡诚悬，不可欺以轻重；绳墨诚陈，不可欺以曲直；规矩诚设，不可欺以方圆；君子审礼，不可诬以奸诈。衡，称也。县，锤也。陈，设也。孔子曰："安上治民，莫善于礼。"此之谓也。

就会到来。祭祀大概就是这个意思吧。所以说，祭祀是教化的根本（君子的教化是从教孝顺父母开始的）。如果对祭祀产生轻慢怀疑，对故去的亲人没有心存孝敬感恩之心，何必还要去祭祀呢？

经解

  天子和天、地并列为三，所以他的德行必须能够与天、地相配，恩惠普施万物，与日月同明，普照全世界，无微不至。在朝廷，他必须带领群臣沿着仁爱、圣明、恭敬、正义的秩序恭理政务；在休息的地方，所听的是和平、清正的雅颂音乐；走路的时候，身上的佩环、佩玉发出有节奏的声响；乘车时鸾铃发出悦耳的声音。日常起居有优美的礼仪，进退有一定的法度，百官便能各得其所，万事都能有条有理。《诗经》上说："善人君子，威仪完备。因其威仪完备，故能匡正天下。"说的就是这个意思（道，就是说的意思）。发号施令而能使百姓喜悦，这叫做"和"；上上下下的人都能亲爱互助，这叫做"仁"；百姓有所需而不必去求，就能得到满足，这叫做"信"；消除天地间的灾祸危害，这叫做"义"。义与信、和与仁是推行王道、君临天下的必备工具。如果只有统率治理百姓的愿望，而没有统率治理百姓的工具，那是不会成功的（器，意思是说用来做事情的方法、工具。义信和仁都通过礼来表现）。

  礼对于治理国家来说，犹如称量轻重必用秤，确定曲直必须用绳墨，画量方圆必须要用圆规和方尺一样不可缺少。所以将秤准确地悬挂，是轻是重就无法欺骗于人；将绳墨运用到位，是曲是直就无法欺瞒于人；用圆规和方尺精确地测量，是方是圆就不会走样。君子懂得礼，则小人就不能用诡诈与奸巧欺骗他了（衡，秤。县，秤砣。陈，陈列、安置）。孔子说："要使君主安宁，百姓得到治理，没有比礼

故朝觐之礼,所以明君臣之义也;聘问之礼,所以使诸侯相尊敬也;丧祭之礼,所以明臣子之恩也;乡饮酒之礼,所以明长幼之序也;婚姻之礼,所以明男女之别也。夫礼,禁乱之所由生,犹防止水之所自来也。故以旧防为无所用而坏之者,必有水败;以旧礼为无所用而去之者,必有乱患。

故婚姻之礼废,则夫妇之道苦,而淫僻之罪多矣;乡饮酒之礼废,则长幼之序失,而斗争之狱繁矣;丧祭之礼废,则臣子之恩薄,而背死忘生者众矣;聘觐之礼废,则君臣之位失,而背叛侵陵之败起矣。苦,谓不至不答之属。

故礼之教化也微,其止邪于未形,使人日徙善远罪而不自知也,是以先王隆之也。《易》曰:"君子慎始,差若毫厘,谬以千里。"此之谓也。隆,谓尊盛之也。始,谓其微时也。

仲尼燕居

子曰:"礼者何也?即事之治也。治国而无礼,譬犹瞽之无相与,伥伥乎其何之?譬如终夜有求幽室之中,非烛何以见

更好的了。"说的就是这个道理。

所以设朝觐之礼,是用来表明君臣大义;设聘问之礼,是为了使诸侯互相尊敬;设丧祭之礼,是用以表达为臣为子的感恩之情;乡饮酒之礼,是用以明确长辈和晚辈间的秩序;婚姻之礼,是用以辨明男子和女子在家中职责分工的。如此种种的礼节,都是为了从源头上禁绝祸乱发生的根由,就像堤防是为了预防和阻挡洪水的泛滥。因此倘若认为古老的堤防没有什么用处而毁弃了它,必定会遭受水灾的毁灭;倘若认为古老的礼教没有什么用处而废弃了它,必定会产生混乱与祸患。

所以如果废掉婚姻之礼,则夫妻之道不明而变生诸多痛苦,且淫乱苟合的罪行就会多有发生;如果废止了乡饮酒之礼,则长幼之序就会被忘失,而争夺打斗的官司就会频繁发生;如果废弃了丧祭之礼,则为人臣、为人子者将变得薄情寡恩,背逆祖先、不孝父母的人就会大量增加;如果废弃了聘问之礼、朝觐之礼,则将失去君臣各自应有的身份和地位,而反叛君主、侵凌邻国的祸乱就会随之产生(苦,指夫妻间不理不睬之类的情形)。

由此可知,礼的教化作用是很微妙的,它能够在邪恶还没有发生的时候就加以导正,使人在不知不觉中趋向善良、远离罪恶,因此古圣先王都特别尊崇礼教。《易经》说:"君子总是特别谨慎地对待事物的开始,因为开头有了毫厘的差错,结果就会错到千里之外。"说的就是这个意思(隆,尊崇、重视的意思。始,指其刚刚开始的时候)。

仲尼燕居

孔子说:"礼是什么呢?礼就是做事的准则和规矩。如果治理国家而没有礼,就好像盲人没有扶助者,茫然无助不知会走向何方;

之？若无礼，则手足无所措，耳目无所加，进退揖让无所制。是故以之居处，长幼失其别，闺门三族失其和，朝廷官爵失其序，军旅武功失其制，宫室失其度量，丧纪失其哀，政事失其施，凡众之动失其宜。"

中庸

天命之谓性，率性之谓道，修道之谓教。性者，生之质也。命者，人所禀受。率，循。循性行之，是曰道。修，治也。治而广之，人放效之，是曰教。道也者，不可须臾离也，可离非道也。道，犹道路也。出入动作由之，须臾离之，恶乎从。是故君子戒慎乎其所不睹，恐惧乎其所不闻。莫见乎隐，莫显乎微，故君子慎其独也。慎其独者，慎其闲居之所为也。小人于隐者，动作言语自以为不见睹、不见闻，则必肆尽其情。若有占听之者，是为显见，甚于众人之中为之也。子曰："中庸其至矣乎！民鲜能久矣。"鲜，罕也。言中庸为道至美，故人罕能久行之者。

又好比整夜在暗室里摸索，没有灯烛怎么能找见东西呢？若是没有礼，那么手、脚都不知道该怎么放，耳、目也不知道该听什么看什么。前进后退、行礼避让，处处不知道该以什么准则去做。所以说，若像这样没有礼可以遵循，在日常起居当中，长辈和晚辈就会失去尊卑区别了；在家族中父、子、孙三代就会失去和睦；在朝廷里，官爵组织秩序就会紊乱；军队行军打仗就会失去纪律的保证；宫室建筑就会不合法度规模；丧事中悲哀轻重就会失去标准；政事便会因混乱无序而得不到实施。所有的行为举措都会失去其应有的分寸。"

中庸

上天赋予一切事物（包括生命现象）原有的本质叫"性"；事物遵循其自身本性的客观规律去运行叫"道"；君子能不断修正自己错误的思想、言语和行为，使其合乎自然生命的客观规律，同时令大众有所效法，这就是"教"（性，生命的本质。命，人受之于大自然的一种性的表相。率，遵循，遵循本性去做，就是道。修，修正，修正之后进而去推广，使人人都能够去效法，就是教）。"道"对于每个人来说，都是每时每刻都不能离开的。如果是可以轻易抛弃的，那就不是真正的"道"了（道，如同道路。出入、言行都要遵循这个道，如果片刻离开，人们就无所适从）。所以君子即使在别人看不见、听不到的地方也都会时刻小心谨慎，生怕做错一件事，说错一句话，偏离了正道。不会因为地点隐蔽而有所放纵，也不会因为情节微细而有所疏忽。所以说真正的君子，是指那些在自己一个人独处的时候，虽然没有大众的督促，也同样能够谨言慎行的人（慎其独的意思是说，谨慎其在闲居独处时候的言行。小人在独处的时候，认为自己的言行不会被人听到、看到，就肆意妄为。一旦发现有人在观察自己，即自己的行为能够被别人听到、看到，他们

子曰："无忧者其唯文王乎！以王季为父，以武王为子，父作之，子述之。圣人以立法度为大事，子能述成之，则何忧乎？尧舜之父子则有凶顽，禹汤之父子则寡令闻。父子相成，唯有文王也。武王缵大王、王季、文王之绪，一戎衣而有天下，身不失天下之显名，尊为天子，富有四海之内，宗庙飨之，子孙保之。"缵，继也。绪，业也。子曰："武王、周公，其达孝矣乎！夫孝者，善继人之志，善述人之事者也。"

表记

子曰："仁有三，与仁同功而异情。利仁强仁，功虽与安仁者同，本情则异也。与仁同功，其仁未可知也；与仁同过，然后其仁可知也。仁者安仁，智者利仁，畏罪者强仁。功者，人所贪。过者，人所避。

便表现得比平时在大众场合所做的还要好)。孔子说:"中庸应该是人生的最美好的境界了吧? 可惜现在已经很少有人能够拥有这种品德,这种状况已经很久了啊(鲜,罕见、少见。意思是说中庸所体现的是圣人的境界,已经达到了至善至美的高度,因此在圣教失传的今天,已经很少有人能够长久地践行这种德性了)!"

孔子说:"天底下能称得上称心如意的人,大概只有周文王了! 文王的父亲是王季,他的儿子是周武王,父亲为他开创了基业,儿子能继承其志(圣人以确立法度为国家大事,如果儿子能成就父亲的志愿,还有什么好忧愁的呢? 尧、舜的儿子凶狂顽劣,禹、汤之父子也没听说过他们有什么善行。真正能够父子三代相互成就的唯有文王了)。武王继承了太王古公亶父、王季和文王所奠定的事业,一举战败殷商而取得天下,自身也没有因为讨伐商纣王而丧失显赫天下的名声。他被尊奉为天子,四方万国皆来归附,还被供奉在宗庙中,接受子子孙孙的祭飨(缵,继承。绪,基业)。"孔子说:"武王、周公真正是尽了为人子应有的孝道啊! 所谓孝,就是指那些善于继承先人的志向、善于成就先人事业的人啊!"

表记

孔子说:"能行仁爱之事的人有三种,他们行仁爱之事都获得功绩,虽然他们与仁者所作所为相同,都能利益社会,但其存心却未必相同(利仁、强仁,功效虽然与安仁相同,但出发点、本质却不相同)。与仁者同样行善,功绩相同,但是不是真正以仁爱存心的仁者,还无法断定。如果与仁者同样行善,结果却有了过失(遭到挫折、毁谤),观察他们的反应,然后就能断定他是否真是仁德之人。真正的仁者,他们的一颗心时刻都安住在仁爱上,终日以此为乐,没有任何其

子曰："君子不以辞尽人。不见人之言语则以为善,言其余行,或时恶也。故天下有道,则行有枝叶;天下无道,则辞有枝叶。行有枝叶,所以益德也。言有枝叶,是众虚华也。枝叶依干而生,言行亦由礼出也。是故君子于有丧者之侧,不能赙焉,则不问其所费;于有病者之侧,不能馈焉,则不问其所欲;有客不能馆焉,则不问其所舍。皆避有其言而无其实也。故君子之接如水,小人之接如醴。

君子淡以成,小人甘以坏。水相得,合而已,酒醴相得则败。淡,无酸酢,少味也。不以口誉人,则民作忠。故君子问人之寒则衣之,问人之饥则食之,称人之美则爵之。"皆为有言,不可以无实也。

缁衣

子言之曰:"为上易事也,为下易知也,则刑不烦矣。"言君不苛虐,臣无奸心,则刑可以措也。

它的念头；智者知道行仁德之事对自己有利，所以才去行善以求福；畏罪者害怕恶行会受到惩罚才勉强去行善的（功绩，是人们所贪恋的。过失，是人们所回避的）。

　　孔子说："君子是不会因为一个人说话动听与否，而断定他贤明与否（不因一个人言语的动听就断定他为好人，因为他在别的时候，可能有时会做坏事）。当社会有道德的时候，人们的修养大都体现在行为方面；当社会道德沦丧时，人们的修养大多就只停留在口头上了（德行像枝叶一样茂盛，有益于道德的提升。言语像枝叶一样茂盛，就显得过于虚伪和浮华。枝叶是从树干生长出来的，而言行是从礼生出来的）。因此当君子跟有丧事的人在一起，如果不能资助他，就不会问他花了多少费用；跟贫困的人在一起，如果没有能力馈赠他，就不会问他需要什么东西；如果有行客路过，自己没有地方供他住宿，就不会问他打算往哪里投宿（这都是为了避免说空话）。所以君子之间的交情像水一样，小人之间的交情像甜酒那样。

　　君子的交情虽淡泊，却能相辅相成；小人的交情虽甘甜，但是日久就会败坏（水与水合在一起能够和合相融，而酒与醴掺在一起却会坏掉。淡，没有酸醋味，味薄）。君子不以空话讨人的喜欢，则人民就会兴起忠实的风气。所以君子问人是否觉得冷，同时就会送衣服给他穿；问人是否饥饿，同时就会送食物给他吃；称赞某人品德高尚，同时就会授予他相应的爵位（指说到要做到，不要说空话）。"

缁衣

　　孔子说："做君主的居上宽仁，不苛求于下，做臣子的居下诚敬，不欺瞒于上，这样就可以省去许多刑罚（这是说如果君主不苛刻暴虐，臣下没有奸诈机巧之心，刑罚就可以逐渐搁置到一边去了）。"

子曰："夫民，教之以德，齐之以礼，则民有格心；教之以政，齐之以刑，则民有遯心。格，来也。遯，逃也。故君民者，子以爱之，则民亲之；信以结之，则民不背；恭以莅之，则民有逊心。"莅，临也。逊，犹顺也。

子曰："下之事上也，不从其所令，而从其所行。言民化行。不拘于言也。上好是物，下必有甚矣。甚者，甚于君也。故上之所好恶，不可不慎也，是民之表也。"言民之从君，如影之逐表。

子曰："禹立三年，百姓以仁遂焉，岂必尽仁。"言百姓效禹为仁，非本性能仁也。子曰："上好仁，则下之为仁争先人。"

子曰："王言如丝，其出如纶。王言如纶，其出如綍。言言出弥大也。纶今有秩，啬夫所佩也。綍，引棺索也。故大人不唱游言。游，犹浮也。不可用之言也。可言也，不可行，君子弗言也；可行也，弗可言，君子弗行也。则民言不危行，而行不危言矣。"危，犹高也。言不高于行，行不高于言，言行相应。

孔子说:"对待人民,要用道德来教育他们,用礼仪来约束他们,人民才会有向善的心理。如果用政令来教导他们,用刑罚来约束他们,人民就会产生逃避政令和刑罚的心(格,至,这里指至于善。遯,逃避)。所以统治人民的人,如果能够以爱护儿女的心来爱护人民,人民就会亲附他;能够以诚信朴实来团结人民,人民就不会背叛他;能够恭恭敬敬深入地体察民情,人民就会自然生起归顺敬服之心(莅,来到。逊,顺服)。"

孔子说:"部下为上级办事,并非只是机械地服从他的命令,而是看着上级的行为来效法他。(意思是说要让大众受到教化,不能只靠言语啊!)上级爱好的东西,下级必然会比他更爱好(甚的意思是说超过君王)。所以居于上位之人,自己喜欢什么或不喜欢什么,都事关全局,切不可不谨慎啊!因为这一切都将成为人民的表率(说的是百姓效仿君王,如影随形)。"

孔子说:"禹即位才三年,人民都在仁的修养方面有所成就,难道他们原本就是仁人吗(说明老百姓效仿禹做仁德的事,不是他们本来就是仁人)?"孔子说:"上面的人爱好仁,下面的人就会争先恐后地去做仁德的事。"

孔子说:"君王说的话像细丝,到了百姓那里就成了布带了;君王说的话像布带,到了百姓那里就成了粗壮的绳索了(说明为人君者每句话出口以后都会很有分量。纶,现在有秩、啬夫所佩带的绶带。綍,牵引棺柩的粗大绳索)。所以身居高位的人平常不可以带头随随便便说一些无益的空话、戏言等(游,如同虚浮,浮夸。这都是不实用的言语)。可以说而做不到的话,君子是不会去说的;可以做却又不可说的事,君子是不会去做的。能够这样,百姓就不至于言过其实,也不会出现说一套、做一套,表里不一的情况了(危,如同高峻。言语不超过行为,行为

子曰:"君子道人以言,而禁人以行,禁,犹谨也。故言必虑其所终,而行必稽其所敝,则民谨于言而慎于行。稽,犹考也。《诗》云:'慎尔出话,敬尔威仪。'"话,善言也。

子曰:"为上可望而知也,为下可述而志也,则君不疑于其臣,而臣不惑于其君矣。志,犹知也。上人疑,则百姓惑;下难知,则君长劳。难知,有奸心也。故君民者,章好以示民俗,慎恶以御民之淫,则民不惑矣。"淫,贪侈也。《孝经》曰:"示之以好恶,而民知禁也。"

子曰:"大臣不可以不敬也,是民之表也;迩臣不可以不慎也,是民之道也。"民之道,言民循从也。

子曰:"大人不亲其所贤,而信其所贱,民是以亲失,而教是以烦。"亲失,失其所当亲也。教烦,由信贱者也。贱者无壹德也。

子曰:"民以君为心,君以民为体;心庄则体舒,心肃则容

不超过言语,言行应一致)。"

孔子说:"君子以言语教导人们向善,以身作则防止人们作恶(禁,如同严防,禁止)。所以每说一句话之前,必定先想到它的后果,每做一件事之前,必定先考虑到它可能会造成的弊端,这样人民才会说话谨慎而行事小心(稽,考察的意思)。《诗经》上说:'言出于口,务必谨慎;仪态端庄,威严恭敬(话,指的是要口出善言)!'"

孔子说:"人君居上而能坦诚待下,人臣居下而能勤勉尽忠,那么君主就不会怀疑他的臣下,而臣下也不会蒙蔽他的君主了(志,知的意思)。居上位的人好恶不明,就会使人民迷惑而不知所从;居下位的人心怀奸诈,就会使尊长格外操劳(难知,有奸巧不测的心)。因此治理人民的君主,必须清楚地表明自己的爱好,以引导社会的风气;谨慎自己的行为不要沾染恶习,以防止人民也随着放纵自己的欲望。这样人民就不会陷于迷惑了(淫,贪婪、奢侈。《孝经》说,晓示人民,使知为善当有庆赏,作恶当受刑罚,人民自然晓得禁令的严重性而不敢违犯法纪)。"

孔子说:"国君对大臣不可不敬重,因为他们是民众的表率。国君选择近臣不可不审慎,因为他们的一言一行代表着君王的好恶,起着引导民风民俗的重要作用(民众的先导,意思是说民众遵循依从的榜样)。"

孔子说:"执政的人不亲信大众心目中道德高尚的人,而亲信那些为人所不齿的卑鄙小人,人民便会因此而失去学习、效法的榜样,于是教育的秩序便也跟着紊乱了(亲失,失去了他所应当亲近的人。教化紊乱,都是由于执政者相信重用那些品行低劣的人。贱者,是指没有德行的人)。"

孔子说:"君王好比是百姓的内心,百姓就是君王的身体。内心

敬。心好之，身必安之；君好之，民必欲之。心以体全，亦以体伤；君以民存，亦以民亡。"庄，齐庄也。

大学

尧、舜率天下以仁，而民从之；桀纣率天下以暴，而民从之。其所令反其所好，而民不从。言民化君行也。君好货，而禁民淫于财利，不能止也。是故君子有诸己，而后求诸人；无诸己，而后非诸人。所藏乎身不恕，而能喻诸人者，未之有也。

故上老老而民兴孝，上长长而民兴悌，上恤孤而民不背。所恶于上，无以使下；所恶于下，毋以事上；所恶于前，毋以先后；所恶于后，毋以从前；所恶于右，毋以交左；所恶于左，毋以交于右。《诗》云："乐只君子，民之父母。"民之所好好之，民之所恶恶之，此之谓民之父母。"言治民之道无他，取于己而已。好人之所恶，恶人之所好，是谓拂人之性，灾必逮夫身。拂，犹佹。逮，及也。

端庄,身体就会安稳舒展;内心肃敬,外表就会恭顺庄严。内心喜欢什么,身体也必定会随之产生同样的爱好。君王喜好什么,百姓一定就会跟着追求什么。内心因为身体的健康完好而得以保全,也会因为身体遭受残害而受到损伤。君王因百姓的爱戴归顺而存在,也会因百姓的怨恨背弃而灭亡(庄,严肃诚敬)。

大学

尧王、舜王以"仁"领导天下,百姓就跟着他行仁;夏桀、商纣以暴戾横行天下,百姓就跟着他做坏事。君王所发布的政令如果与他平日的好恶正好相反,那老百姓是不会听从他的话的(说的是民风民俗的变化是随着君主的身教而变化的。君主爱好财物,却禁止老百姓拼命追求财物利养,是不能达到禁止的效果的)。所以君子总是自己先做到了,然后才去教导别人;先克服掉自身的毛病,然后才去帮助别人改正错误。自己尚且不能推己及人以仁恕存心,却能够教导别人明白事理,这种事是从来没有过的啊!

所以在上位的人能尊敬老年人,那么百姓的孝敬之风就能兴起;在上位的人能敬事长者,那么百姓的友悌之风就能兴起;在上位的人能体恤孤苦无依的人,那么百姓之间就不会相互背弃。不喜欢上司对自己的一些做法,就不要这样去对待下属;不喜欢下属的一些行为表现,自己就不要以同样的方式来应付上级;不满意前人做过的事,自己就不要接着去做,以免贻患后人;不愿意后面的人怎样对待自己,自己也就不要这样去对待前面的人;不喜欢右边人的作为,就不要用这种行为对待左边的人;不喜欢左边人的作为,就不要用这种行为对待右边的人。《诗经》上说:"和乐在上的君子呀!这才是我们老百姓的父母。"老百姓喜欢的事情我们也喜欢,老百姓厌

昏义

昏礼者,将合二姓之好,上以事宗庙,而下以继后世也,故君子重之。男女有别,而后夫妇有义;夫妇有义,而后父子有亲;父子有亲,而后君臣有正。故曰:"婚礼者,礼之本也。"夫礼,始于冠,本于婚,重于丧、祭,尊于朝、聘,和于乡射,此礼之大体也。

古者天子后,立六宫、三夫人、九嫔、二十七世妇、八十一御女,以听天下之内治,以明章妇顺,故天下内和而家理也。天子立六官、三公、九卿、二十七大夫、八十一元士,以听天下之外治,以明章天下之男教,故外和而国治也。故曰:"天子听男教,后听女顺;天子理阳道,后治阴德;天子听外治,后听内治。"教顺成俗,外内和顺,国家理治,此之谓盛德也。

是故男教不修,阳事不得,谪见于天,日为之食;妇顺不

恶的事情我们也厌恶,这就可以算作是老百姓的父母了(说明治理百姓的方法一无例外,无非是从自己的需求去推知别人的需求,自己应该怎样去做就十分清楚了。如此而已)。喜欢做人人都不愿意看到的事,而不愿意去做人人都喜欢的事,这就叫悖逆人性,灾祸一定会降临到他的身上(拂,如同违悖。逮,到达)。

昏义

婚礼是缔结两姓之间的欢好。对上来说,要奉事宗庙祭祀祖先,对下来说,要传宗接代承继后世。所以君子很重视婚礼。男女各有分工且各尽其责,则夫妇之间才有道义;夫妇间的道义建立起来了,然后父子才能亲爱和睦;父子之间有了亲爱,然后君臣才能各正本位。所以说,婚礼是礼的根本。"礼"是以冠礼作起点,以婚礼作为根本,在丧礼和祭礼中体现出它的隆盛,在朝觐和聘问之礼中体现出它的尊严,在乡饮酒礼和乡射礼中体现出其和乐的宗旨。这就是礼的总体内涵。

古代天子,在皇后以下设六宫、三夫人、九嫔、二十七世妇、八十一御女,来掌管天下内务的治理,以彰明和推行女子的和顺之德,所以能使天下的内务安定、家庭和睦。天子设立六官、三公、九卿、二十七大夫、八十一元士,以掌管治理天下的外务,以彰明和推行天下男子臣民的教育,所以外部能够和谐而国家安定。所以说,天子掌管男子的政教,皇后掌管妇女的贞顺;天子掌管阳刚的大道,皇后调治阴柔的德性;天子掌管外务的治理,皇后掌管内务的职责。男教与女顺的并重形成了风俗,使外部和内部都和顺,国与家都纳入正轨并治理得井井有条,这就叫做盛德。

因此,凡是男子政教不修治,违背了阳刚之道,上天就会降下

修，阴事不得，謫见于天，月为之食。是故日食则天子素服，而修六官之职，荡天下之阳事。月食，则后素服而修六宫之职，荡天下之阴事。故天子之与后，犹日之与月，阴之与阳，相须而后成者也。謫之言责也。荡，荡涤，去秽恶也。

射义

古者诸侯之射也，必先行燕礼；卿、大夫、士之射也，必先行乡饮酒之礼。故燕礼者，所以明君臣之义也；乡饮酒之礼者，所以明长幼之序也。言别尊卑老稚，乃后射以观德行也。

故射者，进退周还必中礼。内志正，外体直，然后持弓矢审固。持弓矢审固，然后可以言中。此可以观德行也。内正外直，习于礼乐，有德行者。

其节，天子以《驺虞》，诸侯以《狸首》，大夫以《采苹》，士以《采蘩》。故明乎其节之志，以不失其事，则功成而德行立。德行立则无暴乱之祸，功成则国安。故曰："射者，所以观盛德也。"《驺虞》、《采苹》、《采蘩》，今诗篇名也，《狸首》亡也。

不祥的征兆,而出现日食之类的反常现象;妇女的柔顺之德不修治,违背了阴柔之道,上天也会降下不祥的征兆,而出现月食之类的反常现象。所以遇到日食,天子就身穿素服,检查反省六官的政务,涤除和清理男子政教中的秽恶。遇到月食,皇后就就身穿素服,检查和反省六宫的内治,以涤除和清理女德中的秽恶。可见天子与皇后的关系,如日月并行,如阴阳互补,相互之间密切配合才能成就治理天下的大业(谪的意思是说谴责、责难。荡,清洗、去除,去除污秽)。

射义

古代诸侯举行"大射"以前,一定先举行飨宴群臣的燕礼。卿、大夫、士举行乡射以前,一定先举行乡饮酒礼。所以行燕礼,是为了申明君臣之间的大义。行乡饮酒礼,是为了表明长幼之间的次序(指先辨明了君臣大义、长幼次序以后,再以射箭来考察其德行)。

所以射箭的人,不论是前进、后退、左右转身,一定要合乎礼。内心端庄敬肃,外表身体挺拔而端直,然后再拿起弓箭瞄准目标。弓箭拿稳,目标瞄定,然后才谈得上能否射中目标。从这整个过程中,就可以看出一个人的德行了(做到内正外直的人,是长时学习礼乐而有德行的人)。

射箭时控制动作的节奏,天子以《驺虞》这首诗的节奏为标准,诸侯以《狸首》的节奏为标准,卿大夫以《采苹》的节奏为标准,士以《采蘩》的节奏为标准。所以不同阶层的人士,明了其节奏的内在涵义,而去实行他们所担当的事业,就能建功立业,同时也成就了自己的德行。德行成就了,就不会产生暴乱的祸患,功业成就了,国家就能长治久安。所以说,射礼,是用来观察道德高尚与否的(《驺虞》《采苹》《采蘩》是现在《诗经》的篇名,《狸首》失传了)。

是故古者，天子以射选诸侯、卿、大夫、士。射者，男子之事，因而饰之以礼乐也。故事之尽礼乐而可数为，以立德行者，莫若射，故圣王务焉。选士者，先考德行，乃后决之射也。男子生而有射事，长学礼乐以饰之。

是故古者天子之制，诸侯岁献贡士于天子，天子试之于射宫，观其容体比于礼，其节比于乐，而中多者，得与于祭；其容体不比于礼，其节不比于乐，而中少者，不得与于祭。数与于祭而君有庆；数不与于祭，而君有让。数有庆而益地，数有让而削地。故曰：天子之大射，谓之"射侯"。射侯者，射为诸侯也。射中则得为诸侯，射不中则不得为诸侯。大射，谓将祭择士之射也。得为诸侯，谓有庆也；不得为诸侯，谓有让也。

故射者，仁之道也。求正诸己，己正而后发，发而不中，则不怨胜者，反求诸己而已矣。孔子曰："君子无所争，必也射乎？"

所以古时候天子用射礼来考核诸侯、卿、大夫及士等德艺的高下。射箭是男人的活动，因而用礼乐来配合以增其庄严。所以要寻得一种既能容括礼乐，又可以常常去修习，以帮助人们建立道德操守的事，没有比射箭更适合的了。所以圣明的先王都会大力提倡去做这件事（选择才能优秀的人，先考核其德行，然后再通过举行射礼来决定人选。男子从小就要学习射箭的技艺，长大后再配合学习《礼》《乐》以庄严其德行）。

所以古代天子的制度规定，诸侯每年进贡国书礼品、推荐人才给天子以供祭祀，天子便在射宫用箭术考核这些人才。如果射箭时的仪容姿态合乎礼的要求，节奏符合音乐的节拍，而射中的又多，就可以取得日后参予祭祀之礼的资格。如果他们的仪容和姿态不合乎礼，节奏不合于音乐，射中的又少，就没有资格参予祭礼。能多次参予祭礼，就能得到天子的褒扬；多次得不到参加祭礼的资格，就会受到天子的责备。能多次得到褒扬者，便增加诸侯的封地，如果多次受到责备，便要削减诸侯的封地了。所以说，天子举行的大射被称为"射侯"。所谓射侯，就是通过射礼来考核诸侯。其射箭合于射礼，就意味着这个诸侯称职；其射箭不合于射礼，就意味着这个诸侯不称职（大射，指天子举行祭祀前选择祭祀人选的射礼。得为诸侯，是说就会得到天子的褒奖；不得为诸侯，是说就会受到天子的责备）。

由此可知，射箭包涵了"仁"的道理。先要求自己心平体正（拿得稳，瞄得准），认为一切妥当才发射。如果箭发出去而射不中目标，也绝不埋怨胜过自己的人，而只是回过头来检讨自己的不足罢了。孔子说："君子不会有与人竞争之心，要说有，那大概就是在射箭的时候，大家都争着要做个标准的君子啊！"

卷八　周礼

天官

　　惟王建国，辩方正位，别四方，正君臣之位，君南面，臣北面之属。体国经野，体，犹分，邦畿之度。经野，疆理其井庐也。设官分职，置冢宰、司徒、宗伯、司马、司寇、司空，各有所职，而百官事举。以为民极。极，中也。令天下之人各得其中，不失其所也。乃立天官冢宰，使帅其属，而掌其邦治，以佐王均邦国。掌，主也。邦治，王所以治邦国者。佐，犹助也。建邦之六典，以佐王治邦国：一曰治典，以经邦国，以治官府，以纪万民；二曰教典，以安邦国，以教官府，以扰万民；三曰礼典，以和邦国，以统百官，以谐万民；四曰政典，以平邦国，以正百官，以均万民；五曰刑典，以诘邦国，以刑百官，以纠万民；六曰事典，以富邦国，以任百官，以生万民。典，常也，法也。王谓之礼经，常所秉以理天下者也。邦国官府，谓之礼法，常所守以为法式也。扰，犹驯也。统，犹合也。诘，犹禁也。任，犹倳也。生，犹养也。

天官

　　王者建立都城，须辨别方位，确定宫室居所的位置（辨别四方，确定君主和臣子的位置。如君主面向南方、臣子面向北方之类），划分区域，丈量土地（体，划分的意思，指对王城及其所属千里地域的度量。经野，指划分井田和房舍的界限），建置百官，分别确定其职责和本分（建置总理政务的冢宰、掌管教化的司徒、掌管礼仪的宗伯、掌管军政的司马、掌管司法的司寇、掌管土地及生产的司空。六官各有各自的职责，于是各行各业的工作都得以顺利展开），使天下百姓各有所属，各得其所（极，中正的准则。使得天下的人都各各安于中正之道，而不脱离自己的本分）。于是设立天官冢宰，让其统辖六官，全面掌管天下的政务，协助天子统一协调各诸侯国之间的关系（掌，主掌、掌理的意思。邦治，指天子所赖以治理国家的六典。佐，辅佐、帮助的意思）。制定国家的六种法典，帮助君主治理国家：一是治典，用来确立诸侯国的纲常法纪，管理官府，治理百姓；二是教典，用来安定诸侯，教导官员，驯化百姓；三是礼典，用来使诸侯之间和睦相处，百官同心合力，百姓关系融洽；四是政典，用来使诸侯正定有序，百官公正廉明，百姓赋税徭役均衡；五是刑典，用来查究诸侯国（的非礼之行），惩治百官罪责，矫正百姓行为过失；六是事典，用来指导各诸侯国发展经济，使百官各有建树，百姓生活得到改善（典，即常道、准则。对于天子而言，"典"称为礼经，就是要把它作为百代常行之道来统理天下各国；对于诸侯国和官吏而言，"典"称为礼法，就是要在日常生活中将它作为行为的准则来严格遵守。扰，驯化。统，统合。诘，禁止。任，立事。生，养育）。

以八柄诏王驭群臣：一曰爵，以驭其贵；二曰禄，以驭其富；三曰予，以驭其幸；四曰置，以驭其行；五曰生，以驭其福；六曰夺，以驭其贫；七曰废，以驭其罪；八曰诛，以驭其过。柄，所秉执以起事者也。诏，告也，助也。爵，谓公侯伯子男，卿大夫士也。禄，所以富臣下也。幸，谓言行偶合于善，则有以赐与之劝后也。生，犹养也，贤臣之老者，王有以养之也。夺，谓臣有大罪，没入家财者也。诛，责让也。以八统诏王驭万民：一曰亲亲，二曰敬故，三曰进贤，四曰使能，五曰保庸，六曰尊贵，七曰达吏，八曰礼宾。统，所以总物者也。亲亲，若尧亲九族也。敬故，不慢旧也。贤，有善行也。能，多才艺也。保庸，安有功也。尊贵，尊天下之贵者也。达吏，察举勤劳之小吏也。礼宾，宾客诸侯，所以示民亲仁善邻也。

岁终，则令百官府各正其治，受其会。正，正处也。会，大计也。三岁，则大计群吏之治而诛赏。三载考绩也。

膳夫：掌王之食饮膳羞，大丧则不举，大荒则不举，大札则不举，天地有灾则不举，邦有大故则不举。大荒，凶年也。大札，疫疠也。天灾，日月晦食也。地灾，崩动也。大故，刑杀也。《春秋传》曰：司寇行戮，君为之不举。

以八种权柄帮助王者统治群臣：一是封给爵位，使其尊贵；二是给予俸禄，使其富有；三是给予赏赐，使其感受到王者的宠爱；四是给予赦免，以感化的办法使其提升德行，改过向善；五是供养厚待老臣，使其得福；六是罚没财产，使其贫穷；七是罢黜官职，以儆戒其罪愆；八是问责，以追究其失职之罪（柄，是握在手中用来做事的。诏，诏告、佐助。爵，就是指公、侯、伯、子、男、卿、大夫、士人这样的爵位。禄，就是使臣下富有。幸，是指言行和善相吻合，就会受到赏赐，以勉励以后的行为。生，奉养。对于年纪很老的贤臣，君王应该厚养他们。夺，是指臣子如果犯了大罪，国家就会没收他的家财。诛，责让）。以八种统御之术帮助君主统御万民：一是敬爱亲族，二是尊敬故旧，三是荐举贤才，四是任用有才能的人，五是奖励有功绩的人，六是尊重有地位的人，七是察举勤劳的小吏，八是礼遇各国诸侯（统，总领事务之法。亲亲，就像尧帝亲爱同宗九族。敬故，就是不轻慢旧交。贤，是指有善行。能，是指多才多艺。保庸，就是使有功之人心安。尊贵，就是要尊敬天下显贵之人。达吏，就是要选拔勤劳贤德的小吏。礼宾，就是要把前来朝见的诸侯当成贵宾来礼遇，这是向人民示范要亲近仁者、善待友邻）。

一年终了时，命令各官府整理治政文书，接受考核（正，平正处理。会，每年一次的政绩考核。三年，仔细考核所有官吏的政绩，予以奖赏或处罚。每隔三年考核官吏的政绩，就像帝舜的"三载考绩"之法）。

膳夫，掌理王者所用的饭食、酒浆、牲肉与菜肴。遇国家有大丧不杀生，遇有大的灾荒年不杀生，有天灾地变不杀生，疫疠流行的时候不杀生，国家有敌军来犯、或对罪犯处以死刑等重大事件发生时均不得杀生设宴（大荒，指凶灾之年。大札，即瘟疫。天灾，即日月晦暗而亏缺。地灾，即山崩地动。大故，即处以死刑。《春秋外传》和《国语》里面都提到，司寇执行死刑的时候，国君就不听音乐、不看舞蹈了）。

地官

大司徒之职：掌建邦之土地之图，与其人民之数，以佐王安扰邦国。教所以亲百姓，训五品也。扰，亦安也，言饶衍也。而施十有二教焉：一曰以祀礼教敬，则民不苟；二曰以阳礼教让，则民不争；三曰以阴礼教亲，则民不怨；四曰以乐礼教和，则民不乖；五曰以仪辩等，则民不越；六曰以俗教安，则民不愉；七曰以刑教中，则民不虣；八曰以誓教恤，则民不怠；九曰以度教节，则民知足；十曰以世事教能，则民不失职；十有一曰以贤制爵，则民慎德；十有二曰以庸制禄，则民兴功。阳礼，谓乡射饮酒也。阴礼，谓男女之礼也。昏姻以时，则男不旷、女不怨也。仪，谓君南面，臣北面，父坐子伏之属也。俗，谓土地所生习也。愉，谓朝不谋夕也。恤，谓灾厄相忧也。民有凶患，忧之则民不懈怠也。度，谓宫室车服之制也。世事，谓士农工商之事，少而习焉，其心安焉，因教以能，不易其业也。慎德，谓矜其善德，劝为善也。庸，功也。爵以显贤，禄以赏功也。

以保息六畜万民：一曰慈幼，二曰养老，三曰振穷，四曰恤贫，五曰宽疾，六曰安富。保息，谓安之使蕃足也。慈幼，爱少也。养老，七十养于学，五十异粮之属也。振穷，救天民之穷者也。

地官

大司徒的职务：掌理天下土地舆图与记载人民数目的户籍，辅佐王者安定天下（礼乐教化是用来亲睦百姓、训导仁、义、礼、智、信五常的。扰，安定，就是使百姓富饶）。施行十二种教法：一是以祭祀之礼教民恭敬，这样人民就不会轻率；二是以乡射饮酒等礼教民谦让，这样人民就不会争高论低；三是用婚姻之礼教民亲爱，这样人民就不会心里产生怨恨；四是以乐礼教民和睦，这样人民就不会乖戾；五是以礼仪辨别尊卑上下的等级，这样人民就不会僭越礼法；六是以善良的习俗教民安居乐业，这样人民就不会苟且度日；七是以刑罚教民遵规守矩，这样人民就不会发生暴乱；八是以盟誓公约教民彼此顾恤，这样人民就不敢懈怠轻慢；九是以宫室车服制度教民节制，这样人民就知道满足；十是以累世相传的职事教民充实技能，这样人民就不会失其本职；十一是依据君子的贤德设定相应的爵位，这样人民都会崇尚德行、相劝为善；十二是按照功绩确定其俸禄，这样人民都会努力建立功业（阳礼，即乡射饮酒礼。阴礼，即男女的昏礼。适时地完成婚姻，男子就不会无妻，女子就不会无夫。仪，即国君面南听政、臣子面北俯首，以及父正坐、子侧伏之类。俗，指本土所生的习俗。愉，就是早晨不预为晚上打算，苟且度日。恤，是指遇到灾厄时相互忧虑。人民有了灾祸，心里有了忧虑，这样人民就不会懈怠。度，是指宫室车服的制度。世事，是指士农工商的事务。少年时就有所学习，他的心就会安于其上，因之而教与技能，就不会改变他的职业。慎德，是指称赞他的善德，并劝勉他行善。庸，功勋。爵位彰显贤德，俸禄褒奖功绩）。

以六项保障百姓繁衍生息的政策护养万民：第一项是爱护年幼的儿童，第二项是赡养年长的老人，第三项是救助身处困境的人，第四项是周济贫苦的人，第五项是宽待残疾人，第六项是安定富裕的

恤贫，贫无财业，禀食贷之也。宽疾，若今癃不可事，不算卒也。安富，平徭役，不专取之也。以乡三物教万民而宾兴之。一曰六德：智、仁、圣、义、忠、和；二曰六行：孝、友、睦、姻、任、恤；三曰六艺：礼、乐、射、驭、书、数。物，犹事也。兴，犹举也。民三事之教成，乡大夫举其贤者、能者，以饮酒之礼宾客之，既则献其书于王矣。智，明于事也。仁，爱人以及物也。圣，通而先识也。义，能断时宜也。忠，言以中心也。和，不刚不柔也，善于父母为孝，善于兄弟为友。睦，亲于九族也。姻，亲于外亲也。任，信于友道也。恤，振忧贫者。礼，五礼之仪也。乐，六乐之歌舞也。射，五射之法也。御，五御之节也。书，六书之品也。数，九数之计也。以五礼防万民之伪而教之中，礼，所以节止民之侈伪，使其行得中也。五礼，谓吉、凶、宾、军、嘉。以六乐防万民之情而教之和。乐，所以荡正民之情思，使其心应和也。六乐，谓云门、咸池、大韶、大夏、大濩、大武也。

乡师：以岁时巡国及野，而周万民之艰厄，以王命施惠。岁

人。(保息,是指安养百姓,使得他们繁衍生息。慈幼,爱护年少之人。养老,即七十岁以上的老人就被赡养在学宫,五十岁的老人就被列为供应特殊米粮的行列之类。振穷,即救济百姓当中身处困境的人。恤贫,就是贫穷而没有财产家业的人,官家给予饮食。宽疾,就像今天对待一些残疾人一样,因其失去劳动能力而不再派他们以差事和兵役。安富,就是让富裕人家的徭役负担和大家一样,不专门增加额外的负担)。以乡学的三种教法来教化万民,有贤能秀异的,要以敬待宾客的礼节敬待他,并荐举给王者。第一种教法是六德,就是智、仁、圣、义、忠、和。第二种教法是六行,就是孝父母、友兄弟、睦九族、谐亲家、信朋友、恤贫苦。第三种教法是六艺,就是礼仪、音乐、射箭、驭车、六书、算术。(物,即事情。兴,即举荐。以三类事情教育人民完成后,乡里的大夫举荐其中的贤能之人,便以乡饮酒礼像宾客一样接待他们,不久就把他们的事迹以文字的形式记录下来献给君王。智,即通晓事理。仁,即仁爱他人万物。圣,即通达事理而有先见远识。义,即能判断是否合乎正义或道德规范。忠,即言行发自内心不偏不倚。和,即不过刚也不过柔,刚柔适中。善事父母称为孝,善事兄弟称为友。睦,就是使九族相亲。姻,即亲睦妻族。任,即朋友交往以诚信为先。恤,即赈济贫苦之人。礼,就是五礼的具体规范。乐,即六种雅乐的歌舞。射,即行射礼时的五种射法。御,即驾车的五种技术。书,即六书造字的理论。数,即九种计算的方法)。以五礼来防止人民诈伪,教导他们时时处处存心中正(礼,就是用来防止人民放纵诈伪,使他们的行为中正有度的。五礼,指吉礼、凶礼、军礼、宾礼、嘉礼);以六乐节制人的情欲,教导人们心地平和(乐,就是用来规正人民的情感,使其心气与音乐相应而得平和。六乐,即《云门》《咸池》《大韶》《大夏》《大濩》、大武〔武王乐也〕)。

  乡师在一年里不定时地巡视王城和郭外六乡四郊,周济百姓的

时者,随其事之时,不必四时也。艰厄,饥乏者也。

师氏:掌以美诏王,告王以善道也。《文王世子》曰:"师者,教之以事,而谕诸德者也。"以三德教国子:一曰至德,以为道本;二曰敏德,以为行本;三曰孝德,以知逆恶也。教三行:一曰孝行,以亲父母;二曰友行,以尊贤良;三曰顺行,以事师长。德行,外内之称也,在心为德,施之为行也。至德,中和之德,覆焘持载含容者也。敏德,仁义顺时者也。孝德,尊祖爱亲,守其所以生者也。孔子曰:"武王、周公其达孝矣乎?夫孝,善继人之志,善述人之事也。"

保氏:养国子以道,乃教之六艺:一曰五礼,二曰六乐,三曰五射,四曰五驭,五曰六书,六曰九数;乃教之六仪:一曰祭祀之容,二曰宾客之容,三曰朝廷之容,四曰丧纪之容,五曰军旅之容,六曰车马之容。养国子以道者,以师氏之德行审谕之,而后教之以艺仪也。五射,白矢、参连、剡注、襄尺、井仪也。五驭,鸣和鸾、逐水曲、过君表、舞交衢、逐禽左也。六书,象形、会意、转注、指事、假借、谐声也。九数,方田、粟米、差分、少广、商功、均输、赢不足、旁要、方程。今有重差,夕桀句股也。祭祀之容,穆穆皇皇;宾客之容,严恪矜庄;朝廷之容,跻跻跄跄;丧纪之容,累累颠颠;军旅之容,暨暨洛洛;车马之容,匪匪翼翼。

饥饿困乏,并以王者的名义施与他们恩惠(岁时,即每年根据实际情况的需要选择时机,不必严格按照四季的时节。艰厄,即饥饿困乏之人)。

师氏负责以美善之道告语王者(对王者告以善道。《礼记·文王世子》说:师氏,是教他怎样做事并且符合各种道德规范的人),以三德教导王世子、王子及公卿大夫的子弟:第一是至德,作为道德的根本;第二是敏德,作为力行的根本;第三是孝德,因此知道悖逆凶恶之行(而不做)。教他们三行:第一是孝行,用来亲爱父母;第二是友行,用来尊敬贤良;第三是顺行,用来尊事师长。(德和行,是内心和外部行为的称谓,在内心称为德,形之于外称为行。至德,即中庸之德,能够覆盖、承载、含容万物。敏德,即顺应四季而施仁义之政。孝德,即尊敬先祖,亲爱父母,守护自己得以生养的根本。孔子说:"武王和周公,可以说是尽了最大的孝道。所谓孝,就是善于继承先人的遗志、善于赞述先人的德业。")

保氏以道艺(即学问和技能)教养王族子弟,教他们六艺:第一是五礼,第二是六乐,第三是五射,第四是五驭,第五是六书,第六是九算。教他们六仪:第一是祭祀的仪容,第二是接待宾客的仪容,第三是在朝堂上的仪容,第四是丧事的仪容,第五是军旅的仪容,第六是驾驭车马的仪容。("养国子以道"的意思,就是先以师氏的德行对太子明白地开导,而后再教他六艺和六仪。五射,即白矢、参连、剡注、襄尺、井仪。五驭,即鸣和鸾、逐水曲、过君表、舞交衢、逐禽左。六书,即象形、会意、转注、指事、假借、谐声。九数,即方田、粟米、差分、少广、商功、均输、赢不足、旁要、方程、今有重差、夕桀、勾股。祭祀之容,即端庄肃穆之貌。宾客之容,即严肃庄敬之貌。朝廷之容,即步趋有节、多而整齐之貌。丧纪之容,即瘦瘠疲惫、忧思之貌。军旅之容,即果断刚毅、严肃之貌。车马之容,即车马行走有序之貌)。

司救：掌凡岁时有天患民病，则以节巡国中及郊野，而以王命施惠。天患，谓灾害也。节，旌节也。施惠，周恤。

春官

大司乐：以乐德教国子，中、和、祗、庸、孝、友。中，犹忠也。和，刚柔适也。祗，敬也。庸，有常也。凡日月食、四镇五岳崩，大傀异灾、诸侯薨，令去乐。四镇，山之重大者也，谓会稽、沂山、医无闾、霍山也。五岳，岱、衡、华、嵩、恒也。傀，犹怪也。大怪异灾，谓天地奇变，若星辰奔霣及震裂为害者也。去乐，藏之也。大札、大凶、大灾、大荒、大臣死，凡国之大忧，令弛县。札，疫疠。凶，凶年也。灾，水火也。弛，释下之也。凡建国，禁其淫声、过声、凶声、慢声。淫声，若郑卫也。过声，失哀乐节也。凶声，亡国之声，若桑间濮上也。慢声，惰慢不恭之声。

夏官

大司马之职：掌建邦国之九法，以佐王平邦国。平，成也，正也。制畿封国，以正邦国；封，谓立封于疆为界。设仪辩位，以等邦国；仪，谓诸侯诸臣之仪。进贤兴功，以作邦国；作，起也，起其进善乐业之心。建牧立监，以维邦国；维，犹连结。制军诘

司救的责任是每年凡有天灾疫病时，持旌节巡视国都及城郊乡野，以王者的命令加以救济（天患，即自然灾害。节，即使者所持的旌节，以为凭信。施惠，即周济救助）。

春官

大司乐用乐德来教育王族子弟，使他们能做到忠诚、和谐、恭敬、有常、孝顺、友爱（中，即忠诚。和，即刚柔适中。祗，即恭敬。庸，即有恒常心）。凡有日食月食、四镇五岳崩塌、天地奇变异灾，以及诸侯死亡等，就下令要收起乐器不得演奏（四镇，群山中最重最大的，即扬州的会稽山、青州的沂山、幽州的医无闾、冀州的霍山。五岳，即东岳泰山、南岳衡山、西岳华山、北岳恒山、中岳嵩山。傀，即怪异。大的奇异反常灾变，像天地的奇异变化，比如流星像雨一样坠落以及山崩地裂这样的灾害。去乐，就是把乐器收藏起来）。瘟疫流行、大凶年、水火灾害、大的饥荒、大臣死亡、战败失地等，每逢国家有大的忧患，都要下令收起那些悬挂的乐器（札，即瘟疫。凶，即荒年。灾，指水火灾害。弛，即解下）。凡新封立诸侯国时，务必重申禁止其存在淫邪之音、哀乐不当之音、亡国之音和怠慢不恭之音（淫声，像郑卫两国的音乐。过声，即悲哀或欢乐没有节制之音。凶声，即亡国的音声，就像桑间濮上的声乐。慢声，惰慢无礼的声乐）。

夏官

大司马的职务是：掌理建立邦国的九法，以辅佐王者平治各诸侯国（平，在这里是成其事功和正其名位的意思）。划定京城辖区，封立诸国疆界，以明正各国名称、地域（封，是指在疆界树立封记）。设立诸侯与诸臣的礼仪，辨别他们的朝位，使邦国大小尊卑等级分明（仪，

禁,以纠邦国;诘,穷治也。纠,正也。施贡分职,以任邦国;职,谓赋税也。任,犹事也。简稽乡民,以用邦国;稽,计也。均守平则,以安邦国;均,谓尊者守大、卑者守小也。比小事大,以和邦国。比,犹亲,使大国亲小国、小国事大国。

以九伐之法正邦国:诸侯有违王命,则出兵征伐而正也。冯弱犯寡,则眚之;眚,犹人眚瘦也,四面削其地。贼贤害民,则伐之;有钟鼓曰伐,以声其罪。暴内陵外,则坛之;置之空坛之中,别立君也。野荒民散,则削之;田不治,民不附,则削其地也。负固不服,则侵之;侵,用兵浅侵之而已。贼杀其亲,则正之;正,杀也。放弑其君,则残之;残灭其为恶者。犯令陵政,则杜之;犯令,逆命也。陵政,轻法也。杜,塞,使不得与诸侯通。外内乱,鸟兽行,则灭之。

仲春教振旅,师出曰治兵,入曰振旅,皆习战也。四时猎,各

即诸侯与诸臣的礼仪)。选拔贤士,建立功业,以振起各诸侯国进善乐之心(作,即振起。振起其进善乐业之心)。设立州牧与国君,使诸侯国秩序得以维系(维,连结)。编制军队,查办违禁,以纠察各国发生的奸邪之事(诘,即彻底查办。纠,即纠正)。合理分配各种贡税的负担,使各国各按能力来负担(职,即赋税。任,即任事)。核计各国乡民的人数,以便在有事须用的时候来召集(稽,即核计)。(依爵位尊卑)公正地划分诸侯国的土地疆域,凡事依据权利与义务相统一的原则,以安定各诸侯国(均,即位尊者守地大,位卑者守地小)。使大国亲近小国,使小国奉事大国,以使各诸侯国和睦(比,即亲近。使大国亲近小国,小国奉事大国)。

(大司马)以"九伐"之法来纠正各诸侯国,使其不敢偏离正道(诸侯如有违背天子命令的,就出兵征伐而使之改正)。诸侯中有以强凌弱、以大侵小的,就削减其土地(眚,如同人生病而身体渐瘦。意为从四面削减他的守地)。有擅杀贤良、残害人民的,那就去征伐他(出师而敲钟击鼓的称为伐,用来声明其罪)。有对内专行暴政、对外侵凌邻国的,那就废止国君,另立贤能(幽囚在祭坛之中,另立贤德之君)。有使田地荒芜、百姓逃散的,那就削去他的土地(不治理耕田,人民不依附,那就削去其土地)。有自恃险固、不服事大国的,那就派兵进入他的国境(侵,即不设钟鼓地用兵进入国境)。有无故杀害亲族的,那就拘执他并将其正法(正,即杀)。臣下有放逐或杀害国君的,那就杀掉他(残,即灭杀作恶的人)。有违犯命令、轻蔑国家政教法令的,那就禁止他与邻国相互联系(犯令,即违抗命令。陵政,即轻蔑国家政教法令。杜,塞的意思。使其不得与其他诸侯相通)。有悖乱远近亲属间人伦关系、行为同于禽兽的,那就灭亡其封国。

仲春开始教习"振旅"(即整顿军队,训练士兵),(出师叫做治

教民,以其一焉。遂以搜田;搜,择也。择取禽兽不孕者。仲夏教拔舍,拔舍,犹草舍。军有草止之法。遂以苗田;夏田为苗,简取禽兽不孕任,若治苗去不秀实者也。仲秋教治兵,遂以狝田;狝,犹杀也。中杀者多。仲冬教大阅,大阅,简军实,备礼不如出军时。遂以狩田。冬田为狩,言守取之无所择也。

司勋:掌等其功。等,犹差也。以功大小为差等。凡有功者,铭书于王之大常,祭于大烝。铭之言名也。生则书于王旌,以识其人与其功也,死则于烝,先王祭之。冬祭曰烝。王旌。画日月为大常也。凡赏无常,轻重视功。无常者,功之大小不可豫。

秋官

大司寇之职:掌建邦之三典,以佐王刑邦国、诘四方:一曰刑新国用轻典,新国,谓新辟地立君之国也。二曰刑平国用中典,三曰刑乱国用重典。乱国,谓篡杀叛逆之国也。以圆土聚教疲民,圆土,狱城也,聚疲民其中,困苦以教之为善也。民不愍作劳,有似于疲也。凡害人者,置之圆土而施职事焉,以明刑耻之。明刑,谓明书其罪于大方板,以著背也。职事,谓役使之也。其

兵，回师叫做振旅，都是练习作战。四季的狩猎，每季分别教人民一种作战必行之事）。于是，令兵士有选择地捕捉猎物（搜，即选择。选择飞禽走兽中不怀孕的）。仲夏，教习拔营移寨（拔舍，即宿止于草野间。军队有在草野宿息之法）。于是，令兵士捕捉猎物（夏季狩猎称为"苗"，择取飞禽走兽当中不怀孕的，就如同除去禾苗里面那些不开花抽穗的）。仲秋，教习攻防打斗，于是，令兵士勇敢地捕杀猎物（獮，即捕杀。适宜猎获捕食的很多）。仲冬，教习"大阅"（大阅期间要检查军用器械和粮饷。礼仪的完备却不如出军时），于是，令兵士大行设围狩猎（冬夏狩猎称为狩，就是说获则取之，不用选择）。

司勋负责按功勋大小分等进行封赏（等，即差等。以功勋的大小来分别等级）。凡建立功勋的，把他们的名字写在王者的太常旗上，在冬月祭享先王的时候也祭祀他们当中的已故者（铭，即刻写名字。活着的把名字写在天子车上的旌旗上，让百姓了解其人和他的功勋；不在人世的，在祭享先王的时候也祭祀他们。冬祭称为烝。天子出行时，车前旌旗上画有日月图案的，称为太常旗）。对大臣的赏赐并没有固定的的标准，或轻或重只是按照功劳的大小来定（赏赐无常，是因为功勋的大小不可预知）。

秋官

大司寇的职责是：掌理建立邦国的三种法典，辅佐君王对各邦国施行刑法，督察四方。第一是对新建立的邦国施行刑政时用轻典（新国，即新开辟土地、封立国君的诸侯国），第二是对承平的国家用中典，第三是对叛逆篡弑的国家用重典（乱国，即弑君夺位背叛的诸侯国）。（在边远之地）建造狱城来聚教不良的游民（圜土，即狱城。聚集那些不从教化、不事劳作的人在狱城里面，通过艰苦的处境来教育他们

能改者,反于中国,不齿三年;其不能改而出圆土者,杀。

以嘉石平疲民,疲民,谓为邪恶者也。凡万民之有罪过,而未丽于法,而害于州里者,桎梏而坐诸嘉石,役诸司空州里任之,则宥而舍之。有罪过,谓邪恶之人所罪过者也。丽,附也。未附于法,未著于法也。役诸司空,坐日讫,使给百工之役;役月讫,使其州里之人任之,乃赦之也。以肺石达穷民,肺石,赤石也。穷民,天民之穷而无告者。凡远近惸独老幼之欲有复于上而其长弗达者,立于肺石三日,士听其辞,以告于上而罪其长。复,白也。长,谓诸侯及所属吏。

小司寇:凡命夫命妇,不躬坐狱讼;命夫,谓大夫也。命妇,谓大夫妻也。若有罪,不自身坐,使其属及子弟也。凡王同族有罪,不即市。刑于甸师氏也。以五声听狱讼,求民情:一曰辞听,辞不直则烦也。二曰色听,色不直则赧也。三曰气听,气不直则喘也。四曰耳听,耳不直则惑也。五曰目听。目不直则眊然。以八辟丽邦法,附于刑罚:辟,法也。丽,附也。一曰议亲之辟,若今时宗室有罪先请是也。二曰议故之辟,故,谓旧知也。三曰议贤之辟,若

改恶向善。这些人惰游而不勉力劳作,好似疲惫的样子)。凡因过失而触犯法律的罪犯,把他们关在狱城里,叫他们做能做的事情,把他们的罪行公之于众,让他们感到羞耻(明刑,即把他们的罪行明写在大方板上,挂在背上。职事,即从事劳役)。如果能改过,放还国中,但三年内不得与普通平民列序长幼年齿。不能改过的,如逃出狱城,捕得即杀。

用嘉石来教育行为不端的人(疲民,即做邪恶之事的人)。凡人民有罪过但还没有触犯刑法却有害于乡里的,加上脚镣手铐,命他们坐在嘉石上。坐过之后,再把他们交给司空,罚作劳役。罚完了,必须有乡里的人担保他不再做坏事,然后赦宥而释放他(有罪过,指邪恶之人所犯的罪行过失。丽,即附着。未附于法,即还没有触犯法律。役诸司空,指坐石的时日结束后,再让他们从事百工的劳役。服役的月份结束后,须有乡里的人担保,保证他们从此不做坏事,然后才释放他们)。用肺石来转达处境艰难而无处诉说的百姓的怨诉(肺石,即红色的石头。穷民,即百姓当中处境艰困而无处投诉的人)。凡远近有孤独老幼无依无靠的人,如有冤情要上诉,他们的地方行政长官(包括诸侯与乡遂大夫等)不肯代为转达的,在肺石上站三天,于是士大夫听受他们的诉辞,转达君王与冢宰,并处分他们的长官(复,即表白。长,是指诸侯及下面的乡遂大夫)。

小司寇:凡是命夫命妇参与狱讼,不需要亲来(与另一方)对坐供辞(命夫,即大夫。命妇,即大夫的妻。如果有罪,不必亲自来对坐供辞,派遣下属或是家族的子弟前来就可以了)。凡王者同族有罪,不能在市朝公开行刑(由甸师隐蔽行刑)。闻听审理案件时要注意观察当事人的五种反应,以洞察民情,获得真实的信息。一是就其辩辞来判断(言不由衷的人,说话时往往就会闪烁其辞),二是就其神色来判断(脸色红一阵白一阵,是内心有愧的表现),三是就其声气来判断(气息不平和,喘

今时廉吏有罪先请是也。四曰议能之辟,能谓有道艺者。五曰议功之辟,谓有大勋、力立功者也。六曰议贵之辟,若今时吏墨绶有罪先请是也。七曰议勤之辟,谓憔悴事国者。八曰议宾之辟。谓所不臣者,三恪二代之后与。

司刺:掌三刺、三宥、三赦之法,以赞司寇,听狱讼。刺,杀也。致三问之,然后杀。一刺曰讯群臣,再刺曰讯群吏,三刺曰讯万民;讯,言问也。壹宥曰不识,再宥曰过失,三宥曰遗忘;不识,谓愚民无所识也。宥,宽也。壹赦曰幼弱,再赦曰老耄,三赦曰惷愚。惷愚,生而痴骇也。赦,谓免其罪也。以此三法者求民情,然后刑杀。

气急促,是心中不安的表现),四是就其听力来判断(常常听不清别人问的是什么,对关键问题避而不答,是故意装糊涂的表现),五是就其眼神来判断(眼神游移不定,视物模糊,是内心慌乱的表现)。以"八辟"(对八类人犯罪经审议后可从宽处理的特别规定)作为对国家法典的补充,主要是对刑罚的补充(辟,即法度。丽,即附着):一是对王室宗亲的议刑法(比如当今的皇族有罪,便可首先按此议处),二是对故旧老臣的议刑法(故,即故交),三是对贤良之士的议刑法(比如现在有清廉守正的官吏犯了罪,便可首先按此议处),四是对异能之士的议刑法(能,即指有学问和特殊技能的人),五是对有功之臣的议刑法(指有大功勋或立大功的人),六是对高官贵族的议刑法(比如当今县官有罪,便可首先按此议处),七是对勤劳国事者的议刑法(指竭尽心力为国家服务的人),八是对国家贵宾的议刑法(指那些不必俯首称臣的人,也就是那些前朝帝王的后代)。

　　司刺掌理三刺(判处死刑的三个环节)、三宥(对三类案件从宽处理)、三赦(对三种人的罪过予以赦免)之法,辅助司寇审理案件(刺,即杀。完成三问之后再决定是否处以死刑)。"三刺":一审判处死刑,要征询群臣的意见;二审判处死刑,要征询群吏的意见;三审判处死刑,要征询百姓的意见(讯,即讯问)。"三宥":第一类可以宽宥的是因不知道有关违禁规定而误触刑法的,第二类可以宽宥的是出于无心而过失犯罪的,第三类可以宽宥的是因疏忽遗忘而犯罪的或失去记忆和判断能力的精神病人(不识,是指一些愚昧无知的人缺乏法律意识。宥,即宽恕)。"三赦":一是对年幼弱小者的犯罪予以赦免,二是对七八十岁以上的老人的犯罪予以赦免,三是对天生弱智的痴呆病人的犯罪予以赦免(惷愚,即出生就愚蠢不聪慧。赦,即赦免他的罪过)。用这三法来考察民众的实际情况,然后再决定是应该

小行人：若国札丧，则令赗补之；赗丧家，补其不足。若国凶荒，则令周委之；委，输也。若国师役，则令犒禬之；犒，劳也。合助相振为会。若国有福事，则令庆贺之；若国有祸灾，则令哀吊之。

掌客：凡礼宾客，国新杀礼，凶荒杀礼，札丧杀礼，祸灾杀礼，在野在外杀礼。杀，减也。国新，新建国也。凶荒，无年也。札丧，疫疠也。祸灾，新有兵寇及水火也。在野，行军在外也。

杀还是予以宽宥或赦免。

(掌管朝觐聘问的)小行人:凡有国家发生瘟疫颇多死亡的,就下令各国支援财物,赠送丧家财物来补贴他们的不足。若有国家遭到凶年饥荒,就下令各国输送物资来救济(委,输送)。若有诸侯国遭受军队侵袭以致财物匮乏、百姓艰难,就下令各国合聚货财共同给予援助(犒,慰劳。合助相振为会)。若有国家有喜庆福事,就下令各国前往庆贺。若有国家发生重大祸灾,就下令各国前往慰问。

掌客负责接待国宾的礼仪,要掌握如下几条原则:国家新建立的,要降减贡礼的规格;发生凶荒的国家,要降减贡礼的规格;有瘟疫流行民多死亡的国家,要降减贡礼的规格;遭受灾祸的国家,要降减贡礼的规格;有军队在外服役征战的国家,也要降减贡礼的规格。(杀,即降减的意思。国新,即新建立的国家。凶荒,即饥荒之年。札丧,即瘟疫。祸灾,即新近有敌兵或乱兵的侵扰以及水火灾害。在野,即行军在野外)。

周书

文传解

天有四殃：水、旱、饥、荒。其至无时，非务积聚，何以备之？《夏箴》曰："小人无兼年之食，遇天饥，妻子非其有也；大夫无兼年之食，遇天饥，臣妾舆马非其有也；国无兼年之食，遇天饥，百姓非其百姓也。戒之哉，不思祸咎无日矣！言不远也。明开塞禁舍者，其取天下如化；变化之顿，谓其疾。不明开塞禁舍者，其失天下如化。不明，谓失其机。兵强胜人，人强胜天。胜天，胜有天命。能制其有者，能制人之有；不能制其有者，人制之。令行禁止，王之始也。"

官人

富贵者，观其有礼施；贫穷者，观其有德守；嬖宠者，观其不骄奢；隐约者，观其不慑惧。其少者，观其恭敬好学而能弟；其壮者，观其洁廉务行而胜其私；其老者，观其思慎、强其所不足而不逾。父子之间，观其慈孝；兄弟之间，观其和

文传解

　　天降的灾害有四种,即水灾、旱灾、五谷不熟、果子歉收。它们的到来没有定时,若不积蓄储备粮食,那又如何来防备呢?夏代有规戒之文说:"平民没有两年的粮食,遇到天灾造成的饥荒,妻子儿女都会失去。大夫没有两年的粮食,遇到天灾造成的饥荒,奴仆和车马都会失去;国家没有两年的粮食,遇到天灾造成的饥荒,天下百姓也就不是自己的臣民了。"要以此为戒啊!如果不思考这些问题,灾祸的降临就没有多少时日了(也就是说距离灾难不会很远),懂得开源、塞漏、储藏、施舍的人,他取得天下就像自然变化一样地快;(立刻就会看到变化,说的是速度之快)。不懂得开源、塞漏、储藏、施舍的人,他失去天下也如自然变化一样地快(不明,即失去时机)。兵力强大就能战胜敌人,人依靠自己的德能也能改变命运(胜天,即改变天命)。能把握好自己眼前所拥有的一切,才有能力去支配别人的一切;不能把握好自己眼前所拥有的,就要受到别人的支配。所以必须做到有令即行,有禁即止,这是天子治国的开始。

官人

　　富贵之人,要看他是否举止有礼而好施惠。贫穷之人,要看他是否有德行操守。对于那些备受宠幸之人,要看他是否不骄不奢。对于那些处于困厄的人,要看他是否胆小怕事。对于那些年轻人,要看他有无恭敬好学的态度和敬长爱幼之心。对于那些壮年之人,要看他是否廉洁务实,进而能否克制私欲。对于那些年老之人,要看他的

友；君臣之间，观其忠惠；乡党之间，观其信诚。设之以谋，以观其智；示之以难，以观其勇；烦之以事，以观其治；临之以利，以观其不贪；滥之以乐，以观其不荒。喜之，以观其轻；怒之，以观其重；醉之，以观其失；纵之，以观其常；远之，以观其不贰；昵之，以观其不狎。复征其言，以观其精；曲省其行，以观其备。此之谓观诚。

芮良夫解

厉王失道，芮伯陈诰作芮良夫解。芮伯若曰："余小臣良夫，稽首谨诰：天子惟民父母。致厥道，无远不服；无道，左右臣妾乃违。道，谓德政。违，叛之。民归于德，德则民戴，否德民仇。兹允效于前，斯不远。信验于前世，不远也。商纣弗改夏桀之虐，肆我有周有家。举桀行恶灭亡，以为戒也。

呜呼！惟尔天子，嗣文武之业；惟尔执政小子，同先王之臣。昏行内顾，道王不若，同，谓位同也。昏，暗也，言教王为不顺。专利作威，佐乱进祸，民将弗堪。专利侵乱，进不善也。治乱

思维是否谨慎,是否即使处于十分难堪的境地,也不会逾越规矩。父子之间,要看他们是否慈爱、孝顺;兄弟之间,要看他们是否和睦友爱;君臣之间,要看是否仁爱、忠心;乡党之间,要看他们是否诚实守信。让他施行某种谋划,从这里来观察他的智慧。把困难摆到他面前,从这里来观察他的勇气。派他去处理一些烦杂的事务,进而来看他的管理能力。让他面对某种利益,进而来观察他是否贪婪。让他经常处在一种歌舞享乐的环境中,从这里来观察他是否会放纵迷乱。使他快乐,看他是否轻佻;激他发怒,看他是否稳重。让他喝醉,看他是否会失去恭慎的仪态;放任他行事,看他是否还遵从一贯的行为准则。疏远他,看他是否忠心不变;亲近他,看他是否轻浮失礼。反复地对照他前后说过的话,看他是否真的学问精通;隐秘地察访他的行为,看他是否德行完备。这些统合起来就称作"观诚"(洞察实情)。

芮良夫解

周厉王丧失治国之道,芮伯上书劝诫,写了《芮良夫解》。芮伯这样说:小臣芮良夫,叩首敬告:天子是万民的父母,只要忠实地推行先王的治国之道,再远的诸侯部族都没有不归服的;丧失了治国之道,自己的近臣、妻妾都会背叛(道,指的是德政。违,即背叛)。百姓归附有德之人。有德则百姓拥戴,无德则百姓仇恨。这前代已经有过证明,并不很远。商纣王不改变夏桀的暴虐,于是使我们周家拥有了天下(列举夏桀行恶而灭亡,以此为戒)。

唉!您是天子,继承了文王和武王开辟的事业。那些执政的人,地位等同于先王的大臣,德行昏乱,只顾自己,诱导大王不顺从先王之法(同,即地位等同。昏,即昏暗。就是说教导大王为不义之事)。专谋

信于其行,惟王暨尔执政小子攸闻。行善则治,行恶则乱,皆所闻知也。古人求多闻以鉴戒,弗闻是惟弗知。言古人患不闻,故有所不知也。尔闻尔知,弗改厥度,亦惟艰哉?知而不改,无可如何,故曰难也。夫后除民害,不惟民害,害民乃非后,惟其仇。是与民为怨雠。民至亿兆,后一而已,寡弗敌众,后其殆哉!言上下无义,对共相怨,则寡者危已。

乌虖!野禽驯服于人,家畜见人而奔,非禽畜之性,实惟人民亦如之。人养之,故扰服,虽家畜,不养则畏人,治民亦然也。今尔执政小子,惟以贪谀事王,专利为贪,面从为谀。不勤德以备难,下民胥怨,财单力竭,手足靡措,弗凫戴上,不其乱而?言民相与怨上,上加之罪,民不堪命,必作乱也。惟祸发于人之攸忽,咎起于人攸轻。心不存焉,变之攸伏。言人所轻忽,则祸之所起。

尔执政小子,弗图大艰,偷生苟安,爵以贿成。苟安,无远虑。贿成,不任德。贤智拑口,小人鼓舌,逃害要利,并得其求,惟曰哀哉!贤者隐黜以逃害,小人佞谄以要利,各得其求,故君子为

私利，滥用权威，助长动乱，招引祸害，百姓都将不堪忍受（专谋私利，干犯扰乱，进谏不善之言）。"治乱取决于治理者的行为。"大王和您的执政者们是知道的（推行善政，天下就会太平；推行暴政，天下就会动乱。这是大家都已经听说过的了）。古人治理国家，总是力求多多了解历代君王，作为当世的借鉴。不能多听谏言，就不知道如何治理国家（说的是古人担心没有听到事实情况，所以总会有不知道的事情）。而您已听说了，也知道了，却不改正自己的作法，真是不知道该让人怎么办才好啊（知道了而不改，那就让人不知该如何了，所以说难）。君王废除危害人民的暴政，除去的不只是百姓之害，因为如果继续以暴政去祸害百姓，君王就不再是百姓的君王了，而是他们的仇人（这是与人民百姓结为怨家仇人）。百姓多达亿万人，君王却只有一人，寡不敌众，君王将非常危险啊（这是说上下没有恩义，共相怨怼，那人少的一方就危险了）！

唉！野鸟能被驯养得顺从于人，家畜见了生人也会逃跑，这不单是鸟兽的本性，人民实际上也同这一样（即便是家中的牲畜，你喂养它，它就会顺从你；你不喂养它，它见到你就会害怕。治理人民的道理也是这样）。现在那些执政的人，只用聚敛财物和逢迎阿谀来事奉大王您（专于私利，这就是贪。当面顺从，这称为谀），而不勤于德政以防备灾难。下层臣民共同抱怨，财物枯竭，气力用尽，束手无策，而不能奉事君主，这样怎么能够没有动乱呢（是说人民共同抱怨上位的人，上面施加罪责，人民不堪承受这样的指令，后来必然会作乱）？灾祸产生于人的疏忽，错误发生于人的轻视，凡事不放在心上，就伏下了变乱的祸根（是说人一旦轻忽，那灾祸就必定会产生）。

您的那些执政臣子，不思虑勤勉德政以防备灾难，遇祸而侥幸存活，遇灾而苟且偷安，爵位的授受都是凭行贿来实现（苟安，即没有远虑。贿成，即不是凭借德行）。贤智之人闭口不言，奸邪小人鼓唇弄

之哀也。我闻曰:'以言取人,人饰其言;以行取人,人竭其行。饰言无庸,竭行有成。'惟尔小子,饰言事王,实蕃有徒。尔自谓有余,余谓尔不足,敬思以明德,备乃祸难。言其不足于道义也。以,用。乃,汝。难至而悔,悔将安及?"

舌(贤者)躲避祸患,(小人)设法取利,两者各得所求,只能说真让人痛心啊!(贤人隐退以躲避祸害,小人谄媚以谋取私利,各得所求,这让君子感到很哀痛!)我听说:"以言谈取人,人会夸饰其言谈;以所作所为取人,人将竭尽其能。花言巧语毫无实用,竭力实行必有所成。"那些执政臣子,用花言巧语事奉大王,这样的人确实也不少。您自己觉得很满足,我以为您还差得很远。应该敬心思虑,将德惠用于人民,以防备灾难(是说厉王缺乏道义。以,是用的意思。乃,你)。灾难发生了再后悔,后悔又怎能来得及呢?

国语

周语

　　景王二十一年，将铸大钱。单穆公曰："不可。古者天灾降戾，降，下也。戾，至也。灾，谓水、旱、蝗、螟之属。于是乎量资币，权轻重，以振救民。量，犹度也。资，财也。权，称也。振，拯也。民患轻则为之作重币以行之。民患币轻而物贵，（则作重）以行其轻。于是乎有母权子而行，民皆得焉。重曰母，轻曰子。贸物，物轻则子独行，物重则以母权而行之也。子母相权，民皆得其欲也。若不堪重，则多作轻而行之，亦不废重。于是乎有子权母而行，小大利之。堪，任也。不任之者，币重物轻，妨其用也，故作轻币杂而用之，以重者贸其贵，以轻者贸其贱也。子权母者，母不足则以子平之而行之也。故钱小大民皆以为利也。

　　"今王废轻而作重，民失其资，能无遗乎？废轻而作重，则本竭而末寡也，故民失其货。若遗，王用将有所乏，民财遗无以供上，故王用将乏也。乏则将厚取于民。厚取，厚敛也。民不给，将有远志，是离民也。给，共也。远志，逋逃也。且夫备，有未至而设之，备，国备也。未至而设之，谓预备不虞，安不忘危。有至而后

周语

　　周景王二十一年,将要铸造重的大钱。单穆公说:"不可以的。古时候,天灾降临(降,降下的意思。戾,到达的意思。灾,是指水灾、旱灾、蝗螟之类),这时就度量国库钱财,权衡轻重,决定用轻钱还是重钱,目的是用来救济人民(量,度量的意思。资,即财物。权,权衡、掂量的意思。振,拯救的意思)。人民认为钱太轻了,就制造出重的来流通。人民担心钱币轻而物价贵,所以就制作重钱来平衡轻钱。于是,有了重钱按值兑换轻钱共同流通的办法,人民都感到满意(重钱称为母。轻钱称为子。交易物品时,物轻就独用子钱,物重就用母钱来平衡子钱。子母两种钱相互配合使用,人民都很满意)。如果人民认为钱太重了,不便使用,就多铸造一些轻的钱币来流通,同时也不废除重的。于是,又有了轻钱按值兑换重钱来流通的办法,小钱大钱都使百姓得到便利(堪,即胜任。难以承受的是钱币重而物价轻,用起来很不方便,所以才制作轻钱币混杂在其中相互配合使用。用重钱来交易贵的物品,用轻钱来交易贱的物品。所谓"子权母",就是在使用母钱不方便的时候,就用子钱来配合使用。因此,钱币无论大小,人民都很满意)。

　　"现在,王上要废掉轻钱,另作重钱,人民一下子损失了许多资财,能不穷困吗(废掉轻钱而制作重钱,百姓手中原有的轻钱就会被迫作废〔本竭〕,只有少数人才能拥有少量重钱〔末寡〕,所以百姓无形中就会损失很多财产)?如果人民穷困,那王室也将会没有财用(人民没有资财,没有进供的物品,所以王室也将会匮乏)。王室缺乏财用,就会拼命搜刮人民(厚取,即重敛财物)。人民无力供给,就会萌生远逃的想

救之,至而后救之,谓若救火疗疾,量资币平轻重之属。是不相入也。二者前后各有宜。不相入,不相为用。可先而不备,谓之怠;怠,缓也。可后而先之,谓之召灾。谓民未患轻而重之,离民匮财,是为召灾。周固羸国也,天未厌祸焉,而又离民以佐灾,无乃不可乎!言周故已为羸病之国,天降祸灾未厌已。将民之与处而离之,将灾是备御而召之,则何以经国?君以善政为经,臣奉而成之为纬也。国无经,何以出令?令之不从,上之患也。故圣王树德于民以除之。"树,立也。除,除令不从之患也。

"绝民用,以实王府,绝民用,谓废小钱,敛而铸大也。犹塞川原为潢污也,其竭也无日矣。大曰潢,小曰污。竭,尽也。无日,无日数也。若民离财匮,灾至备亡,王其若之何?"备亡,无救灾之备也。王弗听。

二十三年,王将铸无射。无射,钟名。律中无射。单穆公曰:"不可。作重币以绝民资,又铸大钟以鲜其继。鲜,寡也。寡其

法，这就会使人民离散（绐，即供给。远志，即逃离之心）！况且，所谓凡事要做到有备无患，一是在意外变故还没有发生之前就预先防备（备，即国库储备。灾祸还没到而事先预设，这就是预备以防意料不到的事，居安而不忘记危险），二是在意外变故发生之后要立即补救（变故发生后立即施救，指的就是如救火、治病、筹集资金、权衡轻重缓急之类的事情）。这两件事都很重要，不能互相替代（二者在灾难前后各有它的作用。不相入，就是不能互相替用）。本来可以事先准备而没有准备，叫做懈怠（怠，即弛缓）；应该在受灾以后才做的却先做了，叫做招祸（人民还没有担心轻钱而却变为重钱，使得人民离散、财物匮乏，这就是召灾）。我周室本来已经衰弱了，上天又连降灾祸，而今又要离散百姓以助长灾祸，恐怕不可以吧（是说周王室已经日益衰弱，而天降的灾祸却连连没有停止）？本应该团结人民却去离散他们，本应该防止灾祸却去招惹它，如此还怎么治理国家呢？国君以清明的政治作为常道，臣子奉行而称为治理。国家没有一个长治久安的根本方略，政令从何而出？政令发布后得不到执行，这是当权者最值得忧患的。所以圣人要在人民中施恩树德来消除这一忧患（树，即树立。除，指除去政令不被听从的忧患）。"

　　用尽夺民财的办法来充实王室的府库（绝民用，就是废止小钱的赋税而改铸大钱），就好比用堵塞河源的办法去建造水池，虽然水很快地会聚积起来，但干起来也不需几天的工夫（大水池叫做潢。小水坑叫做污。竭，即干尽。无日，就是没有多少时日）。如果人民离散，财用匮乏，一旦灾祸降临，而防灾救难的物资却一无所有，陛下又打算怎么办呢（备亡，就是没有救灾的准备）？"景王没有听从劝告。

　　周景王二十三年，景王要铸一口名为无射的大钟（无射，大钟的名字，即十二律中的无射）。单穆公说："不可以。上次铸造重币已经耗

继者,用物过度,妨于财也。若积聚既丧,又鲜其继,生何以殖?积聚既丧,谓废小钱也。生,财也。殖,长也。今王作钟也,无益于乐,而鲜民财,将焉用之?

夫乐不过以听耳,而美不过以观目。若听乐而震,观美而眩,患莫甚焉!夫耳目,心之枢机也,枢机,发动也。心有所欲,耳目发动也。故必听和而视正。听和则聪,视正则明。习于和正,则不眩惑也。聪则言听,明则德昭。听言昭德,民歆而德之,则归心焉,歆,犹欣歆,喜服也。言发德教。是以作无不济,求无不获,然则能乐。夫耳纳和声,而口出美言,耳闻和声,则口有美言,此感于物也。以为宪令,宪,法也。而布诸民,民以心力,行之不倦,成事不贰,乐之至也。贰,变也。若视听不和,而有震眩,于是乎有狂悖之言,有眩惑之明,出令不信,有转易也。刑政放纷,动不顺时,民无据依,不知所力,各有离心。不知所为尽力。上失其民,作则不济,求则不获,其何以能乐?三年之中,而有离民之器二焉,二,谓作大钱、铸大钟。国其危哉!"

王弗听,问之伶州鸠,伶,司乐官。州鸠,名也。对曰:"夫匮财用、疲民力,以逞淫心,逞,快也。听之不和,比之不度,无

尽人民资财,这次又要铸造大钟,百姓中很少有人能再承受(鲜,很少的意思。寡其继者,就是过度使用物资,很少有不妨于生财的)。如果积蓄尽丧,又难以为继,还怎么活下去(积聚既丧,就是指废弃流通小钱。生,即资财。殖,即生长)?如今,王上要铸造的这口大钟,对于音乐没有益处,却又耗费了人民的资材,请问有什么用处呢?"

音乐不过是用来悦耳的,美物不过是用来悦目的。如果听音乐而震耳,观美物而眩目,可就没有比这更糟的了。耳朵和眼睛是影响心志的关键所在(枢机,即萌发启动的机关、枢纽。心有欲望,是由耳目所发动的),所以必须耳听和声而眼观正色。听和声则耳聪,观正色则眼明。听声观色常行和正,那就不会目眩耳惑。耳聪不惑,就能听善言;目明不眩,就能观美德。善言入耳而美德昭明,人民心悦诚服而得此教化,则归心于君上(歆,即欢欣、嘉服。宣扬道德教化)。因此,君主做事无不成功,需求无不得到,这样就能和乐。耳朵听受和谐的乐音,口中说出美善的言语(耳中听到和乐之音,口中就会说出美善之言,这是受到外物感染的缘故啊)。以此作为宪法政令(宪,即法令)。公布于众,人民尽心尽力,无所倦怠,欲成之事全无变异,这是快乐的最高境界,也是音乐之至啊(贰,即变易、变化)!如果视听不和谐,而有耳震目眩的现象,这时,语言便会狂乱悖理,目光便会昏惑晕眩。政令不讲信用(这就有变易了)。刑法政令放任纷乱,所作所为不顺时令,百姓没有依据,大家不知道怎么做才好,便会各各心怀背离之意(不知如何尽力)。君上失去人民的拥护,做事就不能成功,所求也不能得到,哪里还能乐得起来呢?三年之中,离散人民的东西就造了两件(二,是指制作大钱、铸造大钟两桩事)。国家将要危险了!"

景王不听劝告,又去问乐官州鸠(伶,司乐官。州鸠是他的名字)。州鸠回答说:"如果像这样浪费资材、耗费民力、劳民伤财以满足一

益于教，而离民怒神，非臣之所闻也。"王不听，卒铸大钟。财匮，故民离。乐不和，故神怒也。二十四年钟成，伶人告和。伶人，乐人。王谓伶州鸠曰："钟果和矣。"对曰："未可知也。"州鸠以为钟实不和，伶人媚王谓之和，故曰未可知。王曰："何故？"对曰："上作器，民备乐之，则为和。言声音之道，与政通也。今财亡民疲，莫不怨恨，臣不知其和也。乱世之音怨以怒，故曰不知其和。且民所曹好，鲜其不济；曹，群也。其所曹恶，鲜其不废。谚曰：'众心成城，众心所好，莫之能败，其固如城。众口铄金。'铄，消也。众口所毁，虽金石犹可消。今三年之中，而害金再兴焉，害金，害民之金，谓钱、钟也。惧一之废也。"二金中，其一必废也。王曰："尔老耄矣，何知？"二十五年王崩，钟不和。王崩而言不和，明乐人之谀。

晋语

武公伐翼，弑哀侯，止栾共子，曰："苟无死，共子，晋大夫共叔成也。吾以子为上卿，制晋国之政。"辞曰："成闻之，民生于三，事之如一。三，君、父、师也。如一，服勤至死也。父生

己的痛快(逞，即逞一己的痛快)，这样铸造起来的乐钟，声音听起来不会和谐，量起来也不会符合标准，对政治教化有害无益，而只能离散人民、触怒神灵，这种铸钟之法，不是臣下曾听说过的。"景王还是不听劝阻，最后还是按照自己的想法铸造了大钟。资财匮乏，所以人民离散。乐声失和，所以神灵恼怒。景王二十四年，大钟铸成，乐人向景王报告说钟声和谐(伶人，即古代乐人之称)。景王对乐师州鸠说道："钟声确实是和谐的啊！"州鸠回答说："和不和谐，还不知道呢(州鸠认为钟声实际上是不和谐的，乐人谄媚王上说它和谐，所以说'未可知')！"景王问："为什么？"州鸠回答说："君上制造乐器，而人民都感到快乐，这才是和谐(说声音之道与国家政教是相通的)。如今，国库财力耗尽，百姓疲惫不堪，无不怨声载道，臣不知道有什么和谐(乱世之音充满了怨恨和恼怒，所以说'不知其和')。再说，百姓多数人都认为好的，很少有不成功的(曹，即群体)；百姓多数人都厌恶的，也很少有不被废弃的。所以谚语说：'众志成城，(众人之心共同所好，无谁能够摧败，坚固得如同城墙)。众口铄金(铄，即消融。众人之口共同所毁，即使是金石，也能够被融化)。'而今三年之内，害民的金器就造了两件(害金，即害民的金器，就是大钱、大钟)，恐怕至少有一件要被废弃吧(两件金器中必须要废弃一件)！"景王说："你老糊涂了，懂什么！"二十五年，景王驾崩，大钟之声果然不和谐(景王驾崩后乐人说钟声不和谐，说明当初是为了讨好才说的假话)。

晋语

　　武公攻打翼都，杀了哀侯，并劝阻哀侯的大夫栾共子说："如果你不为晋侯尽忠而死(共子，即晋哀侯大夫共叔成)，我就把你列为上卿，执掌晋国国政。"共叔成辞谢说："我听说：'人生有三个恩人，

之,师教之,君食之。食,谓禄也。唯其所在,则致死焉。在君父,为君父,在师,为师也。人之道也。臣敢以私利废人道乎? 私利,谓不死为上卿也。君何以训矣?"无以教为忠也。从君而贰,君焉用臣。贰,二心也。遂斗而死。

文公问于郭偃,郭偃,卜偃。曰:"始也吾以国为易,易,易治也。今也难。"对曰:"君以为易,其难也将至矣;君以为难,其易也将至矣。"以为难而勤修之,故其易将至。

赵宣子言韩献子于灵公,为司马。宣子,赵宣孟也。献子,韩厥也。司马,掌军大夫也。河曲之役,赵孟使人以其乘车干行,干,犯也。行,军列也。献子执而戮之。宣子召而礼之,曰:"吾闻事君者,比而不党。比,比义也。阿私曰党。夫周以举义,比也;忠信曰周。举以其私,党也。夫军事有死无犯,犯而不隐,义也。在公为义。吾言汝于君,惧汝不能也。举而不能,党孰大焉! 事君而党,吾何以从政? 勉之! 苟从是行也,勉之,劝修其志。是行,今所行也。临长晋国者,非汝其谁。"临,监也。长,帅也。皆告诸大夫曰:"二三子可以贺我矣,吾举厥也而中,吾乃今知免于罪矣。"

报答他们要像对待一个人一样(这三个人,就是君主、父母、师长。如一,就是对三者没有分别,都要同样地殷勤事奉,直到老死)。'父母生育我们,师长教导我们,君主养活我们(食,即俸禄)。只要是君、亲、师还健在,我们都要以死相报(在君主、父母身边,就全心事奉君主、父母。在师长身边,就全心事奉师长),这是做人的道理。臣岂敢为了区区一己的私利而抛弃为人的大道呢(私利,即不死而荣升为上卿)?(如果这样做了)您将来又用什么去训导人民呢(那就没办法教导人做忠臣了)?事奉君王却怀有二心,君王要这种臣子又有什么用(贰,即二心)?"于是便抵抗至死。

晋文公向占卜大臣郭偃(郭偃,即掌管占卜的郭偃)问道:"开始的时候,我以为治理国家是很容易的事(易,即容易治理),现在才感到很难。"郭偃回答说:"君上如果以为容易,那么困难就会马上来到;君上如果认为困难,那么容易就会马上来到(认为很难,进而就会勤修政要,所以容易即将来到)。"

赵宣子向晋灵公进言举荐韩献子,让他担任司马(宣子,即赵氏宣孟。献子,即韩厥。司马,掌军事的大夫)。秦晋河曲之战时,赵宣子故意让人乘着他的军车冲犯行军的队伍(干,即触犯。行,即行军的行列),韩献子便把那人逮捕起来并处死。赵宣子召见韩厥并给予礼遇,说道:"我听说事奉君主的人应做到精诚团结,而不结党营私(为了道义而结交叫做比。为了私利而结交叫做党)。对朝廷忠诚守信以举荐恪守大义的人,叫做比(周,即忠信);利用举荐以谋私,叫做党。军事行动是绝对不准冒犯的,触犯了则不徇私隐瞒,就叫做义(公而无私就是义)。我将你举荐给国君,却担心你难以胜任;如果举荐了无能之辈,实在没有比这更大的结党营私了。侍奉君王的臣子却结党营私,那我今后还怎么执政呢?希望你能勉力而行。倘若能照着这样

叔向见司马侯之子，抚而泣之，曰："自其父之死，吾莫与比而事君矣。昔者其父始之，我终之，谓有所造为，及谏争，相为终始成其事也。我始之，夫子终之，无不可。"无不可，言皆从。藉偃在侧，曰："君子有比乎？"君子周而不比，故偃问之。叔向曰："君子比而不别。比德以赞事，比也；赞，佐。引党以封己，引，取也。封，厚也。利己而忘君，别也。"别，为朋党。

楚语

灵王为章华之台，章华，地名。与伍举升焉，曰："美夫？"对曰："臣闻国君服宠以为美，服宠，谓以贤受宠服，以是为美。安民以为乐，以能安民为乐。听德以为聪，听用有德也。致远以为明，能致远人。不闻其以土木之崇高彤镂为美。彤，谓丹楹。镂，谓刻桷也。

先君庄王为匏居之台，匏居，台名。高不过望国氛，氛，祲气也。大不过容宴豆，言宴有折俎笾豆之陈。木不妨守备，不妨

干下去(勉之,即劝勉韩献子守护公正无私的心志。是行,指'使人以其乘车干行'这件事),将来掌管晋国大政的除了你还有谁呢(临,主管的意思。长,统领的意思)?"赵宣子一一告诉众大夫说:"诸位可以祝贺我了!我举荐韩厥完全合适,如今我已知道将不会获罪于朝廷了。"

叔向看到司马侯的儿子,便一边抚摸他一边哭,说:"自从这孩子的父亲去世后,我就再也找不到人和我密切配合着共同事奉国君了。以前,他父亲提议、谏争于前,我就协助、唱和于后(就是说凡有所建言或有所谏争,叔向和司马侯相为始终,以成其事);我建议、批评于前,他就附和、补充于后,从来没有相互唱反调的(无不可,就是说能被君王遵从)。"籍偃正好在旁边,就问:"君子也讲'比'吗(君子忠信而不结私党,所以籍偃才有这样的疑问)?"叔向说:"君子亲近却不结私党。同心同德,共襄国事,这是团结,就叫做'比'(赞,即佐助)。结成朋党来厚待自己(引,选择的意思。封,厚待的意思),专利自己而心中没有君上,那是勾结,就叫做'别'(别,就是结为朋党)。"

楚语

楚灵王修建了章华台(章华,是地名),和伍举一起登上楼台,说:"这高台美吧?"武举回答:"臣只听说,做国君的,以表彰功德、信用贤人为美(服宠,是指贤能之人身穿表彰功德的服饰,这些才算是美),以保国安民为乐(以能安抚人民为乐),以接纳雅言、倾听德音为聪(听从并予接纳雅言),而以使四方远处之民归顺依附为明(能使远方的人来到身边),从来没有听说过他们以建筑的高大、涂丹漆、雕刻花纹为美(彤,用朱漆涂柱。镂,雕刻花纹)。

"先君庄王建造匏居台(匏居,台名),高度仅够观望云气的吉凶(氛,即日旁云气),大小仅够宴饮时摆放一些盛放食品之类的器具

城郭守备之材。用不烦官府,财用不出府藏也。民不废时务,官不易朝常,先君是以除乱克敌而无恶于诸侯。今君为此台也,国民疲焉,财用尽焉,年谷败焉,败废其时务也。百官烦也,为之征发。数年乃成,臣不知其美也。

夫美也者,上下外内,小大远迩,皆无害焉,故曰美也。若于目观则美,于目则美,德则不也。财用则匮,是聚民利,以自封而瘠民也,胡美之为?封,厚也。胡,何。何以为美。夫君国者,将民之与处,民实瘠,君安得肥?安得独肥,言将有患。

故先王之为台榭也,积土为台,无室曰榭。榭不过讲军实,讲,习也。军实,戎士也。台不过望氛祥。凶气为氛,吉气为祥。其所不夺穑地,稼穑之地。其为不匮财用,为,作也。其事不烦官业,业,事也。其日不废时务。以农隙也。瘠硗之地,于是乎为之;不害谷土也。硗,确。城守之木,于是乎用之;城守之余,然后用之。官寮之暇,于是乎临之;暇,闲也。四时之隙,于是乎成之。隙,空闲时。夫为台榭,将以教民利也,台,所以望氛祥,而备灾害。榭,所以讲军实,而御寇乱,皆所以利民也。不知其以匮之也。知,犹闻也。若君谓此美,而为之正,以为得事之正也。楚其殆矣。"殆,危也。

(是说宴席上会摆放一些各式的礼器),用材不妨碍国家守备(不妨碍城池守备所需用的木材),用钱不动用官府库藏(财用不从国家府藏支出),用工不耽误庶民农时,用人不影响官吏工作。先君庄王正是靠着这些做法来消除祸乱、战胜敌国,而天下诸侯也都不反感。如今,君上建筑这个高台,国民精力疲惫,国库财力耗尽,年成大受影响(败,即荒废了农时),官吏烦乱不堪(为此事征集调遣人力或物资),经过数年才完成,臣实在不知道它美在哪里?

"所谓美,就是对上对下、对内对外、对大对小、对远对近都没有害处,所以才叫美。如果眼睛看着挺美观(只是眼睛看着觉得美,却不能体现君王之德),然而却耗费财物,这就是聚敛民财来厚待自己而使人民贫困,还算什么美呢(封,即丰厚。胡,哪里。哪里还以为美)?君临国家的人,要和人民共处,如果人民贫困了,国君怎么会富裕('安得独肥',是说将会有祸患)?

"因此,先王建造台榭(积土叫做台,无室称为榭),榭不过是用来讲习军事(讲,即讲习。军实,即兵戎之事),台不过是用来观望云气(凶气叫做氛。吉气称为祥)。它的选址不占用牧场农田(即庄稼地);它的建造不耗费国库财政(为,即工作);它的工程不烦扰官吏政务(业,即事务);它的工时不耽误四季农耕(趁着农事闲暇时候)。挑那些贫瘠无用的土地,就在那里建造(不侵占适宜种谷的耕地。硗,石多土薄);选那些固城剩下的木材,就用它们修盖(用城池守备的剩余木材);利用官员的闲暇时间,让他们来现场指挥(暇,即空闲时间);趁着四季的农闲时间,让民众来动工兴建(隙,即农闲时间)。修建台榭,原本是要让人民得到好处的(台是用来观望凶兆或祥瑞的云气,进而防备灾难与祸害;榭是用来讲习兵戎之事,进而抵御外患与内乱。这两者都是有利于人民的),没听说是要让百姓财用匮乏的(知,即听说)。如果

斗且廷见令尹子常，斗且，楚大夫。子常，囊瓦。子常与之语，问畜货聚马。归以语其弟曰："楚其亡乎！不然，令尹其不免乎！吾见令尹，问畜聚积实，如饿豺狼，实，财也。殆必亡者。

昔斗子文三舍令尹，无一日之积，恤民之故也。积，储也。成王每出子文之禄，必逃，王止而后复。人谓子文曰：'人生求富，而子逃之，何也？'对曰：'夫从政者，以庇民也。庇，覆也。民多旷者，而我取富焉，旷，空也。是勤民以自封也，勤，劳也。封，厚也。死无日矣。我逃死，非恶富也。'故庄王之世，灭若敖氏，唯子文之后在，至于今为楚良臣，是不先恤民而后己之富乎？

今子常先大夫之后，先大夫子囊也。而相楚君，无令名于四方，四境盈垒，盈，满也。垒，壁也，言垒壁满四境之内。道殣相望，道家曰殣。是之不恤，而畜聚不厌，其速怨于民多矣。速，召也。积货滋多，蓄怨滋厚，不亡何待？"期年，子常奔郑。

君上要说这座台子很美并以此作为正道（认为这就是事物的正道），那咱们楚国可就危险了（殆，即危险）！"

斗且去见令尹子常（斗且，楚国大夫。子常，即囊瓦），子常和他谈话，问他怎样才能多积财宝、多得好马之事。斗且回来后说给他弟弟听，并说："楚国大概要亡国了吧！即便楚国不亡，楚国的令尹也一定不会免于灾祸。我去见令尹，令尹问我聚敛财富的事，活像一只饥饿的豺狼（实，财富，财物），只怕是一定要亡了！

"当年，斗子文三次辞去令尹的职务，家里连一天用来生活的积蓄都没有，这是他体恤百姓的缘故啊（积，即存储的意思）！成王每当增加子文的俸禄时，子文一定是跑开，直到成王停止给他增禄，他才返回朝廷任职。有人对子文说：'人活着就是求个富贵，而您却躲避它，这是为什么呢？'子文回答：'当政的人是庇护百姓的（庇，即庇覆，犹保护），百姓的财物空了，而我却得到了富贵（旷，即空匮穷乏；财用不足），这是使百姓劳苦来增加我自己的财富（勤，即劳苦。封，使自己丰厚），那么我离死亡也就不远了。我是在逃避死亡，不是在逃避富贵！'所以楚庄王在位的时候，灭了若敖氏（斗氏）家族，只有子文的后代存活了下来，直到现在还做着楚国的良臣。这不就是以体恤民众为先、以一己财富为后吗？"

"如今，我们的令尹子常，是先大夫的后人（先大夫，即子囊），辅佐楚君却没有好的声誉。国境四周壁垒林立（盈，即布满的意思。垒，即壁垒。是说垒壁布满全国），饿死在路上的人，毗连相接（路旁的坟墓叫做殣）。这样严重的问题他不想办法去解决，却一心想着聚敛财富，还贪得无厌，从人民那里招来的怨恨恐怕多得很了（速，即招来的意思）！积蓄的钱财越多，积聚的怨恨也就越厚，不灭亡还等什么呢？"一年以后，子常就逃到了郑国。

王孙圉聘于晋，王孙圉，楚大夫也。定公飨之，赵简子相，问于王孙圉曰："楚之白珩犹在乎？"珩，佩上之横者。对曰："然。"简子曰："其为宝也几何矣？"几何世也。曰："未尝为宝。楚之所宝者观射父，言以贤为宝也。能作训辞，以行事于诸侯，言以训辞交结诸侯也。使无以寡君为口实。口实，毁弄也。又有左史倚相，能道训典，以叙百物，叙，次也。物，事也。以朝夕献善败于寡君，无忘先王之业，又能上下悦于鬼神，悦，媚也。使神无有怨痛于楚国。痛，疾也。又有薮曰云，金木竹箭之为生也；楚有云梦之薮泽也。龟珠齿角皮革羽毛，所以备赋以戒不虞者也，龟，所以备吉凶。珠，所以卫火灾。角，所以为弓弩。齿，所以为弭。赋，兵赋也。所以供币帛，以亨于诸侯。亨，献也。寡君其可以免罪于诸侯，而国民保焉。保，安也。此楚国之宝也。若夫白珩，先王之玩也，何宝焉？"玩，玩弄之物也。

王孙围到晋国聘问（王孙围，楚国的大夫），晋定公设宴招待他，赵简子作宾相。赵简子问王孙围："楚国的白珩还在吗（珩，即系在佩玉上部的横玉）？"王孙围回答："是的，还在。"赵简子又问："它作为国宝，有多少代了？"王孙围说："敝国从来就没有把它当作国宝。被楚国视为国宝的是观射父（是说视贤能之人为宝），他能制定外交的辞令，来与诸侯各国交往（用外交的辞令和其他诸侯国交往），使别国不得随意诋毁我们的国君（口实，即诋毁取笑之资）。还有一位左史倚相，能够陈述先王遗训和典章制度，说明各种事物的情理（叙，即评议等级次第。物，即事理），并随时向国君提供前代兴衰成败的实例，使国君不忘记先王的大业，又能取悦于天地鬼神（悦，即取悦），使神灵对楚国没有怨恨（痛，即疾痛）。又有一个大湖叫云梦泽，盛产金属、木材、竹子和弓箭（楚国有个叫云梦泽的沼泽湖泊）。还有龟甲、珍珠、象牙、兽角、虎皮、犀革、鸟羽、旄尾。这些东西或者作为军备以预防不测（龟甲可以显示吉凶。珍珠可以防御火灾。兽角可以制作弓弩。象牙可以装饰弓的末端。赋，即兵赋），或者用作礼品以馈赠诸侯、酬谢来宾（亨，即飨献），这样寡君就不会获罪于诸侯，而敝国的社稷和人民也就能得以安定（保，即安定）。这些才是楚国的国宝。至于那白珩，不过是先王的把玩之物，又有什么可宝贵的呢（玩，即玩弄的戏物）？"

韩诗外传

楚庄王听朝罢晏。樊姬下堂而迎之,曰:"何罢之晏乎?"庄王曰:"今者听忠贤之言,不知饥倦也。"姬曰:"王之所谓忠贤者,诸侯之客与?中国之士与?"庄王曰:"则沈令尹也。"樊姬掩口而笑。王曰:"姬之所笑者何等也?"姬曰:"妾得侍于王十有一年矣,然妾未尝不遣人求美人而进于王也,与妾同列者十人,贤于妾者二人。妾岂不欲擅王之爱、专王之宠哉?不敢以私愿蔽众美也。今沈令尹相楚数年矣,未尝见进贤而退不肖也,又焉得为忠贤乎?"庄王以樊姬之言告沈令尹,令尹进孙叔敖。叔敖治楚三年,而楚国霸,樊姬之力也。

高墙丰上激下,未必崩也;降雨兴,流潦至,则崩必先矣。草木根荄浅,未必橛也;飘风兴,暴雨坠,则橛必先矣。君子居是国也,不崇仁义,尊其贤臣,以理万物,未必亡也;一旦有非常之变,诸侯交争,人趋车驰,迫然祸至,乃始愁忧,干喉焦唇,仰天而叹,庶几乎望天之救也,不亦晚乎!

楚庄王在朝处理国家政事，回来得很晚。樊姬走下厅堂来迎接他，说："朝会为什么结束得这么晚呢？"庄王回答说："今天听到忠诚贤明之人的议政之言，忘记了饥饿疲倦。"樊姬又问道："大王所说的忠诚贤明的人，是其他诸侯国的宾客呢，还是国内有道德学问的人呢？"庄王回答说："就是沈令尹。"樊姬用手捂住嘴巴笑。庄王问道："樊姬，你为什么笑呢？"樊姬回答说："我得以侍奉君王已经十一年了，常常派人到外面去寻找品德美好的女子，进献给大王。到现在，所有的妃子中，德行与我同等的有十人，超过我的有两人。我哪里不想专有君王的宠爱呢？但是我不敢为了个人受专宠，就遮蔽众多美好的女子啊。沈令尹做楚国的卿相已有好几年了，却从来没有见到他推荐过贤能的人、罢免过德才不称其位的人，这哪里算得上是忠诚贤明之士呢？"庄王把樊姬的话告诉了沈令尹，沈令尹便举荐了孙叔敖。孙叔敖治理楚国三年，楚国就成为诸侯的霸主，这都得力于樊姬的谏言啊！

　　高大的墙，上面宽厚，下面单薄，（平时）未必会崩塌。下起大雨，流动的积水一冲刷，那么一定会很快崩塌。草木的根紧得很浅，（平时）未必会被拔起。刮起狂风，下起暴雨，那么一定会很快被连根拔起。君主掌握国家的政权，不崇尚仁义，不尊敬贤能的臣子，而去治理国家，（平时也）未必会灭亡。一旦发生非常的变故，诸侯互相争战，人荒马乱，灾祸突然降临，这时才开始忧愁，喉咙干燥，嘴唇焦烂，仰天而叹，希望上天给予救助，岂不是太晚了吗？

田饶事鲁哀公，而不见察，谓哀公曰："臣将去君。黄鹄举矣！"哀公曰："何谓也？"田饶曰："君独不见夫鸡乎？头戴冠者，文也；足傅距者，武也；敌在前敢斗者，勇也；见食相告者，仁也；守夜不失时者，信也。鸡虽有此五德，君犹烹而食之者，何也？则以其从来者近也。夫黄鹄一举千里，止君园池，食君鱼鳖，啄君黍粱，无此五者，君犹贵之者，何也？以其所从来者远也。臣将去君，黄鹄举矣。"哀公曰："止，吾书子之言也。"田饶曰："臣闻，食其食者，不毁其器；荫其树者，不折其枝。有臣不用，何书其言为？"遂去之燕，燕以为相，三年燕政大平。哀公喟然大息，为之避寝三月，曰："不慎其前，而悔其后，何可复得？！"

孔子曰："士有五：有执尊贵者，有家富厚者，有资勇悍者；有心智慧者，有貌美好者。执尊贵，不以爱民行义理，而反以暴傲；家富厚，不以振穷救不足，而反以侈靡无度；资勇悍，不以卫上攻战，而反以侵凌私斗；心智慧，不以端计数，而反以事奸饰诈；貌美好，不以统朝莅民，而反以蛊女从欲。此五者，所谓士失其美质也！"

田饶侍奉鲁哀公,但没有受到哀公赏识,田饶对哀公说:"我将要离开君上,就像黄鹄一样要高飞了。"哀公问:"你这话是什么意思呢?"田饶说:"君上难道没有见过鸡吗?鸡头上戴着冠,这是它有文采的表现;脚后附着利爪,这是它英武的表现;敌人在前面敢于去战斗,这是它勇敢的表现;看见食物就互相呼唤,这是它仁爱的表现;守夜不错过啼叫的时间,这是它守信的表现。鸡虽然具备这五种美德,但是君上每天还要把它煮来吃掉,这是为什么呢?就是因为它离得近,得来太容易的缘故。黄鹄一飞,就能到达千里,停止在君上的田园和池塘里,吃君上池塘里的鱼鳖,啄食君上田园里的粮食,虽没有具备文、武、勇、仁、信这五种美德,但君上仍然很看重它,为什么呢?这是因为它是从远方飞来的呀!所以我将要离开君上,像黄鹄一般高飞了。"哀公说:"你留下来吧!我要写下你的这些话。"田饶说:"我听说,吃人家食物的人,不要毁坏人家盛食物的器皿;在树下乘凉的人,不要折下那棵树的枝条。君上有贤臣不能任用,把他的话记载下来有什么用呢?"于是田饶离开鲁国,到了燕国,燕国国君任用他为卿相。经过三年,燕国的政治非常安定。哀公深深地叹息,为他不能重用田饶这件事,三个月不进正殿(以示自责)。有人就说:"开始时不小心谨慎,事后才懊悔,怎么能够弥补呢?"

孔子说:"士人有五类:有的权势地位尊贵显赫,有的家境富裕资财雄厚,有的天资勇敢强悍,有的心智聪明敏慧,有的容貌端庄俊美。权势地位尊贵显赫的人,不利用他的权位去爱护百姓,不依照伦理道德来行事,反而利用权势暴戾傲慢,欺压百姓;家境富裕资财雄厚的人,不利用他的财富去救济贫穷困乏的人,反而利用财富来过奢侈糜烂、没有节制的生活;天资勇敢强悍的人,不利用他的勇敢保卫国君、攻城野战,反而凭借勇力来欺侮别人,从事私人间的争

原天命，治心术，理好恶，适情性，而治道毕矣。原天命，则不惑祸福，不惑祸福，则动静修理矣；治心术，则不妄喜怒，不妄喜怒，则赏罚不阿矣；理好恶，则不贪无用，不贪无用，则不以物害性矣。适情性，则欲不过节，欲不过节，则养性知足矣。四者不求于外，不假于人，反诸己而已！

天设其高，而日月成明；地设其厚，而山陵成居；上设其道，而百事得序。

人有六情，失之则乱，从之则睦。故圣王之教其民也，必因其情，而节之以礼；必从其欲，而制之以义。义简而备，礼易而法，去情不远，故民之从命也速。

智如原泉，行可以为表仪者，人师也；智可以砥砺，行可以为辅檠者，人友也；据法守职，而不敢为非者，人吏也；当前快意，一呼再诺者，人隶也。故上主以师为佐，中主以友为佐，下主以吏为佐，危亡之主以隶为佐。欲观其亡，必由其下。

斗；心智聪明敏慧的人，不利用他的明察来策划政治的措施，反而凭借智谋来做出奸邪的事，掩饰诈伪的行为；容貌端庄俊美的人，不利用他的威仪统率朝廷官吏、治理人民，反而用它来诱惑女子，放纵情欲。这五种人，可说是士人中丧失了其美好禀赋的人。"

参究天道自然的规律，修正自己的心思，调理自己的好恶，使自己的情感秉性保持适度，如此修身之道就完备了。推究天道自然的规律，就不会受到祸福的迷惑；不受祸福的迷惑，就会一动一静都循理而行。调理自己的心思，就不会胡乱动喜发怒，不胡乱动喜发怒，赏罚就不会偏袒。使自己的好恶合理，就不会贪图那些无用的东西，不贪图那些无用的东西，就不会因外物而伤害了本性。使自己的情感秉性保持适度，欲望就不会超越法度，欲望不超越法度，便能涵养心性、知道满足。这四种修身之道，不必向身外寻求，也不必借助他人，只需自我反省而已。

天有其高，太阳、月亮才得以显现其光明；地有其厚，高山丘陵才得以在上面安住。君主有了完备的治国方针，各项事务才能够有序地进行。

人有六种欲望，不满足这六种欲望，国家就会混乱；顺从这六种欲望，君民便会和睦。所以圣明的君主教导人民，一定依顺他们的性情，并用礼法来加以节制；一定顺从他们的欲望，而以道义来加以节制。义理简明而完备，礼法易行而公平，同人情相距不远，所以人民就很容易遵从它。

智慧像有源头的泉水一般永远不竭尽，行为可以作为众人表率的人，是人之师。智慧可以磨砺人，行为可以帮助别人的人，是人之友。依据法规做事、恪守自己的职责、不敢做非法之事的人，是人之吏。当面投合人家的心意，别人一呼唤，连声应诺的人，称为人之

故同明者相见，同听者相闻，同志者相从。非贤者莫能用贤。故辅佐左右所任使，有存亡之机、得失之要也，可无慎乎！

昔者不出户而知天下，不窥牖而知天道者，非目能见乎千里之前，非耳能闻乎万里之外，以己之度度之也，以己之情量之也。己欲衣食焉，亦知天下之欲衣食也；己欲安逸焉，亦知天下之欲安逸也；己有好恶焉，亦知天下之有好恶也。此三者，圣王之所以不降席而匡天下者也。故君子之道，忠恕而已矣！夫饥渴苦血气，寒暑动肌肤，此四者民之大害也。大害不除，未可敢御也。四体不掩，则鲜仁人；五藏空虚，则无立士。百姓内不乏食，外不患寒，乃可御以礼矣。

蓝有青，而丝假之青于蓝；地有黄，而丝假之黄于地。蓝青地黄，犹可假也。仁义之士，可不假乎哉！东海之鱼，名曰鲽，比目而行；北方有兽，名曰娄，更食更候；南方有鸟，名曰鹣，比翼而飞。夫鸟兽鱼犹知假，而况万乘之主乎？而独不知比假天下之英雄俊士，与之为伍，则岂不痛哉！故曰："以明扶明，则升于天；以明扶暗，则归其人；两瞽相扶，不触墙木，

奴。所以有道的明君用人之师作为他的辅佐,中等才德的君主用人之友作为他的辅佐,下等的君主用人之吏作为他的辅佐,使国家危亡的君主用人之奴作为他的辅佐。要看一位君主是否会灭亡,一定先观察他的下属。所以眼光同样敏锐的人能相互发现,耳朵同样灵敏的人能相互倾听,志趣相投的人能相互追随。不是贤君就不能任用贤臣。所以君主对于左右辅佐大臣的委用,其中就隐藏着国家存亡的机兆,政治得失的关键,怎么可以不谨慎对待呢?

　　从前,圣明的君主不必出门就知道天下的事情,不必从窗口往外看就知道自然运行的法则。不是眼睛能看到千里以外的地方,不是耳朵能听到万里以外的声音,而是以自己的尺度推测的,以自己的感情估量的。自己希望有衣穿、有饭吃,便推知天下的人都希望有衣穿、有饭吃;自己希望安闲舒适,便推知天下的人都希望安闲舒适;自己有所喜好与嫌恶,便推知天下人都会有所喜好与嫌恶。知道这三点,圣明的君王因此不需要离开座席走下来,就能使天下得到匡正。所以君子处世之道,不外乎"忠恕"罢了。饥饿、干渴使血气受伤,寒冷、酷热使皮肉受苦。这四样,是百姓的大患。大患不除,就无法管理。身上没有衣服穿,社会上就很少有仁爱的人;肚子吃不饱,社会上就没有有节操的人。百姓家里不缺少粮食,出外不愁没有御寒的棉衣,然后才可以用礼法来统御他们。

　　蓝草里含有青色的色素,用从蓝草中提取的青色染料染成的丝,比蓝草还青;黄土里含有黄色的色素,用从黄土中提取的黄色染料染成的丝,比黄土还黄。蓝草里的青色色素、黄土里的黄色色素尚且可以借用,仁人志士又怎么可以不借用呢?东海里有一种鱼,名字叫做鲽(双目同在一侧),两条鱼要并合在一起才能游动。北方有一种野兽,名字叫做娄,它们轮流吃食,交替放哨。南方有一种鸟,名字叫

不陷井阱,则其幸也。"

福生于无为,而患生于多欲。故知足,然后富从之;德宜君人,然后贵从之。故贵爵而贱德者,虽为天子不贵矣;贪物而不知止者,虽有天下不富矣。夫土地之生物不益,山泽之出财有尽。怀不富之心,而求不益之物,挟百倍之欲,而求有尽之财,是桀纣之所以失其位也。

古者必有命民。民有能敬长怜孤、取舍好让、居事力者,命于其君。命。然后得乘饰车并马,未得命者不得乘,乘皆有罚。故其民虽有余财侈物,而无礼义功德,则无所用其余财物。故其民皆兴仁义而贱财利。贱财利则不争,不争则强不凌弱、众不暴寡。是唐虞之所以象典刑,而民莫犯法。民莫犯法,而乱斯止矣!

赵王使人于楚,鼓瑟而遣之,曰:"必如吾言,慎无失吾

做鹣(一目一翼),两只鸟总是相合在一起飞行。鸟兽游鱼尚且知道互相凭借,何况是富有万乘兵车的国主,却偏偏不知道借助天下的英雄豪杰与自己为伍,这怎么不让人感到痛惜呢?所以说,眼睛明锐的人扶助眼睛明锐的人,就可以登高致远,直上云端;眼睛明锐的人扶助失明的人,可以把瞎眼人送回家;两个失明的人互相扶持,不撞在墙壁树木上,不掉进水井或陷阱里,就算是幸运的了。

福分产生于少欲知足,凡事随缘而不强求。而忧患的产生是由于人的欲望过多。所以一个人知道满足,然后富裕会随着到来;德行适合治理人民,然后尊贵就会随之而来。所以看重爵位而轻视德行的人,虽然做了天子,但是并不高贵;贪求财物而不知休止的人,虽然拥有天下,但是并不富足。土地生长的物品不会增加,山林水泽出产的资材也是有限的。怀着不知足的心理,去追求不能增多的物品,怀着强烈的欲望,去追求会穷尽的钱财,这就是夏桀、商纣丧失天子地位的原因。

古时候必定有君主以诏命表彰的人。人民当中,有人能够尊敬长辈、怜爱孤苦、面对利益得失的时候谦让为先、做事尽力的,君主颁赐嘉奖的诏命。得到诏命以后,受嘉奖的人可以乘坐华丽的大车,驾着两匹马。没有得到君主诏命的人,不许乘坐这样的车马,如果任意乘坐了,都会给予处罚。所以人民中有人虽然有多余的财物,但是如果行为不合礼义,没有功业和德行,那么就没有办法使用他多余的财物。所以人民都倡行仁义而轻视财物和货利。轻视财物和货利,就不会有争夺;不争夺,就不会有人以强凌弱、以众欺寡。这就是唐尧、虞舜时实施象刑而百姓不犯法的原因。百姓无人犯法,那么混乱也就不会发生了。

赵王派人出使楚国,弹奏着瑟为使者送行,说:"一定要按照我

言。"使者受命，伏而不起，曰："大王鼓瑟。未尝若今日之悲也。"王曰："然，瑟固方调。"使者曰："调则可记其柱。"王曰："不可。天有燥湿，弦有缓急，柱有推移，不可记也。"使者曰："臣请借此以喻。楚之去赵也，千有余里，且有凶则吊之，吉则贺之，犹柱之有推移，不可记也。故明王之使人也，必慎其所使。既使之，任之以心，不任以辞也。"

赵简子有臣曰周舍，立于门下三日三夜。简子使问之曰："子欲见寡人何事？"周舍对曰："愿为愕愕之臣，墨笔操牍，从君之过，而日有记也，月有成也，岁有效也。"简子居则与之居，出则与之出。居无几何，而周舍死。简子后与诸大夫饮于洪波之台，酒酣，简子涕泣，诸大夫皆出走曰："臣有罪而不自知也！"简子曰："大夫无罪。昔者吾友周舍有言，曰：'千羊之皮，不若一狐之掖；众人之唯唯，不若直士之愕愕。'昔者纣默默而亡，武王愕愕而昌。今自周舍之死，吾未尝闻吾过也，吾亡无日矣，是以寡人泣也。"

的话告诉他们,千万不要和我的话有出入。"使者接受了命令,俯伏在地上不起来,说:"大王弹瑟,声音从来没有像今天这样悲伤!"赵王说:"是的。瑟弦本来就刚刚调整过。"使者说:"音调调整好了,就可以把瑟弦的松紧长度记在瑟柱上了。"赵王说:"不可以。天气有干燥潮湿的不同,瑟弦有弛缓紧急的不同,瑟柱要随着天气的不同而转动,是不能够死记下来的。"使者说:"请允许微臣借调瑟这件事做个比喻。楚国距离赵国,有一千多里路,(行程期间,楚国可能发生或吉或凶的事情)有凶咎的事就要慰问,有吉祥的事就要祝贺,就像瑟柱时有转动移位一样,是不可以死记下来的。所以圣明的君主派遣使者的时候,必然是谨慎地派遣使者。已经派定了人,就把自己的心意托付给他,而不是把言辞托付给他。"

赵简子有个臣子名叫周舍,在赵简子门下站了三天三夜。赵简子派人问周舍,说:"你想见我有什么事?"周舍回答说:"我希望做一个直言敢谏的臣子,手里拿着笔墨和木简,跟随在君主的后面,观察君主的过失,每天都有记载,一个月就会有成效,一年就会有明显效验。"从此以后,简子停留在哪里,周舍就与他一起留在哪里;简子出行,周舍与他一起出行。相处没有多久,周舍便死去了。后来赵简子和大夫们一起在洪波台饮酒,喝到正高兴的时候,简子哭泣起来。大夫们纷纷离开席位,惊慌地说:"臣子们有罪过,可是我们不知道自己犯了什么罪。"简子说:"各位大夫都没有罪过。过去,我的朋友周舍曾经说过:'千只羊皮的价值,比不上一只狐狸腋下皮毛的价值。有许多人唯唯诺诺,不如一位士人的直言谏诤。'过去商纣王的臣子都沉默不说话,因此商朝灭亡了;周武王的臣子都直言敢谏,因此周朝便兴盛起来。现在自从周舍死了以后,就再没有听到别人指责我的过失。看来我离灭亡没有多久了,因此才哭泣起来。"

晋平公游于河而乐,曰:"安得贤士与之乐此也。"船人盍胥跪而对曰:"主君亦不好士耳。夫珠出于江海,玉出于崑山,无足而至者,犹主之好之也。士有足而不至者,盖主君无好士之意耳,何患于无士乎?"平公曰:"吾食客,门左千人,门右千人,朝食不足,夕收市赋,暮食不足,朝收市赋,吾可谓不好士乎?"盍胥对曰:"夫鸿鹄一举千里,所恃者六翮耳。背上之毛,腹下之毳,益一把,飞不为加高,损一把,不为加下。今君之食客,将皆背上之毛、腹下之毳耳!诗曰:'谋夫孔多,是用不集',此之谓也。

宋燕相齐见逐,罢归之舍,召门尉陈饶等二十六人曰:"诸大夫有能与我赴诸侯者乎?"陈饶等皆伏而不对。燕曰:"悲乎哉!何士大夫易得而难用也。"陈饶对曰:"非士大夫易得而难用,君弗能用也。君不能用,则有不平之心,是失之己,而责诸人也。"燕曰:"其说云何?"对曰:"三升之稷,不足于士,而君雁鹜有余粟,是君之一过也;果园梨栗,后宫妇女以相提挃,而士曾不得一尝,是君之二过也;绫纨绮縠,靡丽于堂,从风而弊,士曾不得以为缘,是君之三过也。且夫财者,君之所轻也;死者,士之所重也。君不能行君之所轻,而欲使士致其所重,譬犹铅刀畜之,干将用之,不

晋平公在西河游玩,感到非常快乐,说:"从哪儿能够得到贤能的人,同他一起在这儿游乐呢?"船夫盍胥跪下回答说:"(不是缺少贤人,而)是君主不喜好贤士啊!珍珠出产在长江大海,美玉出产在崑仑山。它们没有脚却到了我们晋国,这是由于君主爱好的缘故啊!贤士有脚而没有到我们晋国来,是因为君主没有喜好贤士的心意,怎么能忧虑天下没有贤士呢?"晋平公说:"寄食在我家里的门客,门左有一千人,门右有一千人。早上的食物不够,晚上就派人到商市征收赋税;晚上的食物不够,第二天早晨就派人到商市征收赋税。怎能说我不喜好贤士呢?"盍胥回答说:"鸿鹄展翅一飞,就能飞千里的远路,所依靠的是翅膀上长着的强劲有力的茎羽。至于背上长着的粗毛、肚子下长着的细毛,即使增加一把,飞起来不会增加高度;减少一把,飞起来也不会降低高度。现在君主的门客,恐怕都是背上长的粗毛、肚子下长的细毛吧?《诗经》上说:'谋划事情的人太多,凡事不能成功。'说的就是这种情况啊!"

宋燕在齐国做卿相被驱逐,免职回到家里,召集门尉陈饶等二十六人说:"诸位大夫,有谁愿意跟我一道到其他诸侯国去?"陈饶等都俯伏在地上不回答。宋燕说:"令人悲伤啊!为什么士大夫容易得到,而却难以任用呢?"陈饶回答说:"不是士大夫容易得到而难以任用,是您不能重用他们。您不能任用他们,他们心里就会感到不平,这是自己有过失却反而责怪别人啊。"宋燕说:"你说这话是什么意思呢?"陈饶回答说:"您给士人的是三斗黍稷的薪俸,这不够他们食用,可是您家里饲养的鸭鹅却有吃不完的粮食,这是您的第一点过失。您家果园里长的梨子栗子,您后房里的妇女拿来互相抛掷玩乐,可是士人却一口都没有尝过,这是您的第二点过失。您家里的绫罗绸缎华丽地悬挂在厅堂上,随风飘荡而败坏,可是士人想用它们

亦难乎？"宋燕曰："是燕之过也。"

魏文侯问狐卷子曰："父贤足恃乎？"对曰："不足。""子贤足恃乎？"对曰："不足。""兄贤足恃乎？"对曰："不足。""弟贤足恃乎？"对曰："不足。""臣贤足恃乎？"对曰："不足。"文侯勃然作色而怒曰："何也？"对曰："父贤不过尧，而丹朱放；子贤不过舜，而瞽叟顽；兄贤不过舜，而象敖；弟贤不过周公，而管叔诛；臣贤不过汤武，而桀纣伐。望人者不至，恃人者不久，君欲治，亦从身始。人何可恃乎？"诗云"自求伊祜"，此之谓也。

昔者田子方出，见老马于道，喟然有志焉，以问于御曰："此何马？"御曰："故公家畜也，疲而不为用，故出放之。"田子方曰："少尽其力，而老弃其身，仁者不为也。"束帛而赎之。穷士闻之，知所归心矣！

做衣服的滚边也得不到,这是您的第三点过失。而且,财物是您所轻视的,死亡却是士人所重视的。您不能把您所轻视的东西给予士人,却希望士人把他们所重视的东西给您,就好像铅刀般地对待他们,却希望他们有干将般的用途,这不是很困难吗?"宋燕说:"这确是我的过错!"

魏文侯问狐卷子:"父亲贤能,子女可以依赖父亲吗?"狐卷子回答说:"不可以。"魏文侯又问:"儿子贤能,父母可以依赖儿子吗?"狐卷子回答说:"不可以。"魏文侯又问:"兄长贤能,弟弟可以依赖兄长吗?"狐卷子回答说:"不可以。"魏文侯又问:"弟弟贤能,兄长可以依赖吗?"狐卷子回答说:"不可以。"魏文侯又问:"臣子贤能,君主可以依赖臣子吗?"狐卷子回答说:"不可以。"魏文侯变了脸色,生气地说:"这是为什么呢?"狐卷子回答说:"身为父亲,贤能没有超过尧帝,但是他的儿子丹朱却行为放荡。身为儿子,贤能没有人超过舜帝的,但舜帝的父亲瞽瞍却愚顽凶狠。身为兄长,贤能没有能超过舜帝的,但舜帝的弟弟象却傲慢不逊。为人弟者,贤能没有超过周公的,但周公的哥哥管叔却遭到诛杀。为人臣者,贤能没有超过商汤和武王的,但他们的君主夏桀和商纣却都遭到讨伐。所以寄希望于他人,是不会达到目的的;恃仗他人,也是不会长久的。君王希望把国家治理好,应从自身开始做起,别人又怎么可以依赖呢?"《诗经》上说:"要自己去求得福祉。"就是这个意思。

从前,田子方外出,看见一匹老马在道路上,内心充满感触地长叹一声,问车夫说:"这是什么马啊?"车夫说:"这是过去公家所养的马,现在已经疲老不能效力,所以把它卖到民间。"田子方说:"在马年轻的时候用尽了它的力气,到它年老了,就把它抛弃,仁慈的人是不会这样做的。"于是用五匹布把老马赎了回来。贫困的士人听到

魏文侯问李克曰:"人有恶乎?"对曰:"有。夫贵者则贱者恶之,富者则贫者恶之,智者则愚者恶之。"文侯曰:"行此三者,使人勿恶,可乎?"对曰:"可。臣闻贵而下贱,则众弗恶也;富能分贫,则穷乏士弗恶也;智而教愚,则童蒙者不恶也。"文侯曰:"善!"

人主之疾十有二发,非有贤医,莫能治也。何谓十二发?曰:痿、蹶、逆、胀、满、支、膈、盲、烦、喘、痹、风,此之谓也。贤医治之若何?曰:省事轻刑,则痿不作;无使小民饥寒,则蹶不作;无令财货上流,则逆不作;无使仓廪积腐,则胀不作;无使府库充实,则满不作;无使群臣纵恣,则支不作;无使下情不上通,则膈不作;上振恤下,则盲不作;法令奉用,则烦不作;无使下怨,则喘不作;无使贤人伏匿,则痹不作;无使百姓歌吟诽谤,则风不作。夫重臣群下者,人主之心腹支体也;心腹支体无害,则人主无疾矣!故非有贤医,莫能治也。人主皆有此十二疾,而不用贤医,则国非其国也。

齐景公使使于楚,楚王与之上九重之台,顾使者曰:"齐

这件事以后，就知道谁是他们可以归附的人了。

魏文侯问李克："人总是难免要被别人厌恶吗？"李克回答说："是的。地位高的人就被地位低的人厌恶，有钱的人就被贫穷的人厌恶，聪明的人就被愚笨的人厌恶。"文侯说："成为这三种人，又让别人不厌恶，可以做得到吗？"李克说："可以做到。我听说，地位高的人能够对地位低的人谦让，那么众人就不会厌恶他；有钱的人能经常接济贫穷的人，那么贫穷的人就不会厌恶他；聪明的人能够教导愚昧的人，那么愚昧的人就不会厌恶他。"文侯说："说得太好了！"

君主的疾病有十二发，没有好的医生，就不能把它治疗好。什么叫做十二发呢？即痿、蹶、逆、胀、满、支、膈、盲、烦、喘、痹、风，这叫做十二发。好的医生怎样治疗它们呢？即：减少事务，减轻刑罚，那么痿病就不会发生；不让百姓饥饿受寒，那么蹶病就不会发生；不让财货聚集在执政者的家里，那么逆病就不会发生；不让国家仓库积累的粮食腐烂，那么胀病就不会发生；不让国家的仓库装满了财物，那么满病就不会发生；不让臣子们肆意放纵，那么肢体的疾病就不会发生；不使老百姓的意见阻塞不能上达，那么膈病就不会发生；在上位的人救济百姓，那么膏肓就不会患病；国家法令能够通行无阻，那么烦病就不会发生；不使老百姓产生埋怨，那么喘病就不会发生；不让有贤德的人隐匿起来，那么痹病就不会发生；不要让百姓透过歌谣指摘执政者的过错，那么风病就不会发生。（在一个国家里面，）大臣和他们的属吏是国君的心腹肢体。心腹和肢体没有疾病，国君才没有疾病。所以没有良医，是不能把这些病治疗好的。国君都有这十二种疾病，如果不用良医，那么国家很快就将不是他的国家了。

齐景公派遣使者到楚国去，楚王和使者一起登上九层的楼台，

亦有台若此者乎?"使者曰:"吾君有治位之堂,土阶三尺,茅茨不翦,采椽不斫,犹以为为之者劳,居之者泰。吾君恶有若此者乎?"于是楚王悒如也。

楚王对使者说："齐国也有这样的楼台吗？"使者说："我们国君有处理政务的朝堂，堂前只有三尺高的土台阶，茅草盖的屋顶没有加以修剪，应该彩绘的椽子也没有雕琢装饰，却仍然认为修建朝堂的人太劳苦了，而住在里面的人太安逸了。我们国君怎么会有这样美好的高台呢？"楚王听后显得很不安。

卷九　孝经

开宗明义章

　　仲尼居,仲尼,孔子字。曾子侍。曾子,孔子弟子也。子曰:"先王有至德要道,子者,孔子。以顺天下,民用和睦,上下无怨。以,用也。睦,亲也。至德以教之,要道以化之,是以民用和睦,上下无怨也。汝知之乎?"曾子避席曰:"参不敏,何足以知之?"参,名也。参不达。子曰:"夫孝,德之本也,人之行,莫大于孝,故曰德之本也。教之所由生也。教人亲爱,莫善于孝,故言教之所由生。复坐,吾语汝。身体发肤,受之父母,不敢毁伤,孝之始也。立身行道,扬名于后世,以显父母,孝之终也。夫孝,始于事亲,中于事君,终于立身。《大雅》云:'无念尔祖,聿修厥德。'"《大雅》者,诗之篇名。无念,无忘也。聿,述也。修,治也。为孝之道,无敢忘尔先祖,当修治其德矣。

天子章

　　子曰:"爱亲者,不敢恶于人。;爱其亲者,不敢恶于他人之

开宗明义章

　　孔子在家里闲坐（仲尼，孔子的字），他的学生曾参在旁侍坐（曾子，孔子的学生）。孔子说："古代的圣王有至高之德、切要之道（子，孔子），用以顺天下人心，使人民和睦相处，上上下下都没有怨恨（以，用。睦，亲爱。用至高的道德教化人民，用孝道来感化人民，百姓因此相亲相爱，尊卑长幼都没有怨恨）。你知道先王的至德要道是什么吗？"曾子离席而起，恭敬地回答说："学生曾参愚昧，怎么会知道呢？（参，曾子的名，曾参不能通达明了老师的意思。）"孔子说："孝，是德行的根本（人的所有行为中没有比孝更重大的，所以说是德之本），一切教化都从这里生发开来（教导百姓相亲相爱，没有比教孝更好的，所以说是所有教化产生的根源）。你坐下，我现在就跟你讲！人的身体以至每一根毛发和每一块皮肤，都是父母给予的，应当谨慎爱护，不敢稍有毁伤，这是实行孝道的开始；以德立身，实行大道，使美好的名声传扬于后世，以光耀父母，则是实行孝道的最终目标。所以实行孝道，开始于侍奉双亲，进而在侍奉君主的过程中得到发扬光大，最终的目的就是成就自己的德业。《诗经·大雅》说：'常常怀念祖先的恩泽，念念不忘继承和发扬他们的德行'（《大雅》是《诗经》中的篇名。无念，就是不要忘记。聿，是述的意思。修，是治的意思。尽孝的原则，是不敢忘记自己的祖先，要修治自己的德行）。"

天子章

　　孔子说："天子真正爱护自己的父母，也就不敢厌恶任何人（爱

亲。敬亲者，不敢慢于人。己慢人之亲，人亦慢己之亲，故君子不为也。爱敬尽于事亲，爱于母，尽敬于父。而德教加于百姓，敬以直内，义以方外。故德教加于百姓也。形于四海。形，见也。德教流行见四海也。盖天子之孝也。《吕刑》云："一人有庆。兆民赖之。"《吕刑》，《尚书》篇名。一人，谓天子。天子为善，天下皆赖之。

诸侯章

"在上不骄，高而不危；诸侯在民上，故言在上。敬上爱下，谓之不骄。故居高位而不危殆也。制节谨度，满而不溢。费用约俭，谓之制节。奉行天子法度，谓之谨度，故能守法，而不骄逸也。高而不危，所以长守贵也；居高位能不骄，所以长守贵也。满而不溢，所以长守富也。虽有一国之财，而不奢泰，故能长守富。富贵不离其身，富能不奢，贵能不骄，故云不离其身。然后能保其社稷，上能长守富贵，然后乃能安其社稷。而和其民人。薄赋敛，省徭役，是以民人和也。盖诸侯之孝也。《诗》云：'战战兢兢，如临深渊，如履薄冰。'战战，恐惧。兢兢，戒慎。如临深渊，恐坠。如履薄冰，恐陷。

自己的父母,就不敢厌恶他人的父母);真正尊敬自己的父母,也就不敢轻慢任何人(一个人轻慢别人的父母,别人就会轻慢他的父母,因此有德行的君子不这样做)。天子竭尽爱护尊敬来侍奉双亲(对母亲竭尽亲爱之情,对父亲竭尽尊敬之情),将这种道德教育推广到天下百姓(坚持恭敬慎重的态度以修正内心,行其内心之所宜以处理外务,所以说将德行教化施之于黎民百姓),让四海之民都能起而效法(形,是显现的意思。道德教化普遍推行,显现于四海之内),这就是天子的孝道啊!《尚书·吕刑》说:"天子有爱敬父母的善德,天下万民都会仰赖他。"(《吕刑》,是《尚书》中一篇的名称。一人,指天子。天子肯于行善,天下百姓都因他而得福庆。)

诸侯章

"(诸侯)处在万民之上而不骄慢,即使身居高位,也不会产生倾覆的危险(诸侯的地位在万民之上,所以说"在上"。尊敬在上位的人,爱护在下位的人,这叫"不骄",所以能居于高位而没有危险);节约费用,谨守法度,即使财富充足,也不会奢侈浪费(各种费用俭省,这叫"制节"。奉行天子的法度,这叫"谨度"。所以能守法而不骄奢淫逸)。身处高位而没有倾覆的危险,所以能长久地保持他的尊贵(居于高位却能不骄慢,所以能长久地保持尊贵);财富充裕而不奢侈挥霍,所以能长久地保持他的富有(虽然拥有一个国家的财富却不奢侈挥霍,所以能长久地保持富有)。能使富有和尊贵不离开自身(富有却能不奢侈,尊贵却能不骄慢,所以说"没有离开他自身"),然后才能保全社稷(居上位者能长久地保持富有和尊贵,然后才能保证他的国家得以长治久安)使自己的人民和睦相处(减少赋税和杂役,因此人民和乐安定),这就是诸侯的孝道啊!《诗经·小雅》说:'要戒慎恐惧,小心谨慎,就像站在

卿大夫章

"非先王之法服,不敢服;非先王之法言,不敢道;不合诗书,不敢道。非先王之德行,不敢行。不合礼乐,则不敢行。是故非法不言,非诗书,则不言。非道不行。非礼乐,则不行。口无择言,身无择行。言满天下无口过,行满天下无怨恶。三者备矣,然后能守其宗庙。法先王服,言先王道,行先王德,则为备矣。盖卿大夫之孝也。《诗》云:'夙夜匪懈,以事一人。'夙,早也。夜,暮也。一人,天子也。卿大夫当早起夜卧,以事天子,勿懈惰。

士章

"资于事父以事母,而爱同;事父与母,爱同敬不同也。资于事父以事君,而敬同。事父与君,敬同爱不同。故母取其爱,而君取其敬,兼之者父也。兼,并也。爱与母同吗,敬与君同,并此二者,事父之道也。故以孝事君则忠,移事父孝,以事于君,则为忠也。以敬事长则顺。移事兄敬,以事于长,则为顺矣。忠顺不失,

深渊之旁，又像踏在薄冰之上。'（战战，是形容恐惧的样子。兢兢，是形容谨慎的样子。所谓"如临深渊"，是说恐怕掉下去。所谓"如履薄冰"，是说恐怕陷进去。）"

卿大夫章

"（卿大夫）非先王规定的服装不敢穿，非先王的礼法言论不敢讲（言语不合乎《诗》《书》中的道理就不敢说），非先王遵奉的道德行为不敢行（行为不合乎《礼》《乐》的规范就不敢做）。所以，不合礼法的话不讲（不合乎《诗》《书》的话就不说），不合道德的行为不行（不合乎《礼》《乐》规范的行为就不做）。口中没有不合乎礼法之言，自身没有不合乎礼法之行，纵使言语传遍天下，也不会口中有失，即使所作所为天下皆知，也不会有怨恨厌恶。"服饰、言语、行为"，三者都能完备无缺，然后就能守住其祭祀先祖的宗庙（按照古圣先王所规定的衣服穿着，说的是古圣先王所说的道理，践行的是古圣先王的道德行持，这样就完备了）。这就是卿大夫的孝道啊！《诗经·大雅·烝民》说："要早晚勤奋不懈，来侍奉于天子。（夙，是早上的意思。夜，是晚上的意思。一人，是指天子。卿大夫应当晚睡早起，来侍奉天子，不要懈惰。）"

士章

"用奉事父亲的行为来奉事母亲，其亲爱是一样的（侍奉父亲和母亲，亲爱之情虽同，但尊敬之情不同）；用奉事父亲的行为来奉事君主，其恭敬也是一样的（侍奉父亲和君主，尊敬之情虽同，但亲爱之情不同）。所以，对母亲要重视爱，对君主要重视敬，对父亲则是两者兼备（兼，是并的意思。亲爱之情如同侍奉母亲，尊敬之情如同侍奉君主，兼有这两者，是侍奉父亲之道）。因此，用侍奉父亲的孝道来侍奉君主，

以事其上，事君能忠，事长能顺，二者不失，可以事上也。然后能保其禄位，而守其祭祀。盖士之孝也。《诗》云：'夙兴夜寐，无忝尔所生。'忝，辱也。所生，谓父母。士为孝，当早起夜卧，无辱其父母也。

庶人章

子曰："因天之道，春生、夏长、秋收、冬藏，顺四时以奉事天道。分地之利，分别五土，视其高下，此分地之利。谨身节用，以养父母。行不为非为谨身，富不奢泰为节用，度财为费，父母不乏也。此庶人之孝也。故自天子至于庶人，孝无终始，而患不及己者，未之有也。"总说五孝，上从天子，下至庶人，皆当孝无终始，能行孝道故患难不及其身。未之有者，言未之有也。

三才章

曾子曰："甚哉，孝之大也！"上从天子，下至庶人，皆当为孝

必能做到忠诚(把侍奉父亲的孝道转到侍奉君主上,就能做到忠诚了);用敬顺兄长的悌道来侍奉上级,必能做到顺从(把侍奉兄长的恭敬心转到侍奉上级上,就会顺从)。忠诚和顺从,都做到没有什么欠缺和过失,用这样的态度去侍奉君主和上级(侍奉君主能够忠诚,侍奉长上能顺从,二者都没有缺失,就可以侍奉在上位者了),就能保住自己的俸禄和职位,守住宗庙的祭祀。这就是士人应尽的孝道啊!《诗经·小雅·小宛》说:"要早起晚睡地尽孝尽忠,不要有辱于生养自己的父母。(忝,辱的意思。所生,指父母。士人尽孝,应当早起晚睡勤勤恳恳,不能有辱于自己的父母。)"

庶人章

孔子说:"顺应春、夏、秋、冬四季变化的自然规律(春天生发,夏天成长,秋天收获,冬天贮藏,顺应这四季的变化,来奉事天然之道),分辨土地的不同特点(分别山林、川泽、丘陵、水边平地、低洼地等五种土地,观察其高下的不同,因地制宜种植农作物等,这就是合理地利用土地资源),行为谨慎,节约俭省,以此供养父母(不做非法的事情,这叫"谨身"。富有但不奢侈挥霍,这叫"节用"。根据财力来支出,则对父母的供养就不会匮乏),这就是老百姓应尽的孝道啊!因此,从天子到百姓,不分贵贱,行孝都是无始无终、没有止尽的。如果有人担心自己无法尽孝,那是不可能的。(这是总说五种孝道。上至天子,下到普通百姓,都应当圆满孝道。能够践行孝道,所以不必忧患灾难不会靠近他。所谓"未之有",是说从来没有过。)"

三才章

曾子听了孔子所讲的孝道后,赞叹地说:"啊,孝道的意义实在

无终始,曾子乃知孝之为大。子曰:"夫孝,天之经也,春秋冬夏,物有死生,天之经也。地之义也,山川高下,水泉流通,地之义也。民之行也。孝悌恭敬,民之行也。天地之经,而民是则之。天有四时,地有高下,民居其间,当是而则之。则天之明,则,视也。视天四时,无失其早晚也。因地之利,因地高下,所宜何等。以顺天下,是以其教不肃而成。以,用也。用天四时地利,顺治天下,下民皆乐之,是以其教不肃而成也。其政不严而治。政不烦苛,故不严而治也。先王见教之可以化民也,见因天地教化民之易也。是故先之以博爱,而民莫遗其亲;先修人事,流化于民也。陈之以德义,而民兴行;上好义,则民莫敢不服也;先之以敬让,而民不争。若文王敬让于朝,虞、芮推畔于野,上行之,则下效法之。道之以礼乐,而民和睦;上好礼,则民莫敢不敬。示之以好恶,而民知禁。"善者赏之,恶者罚之,民知禁,不敢为非也。

太大了！（上自天子，下到普通百姓，都应该尽孝，无始无终，曾子于是知道了孝道的广大。）"孔子说："孝道，犹如天地运行恒常不变（一年有春夏秋冬四季，万物随之而有生有灭，这是上天的恒常之道），犹如大地利益万物（山川有高下，流水因之而流通，这是大地的必然法则），这是人最为根本的德行（孝顺父母，友爱兄弟，恭敬长上，这是人应有的行为）。天地这种不变的法则，人应该效法它（天有四时的运行，地有高下的不同，百姓居于其间，应当遵从并效法它）。仿效上天光明普照（则，是观察的意思。观察天之四时运行，有一定的准则，从不变早或变晚），依照大地所出产的物品（根据土地的高下，看适宜种何种谷物），用来治理天下万民。因此其教化不需要严肃的态度就可成功（以，是用的意思。凭借天之四时和地利，顺应之以治理天下，天下万民都安乐，因此其教化不需要严肃的态度就可成功），政令无须靠严厉的手段推行而天下大治（政令不烦杂苛刻，所以不需要严厉的手段就能得以推行）。先王看到这样的教化可以转化人心（看到根据天地恒常之道教化百姓的容易），所以率先实行孝道，博爱大众，使百姓不会遗弃双亲（率先修治自身，德泽流于百姓，从而化导人民）；再来陈述道德仁义，让百姓心生仰慕，愿意效法（在上位者喜欢道义，则人民没有敢不服的）；先行礼敬谦让，做出表率，使百姓不会互相争斗（就像文王敬让于朝堂之上，发生争执的虞人和芮人受其感化，推让田畔于民间，说明在上位者真心实行，则在下位者就会起而效法他）；再以礼乐来引导，让百姓身心和谐，和睦相处（在上位者如果乐于遵行礼法，则百姓没有谁敢不尊敬的）；指示人民什么是好的，什么是坏的，人民就知道禁令而不违犯了（做好事的奖赏他，做坏事的惩罚他，则百姓就知道所禁止的事情，从而不敢为非作歹）。"

孝治章

子曰:"昔者明王之以孝治天下,不敢遗小国之臣,古者诸侯,岁遣大夫,聘问天子,天子待之以礼,此不遗小国之臣者也。而况于公、侯、伯、子、男乎?古者,诸侯五年一朝天子,天子使世子郊迎,刍禾百车,以客礼待之。故得万国之欢心,以事其先王。诸侯五年一朝天子,各以其职来助祭宗庙,是得万国之欢心,事其先王也。治国者,不敢侮于鳏寡,而况于士民乎?治国者,诸侯也。故得百姓之欢心,以事其先君。治家者,不敢失于臣妾之心,而况于妻子乎?故得人之欢心,以事其亲。夫然,故生则亲安之,养则致其乐,故亲安之也。祭则鬼飨之。祭则致其严。故鬼飨之。是以天下和平,上下无怨,故和平。灾害不生,风雨顺时,百谷成熟。祸乱不作。君惠臣忠,父慈子孝,是以祸乱无缘得起也。故明王之以孝治天下也如此。故上明王所以灾害不生,祸乱不作,以其孝治天下,故致于此。《诗》云:'有觉德行,四国顺之。'觉,大也。有大德行,四方之国。顺而行之也。"

圣治章

曾子曰:"敢问圣人之德,无以加于孝乎?"子曰:"天地

孝治章

孔子说:"从前圣明的君王以孝道治理天下,对于小国派来的使臣,都不敢失礼轻视(古时候诸侯每年派遣大夫聘问天子,天子对其以礼相待,这就是所谓不遗弃小国的使臣),何况对自己分封的公、侯、伯、子、男呢(古时候诸侯每五年一次朝见天子,天子派嫡长子在郊外迎接,载草料和谷物百车,以客礼相待)?所以能得到各国诸侯的欢心,纷纷来助祭天子的祖先(诸侯每五年一次朝见天子,各奉上其地的特产来助祭,这就是所谓得到了万国的欢心,来奉祀其祖先)。治理封地的诸侯,连卑微的鳏夫寡妇也不敢欺侮,何况是知礼仪的百姓呢(治国者,是指诸侯)?因此能得到百姓的欢心,来恭敬助祭诸侯的祖先。治理家族的卿大夫,对臣仆婢妾都不敢失礼,更何况对其妻子、儿女呢?所以得到众人的欢心,使他们乐意侍奉卿大夫的父母。这样,才会让父母在世的时候,过着安乐的生活(父母在世时,努力使父母快乐,所以父母就心安了),死后成为鬼神,也能够安享子孙的祭祀(祭祀的时候,努力做到严肃恭敬,因此鬼神会来享用)。因此使天下祥和太平(上下没有怨恨,所以会安定和平),灾害与祸乱都不会发生(风调雨顺,各种谷物都得以成熟;君主乐于施惠,臣下忠诚尽职,父亲慈爱,子孙孝顺,因此祸乱没有发生的缘由)。所以圣明的君王以孝道治理天下,就会有这样的效果(所以上面所说的"明王"在位,之所以能够灾害不生,祸乱不作,是因为他以孝道治理天下,所以才能够达到这种效果)。《诗经》上说:'天子有伟大的德行,四方的国家都来归顺他(觉,是大的意思。有大德行,则四方的国家就都会顺从而归向他)。'"

圣治章

曾子又说:"学生很冒昧地向老师请教,圣人的德行,就没有比

之性，人为贵。贵其异于万物也。人之行，莫大于孝。孝者，德之本，又何加焉。孝莫大于严父，莫大尊严其父。严父莫大于配天，尊严其父，莫大于配天，生事爱敬，死为神主也。则周公其人也。尊严其父，配食天者，周公为之。昔者，周公郊祀后稷以配天，郊者，祭天名。后稷者，周公始祖。宗祀文王于明堂以配上帝。文王，周公之父。明堂，天子布政之宫。上帝者，天之别名。是以四海之内，各以其职来祭。周公行孝朝，越裳重译来贡，是得万国之欢心也。夫圣人之德，又何以加于孝乎？孝悌之至，通于神明，岂圣人所能加。

圣人因严以教敬，因亲以教爱。因人尊严其父，教之为敬，因亲近于其父，教之为爱，顺人情也。圣人之教不肃而成，圣人因人情而教民，民皆乐之，故不肃而成也。其政不严而治。其身正，不令而行，故不严而治。其所因者本也。本，谓孝也。父子之道，天性也，性，常也。君臣之义也。君臣非有天性，但义合耳。父母生之，续莫大焉；父母生子，骨肉相连属，复何加焉。君亲临之，厚莫重焉。君亲择贤，显之以爵，宠之以禄，厚之至也。故不爱其亲而爱他人者，谓之悖德；人不能爱其亲，而爱他人亲者，谓之悖德。不敬其亲而敬他人者，谓之悖礼。不能敬其亲，而敬他人之亲者，谓之悖礼也。以顺则逆，以悖为顺，则逆乱之道也。民无则

孝道更大的吗?"孔子说:"天地所生的万物,最尊贵的是人(人类之所以可贵,是因为其不同于万物)。人的德行,没有比孝道更大的了(孝是德行的根本,又有什么能超过它呢)。孝道之中,没有比把父亲推到最尊严的地位更大的了(没有能大过尊敬推崇自己父亲的)。要把父亲推到最尊严的地位,没有比请父亲的神明来配同上天享受祭祀更大的了(尊敬自己的父亲,没有比配祀天帝更隆重的了。活着时亲爱尊敬地侍奉,死后成为百神之主),而周公就是这样的人(尊敬自己的父亲,使其配食于天帝,是从周公开始的)。昔日,周公在郊外祭祀其先祖后稷,以他配同上天(郊是祭天礼仪的名称,后稷是周公的始祖);在明堂宗庙祭祀文王,以他配同上帝(文王,是周公的父亲。明堂,是天子发布政令的场所。上帝,是天的另一名称)。所以,天下的诸侯都带贡品前来助祭(周公行孝于朝堂之上,越裳国通过译使来进贡,这就是得到了万国的欢心)。因此说圣人的德行,哪有比孝道更大的呢(孝悌之道尽到了极致,就能够与天地神明相通,岂是圣人所能超越的呢)?"

"圣人根据人们对父母的敬畏之心,教导人们懂得礼敬;根据人们对父母的亲近之心,教导人们懂得仁爱(根据人们知道尊敬自己的父亲,教他们礼敬众人。根据人们亲爱自己的父亲,教他们仁爱众人。这是顺应人们的性情)。所以圣人的教化,不须用严肃的方式就能成功(圣人根据人们的性情来教导民众,民众都乐于顺从,所以能够不严厉却可以成功),其政令不须用严厉的手段推行就能使天下太平(不须要严厉的手段就能治理天下,自己行得正,虽然不下命令,别人也会效法而行,所以能够没有严刑峻法却可以使天下太平)。这是由于圣人所依据的是孝道这个根本(所谓根本,就是指孝道)。父子之间的慈孝之道是天性(性,就是恒常不变的本性),它表现在君臣之间就是大义(君主和臣下之间并不具有天然的亲情,只是以道义相结合)。父母生子,继承宗嗣

焉。则，法。不在于善，而皆在于凶德，恶人不能以礼为善，乃化为恶，若桀纣是也。虽得之，君子所不贵。不以其道，故君子不贵。君子则不然，言思可道，君子不为逆乱之道，言中诗书，故可传道也。行思可乐，动中规矩，故可乐也。德义可尊，可尊，法也。作事可法，可法，则也。容止可观，威仪中礼，故可观。进退可度，难进而尽忠，易退而补过。以临其民。是以其民畏而爱之，畏其刑罚，爱其德义。则而象之，故能成其德教，而行其政令。《诗》云：'淑人君子，其仪不忒'。淑，善也。忒，差也。善人君子，威仪不差，可法则也。

之事,让孝道得以相续,没有比这种人伦关系更重大的了(父母生下子女,血脉和骨肉连成一体,更有什么能超过这种关系呢)!父亲既有君的尊严,又有父的慈爱,让儿女的孝心得以培养,没有比这种恩义更厚重的了(君主选择贤才,以官爵来显扬他,以荣禄来优待他,这是极其深厚的恩义)!所以,不爱自己的父母,而去爱别人,那就叫违背道德(人不爱自己的父母而去爱他人的父母的,叫做悖德);不尊敬自己的父母,而去尊敬他人,那就叫违背礼义(不尊敬自己的父母而去尊敬他人的父母的,叫做悖礼)。君主应当顺乎天性,敬爱父母,如果违逆天性,不孝父母(以违背本性为顺应本性,这是叛逆作乱之道),老百姓就会无以仿效啊(则,是效法的意思)!君主不能尽孝,违背道德礼法,国家必会招致灾难(君子所厌恶的,是人如果不能遵行礼法以行善,就会化为作恶之人,像夏桀和商纣就是这样),即使这样能得崇高的权位,君子也不以为贵了(不通过正当的方式得到,君子不看重)。作为君子,绝不做违背道德礼法之事。君子说话前,必会考虑其言语是否可说(君子不按叛逆作乱之道行事,所说的话符合《诗》《书》的意旨,所以可以传承圣贤之道);行动前,必会考虑其行为是否能给大众带来欢乐(动作行为符合礼法规范,所以能够让百姓欢乐);建立品德,做事合乎正义,可以值得尊敬(可尊,是可以效法的意思);所作所为,可以值得效法(可法,也是可以效法的意思);仪容举止,遵守礼法,可以值得观摩(仪容举止符合礼法,所以能够让百姓观摩);一举一动,合乎法度,可以值得赞叹(危难之际,能进而尽忠;日常无事,则退而补过)。君子以这些威仪对待百姓,百姓就会敬畏他而且爱戴他(畏惧他的刑罚,热爱他的道德信义),以他作为学习的榜样。因此,君子能实现道德教化,从而畅行其政策命令。《诗经·曹风·鸤鸠》说:'一个善人君子,他的德行威仪,没有任何欠缺(淑,是善的意思。忒,是差的意思。善人君子,仪容举

纪孝行章

子曰："孝子之事亲，居则致其敬，养则致其乐，乐，竭欢心以事其亲。病则致其忧，丧则致其哀，祭则致其严。五者备矣，然后能事亲。事亲者，居上不骄，虽尊为君，而不骄也。为下不乱，为人臣下，不敢为乱也。在丑不争。丑，类也，以为善，不忿争。居上而骄则亡，富贵不以其道，是以取亡也。为下而乱则刑，为人臣下好作乱，则刑罚及其身。在丑而争则兵。朋友中好为忿争者，惟兵刃之道。三者不除，虽日用三牲之养，犹为不孝。"夫爱亲者，不敢恶于人之亲，今反骄乱分争，虽日致三牲之养，岂得为孝子。

五刑章

子曰："五刑之属三千，五刑者，谓墨、劓、膑、宫割、大辟也。而罪莫大于不孝。要君者无上，事君，先事而后食禄，今反要君。此无尊上之道。非圣人者无法，非侮圣人者，不可法。非孝者无亲。己不自孝，又非他人为孝，不可亲。此大乱之道也。事君不忠，侮圣人言，非孝者，大乱之道也。"

止没有差错,可以作为效法的对象)。'"

纪孝行章

孔子说:"孝子侍奉父母亲,日常居家时,处处都应对父母恭敬;奉养父母时,应让父母欢心(乐于竭尽自己的欢心,以侍奉自己的父母);父母生病时,应忧虑父母的病情;父母去世时,应尽到哀伤;祭祀父母时,应庄严敬肃。以上五点都能完备,才真正做到侍奉双亲。侍奉双亲的孝子,处在上位要谦虚而不骄傲(虽然贵为人君,却不骄慢),处在下位要恭敬谨慎而不作乱(作为别人的臣下,不敢作乱),与大众相处要和顺而不竞争(丑,是类的意思。要为善而不与人忿争)。身居上位如果骄傲,就会灭亡(不是用正当的方式得到的富贵,因此才会自取灭亡);身居下位如果作乱,就会受到惩罚(作为别人的臣下,如果喜好作乱,则会招来刑罚的制裁);跟大众相处如果斗争,就会互相杀害(在朋友相处中,喜好忿争的人,只会引来兵刃相加)。为人子女,如果以上三者不能去除,即使每天用牛、羊、猪肉来供养父母,还是不孝(亲爱自己父母的人,不敢厌恶别人的父母。如今反而傲慢作乱,引起纷争,虽然每天用三牲奉养父母,又怎能称得上是孝子呢)。"

五刑章

孔子说:"古代的刑法有五大类,所归属的犯罪之条列,有三千种之多(五刑,是指墨、劓、膑、宫、大辟五种刑罚),其中没有比不孝的罪行更大的。要挟君主的人,是心目中没有君主的存在(侍奉君主应当先尽心做好事情然后再领取俸禄,如今反而威胁君主,这是没有尊上之道);反对圣人的人,是心中没有法则的存在(诽谤侮辱圣人的人不可效法);反对孝道的人,是心目中没有父母亲(自己不孝,对他人尽孝又

广要道章

子曰:"教民亲爱,莫善于孝;教民礼顺,莫善于悌;移风易俗,莫善于乐;夫乐者,感人情,乐正则心正,乐淫则心淫也。安上治民,莫善于礼。上好礼,则民易使。礼者,敬而已矣。敬,礼之本。有何加焉。故敬其父则子悦,敬其兄则弟悦,敬其君则臣悦,敬一人而千万人悦。所敬者寡,悦者众。所敬一人,是其少。千万人悦,是其众。此之谓要道也。孝悌以教之,礼乐以化之,此谓要道也。

广至德章

子曰:"君子之教以孝,非家至而日见之也。但行孝于内,流化于外也。教以孝,所以敬天下之为人父者也。天子父事三老,所以敬天下老也。教以悌,所以敬天下之为人兄者也。天子兄事五更,所以教天下悌也。教以臣,所以敬天下之为人君者也。天子郊则君事天,庙则君事尸,所以教天下臣。《诗》云:'恺悌

加以诽谤,这种人不可亲近)。这三种恶行,都是造成天下大乱的根源(侍奉君主不忠诚,轻侮圣人的言论,不孝父母,这是大乱之道)。"

广要道章

孔子说:"教导百姓相亲相爱、爱戴君主,没有比君主自己行孝道更好的办法了。教导百姓遵循礼节、顺从长上,没有比君主自己行悌道更好的办法了。改善社会风俗,没有比用和谐的音乐去调和性情更好的办法了(音乐是感通于人的内心情感而发的,音乐雅正则表明人心纯正,音乐淫纵则表明人心淫纵)。使在上位者身心安定,百姓得到治理,没有比君主自己遵循礼法更好的办法了(在上位者好礼,则民众易于指使)。礼的根本,就是一个"敬"字(敬是礼的根本,又有什么能超过敬呢)。因此,尊敬别人的父亲,为人子女的就会喜悦;尊敬别人的兄长,为人弟弟的就会喜悦;尊敬别人的君主,为人臣子的就会喜悦。尊"敬"一个人,就会让千千万万的人都感到喜悦。他所尊敬的人虽然很少,而感到喜悦的却是许许多多的人(所敬的只有一人,是言其少。能让千万人喜悦,这就是所说的"众"了)。这就是所谓的切要之道啊(用孝悌之道来教导民众,用礼乐之道来转化民众,这就是所谓的"要道")!"

广至德章

孔子说:"君子教孝道,不用每天挨家挨户上门去教(只是行孝于内,德泽流及百姓,百姓自然感化于外)。对自己的父母尽到孝道,就是教天下为人子的尊敬他的父母(天子以对待父亲的礼节来奉事年在五十岁以上的乡官,这是表明他尊敬天下的老人);对自己的兄长尽到悌道,就是教天下为人弟的尊敬他的兄长(天子以对待兄长的礼节来对待

君子,民之父母。'以上三者教于天下,真民之父母。非至德,其孰能顺民如此其大者乎?"至德之君,能行此三者,教于天下也。

广扬名章

子曰:"君子之事亲孝,故忠可移于君;欲求忠臣,出孝子之门,故可移于君。事兄悌,故顺可移于长;以敬事兄则顺,故可移于长也。居家理,故治可移于官。君子所居则化,所在则治,故可移于官也。是以行成于内,而名立于后世矣。"

谏诤章

曾子曰:"若夫慈爱、恭敬、安亲、扬名,则闻命矣。敢问子从父之命,可谓孝乎?"子曰:"是何言与!是何言与!昔者,天子有争臣七人,虽无道,不失其天下;七人者,谓大师、大保、大傅、左辅、右弼、前疑、后丞,维持王者,使不危殆。诸侯有争臣五人,虽无道,不失其国;大夫有争臣三人,虽无道,不失其

年老致仕而有经验的乡间耆老,这是为了教导天下人礼敬自己的兄长);对自己的臣子教以做臣子之道,就是教天下为人臣子的尊敬他的君主(天子郊祀时以对待君主的礼节来奉事上天,庙祭时则以对待君主之礼来奉事代表祖先受祭的人,这是为了教导天下人懂得为臣之道)。《诗经·大雅·泂酌》中说:'温和而又平易近人的君子,就如天下人的父母(用上述三点来教化天下,真正是人民的父母)。'若没有至高之德,有谁能顺乎百姓到如此广大的程度呢(拥有至高德行的君主,能够按这三点去做,以教化天下)?"

广扬名章

孔子说:"君子侍奉父母能尽孝道,所以可把它移用到对君主的尽忠上(要想求得忠臣,忠臣出于孝子的家中,所以可以把孝道移到君主身上);侍奉兄长能尽悌道,所以可把它移用到对长上的顺从上(以恭敬之心奉事兄长则能顺从,所以可以移到长上身上);在家做事有条有理,所以可把它移用到对政务的处理上(君子所居住的地方自然会被他所感化,所在的地方自然可以得到治理,所以可以把这份办事能力移到做官治民上)。因此,君子在家中把这三种德行的根基养成,将来才能建功立业,而他的美好名声自然就会传于后世了。"

谏诤章

曾子说:"关于慈爱、恭敬、安亲、扬名的道理,学生已经听您讲过了,请问为人子的一切都听从父亲的命令,这可以说是孝吗?"孔子说:"这是什么话!这是什么话!在古时候,天子有七位直言谏诤之臣,即便天子无道,还不会失掉其天下(所谓七人,是指太师、太保、太傅、左辅、右弼、前疑、后丞,他们帮助君王治理天下,使君王不至于陷入危

家；尊卑辅善，未闻其官。士有争友，则身不离于令名；令，善也。士卑无臣，故以贤友助己。父有争子，则身不陷于不义。故当不义则争之。从父之命，又焉得为孝乎？"委曲从父命，善亦从善，恶亦从恶，而心有隐，岂得为孝乎？

感应章

子曰："昔者明王事父孝，故事天明；尽孝于父，则事天明。事母孝，故事地察；尽孝于母，能事地察，其高下视其分，察也。长幼顺，故上下治。卑事于尊，幼顺于长，故上下治。天地明察，神明彰矣。事天能明，事地能察，德合天地，可谓彰也。故虽天子，必有尊也，言有父也；虽贵为天子，必有所尊，事之若父，三老是也。必有先也，言有兄也。必有所先，事之若兄，五更是也。宗庙致敬，不忘亲也；设宗庙，四时斋戒以祭之，不忘其亲。修身慎行，恐辱先也；修身者，不敢毁伤，慎行者。不历危殆，常恐其辱先也。宗庙致敬，鬼神著矣。事生者易，事死者难，圣人慎之，故重其文。孝悌之至，通于神明，光于四海，无所不通。孝至于天，则风雨时；孝至于地，则万物成；孝至于人，则重译来贡。故无所不通也。《诗》云：

险的局面);诸侯有五位直言谏诤之臣,即便诸侯无道,还不会失掉其国;卿大夫有三位直言谏诤之家臣,即便大夫无道,还不会失掉其家(尊卑上下共同辅佐大夫使其为善,没有听说过具体的官名);士人若有直言规劝的朋友,则自己不会失掉美好的名声(令,是善的意思。士人地位较为卑下,没有辅助之臣,因此以贤良的朋友辅助自己);如果父母有能够坚持真理、劝谏父母改过的儿女,父母就不会做出不道义的行为。假如父母有不义的行为,儿女不能够不劝谏。如果一味顺从,这是陷父母于不义。如果父母、领导、朋友有不道义的行为、不正确的观念,我们就要劝谏。一味盲从父母的号令,怎么能够称为孝呢(委曲求全地听从父亲的命令,父亲为善就跟着为善,父亲为恶就跟着为恶,而心中有未曾吐露的劝谏之语,又怎能称得上是孝呢)?"

感应章

孔子说:"古时候圣明之君,侍奉父亲能尽孝道,所以侍奉上天就能开发自己本性里的光明(对父亲尽孝,则能够明智地侍奉上天);侍奉母亲能尽孝道,所以对于万事万物观察得清清楚楚(对母亲尽孝,所以能够明察地利。所谓察,是依其高下而观察其所宜);侍奉诸父、诸兄能尽长幼之道,所以上上下下都安定太平(地位卑下的人侍奉上级,年龄幼小的人顺从于尊长,因此上下能得到治理)。他以孝道侍奉天地,效法天地之德,得到天地的明察,祖宗的神明就来感应,接受他的祭祀(能明智地侍奉上天,能依照地之所宜来侍奉大地,德行与天地相合,可以说是彰显了)。所以,即使贵为天子,也必有他所尊敬的,那就是他的父亲(虽然贵为天子,必定有所尊敬的人,奉事他们就像对待父亲一样,这说的是三老);也必有比他更年长的,那就是他的兄长(必定有比他年长的人,侍奉其就像对待兄长一样,这说的是五更)。祭祀要竭诚

'自西自东,自南自北,无思不服。'"孝道流行,莫敢不服。

事君章

子曰:"君子之事上也,进思尽忠,退思补过,将顺其美,匡救其恶。故上下治,能相亲也。"君臣同心,故能相亲。

恭敬，不敢忘怀列祖列宗（设置祖先的宗庙，一年四季按时斋戒以祭祀，不敢忘记自己的父母）；谨慎自己的起心动念，一言一行，唯恐侮辱了自己的祖先（所谓修身，是说不敢毁伤自己的身体。所谓慎行，是说不经历危险。常常害怕辱及自己的先人）；在祭祀宗庙之时，必须至诚恭敬，才能感应祖先来享受他的祭祀（侍奉在世的人容易，侍奉已死去的人困难，圣人对此十分谨重，所以重复其文句）。他真正把孝悌之道做到圆满，便能贯通神明，自己本性的光明就会普照四海，没有不通达之处（孝心达于上天则风雨以时而降，孝心达于大地则万物顺利生长，孝心达于人民则远方的国家通过译使来进贡，所以说无所不通）。《诗经·大雅·文王有声》说："天下东西南北各地，没有一个地方不服从孝悌之道的教化（孝道圆满而流及于百姓，则没有人敢不服从的）。"

事君章

孔子说："君子奉事明君，在上朝进见君主时，要想着如何尽忠；从朝廷退居在家时，又想着如何来纠正补救君主的过失。对君主的美德善政，要顺从实行；对君主的过失，要扶正过来，让他的恶不要再继续。所以，在上位的君主和在下位的臣子都能同心同德，能够相互亲爱了（君主和臣下同心同德，因此能相互亲爱）。"

论语

学而

有子曰:"孔子弟子有若也。君子务本,本立而道生。孝悌也者,其仁之本与?"先能事父兄,然后仁可成。

子曰:"巧言令色,鲜矣仁。"子,孔子。巧言,好其言语。令色,善其颜色。皆欲令人悦之,少能有仁也。

曾子曰:"孔子弟子曾参也。吾日三省吾身:为人谋而不忠乎?与朋友交而不信乎?传不习乎?言凡所传之事,得无素不讲习而传之者也。"

子曰:"导千乘之国,导谓为之政教也。敬事而信,为国者举事必敬慎,与民必诚信也。节用而爱人,节用,不奢侈也。国以民为本,故爱养之。使民以时。"不妨夺农务也。

子曰:"弟子入则孝,出则悌,谨而信,泛爱众,而亲仁,行有余力,则以学文。"文者。古之遗文。

子夏曰:"孔子弟子卜商也。事父母,能竭其力;事君,能致其身;尽忠节,不爱其身也。与朋友交,言而有信。虽曰未学,吾

学而

有子(孔子的弟子有若)说:"君子追求修道的根本,只要根本树立了,大道自会产生。孝悌就是仁的根本吧(首先要能孝顺父母、敬爱兄长,然后才可达成"仁")?"

孔子说:"善于说讨人喜欢的话,以容貌取悦别人,那样的人,仁心就少了!"('子',孔子。'巧言',善于说虚伪而动听的语。'令色',假装善良的面貌。这些都是想要讨人喜欢的行为,这种人,很少能够有'仁德'。)

曾子(孔子的弟子曾参)说:"我每天从三方面反省我自己:替人办事,是否尽其全力?与朋友交往,是否言而有信?老师所传授的道德学问,是否已经落实(意思是说老师所传授的道德学问,怎能不经常讲议研习并且使之传承下去呢)?"

孔子说:"治理一个拥有千辆兵车的大国(导,是说推行政令和教化),处理国事须恭敬谨慎,对人民要诚信(治理国家的人,做事情一定要恭敬谨慎,对待百姓一定要讲求诚信);节用财物,爱护百姓(节用,就是讲不能奢侈浪费。国家以人民为根本,因此要爱护养育百姓);使用民力,要选择农事闲暇之时(不要妨碍农事生产活动)。"

孔子说:"弟子在家要尽孝道,出外要行悌道,行为谨慎,言而有信,博爱众人,亲近仁者。如此笃行实践后还有余力,就用来学习古人留下的经典文献(文指的就是古人遗留下来的经典文献)。"

子夏(孔子的弟子卜商)说:"奉事父母,能尽心竭力;服事君上,能奉身尽忠(为尽职尽忠,可以不爱惜自己的生命);与朋友交往,能信

必谓之学矣。"

子曰："君子不重则不威，学则不固；主忠信，无友不如己者；过则勿惮改。主，亲也。惮，难也。"

曾子曰："慎终追远，民德归厚。慎终者，丧尽其哀。追远者，祭尽其敬。人君行此二者，民化其德，皆归于厚也。"

有子曰："礼之用，和为贵。先王之道斯为美。小大由之，有所不行。知和而和，不以礼节之，亦不可行也。人知礼贵和，而每事从和，不以礼为节，亦不可行也。"

为政

子曰："为政以德，譬如北辰，居其所而众星共之。德者无为，犹北辰之不移，而众星共之。"

子曰："《诗》三百，篇之大数。一言以蔽之，曰：'思无邪。归于正也。'"

子曰："导之以政，政谓法教。齐之以刑，民免而无耻；苟

实无欺。这样的人,即使他说自己没有学问,我必定说他已有学问了。"

孔子说:"君子内心不庄重,外表便没有威仪。只有通过学习,才能行止有度,与人交往就不会出现因失礼而产生的无法沟通的障碍了。凡事要以"忠信"二字为原则,不要和与自己志不同道不合的人交朋友。有了过失,不要怕改正(主,是亲近的意思。惮,是畏难的意思)。"

曾子说:"父母寿终时,能谨慎依礼办理丧事,对去世已久的祖先,能依礼依时追念祭祀,这样就能使百姓的道德归于笃厚(慎终,指父母的丧事,应以哀戚为重。追远,指祭祀应尽其诚敬之心。国君实践这两件事情,人民的德行就会有所变化,都能归于淳厚善良了)。"

有子说:"礼的运用,就是以'和'为贵。古圣先王的为政之道,在这一点上表现得最为完美,所以无论小事大事都把'和'摆在了第一位。只是在一种情况下例外,就是因为知道了'和'的可贵之处,便一味求和,而不用礼来节制(完全放弃了原则),那也是不可行的(人们知道礼的运用贵在能和,而每件事都采取'和',不用仪式规则来加以节制,这样也是不可行的)。"

为政

孔子说:"治理政事若能以德为本,那就会像北极星一样,处在固定的地方,众星都围绕在它的周围。(有道德的人,顺应自然,不求有所作为。如同北辰般不动,而别的星辰都围绕着它。)"

孔子说:"《诗经》三百篇(总篇的约数),可用一句诗来概括,就是思无邪(归向纯正)。"

孔子说:"用政治来引导百姓(政,即法制教化),用刑罚来治理

免。导之以德,德谓道德。齐之以礼,有耻且格。格,正也。"

子曰:"君子周而不比,忠信为周,阿党为比。小人比而不周。"

哀公问曰:"何谓则民服?"哀公,鲁君谥也。孔子对曰:"举直错诸枉,则民服;错,置也。举正直之人用之,废置邪枉之人,则民服其上。举枉错诸直,则民不服。"

季康子问:"使民敬、忠以劝,如之何?"康子,鲁卿季孙肥也。子曰:"临之以庄,则敬;庄,严也。君临民以严,则民敬上也。孝慈,则忠;君能上孝于亲,下慈于民,则民忠矣。举善而教不能,则劝。举用善人,而教不能者,则民劝。"

子曰:"人而无信,不知其可也。无信,其余终无可也。大车无輗,小车无軏,其何以行之哉?"大车,牛车。輗,辕端横木以缚轭者。小车,驷马车。軏,辕端上曲钩衡者也。

百姓，百姓会为苟免刑罚而服从政令，却不会觉得犯法是羞耻（免即苟且免于）。以道德来引导百姓（德，即伦理道德），以礼来整饬百姓，百姓不但觉得犯罪是可耻的，而且诚心来归，拥护政府（格，归于正）。"

孔子说："君子处处待人诚信而不交结私党（忠诚信实是周，结党营私是比），小人所到之处便会结党营私却从无诚信可言。"

鲁哀公问："怎样做才能让民众服从呢（哀公，是鲁国国君的谥号）？"孔子对道："举用正直为公的人，放置在邪曲自私的人上面，民众便服了（错，是安置的意思。推举正直的人使用，废弃邪枉的人，这样，民众就会服从上位的人）。举用邪曲自私的人，放置在正直为公的人上面，民众便不服了。"

季康子问："如何使民众对上恭敬尽忠，以及劝勉为善（康子，鲁哀公时的正卿季孙肥）？"孔子说："在上位者能够恭敬庄严地面对民众，就会使他们敬重（庄，庄严。国君庄严面对民众，人民就会尊敬在上位的人）。""在上位者能躬行孝道，并能以仁慈待民，就能使他们尽忠（做君主的对上能孝敬双亲，对下能慈爱人民，那么民众就会忠于君主）。在上位者能举用善人，并教导帮助弱者，民众自然就能得到劝勉（提拔善人，而又教育能力弱的人，民众就会相劝而善）。"

孔子说："一个人若无信用，我不知他还能做些甚么（没有信用，其他的终究是不可行的）！正如车上的辕端与横木相接处，若没有了个金属贯穿物，试问大小车如何能行动呢（大车，牛拉的车。輗是大车车辕前端和横木衔接的关键，用来套在牲口脖子上。小车，四匹马拉动的一辆车，軏是小车上置于辕前端与横木衔接的关键）？"

八佾

林放问礼之本,林放,鲁人。子曰:"礼,与其奢也,宁俭;丧,与其易也,宁戚。易,和易。言礼之本意,失于奢,不如俭也;丧失于和易,不如哀戚。

祭如在,言事死如事生。祭神如神在。"谓祭百神。

定公问:"君使臣,臣事君,如之何?"定公,鲁君谥。孔子对曰:"君使臣以礼,臣事君以忠。"

子曰:"居上不宽,为礼不敬,临丧不哀,吾何以观之哉?"

里仁

子曰:"君子无终食之间违仁,造次必于是,颠沛必于是。造次,急遽也。颠沛,僵仆也。虽急遽僵仆,不违仁也。"

子曰:"民之过也,各于其党。观过,斯知仁矣。此党,谓族亲也。过厚则仁,过薄则不仁也。"

子曰:"朝闻道,夕死可矣。"

子曰:"能以礼让为国乎?何有?何有者,言不难也。不能以礼让为国乎?如礼何?如礼何者,言不能用礼也。"

八佾

　　林放请问礼的根本（林放，鲁国人）。孔子说："礼，与其失之奢侈，宁愿节俭。若是丧礼，与其失之平和，宁愿哀戚（易，温和平静。礼的根本意义，失于奢侈则不如俭约，丧葬礼仪失于平和则不如悲痛伤感）。"

　　"祭祀的时候，要真诚恭敬，就好像所祭祠的祖先就在眼前（对待已去世的父母祖先，要像对待父母祖先生前一样恭敬）。祭祀百神的时候，就好像所祭的神灵就在眼前（指的是祭祀众神时）。"

　　鲁定公问："君指使臣，臣奉事君，应当如何呢？"（定公，是鲁国国君的谥号。）孔子回答说："君王指使臣子靠的是礼敬，臣子事奉君王靠的是忠诚。"

　　孔子说："居上位者，度量不宽宏，行礼不恭敬，亲临丧事没有哀色，这种样子我怎么看得下去呢？"

里仁

　　孔子说："君子没有哪怕是吃一顿饭的时间离开过仁。迫促不暇之时，其心亦必在仁，遭遇危险之际，其心亦必在仁。（造次，仓促之意。颠沛，仆倒之意。即使是在仓卒之间或危难之际，他的心都不会稍稍离开仁。）"

　　孔子说："人所犯的过失，大都跟偏护其同族的亲友有关。观其过失，即知其有仁了（此处的党，是指族亲。族亲有过，对其忠厚则是仁，亲族有过，对其刻薄则是不仁）。"

　　孔子说："人若在早晨得闻道，纵然晚上死去，也可以了。"

　　孔子说："君臣上下都能相互礼让，治理国家还有什么难办的呢（何有者，即不困难）？如果君臣上下都不能相互礼让，空有这些礼文又有什么用处呢（如礼何，即不能用礼仪）？"

子曰:"见贤思齐焉,见不贤而内自省也。"

子曰:"以约失之者鲜矣。"俱不得中,奢则骄溢招祸,俭约则无忧患也。

子曰:"君子欲讷于言而敏于行。"讷,迟钝也。言欲迟,行欲疾。

公冶长

子贡问曰:"孔文子何以谓之'文'?"孔文子,卫大夫孔圉。子曰:"敏而好学,不耻下问,是以谓之文。敏者,识之疾也。"

子谓子产:"有君子之道四焉。子产,公孙侨也。其行己也恭,其事上也敬,其养民也惠,其使民也义。"

子曰:"巧言、令色、足恭,足恭,便僻貌也。左丘明耻之,丘亦耻之。丘明,鲁大史也。"

子曰:"已矣乎!吾未见能见其过而内自讼者也。讼犹责也,言人有过莫能自责也。"

雍也

哀公问:"弟子孰为好学?"孔子对曰:"有颜回者好学,

孔子说:"看到别人的优点,应当想到他能做到的自己也应该能够做到;看到别人的缺点,应当反省自己身上是否也存在着同样的毛病。"

孔子说:"由于对自己俭约而出现过失的人是很少的(虽然都还没有合于中正之道,但是相比之下,奢侈就会骄傲自满,招来灾祸,俭约,就没有什么忧虑祸患了)。"

孔子说:"一个君子,说话时要谨慎迟钝,而办事时要敏捷勤勉(讷,迟钝。言语要迟钝,办事要敏捷)。"

公冶长

子贡问道:"孔文子这个人凭什么谥号称作'文'呢(孔文子,卫国的大夫孔圉)?"孔子说:"他聪敏好学,不以请教地位低下的人为耻,所以称他为'文'(敏,思维敏捷)。"

孔子评论子产,说:"他有四种德行(子产,指公孙侨),皆是君子之道:他自己做人很谦恭,他事奉君主能敬其事,他用恩惠养民,他使用民众能得其宜。"

孔子说:"花言巧语,一副讨好的表情,谦恭过度,只是为了取媚于人(足恭,谄媚逢迎的样子)。这种做法,不光左丘明认为可耻,我孔某也认为是可耻的(左丘明,鲁国的太史)。"

孔子说:"罢了,我还未见过有人能够清楚地洞察自己的过失,并勇于在内心深处严厉责备自己的人啊!('讼'等于责备。即人有过失,但不能自我责备。)"

雍也

鲁哀公问孔子:"你的弟子中,谁是好学者?"孔子回答说:"有

不迁怒吗，不贰过，不幸短命死矣。"颜回，孔子弟子也。迁者，移也。不贰过，有不善未尝复行也。

述而

子曰："德之不修，学之不讲，闻义不能徙也，不善不能改也，是吾忧也。"夫子常以此四者为忧也。

子之所慎：齐，战，疾，慎齐，尊祖考；慎战，重民命；慎疾，爱性命也。

子曰："我三人行，必得我师焉。择其善者而从之，其不善者而改之。言我三人行，本无贤愚，择善从之，不善改之，故无常师。"

子曰："仁远乎哉？我欲仁，斯仁至矣。仁道不远，行之则是。"

泰伯

子曰："恭而无礼则劳，慎而无礼则葸，葸，畏惧之貌也。言慎而不以礼节之，则常畏惧。勇而无礼则乱，直而无礼则绞。绞，刺。君子笃于亲，则民兴于仁。故旧不遗，则民不偷。兴，起也。能厚于亲属，不遗忘其故旧。行之美者也，则皆化之，起为仁

个名字叫颜回的,是个真正好学的人,他能够做到凡事都从自己身上找原因,从不迁怒于别人,并且犯过的错误不会重犯。不幸,他已短命而死(颜回,孔子的学生。迁,移易。不贰过,指虽有过失,但不会重犯)。"

述而

孔子说:"当今学者不注重道德修养,不明白学问的真谛(以修身为本),或者虽然明白了道义之所在却不能身体力行,有了过失不能勇于改正,这都是我所忧虑的呀(孔子常常因为这四件事而忧虑啊)!"

孔子所慎重的有三件事:斋戒,战斗,疾病。(谨慎斋戒,这是尊重祖先。谨慎战争,这是重视民众的生命。谨慎疾病,这是爱惜生命。)

孔子说:"我们三个人同行,其中一定有可以为我所取法的人。我选择那些优点而学习,看到缺点就自我反省,加以改正。(说的是我们三个人同行,原本没有什么贤明与愚昧的区别。看到别人好的表现就学习,看到别人的缺点就想到自己身上的毛病,尽快予以改正。所以对于好学的人来说,老师无处不在,不必非得有特定的老师。)"

孔子说:"仁离我们远吗?我们刚刚有了求仁之心,这就意味着'仁'已经出现在我们的心中了。(仁道不遥远,一念行仁,仁就已经出现了。)"

泰伯

孔子说:"恭敬若不合乎礼,则必劳苦。谨慎若不知礼,便会畏惧不前(葸,是畏惧的样子。是说谨慎而不以礼法来衡量,就会常常畏惧不前)。勇敢而不懂得礼,便会扰乱上下左右的秩序。直率而不懂得礼,便会责人急切(绞,尖刻刺人)。在位的君子,若能厚待他的父母

厚之行，不偷薄。"

曾子曰："士不可以不弘毅，任重而道远。弘，大也。毅，强而能断也。士弘毅然后能负重任，致远路也。仁以为己任，不亦重乎？死而后已，不亦远乎？仁以为己任，重莫重焉。死而后已，远莫远焉。"

子曰："如有周公之才之美，使骄且吝，其余不足观也已。"

子曰："不在其位，不谋其政。欲各专一于其职也。"

子曰："学如不及，犹恐失之。言此者。勉人学也。"

子曰："巍巍乎，舜、禹有天下，而不与焉！美其有成功。能择任贤臣。"

子曰："大哉！尧之为君也！巍巍乎！唯天为大，唯尧则之。则，法也。美尧能法天而行化也。荡荡乎，民无能名焉。荡荡，广远之称也。言其布德广远，民无能识名焉。焕乎！其有文章也！焕，明也。其立文垂制又著明。"

兄弟，民众就会兴起仁爱之风；君子不遗弃他的旧友故交，民众就不会对人冷淡无情（兴，起。能厚待亲属，不遗忘自己的老朋友，这样的德行十分美好，能够感化老百姓，让他们兴起学习仁厚之德，不会冷漠无情）。"

曾子说："读书人不可不器识弘大，意志坚定。因为身上的责任重大，而且所行之路十分遥远（弘，广大。毅，意志坚强而能果断。读书人只有心量广大，意志坚定，然后才能够担负重任，走完遥远的路程）。以弘扬仁义为自己的责任，不是很重大吗？不到死不停止，不是很遥远吗（把弘扬仁义道德当成自己应负的责任，没有比这个责任更重大的了。到死为止，没有比这个路程更遥远的了）？"

孔子说："如果有一个人，他的才艺和办事能力像周公一样完美，假如他骄傲而吝啬，别的地方也就不值得一看了。"

孔子说："不在这个地位上，就不要管这个地位上的事情（希望各人专心于自己的职务）。"

孔子说："学习就好像追逐一件梦寐以求的东西，生怕追不到手。学有所得后，就要立即落实到日常生活的言行举止中，恭慎保持，就好像生怕得到的东西又重新丢失了一样（此处是勉励人们要努力好学）。"

孔子说："这是多么的伟大呀！舜和禹拥有天下，圣德所在，贤能之士尽为所用，自己完全不必为具体的国事操劳，真正是垂拱而治啊！（赞美其有伟大的功业，他们都能够选拔任用贤臣。）"

孔子说："啊！真正称得上仁德浩瀚无际的，就是尧这样的君主呀！他是那样的崇高而伟大！唯有上天才称得上浩瀚无际，唯有尧帝才能效法上天之德（则，是取法的意思，赞美尧能取法于天而自行化他）！尧帝的恩德浩浩荡荡，民众无法用言语来形容（荡荡，广远之称。

舜有臣五人，而天下治。禹、稷、契、皋陶、伯益也。武王曰："予有乱臣十人。"乱，治也。治官者十人，谓周公、召公、太公、毕公、荣公、大颠、闳夭、散宜生、南宫适，其一人，谓文母也。孔子曰："才难，不其然乎？唐、虞之际，于斯为盛，有妇人焉，九人而已。斯，此也。言尧舜交会之间，比于此周，周最盛多贤，然尚有一妇人。其余九人而已，人才难得，岂不然乎？"

子曰："禹，吾无间然矣。菲饮食而致孝乎鬼神，恶衣服而致美于黻冕，卑宫室而尽力乎沟洫。禹，吾无间然矣。间，非也。菲，薄也。致孝于鬼神，谓祭祀丰洁也。黻，祭服之衣。冕，冠名也。"

子罕

子曰："譬如为山，未成一篑，止，吾止也。篑，土笼也。此劝人于道德也。为山者，其功虽已多，未成一笼而中道止者，我不以其前功多而善之，见其志不遂，故不与也。譬如平地，虽覆一篑，进，吾往也。平地者，将进加功，虽始覆一篑，我不以其功少而薄之，据其欲进而与之。"

这里是说,尧布施的恩德广远无际,老百姓没有能力知道和描述清楚)。能够与日月同明的,那就是尧帝的功业和他所留给后人的各种典章呀(焕,光明。尧所建立的功业及其垂示的典章无不焕发出显著而灿烂的光芒)!"

舜有贤臣五人,因而天下大治(五人是禹、稷、契、皋陶、伯益)。周武王曾说过:"我有治理之臣十人(乱,是治理的意思,这十个治理之臣是周公、召公、太公、毕公、荣公、大颠、闳夭、散宜生、南宫适,还有一位,就是文母了)。"孔子说:"古人说人才难得,不是这样吗?从唐尧虞舜以后,就以周朝所得的人才最盛。可是,十人中有一位是妇人,实际上不过九人而已。(斯,这。说的是从尧舜交会之时,一直到这时的周朝,就数周朝贤才最盛最多。然而还有一位妇人,余下的只有九位罢了。人才难得,难道不是这样吗?)"

孔子说:"对于禹,我实在挑不出他的毛病了。禹王自己饮食简单,而祭祀的祭品却很丰富;平日他只穿质地粗劣的衣服,而临朝和祭祀的礼服却十分庄严;他自己宫室卑陋,而尽力来为农民办理沟洫水利。对于禹,我确实无话可批评了。(间,非议。菲,微薄。致孝于鬼神,即祭祀的祭品丰盛整洁。黻,祭祀的礼服。冕,祭祀的礼帽。)"

子罕

孔子说:"譬如堆积一座山,尚未圆满完成,只差最后一筐土,如果就此止住,这说明我没有做到善始善终啊(篑,盛土的竹筐。这是劝勉人修养道德。虽然堆土成山的人用的功夫已经很多,如果尚未完成,只欠缺最后一筐土,而中途止住,我不会因为他之前用的功夫很多而赞许他。我看见他不能善始善终地完成自己的志向,所以不给予他赞许)!又譬如在平地上,虽然刚刚覆下一筐土,若能这样继续下去,这说明

颜渊

颜渊问仁。子曰:"克己复礼为仁。克己,约身。一日克己复礼,天下归仁焉。一日犹见归,况终身乎。为仁由己,而由人乎哉?"行善在己不在人。曰:"请问其目。"知其必有条目,故请问之。子曰:"非礼勿视,非礼勿听,非礼勿言,非礼勿动。"此四者,克己复礼之目。曰:"回虽不敏,请事斯语矣。敬事此语,必行之。"

仲弓问仁。子曰:"出门如见大宾,使民如承大祭。仁之道,莫尚乎敬。己所不欲,勿施于人。在邦无怨,在家无怨。在邦为诸侯,在家为卿大夫。"

子张问明。子曰:"浸润之谮,肤受之诉,不行焉,可谓明也已。子张,孔子弟子颛孙师也。谮人之言,如水之浸润,以渐成之。肤受,皮肤外语,非其内实也。浸润之谮,肤受之诉,不行焉,可谓远也已。无此二者,非但为明,其德行高远,人莫之及也。"

我正在努力呀(在平地上不断堆土,虽然他初时只倒下一筐土,我也不会因为他现前用的功夫少而轻视他,反而我会凭着他有进取之心而称赞他)!"

颜渊

颜渊问如何是仁。孔子说:"凡事能约束自己,使言行都回归到礼,这就是仁(克己,是指约束自身)。即使是一天时间做到了克己复礼,天下当下就回归于仁了(自己一日行'仁',就能见到天下都归'仁',何况一生行'仁'呢)。行仁全在自己,还靠别人吗(行善全在于自己,而不在于别人)?"颜渊说:"请问具体有哪些(知道行'仁'一定有细目,所以进一步请教)?"孔子说:"不符合礼的眼睛不要看,不符合礼的耳朵不要听,不符合礼的话不说,不符合礼的念头不动(这四条,是克己复礼的纲目)。"颜渊说:"回虽愚钝,也要遵照您的话去奉行(颜回说要恭敬奉事老师的这番话,即意味着必定会依教奉行)。"

仲弓问如何行仁。孔子说:"出门与人见面犹如接见大宾,使用民力犹如承奉大祭(行仁之道,没有不注重诚敬的)。凡是自己不愿接受的事情,不要加于他人之身。治理邦国,不让百姓有抱怨;治理家族,不使家人有抱怨(在邦是指诸侯,在家是指卿大夫)。"

子张问怎样才算是明。孔子说:"如水般滋润的谗言,如肤垢般隐蔽的谗言,都在他前面行不通,这人可算是明白人了(子张,孔子的学生颛孙师。诽谤别人的言语,就像渐渐渗透的水,能令人逐渐接受。肤受,皮肤以外的谗言,都是浮泛不实的)。如水般滋润的谗言,如肤垢般隐蔽的谗言,在他前面都行不通,这人可算是有远见了(这两种谗言都对这个人行不通,那他不但是明白人,也是德行高远的人,没有人能比得上了)。"

子贡问政。子曰:"足食,足兵,民信之矣。"子贡曰:"必不得已而去,于斯三者何先?"曰:"去兵。"曰:"必不得已而去,于斯二者何先?"曰:"去食。自古皆有死,民无信不立。死者,古今常道,人皆有之,治邦不可失信。"

哀公问于有若曰:"年饥,用不足,如之何?"对曰:"盍彻乎?盍,何不也。周法什一而税,谓之彻也。"曰:"二,吾犹不足,如之何其彻也?二,谓什二而税。"对曰:"百姓足,君孰与不足?百姓不足。君孰与足?"

子张问崇德辨惑。辨,别。子曰:"主忠信,徙义,崇德也。徙义,见义则徙意从之。爱之欲其生,恶之欲其死。既欲其生,又欲其死,是惑也。爱恶当有常。欲生之。一欲死之。是心惑也。"

子曰:"听讼,吾犹人。与人等。必也,使无讼乎?化之在前。"

子曰:"君子成人之美,不成人之恶。小人反是。"

子贡问为政之道。孔子说:"粮食要充足,国防要充足,要取信于民。"子贡说:"如果迫不得已要去掉一项,那么在这三项中先去掉哪一项呢?"孔子说:"那就去掉国防吧。"子贡说:"如果迫不得已还要去掉一项,那么在其余的两项中去掉哪一项呢?"孔子说:"那就去掉粮食吧。自古以来,人都免不了一死,如果老百姓不信赖政府,国家就不能安立(死亡,是古今不变的定律,人人都免不了。治理国家不可以失去人民的信心)。"

鲁哀公问有若说:"年成不好,费用不足,应该怎么办?"有若回答说:"为什么不实行原来的十分之一的税制呢(盍,即为什么不。周朝的税法,规定农民缴十分之一的税,这称为'彻')?"哀公说:"征十分之二的税,我尚感不足,怎么能恢复十分之一的税制呢(二,指抽取十分之二的税)?"有若说:"只要百姓的用度足,君王怎么会不足?如果百姓用度不足,君王又怎能求自足?"

子张问如何提高德行、辨别迷惑。(辨,辨别的意思。)孔子说:"以忠实诚信为主,知道有合乎道义的事就立即跟着去做,这样就能提高德行了(徙义,见义即改变心意而从之)。(为人若不能立足于忠信、道义,单凭感情用事,那么)喜爱这个人的时候,便想要他生,怨恨这个人的时候,便想要他死,对于同一个人,既想要他生,又想要他死,这便是迷惑了(爱恶应当要有准则,如果前一念想要这个人长寿,后一念却想要这个人短命,这是人心迷惑了)。"

孔子说:"如果说到审理案件,我和别人没什么两样(与别人相同)。如果一定要说我与别人有什么不同,那就是我能让他们之间不再有诉讼案件发生吧(以德化人在前)。"

孔子说:"君子助人成就善事,不助人成就恶事。小人则相反。"

季康子问政孔子。孔子对曰:"政者,正也。子帅而正,孰敢不正?康子,鲁上卿,诸臣之帅。"

季康子患盗,问孔子。孔子对曰:"苟子之不欲,虽赏之不窃。言民化于上。不从其令。从其所好。"

季康子问于孔子曰:"如杀无道,以就有道,何如?就,成也。欲多杀以止奸也。"对曰:"子为政,焉用杀?"子欲善,而民善矣。君子之德风也,小人之德草也。草上之风,必偃。亦欲康子先自正也。偃,仆也。加草以风,无不仆者,犹民之化于上也。"

樊迟曰:"敢问崇德、修慝、辨惑。孔子弟子樊须也。慝,恶也。修,治也。治恶为善。"子曰:"先事后得,非崇德与?先劳于事,然后得报。攻其恶,毋攻人之恶,非修慝与?一朝之忿,忘其身以及其亲,非惑与?"

樊迟问智。曰:"知人。"樊迟未达。子曰:"举直措诸枉,能使枉者直。举正直之人用之,废邪枉之人,则皆化为直也。"樊迟退,见子夏曰:"何谓也?"子夏曰:"舜有天下,选于众,举皋陶,不仁者远矣;汤有天下,选于众,举伊尹,不仁者远矣。言

季康子问孔子怎样把政治办好。孔子回答说:"政就是公正无私的意思。只要你自己行得正,处处以身作则,谁敢不正?(康子,鲁国的上卿,是诸臣的表率。)"

鲁国多盗贼,季康子为此而忧虑,问孔子有什么办法。孔子回答说:"如果你没有贪欲,就是奖赏他们,他们也不会去盗窃(这就是说上行下效,在下位者不服从在上位者的命令,而是顺从在上位者的喜好)。"

季康子问孔子说:"如果杀掉恶人,来成就善人,怎么样?(就,指成就。想要通过多杀恶人来止住奸邪。)"孔子回答说:"你治理政事,为何要用杀人的手段呢?如果你像要满足贪欲那样要求自己为善,民众自然就善了。在上位的人,其德行好比风,在下位的人,其德行好比草,风加在草上,草必然会随风向而倾倒。(也是希望季康子先要自己行得正。偃,仆倒。草加之以风,必然仆倒,此即比喻在上位的人必能感化一般人民。)"

樊迟说:"敢问崇德、修慝、辨惑是什么意思?(樊迟即孔子的学生樊须。慝,恶念。修,对治。断恶修善。)"孔子说:"先做事,然后再想到报酬,这不就是崇德吗(做事首先要付出劳动,然后才能得到收获)?改正自己的缺点,不去攻击别人的缺点,这不就是修慝吗(一个人不善于改正自身的毛病,就很容易把眼睛盯在别人的毛病上)?一旦控制不了一时的忿怒,忘记了自身的安危,甚至有可能连累到自己的父母,这不就是迷惑吗?"

樊迟问什么是智。孔子说:"知人。"樊迟还不明白。孔子说:"把正直的人选举出来,安置在不正直者之上,就能使不正直的人也变得正直(选举正直的人任用,废黜邪枉的人,邪枉的人就会受到教化成为正直之人)。"樊迟从孔子那里退了出来,见到子夏,说:"(刚才

舜、汤有天下,选择于众,举皋陶、伊尹,则不仁者远,仁者至矣。"

子路

子路问政。子曰:"先之劳之。"孔子弟子仲由也,先导之以德,使人信之,然后劳之。《易》曰:悦以使民,民忘其劳。请益。曰:"毋倦。子路嫌其少,故请益。曰无倦者,行此上事无倦则可矣。"

仲弓为季氏宰,问政。子曰:"先有司,孔子弟子冉雍也。言为政当先任有司,而后责其事也。赦小过,举贤才。"曰:"焉知贤才而举之?"曰:"举尔所知。尔所不知,人其舍诸?汝所不知者,人将自举之。各举其所知,则贤才无遗矣。"

子路曰:"卫君待子而为政,子将奚先?问往将何所先行之也。"子曰:"必也正名乎!正百事之名也。名不正,则言不顺;言不顺,则事不成;事不成,则礼乐不兴;礼乐不兴,则刑罚不中;礼以安上,乐以移风,二者不行,则有淫刑滥罚矣。刑罚不中,则民无所措手足。故君子名之必可言,言之必可行也。所

老师之言)是什么意思?"子夏说:"舜得了天下,在众人中选举皋陶为士,不仁者就越来越少了;汤得了天下,在众人中选举伊尹为相,不仁者也就越来越少了(此言大舜、商汤治理天下,能够从众人中推举贤能,选用皋陶、伊尹这样的贤臣,这样不仁的人就会远离,仁者就会到来)。"

子路

子路问为政之道。孔子说:"自己率先以身作则,教民勤劳。"(子路即孔子的学生仲由。自己用德行带头去引导,使人民信任你,然后教导人民要勤劳地工作。《易经》上说,君子大人若能身先百姓不辞劳苦,则百姓也必能任劳忘苦。)子路请孔子加以说明。孔子说:"按照上面所说去行,不要懈怠。(子路嫌老师说得少,所以请老师进一步讲解,所以请求孔子加以说明。孔子说:'不要懈怠。'即实行'为政者自己先行,以身作则,教民勤劳'而不懈怠就可以了。)"

仲弓做了季氏的邑宰,请问为政之道。孔子说:"先分配有司的职务(仲弓即孔子的学生冉雍。这里说的是,管理政事的人应当先分配官员的职务,然后让他们各负其责)。对别人的小过失,可以饶恕;有德有能的人,要特别举用他。"仲弓说:"如何知道贤才并予以举用呢?"孔子说:"举用你所知的贤才,那些你所不知道的,别人难道会舍他不举吗?(你所不知道的贤才,人们自然就会举荐,各自举荐其所知道的贤才,这样贤才就会无一遗漏了。)"

子路说:"卫君等待您去辅助他治国,不知您将以何事为先呢(问去了卫国之后将要先做哪件事情)?"孔子说:"必然是先正名吧(正各种事务的名份)!名与事实不相符,言语就不能顺理成章。言语不能顺理成章,办事就不能成功。普通事办不成功,礼乐教化之事更不能兴起。礼乐不兴,刑罚就会用之不当(礼是用来安定在上位者的,

名之事,必可得而明言也;所言之事,必可得而遵行。"

子曰:"上好礼,则民莫敢不敬;上好义,则民莫敢不服;上好信,则民莫敢不用情。情,情实也。言民化上各以实应也。夫如是,则四方之民襁负其子而至矣。"

子曰:"其身正,不令而行;其身不正,虽令不从。令,教令也。"

子适卫,冉子仆。冉有御也。子曰:"庶矣哉。庶,众也。言卫民多也。"冉有曰:"既庶矣,又何加焉?"曰:"富之。"曰:"既富矣,又何加焉?"曰:"教之。"

子曰:"'善人为邦百年,亦可以胜残去杀矣。'胜残,胜残暴之人使不为恶也。去杀,不用刑杀也。诚哉是言也。古有此言,孔子信之。"

子曰:"如有王者,必世而后仁。三十年曰世。如有受命王者。必三十年仁政乃成。"

子曰:"苟正其身,于从政乎何有?不能正其身,如正人何?"

乐是用来转变风气的，二者不能推行，就会有滥用刑罚的情况出现了）。刑罚用之不当，民众便会感觉手足无措，不知如何是好。所以，君子赋予任何人和事一个名称，必使其恰如事实，能顺理成章地说得出来。能顺理成章地说得出来，就一定能行得通（所名之事，必定可以顺理成章地说出来。所言之事，必定可以遵照实行）。"

孔子说："在上位者好礼，民众就不敢不敬；在上位者好义，民众就不敢不服从；在上位者好信，民众就不敢不以诚实相待（情，指真心。这是说民众受到在上位者的感化，就会各自拿出真心相待）。若能如此，四方民众就会将小儿负于背上（拖家带口）来投奔。"

孔子说："当政的人本身行得正，就是不下命令，事情也会行得通；本身行得不正，虽下命令，民众也不会服从。（令，指教化、命令。）"

孔子到卫国去，冉有为他驾车（冉有驾驶车马）。孔子说："卫国人口众多呀！（庶，众多的意思，说卫国的民众多。）"冉有说："人口多了，又该怎么办呢？"孔子说："让他们富裕起来。"冉有又问："富裕之后又怎么办呢？"孔子说："教育他们。"

孔子说："'善人治国连续到一百年，（纵然没有圣王出现）也可以驯服残暴之人，不必再使用刑杀的手段了'。（胜残，驯服残暴之人，使其不再行恶。去杀，不用刑罚杀戮。）这句话说得真对呀！（古人有过这种说法，孔子相信这一点。）"

孔子说："如有王者接受天命而施行仁政，也必须三十年才能大治。（三十年为一世。假如有王者接受天命，施行仁政，必须三十年才能成功。）"

孔子说："果真能够端正自己本身，从事政治何难之有？若不能正己，如何正人？"

定公问:"一言而可以兴国,有诸?"孔子对曰:"言不可以者是其几也。以其大要,一言不能兴国也。几,近也。有近一言兴国也。人之言曰:'为君难,为臣不易。'如知为君之难也,不几乎一言而兴邦乎?事不可一言而成知,如此则可近之。"曰:"一言而丧邦。有诸?"孔子对曰:"言不可以若是其几也。人之言曰:'予无乐乎为君,唯其言而莫予违也。'言无乐于为君。所乐者,唯乐其言而不见违也。如善而莫之违也,不亦善乎?如不善而莫之违也,不几乎一言而丧邦乎?人君所言善,无违之者则善也;所言不善,而无敢违之者,则近一言而丧国矣。"

叶公问政。叶公名诸梁。子曰:"近者悦,远者来。"

子夏为莒父宰,问政。莒父,鲁下邑也。子曰:"毋欲速,毋见小利。欲速则不达,见小利则大事不成。事不可以速成,而欲其速,则不达矣;小利妨大,则大事不成矣。"

樊迟问仁。子曰:"居处恭,执事敬,与人忠。虽之夷狄,不可弃也。虽之夷狄无礼义之处,犹不可弃去而不行之。"

子曰:"南人有言曰:'人而无恒,不可以作巫医。'南国之

鲁定公问："有人说一句话就可以把国家兴起来，有这样的情况吗？"孔子回答说："话虽不能这样讲，但也差不多了。（根据孔子所答的大概意思，即一句话不能使国家兴起来。几，指接近。但有接近一句话可以把国家兴起来的。）有人说过：做君主很难，做臣子也不容易。如果当君主的深知为君之难，这不是一句话就接近兴国了吗？（事情是不可能通过一句话就能完成的，但明白这句话的道理也接近可以使国家兴起了。）"鲁定公又问："还有人说一句话就可以把国家丧失，有这样的情况吗？"孔子回答说："话虽不能这样讲，但也差不多了。有人说过：我当君主没觉得有什么乐趣，唯一的乐趣，就是我所说的话无人敢违背。（这里是说对做国君没有什么乐趣，唯一的乐趣，就是自己所说的话不会被人反对。）君主说的话有道理，无人敢违背，不是很好的吗？如果说的没有道理，而又无人敢违背，这不是一句话就接近亡国吗？（国君所说的话，如果有道理，无人敢违背的话，那当然很好；如果所说的话没有道理，而无人敢违背的话，一句话就能亡国啊！）"

叶公问为政之道。（叶公，指沈诸梁。）孔子说："要使本国人欢悦，使他国人来归顺。"

子夏做了莒父的邑宰，向孔子请示政事。（莒父，鲁国的小县。）孔子说："不要急于求成，不要着眼于小利。急于求成反而达不到目的，着眼于小利就不能成就大事。（大事不可以求其速成，因为欲速反而达不到目的；小利妨碍大事，使大事不能成就。）"

樊迟问怎样做才是仁。孔子说："日常起居，时时处处恭敬守礼；做事认真，毫不苟且；待人忠诚，肝胆相照。就是到了没有教化的边远之地，这些为人之道也不可舍弃。（即使到了边远的夷狄之地，大家都不讲礼义，自己也不能够放弃这一原则不去落实。）"

孔子说："南国的人有句话说：人要是没有恒心，连巫医也治不

人也,言巫医不能治无常之人。善夫！善南人之言也。"

子曰:"君子和而不同,小人同而不和。君子心和,然其所见各异,故曰不同；小人所嗜好者同,然各争利,故曰不和也。"

子贡问曰:"乡人皆好之,何如？"子曰:"未可也。""乡人皆恶之,何如？"子曰:"未可也。不如乡人之善者好之,其不善者恶之。善人善己,恶人恶己,是善善明,恶恶着也。"

子曰:"君子易事而难悦也。不责备于一人,故易事也。悦之不以道,不悦也；及其使人也,器之；度才而官之。小人难事而易悦也。悦之虽不以道,悦也；及其使人也,求备焉。"

子曰:"君子泰而不骄,小人骄而不泰。君子自纵泰,似骄而不骄；小人拘忌,而实自骄矜也。"

子曰:"以不教民战,是谓弃之。言用不习之民,使之战,必破败,是为弃之。"

宪问

子曰:"有德者必有言,有言者不必有德；仁者必有勇,有

好他。(南人指南国的人。说巫医也不能治好没有恒常之心的人。)这话讲得好呀!(称赞南国人说的这句话。)"

　　孔子说:"君子待人和平忍让,但见解却与众不同。小人所见与众相同,但却不能与人和谐办事。(君子内心平和,但其见解与众不同,所以称为'不同'。小人所嗜好的东西相同,但他们之间会互相争利,所以说'不和'。)"

　　子贡问道:"一乡的人都喜欢他,此人如何?"孔子说:"未必即可相信他是好人。"子贡又说:"一乡的人都厌恶他,此人如何?"孔子说:"未必即可相信他是坏人。不如乡人之中的善人喜好他,恶人皆厌恶他。(善人喜欢自己,恶人厌恶自己,这样善人的善就分明了,恶人的恶也就显著了。)"

　　孔子说:"君子容易事奉,而难以取悦(君子不会对任何人求全责备,所以容易奉事)。但是用不合道义的方法去取悦君子,他是不会高兴的。等他用人时一定是实事求是,量才用人(衡量各人的才能,然后加以管理)。小人难以事奉,而容易取悦。取悦小人,虽然用不合道义的方法,但他还是会喜悦的。小人在用人之时,总是会求全责备。"

　　孔子说:"君子心中安稳舒泰,对人却不傲慢。小人对人傲慢,内心却并无主宰。(君子自然舒泰,表面看上去好像有骄慢,而实际上并不骄慢。小人拘束顾忌,而实际上是骄傲自负。)"

　　孔子说:"用没有受过教育的民众去作战,(让他们不明不白地与同类相互残杀)这等于抛弃他们。(用没有学习过战斗技能的人民去作战,等于让他们去白白送死,这也是抛弃他们。)"

宪问

　　孔子说:"有德行的人必定有善言,但有善言的人却不一定有德

勇者不必有仁。"

子曰："君子而不仁者有矣夫，未有小人而仁者也。虽曰君子，犹未能备也。"

子问公叔文子于公明贾，曰："信乎，夫子不言不笑不取？公叔文子，卫大夫。"对曰："以告者过也。夫子时然后言，人不厌其言也；乐然后笑，人不厌其笑；义然后取，人不厌其取也。"

子谓卫灵公之无道也，季康子曰："夫如是，奚而不丧？"孔子曰："仲叔圉治宾客，祝鮀治宗庙，王孙贾治军旅。夫如是，奚其丧？言虽无道，所任者各当其才，何为当亡也。"

子路问事君。子曰："勿欺，而犯之。事君之道，义不可欺，当犯颜谏争。"

子曰："不逆诈，不亿不信，抑亦先觉者，是贤乎！有人来，不逆之以为诈；不亿疑之以为有不信。然而人有诈不信，有以先发知之，是人贤逆诈亿不信，所以恨耻之也。"

子路问君子。子曰："修己以敬。敬其身也。"曰："如斯而已乎？"曰："修己以安百姓。修己以安百姓，尧、舜其犹病诸？病犹难也。"

行。有仁德的人必定有勇,但有勇的人不一定有仁德。"

孔子说:"君子中,学仁而尚未成熟的人是有的。至于小人,未尝学仁,便谈不上仁了。(虽然称为君子,但德行还未能完备。)

孔子向公明贾问及公叔文子,说:"听说他老先生不言、不笑、不取,这可信吗?(公叔文子,卫国的大夫。)"公明贾回答说:"这是传话的人言过其实了。他老先生该说时才说,所以别人就不讨厌他说话;真正欢乐时才笑,所以别人就不讨厌他笑;符合道义的才取,所以别人就不讨厌他取。"

孔子说到卫灵公的无道,季康子问:"既是这样,他为何不亡国?"孔子说:"他有仲叔圉办理外交,又有祝鮀办理宗庙之事,又有王孙贾办理军旅之事,这样,那里会亡国呢?(这是说君主虽然无道,但所任用的大臣各有专长,这样,怎么会亡国呢?)"

子路问事君的道理,孔子说:"必须不欺君,才能犯颜谏争。(臣子事君之道,不能欺君,为臣应当谏君,以阻止他的过失。假使他不高兴,甚至不惜犯颜谏诤。)"

孔子说:"不可以预料他人会来欺诈,不可以揣测他人不能守信。反过来说,以预料揣测而得事先发觉他人的欺诈或不信者,这岂能算是贤者呢?(不可预料他人会来诈欺,不可揣测他人不能守信。但现实中总有人常常事先发觉他人的诈欺或不信,并觉得能事先预知别人欺诈、不守信用,是自己的高明之处。所以君子对这些人是不以为然的,认为这本来就是一件可耻的事情。)"

子路问怎样才算君子。孔子说:"所谓君子,就是常怀着一颗虔诚、恭敬的心,来修正自己的不足。(以敬来修身。)"子路又问:"这样就够了吗?"孔子说:"修正自己来让百姓得到安乐。修正自己进而令百姓得以安乐,这件事就是连尧、舜那样的圣君,恐怕也难做得周

卫灵公

子曰:"无为而治者,其舜也与?夫何为哉?恭己正南面而已矣。言任官得其人,故无为也。"

子张问行。子曰:"言忠信,行笃敬,虽蛮貊之邦,行矣。言不忠信,行不笃敬,虽州里,行乎哉?行乎哉,言不可行也。子张书诸绅。绅,大带也。"

子曰:"志士仁人,无求生以害仁,有杀身以成仁。无求生而害仁,死而后成仁,则志士仁人不爱其身也。"

颜渊问为邦。子曰:"行夏之时,据见万物之生,以为四时之始;取其易知也。乘殷之辂,大辂越席,昭其俭也。服周之冕,取其黈纩塞耳,不任视听。乐则韶舞。韶,舜乐也,尽善尽美,故取之。放郑声,远佞人。郑声淫,佞人危,俱能惑人心,使淫乱危殆,故当放远之也。"

子曰:"人而无远虑,必有近忧。"

子曰:"臧文仲,其窃位者与?知柳下惠之贤,而不与立也。文仲,鲁大夫也。柳下惠,展禽也。知贤不举,为窃位也。"

到呀！（病，是难的意思。）"

卫灵公

　　孔子说："能够无为而治的人，大概只有舜吧？他自己究竟做了些什么呢？只是心存恭敬，对人对事一切恭敬，而自己庄严端正地在朝廷上面南而坐罢了。（这是说能够知人善任，那就可以无为而治。）"

　　子张问做事情怎样才能行得通。孔子说："一个人只要说话忠实守信，行为厚道恭敬，即使到了边远的蛮貊之国，也无往而不可行。假如说话不忠实守信，行为不厚道恭敬，即使在自己的家乡，难道就能行得通吗？（行乎哉，即是行不通的意思。）"子张把孔子的话恭恭敬敬地写在衣带上，以示不忘，时时遵照实行。（绅，大带。）"

　　孔子说："志士、仁人，不会因为保全生命而损害仁，宁可牺牲生命以成全仁。（不会因求生而损害仁，假如牺牲生命而能成全仁，志士仁人不会爱惜自己的生命。）"

　　颜渊问治国之道。孔子说："采用夏代的历法（凭借所见万物的生长规律，夏朝以此为春夏秋冬四时之始，这是从容易得知的天时中取法），乘坐殷代的大车（用最朴素的车子，坐蒲草编的席子，显明其崇尚俭约之德），戴上周代的衣冠（用黄绵做成丸状，悬在冕的两边，挡住两耳，取意是不随意乱看和乱听），取法舜帝的《韶》乐和舞蹈（韶，舜帝的音乐，尽善尽美，所以才用它）。抛弃郑国的乐声，不用巧言的佞人（郑国的音乐声调滥无节制，巧言的佞人危险，因为它们都能迷惑人心，使人民道德败坏陷于危险，所以应当放逐郑国的乐声、不用巧言的佞人）。"

　　孔子说："一个人如果没有长远的打算，就一定逃不了眼前的忧患。"

　　孔子说："臧文仲恐怕要算是一个盗窃官位的人了吧！他知道柳下惠是个贤人，却不举荐他，使他与己同立公朝。（文仲，鲁国的大

子曰:"躬自厚而薄责于人,则远怨矣。责己厚,责人薄,所以远怨咎也。"

子曰:"君子求诸己,小人求诸人。君子责己,小人责人。"

子曰:"君子不以言举人,有言者不必有德,故不可以言举人也。不以人废言。"

子贡问曰:"有一言而可终身行者乎?"子曰:"其'恕'乎!己所不欲,勿施于人。"

子曰:"巧言乱德;小不忍,乱大谋。巧言利口了,则乱德义;小不忍,则乱大谋。"

子曰:"众恶之,必察焉;众好之,必察焉。或众阿党比周;或其人特立不群,故好恶不可不察也。"

子曰:"人能弘道,非道弘人。材大者道随大,材小者道随小,故不能弘人也。"

子曰:"过而不改,是谓过矣。"
子曰:"吾尝终日不食,终夜不寝,以思,无益,不如学也。"

夫。柳下惠，姓展，字禽。知道有贤人，却不举荐他，这就是窃取名位。）"

孔子说："对自己从重责备，对人从轻责备，这样就可以远离他人的怨恨了。（对自己从重责备，对别人从轻责备，所以可远离他人的怨恨。）"

孔子说："君子凡事都在自己身上找原因，小人凡事都在别人身上找原因。（君子凡事责备自己，小人凡事责备别人。）"

孔子说："君子不因某人话说得好就举荐他（有善言的人不一定有德行，所以不可以因为一个人话说得好就荐举他），也不因某人没有品德便否定他的在理之言。"

子贡问孔子说："有没有一个字可以终身依之而行的呢？"孔子说："那就是恕字吧！自己所不想要的事情，不要加在别人身上。"

孔子说："能把无理说得有理，而且动听，这种言语足以扰乱人的德行。如在小处不能忍耐，便会扰乱大计。（巧妙的言辞，锋利的口辩，足以扰乱别人的道德仁义之心。如在小处不能忍耐，便会扰乱大计。）"

孔子说："大众厌恶某人，必须要去考察；大众爱好某人，也必须要去考察。（或许某人结党营私，而为他的同党所好。或许某人孤高独立而不合群，因而为众人所嫉。所以对于大众的毁誉，不可不细察其根由。）"

孔子说："人能把道弘扬光大，不是道能光大人。（人的德能愈大，道就会随之而光大，人的德能愈小，道就会随之而暗小，所以道不能弘扬人。）"

孔子说："一个人有过却不改正，这就叫做过了。"

孔子说："我自己曾经整天不吃饭，整夜不睡觉，独自寻思，但

季氏

季氏将伐颛臾。冉有、季路见于孔子,孔子曰:"求!无乃尔是过与?"冉有曰:"夫子欲之,吾二臣者,皆不欲也。"归咎于季氏。孔子曰:"求!周任有言曰:'陈力就列,不能者止。'周任,古之良史也。言当陈才力,度己所任以就其位,不能则当止。危而不持,颠而不扶,则将焉用彼相矣。言辅相人者,当能持危扶颠,若不能,何用相为也。且尔言过矣。虎兕出于柙,龟玉毁于椟中,是谁之过与?柙,槛也。椟,柜也。失虎毁玉,非典守者过耶?"冉有曰:"今夫颛臾,固而近于费。固,城郭完坚,兵甲利也。费,季氏邑。今不取,后世必为子孙忧。"孔子曰:"求,君子疾夫,疾如汝言。舍曰欲之,而必为之辞。舍其贪利之说,而更作他辞,是所疾。丘也闻,有国有家者,不患寡而患不均,不患土地人民之寡少,患政治之不均平。不患贫而患不安。忧不能安民耳,民安国富。盖均无贫,和无寡,安无倾。政教均平,则不患贫矣;上下和同,则不患寡矣。大小安宁,不倾危矣。夫如是,故远人不服,则修文德以来之。既来之,则安之。今由与求也,相夫子,远人不服而不能来也,邦分崩离析而不能守也,而谋动干戈于邦内。吾恐季孙之忧,不在颛臾,而在萧墙之内也。萧之言肃也,墙谓屏也。君臣相见之礼,至屏而加肃敬焉。是以谓之萧墙,后季氏家臣阳虎果囚季桓子也。"

无获益,还不如去求学好了。"

季氏

　　季氏准备攻伐颛臾。冉有、子路来见孔子,孔子说:"求,这恐怕是你的过失吧?"冉求说:"这是季氏想攻伐,我们两个做家臣的都不想攻伐(归罪于季氏)。"孔子说:"求,古时周任说过:要量度自己的能力,能做就做,不能做就告退(周任,古代一位贤良的史官。在所任职位上应当恪尽职守,根据自己的能力来担任职位,不能做就应告退)。否则,见人危险而不能维持,见人颠倒而不能扶起,那个人又何需你做他的辅相呢(辅相的人,应当能够扶持危局不至颠倒,如果不能,又何必需要任用辅相)?而且你说:'季氏想攻伐,我们两个做家臣的都不想攻伐。'你这话错了。譬如猛虎、犀牛从笼子里逃了出来,神龟宝玉毁坏在匣子里,这究竟是谁的过失呢(柙、槛。椟、柜。老虎逃出,宝玉毁坏,难道不是看守者的过失吗)?"冉有说:"现在颛臾的城墙坚固,而且离季氏的封邑费城很近(固,城墙坚牢,武器锋利。费,季氏的采邑)。今天不攻取它,将来必定是季氏子孙的忧患。"孔子说:"求,君子最忌讳的就是这一点(厌恶冉求所说的话),明明是季氏贪图颛臾之地,你避而不说,却非要捏造一些花言巧语来为他掩饰(不说自己贪图利益,却偏要捏造一些谎言,这是孔子所不能容忍的)。我听说过,拥有邦国的诸侯,拥有世家的卿大夫,不怕地少人稀,就怕不公平(不怕土地人民太少,怕的是为政失去公允,导致贫富悬殊,两极分化);不怕贫穷,就怕人心不安定(担心人民不能安居乐业。民安而后才能国富)。这是因为政教公平,百姓收入基本平均,就不存在贫穷(无贫富悬殊之弊);社会和谐,就不会人少(自有远方的人来归附);民心安定,国家就不致倾危(政令教化都能公平合理,就不担心有贫富悬殊、两极分化的

孔子曰："益者三友，损者三友。友直，友谅，友多闻，益矣；友便辟，便辟，巧避人所忌以求容媚。友善柔，面柔者也。友便佞，损矣。便，辩也。谓佞而辩。"

孔子曰："益者三乐，损者三乐。乐节礼乐，动则得礼乐之节。乐道人之善，乐多贤友，益矣；乐骄乐，恃尊贵以自恣。乐佚游，佚游，出入不节。乐宴乐，损矣。宴乐，沈荒淫默也。三者，自损之道。"

孔子曰；"侍于君子有三愆：言未及之而言，谓之躁；躁，不安静。言及之而不言，谓之隐；隐，匿。不尽情实。未见颜色而言，谓之瞽。未见君子颜色所趋向，而便逆先意语者，犹瞽者也。"

现象出现了；全国上下同心同德，这样就不用担心人民太少了；上下安宁，大事小事都会得到妥善治理，国家便不致倾危了）。能做到这样，如果远方之人还不能来归附，再通过加强礼乐道德的教化来感召他们。他们来了，就要令他们安心。如今仲由与冉求你们两个同时辅佐季氏，远方的人不服，而不能修明礼乐道德来感召他们，国内人心分崩离析，连自身都难保，还要出兵讨伐本国的附庸，我恐怕季孙的忧患不在颛臾，而就在他自己家中啊！（"萧"即是肃，"墙"即是屏风。君臣相见的礼节，人臣至此屏风，便会更加肃然起敬，所以叫做"萧墙"。后来季氏的家臣阳虎果然囚禁了季桓子。）"

　　孔子说："有益的朋友有三种，有损的朋友有三种。交正直的朋友，交诚实的朋友，交博学多闻的朋友，交这三种朋友是有益的。交恭谨周旋的朋友（便辟，是指机巧地避开别人所顾忌的事情，以求谄媚别人），交善于面柔的朋友（阿谀奉承的人），交巧于言辞的朋友，交这三种朋友都会有损于自己的德行（便，善辩。即巧言而善辩）。"

　　孔子说："有益的乐事有三，有害的乐事有三。以言行举止合乎礼乐法度为乐事（言行都能得到礼乐的节制），以宣扬称道他人的嘉德善行为乐事，以多得贤友为乐事，这就是有益的了。以骄纵享乐为乐事（恃凭尊贵而自我放纵），以放纵游荡而无节制为乐事（佚游，作息没有节度），以宴饮欢聚吃喝玩乐为乐事，这就是有害的了（宴乐，迷于逸乐荒淫。这三样都是损害自己的事情）。"

　　孔子说："随侍君子，容易犯三种过失。话未到当说时而说，这叫做心浮气躁（躁，指不安静）。话当说时不说，这叫做隐匿（隐，隐瞒，不尽情实）。没有观察君子的表情神色就说话，这犹如盲者说话而不看对方（没有从君子的表情神色中看出他所关心的问题，便抢先乱说一通，这样就如同盲人，尽说些瞎话了）。"

孔子曰:"君子有三戒:少之时,血气未定,戒之在色;及其壮也,血气方刚,戒之在斗;及其老也,血气既衰,戒之在得。得,贪得也。"

孔子曰:"君子有三畏:畏天命,顺吉逆凶,天之命。畏大人,大人即圣人,与天地合德也。畏圣人之言。小人不知天命而不畏,狎大人,侮圣人之言。"

孔子曰:"生而知之者,上也;学而知之者,次也;困而学之,又其次也;困谓有所不通也。困而不学,民斯为下矣。"

孔子曰:"君子有九思:视思明,听思聪,色思温,貌思恭,言思忠,事思敬,疑思问,忿思难,见得思义。"

孔子曰:"见善如不及,见不善如探汤。"

齐景公有马千驷,死之日,民无得而称焉;千驷,四千足也。伯夷、叔齐饿于首阳之下,首阳,山名。民到于今称之,其斯之谓与!此所谓以德为称。

孔子说:"君子要戒三件事。少年时,身体内的血气尚未充实,要戒的是色情之欲。到了壮年时,此时血气正好刚强,要戒的是与人争斗。到了老年时,血气已衰,要戒的是贪求事功(得,指贪求)。"

孔子说:"君子有三事敬畏:敬畏因果报应(顺道则吉,从逆则凶,是天之命),敬畏圣人(大人,即是圣人,与天地同德);敬畏圣人之言。小人不知道有因果报应,因而不懂得敬畏,轻视圣人,侮慢圣人之言。"

孔子说:"天性仁厚,从小就善恶分明的人,是上智之人;长大后通过学习才懂得要近善远恶的,是次一等的人;一定要等到在现实中碰得头破血流之后,才懂得要改过向善的人,是又次一等的人(困,指的是生活不如意,时常遇到障碍、麻烦)。人生充满不幸,但却一直不能在自己身上找原因,执迷不悟的人,这样的人就是最下等的了。"

孔子说:"君子在九个方面特别注意:眼睛要会看(能够由表及里,把问题看得明白、透彻);耳朵要会听(不要偏听偏信,还要能听出他人言语中的弦外之音);神色要温和安详;行为举止要谦恭有礼;说话要忠厚老实,言而有信;做事情要尽心尽力;疑难之处要多问;怨恨心生起,怒气难遏时,要想到它的后患;面临利益得失时,要想到是否符合道义。"

孔子说:"见到人有善行,要有慕贤之心,好像跟在别人后面赶路,生怕追不上他;碰到不善的事情,就像以手去探刚烧开的热水一样(不敢接触,避之唯恐不及)。"

齐景公有马四千匹,死的时候,百姓想不出他有甚么善行可以称述(千驷,四千匹马)。伯夷、叔齐兄弟二人,在首阳山下挨饿(首阳,山名),百姓到现在还称赞他们。那就是这个意思吧(这里是说,因为

阳货

子曰:"性相近也,习相远也。君子慎所习。"

子张问仁于孔子。孔子曰:"能行五者于天下,为仁矣。""请问之。"曰:"恭、宽、信、敏、惠。恭则不侮,不见侮也。宽则得众,信则人任焉,敏则有功,应事疾则多成功。惠则足以使人。"

子曰:"由!汝闻六言六蔽乎?"对曰:"未。""居!吾语汝。好仁不好学,其蔽也愚;仁者爱物,不知所以裁之,则愚也。好智不好学,其蔽也荡;荡,无所适守。好信不好学,其蔽也贼;父子不知相为隐之辈。好直不好学,其蔽也绞;好勇不好学,其蔽也乱;好刚不好学,其蔽也狂。狂,妄抵触人也。"

子曰:"礼云礼云,玉帛云乎哉?言礼非但崇此玉帛而已,所贵者,乃贵其安上治民。乐云乐云,钟鼓云乎哉?乐之所贵者,移风易俗也,非但谓钟鼓而已。"

子曰:"鄙夫可与事君也哉?言不可与事君。其未得之也,

有德行，所以能为人民所称赞）！

阳货

　　孔子说："人若依其尽善尽美的本性，就能互敬互爱，和谐相处；人若顺着自己自私自利的习性，相互之间就会越来越疏远（君子必谨慎对待自己的习性）。"

　　子张问孔子怎样做才是仁人。孔子说："能行五事于天下，便可称为仁人了。"子张请教孔子是哪五事，孔子说："恭、宽、信、敏、惠。恭敬人，就不会被人侮慢（不被侮慢）；宽厚待人，就会得到众人悦服；言而有信，就能得人信任；做事敏捷，就能成功（做事敏捷，则大多成功）。施惠于人，就能使用人。"

　　孔子说："由，你听说过六种事有六种障碍的道理吗？"子路起立回答说："没有。"孔子说："坐下，我告诉你。好仁而不好学，其偏蔽将至于不分善恶，如同愚人（好仁者喜欢到处行善，但如果不能明辨是非善恶，便如同愚人）。好智而不好学，其偏蔽将至于放荡不羁（荡，没有操守）。好信而不好学，其偏蔽将至于死守教条，反而有害于人性（例如父子之间不懂得互相为对方隐瞒的这类人就是）。好直而不好学，其偏蔽将至于不懂得避讳，喜欢讥人之非，揭人之短，流于绞刺。好勇而不好学，其偏蔽将至于喜欢生事，常常给人添乱。好刚而不好学，其偏蔽将至于狂妄，容易冒犯他人（狂妄，抵触他人）。"

　　孔子说："大家常说礼呀礼呀，仅是指玉帛等礼仪用品吗（礼，并非只崇尚玉帛，它的可贵之处，在于能够使居上位者安于其位，使居下位者也都能各得其所）？大家常说乐呀乐呀，仅是指钟鼓的声音吗（乐的可贵之处，在于能改善社会风气与习俗，并非只崇尚钟鼓之音而已）？"

　　孔子说："没有品行的人，可以让他事奉君主吗（不可以事君）？

患得之；患得之者，患不能得之。既得之，患失之。苟患失之，无所不至矣。无所不至者。言邪媚无所不为。"

子曰："恶紫之夺朱也，恶其邪好而夺正色。恶郑声之乱雅乐也，恶其邪音而乱雅乐。恶利口之覆邦家也。利口之人，多言少实，苟能悦媚时君，倾覆国家也。"

子贡曰："君子亦有恶乎？"子曰："有恶，恶称人恶者，好称说人恶，所以为恶也。恶居下流而讪上者，讪，谤毁也。恶勇而无礼者，恶果敢而窒者。"窒，塞。曰："赐也亦有恶乎？""恶徼以为智者，徼，抄也。抄人之意以为己有。恶不逊以为勇者，恶讦以为直者。讦，谓攻发人之阴私。"

微子

柳下惠为士师，士师，典狱之官也。三黜。人曰："子未可以去乎？"曰："直道而事人，焉往而不三黜？苟直道以事人，所至之国，俱当复三黜。枉道而事人，何必去父母之邦？"

周公谓鲁公鲁公，周公之子伯禽也。曰："君子不施其亲，施，易也。不以他人之亲易己之亲。不使大臣怨乎不以。以，用也。怨不见听用也。故旧无大故，则不弃也。无求备于一人。

这样的人为得名位利禄，尚未得时，惟恐得不到（患得的人，惟恐得不到）；得到了，又生怕失去。一旦有了生怕失去的心，那他就什么事都做得出来了（无所不至，说的是奸邪谄媚之类的事，没有做不出来的）。"

孔子说："我不愿看到紫色过于显眼，盖过了朱红的正色（厌恶它以邪好夺去了正色的地位）；不愿意看到郑声扰乱了雅乐（厌恶郑国的邪音破坏典雅的乐曲）；更不愿意看到让口才锐利之人倾覆了国家（口才锐利的人，说起来头头是道，但很少有真实的道德学问，一旦能够逢迎取悦当时的君主，国家就会被倾覆了）。"

子贡说："君子对人也有所憎恶吗？"孔子说："有憎恶。君子憎恶宣扬他人之恶的人（喜欢宣扬他人之恶，所以为君子所憎恶），憎恶居下位而毁谤在上位者的人（讪，毁谤），憎恶有勇而无礼的人，憎恶果敢而不通事理的人（窒，塞）。"孔子又说："赐，你也有所憎恶吗？"子贡回答说："我憎恶抄袭别人之意却自以为有智的人（徼，抄。抄袭他人，把他人的意思作为自己所有），憎恶不谦逊而自以为有勇的人，憎恶揭发他人阴私而自以为率直的人（讦，就是攻发别人的阴私）。"

微子

柳下惠做鲁国的典狱官（士师，典狱之官），无罪而三度被黜退。有人说："你还不可以离开鲁国吗？"他说："我用直道事人，到哪一国不会被再三黜退呢（如果用直道来事奉于人，所到的国家，自己都会被再三撤职）？如果我舍弃直道，用曲道事人，又何必离开自己的国家，鲁国呢？"

周公对鲁公说（鲁公，周公的儿子伯禽）："君子不疏远他的亲族（施，轻视的意思。不因他人的亲族而轻视疏忘了自己的亲族）；不使大臣抱怨不获所用（以，用。抱怨不被听从并予任用）；对老朋友，如无恶

大故，谓恶逆之事也。"

子张

子夏曰："小人之过也必文。文饰其过，不言情实也。"

子夏曰："君子信而后劳其民，未信，则以为厉己也；厉，病。信而后谏，未信，则以为谤己也。"

孟氏使阳肤为士师，阳肤，曾子弟子也。士师，典狱官也。问于曾子。曾子曰："上失其道，民散久矣。如得其情，则哀矜而勿喜。民之离散为轻漂犯法。乃上之所为。非民之过也。当哀矜之。勿自喜能得其情也。"

子贡曰："纣之不善也，不如是之甚也。是以君子恶居下流，天下之恶皆归焉。纣为不善以丧天下，后世憎之甚，皆以天下之恶，归之于纣也。"

子贡曰："君子之过也，如日月之食焉：过也，人皆见之；更也，人皆仰之。更，改也。"

尧曰

"朕躬有罪，无以万方；万方有罪，罪在朕躬。无以万方，

逆等重大罪过,就不要遗弃他。不要对一个人求全责备(大故,即是恶逆的事)。"

子张

子夏说:"小人有过,一定会以不实的言辞掩饰其过失(文饰其过,不讲出事情的真相)。"

子夏说:"君子在位时,先要取得民众的信赖,然后才能劳役民众,如果未得信赖,民众就会以为你虐待他们(厉,损害的意思)。劝谏别人之前,先要取得别人的信任,然后才能进行劝谏,如果未得信任,别人就会以为你在毁谤他。"

孟孙氏任命阳肤为典狱官(阳肤,曾子的学生。士师,典狱官)。阳肤请示曾子,曾子说:"在上位的人已失其为政之道,民心离散已久。你若获得民众犯罪的情实,就须为犯人哀伤,要怜悯犯人,不能因得实情而喜(民心离散,便会轻易剽掠,触犯刑法,然而,这是在上位的人丧失其为政之道所致的,并非百姓的过失,所以要怜悯犯人,不能因为断案成功、罪犯伏法而生欢喜之心)。"

子贡说:"纣王的罪恶,应该不至于如此过分。所以君子爱惜自己的名誉,不愿居于下流,一居下流,就要像纣王那样,天下所有的罪恶都归到他一个人身上了(纣王暴虐无道而丧天下,后世的人对他极其憎厌,把天下的罪恶都归于他一人身上)。"

子贡说:"君子的过错,就如日蚀和月蚀一样。他有过失时,人人都看得见。他改正了过失,人人都仰望他(更,改正)。"

尧曰

汤王说:"我本人有罪,请天帝不要牵连万方之民。万方之民有

万方不与也。万方有罪，我身之过。""虽有周亲，不如仁人。亲而不贤不忠，则诛之，管、蔡是也；仁人箕子微子，来则用之。百姓有过，在予一人。"谨权量，审法度，修废官，四方之政行焉。权，秤也。量，斗斛。兴灭国，继绝世，举逸民，天下之民归心焉。所重：民、食、丧、祭。重民，国之本也；重食，民之命也；重丧，所以尽哀也；重祭，所以致敬也。宽则得众，敏则有功，公则悦。言政公平则民悦矣，凡此二帝三王所以治，故传以示后世也。

子张问政于孔子曰："何如斯可以从政矣？"子曰："尊五美，屏四恶，斯可以从政矣。屏，除也。"子张曰："何谓五美？"子曰："君子惠而不费，劳而不怨，欲而不贪，泰而不骄，威而不猛。"子张曰："何谓惠而不费？"子曰："因民所利而利之，斯不亦惠而不费乎？利民在政，无费于财。择可劳而劳之，又谁怨？欲仁而得仁，又焉贪？君子无众寡，无小大，无敢慢，言君子不以寡小而慢之。斯不亦泰而不骄乎？君子正其衣冠，尊其瞻视，俨然人望而畏之，斯不亦威而不猛乎？"子张曰："何谓四恶？"子曰："不教而杀，谓之虐；不戒视成，谓之暴；不宿戒而责目前成，为视成也。慢令致期，谓之贼；与民无信而虚刻期。犹之与人也，出纳之吝，谓之有司。谓财物俱当与人，

罪，罪过都在我身上（不要牵连万方之民，意思是这与万方之民没关系。万方之民有罪，那也是因为我的过失）。"周武王说："虽有周家最亲的人，但不如有仁人（虽是亲人，若不贤良，不忠诚，就要惩罚。管叔、蔡叔就是这种人了。仁人，如箕子、微子，他们来了就任用他们）。我若不教百姓，使百姓有罪过，当归罪于我一人。"谨慎统一度量衡，审察礼仪制度，重新设立已废的旧有官职，四方之政就能顺利地施行（权，指秤。量，指斗斛之类）；兴起已灭的诸侯之国，为已绝祀的贤卿大夫立后，举用隐居的才行超逸之民，这样，天下的民心自然来归了。帝王所重视的是：人民、粮食、丧礼、祭祀（重视人民，因为这是国家的根本。重视民食，因为这是人民的性命所在。重视丧礼，是为了竭尽哀思。重视祭祀，是为了极尽诚敬）。宽厚待人，就得众人归附。办事敏捷，就有事功。为政公平，就使民心悦服（为政公平，就会使百姓心悦诚服。二帝三王所行之政皆是此法，所以他们的德政得以传扬，启示后世）。

　　子张问孔子说："怎样才可以从事政治呢？"孔子说："要尊崇五种美事，屏除四种恶事，这就可以从政了（屏，屏除）。"子张问："什么是五种美事？"孔子说："君子为政，给百姓恩惠而不耗费财力，役使百姓而不招民怨，有欲而非自私之贪，心中安泰而不骄傲，有威仪而不凶猛。"子张又问："怎样才算给百姓恩惠而不耗费财力？"孔子说："就着百姓可以得利之处，制定适当的政策来利民，这不就是惠民而不耗费财力吗（利益人民，在于政策，不用耗费财力）？需用民间劳力时，选择合适的时间役使百姓，又有谁会怨呢？欲行仁政，欲行即行，便能得仁，又有什么贪可言呢？君子待人，无论多数少数，也不论是大人物小人物，都不敢怠慢（君子不会因人少、势力小而怠慢他们），这不就是心中安泰而不骄傲吗？君子端正其衣冠，自尊其瞻视仪容，令人望之俨然而生敬畏，这不就是有威仪而不凶猛

而吝啬于出内,惜难之,此有司之任耳,非人君之道。"

吗？"子张又说："什么是四种恶事？"孔子说："为政不先教民，民众犯罪就杀，这叫做虐。为政不在事先一再地告诫，而立刻就要看到成果，这就是暴（不事先告诫，而要求立刻完成，这就叫'视成'）。政令发布很慢，限期完成却是紧急而刻不容缓，这就是贼害民众（对人民没有信用，而且虚设限期）。如同给人财物，到出纳时却显出吝啬，这就叫库吏作风（这是说财物应当给人，却感到为难，舍不得，所以出手吝啬，这样的行为只能算是库吏作风，决非为人君主之道）。"

卷十　孔子家语

始诛

　　孔子为鲁大司寇,朝政七日,而诛乱法大夫少正卯,戮之于两观之下,两观,阙也。尸于朝三日。子贡进曰:"夫少正卯,鲁之闻人也。今夫子为政而始诛之,或者为失之乎?"孔子曰:"天下有大恶者五,而盗窃不与焉。一曰心逆而险,二曰行僻而坚,三曰言伪而辨,四曰记丑而博,丑谓非义。五曰顺非而泽。此五者,有一于人,则不免于君子之诛。而少正卯皆兼有之。其居处足以撮徒成党,撮,聚也。其谈说足以饰褒荣众,其强御足以反是独立。此乃人之奸雄也,不可以不除。"

　　孔子为鲁大司寇,有父子讼者,夫子同狴执之,狴,狱牢也。三月不别。其父请止,夫子赦焉。季孙闻之,不悦,曰:"司寇欺余。曩告余曰:'为国家者,必先以孝',今戮一不孝,以教民孝,不亦可乎?而又赦之,何哉?"

　　孔子喟然叹曰:"呜呼!上失其道,而杀其下,非理也;不教以孝,而听其狱,是杀不辜也。三军大败,不可斩也,狱犴不治,不可刑也。何者?上教之不行,罪不在民故也。夫慢

始诛

孔子被任命为鲁国的大司寇,理政才七天,就处死了扰乱礼法制度的大夫少正卯,将他在宫殿台门外的两座高台下杀掉,并暴尸三日。弟子子贡向孔子进言说:"少正卯是鲁国的名人,现在先生一上任就杀了他,这样做是否有些失当?"孔子说:"天下的大罪恶有五类,盗窃这样的罪恶都不在其中。一是心存悖逆又阴险狡诈;二是行为邪僻又固执己见;三是言语虚妄又能巧言善辩;四是搜集记录各类丑闻劣迹并且不厌其多;五是随顺邪佞之事,并且将其粉饰美化。这五种罪恶,人若犯了一条,都免不了受到君子的诛杀,何况少正卯五种都具足了呢?他的住所足以集聚门徒,结党成派;他的言论足以颠倒黑白,蛊惑大众;他的强悍有力足以悖逆正道,独树邪见。这样的人真正是人群中的大奸大恶,不可以不除掉!"

孔子任鲁国大司寇时,有父子俩前来打官司,孔子就把他们逮起来,关进了同一间牢房,三个月过去了都没判决。后来,做父亲的请求撤诉,孔子就赦免了他们。季孙听说了这件事,不太高兴,说:"司寇欺骗了我。他以前告诉我说:'治理国家必须把孝道放在第一位。'现在杀一个不孝之子,以教导百姓尽孝,不也可以吗?可他却将他们父子全都赦免了,这是为什么?"

孔子感慨地叹息说:"身居上位不能恪行其道,没有教化好百姓,却要滥杀他们,这是不合情理的。不教百姓孝顺父母、友爱兄弟,为官只知道判案定罪,这是杀害无辜。全军大败,不可因此而责杀兵士;司法混乱,就不能轻易对犯人实施刑罚。为什么?因为在上

令谨诛,贼也;征敛无时,暴也;不诫责成,虐也;政无此三者,然后刑可即也。既陈道德以先服之,而犹不可,则尚贤以劝之,又不可,则废不能以惮之。若是,百姓正矣。其有邪民不从化者,然后待之以刑,则民咸知罪矣。是以威厉而不试,刑措而不用也。今世不然,乱其教,烦其刑,使民迷惑而陷罪焉,又从而制之,故刑弥繁而盗不胜也。世俗之陵迟久矣,虽有刑法,民能勿逾乎?"

王言

孔子闲居,谓曾子曰:"参,汝可语明王之道与?居,吾语汝。夫道者,所以明德也;德者,所以尊道也。是故非德道不尊也,非道德不明也。虽有国之良马,不教服乘,不可以取道里;虽有博地众民,不以道治之,不可以致霸王。是故昔者,明王内修七教,外行三至。七教修,而可以守;三至行,而可以征。明王之道,其守也,则必折冲千里之外;其征也,还师衽席之上。故曰:内修七教而上不劳,外行三至而财不费。此之谓明王之道也。"曾子曰:"不劳不费之为明王,可得而闻乎?"孔子曰:"昔者帝舜左禹,右皋陶,不下席而天下治。夫

位的没有进行教育，所以罪不在百姓。法令松弛而诛杀甚严，那是对百姓的残害；随意征收赋税而没有定时，这是欺凌百姓的暴政；不教化百姓却苛求其守礼守法，这是虐待百姓。国家朝政没有了这三种弊害，才可以施用刑罚。为政者应提倡伦理道德，并以身作则，使人民信服；如果还不行，就通过表彰树立道德模范来规劝大众，积极向善；若还是不行，就放逐、罢黜一些品行不端的人，以震慑他们。照这样做下去，百姓自然就会遵纪守法，民风也就良善了。若还有奸邪之徒顽固不化，最后才用刑罚制裁他们。如此民众就能明理而知耻，羞于犯罪。于是，就不须使用严厉、苛责的政令，刑罚也可以搁置不用了。当今社会却不是这样，教育失当，刑罚繁多，使民众迷惑颠倒、不明道理，很容易陷他们于犯罪的境地，却又要严厉惩治他们，所以刑罚愈来愈多而盗贼却屡除不尽。社会风气的衰颓已经很久了，虽有刑法，百姓能不越轨犯法吗？"

王言

孔子在家闲居，弟子曾参在身边侍候。孔子说："曾参啊，你能说清楚圣明君王的治国之道吗？坐下，听我给你说。道，是用来彰显德的；德，是用来遵循道的。所以，没有德，道就不会得到尊崇；没有道，德就无法得到发扬光大。即使有全国知名的好马，不对它进行必要的训练，就不能驾车疾行于道路；纵然有广大的国土、众多的百姓，不用符合伦理道德的教化来治理，就不可能赢得远近各国的共同拥戴而王霸天下。所以从前圣明的君王，对内实行'七教'，对外实施'三至'。君王真正落实'七教'，就可以守住基业，'三至'做到了，就可以对外征伐不义。按照圣明君王的治国之道，守卫自己的国家，必能御敌于千里之外（使其不敢进犯）；若征伐不义之国，则安坐于

如此,何上之劳乎?若乃十一而税,用民之力,岁不过三日,入山泽以其时而无征,此则生财之路也。而明王节之,何财之费乎?"

曾子曰:"敢问何谓七教?"孔子曰:"上敬老,则下益孝;上尊齿,则下益悌;上乐施,则下益宽;上亲贤,则下择友;上好德,则下无隐;上恶贪,则下耻争;上廉让,则下知节。此之谓七教也。七教者,治民之本也。政教定,则本正矣。凡上者,民之表也,表正则何物不正!"曾子曰:"道则至矣!弟子不足以明之。"孔子曰:"参,汝以为姑止此乎?"

"昔者明王之治民也有法,必裂地而封之,分属而理之,然后贤民无所隐,暴民无所伏。使有司日省而时考之,进用贤

枕席之间不用起身，就可以坐等胜利之师凯旋归来。所以说，只要君王对内实行'七教'，就不会因政事而烦劳；对外实施'三至'，国家资财就不会耗费。这就是圣明君王的治国之道。"曾子说："不为政事而奔忙，也不劳民伤财就称得上圣明的君王，能够讲给弟子听听，有谁做到了吗？"孔子说："从前舜帝左有大禹右有皋陶，君王不离开坐席而天下便可得到治理。像这样，君王有什么劳累呢？如果只按收成百分之十的标准征税；派用百姓服劳役每年不超过三天；按季节让百姓进入山林湖泊狩猎打鱼，但却不向他们征收任何赋税，这些都是帮助老百姓致富的好办法，圣明的君王只需对百姓的渔猎活动适当加以引导和节制（使其不违背时令）就行了，哪里需要耗费国库的钱财呢？"

曾子说："请问什么是'七教'呢？"孔子说："居上位的孝敬父母恭敬长辈，下面的人就会更加恪守孝道；居上位的尊敬同辈中的年长者，下面的人就会更加兄友弟恭；居上位的乐善好施，下面的人也会更加仁爱宽厚；居上位的亲近贤人，下面的人就知道结交良友；居上位的注重道德修养，下面的人就不会背地里胡作非为；居上位的憎恶贪婪行为，下面的人就会以争名夺利为耻；居上位的廉洁谦让，下面的人就会懂得节俭和讲礼节。这就是所谓的七种教化。这七种教化，是教化安民的根本。政治教化的原则定了，则'根本'就端正了。凡是居上位的，都是民众的表率，表率端正，还有什么人不正呢？"曾子说："这个道理确实是深奥到极点了啊！以学生目前的修养还无法完全明白其中的道理。"孔子说："曾参，你以为就只是这些吗？"

"古代圣明的君王治理百姓，是有一套方法的。一定是先把土地划分疆域分封下去，受封的诸侯在各自的领域内进行管理。这样

良,退贬不肖,然则贤良者悦,而不肖者惧。哀鳏寡,养孤独,恤贫穷,诱孝悌,选才能。此七者修,则四海之内无刑民矣。上之亲下也,如手足之于腹心;下之亲上也,如幼子之于慈母矣。上下相亲如此,故令则从、施则行。民怀其德,近者悦服,远者来附,政之致也。田猎罩弋,罩,掩网也。弋,缴射也。非以盈宫室也;征敛百姓,非以充府库也。惨怛以补不足,礼节以损有余,多信而寡貌,其礼可守,其言可覆,其迹可履。其于信也,如四时;其博有万民也,如饥而食,如渴而饮。民之信之,如寒暑之必验也。故视远若迩,非道迩也,见明德也。是故兵革不动而威,用利不施而亲。此之谓明王之守折冲乎千里之外者也。"

曾子曰:"敢问何谓三至?"孔子曰:"至礼不让而天下治,至赏不费而天下之士悦,至乐无声而天下之民和。明王笃行三至,故天下之君可得而知也,天下之士可得而臣也,天下

一来，贤良之人就不会被埋没，凶暴之徒就无处藏身；再派主管的官员经常去各地视察、定时考核，提拔任用贤良的人才，降职或罢免德行、才能不合格的官员。于是贤良之士就会心情舒畅愉快，而德能差的官员就会害怕。怜悯鳏夫、寡妇；抚养幼年失去父母的孤儿和年老无子的人；体恤、救济贫穷困苦的人；鼓励、教导百姓孝敬父母、敬长爱幼；选拔贤能出众的人才。做好这七个方面，则四海之内就没有触犯法律的人了。身居上位者爱护下面的人，能如同手足保护心腹一样；那么下面的人爱戴上位者，也会如同幼儿对慈母般的依恋。上下能如此亲近互爱，那么上面的命令百姓就会听从，施政措施也会马上得以推行。百姓感念其恩德，近处的人心悦诚服，远处的人也会前来归附。这便是善政带来的结果。打猎、捕禽不是为了使猎物充满宫室；向百姓征收的赋税也不是为了使国库充实；以悲悯之心补给百姓的不足，用礼的教化来防范其淫逸，节制奢靡。诚信待人而不事浮华，其教化的礼义就能守得住，所说的话能够落实兑现，所做的事足以让人效法。圣王对于诚信，就像四季按时交替一样不会违背，圣王能够博有天下万民，就如人饿了需要吃饭、渴了就需要喝水一样自然而然。老百姓相信这一点，就像相信冬天一定会寒冷，夏天一定会炎热一样的坚定不疑。所以，百姓觉得君王就在身边，不是因为离君王距离近，而是四海之内都遍布着他的德泽和圣明的教化。所以圣王不动用军队就自然对天下有威慑力；资财、恩惠并未施予就会令人感到亲切。这就是圣明君王的守卫，可以御敌于千里之外的道理。"

曾子说："请问什么是'三至'呢？"孔子说："礼的最高境界是，不需要相互谦让便能使贤愚各就其位，把天下治理得井井有条；奖励的最高境界是，不需要另外耗费财物，便能使天下之士满心喜

之民可得而用也,"曾子曰:"敢问此义何谓也?"孔子曰:"古者明王必尽知天下良士之名。既知其名,又知其实,既知其实,然后因天下之爵以尊之,此之谓至礼不让而天下治;因天下之禄以富天下之士,此之谓至赏不费而天下之士悦。如此,则天下之明誉兴焉,此之谓至乐无声而天下之民和。故曰:所谓天下之至仁者,能合天下之至亲者也;所谓天下之至智者,能用天下之至和;所谓天下之至明者,能举天下之至贤。此三者咸通,然后可以征。

是故仁者莫大于爱人,智者莫大于知贤,政者莫大于官能。有士之君,能修此三者,则四海之内供命而已矣。夫明王之所征,必道之所废者也。是故诛其君而改其政,吊其民而不夺其财。故曰:明王之征也,犹时雨之降也,至则民悦矣。是故行施弥博,得亲弥众,此之谓还师衽席之上。"言安而无忧也。

悦；音乐的最高境界是，不发出鼓乐的声响，便能使天下百姓都心地祥和，相处无争。圣明的君王认真做到'三至'，则天下所有的诸侯国王都知道他的圣明，天下贤士便可成为他的臣子，天下的百姓便可为他所用。"曾子说："请问这段话的具体涵义是什么？"孔子说："古代圣明的君王一定知道天下所有贤士的名声，知道他们的名声，再了解他们的真实德行，对他们每个人的真实德行都了若指掌，然后便以享誉天下的爵位来封赏他们，使他们拥有尊贵的地位。这就是礼的最高境界：不需要相互谦让便能使天下得以治理。把官位俸禄都留给天下那些真正的贤士，使他们都能因贤德而成为富有的人。这就是奖励的最高境界。不需要耗费财物，便能使天下之士喜悦。这样，天下百姓对美好德行的赞誉就会自然兴起，而这种百姓发自内心的赞誉，就是音乐的最高境界，不需要发出宫商之音，就能使天下百姓心地祥和，相处无争。所以说，所谓天下最有仁德的人，就是能把全天下团结成一家那样亲密无间的人；所谓天下最有智慧的人，就是能使天下达到高度和谐的人；所谓天下最圣明的人，就是能为天下举荐最有德才者之人。作为一国之君，能符合以上三个标准，才可以对外征讨违背道义之国。

所以说，所谓仁，没有比爱别人更仁慈的了；所谓智，没有比能认清贤才更富有智慧的了；所谓为政，没有比任用贤能之士更重要的了。作为拥有各种能人异士的君王，如果能够做到以上三者，则四海之内的人民就会供奉、尊命于他。大凡圣明君王所征伐的诸侯国，必然是违背天理道义，让百姓过着水深火热生活的国家，所以其征伐无非是替天行道，废除其国君，改变其政治，怜悯安抚百姓而不夺取他们的财物。所以说，圣明君王的征伐，就像天降及时之雨，大兵所到之处，百姓无不喜悦。因而其教化的范围越来越广，得到百姓的

大婚

孔子侍坐于哀公,公问曰:"敢问人道谁为大?"孔子对曰:"夫人道,政为大。夫政者,正也。君为正,则百姓从而正矣。君之所为,百姓之所从也。君之不为,百姓何从?"公曰:"敢问为政如之何?"孔子对曰:"夫妇别、父子亲、君臣信,三者正,则庶物从之矣。内以治宗庙之礼,足以配天地之神也;出以治直言之礼,足以立上下之敬也。夫妇正,则出可以治政言礼矣;身正,乃可以正人矣。物耻,则足以振之;耻事不如礼,则足以振教之也。国耻,则足以兴之。耻国不如,礼则足以兴起之。故为政先乎礼,礼其政之本与。"孔子遂言曰:"昔三代明王之必敬妻子也,盖有道焉。妻也者,亲之主也,子也者,亲之后也,敢不敬与?是故君子无不敬也。敬也者,敬身为大。身也者,亲之支也,敢不敬与?不敬其身,是伤其亲;伤其亲,是伤其本也;伤其本,则支从而亡。三者,百姓之象也。言百姓之所法而行。身以及身,子以及子,妃以及妃。君修此三者,则大化忾于天下。忾,满也。

爱戴也就越来越多。这就是前面所说的高枕于衽席之上就可以坐等胜利之师凯旋归来的意思。（指对于征伐这样的大事，圣王能安详无忧稳操胜券。）

大婚

孔子在陪伴鲁哀公坐着说话时，哀公问道："请问人道的事情哪一个最重要？"孔子回答说："人道的事情，政事最重要。所谓'政'，就是正。君王行为'正'，百姓就跟着正。君王的所作所为，就是百姓的榜样。君王不去做，百姓跟谁学呢？"哀公说："请问该如何治理政事呢？"孔子回答说："夫妇有别，父子有亲，君臣有信。这三者做到了，则凡事都会和谐顺利。对内尽宗庙祭祀之礼，能得到天地祖宗的庇荫；对外就能以礼义治理天下，树立上敬下爱之风。（夫妇这一伦正了，才可以出来谈论治理政事推行礼教；自己身正了，才能够端正他人。）人能知耻，他就能振作起来；国君能知耻，国家就能够振兴。所以治理国家，礼的教化要先行，礼是治理国家的根基啊！"孔子接着说："从前夏、商、周三代的圣王，必定以恭敬慎重的态度对待自己的妻儿，这里面有大道理啊！妻子，侍奉父母长辈、祭祀祖宗是要以她为主的，孩子则是自己宗族的后代，怎敢不恭敬慎重地对待呢？因此，圣明的君王没有他不恭敬的人、事、物。所谓恭敬，以恭敬慎重地对待自己最重要。我们的身体就像父母的四肢，能够不爱护吗？不懂得爱护自己的身体，成就自己的德行，就是伤害自己的父母；伤害父母，就是伤害自己的根本；伤害了自己的根本，就如同大树伤了树根，其枝干也就随之枯死了。所以夫妇有别、父子有亲、君臣有信这三件事，是百姓效法的榜样（指百姓会按照国君的做法去做）。以爱护自己身体的心去爱护百姓的身体；以爱护自己孩子的心

公曰:"敢问何谓敬身?"孔子对曰:"君子过言则民作辞,过动则民作则。言不过辞,动不过则,百姓恭敬以从命。若是,则可谓能敬其身;能敬其身,则能成其亲矣。"

公曰:"何谓成亲?"孔子对曰:"君子者,乃人之成名也。百姓与名,谓之君子,则是成其亲为君而为其子也。"孔子遂言曰:"为政而不能爱人,则不能成其身;不能成其身,则不能安其土;不能安其土,则不能乐天;不能乐天道也。不能乐天,则不能成身。"

公曰:"敢问何谓成身?"孔子对曰:"夫其行己不过于物,谓之成身。不过于物,合天道也。"

问礼

哀公问于孔子曰:"大礼何如?子之言礼,何其尊也?"孔子曰:"丘闻之,民之所以生者,礼为大。非礼则无以节事天地之神焉,非礼则无以辨君臣、上下、长幼之位焉,非礼则无以别男女、父子、兄弟、婚姻、亲族疏数之交焉。是故君子此为之尊敬,然后以其所能教示百姓。卑其宫室,节其服御,车不雕玑,器不雕镂,食不二味,心不淫志,以与万民同利。古之明

去爱护百姓的孩子；以敬爱自己妻子的心去尊敬百姓的妻子。君主做好这三件事，教化就可以通行于普天之下了。"

哀公说："请问怎样才叫恭敬慎重地对待自己？"孔子回答说："君子言语错误不当，百姓就会将它作为做错事的借口；君王如果做错了事情，则百姓也会起而效法。因此，君子的言语谨慎而没有错误，行为慎重而不违背礼义，老百姓就会恭恭敬敬地听从他的命令。如果这样，就可以说是恭敬慎重地对待自己了。能恭敬慎重地对待自己，就能够成就自己的亲人（此处特指父母）。"

哀公说："什么叫做'成就自己的亲人'呢？"孔子回答说："所谓君子，就是成就了名望的人。百姓送给他一个尊称，叫作'君子'，就是成就了他的亲人成为'君'，而自己是'君'的儿子。"孔子接着说道："治理国家而不能够爱护百姓，就不能成就自身；不能成就自身，就不能安定他的国家；不能安定国家，就不能乐行自然之道；反过来说，不能乐行自然之道，也就不能成就自身。"

哀公说："请问什么是'成就自身'？"孔子回答说："使自己的立身行事都不违背常理，就称之为成就自身。立身行事不违背常理，就是合乎自然之道。"

问礼

哀公问孔子，说："请问什么是大礼？为什么您一说到礼，总是那么尊崇呢？"孔子说："我曾听说，百姓之所以能够正常生活，礼是最重要的保障。没有礼，就无法按照一个合适的标准来祭祀天地神灵；没有礼，就无法区别君臣、上下、长幼的秩序；没有礼，就无法区别男女、父子、兄弟、婚姻、亲族之间的远近亲疏关系。所以，君王对此十分重视，带头恭敬奉行，然后以自己率先所做出来的样子来教化

王之行礼也如此。"

公曰:"今之君子,胡莫之行也?"孔子对曰:"今之君子,好利无厌,淫行不倦,荒怠慢游,固民是尽,以遂其心,以怨其政,忤其众。以伐有道。求得当欲,不以其所;言苟求得当其情欲而已。虐杀刑诛,不以其理。夫昔之用民也由前,用上所言。今之用民也由后,用下所言。是即今之君子莫能为礼也。"

五仪

哀公问于孔子曰:"寡人欲论鲁国之士,与之为治,敢问如何取之?"

孔子曰:"人有五仪:有庸人,有士人,有君子,有贤,有圣。审此五者,则治道毕矣。

"所谓庸人者,心不存慎终之规,口不吐训格之言,格,法也。不择贤以托其身,不力行以自定,见小暗大,而不知所务,从物如流,而不知所执,此则庸人也。

"所谓士人者,心有所定,计有所守。虽不能尽道术之本,必有率也;率,犹述也。虽不能遍百善之美,必有处也。是

百姓，使他们顺礼而行。居住简易的宫室，穿戴节俭的衣服饰物，乘坐的马车不加雕饰，使用的器物不精雕细刻，饮食不讲究美味，心里面也没有过分的奢望，使自己与万民百姓有福同享。古代贤明君王就是这样恭敬行礼的啊！"

哀公说："当今的君王，为什么不能这样去做呢？"孔子回答说："当今的君王追求利益，贪得无厌，荒淫奢侈无度，懒惰怠慢，游手好闲，一味地搜刮百姓的钱财来满足其贪心，使百姓抱怨朝政；违背众人的意愿，去征讨政治清明的国家；为了满足自己的欲望，不择手段，违背政令（指无原则地求取来满足自己的欲望）；任意使用暴虐刑杀的手段残暴地对待人民，而不依据正常的法度。从前君王治理和役用百姓是按前述的做法去做，现在君王则是按后面的做法来做，可见，当今的君王不懂得修明礼教了。"

五仪

鲁哀公向孔子问道："寡人想准确地评判、识别我们鲁国的贤能之士，好用他们来治理国家，请问如何选拔任用他们呢？"

孔子说："人可以分为五种：有庸人，有士人，有君子，有贤人，有圣人"。明白清楚这五类人，使国家得治之道就具备了。

所谓庸人，就是心中没有谨慎行事、善始善终的原则，口里也不提伦理道德的教诲；不选择贤者为自己一生的寄托，也不力行伦理道德以成就自己；小事聪明而大事糊涂，不知道自己该做什么，随波逐流而没有主见。这样的人就是庸人。

所谓士人，他们心中有明确的见解和主张，为人处事有既定的计划和规矩。虽不能穷尽道德学问的根本，但一定能遵循来力行；虽不能把事情做得尽善尽美，但一定会按照道理去把事情做好。因此，

故智不务多，务审其所知；言不务多，务审其所谓；所谓者，谓言之要也。行不务多，务审其所由。智既知之，言既得之，得其要也。行既由之，则若性命形骸之不可易也。富贵不足以益，贫贱不足以损，此则士人也。

"所谓君子者，言必忠信，而心不怨；忍怨害也。仁义在身，而色不伐；无伐善之色也。思虑通明，而辞不专；笃行信道，自强不息；油然若将可越，而终不可及者，此君子也。油然，不进之貌；越，过。

"所谓贤者，德不逾闲，闲，犹法也。行中规绳；言足法于天下，而不伤于身，言满天下，无口过也。道足化于百姓，而不伤于本；本，亦谓身。富则天下无宛财。宛，积也。施则天下不病贫，此贤者也。

"所谓圣者，德合天地，变通无方，穷万事之终始，协庶品之自然，敷其大道而遂成情性，明并日月，化行若神，下民不知其德，睹者不识其邻，此圣者也。邻，以喻畔界也。"

公曰："善哉，非子之贤，则寡人不得闻此言也。虽然，寡人生于深宫之中，长于妇人之手，未尝知哀，未尝知忧，未尝知劳，未尝知惧，未尝知危，恐不足以行五仪之教，若何？"

孔子曰："君入庙而右，登自阼阶，仰视榱桷，俯察机筵，

智慧不在于多，在于能够对所学的东西有判断力；言谈不在于多，而在于是否得当，抓得住要点；做事不求多，而在于清楚为什么去做。智慧已能判断所学是否正确，言谈之要也知道了，做事的缘由也清楚了，那么他的定性已成，就像人的性命、身体一样，不会改变了。富贵不足以使他骄慢，贫贱也不会让他哀戚，这样的人就是士人。

所谓君子，其言语必定忠诚守信而内心没有埋怨；躬行仁义而不自我夸耀；考虑问题通达明白而言语不会专断；德行修养纯一笃实，言行依据圣贤之道，自强不息。从从容容，好像人人都可以超过他，却始终难以追上，这样的人就是君子。

所谓贤人，他能依德而行，不违常理；所作所为皆有规矩准绳；其言语可为天下人效法，虽所言遍及天下，却因不犯口过而不会伤及自身；他所弘扬的圣贤之道足以教化人民，却因行能践言，而不会失信于民。富有而不会使天下人积财伤道，施与大众而使天下没有贫病之人。这样的人称为贤人。

所谓圣人，其德性能与天地之德相配，随顺时机变通无碍，而不执着自己的见解；通达万事万物的根本原理和规律，使它们能自然和谐地运行和发展；传布天地大道来成就人的性情。其智慧德行可与日月同辉，其教化遍行于天下，而行迹和效果却神奇无法揣测；百姓虽沐浴在他的德行感化之中却不知不觉，有人能清楚地看到他的德行流布却无法测度它的边际。这样的人就是圣人。

哀公说："太好了！要没有您这样的贤明之人，那么寡人就听不到这样的至理名言了。尽管如此，但寡人从小生于深宫之中，在妇人们的操持下长大，未曾感受过哀痛、忧虑、辛劳、恐惧、危险，恐怕难以施行您所讲的关于识别慎用五种人的教诲。那怎么办呢？"

孔子说："国君每次进入宗庙时沿着右侧行走，上庙堂时沿东

其器皆存，而不睹其人，君以此思哀，则哀可知矣；昧爽夙兴，正其衣冠，爽，明也；昧明，始明也；夙，早也；兴，起也。平旦视朝，虑其危难，一物失理，乱亡之端，君以此思忧，则忧可知矣；日出听政，至乎中昃，中，日中也；昃，日昳也。诸侯子孙，往来为宾，行礼揖让，慎其威仪，君以此思劳，则劳可知矣；缅然长思，出乎四门，周章远望，睹亡国之墟，必将有数焉，言亡国故墟，非但一也。君以此思惧，则惧可知矣。夫君者，舟也；民者，水也。水所以载舟，亦所以覆舟。君以此思危，则危可知矣。既明此五者，而又少留意于五仪之事，则于政治乎何有失哉！"

哀公问于孔子曰："请问取人之法？"孔子对曰："事任之官，言各当以其所能之事，任之于官也。无取捷捷，无取钳钳，钳，妄对不谨诚。无取啍啍。啍啍，多言也。捷捷，贪也；捷捷而不良，所以为贪。钳钳，乱也；啍啍，诞也。诞，欺诈也。故弓调而后求劲焉，马服而后求良焉，士必悫而后求智能焉。不悫而多能，譬之豺狼，不可迩也。迩，近也。言人无智能者，虽不悫信，不能为大恶也。不悫信而有智能者，然后乃可畏也。"

侧行走，仰望屋顶各种木椽，俯看盛满祭品的精巧竹器，所用器物都在，可是却再也见不到享受祭祀之人了。国君用这种心情来思念哀悼，就可以知道什么是悲痛了。天刚刚发亮就早早起床，端正衣冠，拂晓就上朝处理政务，考虑国家的危机、困难，想到有一件事没有解决好，就可能成为暴乱、亡国的开端。国君用这样的心情来思考忧患，就可以知道什么是忧虑了。太阳出来时就开始处理政务，一直到正午以至太阳西斜，接待诸侯子孙等来往宾客，举行礼仪，相互揖让，还要时时留意自己的举止风度。国君以这种情况来思其劳累，就可以知道什么是劳累了。缅怀思念古往今来的事情，走出国门，放眼四望，看到灭亡国家的城池废墟，一定会有许多（指被灭亡国家的城池废墟，不止一处）。国君从这里来感受恐惧，就可以知道什么是恐惧了。国君如同是舟，百姓就好像是水，水可以载舟，也可以使舟沉没。国君从这里去想象它的危险，就可以知道什么是危险了。国君既已明白这五个方面，再稍稍留意上述五类人的识别任用，那么治理国家，哪里还会有什么失误呢？"

鲁哀公问孔子说："请问用什么样的方法选用人才呢？"孔子回答说："根据各人所能胜任的事情授予官职。不要任用那些贪得无厌的人，不要任用那些言语不谨慎随便应对的人，也不要任用那些一说起话来就滔滔不绝喜欢浮夸的人。捷捷，就是贪婪；钳钳，就是乱说话、胡乱做事；嘑嘑，就是言语虚妄夸诞，爱说大话。所以，射箭的弓调好后才能进一步使它有劲；马驯服之后才能期待它成为良马；读书人必须先具备诚敬之德，然后才可以去追求智慧和才能。没有德行而又非常聪明能干的人，就像豺狼一样，这样的人是不可以接近的。（迩，近；指那些没有智慧与才能的人，虽然不忠不敬，也做不了很大的恶事。那些没有德行和诚信而又聪明才干的人，才真正可怕。）"

哀公问于孔子曰："夫国家之存亡祸福，信有天命，非唯人耶？"

孔子对曰："存亡祸福，皆在己而已，天灾地妖，弗能加也。昔者殷王帝辛之世，帝辛，纣也。有雀生大鸟于城隅焉，帝辛介雀之德，介，助也。以雀之德为助也。不修国政，殷国以亡。此即以己逆天时，得福反为祸者也。又其先世殷王太戊之时，道缺法邪，以致夭孽，桑谷生朝，七日大拱，太戊恐骇，侧身修行，三年之后，远方慕义，重译至者，十有六国。此即以己逆天时，得祸转为福者也。故夭灾地妖，所以儆人主也；寤梦征怪，所以儆人臣也。儆，戒也。灾妖不胜善政，梦怪不胜善行。能知此，至治之极也，明王达此也。"

致思

季羔为卫士师，士师，狱官。刖人之足。俄而卫有乱，季羔逃之。刖者则守门焉，谓季羔曰："彼有缺。"季羔曰："君子不逾。"又曰："彼有窦。"季羔曰："君子不隧。隧，从窦出。"又曰："于此有室。"季羔入焉。既而追者罢，季羔将去，谓刖者曰："吾不能亏主之法，而亲刖子之足。今吾在难，此正子报怨之时，而子逃我，何故？"刖者曰："断足故我之罪也，

哀公问孔子说:"一个国家的存亡祸福,确实由天命支配,不是人力所能改变的,对吗?"

孔子回答说:"存亡祸福,都是由自己决定的,天上的反常现象和灾害、地上的怪异事情,并不能改变存亡祸福。从前殷商帝辛(商纣王)时期,有一个小鸟在城墙角生下一只大鸟,帝辛以为有雀鸟的德运相助,便不理国政,殷朝因此灭亡。这就是以人力违背天意,所以得到福瑞之兆后,最终却招致祸殃的实例。在纣王的祖先殷王太戊时期,社会道德衰败,国家法纪紊乱,以至出现物类反常现象。桑谷二树共生在朝堂上,到了第七天便有两手合拢那么粗大。太戊知道后十分恐惧,马上谨慎小心地修养自己的德行。三年之后,远方的国家仰慕殷朝的仁义,(不辞路途遥远)通过译使前来谒见的,就有十六个国家之多。这也是以人力扭转天意,虽然先得到灾祸之兆,最终却转变为福祉的实例。所以说,天降灾异,地生怪兆,是用来警告国君的;在半醒半睡之时梦见一些怪异的征兆,是上天用来警告臣子的。天灾与怪异的现象胜不过国家的善政;不好的梦兆胜不过人的善行。能明白这个道理,天下就能达到大治了。唯有圣明的君王才可以通达此理啊!"

致思

孔子的弟子季羔在卫国担任士师(士师是古代执掌禁令刑狱的官名),曾对一犯人实施了断脚的刑罚。不久卫国突发暴乱,担任狱官的季羔想出城躲避,把守城门的恰巧是被季羔砍去脚的那个人。他对季羔说:"城墙上有缺口,可以出去。"季羔说:"君子不翻墙。"守门人又说:"城墙下有洞,可钻出去。"季羔说:"君子不钻洞(从洞里往外爬)。"守门人又说:"这里有间房屋。"季羔就进了屋里躲避。

无可奈何。曩者君治臣以法令，先人后臣，欲臣之免也，臣知之；狱决罪定，临当论刑，君愀然不乐，见于颜色，臣又知之。君岂私臣哉？天生君子，其道故然，此臣之所以悦君也。"孔子闻之，曰："善哉为吏！其用法一也，思仁恕则树德，加严暴则树怨。公以行。其子羔乎。？"

子路为蒲宰，为水备，修沟渎，以民之烦苦也，人与一箪食、一壶浆，孔子止之。子路曰："由也以民多匮饿者，匮，乏也。是以与之箪食壶浆，而夫子使止之，是夫子止由之行仁也。"孔子曰："尔以民为饿，何不白于君，发仓廪以给之，而私以尔食馈之？是汝明君之无惠也。速已则可，不已，则尔之见罪必矣。"

子贡问治民于孔子，孔子曰："懔懔焉，如以腐索御捍马。懔懔焉，诫惧之貌；捍马，突马也。"子贡曰："何其畏也？"孔子曰："夫通达之属，皆人也。以道导之，则吾畜也；不以道导之，则吾仇也。若之何其无畏也！"

等追兵走后，季羔要离去时，对受了断脚刑罚的人说："我不能违背国家的法律，所以就亲自砍断了您的脚。今天我在灾难中，正是您报仇的时机，可是您却帮助我逃脱，为什么呢？"那位受过断脚刑罚的人说："我被砍断脚，是犯了罪所应受的惩罚。先前先生按法律办理我的案件时，是先处治别人的案子，一直拖延到最后才处理我，是想让我有减免的机会，我明白先生的仁慈之心；案件审理并确定罪名后，临要行刑时，先生面带忧愁，表现出很不忍心的样子，我也明白先生的恻隐之心。先生岂有偏爱我的道理，上天降下像您这样的君子，本来就是有这样的德行。这就是我爱戴先生并帮助您逃脱险境的原因。"孔子听说了这件事，说道："太好了！作为官员，同样是依法办事，但是如果以仁爱宽恕存心，给百姓留下的就是仁德之风；如果存心严酷残暴，那么与百姓结下的就是怨仇。真正做到了公正执法，大概就是像子羔这样的吧？"

孔子的弟子子路在莆地做地方长官的时候，为了修堤防患，兴修水利。看到老百姓非常辛苦劳累，就分给每人一箪饭食外加一壶浆饮。孔子阻止了他的这种做法。子路说："我是因为看到老百姓中大多都比较困乏和饥饿，所以才给他们食物和水。先生却派人来阻止我，先生您这可是在阻止我施行仁爱呀！"孔子说："你看见老百姓饥饿，为什么不向国君报告，发放国库之粮救济他们，却私自用自己的粮食救济他们？这么做是在表明国君对老百姓没有恩惠啊。立即停止还来得及，否则，你一定会被治罪的。"

孔子的弟子子贡向孔子请教治理百姓的办法。孔子说："治理百姓要小心谨慎，就像用腐朽的缰绳驾驭奔跑的马一样。"子贡说："为何要这样担心呢？"孔子说："人是懂得是非利害、有善恶分别的。用伦理道德来教化和引导，他们就会成为通情达理的好人；如

三恕

孔子曰:"君子有三恕。有君弗能事,有臣而求其使,非恕也;有亲弗能孝,有子而求其报,非恕也;有兄弗能敬,有弟而求其顺,非恕也。士能明于三恕之本,则可谓端身矣。端,正也。"

孔子观于鲁桓公之庙,有欹器焉。孔子问于守庙者曰:"此为何器?"对曰:"此盖为宥坐之器。"孔子曰:"吾闻宥坐之器,虚则欹,中则正,满则覆,明君以为诫,故置于坐侧也。"顾谓弟子曰:"试注水焉"水实之,中则正,满则覆。夫子喟然叹曰:"呜呼!夫物恶有满而不覆者哉?"子路进曰:"敢问持满有道乎?"子曰:"聪明睿智,守之以愚;功被天下,守之以让;勇力振世,守之以怯;富有四海,守之以谦;此所谓损之又损之之道也。"

好生

哀公问于孔子曰:"昔者舜冠何冠乎?"孔子不对。公曰:"寡人问于子,而子无言,何也?"孔子曰:"以君之问,不先

果不用圣贤之道来教化和引导，他们就会变为我们的仇敌。因此，怎么能不担心呢？"

三恕

孔子说："君子应该具有三种恕：对上级不能做到勤心尽力，却要求下属为自己做事，这是违背恕道的；对父母不能尽到孝，而要求子女报自己的恩，这是违背恕道的；对自己的兄长不能够尊敬，而要求弟弟顺从自己，这是违背恕道的！一个人懂得忠于领导、孝敬父母、友爱兄弟是恕道的根本，就可以使自己的德行端正了。"

孔子在观瞻鲁桓公的庙时，看到庙中有一个倾斜易覆的器皿。孔子向守庙人问道："这是什么器具？"守庙人回答说："这大概是叫做'宥坐'的器物吧。"孔子说："我听说过'宥坐'这种器具，里面空时就倾斜，装东西适中时就端正，装满时就倒了。贤明的君王用它来警戒自己，所以放置在座位旁边。"他回头对学生们说："灌水进去试试看。"弟子把水灌进里面，水达到容器一半时就端直，装满后果然就倾倒。夫子非常感叹地说道："唉！普天之下哪有满而不覆的事物呢？"子路上前问道："请问夫子，想要保持满却不倾倒，有办法吗？"夫子说："聪明睿智，而又能保持敦厚若愚的态度；功盖天下，而又能保持礼让不争的态度；勇力绝于当世，而又能保持小心畏惧的态度；拥有四海的财富，而又能保持恭敬谦逊的态度。这就是古人所说的'损之又损'之道啊！"

好生

鲁哀公向孔子问道："过去舜帝戴的是什么样的帽子呢？"孔子没有立即回答。哀公说："寡人有问于您，可是您为什么不说话呢？"

其大者，故方思所以为对焉。"公曰："其大何乎？"孔子曰："舜之为君也，其政好生而恶杀，其任授贤而替不肖；德若天地之虚静，化若四时之变物。是以四海承风，畅于异类，异类，四方之夷狄也。凤翔麟至，鸟兽驯德。驯，顺也。无他，好生故也。君舍此道而冠冕是问。是以缓对。"

观周

孔子观于明堂，睹四方之墉。墉，墙。有尧舜桀纣之象，而各有善恶之状，兴废之诫焉。又有周公相成王，抱之而负斧扆，南面以朝诸侯之图焉。孔子徘徊而望之，谓从者曰："此则周之所以盛也，夫明镜者，所以察形；往古者，所以知今。人主不务袭迹于其所以安存，而忽怠于其所以危亡，是犹未有以异于却步，而欲求及前人也，岂非惑哉？"

孔子观周，遂入大祖后稷之庙。庙堂右阶之前，有金人焉，参缄其口，而铭其背曰："古之慎言人也。戒之哉！无多言，多言多败；无多事，多事多患。安乐必诫。虽处安乐，必警诫也。无行所悔。所悔之事，不可复行。勿谓何伤，其祸将长；勿谓

孔子说："因为国君所问,不是先问大事,所以我需要思考如何回答。"哀公于是问:"那么大事是什么呢?"孔子说:"作为一代明君的舜帝,在他治理天下之时,珍爱生命而憎恶杀戮,任用贤能之士以取代那些德不配位之人。他的德性如同天地一样冲虚清静,他的教化如同四季应时而至一样令万物自然生长。因此,天下之人都领受到他德风的感化,甚至周边未开化民族也都仰慕他的德行。凤凰飞翔,麒麟来归,连飞禽走兽都具备了驯顺之德。之所以有以上胜迹,不是别的原因,正是因为他以好生之德治理天下的结果。君王您放着这样的道理不问而问戴帽子之类的小事,所以臣一时难以回答。"

观周

孔子在天子宣讲政教、举行大典的明堂参观时,看到四周的墙壁上绘有尧帝、舜帝、夏桀、商纣的画像,画像的神态有的慈善,有的凶恶。这是用尧舜仁慈兴盛,桀纣残暴衰亡来警诫后人的啊。又看到周公辅佐成王时,怀抱成王,在斧纹图案屏风的天子位前,面南而坐接受诸侯来朝见的画面。孔子徘徊在这些画像前反覆瞻仰,对跟随在身边的弟子们说:"这就是周朝之所以繁荣兴盛的原因啊!明镜是用来观察人的身形的,历史则是用来看清现实和预知未来的。如果君王既不努力追寻古代圣王之所以能安邦定国的足迹,又忽视亡国之君之所以危亡的原因,这就好像往后退步,却企求能赶上前人,岂不是很糊涂吗?"

孔子游览周朝的都城,前往瞻仰供奉太祖后稷的庙宇,在庙堂前阶梯的右边,有一尊铜铸的人像。人像的口被封了三层,他的背上刻着铭文:"这就是古代的慎言之人。要谨戒啊!不要多言,多言就会多败!不要多事,多事就会多患!安乐之时,务须警醒(虽处于安乐

何害,其祸将大;勿谓不闻,神将伺人。焰焰不灭,炎炎若何;涓涓不壅,终为江河。绵绵不绝,或成网罗;丝丝微而不绝。则有成网罗者。豪末不扎,如豪之末,言微也;扎,拔也。将寻斧柯。寻,用。诚能慎之,福之根也;口是何伤,祸之门也。强梁者不得其死,好胜者必遇其敌。盗憎主人,民恶其上。君子知天下之不可上也,故下之;知众人之不可先也,故后之。温恭慎德,使人慕之;执雌持下,人莫逾之。人皆趣彼,我独守此;人皆惑惑,我独不徙。惑惑,东西转移之貌。内藏我智,不示人技。我虽尊高,人弗我害,唯能于此。天道无亲,常与善人,戒之哉!戒之哉!孔子既读斯文,顾谓弟子曰:"小子志之,此言实而中、情而信。"

贤君

哀公问于孔子曰:"当今之君,孰为最贤?"孔子对曰:"丘未之见也。抑有卫灵公乎?"公曰:"吾闻其闺门之内无别,而子次之贤,何也?"孔子对曰:"臣语其朝廷行事,不论其私家之际也。"公曰:"其事如何?"孔子曰:"灵公之弟曰

的生活环境中，也必定要警诫自己）；后悔之事，不可再做。不要认为这没什么关系，要知道它的后患无穷；不要认为这没多大害处，它的害处会愈来愈大，直到不可收拾；更不要认为没人知道，其实神明无时无刻不在暗中注视！火苗刚冒起时若不扑灭它，到了火势凶猛时岂能奈何？涓涓细流若不堵塞，最终将成为大江大河；细微的丝线如果不切断它，就可能被织成巨大的网罗；幼树还小的时候如果不拔掉它，将来就非得用斧头来砍不可。假如真从一开始就能小心谨慎，便是求福的根本。多嘴多舌不是没有损害，它正是主文祸的门径。强悍凶暴的人不得善终，争强好胜者必遇强敌。如同盗贼不喜欢碰到物主，百姓总是厌恶那些高高在上的人。君子知天下之大，不可居其上，所以屈己尊人；深知众人之多，不可居其先，所以谦逊居后。温良恭敬，谨慎培养谦逊之美德，会使人仰慕；能以柔弱示人，谦卑居下，任谁都无法超越。人人都追逐浮华，夸夸其谈，我却独自坚守此道；人人都在东奔西走，我却独自坚定不移。内心深藏智慧，却不在人前显露才华。即使处于尊贵的地位，也不会有人嫉妒伤害我，就因为我能做到这一点。上天对人没有亲疏之分，它总是眷顾那些谦恭善良的人。切记！切记！"孔子读完这篇铭文，回头对弟子们说："你们要用心记住这些教诲，这篇铭文说得朴实而中肯，洞达世情并且每一句都实实在在地切中要害。"

贤君

哀公问孔子说："请问当代的君王，哪一位最贤明？"孔子回答说："我没有发现贤明的君主。如果一定要说有，或许卫灵公可以算是吧！"哀公说："我听说在他的家里男女长幼之间没有区别，可是您却把他列为贤明的君主，这是为什么呢？"孔子回答说："臣下说

公子渠牟，其智足以治千乘，其信足以守之，灵公爱而任之。又有士曰王林国者，见贤必进之，而退与分其禄，是以卫国无游放之士，灵公知而尊之。又有士曰庆足者，国有大事，则必起而治之；国无事，则退而容贤，言其所以退，欲以容贤于朝。灵公悦而敬之。又有大夫史鰌，以道去卫，而灵公郊舍三日，琴瑟不御，必待史鰌之入而后敢入。臣以此取之，虽次之贤，不亦可乎？"

子贡问孔子曰："今之人臣，孰为贤乎？"子曰："齐有鲍叔，郑有子皮，则贤者矣。"子贡曰："齐无管仲、郑无子产乎？"子曰："赐，汝徒知其一，未知其二也。汝闻用力为贤乎？进贤为贤乎？"子贡曰："进贤，贤哉！"子曰："然。吾闻鲍叔达管仲，子皮达子产，未闻二子之达贤己之才者也。"

哀公问于孔子曰："寡人闻忘之甚者，徙而忘其妻，有诸？"孔子对曰："此犹未甚者，甚者乃忘其身。"公曰："可得闻乎？"孔子曰："昔夏桀贵为天子，富有四海，忘其圣祖之道，坏其典法，绝其世祀，荒乎淫乐，沉湎于酒，佞臣谄谀，窥导其心，忠士钳口，逃罪不言，钳口，杜口。天下诛桀而有其

的是他在朝廷上的作为，不评论他在家里的事情。哀公说："那他在朝廷上怎么样呢？孔子说："灵公的弟弟叫公子渠牟，他的智慧可以治理一个拥有千辆兵车的中等诸侯国，他的诚信足以保住这个国家，灵公赏识并任用了他。又有个贤士叫王林国，发现贤能的人就推荐为官，若这个人朝廷不用了，就和他一起分享自己的俸禄。因此，卫国没有游荡无事的读书人。灵公知道他推荐贤士之德，因而尊敬他。又有一个叫庆足的贤士，国家有重大的事情，他必定出来参政治理；若国家太平无事，就主动辞官，让出职位使贤士得到重用（他之所以退让，是想让更多的贤士得到朝廷的重用），灵公欢喜且敬重他。还有一位大夫叫史鰌，以自己的政见不同而离开了卫国，卫灵公就在郊外住了三天以自我反省，不愿弹奏琴瑟，一心要恭候史鰌回国之后才回朝。臣以这些事情来衡量卫灵公，即使把他列为贤君，又有何不可呢？"

孔子的弟子子贡问孔子说："请问夫子，当今的臣子，哪一个贤明呢？"孔子说："齐国的鲍叔牙，郑国的子皮，就是贤明的人。"子贡说："难道齐国的管仲、郑国的子产不是吗？"孔子说："端木赐呀，你是只知其一，不知其二。你听说过是出力者为贤臣呢，还是推荐贤能的人是贤臣？"子贡说："推荐贤才的才是贤臣啊！"孔子说："正是这样。我听说鲍叔力荐管仲，子皮举荐子产，却没有听说过管仲和子产推荐过比自己更贤能的人才。"

哀公问孔子说："寡人我听说最健忘的人，搬家换个地方就把妻子给忘了，有这样的事吗？"孔子回答说："这还不算最健忘的，最健忘的是忘记了他自身。"哀公说："能够说来听听吗？"孔子说："从前夏桀贵为天子，富有四海，却忘记了自己圣明先祖的治国之道，败坏了先祖的典章制度，断绝了对先祖世世代代的祭祀；荒淫无

国,此之谓忘其身之甚者也。"

子路问于孔子曰:"贤君治国所先者何在?"孔子曰:"在于尊贤而贱不肖。"子路曰:"由闻晋中行氏尊贤而贱不肖矣,其亡何也?"子曰:"中行氏尊贤而弗能用,贱不肖而不能去。贤者知其不己用而怨之,不肖者知其必己贱而仇之。怨雠并存于国,邻敌构兵于郊,中行氏虽欲无亡,岂可得乎?"

哀公问政于孔子,孔子对曰:"政之急者,莫大乎使民富且寿也。"公曰:"为之奈何?"孔子曰:"省力役,薄赋敛,则民富矣;敦礼教,远罪疾,则民寿矣。"公曰:"寡人欲行夫子之言,恐吾国贫矣。"孔子曰:"《诗》不云乎?'恺悌君子,民之父母。'未有其子富而父母贫者也。"

卫灵公问孔子曰:"有语寡人:'为国家者,计之于庙堂之上,则政治矣。'何如?"

孔子曰:"其可也。爱人者则人爱之,恶人者则人恶之。知得之己者,则知得之人。所谓不出环堵之室而知天下者,知反己之谓也。"

度,沉缅酒色;奸邪小人阿谀奉承,察言观色以诱导其心志;忠诚的人闭口不敢说话,为逃避治罪而不敢谏言。天下的人起来诛灭了夏桀并占了他的国家。这就是所谓忘记自身的典型。"

孔子的弟子子路问孔子说:"请问夫子,一个贤明国君治理国家,最先要做的是什么?"孔子说:"在于尊重贤能人才而轻视不正派的小人。"子路说:"我听说晋国的中行氏已经做到尊重贤才而轻视不成器之辈了,他为什么还会亡国呢?"孔子说:"中行氏尊重贤才却不能重用他们,轻视不正派的小人却不能撤换他们。贤能之人知道不会受到重用而埋怨他;不正派的小人知道自己肯定受轻视而仇恨他。国内有埋怨和仇恨两股力量同时存在,郊外又有邻国的敌军交战,虽然中行氏想不亡国,怎么可能做得到呢?"

哀公向孔子请教如何治理国家,孔子回答说:"治理一个国家,没有比使老百姓富裕并且长寿更重要的了。"哀公说:"那该怎么做呢?"孔子说:"减少劳役,减轻赋税,那么老百姓就富裕了;敦行礼的教化,使百姓远离犯罪和暴戾,那么老百姓就长寿了。"哀公说:"寡人很想施行夫子的建言,又担心我的国库会贫乏。"孔子说:"《诗经》不是这样说吗:'恺悌君子,民之父母。'也就是说:一位仁德的君王,他的态度是平和快乐的,德行又平易近人,就像百姓的父母一样。哪有孩子富裕而父母却贫穷的道理呢?"

卫灵公问孔子说:"有人对寡人说:'治理国家的君王,在朝廷上策划好国家大事,国家就可以治理好。'是这样的吗?"

孔子说:"这是可以的。爱别人的人,别人也爱他;讨厌别人的人,别人也讨厌他;知道自己需要的是什么也就能知道别人需要的是什么。所谓'不出小屋而知天下者',就是懂得反之于自身而推己及人。"

辨政

子贡为信阳宰,将行,孔子曰:"勤之慎之,奉天之时,无夺无伐,无暴无盗。"子贡曰:"赐也,少而事君子,岂以盗为累哉?"孔子曰:"而未之详也。夫以贤代贤,是之谓夺;以不肖代贤,是之谓伐;缓令急诛,是之谓暴;取善自与,是之谓盗。盗非窃财之谓也。吾闻之,知为吏者,奉法以利民;不知为吏者,枉法以侵民。此怨所由生也。匿人之善,斯谓蔽贤;扬人之恶,斯谓小人。内不相训而外相谤,非亲睦也。言人之善,若己有之;言人之恶,若己受之。故君子无所不慎焉。"

六本

孔子曰:"行已有六本焉,然后为君子。立身有义矣,而孝为本;丧纪有礼矣,而哀为本;战阵有列矣,而勇为本;治政有理矣,而农为本;居国有道矣,而嗣为本;继嗣不立,则乱之源也。生财有时矣,而力为本。置本不固,无务丰末;亲戚不悦,无务外交;事不终始,无务多业。反本修迩,君子之道也。"

辨政

孔子的弟子子贡当了信阳的地方官,将要前往赴任的时候,孔子对他说:"(你到那里后)要勤奋工作,谨慎处事,尊奉天时,不要争夺和侵害,也不要暴虐和盗窃。"子贡说:"老师,弟子从小就事奉有德君子,难道还会因盗窃而受牵累吗?"孔子说:"你还没有完全明白这里面的深意啊。用贤才取代贤才,这就是争夺;用不正派的小人取代贤德者,这就是侵害;发布政令迟缓而惩罚严厉,这就是暴虐;取得佳绩就归功于自己,这就是盗窃。盗窃说的并不只是偷窃他人的财物啊。我听说:'懂得为官之道的人,能奉行法纪来为民谋利;不懂得为官之道的人,就会违法乱纪侵害百姓利益。'民怨就是从这个地方产生的啊!隐匿别人的善,这就叫蔽贤;传扬别人的过恶,这就是小人。私下不相互告诫提醒而在外面互相诽谤,这不是亲善和睦的行为。要做到说起别人的善,就好像自己也有了这样的善行似的满心欢喜;说别人的过恶,就像是听到别人说自己的坏话一样难过。所以君子对任何事都要谨慎啊!"

六本

孔子说:"立身行事能抓住六个根本,然后才能成为君子。立身有仁义,以孝道为根本;丧事有礼仪,以哀戚为根本;交战时排兵布阵,以勇敢为根本;治理国家有规律,以农业为根本;安定国家有大道,以选好继承人为根本;增加财富有时运,以勤劳努力为根本。根本如果没有扎牢,就不要致力于枝末小事的完美;连亲戚族人都不能愉快相处,就不要追求对外的交往;连一件事情都不能做到有始有终,就不要想着从事更多的事业。回到根本上来,从近处做起,这才是君子之道啊。"

孔子曰："药酒苦于口而利于病，忠言逆于耳而利于行。汤武以谔谔而昌，桀纣以唯唯而亡。君无争臣，父无争子，兄无争弟，士无争友，其无过者，未之有也。故曰：君失之，臣得之；父失之，子得之；兄失之，弟得之；士失之，友得之。是以国无危亡之兆，家无悖乱之恶，父子兄弟无失，而交友无绝。"

孔子读《易》，至于《损》《益》。喟然而叹。子夏避席问曰："夫子何叹焉？"孔子曰："夫自损者，必有益之；自益者，必有决之。吾是以叹也。"子夏曰："然则学者不可以益乎？"子曰："非道益之谓也，道弥益而身弥损。夫学者损其自多，以虚受之。天道成而必变，凡持满而能久者，未尝有也。故曰：自贤者，则天下之善言不得闻其耳矣。"

孔子曰："以富贵而下人，何人不与？以富贵而爱人，何人不亲？发言不逆，可谓知言矣。"

孔子曰："吾死之后，则商也日益，赐也日损。"曾子问曰："何谓也？"子曰："商也好与贤己者处，赐也好悦不如己者。不知其子，视其父；不知其人，视其友；不知其君，视其所使。故曰：与善人居，如入芝兰之室，久而不闻其香，即与之化矣；

孔子说："良药苦口而利于病；忠言逆耳却利于行。商汤、周武王因为能听受大臣的直言进谏而国家昌盛；夏桀、商纣王因为群臣顺其意惟命是从而导致灭亡。君王没有直言劝谏的大臣，父亲没有直言劝谏的儿子，兄长没有直言劝谏的弟弟，士人没有直言劝谏的朋友，要想不犯过错，是不可能的。所以说，君王有过失，臣子得以劝谏；父亲有过失，儿子得以劝谏；兄长有过失，弟弟得以劝谏；士人有过失，朋友得以劝谏。这样，国家才不会出现危亡的可能，家庭也不至于出现悖逆的恶运，父子兄弟都没有过失，朋友交往也不会断绝。"

孔子阅读《周易》，读到损、益二卦时，长长的叹息了一声。子夏赶忙离开座位问道："老师，您为什么叹息呢？"孔子说："能自我减损的人必有益于自己，而自我增益的人必有损于自己。"子夏说："那么求学的人不可以求增益吗？"孔子说："我并不是说道业不可以增益。道业愈增进，对名利等自身的需求就看得愈淡。为学之人应当不断减损自己的欲望、成见和种种妄念，永远以一颗冲虚的心去容纳万物。大自然的法则是：万事万物的发展一旦达到极致，就会向相反的方向转变。因此凡是抱持自满态度而能长久的人，从未有过。所以说，自认为贤明的人，天底下有益的善言，他就再也听不到了。"

孔子说："身处富贵还能够做到居于人后，对人谦让，这样的人谁不称赞呢？身处富贵而关爱他人，又有谁不愿与他亲近呢？说话不违背常理，可以说是会说话的人了。"

孔子说："我死之后，子夏的学问会逐渐增进，子贡的学问会逐渐退步。"曾子问："为什么这样说呢？"孔子说："子夏喜欢与比自己贤能的人相处；子贡则喜好跟不如自己的人在一起。不了解儿子，就看看他的父亲；不了解一个人，就看看他的朋友；不了解君王，可以看

与不善人居，如入鲍鱼之肆，久而不闻其臭，亦与之化矣。是以君子必慎其所与者焉。"

哀公问政

哀公问政于孔子，孔子对曰："文武之政，布在方策。其人存，则其政举；其人亡，则其政息。故为政在于得人。取人以身，修身以道，修道以仁。仁者，人也，亲亲为大；义者，宜也。尊贤为大。亲亲之杀，尊贤之等，礼所生也。是以君子不可以不修身；思修身，不可以不事亲；思事亲，不可以不知人；思知人，不可以不知天。天下之达道有五，其所以行之者三，曰君臣也、父子也、夫妇也、昆弟也、朋友之交也，五者，天下之达道也。智、仁、勇三者，天下之达德也。所以行之者，一也。或生而知之，或学而知之，或困而知之，及其知之，一也。或安而行之，或利而行之，或勉强而行之，及其成功，一也。好学近于智，力行近于仁，知耻近于勇。知斯三者，则知所以修身；知所以修身，则知所以治人；知所以治人，则能成天下国家矣。"

他使用什么样的臣子。所以说，同善良的人相处，好像进入栽着芝兰的屋子，时间久了就闻不到芝兰的香味了，那是因为已经被同化了；与不善的人相处，好像进入卖鲍鱼的铺子，时间长了就闻不到鲍鱼的腥臭味了，同样也是因为被同化了。因此，君子一定要谨慎地选择与自己结交的人啊。"

哀公问政

　　哀公向孔子请教如何治理国家，孔子回答说："周文王和周武王施政的智慧和方法，都记载在竹简和木牍上面。有文王、武王这样的君王，国家政治必定清明；如果没有这样的君王，政治必定衰败。所以为政关键在于得到好的领导人，选择好领导人必须以修身为本，修身须依道而行，行道以仁为本。所谓仁，指人的品行，以孝亲为最重要；所谓义，指按常理应当做的事，以尊贤为最重要。因为亲人之间的爱有亲疏之别，尊贤也有等级之差，礼的秩序便因此而产生。所以君子不可以不修身；想要修身，不可以不事奉自己的父母亲人；想事奉父母亲人，不可以不了解人事关系；想了解人事关系，不可以不懂自然之道。自然之道中，人伦大道公认的有五种关系，力行这五种关系又从三个方面去做。君臣、父子、夫妇、兄弟姊妹、朋友，这五种人与人之间的关系是天下共同遵守的伦常大道。而智慧、仁爱、勇气这三者，是人世间最美好的德行，当人们去力行时不外乎要坚持一个'诚'字。这些道理有些人天生就明白，有些人是经过学习才知道的，有些人则是遇到挫折和困惑后勤勉苦学才明白的，就其所知而言，其中的道理都是一样的。或能心安理得去做，或是因为有好处才去做，或需要别人勉励甚至强迫才去做，一旦真正做到了，结果都是一样的。"孔子又说："人如果好学，离智慧就不远了；能够力

公曰:"政其尽此而已乎?"孔子曰:"凡为天下国家者有九经焉,曰:修身也,尊贤也,亲亲也,敬大臣也,体群臣也,子庶人也,来百工也,柔远人也,怀诸侯也。修身则道立,尊贤则不惑,亲亲则诸父昆弟不怨,敬大臣则不眩,体群臣则士之报礼重,子庶民则百姓劝,来百工则财用足,柔远人则四方归之,怀诸侯则天下畏之。"

公曰:"为之奈何?"孔子曰:"齐庄盛服,非礼不动,所以修身也;去谗远色,贱货而贵德,所以尊贤也;爵其能,重其禄,同其好恶,所以笃亲亲也;官盛任使,所以敬大臣也;盛其官,任而使之也。忠信重禄,所以劝士也;忠信者,与之重禄也。时使薄敛,所以子百姓也;日省月考,既禀称事,所以来百工也;既禀食之,各当其职事也。送往迎来,嘉善而矜不能,所以绥远人也;绥,安也。继绝世,举废邦,朝聘以时,厚往而薄来,所以怀诸侯也。治天下国家有九经焉,其所以行之者一也。凡事豫则立,不豫则废。言前定则不跲,跲,蹶。事前定则不困,行前定则不疚,疚,病。道前定则不穷。"

行，就近于仁爱；知道羞耻就是有勇气的人。懂得这三个道理，就知道如何修养自身；知道如何修养自身，就知道如何管理别人；知道如何管理人，就能够治理好天下和国家了。"

哀公又问："治理国家做到这些就行了吗？"孔夫子说："凡是治理天下国家的人，应遵循九条准则，即：修养自身，敬重贤德，亲爱亲人，尊重大臣，体谅百官，爱民如子，招募能工巧匠，关怀边民，安抚各国。修身则道德屹立不摇；尊贤则遇事不困惑；亲爱亲人则父子兄弟乃至亲族间没有抱怨；尊敬大臣则处理朝政不迷惑；体恤各级官员他们会更加勤奋努力；爱民如子百姓则会受到勉励而鼓舞；招募能工巧匠则财用充足；关怀边远地区人民则四方的人民会前来归顺；安抚各诸侯国则会让天下人都生起敬畏。"

哀公说："怎样才能做到呢？"孔子说："内心庄重诚敬，穿戴整齐端庄，不合礼义的事情不做，就是在修身；远离谗媚和花言巧语的小人，轻钱财而重德行，就能尊重贤才；给能胜任的人授以适合的爵位，增加他们的俸禄，与他们好恶一致，就可以使关爱亲人做得更笃实；隆重地对待官员的任职与出使，是为了表示对大臣的尊敬；对忠诚信义的官吏给予厚禄，就能鼓励他们并树立榜样；差遣百姓劳役不违农时并尽量减轻百姓的赋税，这就是爱民如子；按日检查按月考核，发给的酬粮与其担任的工作相当，就能招募各种工匠（既已发给月薪之粮，他们就能各自担当其工作）；对远道而来者迎来送往，赞美有能力者，而怜悯弱者，是为了安抚边地的人；让已灭绝的诸侯国后代有封地得以复国，振兴荒废的城邦使其得以治理，适时接受他们朝见天子，对来朝拜的使臣厚礼馈赠，一定超过他们进贡的礼物，这是为了安抚诸侯。治理天下、国家有这九项原则，不过在落实的过程中有一条总的纲领是不变的：凡事能做到事先做好充分的准

公曰："子之教寡人备矣，敢问行之所始？"孔子曰："立爱自亲始，教民睦也；立敬自长始，教民顺也；教以慈睦，而民贵有亲；教以敬长，而民贵用命。民既孝于亲，又顺以听命，措诸天下，无所不行。"

颜回

鲁定公问于颜回曰："子亦闻东冶毕之善御乎？"对曰："善则善矣！虽然，其马将必逸。"公不悦。其后三日。东冶毕之马逸，公闻之，促驾召颜回。颜回至，公曰："前日寡人问吾子以东冶毕之善御，而子曰'其马将逸'，不识吾子奚以知之？"颜回对曰："以政知之而已矣。昔者帝舜巧于使民，而造父巧于使马。舜不穷其民力，造父不穷其马力。是以舜无逸民，造父无逸马。今东冶毕之御也，历嶮致远，马力尽矣。然而其心犹求马不已，臣以此知之。"公曰："善哉！吾子之言，其义大矣，愿少进乎？"颜回曰："臣闻之；'鸟穷则啄，兽穷则攫。人穷则诈。马穷则逸。'自古及今，未有穷其下而能无危者也。"公悦。

备，就能成功；没有准备而盲目地付诸实施，就必然要失败。说话之前先定下心来，做好准备，就不会词穷理屈站不住脚；做事之前先做好准备，遇事镇定，就不会临时手忙脚乱；行动之前先做好了准备，就不会出差错；一个人立身处世要能够先把做人的道理都搞清楚，就会无往而不利。"

哀公说："您的教诲很全面。请问从哪里下手做呢？"孔子说："培养仁爱心从孝亲开始，这是教育百姓和睦相处的关键；培养恭敬心从尊敬长辈开始，这是教育百姓恭顺的关键；用仁爱、和睦来教育，百姓就会崇尚孝悌；用尊敬长辈、上级来教育百姓，百姓就崇尚于听从命令。百姓既对亲人孝顺，又能恭顺听从命令，政令施行于天下，便没有行不通的。"

颜回

鲁定公问孔子的弟子颜回说："您也听说过东冶毕善于驾车的事吗？"颜回答道："东冶毕确实是擅长驾车，虽然如此，我看他的马肯定会跑掉。"定公听了很不高兴。过了三天，东冶毕的马果然跑了。定公听到这件事，急忙催促侍从去召请颜回来见。颜回到了，定公说："前日我问先生关于东冶毕善于驾车的事，先生却说他的马会跑掉。我不明白先生是怎么预见到这件事的？"颜回答道："臣下我不过是从政事的经验中明白了这件事罢了。从前舜帝善于利用民力，而造父驾驶马车也很有技巧。舜不穷尽民力，而造父不穷尽马的力气。因此，舜为君王时没有逃亡的百姓，造父没有跑掉的马。现在东冶毕驾驭马车，历经险道又走远路，马的力气已用尽了，但他的心里还想让马使劲奔跑。臣下根据这一点知道马肯定会跑掉。"定公说："对啊！先生说的道理太重要了，您可以再说得详细一点吗？"颜回说：

困誓

卫蘧伯玉贤,而灵公不用;弥子瑕不肖,而反任之。史鱼骤谏,公不从。史鱼病将卒,命其子曰:"吾在公朝,不能进蘧伯玉退弥子瑕,是吾为臣不能正君也。生而不能正君,死不可以成礼矣。吾死,汝置尸牖下,于我毕矣。毕,犹足也;礼,殡于客位。其子从之。灵公吊焉,怪而问之,其子以其父言告,公公愕然失容,曰:"是寡人之过也。"于是命之殡于客位,进蘧伯玉而用之,退弥子瑕而远之。孔子闻之曰:"古之烈谏者,死则已矣,未有若史鱼死而尸谏,忠感其君者也,可不谓直乎!"

执辔

闵子骞为费宰,问政于孔子。孔子曰:"以德以法。夫德法者,御民之具,犹御马之有衔勒也。君者,人也;吏者,辔也;刑者,策也。人君之政,执其辔策而已矣。"子骞曰:"敢问古之为政。"孔子曰:"古者天子以内史为左右手,以德法为衔勒,以百官为辔,以刑罚为策,以万民为马,故御天下数百年

"臣下我听说，鸟处境困窘时就会用嘴啄人，野兽处境困窘时就会张牙舞爪拼命挣扎，人处境困窘时就会心生欺诈，马处境困窘时就会逃跑。从古到今，没有使其下属走投无路而他自己却能不遭遇危险的人啊。"定公听了心悦诚服。

困誓

卫国的蘧伯玉很贤能，可灵公却不任用他；弥子瑕不贤，却反而被任用。史鱼为此多次进谏，灵公不采纳。不久史鱼病重，临终前嘱咐他的儿子说："我在朝廷，未能使蘧伯玉入朝为官，也未能罢免弥子瑕，这是我作为大臣却不能匡正国君啊。活着不能匡正国君，死后就不能用正规的礼仪了。我死后，你把尸体放在窗户下，对我就足够了。"他的儿子按照他的嘱咐办了。灵公前来吊唁史鱼时，奇怪地问这件事。他的儿子就把父亲的话告诉了灵公，灵公大惊失色，说："这是寡人的过错啊。"于是命令按正规礼仪安葬了史鱼。马上起用了蘧伯玉，免去弥子瑕的职务并疏远他。孔子听说这件事后说："古代严厉刚直的进谏者，死后也就罢了，没有像史鱼这样死后还要借尸体来进谏的。这是以忠诚感动国君的人啊，能不说他为官正直吗"！

执辔

闵子骞在费地任行政长官时，向孔子请教如何治理政事。孔子说："用道德和礼法。道德和礼法，是管理百姓的工具，犹如驾驭马而用的嚼子和笼头。如果把国君比作驾驭马的人，那么官员就是缰绳，刑罚就是鞭子。所以国君管理政事，只是掌握好缰绳和鞭子即可。"闵子骞又问；"请问古人是如何执政的？"孔子说："（还是用驾驭马匹举例来说，）古代的天子把内史当作自己的左右手，把道德

而不失。善御马者，正衔勒，齐辔策，均马力，和马心，故口无声而马应辔，策不举而极千里。极，至也。善御民者，一其德法，正其百官，均齐民力，和安民心，故令不再而民顺从，刑不用而天下化治，是以天地德之，天地以为有德。而兆民怀之。怀，归。不能御民者，弃其德法，专用刑辟，譬犹御马，弃其衔勒，而专用捶策，其不可制也必矣。夫无衔勒而用捶策，马必伤，车必败；无德法而用刑辟，民必流，国必亡。凡治国而无德法，则民无所法修；民无所法修，则迷惑失道。古之御天下者，以六官总治焉，六官在手以为辔，故曰：御四马者执六辔，御天下者正六官。是故善御马者，正身以总辔，均马力，齐马心，回旋曲折，唯其所之，故可以取长道，可以趣急疾。此圣人所以御天地与人事之则也。天子以内史为左右手，以六官为辔，己而与三公执六官、均五教、齐五法，仁义礼智信之法也。故亦唯其所引，无不如志。"

五刑

冉有问于孔子曰："先王制法，使刑不上于大夫，礼不下

和礼法当作嚼子和笼头,把百官当作缰绳,把刑罚当作鞭子,把万民当作马匹,所以治理天下,数百年也不失去江山。善于驾驭马匹的人,为马戴好嚼子和笼头,备齐缰绳和马鞭,平衡地使用马力,平抚马的情绪。所以口不发声,马也会应缰绳而动;不举马鞭,也能到达千里之远。善于治理百姓的君王,统一道德和礼法规范,明确百官职责,协调均衡地使用民力,和顺安定民心。如此,政令不必三令五申,百姓便会顺从;不用刑罚,就能教化治理好天下。其恩德可以感通天地,亿万百姓都来归顺。不会治理百姓的君王,抛弃道德和礼法,专用刑罚惩治,就好比驾驭马时,抛弃嚼子和笼头,而专用鞭子鞭打,这样一来,马车失控就是必然的了。(驾驭马匹)若没有嚼子和笼头而专用鞭子鞭打。马必然受伤,车必然毁坏;(治理百姓)不用道德和礼法,而专用刑罚,百姓必然流失,国家必然灭亡。凡是治理国家而没有道德和礼法规范,则百姓没有效法和学习的依据。百姓没有效法和学习的依据,就会迷惑而偏离正道。古代统治天下的君王,总领六官,六官如同君王手中的缰绳。所以说,驾驭一辆马车的人要握好六条缰绳,治理天下的人要统领好六官。因此,善于驾驭马的人,必须端正自身,总揽缰绳,均衡马力,使众马齐心,道路虽回旋曲折,只按照所要去的方向前进,这样既可以远行千里,也可以快速奔驰,这也是圣人之所以能处理好天地和人事的法则。天子把内史当作左右手,把六官当作缰绳,自己与三公一起管理好六官,普遍推行人与人之间相处的五伦大道,落实仁、义、礼、智、信五种做人的常法。所以只需自己善加引导,无不如愿以偿能达到预期目标。"

五刑

冉有问孔子说:"先王制定法律制度,不让刑罚加于大夫之身,

于庶人。然则大夫之犯罪不可以加刑，庶人之行事不可以治礼乎？"孔子曰："不然。凡治君子，以礼义御其心，所以厉之以廉耻之节也。故古之大夫，其有坐不廉污秽而退放之者，则曰簠簋不饰；饰，整齐。有坐淫乱男女无别者，则曰帷薄不修；有坐罔上不忠者，则曰臣节未著；有坐疲软不胜任者，则曰下官不职；言其下官不务（务作称）其职，不斥其身也。有坐干国之纪者，则曰行事不请。言不请而擅行也。此五者，大夫既自定有罪名矣，而犹不忍斥然正以呼之也，既而为之讳，所以愧耻之。是故大夫之罪，其在五刑之域者，谴发，则白冠牦缨盘水，加剑，造于阙而自请罪，君不使有司执缚牵掣而加之也。其有大罪者，闻命则北面再拜，跪而自裁，君不使人捽引而刑杀之也，曰：'子大夫自取之耳，吾遇子有礼矣'是以刑不上大夫，而大夫亦不失其罪者，教使然也。凡所谓礼不下庶人者。以庶人遽其事而不能充礼，故不责之以备礼也。"

刑政

仲弓问于孔子曰："雍闻至刑无所用政，至政无所用刑。至刑无所用政，桀纣之世是也；至政无所用刑，成康之世是也。信乎？"孔子曰："圣人之治化也，必刑政相参焉。太上以德教民而以礼齐之，其次以政导民，以刑禁之。化之弗变，导

不用礼来要求平民百姓。那么大夫犯法,就可以不受刑罚制裁,而百姓做事也可以不用礼来约束了吗?"孔子说:"不是这样的。凡治理君子,用礼义来约束他们的心,是为了用廉洁知耻的节操来勉励他们。所以古代的大夫,如果有犯贪污受贿罪而被罢免流放的,就叫'簠簋不饰';有犯淫乱、男女不别罪的,就叫'帷薄不修';有犯欺骗君主、不忠诚罪的,就叫'臣节未著';有犯软弱无能、不胜任工作罪的,就叫'下官不职'(不直接斥责他本人,而是指责他的下属,下属不称职);有违犯国家纲纪罪的,就叫'行事不请'(做事不向上请示,擅自行动)。这五种情况,对大夫已经定有罪名了,但还不忍以斥责的语气直呼其罪名,而且为他避讳,是为了使他们感到羞愧和耻辱。所以大夫的罪行,如果在五刑范围内,一旦受到谴责或揭发,就会主动戴上白色的帽子并系上牦牛毛绳,端着盛水的盘子,上面放一把剑,前往宫廷自行请罪(表示请求君主公平执法,如被判有罪,即自刎谢罪),君王不派执法人员前去捆绑捉拿他。犯有大罪的,听到君王的命令后,就地向北方拜两拜,然后跪地自杀。君王也不派人押送、斩杀他,只是说:'这是大夫您咎由自取,我对您已经有礼了。'所以刑罚不施于大夫,而大夫犯罪也不会逃避其应有的惩罚。这是教化的结果让他们能这样做的。所谓礼不下平民,是因为普通人忙于生计而不能很好学习礼仪,所以不能要求他们完全按礼仪行事。"

刑政

仲弓向孔子问道:"弟子冉雍听说将刑罚运用到极致,政令便无处可用;将政令发挥到极致,刑罚便无处可用。'将刑罚运用到极致,政令便无处可用',夏桀、商纣时代就是这样;'将政令发挥到极致,刑罚便无处可用',成王、康王时代就是这样。是这么回事吗?"

之弗从,伤义败俗,于是乎用刑矣。"

仲弓曰:"古之听讼,可得闻乎?"孔子曰:"凡听五刑之讼,必原父子之亲、立君臣之义以权之,意论轻重之序、慎测浅深之量。以别之,悉其聪明、致其忠爱以尽之。大司寇正刑明辟以察狱,狱必三讯焉。一曰讯群臣,二曰讯群吏,三曰讯万民也。有指无简,则不听。简,诚也。有其意无其诚者,不论以为罪。附从轻,赦从重。附人之罪,以轻为比,赦人之罪,以重为比。疑狱则泛,与众共之,众疑赦之,故爵人必于朝,与众共之也;刑人必于市,与众弃之也,古者公家不畜刑人,大夫不养也;士遇之涂,弗与之言也;屏诸四方,唯其所之,弗及以政,弗欲生之故也。"

仲弓曰:"听狱,狱之成,成何官?"孔子曰:"狱成于吏,吏以狱之成告于正;吏,狱官吏也;正,狱官长。正既听之,乃告于大司寇;大司寇听之,乃奏于王。王命三公卿士参听棘木之下,外朝之法。左九棘,孤卿大夫位焉;右九棘,公侯伯子男位焉;面三槐,三公位焉。然后乃以狱之成报于王。王以三宥之法听之,君王尚宽,罪虽已定,犹三宥之,不可得轻,然后刑之也。而后

孔子回答道:"圣贤治理教化民众,必须把刑罚和政令相互配合使用。最好的办法是用道德来教化民众,并用礼法加以约束;其次是用政令引导民众,并用刑罚加以禁止。如果教育之后还不能改变,引导之后还不听从,以至于违背道义而败坏风俗,在这种情况下才用刑罚来惩处。"

仲弓说:"古代审判案子的情况,可以让我听听吗?"孔子说:"凡是判决墨、劓、剕、宫、大辟五种刑罚的案子,一定要体恤其父子之亲情感受,有利于确立对国家的忠诚道义,来认真权衡案子;比较、评定轻重的顺序,谨慎地估量处罚的深浅程度,以区别各种案子;用自己的聪明才智和忠诚仁爱,尽最大限度处理好案子。大司寇为使处罚公正,明确法律条款来详审案件,定案必须询问三方面人群(第一询问大臣,第二询问一般官吏,第三询问民众。)有犯罪意图却无犯罪事实,就不判罪。量刑时标准从轻,能轻判尽量轻判;赦免罪行时标准从重,能赦免的尽量赦免。有疑点的案子,就广泛地与众人共议,众人都认为有疑点的就赦免。所以,给人加官进爵一定要在朝堂进行,让大众共同参加;处决人犯一定要在街市上当众执行,和众人一起抛弃他。古时诸侯国都不收容判过刑的人,大夫也不给予供养。读书人在路上遇到了,也不同他交谈。把他放逐出境,随便他到什么地方,也不让他参与政事,表示不想让这样的人活在世上。"

仲弓说:"审理诉讼案件,案件的裁定取决于什么官?"孔子说:"案子由狱吏审理完毕,狱吏移交狱官;狱官判处之后,就报告大司寇;大司寇判处后,就上报君王;君王命令三公、卿士在设有棘木的公堂共同会审(指外朝参政的官员。左边,孤卿大夫之位;右边,公侯伯子男之位;正面,三公之位)。然后才把裁决结果报告给君王。君王按照三种减轻、赦免的方法进行判决(君王宽大对待,罪行虽已确定,根据

制刑焉。所以重之也。"

仲弓曰:"古之禁何禁?"孔子曰:"析言破律、巧卖法令者也。乱名改作,变易官与物名。执左道以乱政者,杀;左道,邪道。作淫声,淫逸惑乱之声。造异服,非人所常见。设奇伎奇器,以荡上心者杀。怪异之伎。可以眩曜人心之器。荡。动也。行伪而坚。行诈伪而坚守。言伪而辨,学非而博,顺非而泽,顺其非而滑泽之。以惑众者,杀;假于鬼神时日,卜筮以疑民者,杀。此四诛者,不待时,不以听。"不听于棘木之下也。

问玉

子张问圣人之所以教,孔子曰:"师乎,吾语汝。圣人明于礼乐,举而措之而已。"子张又问,孔子曰:"师,尔以为必布几筵,揖让升降,酌献酬酢,然后谓之礼乎?尔以为必行缀兆,执羽籥,作钟鼓,然后谓之乐乎?言而可履,礼也;行而可乐,乐也。圣人力此二者,以恭己南面,是故天下太平,万国顺服,百官承事,上下有礼也。夫礼之所兴,众之所以治也;礼之所废,众之所以乱也。昔者明王圣主之辨贵贱长幼,正男女外内,序亲疏远迩,而莫敢相逾越者,皆由此涂出也。"

可以从轻处理的三种情况,从轻发落。实在没有理由再从轻了,然后才最终定刑),然后下令实施处罚。这样做都是为了慎重地对待每一个判决啊!"

　　仲弓问道:"古代的禁令都禁止什么?"孔子说:"千方百计钻法律空子(巧言曲解法律)、篡改规定,巧立名目(变乱名义擅改法度),搞歪门邪道、扰乱政事的人,杀!创作淫乱的音乐歌谣(邪淫惑乱人心之声),制作奇装异服(非人所常见),以各种奇能异术和罕见的器物,来动摇君主心志的人(设计奇巧怪异器物来扰乱人心的人),杀!行为诡诈且顽固不化(行为欺诈虚伪又坚持不改),言辞虚伪且善于巧辩,所学习的并非正道却很渊博,依附邪道并加以润色(随顺坏事而又曲加粉饰),用以迷惑民众的人,杀!假借鬼怪神灵、天时变化,用占卜算卦来惑乱民心的人,杀!对这四类罪犯的处决,不必等待规定的处决时间,可以不按照上述的审判程序(不在棘木之下再加审理)。"

问玉

　　子张向孔子请教君王如何实施教化,孔子说:"师(子张的称呼)啊!我来告诉你。圣人通晓礼乐,弘扬并推行罢了。"子张进一步请教,孔子说:"师,你认为一定要大摆宴席,宾主拱手相让上座下座,相互斟酒敬献,这样才叫做'礼'吗?你认为一定要布置好舞蹈的行列和区域,拿好雉羽和器乐,击鸣钟鼓,这样才叫做'乐'吗?说出的话可以践行,就是'礼';所做的事使人欢喜,就是'乐'。圣人能力行这两件事,然后恭敬庄严地坐北向南临朝当政(恭己之身以正天下),所以才会天下太平。万国顺服,百官尽职尽责,是因为上下有'礼'的缘故。'礼'兴盛时,民众就会因此而安定;'礼'废弃时,民众就会因此而动乱。从前圣明的君王明确贵贱长幼、确定男女内外、

屈节

宓子贱为单父宰,恐鲁君听谗人,使己不得行其政,于是辞行也,故请君之近史二人与之俱至官。宓子戒其邑吏,令二史书,方书,掣其肘,书不善,则从而怒之。二史患焉,辞请归。鲁君以问孔子,孔子曰:"宓不齐君子也,意者其以此谏乎?"公寤,大息而叹曰:"此寡人之不肖也。寡人乱宓子之政,而责其善者数矣。微二史,则寡人无以知过;微夫子,则寡人无由寤。"遽使告宓子曰:"自今日以往,单父非吾有也,从子之制,有便于民者,子决为之,五年一言其要。"宓子遂得行政于单父焉。躬敦厚,明亲亲,尚笃敬,施至仁,加恳诚,致忠信,百姓化之。

正论

哀公问于孔子曰:"大夫皆劝寡人,使隆敬于高年,可乎?"孔子对曰:"君之及此言也,将天下实赖之,岂惟鲁而已哉?"公曰:"何也?"孔子曰:"昔者有虞氏贵德而上齿,夏后

排列亲疏远近,而人们都能恭敬服从,不敢超越界限,都因为走的是礼教这条路的缘故啊!"

屈节

宓子贱被任命为单父的行政长官,担心鲁国国君听信谗言,使自己不能按自己的方法行使政令。于是在辞别鲁君去上任时,特请鲁君身边的两位史官一同前往就任。宓子贱告诫手下官员时,就命令两位史官记录,史官刚要动笔,宓子贱就拉扯他们的臂肘;史官写得不工整,宓子贱就随时怒斥他们。两位史官忧愁烦恼,就请求离开单父,返回了都城。鲁国国君就这件事询问孔子。孔子说:"宓不齐是个君子,他这样做的意图大概是以此进谏吧。"鲁公幡然醒悟,大声长叹说:"这是寡人的不对了。寡人曾直接干扰宓先生的政事,后又责怪他事没办好,像这样的情况已经有多次了。若无二位史官此行,那么寡人就无法明白自己的过错;若无夫子提醒,那么寡人就无法醒悟过来。"于是派人告诉宓子贱说:"从今以后,单父这地方就当是不再归我所有了,一切由先生全权负责,遵从您的规定。只要有利于百姓,就按您的决定去办,五年向我汇报一次主要情况就行了。"宓子贱于是能够在单父放手行使其政令。躬行宽厚之道,弘扬亲亲之爱,崇尚笃厚恭敬,实施仁政,倡导勤恳诚实,做到忠诚守信,百姓普遍受到了良好的教化。

正论

鲁哀公问孔子说:"大夫们都劝我,要大力提倡尊重年长之人,可以吗?"孔子回答说:"君王,您果真能做到这一点,那么从此以后普天之下的百姓都要仰赖您的无量功德了,哪里仅仅是鲁国受益

氏贵爵而上齿,殷人贵富而上齿,富,谓世禄之家。周人贵亲而上齿。虞、夏、殷周,天下之盛王也,未有遗年者焉。年之贵于天下久矣,次于事亲。是故朝廷同爵则上齿。七十杖于朝。君问则席。君欲问之。则为之设席。八十不仕朝。君问则就之。而悌达于朝廷矣。其行也。肩而不并。不敢与长者并肩也。不错则随。错。雁行也。父党随行。兄党鴈行。见老者。则车从避。见老者在道。车与步皆避之也。斑白者不以其任行于路。任。担也。少者代之也。而悌达于道路矣。居乡以齿。而老穷不匮。强不犯弱。众不暴寡。而悌达于州巷矣。古之道。五十不为甸役。五十始老。不从力役之事。不及山猎之徒也。颁禽隆诸长者。而悌达于搜狩矣。军旅什伍。同爵则上齿。而悌达于军旅矣。夫圣王之教孝悌。发诸朝廷。行于道路。至于州巷。放于搜狩。修于军旅。则众同以义死之而弗敢犯也。公曰:"善!"

　　哀公问于孔子曰:"寡人闻之,东益不祥,东益,东益宅也。信有之乎?"孔子曰:"不祥有五,而东益不与焉。夫损人

呢?"哀公说:"为什么这么说呢?"孔子说:"在过去,有虞氏尊有德行的人为贵,而同时特别尊重老年人;夏后氏尊有爵位的人为贵,也同时格外尊重老年人;殷商人尊世禄之家为贵,同样是尤其尊重老年人;周朝人尊孝敬父母的人为贵,仍是对老年人特别尊重。虞、夏、殷、周,是天下的盛世王朝,那时候没有遗弃老年人的。老年人受到天下人的恭敬已经很久了,仅次于侍奉自己的父母。因此,在朝廷上爵位相同时以年长者为尊;七十岁以上的人拄着拐杖到朝廷,国君询问事情就要给他安置座位;八十岁以上便不在朝廷做官了,国君询问事情要亲自到他家里请教。于是敬老之风就扩展到了整个朝廷;走路时不敢与年长者并肩而行,不是错后行走就是跟随在身后(错,如大雁人字形跟队。跟父辈走则随后而行,跟兄长走则错行于侧);遇见老年人,则不论乘车还是骑马,包括侍从人员都要避让,头发斑白的老年人,自己不挑担子上路行走而由年轻人代劳,于是敬长之风就延伸到道路之上了;在乡里提倡敬老,老年人就不会缺衣少食,强壮不侵犯弱小,人多不欺负人少,于是敬长之风就扩展到州郡街巷了。古代规定,五十岁就不承担跟随打猎的劳役了(五十岁开始算老年,就不承担朝廷的劳役了,也不再参加上山打猎之类的事),分发猎获的禽兽时,给年长者多分一些,于是敬长之风就扩展到捕猎活动中。军旅部队中,爵位相同的以年长者为尊,于是敬重长上之意就扩展到军旅。圣贤君王以孝悌之道教化百姓,从朝廷开始,推行到道路上,达到州县街巷,连打猎者都相互仿效,军队中也互相学习。于是天下百姓共同以此作为道义的准则,宁死也没有人敢去违犯。"哀公说:"这真是太好了!"

哀公又问孔子说:"寡人听说,向东面扩充旧居不吉祥,真的有这么回事吗?"孔子回答说:"不祥的事有五种,而向东面扩充旧居不

而自益,身之不祥也;弃老而取幼,家之不祥也;释贤而用不肖,国之不祥也;老者不教,幼者不学,俗之不祥也;圣人伏匿,愚者擅权,天下不祥也。故不祥有五,而东益不与焉。"

子夏问

子夏问于孔子曰:"记云:周公相成王,教之以世子之礼,有诸?"孔子曰:"昔者成王嗣立,幼,未能莅阼,周公摄政而治,抗世子之法于伯禽,欲成王之知父子君臣之道,所以善成王也。夫知为人子者,然后可以为人父;知为人臣者,然后可以为人君;知事人者,然后可以使人。是故抗世子法于伯禽,使之与成王居,使成王知父子君臣长幼之义焉。"

在其中。损人利己，是自身之不祥；不孝敬老人只知道疼爱孩子，是家庭之不祥；舍弃贤德之人而任用不肖之徒，是国家之不祥；长者不愿教，年轻的又不肯学，是社会风俗之不祥；圣人隐藏不愿出来，而愚蠢者专权，是天下之不祥。不祥之事有上述五种，向东面扩充旧居不在其中。"

子夏问

子夏问孔子："请问夫子，《礼记》中说：'周公辅佐周成王，用世子的礼节教导他。'有这事吗？"孔子回答说："从前周成王继承王位时，年龄幼小，不能临朝处理国事，周公代理国政，用教太子的方法来教儿子伯禽，想让成王在旁边学到父子、君臣相处的礼节和道理，目的是为了成就他为圣贤君王。明白了如何为人子，才知道如何为人父；明白了怎样做臣子，才知道如何做君王；明白了怎样侍奉人，然后才知道如何用人。所以把做太子的方法施用于伯禽身上，让他与成王居住生活在一起，从而让成王明白父子、君臣、长幼之间的礼仪。"